Regula Dettling-Ott
Internationales und schweizerisches Lufttransportrecht

Internationales und schweizerisches Lufttransportrecht

von

Regula Dettling-Ott

Dr. iur., Rechtsanwältin,
Privatdozentin an der Universität Bern

Schulthess Polygraphischer Verlag Zürich

Publiziert mit Unterstützung des Schweizerischen Nationalfonds
zur Förderung der wissenschaftlichen Forschung

© Schulthess Polygraphischer Verlag AG, Zürich 1993
ISBN 3 7255 3163 3

Dank

Bei der Entstehung dieses Buches haben viele mitgeholfen; ich danke allen.

Mein herzlicher Dank geht an die Herren Prof. Dr. WERNER GULDIMANN, Prof. Dr. IVO SCHWANDER und Prof. Dr. WALTER KÄLIN. Ihre unermüdliche Unterstützung und ihre wertvolle Kritik haben diese Arbeit ermöglicht und bereichert.

Ich danke meinen Kollegen vom Rechtsdienst der SWISSAIR. Sie haben mich nach meinem Ausscheiden aus der Swissair über neue Entwicklungen auf dem laufenden gehalten. Mein Dank geht auch an den Rechtsdienst der IATA und der ICAO: während meines Aufenthaltes in Montreal hatte ich zu diesen beiden Stellen freien Zugang.

Die Arbeit an diesem Buch zog sich über Jahre hinweg. Ich danke Erwin für seine Bereitschaft, unseren Alltag so zu organisieren, dass dafür Platz blieb. Ihm, unseren Kindern Severin, Cyrill und Zoe sowie meinen Eltern widme ich dieses Buch.

Der SCHWEIZERISCHE NATIONALFONDS hat mir die Arbeit an diesem Buch mit einem Stipendium ermöglicht und er hat die Drucklegung mit einem Beitrag unterstützt. Für diese grosszügige Hilfe danke ich.

Sommer 1993   Regula Dettling-Ott

Inhaltsverzeichnis

Fundstellen von Abkommen, Erlassen und Gerichtsentscheiden	XIX
Terminologie	XX
Literaturverzeichnis	XXI
Abkürzungen	XXXVII

Einleitung	1
Hinweis für den Benützer	1
Übersicht über das Lufttransportrecht	2
A. Das Sachgebiet	2
B. Rechtliche Grundlagen des Lufttransportrechts	3
C. Geltungsbereich der internationalen Abkommen und der schweizerischen Spezialvorschriften	4

1. Teil: Grundlagen des Lufttransportrechts

I. Die internationalen Grundlagen	7
A. Das Warschauer Abkommen und das Haager Protokoll	7
1. Entstehungsgeschichte	7
a) Warschauer Abkommen	7
b) Haager Protokoll	8
2. Übersicht über den Inhalt	8
a) Warschauer Abkommen	8
b) Haager Protokoll	8
3. Geltungsbereich des Warschauer Abkommens und des Haager Protokolls	9
a) Sachlicher Anwendungsbereich	9
aa) Internationale Beförderung	9
bb) Sukzessivbeförderung	11
cc) Beförderungsvertrag	12
dd) Personen, Gepäck und Güter	15
ee) Entgeltliche und unentgeltliche Beförderung durch ein Luftfahrtunternehmen	15
ff) Luftfahrzeug	17
gg) Flüge von Staatsunternehmen	17
b) Örtlicher Geltungsbereich	18
aa) Warschauer Abkommen	18
bb) Haager Protokoll	20
c) Übersicht über die Beförderungen, die nicht in den Anwendungsbereich des Warschauer Abkommens fallen	20

	B. Die Vereinbarung von Montreal	21
	1. Entstehungsgeschichte	21
	2. Übersicht über den Inhalt	22
	3. Geltungsbereich	23
	a) Sachlicher Anwendungsbereich	23
	b) Örtlicher Anwendungsbereich	23
	C. Die Absprache der Malta-Gruppe	24
	1. Entstehungsgeschichte	24
	2. Übersicht über den Inhalt	24
	3. Geltungsbereich	25
	D. Das Guatemala-Protokoll	25
	1. Entstehungsgeschichte	25
	2. Übersicht über den Inhalt	26
	E. Die Montreal-Protokolle	30
	1. Entstehungsgeschichte	30
	2. Übersicht über den Inhalt	30
	3. Geltungsbereich	31
	a) Sachlicher Anwendungsbereich	31
	b) Örtlicher Anwendungsbereich	32
	c) Zeitlicher Anwendungsbereich	32
	F. Das Guadalajara-Abkommen	33
	1. Entstehungsgeschichte	34
	2. Übersicht über den Inhalt	34
	3. Geltungsbereich	35
	a) Sachlicher Anwendungsbereich	35
	aa) Internationale Beförderung i.S. des Warschauer Abkommens	35
	bb) Vertraglicher Lufttransportführer	36
	cc) Ausführender Lufttransportführer	36
	b) Sachverhalte, die zur Anwendung des Guadalajara-Abkommens führen	37
	aa) Charterverträge	38
	bb) Reiseveranstaltungsverträge	38
	cc) Speditionsverträge	39
	dd) Miete und Lease von Flugzeugen	40
	ee) Übertragung von Flugscheinen	40
	c) Örtlicher Anwendungsbereich	41
	G. Auslegung der Abkommen des Warschauer Systems	43
	1. Grundsätze	43
	2. Auslegung durch schweizerische Gerichte	46
	3. Auslegung und Rechtsvereinheitlichung	49
II.	**Die schweizerischen Grundlagen**	**51**
	A. Übersicht über die gesetzlichen Grundlagen	51
	B. Bestimmungen des LFG über den Lufttransport	52

C. Das schweizerische Lufttransportreglement (LTR)		53
1. Übersicht		53
2. Geltungsbereich des Lufttransportreglements		54
a) Örtlicher und sachlicher Anwendungsbereich		54
aa) Inlandbeförderung		54
bb) Internationale Beförderung i.S. des Warschauer Abkommens		54
cc) Andere Beförderungen gegen Entgelt		54
dd) Unentgeltliche Beförderungen durch ein Luftfahrtunternehmen		55
ee) Beförderungsvertrag als Grundlage der Beförderung		55
ff) Beförderungen unter dem Warschauer Abkommen in der ursprünglichen Fassung		55
D. Das schweizerische Obligationenrecht		56
1. Das OR als Grundlage vertraglicher Ansprüche		56
2. Das OR als Grundlage ausservertraglicher Ansprüche		56

III. Zusammenwirken von internationalem und nationalem Lufttransportrecht   57

A. Das Warschauer Abkommen als völkerrechtlicher Vertrag mit privatrechtlichem Inhalt	57
B. Das Warschauer Abkommen als Vertrag zur Rechtsvereinheitlichung	59
C. Die Anwendung des Warschauer Abkommens im Landesrecht	59
1. Transformation ins Landesrecht	59
2. Hierarchiestufe im Landesrecht	60
3. Anwendungsfähigkeit einer staatsvertraglichen Bestimmung	61
4. Lücken des Warschauer Abkommens	62
5. Die Kontroverse um die Lückenfüllung	64
D. Zwingende nationale Bestimmungen zur Änderung der internationalen Haftungsordnung	64
1. Die Erhöhung der Haftungslimiten aufgrund der Vereinbarung von Montreal und der Absprache der Malta-Gruppe	65
a) Die Erhöhung der Haftungslimiten als völkerrechtliches Problem	65
aa) Aspekte unter dem Warschauer Abkommen	65
bb) Übriges Völkerrecht	67
cc) Anwendung der erhöhten Haftungslimiten gegenüber ausländischen Lufttransportführern	68
b) Die Erhöhung der Haftungslimiten unter dem Landesrecht	69
2. Erhöhung der Haftungslimiten unter dem Montreal-Protokoll Nr. 3	70
3. Die Formvorschriften der Vereinbarung von Montreal und der Verzicht auf den Entlastungsbeweis	71
4. Die erhöhten Limiten als Norm des Völkergewohnheitsrechts oder als allgemeiner Rechtsgrundsatz des Völkerrechts?	73
E. Nationales Recht als Ergänzung des Warschauer Abkommens: die schweizerischen Bestimmungen	73

	1. Das Warschauer Abkommen verweist auf die lex fori	73
	2. Die Lücken des Warschauer Abkommens	75
	F. Anwendung des Warschauer Abkommens als Ergänzung des Lufttransportreglements	76
IV.	**IPR-Regeln des Lufttransportrechts**	78
	A. Bedeutung der Anknüpfung	78
	B. Anknüpfung des Luftbeförderungsvertrages	79
	C. Vertragliche und ausservertragliche Ansprüche und Anknüpfung	80
	D. Subjektive Anknüpfung: Rechtswahl durch die Parteien	80
	E. Objektive Anknüpfung	81
	1. Allgemeine Bemerkung	81
	2. Die Anknüpfung gemäss Art. 117 IPRG	82
	3. Der Beförderungsvertrag als Konsumentenvertrag	83
	4. Die Anknüpfung gemäss Art. 120 Abs.1 IPRG	86
	5. Die Bezeichnung eines Domizils in der Schweiz nach Art. 104 Abs.3b) LFV	86
	F. Die Praxis schweizerischer Gerichte	87
	G. Die Praxis ausländischer Gerichte	88
	1. Sitz des Lufttransportführers	88
	2. Der gemeinsame Wohnsitz oder gewöhnliche Aufenthalt der an einem Unfall beteiligten Parteien	88
	3. Der Ort des Vertragsschlusses	89
	4. Der Abgangs- oder Bestimmungsort	89
	5. Die Registrierung des Flugzeuges	90
	6. Das Recht des Tat- oder Erfolgsortes	91
	7. Die lex fori	91
	H. Beförderungen unter dem Guadalajara-Abkommen	92
	I. Zusammenfassung: Die optimale Anknüpfung	92
V.	**Allgemeine Geschäftsbedingungen im Lufttransportrecht**	93
	A. Die Funktion der AGB	93
	B. Die AGB der IATA-Mitglieder	94
	C. Die AGB der konzessionierten schweizerischen Liniengesellschaften	96
	1. Swissair	96
	a) Beförderung von Personen	96
	b) Beförderung von Fracht	96
	2. Crossair	97

	D. Andere Luftfahrtunternehmen	97
	E. Verkehr mit den USA und Kanada	97

2. Teil: Der Beförderungsvertrag 99

I. **Inhalt und Rechtsnatur des Beförderungsvertrages** 99

    A. Der Inhalt des Beförderungsvertrages 99

    B. Die Qualifizierung des Luftbeförderungsvertrages für Personen nach schweizerischem Recht 100

    C. Der Luftbeförderungsvertrag für Personen als Vertrag sui generis 101
        1. Der Beförderungsvertrag ist kein Auftrag 101
        2. Der Beförderungsvertrag ist kein Werkvertrag 102
        3. Der Luftbeförderungsvertrag ist ein Vertrag sui generis 103

II. **Der Abschluss des Beförderungsvertrages** 104

III. **Die Vertragsparteien** 106

    A. Der Lufttransportführer 106
        1. Definition des Begriffs 106
        2. Beispiele aus der Praxis 107
        3. Besondere Fälle 108
            a) Charterflüge 108
            b) Reiseveranstalter und Spediteur als Lufttransportführer 109
        4. Leute des Lufttransportführers 111
        5. Agenten des Lufttransportführers 113
            a) Der Reise- oder Frachtagent 113
            b) Fluggesellschaften als gegenseitige Agenten bei Sukzessivbeförderungen 115
        6. Übertragung der Beförderung auf einen anderen Lufttransportführer 115
        7. Definition des Lufttransportführers und die Anwendung des Guadalajara-Abkommens 117

    B. Der Passagier 117
        1. Definition 117
        2. Nichtübertragbarkeit des Flugscheins 118
        3. Verhältnisse bei Verträgen zugunsten Dritter 119

    C. Absender und Empfänger beim Frachtvertrag 120

IV. **Betriebs- und Beförderungspflicht, Kontrahierungspflicht** 121

V.	**Die Allgemeinen Geschäftsbedingungen als Vertragsinhalt**	122
	A. Die Übernahme der AGB des Lufttransportführers in den Beförderungsvertrag	122
	B. Der Inhalt der AGB des Lufttransportführers	124
	1. Anforderungen an den Inhalt	124
	2. Die Bedeutung von Art.4 LTR (Genehmigungspflicht der Beförderungsbedingungen)	127
VI.	**Die Beförderungsdokumente**	128
	A. Der Flugschein	129
	1. Internationale Beförderung	129
	2. Inlandbeförderung	131
	B. Gepäckschein- und Gepäckmarke	131
	1. Abgrenzung zwischen aufgegebenem Gepäck und Handgepäck	131
	2. Form und Inhalt von Gepäckschein und Gepäckmarke	132
	C. Der Luftfrachtbrief	133
	1. Der Luftfrachtbrief gemäss dem Warschauer Abkommen	133
	2. Der Luftfrachtbrief gemäss dem LTR	135
	D. Die Rechtsnatur der Beförderungsdokumente nach schweizerischem Recht	135
	1. Der Flugschein	136
	2. Gepäckschein und Gepäckmarke	136
	3. Der Luftfrachtbrief	137
	E. Beförderungsdokumente bei besonderen Beförderungen (Art. 34 WA)	137

3. Teil: Nichterfüllung des Beförderungsvertrages

I.	**Grundsätze**	139
	A. Zusammenwirken von internationalen und schweizerischen Bestimmungen über die Nichterfüllung des Beförderungsvertrages	139
	B. Das Warschauer Abkommen als ausschliessliche Grundlage für Schadenersatzansprüche?	140
	C. Die Haftung des Warschauer Abkommens als Verschuldenshaftung	141
II.	**Die einzelnen Tatbestände**	142
	A. Annullierung eines Fluges	142

	B. Verweigerung der Beförderung	144
	C. Verspätung	148
	1. Der Begriff	148
	2. Rechtswidriger Ausschluss der Haftung für Verspätung in den Vertragsbedingungen	149
	D. Nichtbezahlung des Beförderungspreises und Ungültigkeit des Flugscheins	151
	1. Die Praxis zu den Weichwährungsflugscheinen	152
	2. Die Praxis zu den «bust out tickets»	153
	E. Abweichung von der vereinbarten Route	154
	F. Abweichung vom geplanten Flugzeugtyp und Substitution durch andere Verkehrsmittel	155
	G. Verletzung öffentlichrechtlicher Vorschriften und von Beförderungsbedingungen	157
	H. Andere Vertragsverletzungen	159
	1. Verletzung von Nebenpunkten durch den Lufttransportführer	159
	2. Vertragsverletzung durch den Passagier oder Absender	160
	3. Beendigung des Vertrages durch den Passagier	161
III.	**Personenschäden**	162
	A. Personenschäden unter dem Warschauer Abkommen: Überblick	162
	1. Unfall	163
	2. Terrorakte und Flugzeugentführungen als Unfall i.S. von Art. 17 WA	164
	3. Körperschaden	166
	4. Kausalzusammenhang zwischen Unfall und Körperschaden	167
	5. Unfall ereignet sich an «Bord des Luftfahrzeuges oder beim Ein- und Aussteigen»	168
IV.	**Störungen bei der Beförderung von Gepäck und Gütern**	171
	A. Bestimmung des Haftungszeitraumes	171
	B. Schäden bei der Beförderung von Gepäck	173
	1. Schäden am aufgegebenen Gepäck	173
	2. Schäden am Handgepäck	174
	C. Schäden bei der Beförderung von Fracht	176
	1. Zerstörung, Verlust und Beschädigung des Frachtgutes	176
	2. Verletzung von Weisungen des Absenders	178
	D. Zusammenfassung der Praxis zu Sachschäden	179

V.	**Entlastungsgründe**	180
	A. Entlastungsbeweis unter dem Warschauer Abkommen	180
	B. Entlastungsbeweis bei Beförderungen unter der Vereinbarung von Montreal und den Montreal-Protokollen Nr. 3 und 4	181
	C. Die einzelnen Entlastungsgründe	182
	1. Höhere Gewalt	182
	2. Terrorakte und Flugzeugentführungen	182
	3. Andere Gründe	184
	4. Drittverschulden	185
	D. Selbstverschulden	186

4. Teil: Schadenersatz unter dem Warschauer System

I.	**Die Haftungsordnung des Warschauer Systems**	189
	A. Überblick	189
	B. Vergleich zur Haftung anderer Verkehrsmittel	190
II.	**Die Haftungslimiten des Warschauer Abkommens**	191
	A. Die Festsetzung der Haftungsbeträge in Poincaré-Franken	191
	B. Die Haftungsbeträge im ursprünglichen Abkommen	192
	C. Die Haftungsbeträge im Haager Protokoll	192
	D. Die Haftungsbeträge der Vereinbarung von Montreal	192
	E. Die Haftungsbeträge im Guatemala-Protokoll	193
	F. Die Haftungsbeträge der Montreal-Protokolle Nr. 3 und Nr. 4	193
	G. Die Haftungsbeträge in den Beförderungsbedingungen	194
III.	**Die Umrechnung des Goldfrankens in Landeswährung**	194
	A. Überblick	194
	B. Umrechnung der Goldfrankenbeträge nach der lex fori oder nach den Beförderungsbedingungen?	194
	C. Übersicht über die Umrechnungspraxis im Ausland	196
	1. USA	196
	2. Deutschland	197
	3. Italien	198
	4. Andere Länder	199

	D. Umrechnung des Goldfrankens nach schweizerischem Recht	201
	E. Die Umrechnung in SZR (Montreal-Protokolle Nr. 1, 2 und 3)	203
	1. Die Ersetzung des Poincaré-Frankens durch SZR	203
	2. Die Haftungslimiten in Schweizer Franken, berechnet aufgrund von SZR	205
	F. Zusammenfassung und Kritik der Praxis zur Umrechnung des Goldfrankens in eine Landeswährung	206
IV.	**Unbegrenzte Haftung**	**207**
	A. Fehlende oder mangelhafte Beförderungsdokumente	207
	1. Flugschein	208
	2. Gepäckschein	210
	3. Luftfrachtbrief	212
	B. Missachtung der Weisungen des Absenders	213
	C. Grobes Verschulden des Lufttransportführers (Art. 25 WA)	213
	1. Das grobe Verschulden unter dem WA in der ursprünglichen Fassung	214
	a) Der Wortlaut von Art. 25 (ursprüngliche Fassung)	214
	b) Entstehungsgeschichte	214
	a) Die Anwendung von Art. 25 (ursprüngliche Fassung) im Ausland	215
	aa) Angloamerikanische Länder (Common Law)	215
	bb) Die Anwendung von Art. 25 (ursprüngliche Fassung) im übrigen Ausland	218
	b) Die Anwendung von Art. 25 (ursprüngliche Fassung) in der Schweiz	219
	c) Hilfspersonen als Täter i.S. von Art. 25 (ursprüngliche Fassung)	222
	2. Art. 25 in der Fassung des Haager Protokolls	222
	a) Entstehungsgeschichte von Art. 25 HP	222
	aa) Die Haager Konferenz	222
	bb) Zusammenfassung der Entstehungsgeschichte und Schlussfolgerung	225
	b) Die wörtliche Auslegung	226
	aa) Der missverständliche Wortlaut	226
	bb) Die mildere Verschuldensform als zweigliedriger Tatbestand?	228
	c) Absichtliche Schädigung als Voraussetzung der unlimitierten Haftung	229
	d) Die mildere Verschuldensform	229
	aa) Die Umschreibung von wilful misconduct durch anglo- amerikanische Gerichte	230
	e) Das normwidrige Verhalten	232
	f) Das mildere Verschulden gemäss Art. 25	232
	aa) Besondere Aspekte des Verschuldens bei Flugzeugabstürzen	234
	bb) Besondere Aspekte des Verschuldens bei Vermögensschäden	236
	g) Beurteilen des Verschuldens bei mehreren Tätern	237
	h) Der Zusammenhang zwischen dem Wissen des Täters und dem eingetretenen Schaden	237
	i) Teleologische Aspekte von Art. 25	238

	k) Die systematische Auslegung von Art. 25 HP; der Zusammenhang zwischen Art. 25 und Art. 22	239
	l) Die Bedeutung der Beweismittel bei der Anwendung von Art. 25	240
	m) Die ausländische Rechtsprechung	241
	n) Die schweizerische Rechtsprechung	245
	aa) Personenschäden	245
	bb) Sachschäden	247
	3. Zusammenfassung und Schlussfolgerungen	248
	D. Erhöhung der Haftungslimiten durch Vereinbarung der Parteien	251
V.	**Haftung unter dem Guadalajara-Abkommen**	252
VI.	**Haftung unter dem Montreal-Protokoll Nr. 3**	253
VII.	**Haftung unter dem Montreal-Protokoll Nr. 4**	254
VIII.	**Haftung nach dem Lufttransportreglement**	254
IX.	**Haftung nach schweizerischem OR**	255
X.	**Haftung bei gemischten Beförderungen**	256
XI.	**Haftung von Dritten bei Luftbeförderungen**	256
	A. Versicherungen	256
	B. Haftung des Bundes	258
	C. Haftung des Flughafenhalters, des Flugzeugherstellers und der Flugsicherungsbehörden	258
	D. Die Haftung der Leute des Lufttransportführers	260
	1. Die Haftung der Leute unter dem Warschauer Abkommen in der ursprünglichen Fassung	260
	2. Die Haftung der Leute gemäss dem Haager Protokoll	261
	E. Ansprüche als Opfer eines Gewaltverbrechens	262
XII.	**Der zu ersetzende Schaden**	262
	A. Genugtuung/Schmerzensgeld	262
	B. Rückerstattung der Beförderungskosten	264
	1. Bei der Beförderung von Fracht	264
	2. Bei der Beförderung von Personen	265
	C. Zinsansprüche	266
	D. Prozess- und Anwaltskosten	268

5. Teil: Anspruchsberechtigte und Anspruchsgegner

I.	**Die Anspruchsberechtigten**	271
	A. Überblick	271
	B. Die Anspruchsberechtigung bei Sukzessivbeförderungen	272
	C. Anspruchsberechtigung bei Personenschäden nach schweizerischem Recht	272
	D. Anspruchsberechtigung bei Frachttransporten nach schweizerischem Recht	272
	E. Ansprüche geschädigter Dritter	274
	F. Ansprüche des Versicherers	276
II.	**Die Anspruchsgegner**	277
	A. Anspruchsgegner unter dem Warschauer Abkommen	277
	B. Anspruchsgegner unter dem Guadalajara-Abkommen	278

6. Teil: Prozessuales   281

I.	**Zuständigkeit**	281
	A. Gerichtsstände unter dem Warschauer Abkommen	281
	1. Der Gerichtsstand am Domizil, am Ort der Hauptbetriebsleitung und am Bestimmungsort	282
	2. Der Gerichtsstand am Ort der Geschäftsstelle, die den Vertrag abgeschlossen hat	283
	a) Die Kontroverse um die Bestimmung	283
	b) Agentur als Geschäftsstelle i.S. von Art. 28	285
	c) Die Bedingung, dass die Geschäftsstelle den Vertrag abgeschlossen habe	288
	3. Begründet Art. 28 eine internationale oder nationale Zuständigkeit?	289
	B. Der Gerichtsstand gemäss Art. 12 LTR	289
	C. Vereinbarungen der Parteien über den Gerichtsstand; Schiedsklauseln	292
	D. Gerichtsstände unter dem Guadalajara-Abkommen	292
	E. Gerichtsstände unter den Montreal-Protokollen Nr. 3 und Nr. 4	293
II.	**Schadensanzeigen**	293
	A. Schadensanzeigen unter dem Warschauer Abkommen	293
	B. Schadensanzeigen unter dem Guadalajara-Abkommen	296

		C. Schadensanzeigen unter dem LTR	296
		D. Die Fristen zur Anzeige des Schadens	297
III.		**Schadenersatzklagen**	298
		A. Die Frist von zwei Jahren	298
		B. Die Berechnung der Frist	299

7. Teil: Ausblick 303

I.	**Zur Haftungsordnung des Warschauer Systems**	303
II.	**Vorschläge zur Revision schweizerischer Bestimmungen des Lufttransportrechts**	306

Sachregister 309

Fundstellen von Abkommen, Erlassen und Gerichtsentscheiden auf dem Gebiet des Lufttransportrechts

In der Schweiz gibt es nur eine Publikation, die sich speziell mit Luftrecht befasst und regelmässig Entscheide in- und ausländischer Gerichte publiziert. Es ist das *Bulletin der Schweizerischen Vereinigung für Luft- und Raumrecht/ Association Suisse de Droit Aérien et Spatial (SVRL/ASDA)*. Das Bulletin erscheint in unregelmässigen Abständen zwei bis vier Mal im Jahr. In der *Schweizerischen Juristischen Kartothek* finden sich ausgewählte Urteile schweizerischer Gerichte.

Die *Bundeskanzlei* publiziert einen Sammelband mit den schweizerischen Erlassen über die Luftfahrt und sie veröffentlicht Sonderdrucke der folgenden Abkommen: Warschauer Abkommen, Guadalajara-Abkommen, Montreal-Protokolle und Guatemala-Protokoll (in der Botschaft zu den Montreal-Protokollen). (Vertrieb: Eidg. Drucksachen- und Materialzentrale).

Im Ausland erscheinen verschiedene Zeitschriften, die Entscheide von in- und ausländischen Gerichten veröffentlichen. Zu den wichtigsten gehören: in Deutschland die *Zeitschrift für Luft- und Weltraumrecht* (ZLW), in den Niederlanden *Air Law*, in Frankreich die *Revue Française du Droit Aérien* (RFDA), in den USA das *Journal of Air Law and Commerce* (JALC).

Das Institute of Air and Space Law der Mc Gill University in Montreal, Kanada gibt ein Jahrbuch heraus, das sich auch mit Entscheiden in- und ausländischer Gerichte befasst (*Annals of Air and Space Law/Annales de Droit Aérien et Spatial*).

Die umfassendste Veröffentlichung von Entscheiden im Lufttransportrecht erscheint in den USA: das Commerce Clearing Publishing House publiziert in einer Loseblatt-Sammlung die *Aviation Reports*: sie beinhalten nicht nur Entscheide von amerikanischen Gerichten, sondern bemühen sich, die Entscheide auf dem Gebiet des Lufttransportrechts weltweit zu erfassen.

Terminologie

Luftfrachtführer und *Lufttransportführer* werden synonym gebraucht.

Warschauer System bezeichnet alle Staatsverträge, die auf dem Warschauer Abkommen basieren:

* Abkommen vom 12. Oktober 1929 zur Vereinheitlichung von Regeln über die Beförderung im internationalen Luftverkehr (*Warschauer Abkommen*)
* Protokoll vom 28. September 1955 zur Änderung des Abkommens zur Vereinheitlichung von Regeln über die Beförderung im internationalen Luftverkehr (*Haager Protokoll*)
* Protokoll vom 8. März 1971 zur Änderung des am 12. Oktober 1929 in Warschau unterzeichneten Abkommens zur Vereinheitlichung von Regeln über die Beförderung im internationalen Luftverkehr in der Fassung des Haager Protokolls vom 28. September 1955 (*Guatemala-Protokoll*)
* Protokolle Nr. 1 – Nr. 4 zur Änderung des am 12. Oktober 1929 in Warschau unterzeichneten Abkommens zur Vereinheitlichung von Regeln über die Beförderung im internationalen Luftverkehr in der Fassung des Haager Protokolls vom 28. Sept. 1955 (*Montreal-Protokolle*)
* *Vereinbarung von Montreal*: Vereinbarung zwischen Fluggesellschaften und der Regierung der USA über die Erhöhung der Haftungslimiten im Falle von Tod oder Körperschaden; anwendbar auf Transporte von, nach oder via USA.

Literaturverzeichnis

Die zitierten Werke wurden für die Erarbeitung des vorliegenden Buches verwendet. Vereinzelt verweise ich in den Fussnoten auf weiterführende Literatur, die sich zu einem Thema äussert, das nicht unmittelbar Gegenstand dieser Arbeit ist.
Stand der Literatur und Judikatur: Frühling 1993.

ADELSON THOMAS A.	Casenote on Liability limitations under the Warsaw Convention, JALC 56 [1991] 939
ABEYRATNE R.I.R.	A new look at the general agency agreement in the airline industry, Air Law 1986, 2
ACOSTA JUAN A.	Wilful Misconduct under the Warsaw Convention: Recent Trends and Developments, University of Miami Law Review, 19 [1964/1965] 575
AWFORD IAN	Some recent developments in product liability in tort – with particular reference to aviation cases, Air Law 1985, 129
–	Civil liability concerning unlawful interference with civil aviation, Air Law 1987, 120
–	Handling the Legal Consequences of Aviation Disasters Passenger Compensation, ZLW 1992, 17.
BACELLI GUIDO RINALDI	L'unification international du droit privé aérien: perspectives en matière de responsabilité des transporteurs, des exploitants des aéroports et des services de contrôle de la circulation aérienne, AASL 1983, 3
–	La Convention de Varsovie devant la Constitution Italienne, AASL 1985, 217
BALZ MANFRED	Das UNCTAD-Übereinkommen über den internationalen multimodalen Güterverkehr: Probleme des Luftverkehrs, ZLW 1980, 303
BASEDOW JÜRGEN	Der Luftbeförderungsvertrag, ZHR 151 (1987) 258
BAUDENBACHER CARL	Wirtschafts-, schuld- und verfahrensrechtliche Grundprobleme der Allgemeinen Geschäftsbedingungen, 1983
–	Braucht die Schweiz ein AGB-Gesetz?, ZbJV 123 [1987] 505
BEAUMONT K.M.	Need for revision and amplification of the Warsaw Convention, JALC 16 [1949] 395
BECHER GÜNTHER	Einige Anmerkungen zum Tokioter Entwurf eines Abkommens zur Vereinheitlichung von Regeln über die von einem anderen als dem vertragsschliessenden Luftfrachtführer ausgeführte internationale Beförderung, ZLW 1958, 313ff
BEHRENS PETER	Voraussetzungen und Grenzen der Rechtsfortbildung durch Rechtsvereinheitlichung, RabelsZ 1986, 19

Bell Barbara A.	Kommentar zum Entscheid i.S. *Republic Nat'l Bank of New York v. Eastern Airlines*, JALC 53 [1988] 839
Bentivoglio Ludovico M.	Conflict problems in air law, RdC 1966 III 69
Bernhardt Rudolf	Vertragsauslegung, in Lexikon des Rechts/Völkerecht, 1985
Bernauw Kristiaan C.	Who has standing to sue in International Cargo Claims, EuropTR 1987, 331
Bernier Chantal	Note sur la décision dans l'affaire *Collins v. British Airways*, AASL 1982, 573
Bin Cheng	The Law of International Air Transport, 1962
–	Wilful Misconduct: From Warsaw to the Hague and From Brussels to Paris, AASL 1977, 55
–	A reply to charges of having inter alia misused the term absolute liability in relation to the 1966 Montreal Inter-Carrier Agreement in my plea for an integrated system of aviation liability, AASL 1981, 3
–	Sixty Years of the Warsaw Convention: Airline Liability at the Crossroad, ZLW 1989, 319 (Part I), ZLW 1990, 3 (Part II)
–	What is wrong with the 1975 Montreal Additional Protocol No. 3?, Air Law 1989, 220
Bleckmann Albert	Probleme der Anwendung multilateraler Verträge, 1974
Böckstiegel Karl-Heinz	Zur Bedeutung des neuen AGB-Gesetzes für die Beförderungsbedingungen der Fluggesellschaften, FS Alex Meyer, 1975, 55 (zitiert *FS Meyer*)
Bodenschatz Manfred	Die Fluggast-Unfallversicherung als Möglichkeit der ergänzenden Schadenersatzregelung gemäss Guatemala-Protokoll, FS Meyer, 1975, 45
Bogdan Michael	Conflict of Law in Air Crash Cases: Remarks from a European's Perspective, JALC 54 [1988] 303
Botschaft	betreffend vier Protokolle zur Änderung des Abkommens vom 12. Oktober 1929 zur Vereinheitlichung von Regeln über die Beförderung im internationalen Luftverkehr (Warschauer Abkommen) vom 22. Oktober 1986, BBl *1986* 804 (zitiert *Botschaft Montreal-Protokolle*)
Botschaft	zum Bundesgesetz über das internationale Privatrecht, (IPR-Gesetz) vom 10. November 1982 (zitiert *Botschaft IPRG*)
Boyer Louis	Le délai de l'article 29 de la Convention de Varsovie, RFDA 1985, 147
Braun Eberhard	Die Haftung des Privatpiloten im deutschen und schweizerischen Recht, Diss. Basel 1971
Brunner Josef	Die Rechtsstellung der IATA-Agenten, ASDA-Studientagung 1969, 54

BUCHER EUGEN	Schweizerisches Obligationenrecht, Allgemeiner Teil, 2. Aufl. 1988
–	Obligationenrecht, Besonderer Teil, 3. Aufl. 1988 (zitiert *Bes. Teil*)
BUCHMÜLLER BENZ	Das Protokoll von Guatemala zur Änderung von Regeln über die Beförderung im internationalen Luftverkehr, ASDA-Bulletin 1971/2, 17
CALKINS NATHAN G.	Grand Canyon, Warsaw and the Hague Protocol, JALC 23 [1956] 253ff
CARROZ JAQUES	Compte rendu de l'activité de l'OCAI; Projet de convention pour l'unification de certaines règles relatives au transport aérien international effectué par une personne autre que le transporteur contractuel, ASDA-Bulletin 1958/2, 3
COHEN DAVID	Happy Birthday CAB 18 900, Air Law 1982, 74
COOPER LIONEL	IATA Airline-Agency Relationship, Essays in Air Law, edited by Arnold Kean 1982
COOR MILFORD L.	Revision of the IATA General Conditions of Carriage (Passengers), Air Law 1985, 220
CRANS BEREND J.H.	The Special Contract: an instrument to strech liability limits? Air Law 1989, 159
CUENOD M.A.	La négociabilité de la lettre de transport aérien, ASDA-Bulletin 1956/11, 2
–	Exposé sur la question de la négociabilité, ASDA-Bulletin 1956/13,17
DANIEL MICHELLE D.	Air Transport of Animals: Passengers or Property, JALC 51 [1986] 497
DETTLING-OTT REGULA	Die Aufhebung der individuellen Haftungslimiten aufgrund von Art. 25 des Warschauer Abkommens oder eine zusätzliche Entschädigung aufgrund eines Supplemental Plans, ASDA-Bulletin 1989/1 und 2, 24
DE VIVO EDWARD CHARLES	The Warsaw Convention: Judicial Tolling of the Death Knell, JALC 49 [1983] 71, 130
–	The Fatal Passage: Exemplary Relief and the Human Instinct for Self Preservation, JALC 51 [1986] 303
DIEDERIKS-VERSCHOOR I.H. PHILEPINA	An introduction to air law, 2nd edition 1985
DRION H.	Limitation of Liabilities in International Air Law, 1954
DROBNIG U.	Allgemeine Geschäftsbedingungen im internationalen Handelsverkehr, FS F.A. Mann, 1977
DUBUC CAROLL E.	Les dommages et intérêts punitifs et la Convention de Varsovie ou l'alchimie judiciaire, RFDA 1991, 45
DU PERRON A.E.	Liability of air traffic control agencies and airport operators in civil law jurisdictions, Air Law 1985, 203

Du Pontivace E.	L'interprétation des conventions internationales portant loi uniforme dans les rapports internationaux, AASL 1982, 3
Ehlers Nikolai P.	Montreal Protokolle Nr. 3 und 4, Warschauer Haftungssystem und neuere Rechtsentwicklung, Diss. Köln 1985
Elzinga Kenneth G.	The Travel Agent, the IATA Cartel, and Consumer Welfare, JALC 44 [1978] 47
Felder Georges	Rechtsprobleme um den Flughafen Basel-Mulhouse, ASDA-Bulletin 1986/2, 58
Fitzgerald Gerald F.	The Four Montreal Protocols to Amend the Warsaw Convention Regime Governing International Carriage by Air, JALC 42 [1976] 273
–	The United Nations Convention on the International Multimodal Transport of Goods, AASL 1980, 51
–	The United Nations Convention on International Multimodal Transport of Goods (1980) – Discussion of the Operation of Pick-up and Delivery with Particular Attention to the Air Mode, Air Law 1982, 202
–	The implications of the United Nations Convention on International Multimodal Transport of Goods (Geneva, 1980) for International Civil Aviation, AASL 1982, 41
–	The Provisions Concerning Notice of Loss, Damage or Delay and Limitation of Actions in the United Nations Convention on International Multimodal Transport of Goods (Geneva 1980), AASL 1983, 41
Flight Recorder	Periodische Publikation der Swissair für das Cockpitpersonal.
Fleiner-Gerster Thomas	Grundzüge des allgemeinen und schweizerischen Verwaltungsrechts, 1980
Florio Jean-Gabriel	Le Protocole de Guatemala du 8 mars 1971, Thèse Lausanne 1974
Forstmoser Peter	Gesetzgebung und Gerichtspraxis zu den Allgemeinen Geschäftsbedingungen in der Schweiz – Eine Standortbestimmung, in: GIGER/SCHLUEP (Hrsg.): Allgemeine Geschäftsbedingungen in Doktrin und Praxis, 1982, 23
Frank Richard	Grundfragen des Reiseveranstaltungsvertrages, SJZ 1981, 141 und 157
Frings Michael	Kollisionsrechtliche Aspekte des internationalen Luftbeförderungsvertrages, ZLW 1977, 8
Gauch Peter	Der Werkvertrag, 3. Aufl. 1985
Gauch Peter/Schluep Walter R.	Schweizerisches Obligationenrecht, Allgemeiner Teil, Band I und II, 4. Aufl. 1987

GAUTSCHI GEORG	Besondere Auftrags- und Geschäftsführungsverhältnisse sowie Hinterlegung, in Berner Kommentar, Band VI, 6. Teilband, 1962
GAZDIK JULIAN G.	The Conflicts and State Obligations under the Warsaw Convention, the Hague Protocol and the Guadalajara Convention, JALC 28 [1962] 373
–	Uniform Air Transport Documents and Conditions of Contract, JALC 19 [1952] 184
–	The new Contract between Air Carriers and Passengers, JALC 24 [1957] 151
GEORGIADES EUTHYMENE	La lettre de Transport Aérien, Studientagung der Schweiz. Vereinigung für Luft- und Raumrecht, 1965
GERBER RUDOLF	Die Revision des Warschauer Lufttransportabkommens, 1957
GERSON STUART M./ALLEN GARY W.	The Montreal Protocols and the Supplemental Compensation Plan: A Necessary Change, ZLW 1992, 137
GIEMULLA ELMAR/LAU ULRICH/ BARTON DIRK/SCHMID RONALD	Kommentar zum Luftverkehrsgesetz (zitiert *GIEMULLA LAU/BARTON*)
GIEMULLA ELMAR/SCHMID RONALD	Kommentar zum Warschauer Abkommen, Stand 7. Ergänzungslieferung (zitiert *GIEMULLA/SCHMID*)
–	Ausgewählte internationale Rechtsprechung zum Warschauer Abkommen in den Jahren 1987–1989, ZLW 1990, 165
–	Ausgewählte internationale Rechtsprechung zum Warschauer Abkommen in den Jahren 1989–1991, ZLW 1992, 123
GIEMULLA ELMAR	Haftungsverteilung und -ausgleich im Luftrecht beim Zusammenwirken mehrerer Schädiger, ZLW 1988, 140
–	Überbuchungen bei Luftbeförderungen, EuZW 1991, 367
GIGER HANS	Geltungs- und Inhaltskontrolle Allgemeiner Geschäftsbedingungen, 1983
GIMBEL HERMANN	Ein Beitrag zu den privatrechtlichen und öffenlich-rechtlichen Problemen des Charterverkehrs unter besonderer Berücksichtigung der Rechtslage in der Schweiz und Deutschland, Diss. Zürich 1974
GIRSBERGER ANDREAS	Der Reisevertrag, ZSR NF 105, 1986 II 1
GODFROID MARC	Vers une autre interprétation de l'article 25 du Protocole de La Haye, RFDA 1982, 467
–	L'étendue dans le temps de la responsabilité du transporteur aérien an matière de fret, RFDA 1983, 321
–	Les transports à titre onéreux et gratuits dans la Convention de Varsovie et en droit belge, RFDA 1987, 22

–	Les transports aériens; l'application en Belgique de la Convention de Varsovie et du Protocol de La Haye, RFDA 1991, 209
GOLDHIRSCH LAWRENCE B.	The Warsaw Convention annotated, A Legal Handbook, 1988
GRIGNOLI VIRGILIO	La poste aérienne, Diss. Lausanne 1969
GUERRERI GIUSEPPE	Wilful Misconduct in the Warsaw Convention: A Stumbling Block? McGill Law Journal 6 [1959/1960], 267
–	Law no. 274 of 7 July 1988: a remarkable piece of Italian patchwork, Air Law 1989, 176
GULDENER MAX	Schweizerisches Zivilprozessrecht, 3. Aufl. 1979
GUHL THEO/MERZ HANS/ KOLLER ALFRED/DRUEY NICOLAS	Das schweizerische Obligationenrecht, 8. Aufl. 1991
GULDIMANN WERNER	Das Lufttransportreglement vom 3. Oktober 1952, SJZ 1953, 85
–	Zur Auslegung von Artikel 25 des Warschauer Abkommens, ZLW 1955, 270
–	Wer ist «erster Luftfrachtführer»?, Zur Auslegung des Art. 30 Abs. 3 des Warschauer Abkommens, ZLW 1960, 121
–	Internationales Lufttransportrecht, Kommentar zum Abkommen von Warschau vom 12. Okt. 1929 in der Fassung des Zusatzprotokolls vom Haag vom 28. Sept. 1955 sowie zum Zusatzabkommen von Guadalajara vom 18. Sept. 1961; Zürich 1965 (zitiert *Guldimann*)
–	Air Carriers' Liability in Respect of Passengers – From Warsaw 1929 via the Hague 1955 to Guatemala City 1971, RdC 135 [1972], 451
–	Zur Totalrevision des Luftfahrtgesetzes, ASDA-Bulletin 1979/1, 5
–	La Révision totale de la Loi sur la Navigation Aérienne, ASDA–Bulletin 1978/2, 6
–	Zur Totalrevision des Luftfahrtgesetzes, ASDA-Bulletin 1981/1, 4
GYGI FRITZ	Bundesverwaltungsrechtspflege, 1979
HAANAPPEL PETER P.C.	The IATA Conditions of Contract and Carriage for Passengers and Baggage, EuropTR 1974 650
–	The right to sue in Death Cases under the Warsaw Convention, Air Law 1981, 66
HÄBEL GÜNTHER	Zur Frage der Wettbewerbswidirigkeit des Verkaufs von Fremdwährungsflugscheinen durch Reisebüros, ZLW 1982, 225

HAMALIAN SETI K.	Liability of the United States Government in cases of air traffic controller negligence, AALS 1986, 55
HARAKAS ANDREW J.	Warsaw Convention: Mental Injury Unaccompanied by Physical Injury, ZLW 1991, 363
–	The Montreal Protocols in the United States 17 Years later, ZLW 1992, 345.
HASKELL DONALD M.	The Warsaw System and the U.S. Constitution Revisited, JALC 39 [1973] 483
HEINI ANTON	Die Anknüpfungsgrundsätze in den Deliktsnormen eines zukünftigen schweizerischen IPR-Gesetzes, in FS für F.A. Mann, 1977 (zitiert *FS Mann*)
HICKEY WILLIAM J.	Breaking the Limit – Liability for Wilful Misconduct under the Guatemala Protocol, JALC 42 [1976] 603
HILDRED SIR WILLIAM	Air Carriers' Liability; Significance of the Warsaw Convention and Events Leading up to the Montreal Agreement, JALC 33 [1967] 521
HODEL ANDRES	Die Haftung für Schäden aus mangelhafter Flugsicherung, ASDA-Bulletin 1964, Nr. 1–3 (3 Teile)
–	Die Rechtsbeziehungen zwischen dem Lufttransportführer und dem Transportbenützer nach öffentlichem und nach privatem Recht, ASDA-Bulletin 1985/2,54
HOFSTETTER J.	Der Auftrag und die Geschäftsführung ohne Auftrag, in Schweizerisches Privatrecht, Bd. VII/2, 1979
HOLLIGER EUGENIE	Das Kleingedruckte und der Konsument, in: GIGER/SCHLUEP (Hrsg.): Allgemeine Geschäftsbedingungen in Doktrin und Praxis, 1982, 3
HUBER ERICH	La négociabilité de la lettre de transport aérien, ASDA-Bulletin 1956/13, 4
ISLER ROLF	Kritisches zur vertrauenstheoretischen Abgrenzung von Speditions- und Frachtvertrag, SJZ 1990, 243
JAYME ERIK	Staatsverträge zum Internationalen Privatrecht, Berichte der Deutschen Gesellschaft für Völkerrecht, Heft 16, 1975
JEFFREY RAY B.	The growth of american judicial hostility towards the liability limitations of the Warsaw Convention, JALC 48 [1983] 805
JOHNSON STEPHEN C./ MINCH LAWRENCE N.	The Warsaw Convention Before the Supreme Court: Preserving the Integrity of the System, JALC 52 [1986], 93
KÄLIN WALTER	Das Verfahren der staatsrechtlichen Beschwerde, 1984
–	Der Geltungsgrund des Grundsatzes «Völkerrecht bricht Landesrecht», Festgabe zum Schweizerischen Juristentag 1988, 45
KELLER MAX	Schutz des Schwächeren im Internationalen Vertragsrecht, in FS Frank Vischer, 1983 (zitiert *FS Vischer*)

KELLER MAX/SIEHR KURT	Allgemeine Lehren des internationalen Privatrechts, 1986
KENNELLY JOHN J.	A Novel Rule of Liability: Its Implications, JALC 37 [1971] 343
KILBRIDE D.A.	Six decades of insuring liability under Warsaw, Air Law 1989
KOLLER INGO	Die Haftung für Sachschäden infolge vertragswidrigen Truckings im grenzüberschreitenden Luftfrachtverkehr, ZLW 1989, 359
KÖTZ HEIN	Rechtsvereinheitlichung – Nutzen, Kosten, Methoden, Ziele, RabelsZ 1986, 1
KRAMER E.A./SCHMIDLIN B.	Allgemeine Einleitung in das schweizerische Obligationenrecht und Kommentar zu Art.1–18 OR in Berner Kommentar, Band VI, 1. Teilband, 1986
KREINDLER LEE S.	The Denunciation of the Warsaw Convention, JALC 31 [1965] 291
KROPHOLLER JAN	Völkerrechtlicher Vertrag und Drittstaaten, Berichte der Deutschen Gesellschaft für Völkerrecht, Heft 28, 1988, 105; Zusammenfassung der Tagung in NJW 1988, 613
KUHN ROBERT	Keine Haftungslimiten nach Art. 22 I WA, WA/HP vor italienischen Gerichten, ZLW 1986, 99
–	Entgeltlichkeit im Sinne des Art. 1 Abs. 1 WA, WA/HP bei Kostenteilung, ZLW 1988, 224
–	Sonderfälle der Anspruchsberechtigung bei Art. 17, 18, 19 WA, WA/HP, ZLW 1989, 21
KUMMER MAX	Art. 8 ZGB in Berner Kommentar zum Schweizerischen Privatrecht, Band I, 1. Abteilung, 1966 (zitiert *Berner Kommentar*)
–	Grundriss des Zivilprozessrechts, 1978
–	Die Rechtsprechung des Bundesgerichts 1972, ZbJV 1974, 86
LACEY FREDERICK B.	Recent Developments in the Warsaw Convention, JALC 33 [1965] 385
LA PERGOLA ANTONIO/ DEL DUCA PATRICK	Community Law, International Law and the Italian Constitution, AJIL 79 [1985] 598
LENDI MARTIN	Art. 36 BV in Kommentar zur Bundesverfassung der Schweizerischen Eidgenossenschaft
LEGREZ FRANÇOIS	Les conditions générales de transport de l'IATA, RdC 135 [1972] 437
LESTER M.J.	Sales Agency Contract in the Field of Air Transport, RdC 135 [1972] 433
LEUENBERGER CHRISTOPH	Dienstleistungsverträge, ZSR NF 106 [1987] II 1
LEVY STANLEY J.	The Rights of the International Airline Passenger, Air Law 1976, 275

LOWENFELD ANDREAS F.	Aviation Law, 1972
LOWENFELD A.F./MENDELSSOHN A.I.	The United States and the Warsaw Convention, HarvLaw Review 80 [1967] 497
MAGDELENAT JEAN-LOUIS	Le fret aérien, 1979
–	Air Traffic Growth Will Increase Legal Problems, ZLW 1979, 184
MCLAUGHLIN JOYCE	Overbooking and Denied Boarding: Legal Response in the Last Decade, JALC 54 [1989] 1135
MAJOROS FERENC	Konflikte zwischen Staatsverträgen auf dem Gebiet des Privatrechts, RabelsZ 1982, 84
MANKIEWICZ RENÉ H.	Rechtsnormkonflikte zwischen dem Warschauer Abkommen und dem Haager Protokoll, ZLW 1956, 246
–	Air Law Conventions and the New States, JALC 29 [1963] 52
–	Le statut de l'arrangement de Montréal (Mai 1966) et la décision du Civil Aéronautics Board du 13 mai 1966 concernant la responsabilité de certains transporteurs aériens à l'égard de leurs passagers, RFDA 1967, 384
–	The 1971 Protocol of Guatemala City to Further Amend the 1929 Warsaw Convention, JALC 38 [1972] 519
–	Irrégularité des documents de transport prescrits par la Convention de Varsovie, EuropTR 1973, 200
–	Réflexions sur les moyens d'assurer l'interprétation uniforme de conventions d'unification du droit privé, ASDA-Bulletin 1975/3, 4
–	De la responsabilité civile en cas de détournement d'avion sous le «régime de Varsovie», ASDABulletin 1976/2, 4
–	Warschauer Abkommen und Rechtsvergleichung, ZLW 1970, 61
–	A galaxy of unified laws will replace the uniform regime created in 1929 in Warsaw or The death-blow to the uniform regime of liability in international carriage by air, Air Law 1976, 157
–	The Application of Article 17 of the Warsaw Convention to Mental Suffering not related to Physical Injury, AASL 1979, 187
–	The Liability Regime of the International Air Carrier, 1981 (zitiert *Liability*)
–	On the application of national law under and in margin of the Warsaw Convention, Air Law 1981, 79
–	Application of Article 26 (2) of the Warsaw Convention as Amended at the Hague to Partial Loss of Contents of Registred Baggage – The House of Lord's New Standards for the Interpretation of Uniform Law Conventions, ZLW 1981, 117

–	Selected American Decisions on the Warsaw Convention and Related Matters, ZLW 1985, 24 (Teil 1), 141 (Teil 2)
–	From Warsaw to Montreal with certain intermediate stops; marginal notes on the Warsaw system, Air Law 1989, 239
MAPELLI ENRIQUE	Air Carriers Liability in Cases of Delay, AASL 1976, 109
–	Point de vue sur la pratique de l'«overbooking», AASL 1979, 213
MARTIN PETER	Intentional or Reckless Misconduct: From London to Bangkok and Back Again, AASL 1983, 151
MAURER ALFRED	Einführung in das schweizerische Privatversicherungsrecht, 1976
–	Schweizerisches Sozialversicherungsrecht, 1979 (zitiert *Sozialversicherungsrecht*)
MEESEN MATTHIAS	Kollisionsrecht als Bestandteil des allgemeinen Völkerrechts: völkerrechtliches Minimum und kollisionsrechtliches Optimum, in FS F.A. Mann, 1977 (zitiert *FS Mann*)
MEIER-HAYOZ ARTHUR	Art. 1 ZGB in Berner Kommentar zum schweizerischen Privatrecht, Band I, 1. Abteilung, 1966 (zitiert *Berner Kommentar*)
MERZ HANS	Vertrag und Vertragsschluss, 1988
MILLER GEORGETTE	Liability in International Air Transport, The Warsaw System in municipal courts, 1977
MONTLAUR-MARTIN ELIZABETH	In re air disaster in Lockerbie, Scotland, 21 december 1988; De l'interprétation de la Convention de Varsovie et des dommages punitifs, RFDA 1989, 570
MÖLLS WALTER	Die neuen Allgemeinen Beförderungsbedingungen für Fluggäste und Gepäck (ABB Flugpassage) der Deutschen Lufthansa, ZLW 1987, 141
MÜLLER JOHANN K.-H.	Die Haftung des Luftfrachtführers bei Dienst- und Freiflügen seiner Arbeitnehmer, ZLW 1960, 40
MÜLLER JÖRG PAUL	Völkerrecht und schweizerische Rechtsordnung, in Handbuch der schweizerischen Aussenpolitik, 1975
MÜLLER JÖRG PAUL/WILDHABER LUZIUS	Praxis des Völkerrechts, 2. Auflage 1982
MÜLLER WALTER	Der Einfluss des Seerechts auf die Entwicklung des Luftrechts, Einführungskurs ins Luftrecht, 1958, 41
–	Der Chartervertrag, Festgabe zum 60. Geburtstag von Walter R. Schluep, 1988, 215
MÜLLER-ROSTIN WOLF D.	Neue Haftungsgrenzen für Personenschäden bei internationalen Luftbeförderungen, ZLW 1976, 339
–	Produktehaftpflicht im Luftverkehr und ihre Versicherbarkeit, ZLW 1983, 225

–	Der Haftungsrahmen des Warschauer Abkommens in der Bundesrepublik Deutschland, ZLW 1985, 211
–	Keine Ausdehnung der Haftung des Luftfrachtführers bei Lagerung von Frachtsendungen ausserhalb des Flughafens, ZLW 1991, 137
–	Air Carrier's Liability for Surface Transportation, Air Law 1992, 291
–	The American Supplemental Compensation Plan, ZLW 1992, 349
NEUPERT DIETER W.	Zur Aktivlegitimation für Schadenersatzansprüche gegen den Luftfrachtführer aufgrund des Warschauer Abkommens, ASDA-Bulletin 1988/1, 24
OFTINGER KARL	Schweizerisches Haftpflichtrecht, Band 1, 1975
OTT GERHARD	Die Luftfrachtbeförderung im nationalen und internationalen Bereich, 1990
PETKOFF GEORGE S.	Recent cases and developments in Air Law, JALC 56 [1990] 1 und JALC 56 [1990] 491
PLAVE MITCHELL E.F.	*United States v. Varig Airlines*: The Supreme Court narrows the Scope of Government Liability under the Federal Tort Claims Act, JALC 51 [1985] 197
POCAR FAUSTO	La protéction de la partie faible en droit international privé, RdC 1984 V 341
POURCELET MICHEL	Transport aérien international et responsabilité, 1964
REIMER GEORG	The role of Governments in Air Tariff Enforcement, ZLW 1982, 12
REUKEMA BARBARA	Hand luggage – Passengers love it, the Airlines hate it and the Warsaw Convention is not clear on how to handle it, AASL 1987, 119
RIESE OTTO	Das internationale Recht der zivilen Luftfahrt unter besonderer Berücksichtigung des schweizerischen Rechts, 1949
–	Internationalprivatrechtliche Probleme auf dem Gebiet des Luftrechts, ZLW 1958, 271
–	Internationale Luftprivatrechtskonferenz und das Charterabkommen von Guadalajara (Jal., Mexiko) vom 18. September 1961, ZLW 1962, 1
RIESE OTTO/LACOUR JEAN T.	Précis de Droit Aérien, 1951
RISCH PAUL	Divergenzen in der Rechtsprechung zum Warschauer Abkommen und die Mittel zur Sicherung der einheitlichen Auslegung des vereinheitlichten Luftprivatrechts, Diss. 1973
ROCHAT PHILIPPE	Résponsabilité du propriétaire-exploitant d'un Aéroport en Suisse, ASDA-Bulletin 1981/3, 6

ROBERTO VITO	Verdorbene Ferien als Schaden, recht 1990/3, 79
–	Die Haftung des Reiseveranstalters, 1990
ROMANG WERNER	Zuständigkeit und Vollstreckbarkeit im internationalen und schweizerischen Luftprivatrecht, 1958
RÖBBERT MANFRED	Die internationale Luftrechtskonferenz in Montreal vom 3. bis. 25 Sept. 1975, ZLW 1976, 5
RUDOLF ALFRED	Die Haftung für Schäden bei der Beförderung in militärischen Luftfahrzeugen, ZLW 1960, 11
–	Der Flugschein im internationalen Linienverkehr, ZLW 1969, 90
–	Die neuen IATA-Beförderungsbedingungen für Fluggäste und Gepäck, ZLW 1971, 153
–	Lohn der Angst bei Flugzeugentführungen, ZLW 1973, 21
–	Rechtsfolgen aus Beförderungen im Fluglinienverkehr bei fehlender, mangelhafter oder nicht deckungsgleicher vertraglicher Grundlage, ZLW 1973, 81
–	Die Rechtsstellung des Bewerbers um Zulassung zur IATA-Agentur, ZLW 1979, 421
–	Nochmals: Zur deliktischen Haftung für Luftpostsendungen, ZLW 1981, 17
–	Sind die Grundlagen des Warschauer Abkommens durch die neuere US-amerikanische Rechtsprechung in Gefahr?, ZLW 1983, 91
RUHWEDEL EDGAR	Der Luftbeförderungsvertrag, 2. Aufl. 1987
–	Probleme bei der Anwendung des AGB-Gesetzes auf Lufttransportverträge zwischen Kaufleuten, Schriften zum Transportrecht Heft 1, 1988, 76 (zitiert *AGB-Gesetz*)
SADIKOV O.N.	Conflicts of laws in international transport law, RdC 1985 I 191
SALADIN PETER	Völkerrechtliches Jus Cogens und schweizerisches Landesrecht, Festgabe zum Schweizerischen Juristentag 1988, 67
SCHEUCH URS	Luftbeförderungs- und Charterverträge unter besonderer Berücksichtigung des internationalen Privatrechts, 1979
SCHLUEP WALTER	Innominatverträge, in Schweizerisches Privatrecht, Band VII/2, 1979
SCHMID RONALD	Die Arbeitsteilung im modernen Luftverkehr und ihr Einfluss auf die Haftung des Luftfrachtführers. Der Begriff der «Leute» im sog. Warschauer Abkommen, Diss. Frankfurt 1983 (zitiert *Arbeitsteiligkeit*)

–	Mit nur zwei Motoren über den Atlantik, ZLW 1986, 283; französische Version: Des aéronefs équipés de deux réacteurs seulement au-dessus de l'Atlantique Nord, RFDA 1986, 481
–	La notion de «préposés» dans la Convention de Varsovie, RFDA 1986, 165
SCHMID RONALD/BRAUTLACHT ANDREAS	Ausgewählte internationale Rechtsprechung zum Warschauer Abkommen in den Jahren 1980–1987, ZLW 1987, 351; ZLW 1988, 17; ZLW 1988, 154
–	Ausgewählte internationale Rechtsprechung zum Warschauer Abkommen in den Jahren 1987–1989, ZLW 1990, 165
SCHMID-LENZ WERNER	Zur Auslegung staatsvertraglich vereinbarter Goldklauseln, SAG 1981, 57
SCHMIDT-RÄNTSCH GÜNTHER	Die Ausführung der Luftbeförderung durch einen Dritten, FS für Otto Riese, 1964, 479 (zitiert *FS Riese*)
–	Die Internationale Luftrechtskonferenz in Guatemala, ZLW 1972, 3
–	Fragen der Haftung des Luftfrachtführers für Schäden durch widerrechtliche Entführung von Luftfahrzeugen, ZLW 1979, 429
–	Einige Fragen zur Anwendung des Zusatzabkommens von Guadalajara, FS zu Ehren von Alex Meyer, 1975, 217 (zitiert *FS Meyer*)
SCHNEIDER PETER	Die Haftung des Luftfrachtführers bei Flugzeugentführungen und sonstigen kriminellen Angriffen auf den Luftverkehr, ZLW 1989, 220
SCHNYDER ANTON K.	Das neue IPR-Gesetz, 1988
SCHONER DIETER	Die Haftung des Reiseveranstalters für die Luftbeförderung, ZLW 1975, 257
–	Die internationale Rechtsprechung zum Warschauer Abkommen in den Jahren 1974 bis 1976, ZLW 1977, 256
–	Der Spediteur als Luftfrachtführer, TranspR 1979, 57
–	The freight forwarder as an air carrier, Air Law 1980, 2
–	Die Haftung des Luftfrachtführers bei der Beförderung von Luftpost, ZLW 1980, 93
–	Die internationale Rechtsprechung zum Warschauer Abkommen in den Jahren 1977 bis 1980, ZLW 1980, 327
–	Zur Haftung des Luftfrachtführers bei der Beförderung von Luftpost, ZLW 1981, 17
SCHÖNWERTH ERICH/ MÜLLER-ROSTIN WOLF	Unmittelbare Ansprüche des Eigentümers von Gepäck und Fracht gegen den Luftfrachtführer, ZLW 1993, 21.
SCHUPPISSER MARKUS	Die Haftung des Flugreiseveranstalters, SJZ 1988, 205
SCHÜRMANN LEO	Wirtschaftsverwaltungsrecht, 2. Aufl. 1983

–	Nationalbankgesetz und Ausführungserlasse, 1980 (zitiert *Nationalbankgesetz*)
SCHWANDER IVO	Einführung in das internationale Privatrecht, 1990
–	Die Gerichtszuständigkeit im Lugano-Übereinkommen, in «Das Lugano-Übereinkommen», St. Galler Studien zum internationalen Recht, 1990
SCHWEICKHARDT ARMIN	Das schweizerische Lufttransportreglement, ASDA-Bulletin 1953/2, 4
–	Schweizerisches Lufttransportrecht unter besonderer Berücksichtigung des schweizerischen Lufttransportreglements, des Warschauer Abkommens und der Beförderungsbedingungen (zitiert *Lufttransportrecht*)
–	Zur Frage der rechtlichen Beurteilung der Haftung des Luftfrachtführers aus Dienst- und Freiflügen seiner Angestellten, ZLW 1954, 7
–	Résumé über die Gründe, die gegen die Einführung eines negoziablen Luftfrachtbriefes sprechen, ASDA-Bulletin 1956/13, 12
–	Flugbeförderungsbedingungen der Swissair für den Personen- und Gepäckverkehr, Schweizerisches Archiv für Verkehrswissenschaft, 14 Jg. (1959) Nr. 1, 19
–	Die neuen Beförderungsbedingungen der Swissair für den Personen- und Gepäckverkehr, ASDA-Bulletin 1959/2, 5
–	Das Abkommen von Guadalajara, ASDA-Bulletin 1962/1, 3
–	Der Transportchartervertrag aus neuer Sicht, ZLW 1964, 9
–	Die Allgemeinen Transportbedingungen der IATA, ASDA-Studientagung 1969, 25 (zitiert *Studientagung 1969*)
–	Wie haftet eine Luftverkehrsgesellschaft für die im Verlauf einer Flugzeugentführung auftretenden Personenschäden?, ASDA-Bulletin 1971/1, 3
–	Neue Haftungsverhältnisse im internationalen zivilen Passagier-Luftverkehr, FS zu Ehren von Alex Meyer, 1975, 227 (zitiert *FS Meyer*)
–	Die neuen Haftungsverhältnisse im zivilen Luftverkehr, ASDA-Bulletin 1976/1, 5
–	Die Kanalisierung der Luftfrachtführerhaftung. Ein Vorschlag zur Klärung des Haftungsdschungels im zivilen Luftverkehr, ASDA-Bulletin 1979/2, 6
–	Die rechtliche Natur der Luftverkehrskonzession, ASDA-Bulletin 1981/1 17

SCHWENK WALTER	Der Begriff des Entgelts nach dem Luftverkehrsgesetz, ZLW 1963, 154
–	Reisebüro, Reiseveranstalter und Luftfahrtunternehmen – ihr Verhältnis bei der Beförderung von Fluggästen, ZLW 1974, 103
–	Handbuch des Luftverkehrsrechts, 1981 (zitiert *Schwenk*)
SEHR MICHAEL J.	Recent developments in aviation case law, JALC Vol. 53 [1987] 85
SHERMAN GREGORY S.	CAB Regulation of Airline Reservation Oversales: An Analysis of Economic Regulation 1050, JALC 44 [1979] 773
SHAWCROSS/BEAUMONT	Air Law (Loseblatt, Stand 1986)
SIEHR KURT	Multilaterale Staatsverträge erga omnes und deren Inkorporation in nationale IPR-Kodifikationen – Vor- und Nachteile einer solchen Rezeption, Berichte der Deutschen Gesellschaft für Völkerrecht, Heft 27 (Tagung 1985)
SILETS H.L.	Something special in the air and on the ground: the potential for unlimited liability of international air carriers for terrorist attacks under the Warsaw Convention and its revisions, JALC 53 [1987] 321
STAEHEILIN BERNHARD	Der Chartervertrag, Einführungskurs ins Luftrecht, 1958, 89 (zitiert *Einführungskurs 1958*)
–	Die Stellung des Agenten bei Pauschalreisen, ASDA-Studientagung 1972 (zitiert *Studientagung 1972*)
–	Die Haftung des Reiseveranstalters, ASDA-Bulletin 1980/3, 15
–	Der Flugschein als Ware, Festgabe der juristischen Fakultät der Universität Basel zum schweizerischen Juristentag 1985, 397 (zitiert *Flugschein*)
–	Bemerkung zu einem Urteil des Einzelrichters des Bezirksgerichts Zürich, ASDA-Bulletin 1991/1, 24
STARK EMIL W.	Ausservertragliches Haftpflichtrecht, Skriptum, 2. Aufl. 1988
STAUFFACHER ERIC	Le transport aérien international des marchandises dangereuses, 1985
STIVEN JAMES F.	Recent Cases and Developments in Aviation Law, JALC 55 [1989] 1
STRANTZ NANCY JEAN	Aviation Security and Pan Am Flight 103: What have we learned?, JALC 56 [1990] 413
STRÄULI HANS/MESSMER GEORg	Kommentar zur Zürcherischen Zivilprozessordnung, 2. Aufl. 1982
SUNDBERG JACOB W.F.	The changing law of air freight, Air Law 1981, 230

TETLEY WILLIAM	Responsability of Freight Forwarders, EuropTR 1987, 79
THORNTON ROBERT L.	Airlines and Agents: Conflict and the Public Welfare, JALC 52 [1986] 371
TOBOLEWSKI ALEKSANDER	Monetary Limitations of Liability in Air Law, 1986
TUASON VICENTE	La Poste Aérienne, ASDA-Studientagung 1965, 19 (zitiert *Studientagung 1965*)
TUASON VICENTE/ROMANENS MEINRAD	Das Recht der schweizerischen PTT-Betriebe, 1980
TUOR PETER/SCHNYDER BERNHARD	Das schweizerische Zivilgesetzbuch, 10. Auflage 1986
URWANTSCHKY PETER	Flugzeugunfälle mit Auslandberührung und Auflockerung des Deliktsstatuts, 1986
VERDROSS ALFRED/SIMMA BRUNO	Universelles Völkerrecht, 3. Aufl. 1984
VISCHER FRANK/VON PLANTA ANDREAS	Internationales Privatrecht, 2.Aufl. 1982
VOGT GEORG	Erwerb von Flugscheinen für Dritte, ZLW 1967, 125
–	Rechtsfolgen aus fehlerhafter Flugpreisberechnung, ZLW 1969, 1
–	Der Umfang des Schadenersatzes bei Luftfrachtschäden, ZLW 1970, 146
VOLKEN PAUL	Das Lugano-Übereinkommen; Entstehungsgeschichte und Regelungsbereich, in «Das Lugano-Übereinkommen», St. Galler Studien zum internationalen Recht, 1990
WALDER HANS ULRICH	Einführung in das Internationale Zivilprozessrecht der Schweiz, 1989
WESSELS HUBERT	Haftungsgrenze und Wertdeklaration in Artikel 22 Abs. 2 des Warschauer Abkommens bei Teilschäden an Fracht und Reisegepäck, ZLW 1960, 35
–	Haftung und Haftungsausschluss gegenüber Mitfahrern in Luftfahrzeugen von Luftsportvereinen, ZLW 1963, 149
WIEDEMANN GABRIELE F.	Die Haftungsbegrenzung des Warschauer Abkommens, 1987
ZÜLLIG THOMAS	Der CT (Combined Transport)-Vertrag im schweizerischen Recht, 1983

Abkürzungen

AASL	Annals of Air and Space Law, Kanada
AEA	Association of European Airlines
AG	Aktiengesellschaft oder Amtsgericht
AGB	Allgemeine Geschäftsbedingungen
AJIL	American Journal of International Law
A.M.	Anderer Meinung
Anm.	Anmerkung
AS	Amtliche Sammlung, Schweiz
ASDA	Association Suisse de Droit Aérien et Spatial (siehe auch SVLR)
Avi.	Aviation cases (Commerce Clearing House), USA
BAZL	Bundesamt für Zivilluftfahrt
BB	Bundesbeschluss
BBl	Bundesblatt
BG	Bundesgesetz
BGE	Entscheide des Schweizerischen Bundesgerichts
BGH	Bundesgerichtshof, BRD
BGHZ	Entscheidungen des Bundesgerichtshofes in Zivilsachen, BRD
BRB	Bundesratsbeschluss
BRD	Bundesrepublik Deutschland
BS	Bereinigte Sammlung
CAB	Civil Aeronautics Board (heute DOT)
CITEJA	Comité international technique des experts juridiques aériens
Cir.	Federal Circuit Court of Appeals, USA
ders.	derselbe
DM	Deutsche Mark
DOT	Departement of Transportation, USA
E.D.N.Y.	Eastern District of New York, USA
EG	Europäische Gemeinschaft
EFTA	European Free Trade Association
EHG	Bundesgesetz über die Haftpflicht der Eisenbahn- und Dampfschiffahrt-Unternehmungen und der Post vom 28. März 1905, SR 221.112.742
EuropTR	Europäisches Transportrecht
EuZW	Europäische Zeitschrift für Wirtschaftsrecht
EVED	Eidgenössisches Verkehrs- und Energiewirtschaftsdepartement

FF	Bundesblatt (französisch)
FN	Fussnote
FS	Festschrift
F.Supp.	Federal Supplement, USA
GA	Guadalajara-Abkommen
GB	Grossbritannien
GP	Guatemala-Protokoll
GSA	General Sales Agent
HarvLR	Harvard Law Review
HG	Handelsgericht
Hrsg.	Herausgeber
IATA	International Air Transport Association
ICAO	International Civil Aviation Organisation
IGH	Internationaler Gerichtshof im Haag
IV	Invalidenversicherung
IVG	Bundesgesetz über die Invalidenversicherung vom 19. Juni 1952, SR 831.20
IWF	Internationaler Währungsfonds
JALC	Journal of Air Law and Commerce
KG	Kantonsgericht
KUVG	Bundesgesetz über die Kranken- und Unfallversicherung vom 13. Juni 1911, SR 832.10
LFG	Bundesgesetz über die Luftfahrt vom 21. Dez. 1948, SR 748.0
LFV	Verordnung über die Luftfahrt, SR 748.01
LG	Landgericht
LTR	Lufttransportreglement vom 3. Oktober 1952, SR 748.411
LuftVG	Luftverkehrsgesetz, BRD
MP	Montreal-Protokoll
MVG	Bundesgesetz über die Militärversicherung vom 20. Sept. 1949, SR 833.1
NAG	Bundesgesetz betreffend die zivilrechtlichen Verhältnisse der Niedergelassenen und Aufenthalter vom 25. Juni 1891 (ersetzt durch das IPRG)
NJW	Neue Juristische Wochenschrift
NYT	New York Times
NZZ FA	Neue Zürcher Zeitung, Fernausgabe
o.ä.	oder ähnlich
OG	Bundesgesetz über die Organisation der Bundesrechtspflege vom 16. Dezember 1943, SR 173.110.
OG	Obergericht

OLG	Oberlandesgericht
OR	Schweizerisches Obligationenrecht vom 30. März 1911, SR 220
RabelsZ	Rabels Zeitschrift für Ausländisches und Internationales Privatrecht
RdC	Receuil des Cours
RFDA	Revue Française de Droit Aérien
SA	Société Anonyme
SAG	Die schweizerische Aktiengesellschaft
SemJud	Semaine Judiciaire
SchlT	Schlusstitel des ZGB
S.D.N.Y.	Southern District of New York, USA
SJZ	Schweizerische Juristenzeitung
SR	Systematische Rechtssammlung und Swissair
SSG	Bundesgesetz über die Seeschiffahrt unter der Schweizerflagge vom 23. Sept. 1953, SR 747.30
SUVA	Schweizerische Unfallversicherungsanstalt
SVLR	Schweizerische Vereinigung für Luft- und Raumrecht (siehe auch ASDA)
TranspR	Transportrecht
U.S.	United States of America
UVG	Bundesgesetz über die Unfallversicherung vom 20. März 1981, SR 832.2
VO	Verordnung
VRK	Wiener Konvention über das Recht der Verträge vom 23. Mai 1969, SR 0.111
vs.	versus (gegen)
VVG	Bundesgesetz über den Versicherungsvertrag vom 2. April 1908, SR 221 229.1
ZbJV	Zeitschrift des Berner Juristenvereins
ZGB	Schweizerisches Zivilgesetzbuch vom 10. Dezember 1907, SR 210
ZLW	Zeitschrift für Luft- und Weltraumrecht
ZR	Blätter für zürcherische Rechtsprechung
ZSR	Zeitschrift für Schweizerisches Recht

Einleitung

Der Luftverkehr hat sich seit dem zweiten Weltkrieg stürmisch entwickelt. Die internationalen Abkommen, die das Lufttransportrecht regeln, gehören zu den wenigen völkerrechtlichen Verträgen, die in der Praxis täglich in den verschiedenen Rechtskreisen angewendet werden.
Auch in der Schweiz sind Luftbeförderungen zu einem Konsumgut geworden. Trotzdem sind Streitigkeiten im Zusammenhang mit der Beförderung von Personen oder Gütern relativ selten. Nur wenige Fälle kommen vor den Richter. Über die Gründe kann man spekulieren. In der Regel sind Fluggesellschaften gegenüber ihren Passagieren kulant und wollen gerichtliche Auseinandersetzungen vermeiden. Die wenigen Urteile, die es gibt, befassen sich meistens mit Streitigkeiten aus der Beförderung von Fracht. Es ist auch nicht zu übersehen, dass Anwälte mit dem Lufttransportrecht oft wenig vertraut sind und sich mit Prozessen gegen Luftfahrtgesellschaften zurückhalten. Das ist ihnen nicht vorzuwerfen. An den schweizerischen Universitäten fristet das Luftrecht ein kärgliches Dasein. Juristen haben es nicht einfach, sich über das aktuelle Lufttransportrecht zu informieren. Wenn dieses Buch dazu beiträgt, eine Lücke zu schliessen, hat es seinen Zweck erfüllt.

Hinweis für den Benützer

Auf den folgenden Seiten finden Sie in geraffter Form eine Übersicht über die Grundlagen des Lufttransportrechts. Wenn Sie mit diesen Grundlagen nicht vertraut sind, soll die Übersicht es Ihnen ermöglichen, ein spezifisches Problem besser einzuordnen.

Übersicht

Übersicht über das Lufttransportrecht

A. Das Sachgebiet

Lufttransportrecht befasst sich mit der Beförderung von Personen, Gepäck und Fracht auf nationalen und internationalen Strecken mit zivilen Luftfahrzeugen. Das kann auf Linien- oder Charterflügen sein, und es kann sich um gewerbsmässig betriebene Strecken oder um nicht-kommerzielle Flüge handeln.

Das Lufttransportrecht regelt Transporte, die mit Motor- oder Düsenflugzeugen, mit Hubschraubern, Ballonen oder Segelflugzeugen ausgeführt werden. Deltasegler [1] und Fallschirmspringer fallen unter das Lufttransportrecht, sofern damit der Transport von Passagieren verbunden ist [2].

Transporte im Zusammenhang mit der Ausübung hoheitlicher Funktionen (Militär-, Zoll- und Polizeidienst, offizielle Missionen von Behörden) fallen nicht in den Bereich der kommerziellen und zivilen Luftfahrt. Sie unterliegen weder dem Warschauer Abkommen noch den landesrechtlichen Spezialvorschriften des Lufttransportrechts [3]. Für Schäden, die im Zusammenhang mit hoheitlichen Beförderungen entstehen, sind in der Schweiz das Verantwortlichkeitsgesetz des Bundes [4] und das Bundesgesetz über die Militärversicherung massgebend [5].

Die Beförderung von *Luftpost* gehört zum Lufttransportrecht [6]. Sie unterliegt jedoch nicht den gleichen Bestimmungen wie die Beförderung von Personen und Gütern. Das Warschauer Abkommen (Art. 2 Abs.2), das LFG (Art. 76) und das LTR (Art.2 Abs.3) schliessen die Beförderung von Post ausdrücklich von ihrem Anwendungsbereich aus[7]. Das noch nicht in Kraft getretene Montreal-Protokoll Nr. 4 [8] präzisiert in Art. 2 Abs.2, dass der Luftfrachtführer bei der Beförderung von Luftpost nur gegenüber der zuständigen Postverwaltung haftet [9]. Wer eine Luftpostsendung abschickt, schliesst mit der

---

1 Siehe auch HENLE VICTOR, Luftrecht für Drachenflieger, 1977; Urteil der Cour d'appel de Chambéry vom 17. Okt. 1989, RFDA 89, 551ff.
2 Als Luftfahrtunfall hat der deutsche Bundesgerichtshof auch einen Unfall beurteilt, bei dem sich eine Person von einem Motorboot an einem Luftschirm durch die Luft hatte ziehen lassen, Urteil vom 27. April 1988, ZLW 1988, 241. Zu der im Ausland erlaubten Beförderung von Personen mit Ultraleichtflugzeugen siehe z.B. der Fall, der dem Tribunal de grande instance de Nice vorlag, RFDA 1989, 269ff.
3 Abkommen von Chicago über die internationale Zivilluftfahrt vom 7. Dez. 1944, Art. 3, SR 0.748.0; das Haager Protokoll ermöglicht es einem Vertragsstaat, mit einer Erklärung unter gewissen Voraussetzungen auch die Beförderung von Militärpersonen auf zivilen Flugzeugen vom Warschauer Abkommen/Haager Protokoll auszunehmen, hinten 21.
4 BG über die Verantwortlichkeit des Bundes sowie seiner Behördemitglieder und Beamten vom 14. März 1958, SR 170.32.
5 BG über die Militärversicherung vom 20. Sept. 1949, SR 833.1; Art. 78 LFG.
6 GRIGNOLI 55; TUASON 19ff.
7 Das Warschauer Abkommen schliesst in der ursprünglichen Fassung in Art. 2 nur die Beförderung von Post aus, die dem Weltpostvertrag unterliegt. Postsendungen, die nicht in den Anwendungsbereich des Weltpostvertrages fallen, unterliegen dem Abkommen. Das Haager Protokoll (Art. 2) und das LFG (Art. 76) definieren ihren Anwendungsbereich enger und bestimmen, dass jede Beförderung von Post den Spezialgesetzen unterliegt; siehe auch GULDIMANN, Art. 2 N 8.
8 Hinten 30ff.
9 Oberlandesgericht Frankfurt, Urteil vom 28. Nov. 1984, ZLW 1985, 185; RUDOLF, ZLW 1981, 17ff; a.M. SCHONER, ZLW 1980, 97ff: er ist der Auffassung, dass die Fluggesellschaft aufgrund ausservertraglicher Schädigung ins Recht gefasst werden kann, 112ff. Zur Praxis in den USA und in GB BARETT, JALC 52 [1987] 711ff.

Postverwaltung einen Vertrag ab. Die Fluggesellschaft befördert die Sendung als Vertragspartnerin der Post [10]; zwischen dem Lufttransportführer und dem Absender besteht kein Vertragsverhältnis [11]. Entstehen im Zusammenhang mit der Beförderung von Luftpost Schadenersatzansprüche, sind dafür ausschliesslich das PVG [12] und die anwendbaren internationalen Postabkommen massgebend [13].

B. Rechtliche Grundlagen des Lufttransportrechts

Die wesentlichen Probleme, die sich im gewerbsmässigen Luftverkehr stellen, sind international geregelt: 1929 stellte das Warschauer Abkommen einheitliche Regeln auf über einzelne Probleme, die sich bei internationalen Beförderungen mit Luftfahrzeugen stellen. Seither versuchten die Vertragsstaaten des Warschauer Abkommens mehrmals, das Abkommen den geänderten Verhältnissen im Luftverkehr anzupassen. Das ist nicht gelungen. Nur ein Teil der ursprünglichen Vertragsstaaten unterzeichnete die Vereinbarungen, die das Warschauer Abkommen revidieren: das *Haager Protokoll* von 1955, das *Guatemala-Protokoll* von 1971 und die *Montreal-Protokolle* Nr. 1 bis 4 von 1975. Bis 1993 ist nur das Haager Protokoll in Kraft getreten.

1961 wurde das *Guadalajara-Abkommen* ausgearbeitet; es trat – auch für die Schweiz – 1964 in Kraft. Es ist ein selbständiger Staatsvertrag, der das Warschauer Abkommen ergänzt. Das Guadalajara-Abkommen ist anwendbar, wenn der Luftfrachtführer, der den Beförderungsvertrag abgeschlossen hat (vertraglicher Luftfrachtführer), die Beförderung nicht selber ausführt. Ein Dritter (ausführender Luftfrachtführer) befördert die Passagiere oder die Fracht.

Das ursprüngliche Abkommen von 1929, die sechs Protokolle, die seither ausgearbeitet wurden und das Abkommen von Guadalajara bezeichnet man oft als das «*Warschauer System*».

Die Bemühungen, nach 1929 das Lufttransportrecht auf internationaler Ebene zu revidieren, scheiterten an der Frage der Haftung für Personenschäden. Die USA – als führende Luftfahrtnation – weigerten sich anfangs der sechziger Jahre, die im Haager Protokoll vereinbarten Limiten zu akzeptieren. Sie kündigten das Warschauer Abkommen. Unter der Bedingung, dass die Fluggesellschaften, die das Land anfliegen, sich bereit erklärten, die Haftungslimiten für Personenschäden zu erhöhen, zogen sie die Kündigung kurz vor Ablauf der Kündigungsfrist zurück. Die entsprechende Vereinbarung zwischen den Luftfahrtbehörden der USA und Fluggesellschaften, welche die

---

10 Art. 109 LFV verpflichtet eine konzessionierte Fluggesellschaft, auf planmässigen Flügen gegen angemessene Entschädigung Postsendungen zu befördern. Die Konzession sieht vor, dass die Beziehung zwischen der PTT und der Fluggesellschaft vertraglich geregelt wird, siehe z.B. Art. 6 Abs.2 der Konzession der SWISSAIR vom 19. Dez. 1966. Gemäss dem Vertrag zwischen der SWISSAIR und der PTT vom 18. Okt. 1971 haftet die SWISSAIR gegenüber der PTT im gleichen Umfang wie diese gegenüber dem Postkunden (Art. 10 Abs.1).
11 GRIGNOLI 140; HODEL, ASDA-Bulletin 1985/2, 56.
12 BG betreffend den Postverkehr vom 5. April 1910, SR 783.0.
13 TUASON/ROMANENS 95; aufgrund seiner Satzungen vom 10. Juli 1964 (SR 0.783.51, AS 1966, 167) hat der Weltpostverein verschiedene Verträge ausgearbeitet; Texte der Verträge in der Fassung von 1984 siehe SR 0.783.52, AS 1985, 2070; siehe auch VERDROSS/SIMMA 202f; SCHWEICKHARDT, Lufttransportrecht 85ff.

Übersicht

USA anfliegen, führte dazu, dass diese den Passagieren in den Beförderungsbedingungen für Flüge von, nach oder via USA eine höhere Haftungssumme anbieten müssen (*Vereinbarung von Montreal*). Später erhöhten auch einige europäische Länder aufgrund einer informellen Absprache unter den Luftfahrtbehörden durch landesrechtliche Vorschriften oder aufgrund von Absprachen mit den nationalen Fluggesellschaften die Haftungslimiten für Personenschäden (*Absprache der Malta-Gruppe*). Fluggesellschaften des betreffenden Landes bieten ihren Passagieren in den Beförderungsbedingungen eine Entschädigung an, welche höher ist als die Limiten des Warschauer Abkommens [14].

Das schweizerische Recht regelt die Beförderung von Personen und Gütern mit Luftfahrzeugen im *Bundesgesetz über die Luftfahrt* (LFG) [15], in der *Verordnung über die Luftfahrt* (LFV) [16] und vor allem im *Lufttransportreglement* (LTR) [17]. Sachverhalte, die nicht in den Anwendungsbereich dieser Spezialvorschriften fallen, unterliegen dem *Obligationenrecht* (OR).

C. Geltungsbereich der internationalen Abkommen und der schweizerischen Spezialvorschriften

Internationales Lufttransportrecht ist kompliziert. Das Warschauer Abkommen von 1929 wurde bis 1993 sechsmal revidiert und einmal durch ein Abkommen ergänzt. Die neuesten Revisionen (Guatemala-Protokoll, Montreal-Protokolle) sind 1993 noch nicht in Kraft getreten. Sind einmal alle Versionen des Abkommens geltendes Recht, wird das internationale Lufttransportrecht noch unübersichtlicher sein [18].

Im internationalen Luftverkehr sind 1993 – wenn überhaupt – zwei Fassungen des Warschauer Abkommens anwendbar: das Warschauer Abkommen von 1929 und das Warschauer Abkommen in der Fassung des Zusatzprotokolls von Den Haag (1955). Der Beförderungsvertrag (Route) entscheidet darüber, welche Version des Warschauer Abkommens massgebend ist. Daneben können zusätzlich das Abkommen von Guadalajara, verschiedene nationale Bestimmungen und unterschiedliche Beförderungsbedingungen anwendbar sein [19].

Vereinfacht gilt folgendes:

– **Warschauer Abkommen (ursprüngliche Fassung):**
 Im Verkehr von, nach oder via USA ist das Warschauer Abkommen in seiner ursprünglichen Fassung anwendbar. Haftet die Fluggesellschaft für Personenschäden, ist im Verkehr von, nach oder via USA die *Vereinbarung von Montreal* ergänzend massgebend.

---

14 Hinten 24.
15 SR 748.0.
16 SR 748.01.
17 SR 748.411.
18 MILLER 39; siehe auch BÖCKSTIEGEL, ZLW 1979, 342ff.
19 Passagiere, die im gleichen Flugzeug reisen, sind je nach Beförderungsvertrag unterschiedlichen Rechtsnormen unterworfen. EHLERS, 1 Anm. 4 verweist auf Berechnungen, die auf 44 bis 80 Varianten kommen.

- **Warschauer Abkommen in der Fassung des Haager Protokolls:**
Die meisten Beförderungen, die nicht von, nach oder via USA führen, unterstehen dem Warschauer Abkommen in der Fassung des Haager Protokolls, denn eine beachtliche Zahl von Staaten hat das Zusatzprotokoll ratifiziert. Für die Haftung bei Personenschäden können zusätzlich die *Beförderungsbedingungen* massgebend sein.

- **Guadalajara-Abkommen:**
Charterflüge oder Flüge als Teil einer Pauschalreise können dem Guadalajara-Abkommen unterstehen.

- **Schweizerisches Recht:**
Ein Sachverhalt untersteht den schweizerischen Vorschriften über die Luftbeförderung von Personen und Gütern (LTR), wenn die Voraussetzungen zur Anwendung des Warschauer Abkommens nicht erfüllt sind.

Aufgrund eines Verweises im LTR gilt das *Warschauer Abkommen* jedoch auch für Beförderungen, welche die Voraussetzungen für die Anwendung des Abkommens nicht erfüllen. Der schweizerische Gesetzgeber hat weitgehend darauf verzichtet, eigene Vorschriften für die Beförderung von Personen, Gepäck und Fracht aufzustellen und bestimmt, dass in diesen Fällen das Warschauer Abkommen analog anzuwenden ist.

Die Vorschriften des LTR allein sind anwendbar, wo das Abkommen eine Frage nicht regelt.

Wenn die Voraussetzungen über die Anwendung des LTR nicht erfüllt sind, unterliegt die Beförderung dem *OR*. Das OR ist auch massgebend, wenn weder das Warschauer Abkommen noch das LTR eine Regelung enthalten.

1. Teil
Grundlagen des Lufttransportrechts

I. Die internationalen Grundlagen

A. *Das Warschauer Abkommen und das Haager Protokoll*

1. Entstehungsgeschichte

a) Warschauer Abkommen

Auf Initiative der französischen Regierung fand in Paris 1925 die erste internationale Luftrechtskonferenz statt [1]. Sie befasste sich in erster Linie mit der Haftung des Lufttransportführers und verabschiedete den Entwurf für ein «Abkommen über die Haftung des Frachtführers in internationalen Beförderungen auf Luftfahrzeugen» [2]. Die Konferenz empfahl, ein Ausschuss von Experten solle den Entwurf weiter bearbeiten. Luftrechtexperten aus verschiedenen Ländern bildeten das Comité International Technique d'Experts Juridiques Aériens (CITEJA); dieses Gremium überarbeitete den ersten Entwurf und legte seine Version [3] der zweiten internationalen Konferenz vor, die 1929 in Warschau tagte. Am 12. Okt. 1929 unterzeichneten die Teilnehmer der Konferenz das Abkommen zur Vereinheitlichung von Regeln über die Beförderung im internationalen Luftverkehr [4]. Nachdem es fünf Staaten ratifiziert hatten, trat es am 13. Feb. 1934 in Kraft. Die Schweiz hat das Warschauer Abkommen am 9. Mai 1934 ratifiziert; es ist für die Schweiz am 7. Aug. 1934 in Kraft getreten [5]. 1993 haben 123 Staaten das Warschauer Abkommen in der ursprünglichen Fassung ratifiziert.

Bereits kurze Zeit nach dem Inkrafttreten des Warschauer Abkommens wurde Kritik daran laut. Das CITEJA befasste sich mit der Verbesserung des Abkommens.

Der zweite Weltkrieg unterbrach die Überarbeitung des Warschauer Abkommens. Die 1944 gegründete International Civil Aviation Organization ICAO – eine Sonderorganisation der UNO [6] – führte nach 1947 die Revisionsarbeiten weiter [7]. Mit der Vereinheitlichung des Luftprivatrechts befasste sich ein Rechtsausschuss (Legal

---

1 Die Ausarbeitung des Warschauer Abkommens fiel in eine Zeit, in der sich zahlreiche Staaten an der multilateralen Kodifikation von kollisionsrechtlichen Normen beteiligten, KELLER/SIEHR 78.
2 Zur Geschichte des Warschauer Abkommens GULDIMANN, Einl. N 1 ff; GIEMULLA/SCHMID, Einl. N 1ff.
3 GIEMULLA/SCHMID, Anhang IV-1.
4 Französischer Originaltext RS *13* 656; amtliche Übersetzung AS *13* 653.
5 SR 0.748.410; BS *13* 653.
6 VERDROSS/SIMMA 201f.
7 BEAUMONT, JALC 16 [1949] 395ff.

Committee), den die Mitgliederversammlung von 1946 bestellt hatte. Er übernahm die Aufgaben des CITEJA und organisierte verschiedene Konferenzen. Diskutiert wurden hauptsächlich die Haftungslimiten [8]. Im Verlauf der Konferenzen zeigte sich, dass sich die Staaten nicht auf eine vollständige Überarbeitung des Warschauer Abkommens einigen konnten; im Bereich des Möglichen lag die Revision einzelner Artikel [9].

b) Haager Protokoll

Im September 1955 fand in Den Haag eine diplomatische Konferenz für die Revision des Warschauer Abkommens statt [10]. Am 28. Sept. 1955 unterzeichneten 26 der an der Konferenz teilnehmenden Staaten (44) das Protokoll zur Änderung des Abkommens von Regeln über die Beförderung im internationalen Luftverkehr, unterzeichnet in Warschau am 12. Okt. 1929 [11]. Es trat am 1. Aug. 1963 in Kraft, nachdem es 30 Staaten ratifiziert hatten. Die Schweiz ratifizierte es am 19. Okt. 1962; es ist am 1. Aug. 1963 in der Schweiz in Kraft getreten [12]. 1993 haben 110 Staaten das Warschauer Abkommen in der Fassung des Haager Protokolls ratifiziert.

2. Übersicht über den Inhalt

a) Warschauer Abkommen

Das Warschauer Abkommen vereinheitlicht wesentliche Aspekte von internationalen Luftbeförderungen: es definiert Begriffe (1. Kap.), vereinheitlicht die Beförderungsdokumente (2. Kap.), unterstellt den Lufttransportführer der Verschuldenshaftung mit umgekehrter Beweislast, führt das System der begrenzten Haftung des Lufttransportführers ein und setzt die Haftungslimiten auf 125'000 Goldfranken (ca. 8300 U.S.$ [13]) fest (3. Kap., Art. 17 – 25); es regelt prozessuale Fragen wie Legitimation, Zuständigkeit und Verjährung (3. Kap., Art. 27 – 30) und befasst sich mit der gemischten Beförderung (4. Kap.).

Die Originalsprache des Abkommens ist französisch (Art. 36).

b) Haager Protokoll

Das Haager Protokoll ist kein eigenständiges Abkommen [14]. Es revidiert einzelne Artikel des Warschauer Abkommens [15]. In Art. I definiert es Begriffe, schliesst

---

8 Zu den Revisionsentwürfen GERBER 48ff.
9 GULDIMANN, Einl. N 6.
10 Minutes and Documents of the Conference, ICAO Doc. 7686-LC/140, Vol. I und II; CALKINS, JALC 23 [1956] 253ff.
11 Französischer Originaltext in RO *1963* 664; amtliche Übersetzung AS *1963* 665.
12 SR 0.748.410.1; AS *1963* 665.
13 COHEN, Air Law 1982, 74.
14 Die von den schweizerischen Bundesbehörden publizierte Version des Warschauer Abkommens enthält die Änderungen des Haager Protokolls; die Bestimmungen über den Anwendungsbereich des geänderten Abkommens und die Schlussbestimmungen sind in AS *1963* 665 veröffentlicht.
15 Synoptische Darstellung des Warschauer Abkommens in der ursprünglichen Fassung und des Haager Protokolls in GIEMULLA/SCHMID, Anhang I-1.

Beförderung von Post vom Anwendungsbereich des Abkommens aus (Art. II), vereinfacht die Vorschriften über die Beförderungsdokumente (Art. III – VI), regelt die Folgen, wenn der Luftfrachtbrief unvollständig oder falsch ausgefüllt ist (Art. VII und VIII), ermöglicht die Ausstellung eines begebbaren Luftfrachtbriefes (Art. IX), und es enthält neue Vorschriften über die Haftung: der Lufttransportführer kann sich der Haftung nicht mehr entziehen, weil der Schaden durch fehlerhafte Navigation des Flugzeuges entstanden ist (Art. X), und bei Tod und Körperschäden werden die Haftungslimiten auf 250'000 Goldfranken (ca. 16'500 U.S.$ [16]) verdoppelt (Art. XI). Das Haager Protokoll bestimmt in Art. XI, wann der Kläger bei Teilverlusten eine Entschädigung beanspruchen kann und in welchem Ausmass er Gerichtskosten und andere Ausgaben für einen Rechtsstreit geltend machen kann. Art. XIII definiert neu, unter welchen Voraussetzungen der Transportführer unbeschränkt haftet [17]. Aufgrund von Art. XIV können sich die Hilfspersonen und Agenten des Lufttransportführers ebenfalls auf die Haftungslimiten berufen. Art. XV regelt die Fristen neu, innert deren ein Passagier oder Absender einen Schaden anzeigen muss.

Das Haager Protokoll ist in drei Sprachen (französisch, englisch und spanisch) abgefasst. Bei Abweichungen ist die französische Version massgebend (Art. XXVII).

3. Geltungsbereich des Warschauer Abkommens und des Haager Protokolls

a) Sachlicher Anwendungsbereich

In den sachlichen Geltungsbereich des Warschauer Abkommens fallen gemäss Art. 1 internationale Beförderungen von Personen, Gepäck oder Gütern in einem Luftfahrzeug, die gegen Entgelt vertraglich vereinbart wurden. Unentgeltliche Beförderungen unterstehen dem Warschauer Abkommen, wenn sie ein Luftfahrtunternehmen ausführt. Gemäss Art. 2 ist es auch anwendbar, wenn ein Staat oder eine andere juristische Person des öffentlichen Rechts als Lufttransportführer auftreten. Die Beförderung von Post fällt nicht unter das Abkommen (Art.2). In Art. 31 regelt das Abkommen die Anwendung auf gemischte Beförderungen und in Art. 34 die Geltung für Beförderung unter ausserordentlichen Umständen.

Das urprüngliche Warschauer Abkommen und das Haager Protokoll definieren den sachlichen Geltungsbereich gleich. Das Haager Protokoll ändert lediglich in Art. 1 Abs. 2 und 3 einige Formulierungen. Art. 40 a) umschreibt den Begriff «Hoher Vertragsschliessender Teil» neu.

aa) Internationale Beförderung

Das Warschauer Abkommen regelt nur internationale Beförderungen. Eine internationale Beförderung liegt nach Art. 1 Abs. 2 WA vor, wenn der Abgangs- und Bestimmungsort je in einem anderen Vertragsstaat liegen oder wenn der Abgangs- und Bestimmungsort im gleichen Vetragsstaat sind und die Parteien in einem anderen Staat

---

16 COHEN, Air Law 1982, 77.
17 Art. XIII war einer der umstrittensten Punkte der Revision, hinten 222.

eine Zwischenlandung vereinbart haben. Der Ort der Zwischenlandung muss nicht in einem Vertragsstaat liegen [18].

Ein Flug von **Genf** nach **Paris** unterliegt dem Warschauer Abkommen. Die Schweiz und Frankreich haben beide das Warschauer Abkommen ratifiziert. Ein Flug von Zürich nach Genf dagegen fällt nicht in den Anwendungsbereich des Warschauer Abkommens: Abgangs- und Bestimmungsort liegen im gleichen Vertragsstaat [19]. Ist dagegen der Flug Zürich – Genf Teil einer Beförderung nach Chicago (Route: Zürich – Genf – Chicago), unterliegt auch der Abschnitt Zürich – Genf dem Abkommen [20].

Die herrschende Lehre und Praxis definieren den *Abgangs- und Bestimmungsort* als den Ort, an welchem die vereinbarte Beförderung beginnt, und den Ort, an dem sie enden soll [21]. Der Ort, an dem die Parteien die letzte Landung vereinbart haben, gilt als Bestimmungsort.

Im Zusammenhang mit dem Absturz einer Spantax-Maschine hatte der **U.S. District Court, E.D.N.Y.** verschiedene Beförderungsverträge zu beurteilen. Das Gericht hielt fest, dass bei einer von den Parteien vereinbarten Rundreise Abgangs- und Bestimmungsort identisch seien, selbst wenn der Lufttransportführer zwei einzelne Flugscheine ausstellt. Vereinbarten die Parteien eine einfache Reise und wurde der Flugschein trotzdem als Retourflug ausgestellt, entscheidet die tatsächliche Vereinbarung über den Bestimmungsort [22].

Der Ausdruck «Zwischenlandung» kann verwirren. Damit ist jede Unterbrechung des Fluges gemeint. Es kann der Umkehrpunkt eines Retourfluges sein oder eine technisch bedingte Zwischenlandung, die im Flugschein des Passagiers nicht aufgeführt und nur aus dem publizierten Flugplan der Fluggesellschaft ersichtlich ist. Es kann sich um eine Zwischenlandung handeln, die der Passagier zum Umsteigen braucht. Der Aufenthalt kann tage- oder wochenlang dauern. Entscheidend ist, dass die Parteien im Beförderungsvertrag vereinbaren, der Fluggast werde zu einem bestimmten Zeitpunkt an den Ausgangsort zurückbefördert, und dass ihnen bekannt war, der Flug werde an einem bestimmten Ort unterbrochen [23].

Die von den Parteien vereinbarte und nicht die tatsächlich geflogene Route bestimmt, ob die Beförderung unter das Warschauer Abkommen fällt oder nicht; technisch, meteorologisch oder betrieblich bedingte Änderungen der Route haben keinen Einfluss auf die Frage, ob das Warschauer Abkommen anwendbar ist [24].

Bei *gemischten Beförderungen*, d.h. bei Beförderungen, die aufgrund der entsprechenden Vereinbarung der Parteien zum Teil auf dem Landweg und zum Teil in der Luft stattfinden, gilt als Abgangs- bzw. Bestimmungsort i.S. von Art. 1 Abs.2 WA der vereinbarte Anfangs- bzw. Endpunkt der Luftbeförderung [25].

---

18 Zur Definition des Begriffs «Vertragsstaat» GOLDHIRSCH 11f.
19 Das Warschauer Abkommen ist indirekt anwendbar, weil das in diesem Fall massgebende LTR auf das Warschauer Abkommen verweist, hinten 76.
20 Hinten 10.
21 Die noch heute gültige Definition stammt von einem englischen Gericht: «The place at which the contractual carriage begins and the place at which the contractual carriage ends», *Grein vs. Imperial Airways, Ltd.*, 1 Avi.622 (Court of Appeal, England 1936); MILLER 19.
22 Urteil *In re Air Crash Disaster at Malaga* vom 30. Jan. 1984, 18 Avi.17,593.
23 Entscheid des BGH vom 23. März 1976, ZLW 1976, 255; siehe auch GIEMULLA/SCHMID, Art. 1 N 7 mit Verweisen.
24 GIEMULLA/SCHMID, Art. 1 N 9.
25 Ebenso ROMANG 65f.

In der Lehre ist die Auffassung vertreten worden, dass bei gemischten Beförderungen der Bestimmungsort i.S. von Art. 1 WA dort liege, wo die gesamte Beförderung ende [26]. Diese Lösung überzeugt nicht. Art. 31 WA schränkt die Anwendung des Abkommens bei gemischten Beförderungen auf die Luftbeförderung ein, weil die Sondervorschriften des Lufttransportrechts nur für den Lufttransport gelten sollen. Dieser endet am Ort der letzten vereinbarten Landung. Die im Zusammenhang mit Sukzessivbeförderungen geltende «Fiktion» [27], dass verschiedene (Luft-) Beförderungsverträge als eine einzige Beförderung i.S. von Art. 1 Abs.2 WA gelten, lässt sich angesichts von Art. 31 WA nicht auf gemischte Beförderungen übertragen. Das folgende Beispiel verdeutlicht die Problematik: Die Parteien vereinbaren eine Beförderung über die Strecke Genf–Zürich (Flug) – Stuttgart (Zug). Dies ist keine internationale Beförderung i.s. des Abkommens [28], denn erst die Bahnstrecke macht die Beförderung «international».

bb) Sukzessivbeförderung

Oft soll mit der Beförderung ein Bestimmungsort erreicht werden, der die Benützung verschiedener Lufttransportführer bedingt, weil der gleiche Lufttransportführer nicht alle Strecken bedient, welche vom Abgangs- an den Bestimmungsort führen. In diesem Fall liegt eine Sukzessivbeförderung vor. Das Warschauer Abkommen regelt den Sachverhalt in Art. 1 Abs.3. Eine Beförderung, an der sich mehrere aufeinanderfolgende [29] Lufttransportführer beteiligen, gilt für die Bestimmung des Anwendungsbereichs als eine einheitliche Leistung, auch wenn der Passagier oder Absender mit jeder der beteiligten Fluggesellschaften einen Beförderungsvertrag über die jeweilige Strecke abschliessen und für jede Teilstrecke ein separater Flugschein oder ein separater Frachtbrief ausgestellt wird (Art.1 Abs. 3 WA [30]) [31]. Der Ausgangspunkt und der Bestimmungsort der gesamten Reise entscheiden darüber, ob es sich um cine internationale Beförderung i.S. des Warschauer Abkommens handelt.

Ohne die Regelung von Art. 1 Abs.3 WA wäre der Anwendungsbereich des Warschauer Abkommens wesentlich eingeschränkt. Zum Beispiel würden Inlandflüge, die als Zubringer oder Verlängerung zu einem internationalen Flug dienen, nicht unter das Warschauer Abkommen fallen.

Ein Flug **Paris – New York – Boston – New York – Paris** unterliegt dem Warschauer Abkommen, wenn er als einheitliche Leistung vereinbart worden ist. In einem Fall, der dem **Tribunal de grande instance de Paris** vorgelegen hatte, argumentierte der Passagier, auf den

---

26 SCHWEICKHARDT, Lufttransportrecht 96 ohne nähere Begründung; im Ergebnis vertritt GOLDHIRSCH 166 die gleiche Meinung, wenn er postuliert, dass gemischte Beförderungen «probably» gleich zu behandeln seien wie Sukzessivbeförderungen.
27 RUHWEDEL 165.
28 Dieser Sachverhalt ist nicht zu verwechseln mit dem Fall, in dem eine vereinbarte Luftbeförderung unvorhergesehen auf dem Landweg stattfindet. In bezug auf Art. 1 Abs.2 WA ist die vereinbarte Route massgebend.
29 Zwei Streckenabschnitte können auch «aufeinanderfolgend» sein, wenn dazwischen eine Landbeförderung liegt. Voraussetzung ist, dass ein Lufttransportführer, der den Passagier oder die Fracht in der Luft befördert, auch den Bodentransport übernimmt oder dass der Bodentransport einen unwesentlichen Teil der Reise darstellt und zum Umsteigen dient, GIEMULLA/SCHMID, Art. 1 N 18.
30 Art. 1 Abs. 3 WA zweiter Satz lautet: «Es macht keinen Unterschied, ob der Beförderungsvertrag in der Form eines einzigen Vertrages oder einer Reihe von Verträgen geschlossen worden ist.»
31 Die meisten Fluggesellschaften weisen in den AGB darauf hin, dass sie als Agent handeln, wenn sie die Beförderung auf anderen Linien vereinbaren, so Ziff. 5 der Vertragsbedingungen (Passagiere) der Swissair.

Abschnitt New York – Boston sei nationales (amerikanisches) Recht anwendbar. Wäre das Gericht seiner Auffassung gefolgt, hätte er für das verloren gegangene Gepäckstück einen höheren Ersatz erhalten [32].

Keine Sukzessivbeförderung liegt vor, wenn der Lufttransportführer mit dem Passagier oder Absender den Transport vereinbart und es danach einem Dritten überlässt, den Passagier oder das Gut tatsächlich über die ganze oder einen Teil der Strecke zu befördern (Substitution) [33]. Für die Frage der Anwendbarkeit des Abkommens ist einzig entscheidend, dass die Parteien eine einheitliche Leistung vereinbart haben [34].

Im Entscheid *in re Air Crash disaster at Warsaw, Poland on March 14, 1980* hielt der **U.S. Court of Appeals for the Second Circuit** fest, beide Parteien müssten sich bewusst sein, dass es sich um eine internationale Beförderung handle [35]. Die verunglückten Passagiere hatten für die inneramerikanische Strecke vom Wohnort nach New York und von New York nach Warschau zwei separate Flugscheine erhalten. Die beiden Lufttransportführer wussten nicht, dass es sich um eine Reise mit zwei Teilstrecken handelte. Das Gericht betrachtete die jeweiligen Flugabschnitte als separate Beförderungen [36].

Im Entscheid *Najjar c. Cie. Swissair et Cie. Air-Afrique c. Air Canada* änderte der vertraglich vorgesehene Lufttransportführer (Air Afrique) wegen schlechten Wetters die Route. Statt Genf direkt anzufliegen, gab es eine unvorhergesehene Zwischenlandung in Paris. Auf Veranlassung von Air Afrique erreichten die Passagiere den Bestimmungsort Genf von Paris aus mit der Air Canada. Das Gepäck traf erst mit einem späteren Flug der Swissair in Genf ein. Das Gericht ging davon aus, Air Canada und Swissair seien an einer Sukzessivbeförderung beteiligt gewesen [37]. Tatsächlich lag jedoch eine Substitution vor, denn die Parteien hatten eine einfache Beförderung vereinbart.

cc) Beförderungsvertrag

Nach Art. 1 WA gilt das Abkommen für «jede Beförderung von Personen, Gepäck oder Gütern (...)». Es definiert den Begriff der Beförderung nicht; die Verfasser des Abkommens gingen davon aus, dass seine Bedeutung klar sei [38]. Die Praxis zeigt, dass er ausgelegt werden muss.

Eine Beförderung ist mehr als die physische Präsenz an Bord eines Flugzeuges. «Beförderung» i.S. des Warschauer Abkommens erfordert, dass die Parteien einen Vertrag über den Transport, d.h. über eine Ortsveränderung einer Person oder eines Gutes abgeschlossen haben [39]. Auch ein Rundflug ist eine Beförderung i.S. des Warschauer Abkommens.

---

32 Urteil vom 16. Nov. 1989, RFDA 1990, 223.
33 Die meisten Fluggesellschaften behalten sich das Recht zur Substitution in den AGB vor, so Ziff. 9 der Vertragsbedingungen (Passagiere) der Swissair.
34 GULDIMANN, Art. 1 N 21.
35 Urteil vom 13. Nov. 1984, 18 Avi 18,387.
36 Ebenso *Lemly vs. Transworld Airlines*, Entscheid des U.S. District Court, S.D.N.Y. vom 29.April 1986, 20 Avi.17,106 und Entscheid des U.S. Court of Appeals 2nd Cir. vom 3. Dez. 1986, 20 Avi 17,520; SEHR, JALC 53 [1987] 122f. Umgekehrter Sachverhalt in *Stratis vs. Eastern Air Lines*, 17 Avi 17,227; siehe auch GOLDHIRSCH 15f, 23f.
37 Urteil des Tribunal de grande instance de Bobigny vom 27. Okt. 1987, RFDA 1987, 323; siehe auch hinten 154.
38 MILLER 7f.
39 GULDIMANN Art. 1 N 4; MILLER 8f, GIEMULLA/SCHMID Art. 1 N 3.

Kein Beförderungsvertrag liegt vor, wenn der Transport aus Gefälligkeit erfolgt [40]. Massgebend für die oft schwierige Abgrenzung ist, ob sich der Lufttransportführer rechtsgeschäftlich verpflichtete, die Beförderung auszuführen, und ob der Passagier oder Absender aufgrund der Umstände einen rechtlich geschützten Anspruch auf Beförderung haben [41]. Nicht entscheidend ist, ob die Beteiligten für den Flug ein Entgelt vereinbart haben oder ob sie sich an den Kosten beteiligen: die Entgeltlichkeit ist kein Merkmal dafür, ob ein Beförderungsvertrag vorliegt oder nicht [42].

Keine Beförderung i.S. des Abkommens liegt vor, wenn ein Fluglehrer mit einem Schüler einen **Schulflug** absolviert [43], wenn Personen sich an Bord eines Flugzeuges befinden, um einen **Testflug** durchzuführen oder wenn ein Hersteller potentielle Käufer zu einen **Demonstrationsflug** einlädt [44]. Ob Flüge, die eine Fluggesellschaft zur Werbung durchführt (**Inaugurations- und Aktionärsflüge**), eine Beförderung i.s. des Warschauer Abkommens sind, hängt von den konkreten Umständen ab. In der Regel ist für die beförderten Passagiere der (unentgeltliche) Transport an den Bestimmungsort das wesentliche Motiv der Reise, und es liegt ein Beförderungsvertrag vor. Zweifel darüber, ob das Warschauer Abkommen anwendbar sei, kann der Lufttransportführer ausräumen, indem er bei solchen Flügen den Passagieren einen Flugschein ausstellt, der auf das Abkommen und insbesondere auf die Haftungslimiten hinweist.

Mitglieder der **Besatzung** (Kabinen- und Cockpitpersonal), die als Angestellte einer Fluggesellschaft an Bord eines Flugzeuges arbeiten, sind nicht Partei eines Beförderungsvertrages und unterliegen nicht dem Warschauer Abkommen, sondern den Bestimmungen des Arbeitsvertrages [45]. Der gleiche Grundsatz gilt, wenn der Lufttransportführer Gegenstände mitführt, die er für den Flug braucht (Radio- und Funkgeräte) oder bei Ersatzteilen, die er als Reserve mitführt. Diese Transporte erfolgen nicht aufgrund eines Beförderungsvertrages [46].

Umstritten ist, ob die Angestellten einer Fluggesellschaft auf einer **Dienstreise** dem Warschauer Abkommen unterliegen oder ob in diesem Fall der Arbeitsvertrag massgebend ist [47]. Der Angestellte, der sich auf eine Dienstreise begibt, befindet sich an Bord, um befördert zu werden. Vertragspartner des entsprechenden Beförderungsvertrages können der Arbeitgeber in seiner Eigenschaft als Fluggesellschaft oder ein Dritter sein. Das schliesst nicht aus, dass der Arbeitnehmer bei einem Schaden gegenüber dem Arbeitgeber Ansprüche aus dem Arbeitsvertrag geltend macht, wenn z.B. Entschädigungen aufgrund der Sondervorschriften des Lufttransportrechts nicht seinen ganzen Schaden decken.

Im Fall *In re Mexico City Aircrash* war strittig, ob eine Stewardess, die sich an Bord des Flugzeuges befand, um an ihren Einsatzort zu gelangen, als Passagierin zu betrachten sei. Der **U.S. Court of Appeals for the Ninth Circuit** entschied, massgebend sei, dass die verunglückte Person an Bord gewesen sei, um ihren Pflichten als Arbeitnehmerin nachzukommen. Das Abkommen sei nicht anwendbar [48].

---

40 Siehe dazu Entscheid des BGH vom 27. November 1979, ZLW 1980, 143ff.
41 Zur Abgrenzung siehe auch KRAMER/SCHMIDLIN, Berner Kommentar, Allgemeine Einleitung in das schweizerische OR, N 63f und Urteil des OG Luzern vom 12. Sept. 1988, SJZ 1990, 143f.
42 Das Abkommen befasst sich ausdrücklich mit der unentgeltlichen Beförderung, hinten 15; siehe auch SCHWENK, ZLW 1963, 155.
43 Siehe auch Urteil des Tribunal de grande instance de Paris vom 4. Juli 1990, RFDA 1990, 458.
44 MANKIEWICZ, Liability 34 mit Verweisen auf die französische Rechtsprechung.
45 *Pouyfaucon c. Air France*, RFDA 1982, 226; in diesem Entscheid lehnte es die Cour d'appel de Paris ab, das Warschauer Abkommen anzuwenden, weil der klagende Pilot kein «Reisender i.»S. des Abkommens sei; hinten 117; siehe auch SCHMID/BRAUTLACHT, ZLW 1987, 356; GULDIMANN, Art. 1 N 9.
46 GULDIMANN, Art. 1 N 7.
47 MÜLLER, ZLW 1960, 41ff; SCHWEICKHARDT, ZLW 1954, 8f.
48 Urteil vom 24. Mai 1983, 17 Avi.18,397; in diesem Fall hatten die Hinterbliebenen ein Interesse daran, die Ansprüche dem Warschauer Abkommen zu unterstellen, weil das Arbeitsrecht die Schadenersatzansprüche enger begrenzt als die Sondervorschriften des Lufttransportrechts.

Befördert eine Fluggesellschaft ihre Angestellten aufgrund des **Freiflugreglements** (verbilligte Beförderung zugunsten der Angestellten), ist das Warschauer Abkommen anwendbar, denn es handelt sich um einen Beförderungsvertrag. Wie bei der Beförderung eines beliebigen Passagiers oder von beliebiger Fracht ist der Zweck des Vertrages der Transport vom Abgangs- an den Bestimmungsort. Obwohl Angestellte für den Flug einen reduzierten Preis oder nichts bezahlen, ist ein Beförderungsvertrag zustande gekommen, der dem Warschauer Abkommen unterliegt. Das Abkommen regelt ausdrücklich auch unentgeltliche Flüge, wenn sie ein Luftfahrtunternehmen ausführt [49].

Bei internationalen **Rettungsflügen** ist das Warschauer Abkommen auf den beförderten Patienten anwendbar, denn der Flug bezweckt einen Transport. Fraglich kann sein, wie ein bewusstloser Patient vor dem Abflug von den Haftungslimiten Kenntnis erhält (Art. 3 Abs.2 WA). Es ist in diesem Fall davon auszugehen, dass die begleitende Person stellvertretend für den bewusstlosen Passagier den Beförderungsvertrag abschliesst oder als Geschäftsführer ohne Auftrag handelt (Art. 419ff OR).

Mitglieder eines **Flug- oder Ballonsportvereins**, die in Erfüllung des Vereinszwecks einen Flug durchführen, unterliegen nicht dem Warschauer Abkommen; sie haben keinen Beförderungsvertrag abgeschlossen. Steigen Dritte zu, die Passiv- oder Nichtmitglieder sind, ist das Warschauer Abkommen im Verhältnis zu ihnen anwendbar, sofern seine übrigen Voraussetzungen erfüllt sind [50]. Vermietet der Verein seinen Mitgliedern ein Luftfahrzeug, um damit Flüge ausserhalb der Vereinstätigkeit durchzuführen, oder ist der Flug als private Beförderung zu betrachten, ist das Warschauer Abkommen anwendbar, sofern seine übrigen Voraussetzungen über die Anwendung erfüllt sind [51].

Umstritten ist, ob der Transport eines **blinden Passagiers** unter das Warschauer Abkommen fällt. Einige Autoren verneinen dies, weil der blinde Passagier mit dem Transportführer keinen Vertrag abgeschlossen habe [52]. Diese Argumentation führt zu einem stossenden Ergebnis. Kommt es zu einem Unfall, erhält der blinde Passagier möglicherweise den vollen Schaden ersetzt (wenn er gemäss OR das Verschulden des Lufttransportführers nachweisen kann), während sich der normal zahlende Passagier mit einem Ersatz innerhalb der Haftungslimiten zufriedengeben muss. In einem Schadenfall könnte der Lufttransportführer zwar geltend machen, der blinde Passagier habe sich mit der erschlichenen Beförderung ungerechtfertigt bereichert. Das würde lediglich dazu führen, dass nachträglich der Anspruch des Transportführers für den Preis der Beförderung mit den Schadenersatzansprüchen des blinden Passagiers zu verrechnen wäre. Aufgrund von Art. 2 ZGB würde der blinde Passagier seinen Anspruch auf Schadenersatz nur verlieren, wenn die erschlichene Beförderung für den Schaden kausal war [53].

Angemessener scheint es, zwischen dem blinden Passagier und dem Lufttransportführer ein faktisches Vertragsverhältnis [54] anzunehmen, denn ein Beförderungsvertrag kommt formlos

---

49 Ebenso GULDIMANN, Art.1 N 9; a.M. SCHWEICKHARDT, ZLW 1954, 9f und SCHWEICKHARDT, Lufttransportrecht 14. Nach MANKIEWICZ, Liability 34 ist das Warschauer Abkommen auf die Beförderung von Angestellten einer Fluggesellschaft nur anwendbar, wenn der Passagier vor dem Flug einen Flugschein erhält, der auf das Abkommen hinweist.
50 Gegebenenfalls ist das Warschauer Abkommen aufgrund des LTR massgebend, siehe BGE 83 II 231 i.S. *Jaquet c. Club neuchâtelois d'aviation*, hinten 107.
51 Entscheid des BGH vom 5. Juli 1983, ZLW 1983, 363ff; der Kläger hatte als Passivmitglied mit einem Flugzeug des Vereins einen Golfplatz besichtigt. Pilotiert wurde das Flugzeug von einem aktiven Vereinsmitglied. Der BGH ging davon aus, dass der Zweck des Vertrages die Beförderung gewesen sei und nicht die luftsportliche Tätigkeit innerhalb des Vereinszweckes; siehe auch WESSELS, ZLW 1963, 149ff.
52 GULDIMANN, Art. 1 N 6; SCHWEICKHARDT, Lufttransportrecht 14; RUHWEDEL 40.
53 MEIER-HAYOZ, Berner Kommentar 379f, N 583; anders ist die Regelung im Eisenbahnhaftpflichtrecht, siehe Art. 6 EHG; eine entsprechende Bestimmung fehlt im Lufttransportrecht.
54 Ein faktisches Vertragsverhältnis liegt vor, weil der blinde Passagier vertragslos eine entgeltliche Leistung in Anspruch nimmt, siehe dazu ausführlich BUCHER 239ff und GAUCH/SCHLUEP, N 244ff.

zustande (Art. 3 Abs.2 WA). Die Haftungslimiten sind anwendbar, ohne dass der Transportführer dem blinden Passagier einen Flugschein ausgestellt hat. Art. 3 Abs.2 WA weist ausdrücklich darauf hin, dass der Lufttransportführer nur dann die Konsequenzen des nicht ausgestellten Flugscheins zu tragen hat (unlimitierte Haftung), wenn der Passagier das Flugzeug mit der Zustimmung des Transportführers bestiegen hat. Der blinde Passagier besteigt das Flugzeug ohne die Zustimmung des Transportführers.

Auch bei der Beförderung von **Deportierten** kann strittig sein, ob ein Beförderungsvertrag vorliegt. Deportierte befinden sich in der Regel gegen ihren Willen an Bord eines Flugzeuges. Selbst wenn die Behörden für den Deportierten einen Flugschein erwerben, wird dadurch zwischen dem deportierten Passagier und dem Lufttransportführer kein Beförderungsvertrag zustande kommen. Im Fall *Galu vs. Swissair* verneinte der **U.S. District Court S.D.N.Y.** das Vorliegen eines Beförderungsvertrages [55].

dd) Personen, Gepäck und Güter

Die Definition der Begriffe *Personen* und *Gepäck* verursacht wenige Schwierigkeiten [56]; umstritten ist dagegen, was unter *Gütern* zu verstehen ist [57]. Für den schweizerischen Rechtskreis hat das LTR mögliche Diskussionen über die Auslegung des Begriffs beseitigt. Gemäss Art. 1 Abs. g) LTR sind *Frachtgut, Tiere* [58] und *Leichen* [59] als Gut i.S. des Warschauer Abkommens zu verstehen.

ee) Entgeltliche und unentgeltliche Beförderung durch ein Luftfahrtunternehmen

Das Warschauer Abkommen regelt die kommerzielle Luftfahrt [60]. Ihm unterliegen Flüge, die gegen *Entgelt* ausgeführt werden. Auf unentgeltliche Flüge ist es nur anwendbar, wenn diese ein Luftfahrtunternehmen ausführt (Art.1 Abs.1 WA).

Die Auslegung des Begriffs «Entgelt» hat zu Kontroversen geführt. Umstritten ist, ob jede geldwerte Leistung (Geld, Sach- oder Dienstleistung) als Entgelt zu betrachten ist oder ob darunter nur ein Gewinn zu verstehen ist [61]. Das Kriterium «Gewinn» ist wenig geeignet, das Entgelt zu qualifizieren, weil selbst kommerziell tätige Unternehmen mit Luftbeförderungen nicht notwendigerweise einen Gewinn erwirtschaften. Es ist vielmehr zu prüfen, ob der Lufttransportführer das Entgelt als Entschädigung für seine wirtschaftliche und gewerbsmässige Tätigkeit entgegennimmt [62]. In diesem Fall ist das Kriterium der Entgeltlichkeit erfüllt [63].

Der **deutsche Bundesgerichtshof** entschied, ein Anwalt, der mit dem Fluzeug seines Mandanten zu einer Besprechung fliege, unterliege den Bestimmungen des Warschauer Abkommens [64]. Der

---

55 Urteil vom 3. Aug. 1987, 20 Avi. 18,550, Sachverhalt hinten 57.
56 Schwierig kann die Abgrenzung zwischen aufgegebenem Gepäck und Handgepäck sein, hinten 174.
57 Zu Kontroversen, die im Zusammenhang mit der Beförderung von Leichen entstanden sind MILLER 11.
58 Zur Beförderung von Tieren siehe DANIEL, JALC 51 [1986] 497.
59 Vgl. auch das Abkommen über Leichenbeförderung vom 10. Februar 1937; siehe auch die Urteile des U.S. Court of Appeals for the Ninth Circuit vom 9. Sept. 1987, 20 Avi. 18,248 und des U.S. District Court for the Southern District of Texas vom 18. Jan. 1982, AASL 1983, 495f, 17 Avi 18,618.
60 MILLER 12f mit Ausführungen zur Entstehungsgeschichte.
61 So GODFROID, RFDA 1987, 28.
62 Man kann auch darauf abstellen, ob die Tätigkeit des Lufttransportführers «gewinnorientiert» ist, KUHN, ZLW 1988, 226.
63 GULDIMANN Art. 1 N 11f; MILLER 14f; RUHWEDEL 23; GIEMULLA/SCHMID, Art. 1 N 31f.
64 Urteil vom 2. April 1974, ZLW 1975, 57; SCHONER, ZLW 1977, 262; GIEMULLA/SCHMID, Art. 1 N 31.

Auftraggeber (Klient) war zugleich Lufttransportführer; er beförderte den Anwalt zu einer Besprechung von Lüttich nach Linz. Der BGH hielt fest, die Beförderung habe im wirtschaftlichen Interesse des Lufttransportführers gelegen; er sei an der Leistung des Passagiers (Anwalts) kommerziell interessiert gewesen. Er bewertete dieses Interesse höher als das Interesse des Anwalts an der unentgeltlichen Beförderung.

Flüge, die eine Fluggesellschaft für ihre Aktionäre gratis durchführt (**Aktionärsflüge**) und **Inaugurationsflüge**, mit welchen die Eröffnung einer neuen Destination mit Gästen und Journalisten gefeiert wird, sind unentgeltliche Beförderungen. Wenn sie ein Flugunternehmen durchführt, unterstehen sie aufgrund von Art. 1 Abs. 1 WA dem Abkommen.

Es gibt Beförderungen, die **von Gesetzes wegen** unentgeltlich sind. Art. 109 Abs. 3 LFV schreibt schweizerischen Unternehmen, die über eine Konzession verfügen, vor, dass sie vom BAZL bezeichnetes Personal für seine Verrichtungen unentgeltlich befördern müssen. Der Lufttransportführer haftet für diese Beförderungen nach den Bestimmungen des Warschauer Abkommens.

Schwierige Grenzfälle ergeben sich im Zusammenhang mit privaten Flügen. Berücksichtigt man den Zweck des Abkommens, nämlich den internationalen kommerziellen Luftverkehr zu vereinheitlichen und die international tätigen Fluggesellschaften einer limitierten Haftung zu unterstellen, ist das Abkommen auf private Beförderungen mit Zurückhaltung anzuwenden, und Art. 1 WA ist eng auszulegen [65]. Der Lufttransportführer muss die Gegenleistung des Vertragspartners aus wirtschaftlichen Motiven entgegengenommen haben.

Ein Flug, bei dem sich die Passagiere an den Selbstkosten beteiligen, ist in der Regel nicht als Beförderung gegen Entgelt zu betrachten [66].

Das Warschauer Abkommen definiert den Begriff *Luftfahrtunternehmen* nicht [67]; in der Praxis hat seine Auslegung zu keinen Kontroversen Anlass gegeben. Beim Lufttransportführer (natürliche oder juristische Person) muss es sich um ein Luftfahrtunternehmen handeln, das mit seinem Geschäft die Beförderung von Personen und/oder Gütern bezweckt, damit ein mehr oder weniger regelmässiges Einkommen erzielt und bereit ist, die Tätigkeit für Personen eines unbestimmten Kreises auszuüben [68].

Gesellschaften, die über eine Konzession gemäss Art. 101 LFV oder über eine Bewilligung gemäss Art. 114 LFV verfügen, sind Luftfahrtunternehmen i.S. des Warschauer Abkommens, denn eine Konzession oder eine Bewilligung wird nur für die gewerbsmässige Beförderung von Personen und Gütern ausgestellt. Luftfahrtunternehmen i. S. des Warschauer Abkommens können auch Reiseveranstalter und Vereine sein [69].

---

65 Ebenso KUHN, ZLW 1988, 226f.
66 Urteil des OLG Karlsruhe vom 18. Juni 1986, ZLW 1987, 394; a.M. der Oberste Gerichtshof der Republik Österreich in einem Entscheid vom 13. Januar 1977, ZLW 1978, 60, der eine Kostenbeteiligung als Entgelt betrachtete; ebenso RUHWEDEL 25. In der Schweiz gilt das Warschauer Abkommen bei Beförderungen durch Privatpiloten in der Regel aufgrund einer ensprechenden Vereinbarung der Parteien: die Versicherungsgesellschaften verpflichten die Privatpiloten, den Passagieren einen Flugschein abzugeben, der auf die Geltung des Warschauer Abkommens verweist.
67 Siehe auch Hinweis bei GIEMULLA/SCHMID, ZLW 1990, FN 13.
68 Diese Definition deckt sich weitgehend mit der Umschreibung der gewerbsmässigen Luftfahrt in Art. 100 LFV; siehe auch GULDIMANN, Art. 1 N 13.
69 BGE 83 II 231ff; BGE 111 II 272 und Urteil des OG des Kantons Basel-Landschaft vom 29. Januar 1985, ASDA-Bulletin 1985/2, 100 betr. Verfahren gegen *African Safari Club und ASC African Safari Club AG*, Sachverhalte hinten 110.

ff) Luftfahrzeug

Das Warschauer Abkommen definiert nicht, was unter einem *Luftfahrzeug* zu verstehen ist. Dagegen umschreibt das Abkommen von Chicago in Annex 7 den Begriff. Er kann für die Abgrenzung des sachlichen Anwendungsbereichs des Warschauer Abkommens beigezogen werden [70].

Die LFV hat die Definition des Chicago Abkommens in Art. 1 übernommen. Als Luftfahrzeuge gelten *Fluggeräte, die sich durch Einwirkungen der Luft, jedoch ohne die Wirkung der Luft gegen den Boden (Luftkissenfahrzeuge), in der Atmosphäre halten können*. Wendet man diese Definition an, gelten unter den heute gängigen Transportmitteln *Motor- und Düsenflugzeuge, Helikopter, Segelflugzeuge, Hängegleiter, Ultraleichtflugzeuge, Gas-, Heissluft- und Fesselballone* sowie *Fallschirme* als Luftfahrzeuge.

gg) Flüge von Staatsunternehmen

Hoheitliche Beförderungen (offizielle Missionen von Behörden, Militär-, Zoll- und Polizeidienst) fallen nicht unter das Warschauer Abkommen. Führt ein Staat oder eine juristische Person des öffentlichen Rechts jedoch einen kommerziellen Flug durch, unterliegt er dem Warschauer Abkommen. Die Beförderung muss gegen Entgelt erfolgen; ist sie unentgeltlich, fällt sie nur unter das Warschauer Abkommen, wenn sie ein Luftfahrtunternehmen im Sinne von Art. 1 Abs. 1 WA ausführt [71].

In verschiedenen Ländern sind kommerziell tätige Fluggesellschaften staatliche Organisationen, oder sie sind Aktiengesellschaften, die dem Staat gehören. Diese Eigentumsverhältnisse berühren die Frage, ob das Warschauer Abkommen anwendbar sei, nicht. Nur wenn diese kommerziell tätigen Unternehmen hoheitliche Flüge durchführen, ist das Warschauer Abkommen nicht anwendbar.

Befördern die Behörden eines Landes Personen und Güter auf Flügen, die von den Voraussetzungen her dem Warschauer Abkommen unterliegen (zivile Flugzeuge transportieren Militärpersonal, staatlich angeordneter Evakuationsflug in einem zivilen Flugzeug), kann der betreffende Staat mit einem Vorbehalt die Anwendung des Warschauer Abkommens ausschliessen (Art. XXVI des Haager Protokolls) [72].

---

70 «Any machine that can derive support in the atmosphere from the reactions of the air other than the reactions of the air against the earth's surface», Annex 7 zum Internationalen Abkommen über die Zivilluftfahrt; MILLER 15; SCHWENK, Handbuch, 145f.
71 Vorne 16.
72 GULDIMANN, Art.2 N 7; siehe auch *Mertens vs. Flying Tiger Line Inc.* und *Warren vs. Flying Tiger Line Inc.* (9 Avi.17,475 und 9 Avi.17,848). In beiden Fällen transportierte eine kommerzielle Fluggesellschaft auf einem Charterflug Angehörige der amerikanischen Armee. Die Gerichte unterstellten die Beförderung dem Warschauer Abkommen. Die Regierung der USA habe die Soldaten nicht selber befördert; die Fluggesellschaft transportierte die Passagiere vielmehr im Auftrag der U.S. Regierung; siehe auch LACEY, JALC 23 [1965] 397f.

b) Örtlicher Geltungsbereich

aa) Warschauer Abkommen

In der ursprünglichen Fassung ist das Warschauer Abkommen in den Staaten anwendbar, die das Warschauer Abkommen, nicht aber das Haager Protokoll ratifiziert haben [73].

Der vereinbarte Abgangs- und Bestimmungsort einer Beförderung bzw. der vereinbarte Abgangs- und Bestimmungsort sowie der Ort der vereinbarten Zwischenlandung müssen in Staaten liegen, die nur das ursprüngliche Abkommen ratifiziert haben, damit dieses anwendbar ist.

Das Abkommen definiert in der ursprünglichen Fassung den Begriff *Staatsgebiet* bzw. *Hoher Vertragsschliessender Teil* (Wortlaut, der im Abkommen verwendet wird) nicht [74]. Zu Kontroversen Anlass gab v.a. in Frankreich und in England die Frage, ob frühere Kolonien nach ihrer Unabhängigkeit als Vetragsstaaten gelten [75].

Eine Reise von **Barbados** nach den **USA** unterliegt dem Warschauer Abkommen in der ursprünglichen Fassung [76]; keiner der beiden Staaten hat das Haager Protokoll ratifiziert.

Liegt nur der vereinbarte Abgangs- oder nur der Bestimmungsort in einem Vertragsstaat, sind die Voraussetzungen von Art. 1 Abs.2 WA nicht erfüllt und das Warschauer Abkommen ist nicht anwendbar.

Der in BGE 98 II 231 (*Lacroix Baartsman, Callens und Van Eichelen S.A. gegen Swissair*) vom **Bundesgericht** beurteilte Sachverhalt unterliegt nicht dem Warschauer Abkommen. Es ging um eine Frachtsendung, die von Zürich via New York und Mexiko nach Managua (Nicaragua) zu befördern war. Der Bestimmungsort liegt in einem Nichtvertragsstaat (Nicaragua) [77]. Dagegen unterliegt eine Reise Zürich – Managua – Zürich dem Warschauer Abkommen.

Das Warschauer Abkommen ist auch in der ursprünglichen Form massgebend, wenn eine Beförderung Staaten berührt, die zwar alle das Abkommen in der ursprünglichen Fassung, aber nicht alle das Haager Protokoll ratifiziert haben: der Abgangsort liegt in einem Staat, der das Abkommen in der ursprünglichen Fassung ratifiziert hat, während der Bestimmungsort in einem Land ist, das neben dem ursprünglichen Abkommen auch dem Haager Protokoll beigetreten ist (oder umgekehrt) [78]. Das Haager Protokoll befasst sich in Art. XVIII mit diesem Sachverhalt: er ermöglicht das Nebeneinander des

---

73 Zur älteren Diskussionen über die Frage, ob ein Staat, der das Warschauer Abkommen nur unterzeichnet, aber nicht ratifiziert hat, daran gebunden sei MILLER 25ff.
74 Dagegen umschreibt das Haager Protokoll in Art. 40a, was unter Staat zu verstehen ist.
75 MILLER 29ff mit zahlreichen Verweisen; MANKIEWICZ, JALC 29 [1963] 52; speziell zum Status von Singapur in bezug auf das Warschauer Abkommen MILLER 34 ff; zum Status von Hongkong und Guam siehe Hinweise in GIEMULLA/SCHMID, ZLW 1990, 165 FN 1,2; zur Anwendung des Abkommens im Verhältnis zur Volksrepublik China und Taiwan, Hinweise in GIEMULLA/SCHMID, ZLW 1990, 166 FN 6,7; zur Frage, ob die Zentralafrikanische Republik Vertragsstaat sei, Urteil des Tribunal de commerce de Bruxelles vom 13. Juni 1988, RFDA 1989, 448.
76 Für die Haftung bei Personenschäden ist im Verkehr mit USA die Vereinbarung von Montreal massgebend, hinten 21.
77 Das Warschauer Abkommen war im konkreten Fall massgebend, weil das anwendbare LTR auf das Warschauer Abkommen verweist, Erw. 2, 239.
78 So z.B. der Sachverhalt im Urteil des OLG Frankfurt vom 25. Jan. 1983, ZLW 1983, 371f. Der Fall betraf die Beförderung von Fracht von Kenia nach Frankfurt. Kenia hat das Abkommen nur in der ursprünglichen Fassung ratifiziert.

Abkommens in der ursprünglichen Fassung und in der Fassung des Haager Protokolls [79]: im Verhältnis unter Staaten, die das Haager Protokoll ratifiziert haben, gilt das Abkommen in der Fassung des Haager Protokolls. Bei Beförderungen, die einerseits einen Staat berühren, der nur das Abkommen in der urspünglichen Fassung ratifizierte und andererseits einen Staat, der dem Abkommen in der Fassung des Haager Protokolls beitrat, gilt das Abkommen in der urspünglichen Fassung, weil die Voraussetzungen von Art. XVIII nicht erfüllt sind [80].

In einem Urteil vom 25. Juni 1980 unterstellte das **Tribunal de première instance de Genève** die Beförderung einer Frachtsendung von Genf nach New York dem Warschauer Abkommen in der Fassung des Haager Protokolls, anstatt dem Warschauer Abkommen in der ursprünglichen Fassung [81]. Der Abgangsort lag in einem Staat, der das Haager Protokoll, und damit das Warschauer Abkommen, ratifiziert hat (Schweiz), der Bestimmungsort in einem Land, welches nur das Warschauer Abkommen in der urpsrünglichen Fassung ratifizierte (USA). Das Gericht hatte zu beurteilen, ob der Kläger einen Schaden gemäss Art. 26 WA fristgerecht angezeigt habe. Bei diesem Artikel spielt es eine Rolle, welche Fassung des Warschauer Abkommens ein Gericht anwendet. Das Haager Protokoll verlängerte die Fristen für Schadenanzeigen. Im beurteilten Fall hatte der Kläger auch die längeren Fristen des Haager Protokolls verpasst.

Im Entscheid *Deutsche Lufthansa AG c. La Neuchâteloise* hatte das **Bundesgericht** die Beförderung einer Frachtsendung von Genf via Frankfurt nach Miami zu beurteilen. Das Bundesgericht ging davon aus, das Warschauer Abkommen sei in der Fassung des Haager Protokolls anzuwenden (Erw. 3), obwohl die Voraussetzungen dazu nicht erfüllt waren. In diesem Fall zog dies keine Konsequenzen nach sich, weil das Haager Protokoll den für den Sachverhalt relevanten Art. 18 nicht geändert hat [82].

Den gleichen Fehler machten auch der **Einzelrichter** des **Bezirksgerichts Bülach** und der deutsche **Bundesgerichtshof**, als sie die Beförderung von Fracht von der Schweiz bzw. von Deutschland nach den USA fälschlicherweise dem Warschauer Abkommen in der Fassung des Haager Protokolls unterstellten [83].

Schliesslich ist das Abkommen in der urprünglichen Fassung massgebend, wenn die Beförderung einerseits einen Staat berührt, der nur das Abkommen in der ursprünglichen Fassung ratifiziert hat und anderseits ein Land berührt, welches das Abkommen nur in der Fassung des Haager Protokolls ratifizierte. Diesen Sachverhalt regelt das Protokoll nicht. In der Praxis wird diese Situation so gelöst, dass ein Staat, der nur das Haager Protokoll, nicht aber das Abkommen in der urspünglichen Fassung ratifiziert hat, gegenüber Staaten, die dem Abkommen nur in der ursprünglichen Fassung

---

79 Art. XVIII lautet: «Das durch dieses Protokoll geänderte Abkommen gilt für internationale Beförderungen im Sinne des Artikels 1 des Abkommens, sofern der Abgangs- und Bestimmungsort in den Gebieten von zwei Vertragsstaaten dieses Protokolls oder in dem Gebiet nur eines Vertragsstaates dieses Protokolls liegen, jedoch eine Zwischenlandung im Gebiet eines anderen Staates vorgesehen ist».
80 Rechtstechnisch ist die Lösung kompliziert konstruiert: konkret bedeutet Art. XVIII, dass im Fall, in dem der Abgangsort in einem Staat liegt, der das Warschauer Abkommen in der ursprünglichen Fassung ratifiziert hat und der Bestimmungsort in einem Land liegt, das dem Haager Protokoll beigetreten ist, Art. 1 des Abkommens in der ursprünglichen Fassung gilt; siehe dazu ausführlich MANKIEWICZ, ZLW 1956, 246ff; zur belgischen Praxis GODFROID, RFDA 1991, 210 (Belgien hat das Haager Protokoll ratifiziert, während seine ehemalige Kolonie Zaire nur dem Abkommen in der ursprünglichen Fassung beigetreten ist).
81 Urteil vom 25. Juni 1980, ASDA-Bulletin 1980/3, 29ff.
82 Entscheid vom 26. März 1986, ASDA-Bulletin 1987/2, 21ff.
83 ASDA-Bulletin 1987/3, 74 und Urteil vom 27. Okt. 1978, ZLW 1980, 63.

beigetreten sind, als Partei des ursprünglichen Abkommens betrachtet wird [84]. Die Praxis entspricht Art. 40 Abs.5b) der Wiener Konvention über das Recht der Verträge vom 23. Mai 1969 [85].

bb) Haager Protokoll

Das Warschauer Abkommen ist in der Fassung des Haager Protokolls anwendbar, wenn sowohl der Abgangs- als auch der Bestimmungsort in einem Vertragsstaat des Haager Protokolls liegen. Es ist auch anwendbar, wenn sich der Abgangs- und Bestimmungsort im gleichen Vertragsstaat befinden und die Parteien in einem dritten Staat eine Zwischenlandung vereinbaren [86].

Die meisten Staaten ratifizierten das Warschauer Abkommen in der Fassung des Haager Protokolls; die USA gehören nicht dazu [87].

Eine Beförderung von **Genf** nach **Peking** unterliegt dem Warschauer Abkommen in der Fassung des Haager Protokolls; die Schweiz und die Volksrepublik China haben das Haager Protokoll ratifiziert.

Die Beförderung von **Zürich** nach **New York** und zurück nach **Zürich** unterliegt dem Warschauer Abkommen in der Fassung des Haager Protokolls [88]. Gemäss Art. 1 Abs. 2 kann der Ort der Zwischenlandung (in diesem Beispiel New York) in einem Nichtvertragsstaat liegen. Die USA sind in bezug auf das Haager Protokoll ein Nichtvertragsstaat.

c) Übersicht über die Beförderungen, die nicht in den Anwendungsbereich des Warschauer Abkommens fallen

Aus den positiv formulierten Bestimmungen über den Anwendungsbereich des Warschauer Abkommens (Art. 1 und Art. 2) ergibt sich eine negative Abgrenzung. Die im folgenden aufgeführten Sachverhalte fallen nicht unter das Warschauer Abkommen.

- Die Parteien schliessen einen Beförderungsvertrag für einen Inlandflug ab; Abgangs- und Bestimmungsort liegen im gleichen Staat und ausländisches Gebiet wird höchstens überflogen, d.h. sie vereinbaren im Ausland keine Zwischenlandung [89].

---

84 Der U.S. District Court, S.D.N.Y. hatte die Anwendung des Warschauer Abkommens und des Haager Protokolls im Verhältnis zwischen Süd-Korea und den USA zu beurteilen. Die USA ratifizierten das ursprüngliche Warschauer Abkommen, während Süd-Korea nur dem Haager Protokoll beigetreten ist. Das Gericht löste den Fall nach dem Warschauer Abkommen in der ursprünglichen Fassung, 624 F. Supp. 727; SEHR, JALC 53 [1987] 108f mit Verweis auf einen früheren Entscheid *In Re Korean Air Lines Disaster of September 1, 1983*, 19 Avi. 17,584; ebenso *Hyosung vs. Japan Air Lines*, 19 Avi.18,034.
85 SR 0.111.
86 Zu Konflikten zwischen dem Warschauer Abkommen und dem Haager Protokoll, MANKIEWICZ, ZLW 1956, 246ff.
87 Zwei Flugzeugabstürze in den USA lösten zu jener Zeit Diskussionen aus, ob die Haftungslimiten bei Personenschäden gerechtfertigt seien. Im einen Fall (1960) verunglückten der Sohn und die Schwiegertochter eines Mitglieds des Senate Foreign Relations Committee; Befürworter des Haager Protokolls fanden, dies sei nicht der Zeitpunkt, die Ratifizierung des Protokolls voranzutreiben, LOWENFELD/MENDELSSOHN, HarvLawRev 80 [1967] 515f; KREINDLER, JALC 31 [1965] 298ff; COHEN, Air Law 1982, 77.
88 Für die Haftung bei Personenschäden ist im Verkehr mit USA die Vereinbarung von Montreal massgebend, hinten 21.
89 In der Schweiz ist das LTR massgebend. Dieses verweist in Art. 3 auf das Warschauer Abkommen, sodass dieses aufgrund des Verweises anwendbar ist, hinten 76.

- Der Abgangs- und/oder der Bestimmungsort liegen in einem Nichtvertragsstaat.
- Zwischen dem Lufttransportführer und der beförderten Person oder dem Absender von Fracht besteht kein Beförderungsvertrag; der Transport ist eine Gefälligkeit.
- Der Lufttransportführer ist kein kommerzielles Unternehmen, und die Beförderung erfolgt unentgeltlich.
- Die Beförderung fällt unter Art. 34 WA [90]. Dieser sieht in der ursprünglichen Fassung vor, dass bei Flügen, die dazu dienen, eine neue Linie zu eröffnen, das Abkommen nicht anwendbar ist. Das gleiche gilt bei Flügen, die unter aussergewöhnlichen Umständen und nicht im Rahmen des gewöhnlichen Luftverkehrs ausgeführt werden [91]. Das Haager Protokoll, das Guatemala-Protokoll und damit das Montreal-Protokoll Nr. 3 schränken die Bestimmung ein: bei den genannten Flügen sind nur die Vorschriften des Abkommens über die Ausstellung von Beförderungsscheinen nicht anzuwenden [92]. Die übrigen Bestimmungen bleiben anwendbar [93].
- Der Transport hängt mit der Ausübung hoheitlicher Funktionen zusammen, und der betroffene Staat hat gemäss Art. XXVI HP einen Vorbehalt angebracht. Er bewirkt damit, dass hoheitliche Transporte nicht in den Anwendungsbereich des Warschauer Abkommens fallen. Es sind Flüge, die ohne diesen Vorbehalt dem Warschauer Abkommen unterstehen würden (z.B. Transport von Militärpersonen in zivilen Flugzeugen). Der Vorbehalt ist zulässig, wenn das Luftfahrzeug im betreffenden Staat immatrikuliert ist und der Staat die ganze Kapazität des Flugzeuges beansprucht [94]. Die Schweiz hat keinen Vorbehalt gemäss Art. XXVI HP angebracht.

B. *Die Vereinbarung von Montreal*

1. Entstehungsgeschichte

Das Haager Protokoll löste die Kontroverse um die Höhe der Haftungslimiten nicht. Es setzte nach Ansicht der USA die Entschädigungen bei Personenschäden zu tief an. Die USA ratifizierten das Protokoll nicht.

In den USA blieb das Warschauer Abkommen in der ursprünglichen Fassung in Kraft. Seine tiefen Haftungslimiten erwiesen sich als ungenügende Grundlage, um bei

---

90 Dass sich dieser Artikel, der den Anwendungsbereich regelt, am Schluss des Abkommens befindet, ist historisch zu erklären, GULDIMANN, Art. 34 N 2.
91 Der U.S. District Court, S.D.N.Y. hielt in seinem Entscheid vom 4. März 1977 i.S. *Karfunkel vs. Air France* in Anwendung des Artikels in der ursprünglichen Fassung fest, die aussergewöhnlichen Umstände des Fluges müssten bereits beim Abschluss des Beförderungsvertrages vorliegen. Wenn sie sich erst während der Beförderung ereignen (Flugzeugentführung), ist das Warschauer Abkommen anwendbar, 14 Avi. 17,674. Dieser Ansicht war auch der Oberste Gerichtshof von Israel im Entscheid *Cie Air France vs. Consorts Teichner*, Urteil vom 22. Okt. 1984, EuropTR 1988, 103.
92 Damit ist der Lufttransportführer nicht verpflichtet, die Vertragspartei auf die limitierte Haftung aufmerksam zu machen.
93 GULDIMANN, Art. 34 N 6f.
94 GULDIMANN, Art. 2 N 7; GIEMULLA/SCHMID, Art. 2 N 1.

Personenschäden Ersatzansprüche zu regeln. Im November 1965 kündigte die Regierung der USA das Warschauer Abkommen [95]. Mit der Kündigung gab sie bekannt, sie sei bereit, diese zurückzuziehen, falls auf internationaler Ebene eine Haftungslimite von ca. 100'000 U.S.$ vereinbart werde. Bis zum Inkrafttreten eines solchen Abkommens müssten die Fluggesellschaften, welche die USA anfliegen, ihren Passagieren freiwillig eine Haftungssumme von 75'000 U.S.$ anbieten [96].

Im Februar 1966 berief die ICAO eine Konferenz ein, um für die Kontroverse eine international akzeptable Lösung zu finden. Sie kam zu keinem Ergebnis [97]. An Stelle eines internationalen Abkommens vereinbarten am 4. Mai 1966 verschiedene IATA-Fluggesellschaften und die amerikanischen Behörden (*Civil Aeronautics Board CAB*) eine Zwischenlösung (Vereinbarung von Montreal) [98].

Einen Tag bevor die Kündigungsfrist ablief, zogen die USA ihre Kündigung des Warschauer Abkommens zurück.

Die Vereinbarung von Montreal ist 1993 nach wie vor in Kraft; amerikanische und ausländische Fluggesellschaften, die internationale Strecken von, nach oder via USA bedienen, haben die Vereinbarung mit dem amerikanischen Luftamt (CAB) unterzeichnet [99].

2. Übersicht über den Inhalt

Die Fluggesellschaften verpflichteten sich in der Vereinbarung von Montreal, ihren Passagieren gestützt auf Art. 22 Abs.1 WA in den Beförderungsbedingungen eine höhere Haftungslimite anzubieten. Bei Tod, Körperschäden oder sonstigen Gesundheitsschäden haften sie mit 75'000 U.S.$ oder 58'000 U.S.$ plus Rechtsverfolgungskosten. Sie verzichten bei Tod und Körperschäden oder bei sonstigen Gesundheitsschäden auf den Entlastungsbeweis, der ihnen gemäss Art. 20 WA zusteht. Vorbehalten bleibt die unbeschränkte Haftung der Fluggesellschaft nach Art. 25 WA. Die Fluggesellschaften müssen den Passagieren im Flugschein anzeigen, dass die Beförderung dem Warschauer Abkommen unterliegt und die Haftung bei Tod und Körperschäden oder sonstigen Gesundheitsschäden auf den vereinbarten Betrag limitiert ist [100].

---

95 Text der Kündigung in JALC 31 [1965] 303; COHEN weist darauf hin, dass die Kündigung des Warschauer Abkommens durch den amerikanischen Präsidenten verfassungswidrig gewesen sei; der Senat hätte der Kündigung zustimmen müssen, Air Law 1982, 83. Die Vereinbarung von Montreal sei unter dem Druck einer rechtswidrigen Kündigung zustandegekommen und sei deshalb null und nichtig, Air Law 1982, 85.
96 Ausführlich zur Vorgeschichte der Vereinbarung von Montreal KREINDLER, JALC 31 [1965] 291ff; LOWENFELD/MENDELSOHN, HarvLawRev 80 [1967] 497ff; COHEN, Air Law 1982, 78ff.
97 Special ICAO Meeting on limits for passengers under the Warsaw Convention and The Hague Protocol, ICAO Doc. 8584-LC/154-1, 154-2; HILDRED, JALC 33 [1967] 524.
98 ICAO Doc. 8584-I.C./154-1, 154-2; zur Struktur der Vereinbarung von Montreal siehe Urteil des U.S. District Court for the Western District of Louisiana, Alexandria Division vom 16. Nov. 1982 i.S. *Robert Mahfoud* vs. *Eastern Airlines Inc.*, MANKIEWICZ, ZLW 1985, 145f und 17 Avi.17,714; zur Rechtsnatur der Vereinbarung von Montreal hinten 65ff.
99 Die Swissair unterzeichnete die Vereinbarung von Montreal am 13. Mai 1966. Die Bundesbehörden genehmigten die geänderten Beförderungsbedingungen am 21. Okt. 1968.
100 Die Vereinbarung von Montreal schreibt den Text vor, der in den Flugscheinen abgedruckt sein muss; sie bestimmt auch, in welcher Darstellung er zu erscheinen hat (Ziff. 2), hinten 208.

Die Vereinbarung von Montreal ist in englischer Sprache verfasst. Weil es sich um eine Vereinbarung zwischen den amerikanischen Behörden und den Fluggesellschaften handelt, gibt es keine amtliche Übersetzung [101].

Mit dem Verzicht auf den Entlastungsbeweis führte die Vereinbarung von Montreal auf den wichtigsten Strecken des internationalen zivilen Luftverkehrs im Ergebnis für Körperschäden die verschuldensunabhängige Haftung ein (Kausalhaftung).

3. Geltungsbereich

a) Sachlicher Anwendungsbereich

Die Vereinbarung von Montreal modifiziert die Bestimmungen des Warschauer Abkommens über die Haftung bei Körperschäden. Sie ist nur anwendbar, wenn eine Beförderung dem Warschauer Abkommen unterliegt. Zusätzlich muss die Beförderung den Abgangs- oder Bestimmungsort oder eine vereinbarte Zwischenlandung in den Vereinigten Staaten haben.

Bei einem Flug **Genf – San Francisco** oder **Genf – San Francisco – Genf** ist für Personenschäden die Vereinbarung von Montreal massgebend.

Weist eine internationale Beförderung mehrere Teilstrecken auf und berührt mindestens eine davon die USA, ist in Übereinstimmung mit Art. 1 Abs.2 WA zu prüfen, ob es sich um eine einheitliche Leistung handelt [102]. Wenn dies der Fall ist, unterliegt der ganze Beförderungsvertrag der Vereinbarung von Montreal, also auch die Teilstrecken, welche die USA nicht berühren.

Die Reise **Salzburg – Zürich – Atlanta – Zürich – Salzburg** untersteht der Vereinbarung von Montreal. Erleidet der Passagier auf der Strecke Salzburg – Zürich einen Körperschaden, gelten die Limiten der Vereinbarung von Montreal. Das gleiche gilt bei der Beförderung **Zürich – Frankfurt – Dallas – Mexiko – Lima**. Es spielt keine Rolle, auf welcher Teilstrecke sich der Unfall ereignet, damit die Haftungslimiten der Vereinbarung von Montreal anwendbar sind.

Die Vereinbarung von Montreal wirkt sich ungünstig aus für den Passagier, der einen Beförderungsvertrag mit Teilstrecken innerhalb der USA abgeschlossen hat. Für Flüge innerhalb der USA haftet der Luftfrachtführer gemäss amerikanischem Recht bei Körperschäden unbegrenzt, und bei Gepäckschäden ist die Haftung in der Regel höher als diejenige nach dem Warschauer Abkommen [103]. Der Passagier, der auf der Strecke Boston – Los Angeles verunfallt, unterliegt den Limiten der Vereinbarung von Montreal, wenn dieser Abschnitt eine Teilstrecke einer internationalen Beförderung ist (z.B. Zürich – Boston – Los Angeles – Boston – Zürich). Für den Schaden des Sitznachbarn, der einen Beförderungsvertrag über die Strecke Boston – Los Angeles abgeschlossen hat, haftet der Luftfrachtführer unbegrenzt.

b) Örtlicher Anwendungsbereich

Die Vereinbarung von Montreal ist kein Staatsvertrag, sondern eine Vereinbarung zwischen Fluggesellschaften und den amerikanischen Behörden. Sie wird als Teil der

---

101 Deutsche Übersetzung in GIEMULLA/SCHMID, Anhang I-11.
102 Vorne 11.
103 Je nach dem Umrechnungskurs für den Poincaré-Goldfranken und für den U.S. $.

AGB Bestandteil des Beförderungsvertrages [104]. Wegen dieser rechtlichen Konstruktion kann der örtliche Anwendungsbereich der Vereinbarung von Montreal nicht wie bei einem völkerrechtlichen Abkommen definiert werden. Er ergibt sich dadurch, dass der Passagier den Beförderungsvertrag mit einem Luftfrachtführer abgeschlossen hat, der seinerseits die Vereinbarung von Montreal unterzeichnete.

Bei Beförderungen, die sowohl dem **Guadalajara-Abkommen** als auch der Vereinbarung von Montreal unterstehen, können sich besondere Fragen stellen. Der vertragliche Luftfrachtführer ist in der Regel keine Fluggesellschaft und damit keine Partei der Vereinbarung von Montreal. In der Praxis wird das Problem so gelöst, dass der ausführende Lufttransportführer den vertraglichen Lufttransportführer im Vertrag, den diese beiden Parteien abschliessen, verpflichtet, den Passagieren nur Beförderungsdokumente auszuhändigen, die der ausführende Lufttransportführer genehmigt hat und die den Anforderungen der Vereinbarung von Montreal genügen. Damit unterwirft sich auch der vertragliche Lufttransportführer den Bedingungen, die der Vereinbarung von Montreal entsprechen, und der Passagier kann sich darauf berufen, unabhängig davon, welchen Lufttransportführer er ins Recht fasst.

C. Die Absprache der Malta-Gruppe

1. Entstehungsgeschichte

Die Vereinbarung von Montreal diente den Behörden einiger europäischer Länder als Vorbild, um mit ähnlichen Massnahmen die Haftungslimiten bei Personenschäden zu erhöhen.

Die Luftfahrtbehörden von neun europäischen Ländern (Belgien, Bundesrepublik Deutschland, Dänemark, Frankreich, Grossbritannien, Holland, Norwegen, Schweden, Schweiz), die unter dem Namen *Malta-Gruppe* bekannt geworden sind [105], beschlossen in einer Sitzung vom 30./31. Mai 1974, die Haftungslimiten des Warschauer Abkommens für Personenschäden anzuheben [106].

Die Absprache der Malta-Gruppe ist kein veröffentlichtes internationales Abkommen, sondern eine informelle Vereinbarung unter den Luftfahrtbehörden einiger europäischer Staaten.

2. Übersicht über den Inhalt

Spätestens auf den 1. Dez. 1974 sollten die jeweiligen nationalen Fluggesellschaften der Malta-Grupppe ihren Passagieren in den Beförderungsbedingungen eine höhere Haf-

---

104 Zur Frage, unter welchen Voraussetzungen die Beförderungsbedingungen Bestandteil des Vertrages werden, hinten 122f.
105 SCHWEICKHARDT, ASDA-Bulletin 1976/1, 7.
106 Das Protokoll der *Réunion officieuse d'experts juridiques tenue à Londres le 30 er 31 mai 1974* hat mir das BAZL freundlicherweise zur Verfügung gestellt.

tungssumme anbieten. Als Richtlinie vereinbarte die Malta-Gruppe eine Limite von 725'000 Goldfranken [107].

In einer Sitzung vom 1. Juni 1981 erhöhte die Malta-Gruppe die Haftungslimiten für Personenschäden auf 80'000 bis 100'000 SZR [108].

Anders als das CAB der USA schrieb die Malta-Gruppe den Fluggesellschaften nicht vor, sie müssten auf den Entlastungsbeweis verzichten, der ihnen gemäss Art. 20 WA zusteht. Es sollte keine Kausalhaftung eingeführt werden.

Es blieb den einzelnen Staaten überlassen, die Absprache der Malta-Gruppe in landesrechtliche Vorschriften umzusetzen. Einige Länder verzichteten auf Gesetzesvorschriften und legten den nationalen Gesellschaften nahe, ihre Beförderungsbedingungen freiwillig anzupassen [109]. Andere Regierungen – darunter diejenige der Schweiz – erteilen die Konzession und Bewilligungen für gewerbsmässige Flüge nur unter der Bedingung, dass die Fluggesellschaften in ihren Beförderungsbedingungen die Haftungslimiten erhöhen (Art. 75 Abs.4 LFG und Art. 104 Abs.1l) bzw. Art. 117 a) LFV) [110].

3. Geltungsbereich

Wie bei der Vereinbarung von Montreal lässt sich der Geltungsbereich der Absprache der Malta-Gruppe nicht abgrenzen, weil es sich nicht um einen offiziellen Erlass handelt. Ob die Haftungsordnung der Malta-Gruppe auf einen Beförderungsvertrag anwendbar ist, hängt davon ab, mit welcher Fluggesellschaft der Passagier den Vertrag abgeschlossen hat. Die Fluggesellschaft muss in ihren Beförderungsbedingungen die Haftungslimiten entsprechend der Absprache der Malta-Gruppe angepasst haben [111].

D. *Das Guatemala-Protokoll*

1. Entstehungsgeschichte

Nach mehrjährigen Vorbereitungen lud die ICAO 1971 zu einer Konferenz über die Revision der Warschauer Haftungsordnung ein [112]. Sie fand in Guatemala statt und verabschiedete am 6. März 1971 ein «Protokoll zur Änderung des am 12. Oktober 1929

---

107 Die Limite ist dreimal höher als die Limiten des Haager Protokolls, aber nur die Hälfte dessen, was das Protokoll von Guatemala vorsah; zum Begriff des Goldfrankens, hinten 191.
108 Das Kurzprotokoll der Sitzung vom 1. Juni 1981 hat mir das BAZL freundlicherweise zur Verfügung gestellt. Zur Änderung der LFV als Folge der Beschlüsse der Malta-Gruppe, hinten 69.
109 In Deutschland vereinbarte 1967 das Bundesministerium für Verkehr mit der Lufthansa und einigen Gesellschaften des Bedarfsluftverkehrs, den Passagieren in den Beförderungsbedingungen für Personenschäden eine von 67'500 DM auf 232'000 DM erhöhte Entschädigungslimite anzubieten, GIEMULLA/LAU/BARTON, § 46 N 2. British Airways hat die Limite auf 130'000 SZR erhöht.
110 Das LFG beschränkt sich darauf, die höheren Haftungslimiten von schweizerischen Gesuchstellern zu verlangen. Zur Kritik an diesem Vorgehen, hinten 70.
111 Voraussetzung ist überdies, dass die Beförderungsbedingungen Bestandteil des Vertrages geworden sind, hinten 122ff.
112 MANKIEWICZ, JALC 38 [1972] 519ff; FLORIO 17f.

in Warschau unterzeichneten Abkommens zur Vereinheitlichung von Regeln über die Beförderung im internationalen Luftverkehr in der Fassung des Haager Protokolls vom 28. Sept. 1955» [113].

Das Guatemala-Protokoll ist bis 1993 nicht in Kraft getreten. Im März 1983 verweigerte der U.S.-Senat der Ratifikation die erforderliche Zweidrittelsmehrheit, als ihm die Montreal-Protokolle Nr. 3 und Nr. 4 zur Genehmigung vorlagen [114], weil die Haftungslimiten für Personenschäden zu tief waren [115]. Verschiedene andere Staaten machten die Ratifikation des Protokolls von Guatemala davon abhängig, dass ihm die USA beitreten. Dazu gehört die Schweiz [116].

Die Zusatzprotokolle von Montreal können dem Protokoll von Guatemala möglicherweise zum Durchbruch verhelfen. Zusatzprotokoll Nr. 3 beinhaltet das Protokoll von Guatemala [117]. Wenn 30 Staaten das Zusatzprotokoll ratifiziert haben, tritt das Guatemala-Protokoll in Kraft, selbst wenn dessen ursprüngliche Voraussetzungen über das Inkrafttreten nicht erfüllt sind [118].

2. Übersicht über den Inhalt

Die neuen Vorschriften des Protokolls von Guatemala für die Beförderung von Personen und von Gepäck sollten möglichst viele Staaten befriedigen, vor allem die USA [119]. Es erhöht die Haftungslimiten bei Tod oder Körperschäden auf das Sechsfache, d.h. auf 1'500 000 Goldfranken (Art. II Abs.1a) [120]. Diese Limite gilt absolut, also auch, wenn der Lufttransportführer den Schaden durch ein schweres Verschulden oder absichtlich verursacht hat. Als Gegengewicht zur absoluten Haftung unterstellt das Protokoll von Guatemala den Lufttransportführer einer Kausalhaftung (Art. II Abs.1a) erster Satz)[121]. Zusätzlich macht das Protokoll von Guatemala die Schadenersatzpflicht

---

113 International Conference on Air Law, Minutes and Documents, ICAO Doc. 9040 - LC/167-1, 167-2; Text auf deutsch in *Botschaft Zusatzprotokolle von Montreal 1986*; auf französisch in ASDA-Bulletin 1971/1, 22ff und in FLORIO 95ff; siehe auch SCHMID-RÄNTSCH, ZLW 1972, 3ff.
114 Zum Zusammenhang zwischen dem Guatemala-Protokoll und den Montreal-Protokollen, hinten 30.
115 Bereits 1969 forderte der Vertreter der amerikanischen Regierung in einer Arbeitsgruppe des Rechtsausschusses der ICAO eine Limite von 125'000 U.S. $. Die Vertreter der USA legten der Konferenz von Guatemala eine Untersuchung des CAB aus dem Jahre 1970 vor. Sie wies nach, dass die U.S. Fluggesellschaften 1970 im inneramerikanischen Verkehr (wo keine Haftungslimiten bestehen) bei Todesfällen im Durchschnitt ca. 200'000 U.S. $ Schadenersatz leisten mussten, ICAO-Doc. 9040-LC/ 167-2, 43ff; BODENSCHATZ 47; FLORIO 46f; siehe auch DE VIVO, JALC 49 [1983] 71.
116 BOTSCHAFT Montreal-Protokolle, BBl *1986* 778.
117 Das Zusatzprotokoll von Montreal Nr. 3 ändert die Währungseinheit, in der die Haftungslimiten berechnet sind, vom Goldfranken auf SZR.
118 Das Protokoll von Guatemala enthält in Art. XX eine Bedingung, die das Inkrafttreten des Abkommens von der Ratifikation durch die USA abhängig macht: es genügt nicht, dass eine bestimmte Anzahl von Staaten (30) das Protokoll ratifizieren. Zusätzlich müssen die Fluggesellschaften von fünf Signatarstaaten mindestens 40 % des internationalen Linienverkehrs aller ICAO-Mitgliedstaaten repräsentieren. Als Berechnungsbasis gilt das von der ICAO veröffentlichte Total der Passagier-Kilometer von 1970. Diese Bedingung hätte 1970 nur erfüllt werden können, sofern die USA das Protokoll ratifiziert hätten; siehe auch MANKIEWICZ, Liability 9f.
119 BUCHMÜLLER, ASDA-Bulletin 1971/2, 20f.
120 Das Protokoll von Guatemala setzt die Limite bei 1'500'000 Goldfranken (ca. 100'000 U.S. $) fest. Es war ein Kompromiss: den USA schien der Betrag zu tief, den Vertretern der Drittweltstaaten zu hoch; es war die einzige Summe, der eine namhafte Anzahl von Staaten zustimmen konnten, FLORIO 50.
121 BUCHMÜLLER, ASDA-Bulletin 1971/2, 18.

des Lufttransportführers nicht mehr davon abhängig, dass der Passagier durch einen «Unfall» geschädigt wurde. Es genügt, dass ein «Ereignis» an Bord des Luftfahrzeuges oder beim Ein- und Aussteigen den Tod oder die Körperverletzung verursacht hat. Ist der Tod oder die Körperverletzung ausschliesslich auf den Gesundheitszustand des Passagiers zurückzuführen, haftet der Lufttransportführer nicht für den Schaden (Art. IV).

Das Protokoll von Guatemala führt im Lufttransportrecht zum ersten Mal für den einzelnen Geschädigten in einem Staatsvertrag die Kausalhaftung ein [122] und begrenzt die Ansprüche des einzelnen Geschädigten auf einen absolut geltenden Betrag. Beide Neuerungen waren umstritten [123].

Die Teilnehmer der Konferenz von Guatemala stimmten der Kausalhaftung zu, weil abzuschätzen war, dass der Wechsel von der Verschuldenshaftung zur Kausalhaftung kaum gravierende Konsequenzen haben werde. Im Verkehr mit den USA existierte die Kausalhaftung de facto bereits seit 1966 (Vereinbarung von Montreal [124]). Selbst wenn eine Beförderung nicht der Vereinbarung von Montreal untersteht, verändert das Guatemala-Protokoll die Situation eines Geschädigten bei Körperschäden kaum. Unter dem Warschauer Abkommen und dem Haager Protokoll gilt eine Verschuldenshaftung mit umgekehrter Beweislast. Es ist für die Lufttransportführer schwierig, den Entlastungsbeweis gemäss Art. 20 WA zu führen. In der Praxis genügt, dass der Lufttransportführer den Vertrag verletzt, um ihn zu Schadenersatz zu verpflichten. Die Gerichte lassen den Entlastungsbeweis nur zu, wenn der Lufttransportführer beweist, dass er den Schaden weder verursacht hat, noch dass ihn ein Verschulden trifft [125]. Vom Ergebnis her ist die verschuldensunabhängige Haftung bereits unter dem Warschauer Abkommen weitgehend eingeführt [126].

In der Diskussion um undurchbrechbare Haftungslimiten machten verschiedene Staaten geltend, eine absolute Haftungslimite halte vor dem *ordre public* ihres Landes nicht stand [127]. Die Befürworter des Prinzips setzten sich mit dem Argument durch, die absolute Haftungslimite beschleunige die Erledigung eines Schadenfalles, weil die unbeschränkte Haftung nach Art. 25 WA nicht mehr zur Diskussion stehe [128].

Mit dem Hinweis auf den ordre public wollten die Delegierten darauf hinweisen, dass die absoluten Haftungslimiten gegen grundlegende Prinzipien ihrer jeweiligen Rechtsordnungen verstossen. Der Begriff des ordre public ist in erster Linie im IPR massgebend [129]. Im Völkerrecht

---

122 Andere internationale Abkommen, welche eine Kausalhaftung stipulieren, sind: Internationales Abkommen von Paris über zivile Haftung auf dem Gebiet der Atomenergie vom 29. Juli 1960, Abkommen von Brüssel vom 25. Mai 1962 über den Betrieb von nuklearenergiegetriebenen Schiffen, Abkommen von Wien vom 13. Mai 1963 über die zivile Haftung auf dem Gebiet der Atomenergie, Zusatzabkommen zur Convention internationale concernant le transport des voyageurs et des bagages par chemins de fer (CIV) vom 26. Februar 1966 über die Haftung der Eisenbahnen im Fall von Tod oder Körperschäden von Passagieren im internationalen Verkehr und die beiden Abkommen von Rom vom 29. Mai 1933 und vom 7. Oktober 1952 über Schäden von Dritten auf der Erdoberfläche; Aufstellung nach FLORIO 21.
123 FLORIO 23f mit Verweisen.
124 Vorne 23.
125 FLORIO 24f mit Verweis auf GILLARD, Vers l'unification du droit de la responsabilité in ZSR 1967/2, 193, siehe auch hinten 180ff.
126 Damit erübrigen sich Bedenken, dass die Lufttransportführer wegen der Kausalhaftung mit höheren Versicherungsprämien zu rechnen haben oder eine Flut von Klagen auf sie zukommen werde, FLORIO 25, 48f. Das Guatemala-Protokoll führt im Gegenteil dazu, dass die Fluggesellschaften in bezug auf Körperschäden von Passagieren kein Risiko mehr tragen, weil die Limiten undurchbrechbar sind, KENNELLY, JALC 37 [1971] 350f; HICKEY, JALC 42 [1976] 603ff.
127 ICAO Doc. 9040-LC/167-1, 135ff; FLORIO 51f.
128 Die Delegierten stimmten den undurchbrechbaren Limiten mit 39 zu 1 Stimmen bei 5 Enthaltungen zu, ICAO Doc. 9040-LC/167-1, 144.
129 SCHWANDER 220 N 471ff.

kann er zum Tragen kommen, wenn ein Staat ausländische Hoheitsakte an seinen eigenen Grundrechten misst [130]. Im Zusammenhang mit der Verhandlung über einen Staatsvertrag kann der Hinweis auf den ordre public nur bedeuten, dass der betreffende Vertragsstaat mitteilt, eine bestimmte Vorschrift werde er kaum akzeptieren können. Er hat die Wahl, das Abkommen nicht zu ratifizieren oder einen Vorbehalt anzubringen. Hingegen ist es nicht möglich, einer Bestimmung mit Hinweis auf den ordre public nach der vorbehaltlosen Ratifikation die Anwendung zu versagen.

Für die Schweiz waren Bedenken gegen die absoluten Haftungslimiten gerechtfertigt: das OR verbietet es, bei rechtswidriger Absicht oder bei grober Fahrlässigkeit die Haftung auszuschliessen oder zu beschränken (Art. 100 Abs. 1 OR). Wenn die Haftung aus einem konzessionierten Gewerbe entsteht, kann der Richter die Haftungsbeschränkungen auch bei leichtem Verschulden als nichtig erklären (Art. 100 Abs. 2 OR) [131]. Die Lösung des Guatemala-Protokolls, das für konzessionierte Unternehmen – wie es die Luftfahrtgesellschaften sind – absolut geltende Haftungslimiten einführt, weicht wesentlich von der schweizerischen Rechtsordnung ab. Trotzdem fehlt in der Botschaft zu dem Montreal-Protokollen, welche das Guatemala-Protokoll in Kraft setzen, die Diskussion dieser Problematik.

Bereits während der Vorbereitungen zur Konferenz von Guatemala zeichnete sich ab, dass Staaten mit hohen Lebenskosten – allen voran die USA – die vorgesehene Haftungsordnung nicht akzeptieren würden. Man versuchte, eine weltweit annehmbare Lösung zu finden, indem man den Signatarstaaten ermöglichte, ein zusätzliches Entschädigungssystem (*Supplemental Plan*) einzuführen [132]. Es steht einem Staat frei, wie er dieses System ausgestalten will. Das Protokoll von Guatemala schreibt in wenigen Grundzügen vor, wie die zusätzliche Entschädigung zu funktionieren hat (Art. XIV).

Das System darf nicht dazu führen, dass der Lufttransportführer über die Limiten des Protokolls von Guatemala hinaus haftet. Schadenersatzansprüche, welche die Limiten übersteigen, soll die zusätzliche Versicherung decken. Dem Lufttransportführer sollen aus dem System keine finanziellen oder verwaltungsmässigen Belastungen entstehen; er muss einzig bereit sein, Beträge einzukassieren, die der Passagier an das Entschädigungssystem leistet. Das Protokoll von Guatemala schreibt schliesslich vor, dass ein Staat durch das Entschädigungssystem nicht einzelne Lufttransportführer diskriminieren darf und dass jeder Reisende, der Prämien bezahlt hat, bei Tod oder Körperverletzung Schadenersatz beanspruchen kann (Art. XIV Ziff. a) – d) [133].

Im Unterschied zum ursprünglichen Warschauer Abkommen und zum Warschauer Abkommen in der Fassung des Haager Protokolls regelt das Protokoll von Guatemala die Haftung für Verspätung von Passagieren und Gepäck anders als die Haftung für Personenschäden.

Für die Verspätung von *Passagieren* haftet der Lufttransportführer mit höchstens 62'500 Goldfranken (Art. II Abs.b). Er kann der Haftung für Verspätung entgehen, wenn er beweist, dass er alle erforderlichen Massnahmen zur Verhütung des Schadens getroffen hat oder dass er diese Massnahmen nicht treffen konnte (Art. VI Abs.1). Damit gilt für Verspätungsschäden das gleiche System der Verschuldenshaftung wie unter

---

130 VERDROSS/SIMMA 637 N 1012.
131 GAUCH/SCHLUEP, N 1663ff mit Verweisen; GUHL/MERZ/KOLLER 227f.
132 BODENSCHATZ 45f.
133 Zu dem in den USA diskutierten Entwurf eines Supplemental Plans, DETTLING-OTT, ASDA-Bulletin 1989/1,2, 34ff; zu den neueren Entwürfen eines U.S. Supplemental Plans kritisch AWFORD, ZLW 1992, 30ff. und GERSON/ALLEN, ZLW 1992, 137ff.

dem Warschauer Abkommen, mit dem Unterschied, dass auch bei Verspätungen die Limiten undurchbrechbar sind.

Für die Beschädigung, den Verlust oder die Verspätung von *Gepäck* haftet der Lufttransportführer bis zum Betrag von 15'000 Goldfranken, unabhängig davon, wie schwer das Gepäckstück ist (Art. VIII c). Das Protokoll von Guatemala unterscheidet nicht mehr zwischen aufgegebenem Gepäck und Handgepäck (Art. IV Abs.3). Der Schaden kann während des Ein- und Aussteigens, an Bord des Flugzeuges oder während der Zeit entstanden sein, in der sich das Gepäck in Obhut des Transportführers befand (Art. IV Abs.2). Der Lufttransportführer haftet für Schäden an Gepäck nicht, wenn er beweist, dass der Schaden ausschliesslich auf die Eigenart des Reisegepäcks zurückzuführen ist (Art. IV Abs.2). Die Haftung für verspätete Auslieferung von Gepäck kann der Lufttransportführer abwenden, wenn er beweist, dass er alle erforderlichen Massnahmen zur Verhütung des Schadens getroffen hat oder dass er diese Massnahmen nicht treffen konnte (Art. VI Abs.1).

Mit Art. VIII Abs.3b) will das Protokoll von Guatemala erreichen, dass die Parteien eine Auseinandersetzung über Schadenersatzforderungen möglichst ohne Anwälte und Gerichte beilegen. Der Kläger erhält Verfahrens- und Anwaltskosten nur erstattet, wenn er dem Lufttransportführer seine Forderung schriftlich unterbreitet hat und dieser nicht innert sechs Monaten einen Vergleichsvorschlag gemacht hat, der mindestens dem entspricht, was das Gericht dem Kläger zuspricht [134].

Das Guatemala-Protokoll ändert auch die Vorschriften über die Beförderungsdokumente. Im Vergleich zu den früheren Fassungen des Abkommens werden die Vorschriften gelockert: stellt der Lufttransportführer kein Beförderungsdokument aus oder nur ein mangelhaftes, untersteht er nicht mehr der Sanktion der unlimitierten Haftung.

Art. XII schafft für Klagen aus der Beförderung von Passagieren und ihrem Gepäck einen zusätzlichen Gerichtsstand: der Passagier kann den Lufttransportführer am Ort einer Niederlassung einklagen, wenn er im gleichen Land wohnt oder dort seinen ständigen Aufenthalt hat und wenn dieses Land das Protokoll von Guatemala ratifiziert hat.

Das Protokoll von Guatemala enthält einen Mechanismus zur Anpassung der Haftungssummen (Art. XV).

Es zeigte sich bereits 1971, dass Art. XV die Abwertung der Haftungssummen nicht verhindern konnte, weil die vorgesehene Steigerung (2,5 % pro Jahr nach dem Inkrafttreten) die Inflation auch der Industrieländer nicht auffängt [135].

An den Bestimmungen über die Haftung beim Transport von *Fracht* ändert das Protokoll von Guatemala nichts.

Das Protokoll von Guatemala ist in englischer, französischer und spanischer Sprache abgefasst. Die ICAO fertigte eine russische Übersetzung an. Bei Abweichungen ist der französische Text massgebend (Art. XXVI).

---

134 Eine ähnliche Vorschrift findet sich im Haager Protokoll (Art. 22 Abs.4), hinten 268.
135 FLORIO 76f.

E. Die Montreal-Protokolle

1. Entstehungsgeschichte

1975 berief die ICAO in Montreal eine Konferenz über die «Revision des Warschauer Abkommens in der Fassung von Den Haag» ein [136]. Die Konferenz beriet über Entwürfe, die der Rechtsausschuss der ICAO vorbereitet hatte. Die Teilnehmer der Konferenz verabschiedeten im September 1975 vier Zusatzprotokolle zur Änderung des ursprünglichen Warschauer Abkommens [137].

Die Zusatzprotokolle von Montreal sind keine eigenständigen Abkommen. Wie frühere Revisionen des Warschauer Abkommens (Haager Protokoll und Protokoll von Guatemala) ergänzen sie den ursprünglichen Vertragstext; sie enthalten nur die revidierten Bestimmungen.

Jedes Protokoll tritt in Kraft, wenn es 30 Staaten ratifiziert haben. Bis 1993 traten 25 Staaten den Zusatzprotokollen Nr. 1 und Nr. 2 bei, 19 Staaten dem Zusatzprotokoll Nr. 3 und 21 Staaten dem Zusatzprotokoll Nr. 4. Die USA gehören nicht dazu.

Die Schweiz hat die Zusatzprotokolle von Montreal im September 1975 unterzeichnet, ratifizierte sie jedoch erst 1987 [138]. Sie schloss sich damit der Auffassung verschiedener europäischer Länder an, die Ratifikation der Zusatzprotokolle nicht vom Verhalten der USA abhängig zu machen [139].

Die Protokolle sind in englischer, französischer, russischer und spanischer Sprache abgefasst. Bei Abweichungen ist die französische Version massgebend (Schlussformel der Protokolle).

2. Übersicht über den Inhalt

Die Zusatzprotokolle von Montreal Nr. 1, 2, und 3 führen für die Berechnung der Haftungslimiten des Warschauer Abkommens und seinen Ergänzungen eine neue Einheit ein: das Sonderziehungsrecht (SZR) des Internationalen Währungsfonds. Protokoll Nr. 1 ändert das Warschauer Abkommen von 1929, Protokoll Nr. 2 das Warschauer Abkommen in der Fassung des Haager Protokolls und Protokoll Nr. 3 das Warschauer Abkommen in den Fassungen von Den Haag und Guatemala [140].

Das *Protokoll Nr. 3* ist so angelegt, dass ein Vertragsstaat gleichzeitig mit der Ratifikation die materiellen Bestimmungen des Protokolls von Guatemala übernimmt (Art. I)[141]. Neben der neuen Berechnungsgrundlage für die Haftungslimiten akzeptiert

---

136 Zur Entstehungsgeschichte EHLERS 5ff mit Verweisen.
137 Minutes and Documents ICAO-Doc. 9154-LC/174-1, 174-2; amtliche Übersetzung der vier Zusatzprotokolle in BOTSCHAFT Montreal-Protokolle, BBl *1986* III 804ff.
138 BBl 1987 II 959ff.
139 BOTSCHAFT Montreal-Protokolle 807; siehe auch EHLERS 116f.
140 BOTSCHAFT Montreal-Protokolle 811f.
141 Siehe auch EHLERS 78.

er u.a. die Kausalhaftung bei Personenschäden und die absolute Geltung der Haftungslimiten, sowie die gelockerten Bestimmungen über die Beförderungsdokumente [142].

Das *Protokoll Nr. 4* regelt die Beförderung von Fracht und führt für Frachtschäden eine vom Verschulden unabhängige Kausalhaftung ein. Der Lufttransportführer kann die Haftung nur abwenden, wenn er beweist, dass die Zerstörung, der Verlust oder die Beschädigung der Güter ausschliesslich durch die Eigenart der Güter, durch die mangelhafte Verpackung, durch Kriegshandlungen oder durch hoheitliches Handeln verursacht wurde (Art. IV Abs.4). Er haftet auch nicht, wenn er beweist, dass die Person, die Schadenersatz beansprucht, den Schaden verursacht hat (Art. VI Abs.2).

Das Protokoll Nr. 4 ändert zudem die Bestimmungen über die Luftfrachtdokumente; die mangelhafte Ausstellung der Beförderungsdokumente führt nicht mehr zur unbegrenzten Haftung des Lufttransportführers (Art.III)[143].

3. Geltungsbereich

a) Sachlicher Anwendungsbereich

Die Protokolle von Montreal definieren den sachlichen Anwendungsbereich gleich wie das Warschauer Abkommen [144].

Ein Staat kann mit Vorbehalten den sachlichen Anwendungsbereich der Protokolle Nr. 3 und Nr. 4 präzisieren.

Einige der möglichen Vorbehalte sind kompliziert, weil sie Kollisionen innerhalb des Warschauer Systems regeln [145]:

– Vorbehalte über die Anwendung der früheren Fassungen des Warschauer Abkommens: Mit der Ratifikation von Protokoll Nr. 3 tritt im betreffenden Staat das Warschauer Abkommen in der Fassung des Haager Protokolls, des Guatemala-Protokolls und des Montreal-Protokolls Nr. 3 in Kraft. Es spielt keine Rolle, ob dieser Staat dem Warschauer Abkommen früher beigetreten ist, und wenn ja, in welcher Fassung er das Abkommen ratifiziert hat. Für die Regelung von Personen- und Gepäckschäden gilt aufgrund des Protokolls Nr. 3 die Regelung des Guatemala-Protokolls; die Beförderung von Fracht untersteht den Bestimmungen des Warschauer Abkommens in der Fassung des Haager Protokolls. Ratifiziert der gleiche Staat Protokoll Nr. 4, übernimmt er damit für Personen- und Gepäckschäden die Regelung des Warschauer Abkommens in der Fassung des Haager Protokolls, während die Beförderung von Fracht den Bestimmungen des Protokolls Nr. 4 unterliegt. Diese Widersprüche kann ein Vertragsstaat der Protokolle Nr. 3 und Nr. 4 beseitigen, indem er einen Vorbehalt zu Protokoll Nr. 3 anbringt und erklärt, er sei nicht an dessen Bestimmungen über die Beförderung von

---

142 Vorne 29.
143 Übersicht über die Montreal-Protokolle, RÖBBERT, ZLW 1976, 5ff; FITZGERALD, AASL 1976, 273ff.
144 Vorne 9.
145 Siehe auch EHLERS, 78ff, 110.

Gütern gebunden (Art. XI Abs.1c). Gleichzeitig kann er einen Vorbehalt zu Protokoll Nr. 4 anbringen und erklären, dass er dessen Vorschriften über die Beförderung von Personen und Gepäck nicht als verbindlich betrachte (Art. XXI Abs.1b).

Mit diesen zwei Vorbehalten erreicht ein Staat, dass für ihn sowohl für die Beförderung von Personen und Gepäck als auch von Fracht jeweils nur die Vorschriften der Protokolle Nr. 3 und 4 gelten. Die Schweiz hat mit der Ratifizierung der Montreal-Protokolle die beschriebenen Vorbehalte angebracht [146].

Die anderen Vorbehalte befassen sich nicht mit Kollisionen innerhalb des Warschauer Systems:

– Zusprechung von Anwaltsgebühren: Art. 22 Abs.3a) von Protokoll Nr. 3 erlaubt es einem Gericht, dem Kläger zusammen mit die Verfahrenskosten die Anwaltsgebühren zuzusprechen, selbst wenn dies aufgrund des Landesrechts nicht möglich ist. Mit einem Vorbehalt (Art. XI Abs.1a) kann ein Vertragsstaat diese durch das Protokoll Nr. 3 eingeführte Neuerung rückgängig machen.

– Vorbehalt über die Beförderung von Militärpersonen: Ein Vertragsstaat kann die Anwendung der Protokolle Nr. 3 und Nr. 4 ausschliessen, wenn er Militärpersonal transportiert und diese Beförderung den Protokollen unterliegen würde (Beförderung von Militärpersonal in zivilen Flugzeugen) [147].

b) Örtlicher Anwendungsbereich

Alle vier Protokolle definieren den örtlichen Anwendungsbereich gleich (jeweils Kapitel II). Die Protokolle sind anwendbar, wenn sowohl der Abgangs- und als auch der Bestimmungsort in einem verschiedenen Vertragsstaat des massgebenden Protokolls liegen, oder wenn sich der Abgangs- und Bestimmungsort im gleichen Vertragsstaat befinden und die Parteien in einem Drittstaat eine Zwischenlandung vereinbart haben [148].

c) Zeitlicher Anwendungsbereich

Keines der Montreal-Protokolle enthält intertemporale Bestimmungen. Konflikte über das intertemporale Recht sind nach dem anwendbaren Landesrecht zu lösen [149].

In der Schweiz gilt nach dem in Art. 1 SchlT des ZGB festgehaltenen allgemeinen Rechtsgrundsatz ein Rückwirkungsverbot. Eine Tatsache, die sich vor dem Inkrafttreten eines Erlasses ereignet hat, ist nach den Normen zu beurteilen, die im Zeitpunkt des Ereignisses galten. Das gleiche gilt für eine Handlung, die vor dem Inkrafttreten des

---

146 Bundesbeschluss über die Genehmigung des Zusatzprotokolls Nr. 3 bzw. Nr. 4, BBl *1986* III 819; BBl *1986* III 820.
147 Es ist der gleiche Vorbehalt, der zum Haager Protokoll (Art. XXVI) angebracht werden kann, vorne 21.
148 Zur analogen Anwendungsbestimmung im Warschauer Abkommen und im Haager Protokoll, vorne 18, 20.
149 MILLER 40ff.

neuen Erlasses vorgenommen wurde: ihre Rechtswirkungen beurteilt der Richter nach den Bestimmungen, die galten, als die Partei die Handlung vornahm [150].

Für die zeitliche Geltung der Montreal-Protokolle bedeutet das Rückwirkungsverbot, dass sie auf Beförderungsverträge anwendbar sind, die nach dem Inkrafttreten abgeschlossen worden sind. Beförderungen, welche die Parteien vor dem Inkrafttreten vereinbarten und die erst nach dem Inkrafttreten ausgeführt werden, unterliegen den alten Bestimmungen.

Ähnliche Probleme stellten sich, als Gerichte den zeitlichen Anwendungsbereich des Haager Protokolls zu bestimmen hatten. Im Entscheid *Black Sea and Baltic General Insurance Company Ltd. gegen Scandinavian Airlines Systems SAS* beurteilte das **Obergericht des Kantons Zürich** einen Fall, der sich im Februar 1961 ereignet hatte. Der beklagte Lufttransportführer verlor eine Frachtsendung. Am 1. Aug. 1963 trat in der Schweiz das Haager Protokoll in Kraft. Die erste Instanz entschied den Fall im Dezember 1964, das Obergericht als zweite Instanz im März 1966. Beide Gerichte wendeten das Warschauer Abkommen in der ursprünglichen Fassung an. Bei der Auslegung der anwendbaren Artikel des Warschauer Abkommens lehnte sich das Obergericht stark an das in der Zwischenzeit in Kraft getretene Haager Protokoll an [151].

F. Das Guadalajara-Abkommen

Das Warschauer Abkommen lässt offen, ob es anwendbar ist, wenn die Partei, die den Beförderungsvertrag abgeschlossen hat (vertraglicher Lufttransportführer), den Transport des Passagiers oder der Luftfracht einem Dritten überträgt. Der Dritte (ausführender Lufttransportführer) schliesst mit dem Passagier oder mit dem Absender von Fracht keinen Vertrag ab. Das Guadalajara-Abkommen schafft die Grundlage dafür, dass beide Lufttransportführer den Regeln des Warschauer Abkommens unterstehen [152]. Der Passagier und der Absender von Fracht haben die Wahl, welchen der beiden Lufttransportführer sie belangen wollen.

Das Guadalajara-Abkommen ergänzt das Warschauer Abkommen. Es ist – im Gegensatz zu den Zusatzprotokollen zum Warschauer Abkommen – ein eigenständiger Vertrag. Ein Staat kann das Guadalajara-Abkommen ratifizieren, ohne dass er Vertragsstaat des Warschauer Abkommens ist. Art. XI verlangt lediglich, dass ein Staat zum Zeitpunkt der Unterzeichnung Mitglied der Vereinten Nationen oder einer ihrer Spezialorganisationen ist.

Das Guadalajara-Abkommen ist ein komplizierter Vertrag, und es ist umständlich formuliert [153].

Das Abkommen von Guadalajara ist in der Praxis kaum angewendet worden [154]. Von schweizerischen Gerichten gibt es keinen veröffentlichten Entscheid, der sich auf das

---

150 TUOR/SCHNYDER 806f.
151 Urteil vom 4. März 1966, ASDA-Bulletin 1966/2, 9.
152 Das deutsche Recht enthält in der LuftVG in § 49 eine ähnliche Vorschrift; im Gegensatz zum Guadalajara-Abkommen untersteht der ausführende Lufttransportführer nur in bezug auf die Haftung den Vorschriften des Warschauer Abkommens, GIEMULLA/LAU/BARTON, § 49a N 1.
153 GULDIMANN 206 N 14.
154 DIEDERIKS-VERSCHOOR 74.

Abkommen stützt [155]. Das überrascht, weil in Fällen, in welchen die Haftung des Reiseveranstalters strittig ist, das Guadalajara-Abkommen schwierige Abklärungen erspart über die Frage, wer als Vertragspartei ins Recht gefasst werden kann. Die solidarische Haftung zwischen den beiden Lufttransportführern erleichtert dem Passagier oder Absender auch die Rechtsverfolgung, wenn der ausführende Lufttransportführer eine ausländische Fluggesellschaft ist, die im Rahmen eines in der Schweiz gekauften Pauschalarrangements einen Flug ausführte [156].

1. Entstehungsgeschichte

Die Vorarbeiten für das Abkommen begannen vor 1955. Die Konferenz, die sich 1955 in Den Haag mit der Revision des Warschauer Abkommens befasste, wollte die Probleme rund um die Miete von Flugzeugen nicht im Haager Protokoll regeln. Die Konferenz verabschiedete mit der Schlussakte eine Empfehlung, das Problem weiter zu prüfen [157].

Verschiedene Gremien der ICAO erarbeiteten in mehreren Sitzungen einen Entwurf [158]. 1961 fand in Guadalajara (Mexiko) eine diplomatische Konferenz statt. Sie verabschiedete am 18. Sept. 1961 das *Zusatzabkommen zum Warschauer Abkommen zur Vereinheitlichung von Regeln über die von einem anderen als dem vertraglichen Lufttransportführer ausgeführte Beförderung im internationalen Luftverkehr* [159]. Die Schweiz ratifizierte das Abkommen am 1. Feb. 1964; es ist für die Schweiz am 1. Mai 1964 in Kraft getreten. 1993 haben 54 Staaten das Guadalajara-Abkommen ratifiziert.

2. Übersicht über den Inhalt

Das Guadalajara-Abkommen regelt die Rechtsbeziehung zwischen den beteiligten Lufttransportführern und dem Passagier oder dem Absender von Fracht. Es unterstellt beide Lufttransportführer dem Warschauer Abkommen (Art. II); das wirkt sich insbesondere in bezug auf die Haftung aus: der vertragliche Lufttransportführer hat für die ganze Beförderung nach den Regeln des Warschauer Abkommens einzustehen, während der ausführende Lufttransportführer dem Abkommen nur in bezug auf die Teilstrecke unterliegt, die er selber ausführt. Der vertragliche Lufttransportführer hat für sämtliche Handlungen des ausführenden Lufttransportführers einzustehen; der ausführende Lufttransportführer haftet für den vertraglichen Transportführer nur soweit, als die ausgeführte Beförderung betroffen ist, und er kann sich in diesem Fall

---

155 Zum Verweis auf das Abkommen in einem unveröffentlichten Zwischenbescheid des Handelsgerichts Zürich, hinten 39.
156 Hinten 38.
157 GULDIMANN 203 N 1f.
158 RIESE, ZLW 1958, 271ff; RIESE, ZLW 1962, 2ff; BECHER, ZLW 1958, 313ff.
159 Französischer Originaltext RO *1964* 150, SR 0.748.410.2.

immer auf die Limiten des Abkommens berufen (Art. III Abs.2, 2. Satz)[160]. Zusätzliche Gerichtsstände am Sitz des ausführenden Lufttransportführers und dort, wo dieser seine Hauptbetriebsleitung hat, sollen dem Geschädigten die Rechtsverfolgung erleichtern (Art. VIII). Das Verhältnis zwischen den beiden Lufttransportführern lässt das Abkommen offen[161].

Das Abkommen ist in englischer, französischer und spanischer Sprache abgefasst. Bei Abweichungen ist der französische Text massgebend (Art. XVIII).

3. Geltungsbereich

a) Sachlicher Anwendungsbereich

aa) Internationale Beförderung i.S. des Warschauer Abkommens

Das Guadalajara-Abkommen ist nur auf Beförderungen anwendbar, die international sind i.S. des Warschauer Abkommens (Art. II GA). Die Voraussetzungen von Art. 1 Abs.a) WA müssen erfüllt sein: die Parteien haben einen Beförderungsvertrag abgeschlossen, Abgangs- und Bestimmungsort liegen je in einem Vertragsstaat des Warschauer Abkommens, oder sie befinden sich im gleichen Vertragsstaat, und die Parteien vereinbaren in einem Drittstaat eine Zwischenlandung; die Beförderung erfolgt gegen Entgelt, oder sie ist unentgeltlich, und ein Luftfahrtunternehmen führt sie aus[162].

Mit der Qualifizierung der Route als eine «internationale Beförderung» i.S. des Warschauer Abkommens entscheidet sich, ob das Warschauer Abkommen in der ursprünglichen Fassung oder in der Fassung des Haager Protokolls anzuwenden ist. Art. I Abs.a) GA in Verbindung mit Art. I Abs.b) GA hält fest, dass mit «Warschauer Abkommen» diejenige Version gemeint ist, die auf den Beförderungsvertrag anwendbar ist, den der Reisende oder Absender mit dem vertraglichen Lufttransportführer abgeschlossen hat[163].

Der vertragliche Lufttransportführer vereinbart im Rahmen einer *Pauschalreise* von der **Schweiz** nach **USA** und zurück eine Beförderung von **Chicago** nach **San Francisco**. Eine amerikanische Gesellschaft fliegt die Passagiere aufgrund eines Chartervertrages mit dem Veranstalter von Chicago nach San Francisco. Auf dieser Strecke verunfallt ein Passagier[164].
Der vertragliche Lufttransportführer (Reiseveranstalter) untersteht dem Warschauer Abkommen in der Fassung des Haager Protokolls (Abgangs- und Bestimmungsort in der Schweiz, Zwischen-

---

160 Damit unterscheidet sich der ausführende Lufttransportführer vom nachfolgenden Lufttransportführer bei einer Sukzessivbeförderung (vorne 11). Der nachfolgende Lufttransportführer kann für den ganzen Schaden haften, selbst wenn dieser auf einer Teilstrecke entstanden ist, die ein anderer Lufttransportführer geflogen hat, GULDIMANN, Art. III N 8; MILLER 258.
161 SCHWEICKHARDT, ASDA-Bulletin 1962/1, 3.
162 Vorne 9.
163 Art. I a) GA definiert «Warschauer Abkommen» als «(...) das Abkommen zur Vereinheitlichung von Regeln über die Beförderung im internationalen Luftverkehr (...) von 1929 oder (...) in der Fassung von Den Haag 1955 (...)». Treten die Zusatzprotokolle von Montreal in Kraft, ist damit - je nach Beförderungsvertrag - das *Warschauer Abkommen in der Fassung von Den Haag 1955 und des betreffenden Protokolls* gemeint, Protokoll Nr. 1 Art. XII; Protokoll Nr. 2, Art. XII; Protokoll Nr. 3, Art. XIII; Protokoll Nr. 4, Art. XXIII.
164 Ob die amerikanische Gesellschaft als ausführender Lufttransportführer ins Recht gefasst werden kann und ob in der Schweiz ein Gerichtsstand gegeben sei, ist eine Frage des örtlichen Anwendungsbereichs des Guadalajara-Abkommens (die USA haben das Abkommen nicht ratifiziert), hinten 41.

landung in einem Drittstaat). Für den ausführenden Lufttransportführer ist für Beförderungen innerhalb der USA das amerikanische Recht massgebend. Im hier aufgeführten Beispiel ist die Strecke Chicago – San Francisco jedoch Teil einer internationalen Beförderung, sodass der ausführende Lufttransportführer – wie bei der Sukzessivbeförderung [165] – dem Warschauer Abkommen untersteht.

Fragen können sich im Zusammenhang mit der *Vereinbarung von Montreal* stellen. Handelt es sich beim vertraglichen Lufttransportführer um einen Reiseveranstalter oder um eine Gesellschaft, welche die USA nicht anfliegt, unterstehen diese nicht der Vereinbarung von Montreal. Die Anwendung der Vereinbarung ergibt sich in der Regel dadurch, dass der ausführende Lufttransportführer dem vertraglichen Lufttransportführer die Verwendung entsprechender Beförderungsdokumente vorschreibt.

bb) Vertraglicher Lufttransportführer

Das Guadalajara-Abkommen setzt voraus, dass der Passagier oder der Absender den Beförderungsvertrag mit einer Partei abschliesst, die sich verpflichtet, den Passagier oder die Fracht über eine bestimmte Strecke zu befördern und den Transport nicht selber ausführt (vertraglicher Lufttransportführer)[166]. Die Beförderung besorgt ein Dritter. Der vertragliche Lufttransportführer wählt diesen selbständig aus, ohne dass der Passagier oder der Absender die Wahl beeinflusst, und er bestimmt mit ihm den Preis.

Vertraglicher Lufttransportführer kann ein **Flugreiseveranstalter** (Reisebüro, das Flugpassagen auf Charterflügen verkauft), der Veranstalter einer **Pauschalreise** (Reisebüro, das den Lufttransport und ein Landarrangement verkauft) oder ein **Spediteur** sein, der sich im eigenen Namen verpflichtet, ein Gut zu befördern.

Kein vertraglicher Lufttransportführer i.S. des Guadalajara-Abkommens ist der Vermittler einer Beförderung [167]. Der Begriff des Vermittlers ist in Übereinstimmung mit der neueren Lehre und Rechtsprechung eng auszulegen [168]. Vermittler ist nur, wer unter Würdigung der gesamten Umstände des Vertragsschlusses als Agent oder Stellvertreter dem Passagier oder dem Absender die Beförderung durch einen Dritten verkauft. Der Passagier oder der Absender hat die Wahl, wer der Dritte ist; er könnte mit dem Dritten direkt über die Beförderung verhandeln, und er kennt den Preis der Beförderung [169].

cc) Ausführender Lufttransportführer

Nach dem Konzept des Guadalajara-Abkommens ist der Dritte, der den Passagier oder die Fracht befördert, der *ausführende Lufttransportführer*. Er wird aufgrund eines Vertrages mit dem vertraglichen Lufttransportführer tätig. Das Guadalajara-Abkommen spezifiziert nicht, wie sich das Verhältnis zwischen den beiden Lufttransportführern zu gestalten hat. In der Regel wird der ausführende Lufttransportführer Hilfsperson des vertraglichen Lufttransportführers sein [170]. Das Guadalajara-Abkom-

---

165 Vorne 11.
166 RIESE, ZLW 1962, 7ff.
167 GULDIMANN, Art.I N 5.
168 GIRSBERGER 50ff mit Verweisen; Urteil des Obergerichts des Kantons Basel-Landschaft vom 29. Jan. 1985 i.S. *Leguillon g. African Safari Club und ASC African Safari Club AG*, ASDA-Bulletin 1985/2, 93; BGE 111 II 270ff.
169 Hinten 108.
170 SCHMID-RÄNTSCH, FS Meyer 220f.

men lässt auch offen, ob zwischen dem Passagier oder Absender und dem ausführenden Lufttransportführer ein Vertrag zustande kommt.

Kein ausführender Lufttransportführer i.S. des Guadalajara-Abkommens ist der nachfolgende Lufttransportführer, der sich gemäss Art. 1 Abs.3 WA an einer Sukzessivbeförderung beteiligt. Der nachfolgende Lufttransportführer hat mit dem Passagier oder dem Absender einen Beförderungsvertrag abgeschlossen und transportiert ihn oder das Frachtgut über eine Teilstrecke einer Gesamtbeförderung [171].

Soweit aus dem publizierten Sachverhalt hervorgeht, hat der **Einzelrichter des Bezirksgerichts Zürich** im Fall einer Sukzessivbeförderung [172] fälschlicherweise das Guadalajara-Abkommen als massgebend erachtet [173]. Der Kläger liess sich von der Fluggesellschaft A von der Schweiz nach Asien befördern. Für die Strecke Katmandu – Delhi war im Flugschein die Beförderung mit Fluggesellschaft Z. vorgesehen, welche die Beförderung wie geplant ausführte. Der Einzelrichter argumentierte mit Hinweis auf das Guadalajara-Abkommen, die Fluggesellschaft A müsse für das Verhalten der Fluggesellschaft Z einstehen. Die Voraussetzungen für die Anwendung des Guadalajara-Abkommens waren in diesem Fall jedoch nicht erfüllt [174].

Das Guadalajara-Abkommen verlangt, dass der vertragliche Lufttransportführer den ausführenden Lufttransportführer zur Beförderung *ermächtigt* (Art. 1 Abs.c) GA) [175]. Die Ermächtigung kann vor oder nach der Beförderung erfolgen [176].

Eine Fluggesellschaft, die sich gegenüber dem vertraglichen Lufttransportführer verpflichtet, die Beförderung auszuführen und in Verletzung dieser Verpflichtung nicht tätig wird, ist kein ausführender Lufttransportführer. Es fehlt an der tatsächlichen Ausführung der Beförderung [177].

b) *Sachverhalte, die zur Anwendung des Guadalajara-Abkommens führen*

In der Praxis bestehen verschiedene Rechtsverhältnisse, die zur Anwendung des Guadalajara-Abkommens führen können. Ob sich die Anwendung im einzelnen Fall aufdrängt, hängt nicht zuletzt davon ab, wie der Begriff des Lufttransportführers unter dem Warschauer Abkommen definiert wird. Ist er weit gefasst, kann er den vertraglichen und den ausführenden Lufttransportführer einschliessen, und die Anwendung des Guadalajara-Abkommens erübrigt sich. Wird der Begriff eng gefasst, kann dank dem Guadalajara-Abkommen eine an der Beförderung beteiligte Partei unter dem Warschauer Abkommen ins Recht gefasst werden, die sonst ihre Passivlegitimation bestreiten könnte [178].

---

171 Vorne 11; GULDIMANN Art.I N 9.
172 Zum Begriff vorne 11.
173 Urteil vom 5. Mai 1989, SJZ 1990, 217 Ziff 4.1.
174 Es handelte sich bei der Reise um eine Air Inclusive Tour, die der Veranstalter Y organisiert hatte (Ziff. 3.1. des Urteils). Wenn das Guadalajara-Abkommen in diesem Fall massgebend sein kann, dann nur in bezug auf die Stellung von Y als vertraglicher Lufttransportführer und den jeweiligen Fluggesellschaften als ausführende Lufttransportführer.
175 Zu den Gründen dieser Vorschrift SCHMID-RÄNTSCH, FS RIESE, 487.
176 GULDIMANN, Art. I N 11f; RIESE, ZLW 1962, 9.
177 SCHMID-RÄNTSCH, FS Meyer 220.
178 Siehe z.B. den Sachverhalt, der dem Obergericht des Kantons Basel-Landschaft im Fall *Legouillon g. African Safari Club und ASC African Safari Club AG*, ASDA-Bulletin 1985/2, 84 und dem Bundesgericht in BGE 111 II 270 vorlag; siehe auch hinten 109.

aa) Charterverträge

Unter einem Chartervertrag stellt der *Vercharterer* dem *Charterer* Beförderungskapazität (ein ganzes Flugzeug oder im Rahmen eines split-charters eine gewisse Kapazität) für eine bestimmte Reise oder eine bestimmte Zeit zur Verfügung [179]. Der Charterer bezahlt dem Vercharterer den Charterpreis. In der Praxis sind der sog. *Mietcharter* und der *Transportcharter* am häufigsten [180]. Beim Mietcharter tritt der Charterer als Lufttransportführer auf [181]; der Passagier oder Absender wird sich oft gar keine Rechenschaft darüber geben, dass der Charterer das Flugzeug eines Dritten benützt. Anders beim Transportcharter: dort bleibt der Vercharterer Lufttransportführer, auch wenn er nicht selber die Beförderungsverträge abschliesst [182].

Es ist nicht einfach, die Rechtsverhältnisse zu qualifizieren, die insbesondere bei der Beförderung mit einem Transportcharter entstehen. Es liegt ein Dreiecksverhältnis vor, dem ein Vertrag sui generis zugrunde liegt [183].

Entsteht aus einer Beförderung mit einem Transportcharter ein Schaden, kann der Geschädigte unter dem Guadalajara-Abkommen entweder den Vercharterer oder den Charterer als *Lufttransportführer* zur Verantwortung ziehen [184].

Das **Tribunale di Padova** hatte folgenden Sachverhalt zu beurteilen [185]: Die Firma Icomsa charterte bei der Firma Air 70 ein Flugzeug, um einige Techniker von Triest nach Algier zu befördern. Das Flugzeug stürzte in Rieti (Italien) ab, und alle Passagiere kamen ums Leben. Das Gericht betrachtete Icomsa in Anwendung von Art. 1 und Art. 3 GA als vertraglichen Lufttransportführer; sie hatte den Flug organisiert und bezahlt. Die Firma Air 70 qualifizierte es als ausführenden Lufttransportführer; sie habe die Passagiere ohne eine direkte vertragliche Beziehung tatsächlich befördert.

bb) Reiseveranstaltungsverträge

Mit einem Reiseveranstaltungsvertrag verpflichtet sich der Veranstalter, verschiedene Leistungen zu einem Pauschalpreis zu erbringen [186]. Oft beinhaltet der Reiseveranstaltungsvertrag eine Beförderung mit einem Flugzeug. Treten im Zusammenhang mit der Luftbeförderung Störungen in der Vertragsabwicklung auf, kann der Passagier das vertragsschliessende Reisebüro als vertraglichen Lufttransportführer und die Gesellschaft, die den Transport durchführt, als ausführenden Lufttransportführer belangen, soweit die übrigen Voraussetzungen zur Anwendung des Warschauer Abkommens erfüllt sind.

---

179 Im allgemeinen Sprachgebrauch wird der Begriff «Charter» für den Bedarfsluftverkehr (im Gegensatz zum Linienverkehr) verwendet. Aus rechtlicher Sicht bezeichnet «Charter» das Vertragsverhältnis über die Überlassung eines Flugzeuges; zum Begriff GIMBEL 71ff mit Verweisen; siehe auch THOMKA-GAZDIK, Air Law 1976, 66ff; MÜLLER WALTER 215ff, GULDIMANN, AASL 1979, 135ff.
180 Beim *Mietcharter* verpflichtet sich der Vercharterer zur Gebrauchsüberlassung eines betriebsbereiten Flugzeuges und zur Verschaffung der Dienste der Flugzeugbesatzung; beim *Transportcharter* verpflichtet sich der Vercharterer zugleich als Transportführer, siehe dazu MÜLLER WALTER 221.
181 Hinten 107.
182 Zum Chartervertrag siehe auch SCHWENK, 461ff und Art. 94ff SSG; zur Vercharterung eines Ballons BGE 83 II 231 i.S. *Jaquet c. Club neuchâtelois d'aviation,* Sachverhalt hinten 107.
183 SCHEUCH 24; MÜLLER WALTER 222; siehe auch hinten 108.
184 Zur begrenzten Haftung des ausführenden Lufttransportführers hinten 252.
185 Urteil vom 5. Nov. 1982 i.S. *Bandelloni et al. vs. Icomsa und Air 70,* Air Law 1987, 155.
186 GIRSBERGER 37f; ROBERTO 6f mit Verweisen.

Im Entscheid *Leguillon gegen African Safari Club und ASC African Safari Club AG* vergaben sich das **Obergericht des Kantons Basel-Landschaft** und das **Bundesgericht** [187] die Gelegenheit, das Guadalajara-Abkommen anzuwenden [188]. Die Gerichte hätten sich die Klärung der Frage erspart, ob ein Reiseveranstalter für Luftbeförderungen haftet.

Das **Landgericht Düsseldorf** wendete das Guadalajara-Abkommen auf den folgenden Sachverhalt an [189]: der Kläger kaufte bei einem Reisebüro eine Flugreise mit einer Chartergesellschaft (Germanair) von Düsseldorf nach Istanbul und zurück. Er konnte nicht vertragsgemäss zurückfliegen, weil das Reisebüro als Charterer das ihm zustehende Kontingent massiv überbucht hatte. Der Kläger kaufte sich ein Linienbillet, nachdem ihm Germanair zweimal wegen Überbuchung die Beförderung verweigert hatte. Der Kläger verlangte vom Reisebüro Schadenersatz (Kosten des Linienfluges, Telegrammkosten und Verdienstausfall). Das Gericht bejahte die Passivlegitimation des Reisebüros als vertraglicher Luftfrachtführer und hiess die Klage gut. Die Chartergesellschaft war im Verfahren Nebenintervenientin.

So sehr die Anwendung des Guadalajara-Abkommens zu begrüssen ist – in diesem Fall waren die Voraussetzungen dazu nicht gegeben. Das Gericht scheint übersehen zu haben, dass bei einer verweigerten Beförderung das Warschauer Abkommen nicht anwendbar ist, denn eine verweigerte Beförderung ist keine Verspätung [190], wie das Gericht fälschlicherweise annahm. Das Warschauer Abkommen ist deshalb nicht anwendbar und damit auch nicht das Guadalajara-Abkommen. Art. II GA hält fest, dass der vertragliche und der ausführende Luftfrachtführer nur nach den Regeln des Warschauer Abkommens haften. Das Gericht hätte den Fall nach dem anwendbaren Landesrecht entscheiden müssen.

cc) Speditionsverträge

Das Guadalajara-Abkommen erübrigt es, abschliessend zu klären, unter welchen Voraussetzungen der Spediteur [191] als Lufttransportführer den Bestimmungen des Warschauer Abkommens unterliegt [192]. Sobald er sich als Einzel- oder Sammelspediteur (fright forwarder) [193] verpflichtet, ein Gut – mit einem Dritten als ausführenden Lufttransportführer – an den Bestimmungsort zu befördern, kann er als vertraglicher Lufttransportführer i.S. des Guadalajara-Abkommens gelten.

Die Voraussetzungen zur Anwendung des Guadalajara-Abkommens sind oft auch bei der gemischten Beförderung [194] erfüllt. Der Combined Transport Operator [195] übernimmt als vertraglicher Lufttransportführer die Beförderung von Fracht [196].

Das **Zürcher Handelsgericht** verwies im Fall *X. AG g. Y.* AG (Speditionsfirma) und *Z. AG* (Fluggesellschaft) auf das Guadalajara-Abkommen [197]. Der Verweis überzeugt kaum: das Gericht

---

187 ASDA-Bulletin 1985/2, 84; BGE 111 II 270.
188 Ob eine Beförderung von der Schweiz nach Kenia und zurück in die Schweiz dem Guadalajara-Abkommen unterliegt, ist eine Frage der Anwendung des Guadalajara-Abkommens, hinten 41.
189 Urteil vom 3. Feb. 1971, ZLW 1971, 291.
190 Hinten 144.
191 Zum Begriff des Spediteurs, hinten 110.
192 Der Spediteur, der als vertraglicher Lufttransportführer gilt, unterliegt dem Warschauer Abkommen. Er kann sich nicht auf die im Gewerbe üblichen AGB berufen, sofern diese die Haftung weiter einschränken als es das Warschauer Abkommen vorsieht (Art. 23 Abs.1 WA).
193 RIESE, ZLW 1962, 8.
194 Vorne 10.
195 Im Gegensatz zum Spediteur verpflichtet sich der *Combined Transport Operator* immer zur Gesamtbeförderung, ZÜLLIG 46f.
196 ZÜLLIG 43.
197 Unveröffentlichter Zwischenbescheid vom 18. Juni 1980.

bezeichnete die Speditionsfirma als Agentin und die Fluggesellschaft als vertraglichen Lufttransportführer. Unter diesen Voraussetzungen kann das Guadalajara-Abkommen nicht angewendet werden, weil es an einem ausführenden Lufttransportführer fehlt. Wenn schon, hätte die Speditionsfirma als vertraglicher Lufttransportführer und die Fluggesellschaft als ausführender Lufttransportführer figurieren müssen [198].

dd) Miete und Lease von Flugzeugen

Der Lufttransportführer benützt häufig ein Flugzeug, das er von einem Dritten gemietet hat. Er mietet es entweder mit Besatzung (*wet lease* oder *Mietcharter* [199]) oder ohne Besatzung (*dry lease oder bare hull charter* [200]). Das sind keine Sachverhalte, die zur Anwendung des Guadalajara-Abkommens führen [201]. Mit dem Leasing-Vertrag überlässt der Leasing-Geber dem Leasing-Nehmer ein Flugzeug zum Gebrauch; der Leasing-Nehmer hat den wirtschaftlichen Nutzen des Flugzeuges, und er trägt die aus dem Betrieb entstehenden Verpflichtungen [202]. Bei der *wet lease* bleibt die operationelle Kontrolle [203] des Flugzeuges beim Leasing-Geber; für den Betrieb und die wirtschaftliche Nutzung dagegen ist der Leasing-Nehmer verantwortlich. Nur er kann als vertraglicher oder ausführender Lufttransportführer betrachtet werden [204].

ee) Übertragung von Flugscheinen

Eine Fluggesellschaft befördert oft einen Passagier oder ein Gut trotz einer bestätigten Buchung aus technischen oder operationellen Gründen nicht selber. Sie vereinbart mit einer anderen Fluggesellschaft, dass diese den Transport übernimmt und überträgt den Flugschein auf die Gesellschaft, welche den Transport tatsächlich ausführt.

Der Sachverhalt fällt in der Regel unter das Guadalajara-Abkommen. Der vertragliche Lufttransportführer vereinbart mit dem ausführenden Lufttransportführer die Beförderung des Passagiers und setzt diesen unabhängig von der Zustimmung des Passagiers als Erfüllungsgehilfen ein [205].

Der **deutsche Bundesgerichtshof** hatte Ansprüche aus einer Beförderung von Brüssel via München nach Innsbruck und zurück zu beurteilen [206]. Die Klägerin hatte den Flugschein bei der Gesellschaft S. in Brüssel gekauft. S. führte den Flug von Brüssel nach München selber aus. In München übernahm der Beklagte mit einem Taxiflug die Beförderung. Das Flugzeug stürzte ab. Der Bundesgerichtshof kam zum Schluss, das Guadalajara-Abkommen sei in diesem Fall nicht anwendbar; der zweite Lufttransportführer habe als Hilfsperson («Leute») der Gesellschaft S. gehandelt. Diese Argumentation überzeugt kaum. Im vorliegenden Fall sind alle Voraussetzun-

---

198 Im strittigen Fall ergibt sich aufgrund des Guadalajara-Abkommens kein entscheidender Unterschied (Zuständigkeit aufgrund von Art. 12 LTR) hinten 289.
199 SCHEUCH 20ff.
200 SCHEUCH 17ff.
201 Siehe auch SCHMID-RÄNTSCH, FS RIESE 492f.
202 GIMBEL 76f.
203 Darunter ist im wesentlichen die Einhaltung öffentlich-rechtlicher Vorschriften gemeint, SCHWENK 184.
204 Der Charterer trägt das wirtschaftliche Risiko für die Ausnützung der Beförderungskapazität, GIMBEL 77; SCHWENK 184f; SCHEUCH 20ff.
205 Die meisten Fluggesellschaften behalten sich in den Vertragsbedingungen vor, «ohne Vorankündigung andere Transportführer mit der Beförderung zu betrauen» (so z.B. Ziff. 9 der Vertragsbedingungen der Swissair).
206 Urteil vom 6. Okt. 1981, ZLW 1982, 63.

gen für die Anwendung des Guadalajara-Abkommens erfüllt. Die Gesellschaft S. schloss als vertraglicher Lufttransportführer mit der Klägerin einen Vertrag ab und überliess die Beförderung dem Beklagten als ausführender Lufttransportführer. Dieser Sachverhalt reicht, um die Voraussetzungen über die Anwendung des Guadalajara-Abkommens zu erfüllen. Ob der beklagte Pilot als Hilfsperson der Firma S. gehandelt hat, oder ob das Rechtsverhältnis zwischen den beiden anders zu qualifizieren sei, spielt für die Anwendung des Guadalajara-Abkommens keine Rolle. Das Abkommen lässt diese Frage ausdrücklich offen [207].

Geht aus den Umständen eindeutig hervor, dass der Passagier oder der Absender dem Wechsel des Lufttransportführers zugestimmt hat, ist der Vertrag mit dem ursprünglichen Lufttransportführer aufgehoben [208]; der neue Beförderungsvertrag besteht ausschliesslich mit dem zweiten Lufttransportführer [209]. Unter diesen Voraussetzungen ist das Guadalajara-Abkommen nicht anwendbar, weil nur ein Lufttransportführer an der Erfüllung des Vertrages beteiligt ist.

c) *Örtlicher Anwendungsbereich*

Rund die Hälfte der Staaten, die das ursprüngliche Warschauer Abkommen ratifiziert haben (1993: 129), sind dem Guadalajara-Abkommen beigetreten (1993: 54) [210]. Zwei Länder (Jamaika und Tschad) haben nur das Guadalajara-Abkommen, nicht aber das Warschauer Abkommen ratifiziert [211].

Im Gegensatz zum Warschauer Abkommen, zum Haager Protokoll und zu den Protokollen von Montreal [212] definiert das Guadalajara-Abkommen den örtlichen Anwendungsbereich nicht [213]. Es enthält keine Bestimmung über die Frage, ob ihm Beförderungen unterliegen, die einen Nichtvertragsstaat berühren [214]. Die Verfasser des Abkommens sahen ausdrücklich davon ab, diese Frage in einer Verweisung zu regeln [215]. Es schreibt auch nicht vor, dass – wie beim Warschauer Abkommen – das Kriterium der

---

207 Vorne 37.
208 So in der Regel, wenn der Flugschein indossiert wird, hinten 116; siehe auch SCHMID-RÄNTSCH, FS RIESE 495f.
209 SCHMID-RÄNTSCH, FS Meyer 225.
210 Nach Art. XIV können nur Staaten, die Mitglied der Vereinten Nationen oder einer ihrer Spezialorganisationen sind, das Abkommen ratifizieren.
211 Es ist schwierig zu beurteilen, ob und wie das Guadalajara-Abkommen bzw. das Warschauer Abkommen in bezug auf Jamaika und Tschad anwendbar sein können. Sie haben nur das Guadalajara-Abkommen, nicht aber das Warschauer Abkommen ratifiziert. Aufgrund des Guadalajara-Abkommens erhalten der vertragliche und der ausführende Lufttransportführer die gleiche Stellung wie ein Lufttransportführer unter dem Warschauer Abkommen. Es stellt sich die Frage, ob diese materiell-rechtliche Verweisung genügt, um auf eine Beförderung, die dem Guadalajara-Abkommen untersteht, das Warschauer Abkommen anzuwenden. Die Tatsache, dass Art. II in Verbindung mit Art. I eindeutig auf das Warschauer Abkommen verweist, spricht dafür, den Verweis als genügende Grundlage für die Anwendung des Warschauer Abkommens zu betrachten.
In diesem Punkt zeigt sich, was GULDIMANN 206 N 14 als «unglückliche Redaktion» bezeichnet hat; die Urheber des Guadalajara-Abkommens hätten den Beitritt davon abhängig machen müssen, dass ein Vertragsstaat das Warschauer Abkommen ratifiziert hat.
212 Art. 1 Abs.2 WA; Art. XVIII HP; Art. III des Protokolls Nr. 1; Art. III des Protokolls Nr. 2; Art. IV des Protokolls Nr. 3; Art. XIV des Protokolls Nr. 4.
213 GAZDIK, JALC 28 [1962] 379; zum Anwendungsbereich des Warschauer Abkommens vorne 9ff.
214 GULDIMANN 207 N 17.
215 ICAO-Doc. 8301-LC/149-1, 219 ff; RIESE, ZLW 1962, 34f; GAZDIK, JALC 28 [1962] 373.

Gegenseitigkeit erfüllt sein muss (z.B. dass alle an der Beförderung beteiligten Lufttransportführer den Sitz in einem Vertragsstaat haben müssen) [216].

Der niederländische Delegierte brachte die Frage des örtlichen Anwendungsbereiches erst gegen Ende der Konferenz von Guadalajara auf [217]. Einige Teilnehmer waren der Ansicht, es verstosse gegen die Verfahrensregeln, über den Anwendungsbereich zu diesem späten Zeitpunkt zu diskutieren. Der Präsident der Konferenz entschied, trotzdem auf die Frage materiell einzutreten [218]. Die Delegierten verwarfen den holländischen Vorschlag, ein Vertragsstaat des Guadalajara-Abkommens könne erklären, er sei nicht bereit, das Abkommen im Verhältnis zu einem Nichtvertragsstaat anzuwenden [219]; sie konnten sich nicht auf einen Text einer entsprechenden Bestimmung einigen.

Nach den allgemeinen Grundsätzen über die Anwendung eines Staatsvertrages, der Privatrecht vereinheitlicht, wendet der Richter das Guadalajara-Abkommen an, wenn die Beförderung dem Recht eines Vertragsstaates des Guadalajara-Abkommens untersteht [220]. Er entscheidet nach den anwendbaren Kollisionsregeln, welchem Recht die Beförderung untersteht und prüft danach, ob das Guadalajara-Abkommen Teil dieser Rechtsordnung ist. Wenn dies der Fall ist, muss er die Beförderung dem Guadalajara-Abkommen unterstellen, selbst wenn er damit als Gericht eines Drittstaates einen Staatsvertrag anwendet, den sein Land nicht ratifiziert hat [221].

Die bisherige spärliche Praxis ist im Ergebnis ohne nähere Begründung mehrheitlich davon ausgegangen, dass das Guadalajara-Abkommen nach den dargestellten Grundsätzen anzuwenden sei. Die Beförderung unterliegt dem Guadalajara-Abkommen, wenn dieses Bestandteil des anwendbaren Landesrechts ist, selbst wenn die Beförderung einen Nichtvertragsstaat berührt oder wenn einer der beteiligten Lufttransportführer seinen Sitz in einem Nichtvertragsstaat hat.

Das **Landgericht Düsseldorf** begründete die Anwendung des Guadalajara-Abkommens auf eine Beförderung von Düsseldorf nach Istanbul und zurück damit, dass es in der Bundesrepublik Deutschland Gesetzeskraft erhalten hat [222]. Die Türkei hat das Guadalajara-Abkommen nicht ratifiziert [223].

Das Gericht von **Padua** wendete das Guadalajara-Abkommen in analoger Weise an. Die Passagiere vereinbarten mit dem vertraglichen Lufttransportführer eine Beförderung von Italien nach Algier; Algerien hat das Guadalajara-Abkommen nicht ratifiziert [224].

Dagegen hat das **Hanseatische Oberlandesgericht** das Guadalajara-Abkommen auf eine Beförderung von Deutschland nach den USA nicht angewendet, weil die USA das Abkommen

---

216 Zur Gegenseitigkeit bei der Anwendung von Staatsverträgen BLECKMANN 57ff.
217 ICAO-Doc 8301-LC/149-1, 219. Der norwegische Delegierte verdeutlichte das Votum 220.
218 ICAO-Doc 8301-LC/149-1, 220.
219 ICAO-Doc 8301-LC/149-1, 221ff, 223; beim holländischen Vorschlag blieb offen, nach welchem Kriterium zu entscheiden sei, dass die Beförderung einen Nichtvertragsstaat berühre (Route des Beförderungsvertrages oder Sitz der beteiligten Lufttransportführer).
220 KROPHOLLER 110ff.
221 KROPHOLLER 109.
222 Urteil vom 3. Feb. 1971, ZLW 1971, 290ff; vorne 35ff.
223 Siehe auch Entscheid des Amtsgerichts Hamburg vom 7. Feb. 1972, ZLW 1973, 51; anders entschied (fälschlicherweise) das Landgericht Berlin mit der Begründung, der Flug habe nicht in einen Vertragsstaat des Guadalajara-Abkommens geführt (Türkei), Hinweis bei GIEMULLA/SCHMID, ZLW 1992, 123 FN 1.
224 Urteil vom 5. Nov. 1982, rapportiert in Air Law 1987, 155; vorne 38.

nicht ratifiziert haben [225]. Nach der hier vertreten Auffassung ist diese Begründung abzulehnen. Das Gericht hätte prüfen müssen, welchem Recht die Beförderung untersteht. Danach hätte sich die Frage gestellt, ob das Guadalajara-Abkommen als Teil dieser Rechtsordnung anwendbar sei.

Fragen über die Anwendung des Guadalajara-Abkommens können sich auch im Zusammenhang mit Art. VIII (Zuständigkeit) stellen. Diese Bestimmung schafft zwei zusätzliche Gerichtsstände, nämlich am Sitz des ausführenden Lufttransportführers und dort, wo sich seine Hauptbetriebsleitung befindet. Diese Gerichtsstände können sich in einem Staat befinden, der das Guadalajara-Abkommen nicht ratifiziert hat. Beruft sich ein Passagier oder Absender in diesem Fall auf die Gerichtsstände, die das Guadalajara-Abkommen schafft, wird der Richter nach seinem eigenen internationalen Zivilprozessrecht die Zuständigkeit prüfen [226]; das Guadalajara-Abkommen kann den Richter eines Nichtvertragsstaat nicht dazu verpflichten, an einem vom Abkommen bezeichneten Gerichtsstand eine Klage zu behandeln. In der Regel wird an den zwei im Guadalajara-Abkommen bezeichneten zusätzlichen Gerichtsständen jedoch auch nach nationalem Recht eine Gerichtszuständigkeit bestehen (Sitz bzw. Niederlassung der beklagten Partei); im Ergebnis bestehen damit aufgrund von nationalem Recht die gleichen Zuständigkeiten wie unter dem Guadalajara-Abkommen.

G. Auslegung der Abkommen des Warschauer Systems

1. Grundsätze

Das Warschauer Abkommen, seine Zusatzprotokolle und das Abkommen von Guadalajara sind Staatsverträge. Für ihre Auslegung gelten die Grundsätze des Völkervertragsrechts [227]. Sie sind im *Wiener Übereinkommen über das Recht der Verträge* [228] in Art. 31ff kodifiziert [229].

Völkerrechtliche Verträge sind nach *Treu und Glauben* auszulegen. Den Bestimmungen ist die übliche Bedeutung zuzumessen, die sich aus dem Zusammenhang und unter Berücksichtigung von *Ziel und Zweck* des Vertrages ergibt (Art. 31 Abs.1 des Wiener Übereinkommens).

Den Zusammenhang ermittelt der Richter, indem er den *Text* der Bestimmung, die Präambel und die Anhänge eines Vertrages berücksichtigt (Art. 31 Abs.2 des Wiener Übereinkommens).

Für das Warschauer Abkommen und seine Zusatzprotokolle hat der Richter von der französischen Version der Texte auszugehen: das ursprüngliche Abkommen wurde nur auf französisch abgefasst. Von den Zusatzprotokollen existieren Versionen in verschiedenen Sprachen; im Zweifelsfall ist der französische Text massgebend [230].

---

225 Urteil vom 18. Feb. 1988, ZLW 1988, 362, 364.
226 WALDER, 29 N 1f, 33 N1 ff je mit Verweis auf GULDENER; siehe auch BLECKMANN 79ff.
227 Das gilt auch, wenn die Staatsverträge privatrechtliche Normen enthalten, MAJOROS, RabelsZ 1982, 88.
228 Vom 23. Mai 1969, SR 0. 111; AS 1990 1112.
229 VERDROSS/SIMMA 374 N591.
230 Vorne 8; zur Frage der Übersetzung des französischen Texts ins Englische siehe *Robert Palagonia et al. vs. Trans World Airways,* Air Law 1979, 102ff.

Die Präambel verweist auf die wesentliche Funktion des Warschauer Abkommens: es will für die Beförderung im internationalen Luftverkehr die Beförderungsscheine und die Haftung vereinheitlichen. Anhänge zum Warschauer Abkommen gibt es keine.

Die *Materialien* zum Abkommen und die Umstände seines Abschlusses sind zusätzliche Auslegungsmittel, haben aber nur eine Hilfsfunktion; sie können beigezogen werden, wenn die Auslegung aufgrund des Vertragstextes oder des Zwecks des Vertrages «den Sinn zweideutig oder undeutlich lässt oder zu einem Resultat führt, das offenbar absurd oder unvernünftig ist» (Art. 32 des Wiener Übereinkommens) [231].

Schliesslich ist das *spätere Verhalten der Vertragsstaaten* bei der Auslegung zu berücksichtigen, welches die Übereinstimmung der Parteien hinsichtlich der Auslegung ausdrückt (Art. 31 Abs.3b) des Wiener Übereinkommens) [232].

Der **U.S. Supreme Court** hielt die Grundsätze zur Auslegung beispielhaft im Urteil V*alerie H. Saks vs. Air France* fest [233]. Das Gericht hatte den Begriff «Unfall» von Art. 17 WA auszulegen [234]. Es ging vom Text und vom Zusammenhang des Begriffs aus (Erw. II) und verglich Art. 17 in der französischen Originalversion mit Art. 18. Weiter untersuchte es, welche rechtliche Bedeutung dem französischen Ausdruck zukommt, weil das Gericht dafür verantwortlich sei, den Bestimmungen des Vertrages die Bedeutung zu geben, welche die übrigen Vertragspartner erwarten. Das Gericht untersuchte im weiteren die Entstehungsgeschichte des Artikels und sah sich in seinem Ergebnis bestätigt. Das gleiche ergab sich, als das Gericht die Praxis anderer Staaten prüfte: zusätzlich bezog es sich auf das Guatemala-Protokoll und auf die Zusatzprotokolle von Montreal Nr. 3 und 4 und hielt fest, die Staaten hätten erst mit diesen nachträglichen Vertragswerken bewusst die Unterschiede zwischen Art. 17 und Art. 18 beseitigt [235]. Schliesslich untersuchte das Gericht Entscheide ausländischer Gerichte und Meinungen ausländischer Autoren.

Im Urteil *Husserl vs. Swissair* interpretierte das Gericht die Vereinbarung von Montreal als späteres Verhalten der Vertragsstaaten des Warschauer Abkommens [236]; es rechtfertige eine weite Auslegung des Begriffs «Unfall» i.S. von Art. 17 WA [237].

Selbst wenn Gerichte das Warschauer Abkommen nach ähnlichen Methoden auslegen, können die Ergebnisse von einem Land zum andern erheblich abweichen [238]. Der

---

231 VERDROSS/SIMMA 492f.; MANKIEWICZ, ASDA-Bulletin 1975/3, 7; DU PONTAVICE, AASL 1982, 32ff.
232 BERNHARDT 332; DU PONTAVICE, AASL 1982, 29ff.
233 Urteil vom 4. März 1985, 18 Avi.18,538; siehe auch MANKIEWICZ, ZLW 1985, 161 für das abweichende Urteil der unteren Instanz (U.S. Court of Appeals for the Ninth Circuit); zur Auslegungsmethodik früherer Urteile von amerikanischen Gerichten SCHONER, ZLW 1977, 256ff und SCHONER, ZLW 1980, 328.
234 Strittig war, ob ein Gehörschaden, den die Passagierin durch den normalen Druckausgleich während der Landung erlitten hatte, einen Unfall i.S. des Abkommens darstelle, siehe auch hinten 163f.
235 Art. 17 WA nennt einen «Unfall» als Voraussetzung der Haftung, während Art. 18 WA ein «Ereignis» voraussetzt.
236 Urteil des U.S. District Court S.D.N.Y. vom 8. Nov. 1972, 12 Avi.17,637.
237 Hinten 163ff.
238 Zur Praxis in Deutschland siehe bspw. das Urteil vom 19. März 1976 über die Auslegung von Art. 12 Abs.3 WA, NJW 1976, 1583. Der deutsche BGH ging bei der Auslegung des Warschauer Abkommens vom Text aus, berücksichtigte den logisch-systematischen Zusammenhang der einzelnen Bestimmungen und vor allem ihren Sinn und Zweck. KROPHOLLER bemerkte zu diesem Urteil, dass das staatsvertragliche Einheitsrecht neben der zivilrechtlichen auch eine völkerrechtliche Komponente enthalte, NJW 1976, 1586; zur Praxis in Frankreich und in England, DU PONTAVICE, AASL 1982, 7ff, 13ff, 19ff; MILLER 343f.

Richter geht von seinem Landesrecht aus, wenn er das Abkommen anwendet [239]. Er misst die Lösung des Abkommens an der Antwort, die sein Landesrecht auf eine Rechtsfrage bereithält [240]. Je weiter das Abkommen und die (herrschende) ausländische Praxis vom Landesrecht abweichen, desto eher sucht er Mittel und Wege, mit der Auslegung ein Urteil zu begründen, das seinem Rechtsverständnis entspricht. Dieser Zusammenhang zeigt sich deutlich bei Schadenersatzprozessen nach Körperverletzung oder Tötung [241]. Die limitierte Haftung des Schädigers und die geringen Schadenersatzbeträge sind den meisten Rechtsordnungen fremd. Mit Hilfe der Auslegung versuchen die Richter in verschiedenen Fällen, die schlechte Stellung des Geschädigten im Lufttransportrecht zu verbessern [242]. Im extremen Fall kommt das Gericht – wie der Corte Superiore von Italien [243] – zum Schluss, das Abkommen widerspreche der Verfassung seines Landes [244]; oder es siedelt den Sachverhalt ausserhalb des Anwendungsbereiches des Abkommens an, damit es den Fall nicht dem Abkommen unterstellen muss [245].

Einige Gerichte – so auch das Bundesgericht – haben das Abkommen eng ausgelegt und in Kauf genommen, dass sie ein Urteil fällten, das ihrem Rechtsempfinden widerspricht. Sie sahen sich durch den Wortlaut des Abkommens gebunden und vertraten die Auffassung, es sei Sache des Gesetzgebers, Normen zu schaffen, die dem heutigen Rechtsempfinden eher entsprechen [246].

In den USA stellten Gerichte in Anwendung von Art. 3 WA (ursprüngliche Fassung) an die Ausstellung und Aushändigung eines Flugscheins besondere Anforderungen. Auf diese Weise konnten sie den Lufttransportführer der unlimitierten Haftung unterstellen, weil das Abkommen an fehlende Beförderungsdokumente diese Sanktion knüpft [247]. In einem neuen Entscheid setzen der **Supreme Court** und vor ihm der **U.S. Court of Appeals for the District of Columbia** der extensiven Auslegung von Art. 3 WA Grenzen [248]. Deutlich äusserte sich die Vorinstanz zur Frage der Auslegung: der Richter könne sich mit seinen Ansichten nicht über diejenigen der Legislative hinwegsetzen, indem er an die Anwendung des Abkommens zusätzliche Anforderungen stelle. Es sei auch nicht Aufgabe des Richters, die USA der Verpflichtung zu entheben, das Warschauer Abkommen zu erfüllen: «Making tolerable an intolerable treaty provision is simply not the province of the courts».

---

239 Deutlich zeigt dies die französische Praxis zu Art. 29 WA. Das Abkommen will die Verjährungsfrist einheitlich regeln und schreibt nach herrschender Auffassung eine Verwirkungsfrist vor. Französische Gerichte gehen in Analogie zu ihrem Landesrecht trotzdem davon aus, dass das Abkommen die Unterbrechung der Fristen ausdrücklich ausschliessen müsste, wenn dies nicht erlaubt sein soll, hinten 300; siehe dazu auch die Auslegung von «Körperschäden» (Art. 17 WA), hinten 166f. und «Geschäftsstelle» (Art. 28 WA), hinten 283; vgl. auch RISCH 73f; MILLER 118ff, 304ff.
240 MILLER 345f.
241 MILLER 98.
242 Kläger argumentierten vor amerikanischen Gerichten, die Limiten des Warschauer Abkommens seien verfassungswidrig oder verstiessen gegen den ordre public, MILLER, 184 mit Verweisen.
243 Entscheid vom 2. Mai 1985, hinten 61; vgl. auch *Causey vs. PA*, RUDOLF, ZLW 1983, 94.
244 Zur Diskussion der Verfassungsmässigkeit des Warschauer Abkommens in den USA, DE VIVO, JALC 49 [1983] 130ff.
245 Z.B. bei der Frage, ob eine verweigerte Beförderung oder eine Verspätung vorliege, hinten 144f; MILLER 346; RISCH 33, 41f.
246 BGE 113 II 366.
247 Entscheid des U.S. Supreme Court i. S. *Lisi vs. Alitalia*, 10 Avi. 17,785 und 9 Avi. 18,120 (Urteil der Vorinstanz); Hinweise auf andere Urteile zur Auslegung von Art. 3 des Abkommens bei MILLER 84.
248 *In re Korean Air Lines Disaster of September 1, 1983*, ausführlich dazu hinten 208.

Sowohl in den USA als auch in Deutschland versuchten Kläger, durch Auslegung von Art. 22 Abs.5 WA die tiefen Haftungslimiten zu umgehen. Sie machten geltend, der im Warschauer Abkommen als Rechnungseinheit verwendete Goldfranken sei nach dem heutigen Wert des Goldes und nicht nach einer fixen Parität umzurechnen [249].

Nach einem Flugzeugabsturz oder nach einer Flugzeugentführung kann es vorkommen, dass der gleiche Sachverhalt in verschiedenen Ländern den Gerichten vorliegt. Die parallelen Verfahren bieten aufschlussreiche Beispiele, um die Auslegungsmethoden zu vergleichen.

Nach der Entführung eines Flugzeuges der Air France nach Entebbe im Jahr 1976 klagten Passagiere in den USA, in Frankreich und in Israel gegen Air France auf Schadenersatz. In allen Verfahren war strittig, ob das Warschauer Abkommen anwendbar sei und eine Entführung ein «Unfall» i.S. von Art. 17 WA darstelle. Die Gerichte sahen sich mit der Frage konfrontiert, ob ein Ereignis, das es bei der Ausarbeitung des Abkommens nicht gegeben hatte, unter Art. 17 subsumiert werden könne, und ob psychische Schäden als «Körperverletzung» betrachtet werden können. Der Oberste Gerichtshof von Israel vertrat die Auffassung, es sei wünschbar, dass auch Flugzeugentführungen einer internationalen einheitlichen Regelung unterliegen und bejahte die Anwendung des Warschauer Abkommens. Die Gerichte in Frankreich betrachteten eine Entführung ebenfalls als «Unfall», verneinten jedoch die Haftung der beklagten Fluggesellschaft, weil es ihr gelang, den Entlastungsbeweis gemäss Art. 20 zu führen. Im Verfahren in den USA war strittig, ob die Flugzeugentführung nicht unter Art. 34 des Abkommens in der ursprünglichen Fassung falle [250].

2. Auslegung durch schweizerische Gerichte

In den Urteilen, in welchen sich schweizerische Gerichte mit der Auslegung des Warschauer Abkommens befassten, ging es in erster Linie um die Auslegung von Art. 25 (unlimitierte Haftung) und Art. 28 (Zuständigkeit) des Abkommens. Diese Bestimmungen gehören zu den umstrittensten des Abkommens; unabhängig davon, für welche Auslegung sich ein Gericht entscheidet, ist die Begründung eines Urteils nicht einfach. Umso wichtiger scheint deshalb, dass schweizerische Gerichte sich an die Grundsätze halten, die für die Auslegung eines Staatsvertrages allgemein gelten.

In verschiedenen Entscheiden bestätigt das Bundesgericht, dass ein Staatsvertrag nach den Grundsätzen auszulegen ist, die auch in Art. 31 und 32 des Wiener Übereinkommens enthalten sind [251]. An erster Stelle steht der *Vertragstext* für die Ermittlung des gemeinsamen wahren Verpflichtungswillens. *Sinn und Zweck* des Vertrages stehen an zweiter Stelle [252]. Wenn die Auslegung des Textes unter Berücksichtigung des Gegenstandes und des Zwecks des Abkommens ein nicht offensichtlich sinnwidriges Resultat ergibt, ist für die *historische Auslegung* kein Raum. Sie rechtfertigt sich nur, «wenn aus dem Zusammenhang oder der Entstehungsgeschichte

---

249 Zu den einzelnen Verfahren hinten 196ff; im Verfahren *Franklin Mint vs. TWA* ist bemerkenswert, dass es sich um einen Streit aus einer Beförderung von Fracht handelte. In der Mehrzahl betreffen die Auseinandersetzungen um die tiefen Haftungslimiten Personenschäden. Bei der Entschädigung für verlorene oder beschädigte Fracht scheinen die Haftungslimiten nicht so stossend wie bei Körperschäden. Es ist in verschiedenen Rechtsordnungen üblich, dass Frachtführer ihre Haftung für Sachschäden (vertraglich) limitieren.
250 Der U.S. District Court, S.D.N.Y. verneinte die Frage, vorne 21.
251 Zuletzt BGE 117 IV 269, 117 II 486, siehe auch BGE 97 I 363 (Erw.3).
252 BGE 101 Ia 538.

mit Sicherheit auf eine vom Wortlaut abweichende Willenseinigung der Vertragsstaaten zu schliessen ist»[253]. Bei einem Vertrag, welcher der internationalen Rechtsvereinheitlichung dient, können ausländische Urteile zur Auslegung beitragen[254].

Prüft man Entscheide, die schweizerische Gerichte in Anwendung des Warschauer Abkommens gefällt haben, nach den genannten Kriterien, zeigt sich, dass in verschiedenen Urteilen die historische Auslegung zu stark gewichtet wurde. Das wird am deutlichsten im Zusammenhang mit der Auslegung von Art. 25: anstatt sich in erster Linie mit dem schwierigen[255] Text zu befassen und dessen Zweck zu konkretisieren, befassten sich die Richter zu stark mit der Entstehungsgeschichte. Selbst als das Bundesgericht in einem Entscheid zu einem sinnwidrigen Ergebnis kam[256], versuchte es nicht, mit einer anderen als der – zu kurz gefassten – historischen Auslegung ein besseres Urteil zu begründen.

Im Entscheid *Hinterbliebene Frau A. gegen X. S. A.*[257] bestätigte das **Bundesgericht** theoretisch die Grundsätze, die es für die Auslegung von Staatsverträgen aufgestellt hat (Erw. 3); trotzdem legte es das Schwergewicht auf die historische Auslegung. Es tat dies mit der Begründung, Gegenstand und Zweck des Vertrages ergäben sich aus dessen Entstehungsgeschichte. Auch wenn dieser im Zusammenhang mit Art. 25 WA eine grosse Bedeutung zukommt[258], darf sie nicht im Zentrum einer Urteilsbegründung stehen und andere Aspekte verdrängen, wie dies im Avianca-Urteil geschehen ist. Nach Ansicht des Bundesgerichts sind Ergebnisse, die sich aus der systematischen Auslegung ergeben, lediglich auf dem Weg einer Vertragsänderung zu verwirklichen (Erw. 3c). Das Gericht gelangte mit seiner Methode zu einem Entscheid, der Art. 25 WA mindestens im Zusammenhang mit Ansprüchen aus Personenschäden aushöhlt und paradox ist[259]. Trotzdem meinte das Bundesgericht, die teleologische Auslegung der Bestimmung bestätige die historische Auslegung (Erw. 3b), weil das Warschauer Abkommen als Ganzes die Regeln über die internationale Luftbeförderung vereinheitlichen wolle. Das Bundesgericht verwies auf in- und ausländische Literatur (Erw. 3c) und auf Urteile ausländischer Gerichte (Erw. 3d). Es begnügte sich mit globalen Verweisen; eine nähere Prüfung der Praxis anderer Länder lässt vermuten, dass manche ausländische Richter den gleichen Sachverhalt anders beurteilt hätten[260].

Auch das **Zürcher Obergericht** legte im Zusammenhang mit der Anwendung von Art. 25 WA (Fassung des Haager Protokolls) in einem Urteil vom 25. Nov. 1969 das Schwergewicht auf die historische Auslegung[261].

In einem Zwischenbeschluss hatte das **Handelsgericht des Kantons Zürich** i.S. *Schweizerische Allgemeine Versicherungs AG gegen Singapore Airlines Ltd. und Continental Airlines*[262] Art. 28 WA auszulegen. In einer ausführlichen – wenn auch methodisch ungewöhnlich aufgebauten –

---

253 BGE 97 I 365.
254 BGE 107 II 63.
255 Hinten 222.
256 Das Bundesgericht meinte: «Den Klägern muss freilich zugestanden werden, dass die vom Bundesgericht anzuwendende lex lata [das Warschauer Abkommen in der Fassung des Haager Protokolls] Fluggesellschaften mit unqualifiziertem Personal begünstigen kann», BGE 113 II 367 (Erw.4).
257 Urteil vom 29. Juni 1987, BGE 113 II 359, ASDA-Bulletin 1987/2, 56.
258 Hinten 222.
259 Hinten 245ff.
260 Hinten 241ff.; für AWFORD besteht «absolutely no doubt that, given the conduct of the flight crew, this would be a clear Article 25 case in the United States (...)», ZLW 1992, 27.
261 Teilweise wiedergegeben in ASDA-Bulletin 1970/2, 18ff.
262 Beschluss vom 11. November 1983, ASDA-Bulletin 1985/1, 26.

Begründung prüfte das Gericht zuerst die divergierende Auslegung der Bestimmung [263] durch in- und ausländische Gerichte und die Meinungen verschiedener Autoren. Es hielt fest, dass die Materialien über die Auslegung des in Frage stehenden Begriffs keine Antwort enthielten und konzentrierte sich darauf, «die mit dem Abkommen verfolgten Ziele zu ermitteln» [264]. Es wandte sich gegen die in der Lehre zum Teil vertretene Meinung, das Warschauer Abkommen dürfe nur restriktiv ausgelegt werden [265]. Es befasste sich anschliessend mit der grammatikalischen Auslegung des französischen Originaltextes und kam zum Schluss, der Wortlaut sei «nicht zwingend klar» [266]. Auch die systematische Auslegung brachte das Gericht zu keinem eindeutigen Ergebnis [267]. Den Ausschlag für die vom Gericht vertretene Auffassung gab die «ratio legis» [268]. In einer zusätzlichen Bemerkung hielt es den Vertretern der objektiv-historischen Auslegungsmethode entgegen, die Organisationsstrukturen des internationalen Luftverkehrs hätten sich seit dem Inkrafttreten des Abkommens «erheblich gewandelt»; deshalb sei eine restriktive Auslegung stark überholt [269].

Mit dem gleichen Artikel hatte sich der **Einzelrichter des Bezirksgericht Bülach** zu befassen [270]. Er verwarf die Auslegung des Handelsgerichts mit der Begründung, die restriktive Interpretation des Abkommens dränge sich «unter besonderer Berücksichtigung des Wortlauts auf» [271]. Er begründete seine Auslegung mit dem Argument, die Schöpfer der Konvention hätten Art. 28 anders formuliert, wenn eine andere Auslegung zuträfe [272]. Er belegte diese Auffassung nicht näher. Schliesslich bezog sich der Richter auf die Rechtsentwicklung seit 1929 und meinte, Art. 28 sei trotz der weltweit bekannten Auslegungsschwierigkeiten unverändert geblieben [273].

Besondere Fragen können sich für den schweizerischen Richter stellen, wenn er einen Artikel des LTR auszulegen hat. In diesem Fall sind vier Fälle zu unterscheiden: a) bei der betreffenden Norm handelt es sich um eine Bestimmung, die das LTR aus dem Warschauer Abkommen übernommen hat und wörtlich wiederholt, sie jedoch in den drei Landessprachen unterschiedlich übersetzt [274]; b) der schweizerische Gesetzgeber hat eine Bestimmung ins LTR aufgenommen, um eine Vorschrift des Abkommens anwendbar zu machen, die nicht direkt anwendungsfähig (self-executing) ist; [275] c) der schweizerische Gesetzgeber hat eine eigene Norm aufgestellt, um eine Lücke des Abkommens zu füllen [276]; oder der schweizerische Gesetzgeber hat d) zum Warschauer Abkommen eine ergänzende oder abweichende Regelung erlassen [277]. Der Richter hat in diesen vier Fällen Auslegungsprobleme nach unterschiedlichen Gesichtspunkten zu beurteilen. Im ersten Fall ist das Warschauer Abkommen massgebend, d.h. seine französische Originalversion, weil der schweizerische Gesetzgeber eine Norm des

---

263 Strittig war die Bedeutung des Begriffs «établissement», hinten 283ff.
264 ASDA-Bulletin 1985/1, 33.
265 ASDA-Bulletin 1985/1, 33f.
266 ASDA-Bulletin 1985/1, 35.
267 ASDA-Bulletin 1985/1, 36.
268 ASDA-Bulletin 1985/1, 36.
269 ASDA-Bulletin 1985/1, 39.
270 Urteil vom 9. Okt. 1987, ASDA-Bulletin 1987/2, 73.
271 ASDA-Bulletin 1987/2, 77.
272 ASDA-Bulletin 1987/2, 77.
273 Der Richter übersah, dass sowohl das Abkommen von Guadalajara als auch das Protokoll von Guatemala zusätzliche Gerichtsstände schufen, hinten 292f.
274 So zum Beispiel Art. 10 LTR, der eine Übersetzung von Art. 25 WA enthält. Er entspricht der amtlichen Übersetzung des Warschauer Abkommens und übersetzt den Ausdruck «témérairement» mit «leichtfertig».
275 Hinten 194.
276 Hinten 201.
277 Hinten 289ff.

Abkommens übernehmen wollte. Im zweiten Fall ist ebenfalls das Warschauer Abkommen massgebend, weil sich aus ihm die völkerrechtliche Verpflichtung ergibt, die der Richter ins Landesrecht umsetzen muss. Im Fall c) handelt es sich um eine ausschliesslich landesrechtliche Norm, die der Richter wie jede andere schweizerische Gesetzesbestimmung auslegt; es steht ihm kein Text des Abkommens zur Verfügung, den er als Massstab beiziehen könnte. Die gleiche Situation ergibt sich im Fall d). Sowohl im Fall c) und d) muss der Richter sich jedoch bei der Auslegung soweit als möglich an die Grundsätze des Abkommens halten, weil der schweizerische Gesetzgeber die nationalen Sondervorschriften über den Lufttransport übereinstimmend mit dem Warschauer Abkommen gestalten wollte (Art. 75 LFG) [278].

Im Entscheid *Baartsman, Callens und Van Eichelen S.A. gegen Swissair* [279] hatte sich das **Bundesgericht** mit der Auslegung von Art. 10 LTR zu befassen, weil die Beförderung nicht dem Warschauer Abkommen unterstand. Art. 10 LTR entspricht der amtlichen Übersetzung von Art.25 WA. Das Bundesgericht hielt fest, die deutsche Fassung von Art. 25 (und damit auch Art. 10 LTR) sei für den schweizerischen Richter nicht verbindlich; die französische Fassung gehe vor [280].

3. Auslegung und Rechtsvereinheitlichung

Mit der Auslegung kann der Richter der Rechtsvereinheitlichung Nachachtung verschaffen. Das Warschauer Abkommen ist einer der wenigen völkerrechtlichen Verträge, der in allen Vertragsstaaten häufig angewendet wird. Der Richter kann eine Fülle ausländischer Urteile konsultieren und seine Auslegung an diejenige ausländischer Gerichte anpassen [281].

Die rechtsvergleichende Methode hat Grenzen: ein Urteil ist nur verständlich vor dem Umfeld, in welchem es gesprochen wurde. Es kann nicht ohne weiteres in eine andere Rechtsordnung übertragen werden. Urteile aus den anglo-amerikanischen Ländern sind aufschlussreich für Gerichte aus diesem Rechtskreis. Europäische Richter orientieren sich an der Praxis anderer Gerichte aus ihrem Rechtskreis. Querverbindungen sind nur beschränkt möglich. Die beiden Konzepte weichen zu sehr voneinander ab [282].

Autoren und Gerichte haben immer wieder betont, die Auslegung des Warschauer Abkommens diene in erster Linie der Rechtsvereinheitlichung [283]. Sie räumten der grenzüberschreitenden materiellen Gleichbehandlung höchste Priorität ein. Zweifellos war und ist es ein wesentliches Anliegen der Signatarstaaten des Warschauer Ab-

---

278 In diesem Fall ist das LTR in allen drei Amtssprachen gleichwertig, MEIER-HAYOZ, Berner Kommentar 112 N 98.
279 BGE 98 II 231.
280 Kritik an diesem Entscheid, hinten 77. Englische Gerichte hatten zu beurteilen, ob der französische Originaltext des Abkommens oder die ungenaue Übersetzung des Carriage by Air Acts (1932) massgebend sei. Mit der Begründung, das Parlament habe mit dem Carriage by Air Act das Warschauer Abkommen ins Landesrecht übernehmen wollen, mass es dem französischen Text ausschlaggebende Bedeutung zu. Überdies seien die Vertragsstaaten verpflichtet, mit ihrer internen Gesetzgebung nicht in Konflikt mit Völkerrecht zu geraten, *Cocraft Ltd. vs. Pan American Airways Inc.* in MILLER 101ff mit Verweisen.
281 MILLER 364ff.
282 MILLER 367; KÖTZ, RabelsZ 1986, 8 mit Verweisen.
283 RISCH 14ff; BGH Urteil vom 19. März 1976, NJW 1976, 1584.

kommens, dass internationale Beförderungen, die notwendigerweise verschiedene Rechtsordnungen berühren, in bezug auf die Beförderungsdokumente und die Haftung [284] möglichst einheitlich behandelt werden. Die Rechtsvereinheitlichung war und ist jedoch nicht Selbstzweck des Warschauer Systems – vielmehr ist zu fragen, wer davon profitiert.

Eine weltweit gleiche Auslegung befriedigt in erster Linie die Interessen des Lufttransportführers. Ihm nützt es, dass Beförderungsverträge in möglichst vielen Ländern, die er anfliegt, der gleichen Ordnung unterstehen und die Konkurrenz den gleichen Haftungsbedingungen unterliegt [285]. Der Passagier hat wenig davon, dass die Bestimmungen des Warschauer Abkommens in allen Vertragsstaaten ähnlich ausgelegt werden. Im Gegenteil – der Passagier, der gegen eine Fluggesellschaft klagt, wird in der Regel dort klagen, wo er seinen Lebensmittelpunkt hat. Ein Urteil, das die ihm vertraute Rechtsordnung reflektiert, weil der Richter das Warschauer Abkommen im Sinne dieser Rechtsordnung auslegt, ist für ihn eher nachvollziehbar.

Von Anfang an diente die Rechtsvereinheitlichung dazu, eine bestimmte materielle Ordnung durchzusetzen. Der wichtigste Punkt ist die in der Regel beschränkte Haftung des Lufttransportführers. Das Abkommen räumt dem Schutz eines Geschädigten geringere Priorität ein. An dieser Tatsache hat sich bis heute nichts geändert [286]. Die Auslegung ist das einzige Mittel des Richters, zu diesem einseitigen Schwerpunkt ein Gegengewicht zu setzen. Er kann dafür sorgen, dass das Abkommen auch den Interessen des Passagiers oder Absenders gerecht wird [287].

Autoren, die sich mit der Auslegung des Warschauer Abkommens befassen, beklagen die Divergenzen zwischen den Vertragsstaaten und suchen nach Wegen, sie zu vermindern oder zu verhüten [288]. Ist das Ziel realistisch? Das Warschauer Abkommen enthält auslegungsbedürftige Begriffe [289]. Sie geben dem Richter den Spielraum, das Abkommen dem spezifischen Rechtsverständnis anzupassen [290]. Das ist zugleich sein einziges Mittel, zu verhindern, dass die internationale Ordnung des Abkommens erstarrt [291].

Unter diesem Aspekt ist es fragwürdig zu fordern, das Warschauer Abkommen sei generell restriktiv auszulegen, um die Rechtsvereinheitlichung zu garantieren [292]. Abgesehen davon, dass der Begriff «restriktiv» seinerseits auslegungsbedürftig ist, fördert die formalistische Haltung die Erstarrung des Warschauer Systems. Der Richter muss seine Auslegung nach materiellen Kriterien ausrichten, um in einzelnen Fall eine sachgerechte Lösung zu finden.

---

284 Darauf beschränkt sich das Warschauer Abkommen in der Präambel.
285 TOBOLEWSKI 108.
286 Die Montreal-Protokolle verschlechtern in einiger Hinsicht sogar den Schutz des Passagiers, hinten 130f.
287 RISCH 74f.
288 MILLER 359ff; RISCH 79ff.
289 Siehe auch KÖTZ, RabelsZ 1986, 7.
290 Für eine analoge Entwicklung im EG-Recht siehe KÖTZ, RabelsZ 1986, 11.
291 International vereinheitlichtem Sachrecht wohnt die Gefahr der *Erstarrung* inne, weil es schwierig ist, einen internationalen Konsens über die Revision zu erreichen und den veränderten Verhältnissen Rechnung zu tragen, BEHRENS, RabelsZ 1986, 26; BEHRENS fordert, dass Abkommen über international vereinheitlichtes Sachrecht von Anfang an die Möglichkeit einer Revision bedenken und die verfahrensmässigen Vorkehren treffen müssen, RabelsZ 1986, 28ff mit Verweisen.
292 So z.B. das Urteil des Einzelrichters des Bezirksgerichts Bülach, vorne 48; siehe auch MANKIEWICZ, ASDA-Bulletin 1975/3, 6 mit Verweisen. Eine ähnliche Doktrin gab es früher im Völkerrecht, als der von VATTEL aufgestellte Grundsatz galt, «qu'il n'est pas permis d'interpréter ce qui n'a pas besoin d'interprétation»; er gilt heute als überwunden, BGE 97 I 364 mit Verweisen.

II. Die schweizerischen Grundlagen

Das Warschauer Abkommen regelt nur einige Aspekte des internationalen Lufttransportrechts. Die Lücken des Abkommens schliesst das nationale Recht. Nationales Recht ist auch massgebend, wenn die Voraussetzungen zur Anwendung des Warschauer Abkommens nicht erfüllt sind.

A. *Übersicht über die gesetzlichen Grundlagen*

Die Bundesverfassung überträgt in Art. 36 und 37ter dem Bund die Zuständigkeit zur Rechtsetzung auf dem Gebiet der «Luftschiffahrt». 1920 erliess der Bundesrat eine Luftverkehrsordnung [1]. Sie regelte die öffentlich-rechtlichen Aspekte des Luftverkehrs und enthielt keine Bestimmungen über das Lufttransportrecht. Einzig die Vorschriften über die Haftung des Flugzeughalters betrafen auch die Beförderung in der Luft [2].

1948 trat das **Luftverkehrsgesetz** (LFG) in Kraft [3]. Es ist seither fünf Mal revidiert worden (1959, 1963, 1971, 1974 und 1978 [4]). 1980 nahm das EVED die Totalrevision des LFG in Angriff [5]. Es beschränkte sich wegen Personalknappheit darauf, das LFG teilweise zu revidieren. 1991 wurde die Arbeit abgeschlossen [5a]. 1993 (Aug.) sind die Änderungen noch nicht in Kraft getreten.

Gestützt auf die gesetzlichen Grundlagen [6] gibt es zahlreiche Erlasse des Bundesrates, des EVED und des BAZL. Für das Lufttransportrecht relevant sind: das **Lufttransportreglement** (LTR) vom 3. Oktober 1952 [7], der **BB über die Genehmigung einiger Änderungen des LTR** vom 28. September 1962 [8], die **VO über die Luftfahrt** vom 14. Nov. 1973 [9] und die **VO des BAZL über die Beförderung gefährlicher Güter mit Luftfahrzeugen** vom 20. September 1984 [10].

Das geltende Recht ist unübersichtlich [11]. Die wesentlichen Aspekte des Lufttransportrechts regelt nicht das LFG, sondern das Lufttransportreglement. Das LFG enthält wenige Bestimmungen, die für das Lufttransportrecht massgebend sind. Sie werden im folgenden Abschnitt behandelt.

---

1 BRB vom 27. Januar 1920 betreffend die Ordnung des Luftverkehrs in der Schweiz, AS *36* 171.
2 SCHWEICKHARDT, Lufttransportrecht, 1.
3 SR 748.0.
4 Siehe auch GULDIMANN, ASDA-Bulletin 1981/1, 4ff; GULDIMANN, ASDA-Bulletin 1979/1, 5; GULDIMANN, ASDA-Bulletin 1978/2, 6; SCHWEICKHARDT, ASDA-Bulletin 1974/1, 4; SCHWEICKHARDT, ASDA-Bulletin 1978/1, 11.
5 Zu den Gründen GULDIMANN, ASDA-Bulletin 1981/1, 4ff.
5a Botschaft vom 20. Nov. 1991 über eine Änderung des Luftfahrtgesetzes, BBl 1992 I 607.
6 Neben dem LFG gehören dazu: der BB über den Ausbau der Zivilflugplätze vom 22. Juni 1945, SR 748.811, das BG über das Luftfahrzeugbuch vom 7. Oktober 1959, SR 748.217.1, der BB über die Förderung des Flieger- und Fallschirmgrenadier-Nachwuchses vom 20. Dez. 1972, SR 748.221.1.
7 SR 748.411.
8 SR 748.411.1.
9 SR 748.01.
10 SR 748.411.11.
11 GULDIMANN, ASDA-Bulletin 1981/1, 7.

B. Bestimmungen des LFG über den Lufttransport

Art. 11 des LFG definiert die räumliche Geltung des schweizerischen Rechts: Im Luftraum über der Schweiz gilt das schweizerische Recht (Abs.1). An Bord schweizerischer Luftfahrzeuge [12] im Ausland gilt ebenfalls schweizerisches Recht, soweit nicht das Recht des Staates, in oder über dem sich das Luftfahrzeug befindet, zwingend anzuwenden ist (Abs.3). Ausländische Luftfahrzeuge, die sich im Hoheitsgebiet der Schweiz befinden, unterstehen dem schweizerischen Recht (Abs.2). Der Bundesrat hat bis heute von seiner Kompetenz nicht Gebrauch gemacht, die ausländischen Luftfahrzeuge von der schweizerischen Rechtsordnung auszunehmen (Abs.2).

Art. 64 bis **68** regeln die Haftpflicht eines Flugzeughalters gegenüber Dritten auf der Erde [13]. In **Art. 69** bestimmt das LFG, dass die Vorschriften über die Haftpflicht nicht gelten, wenn zwischen dem ersatzpflichtigen Flugzeughalter und dem Geschädigten ein Vertragsverhältnis besteht. In diesem Fall richten sich die Ersatzansprüche nach dem Vertrag.

Art. 64 bis 69 können im Zusammenhang mit dem Lufttransportrecht anwendbar sein, wenn das Flugzeug von A einen Passagier des Flugzeugs B verletzt. A hat mit dem Geschädigten keinen Beförderungsvertrag abgeschlossen.

Art. 75 überträgt dem Bundesrat die Kompetenz zur Rechtssetzung auf dem Gebiet des Lufttransportrechts. Der Bundesrat muss sich an die Grundsätze der internationalen Abkommen halten, welche die Schweiz ratifiziert hat (Abs.1). **Art. 76** hält wie Art. 2 Abs.2 WA in der Fassung des Haager Protokolls fest, dass die Beförderung von Luftpost den besonderen Bestimmungen über die Post untersteht.

Art. 77 bis **79** regeln die Haftung. **Art. 77** bestimmt, dass sich die Schadenersatzansprüche einer Person, die durch einen Flugunfall getötet oder verletzt wird und bei der SUVA versichert ist, nach den Bestimmungen über die Unfallversicherung [14] richten [15]. Aufgrund von **Art. 78** sind Schäden, die eine der Militärversicherung unterstellte Person durch den Betrieb eines schweizerischen Militärluftfahrzeuges erleidet, nach den Bestimmungen über die Militärversicherung zu regeln. Schliesslich verweist **Art. 79** in einer Generalklausel auf das OR: Fragen, welche das Lufttransportrecht nicht regelt, unterstehen dem OR.

---

12 Als schweizerische Luftfahrzeuge gelten Luftfahrzeuge, die gemäss Art. 52 LFG im schweizerischen Luftfahrzeugregister eingetragen sind.
13 Dieses Problem regelt auf internationaler Ebene das Abkommen von Rom von 1952. Es wurde nur von wenigen Staaten ratifiziert. Die Schweiz gehört nicht dazu, DIEDERIKS-VERSCHOOR 93ff.
14 BG über die Kranken- und Unfallversicherung vom 13. Juni 1911, SR 832.01.
15 Zur Konkurrenz zwischen Schadenersatzansprüchen gegenüber dem Luftfrachtführer und gegenüber einem Versicherer hinten 256f.

C. Das schweizerische Lufttransportreglement (LTR)

1. Übersicht

Der Bundesrat erliess am 3. Oktober 1952 gestützt auf Art. 75 des LFG das Lufttransportreglement [16]. Nachdem es die Bundesversammlung genehmigt hatte [17], trat es am 1. Feb. 1953 in Kraft [18].

Mit dem LTR unterstellte der Gesetzgeber den Lufttransport einer Sonderregelung. Auf Beförderungen, die nicht dem Warschauer Abkommen unterliegen, ist das LTR anwendbar [19].

In einem Entscheid vom 19. Dez. 1951 hatte das **Handelsgericht des Kantons Zürich** folgenden Sachverhalt zu beurteilen [20]: Die A. AG vereinbarte mit der Fluggesellschaft T. den Transport von 30 Passagieren von Zürich nach New York und zurück. Sie bezahlte die Hälfte des Flugpreises vor der Abreise. Während sich die Reisegruppe in den USA aufhielt, entstanden Meinungsverschiedenheiten über das Datum und die Route des Rückfluges. Wenige Tage vor der vorgesehenen Rückreise teilte die A. AG der Fluggesellschaft T. mit, die Gruppe werde mit einer anderen Fluggesellschaft nach Zürich zurückkehren. Dies geschah. Die Gesellschaft T. klagte gegen die A. AG auf Zahlung des restlichen Flugpreises.

Das Handelsgericht hielt fest, die Klage sei nach «allgemeinen Rechtsbestimmungen» [21] zu beurteilen; das Warschauer Abkommen regelt den umstrittenen Sachverhalt nicht, und der Bundesrat hatte im Zeitpunkt des Urteils (1951) noch kein Reglement über den Lufttransport erlassen. Es hiess die Klage gestützt auf Werkvertragsrecht gut.

Das LTR verweist in Übereinstimmung mit Art. 75 LFG in den wesentlichen Fragen auf das Warschauer Abkommen, und es lehnt sich in der Struktur daran an [22]. Es definiert im ersten Abschnitt die Begriffe (Art. 1–4), regelt im zweiten Abschnitt die Beförderungsdokumente (Art. 5–7) und im dritten die Haftung des Luftfrachtführers (Art. 8–12). Anders als das Warschauer Abkommen behandeln die beiden letzten Abschnitte besondere Fragen wie den Transport von Tieren und Leichen (Art. 13–16), die Stellung des Absenders und des Empfängers von Fracht gegenüber dem Luftfrachtführer (Art. 17–21) und die gemischte Beförderung (Art. 22).

---

16 SR 748.411.
17 AS *1952* 1059.
18 BRB vom 8. Januar 1953, AS *1953* 25.
19 Vor dem Inkrafttreten des LTR galt für Beförderungen, auf welche das Warschauer Abkommen nicht anwendbar war, das OR, SCHWEICKHARDT, ASDA-Bulletin 1953/2, 4.
20 ZR 51 (1952) Nr. 78.
21 ZR 51 (1952) Nr. 78, 134.
22 SCHWEICKHARDT, Lufttransportrecht, 6.

2. Geltungsbereich des Lufttransportreglements

a) Örtlicher und sachlicher Anwendungsbereich

aa) Inlandbeförderung

Das LTR ist massgebend für Inlandbeförderungen und definiert sie als «Beförderung mit Luftfahrzeugen, bei der nach Vereinbarung der Parteien Abgangs- und Bestimmungsort in der Schweiz oder im Flughafen Basel-Mülhausen liegen, ohne dass eine Zwischenlandung im Ausland vorgesehen ist» (Art. 1 Abs.c LTR [23]).

Das LTR erwähnt den Flughafen Basel-Mülhausen, weil er auf französischem Staatsgebiet liegt. Aufgrund eines Staatsvertrages [24] sind sowohl die Schweiz als auch Frankreich berechtigt, den Flughafen Basel-Mülhausen als nationalen Flughafen zu betrachten [25].

bb) Internationale Beförderung i.S. des Warschauer Abkommens

Das LTR regelt gemäss Art. 2 LTR auch «internationale Beförderungen im Sinne des Warschauer Abkommens» und verweist zur Definition des Begriffs «Internationale Beförderung» auf das Warschauer Abkommen in der Fassung des Haager Protokolls (Art. 1 Abs.d) LTR).

Art. 2 LTR ist verwirrend formuliert. Wenn eine Beförderung eine «internationale Beförderung i.S. des Warschauer Abkommens» ist, unterliegt sie dem Warschauer Abkommen und nicht dem LTR [26]. Das Warschauer Abkommen hat in der Schweiz Geltung, ohne dass ein landesrechtlicher Erlass darauf hinweist [27]. Es ist unter diesen Voraussetzungen überflüssig, «internationale Beförderungen i.S. des Warschauer Abkommens» dem LTR zu unterstellen. Möglicherweise wollte der Gesetzgeber mit Art. 2 Abs.1 LTR darauf hinweisen, dass für internationale Beförderungen neben dem Warschauer Abkommen auch das LTR massgebend sein kann, falls das Abkommen eine Lücke aufweist. Wenn der Verweis dies beabsichtigt, müsste er anders formuliert werden [28]. Wichtig wäre auch der Hinweis, dass das LTR auf internationale Beförderungen anwendbar ist, die nicht dem Warschauer Abkommen unterstehen. Das LTR spricht in bezug auf derartige Beförderungen jedoch nur von «andern Beförderungen (...), die (...) gegen Entgelt erfolgen» (Art.2 Abs.1).

cc) Andere Beförderungen gegen Entgelt

Dem LTR unterliegen nach Art. 2 Abs.1 LTR auch «andere Beförderungen (...) die (...) gegen Entgelt erfolgen». Als solche gelten nach Art. 1e) Flüge, die weder Inlandbeförde-

---

23 Beispiel einer Inlandbeförderung in BGE 108 II 233 i.S. *Mirzan et Gargini contre Air Glaciers S.A.*; ASDA-Bulletin 1982/3, 15ff.
24 Französisch-schweizerischer Staatsvertrag über den Bau und Betrieb des Flughafens Basel-Mulhouse, abgeschlossen in Bern am 4. Juli 1949, SR 0.748.131.934.92.
25 BOTSCHAFT des BR vom 24. Oktober 1949, BBl 1949, 741ff; FELDER, ASDA-Bulletin 1986/2, 58f. mit Verweis auf LADET GERMAINE, Le Statut de l'Aéroport Bâle-Mulhouse, Etablissement Public International, 1984.
26 Definition der internationalen Beförderung i.S. des Warschauer Abkommens, vorne 9.
27 Hinten 60.
28 Die Bestimmung hätte darauf zu verweisen, dass das LTR das Warschauer Abkommen ergänzen kann; siehe auch § 51 des deutschen LuftVG.

rungen noch internationale Beförderungen i.S. des WA/HP sind. Es sind Beförderungen, die dem Warschauer Abkommen in der ursprünglichen Fassung unterstehen [29]. Entweder liegen der Abgangs- oder Bestimmungsort in einem Staat, der das Warschauer Abkommen nicht ratifiziert hat [30] oder es handelt sich um einen nationalen Flug, der in einem andern Land als der Schweiz stattfindet (z.B. Flug innerhalb von Italien [31]).

Der Begriff «Entgelt» entspricht demjenigen in Art. 1 Abs.1 WA [32].

dd) Unentgeltliche Beförderungen durch ein Luftfahrtunternehmen

Aufgrund von Art. 2 Abs.2 LTR unterstehen auch unentgeltliche Beförderungen dem LTR, sofern ein Luftfahrtunternehmen die Beförderung ausführt. Die Bestimmung entspricht wörtlich dem letzten Satz von Art. 1 Abs.1 WA. Für die Definition der Begriffe «unentgeltlich» und «Luftfahrtunternehmen» gelten die Ausführungen zu Art. 1 WA [33].

ee) Beförderungsvertrag als Grundlage der Beförderung

Das LTR definiert nicht, was unter «Beförderung» zu verstehen ist. Es weist damit die gleiche Lücke auf wie das Warschauer Abkommen. Analog zum Warschauer Abkommen ist das LTR nur anwendbar, wenn die Parteien einen Beförderungsvertrag abgeschlossen haben [34].

Im Entscheid *Mirzan und Gargini gegen Air Glaciers S.A.* [35] ging das Bundesgericht ohne nähere Erklärungen davon aus, dass die Parteien hätten einen Beförderungsvertrag abgeschlossen und das LTR sei auf den Fall anwendbar. Die beiden Kläger befanden sich an Bord des abgestürzten Flugzeuges, weil sie zusammen mit sechs andern Fallschirmspringern abspringen wollten. Der Luftfrachtführer händigte den Passagieren keine Flugscheine aus. Man kann sich fragen, ob das Aufsteigen mit einem Flugzeug im Zusammenhang mit der Ausübung eines Sportes als «Beförderung» im Sinne des LTR bzw. des Warschauer Abkommens zu betrachten ist. Im beurteilten Fall haben die Fallschirmspringer ein im kommerziellen Bedarfsluftverkehr tätiges Unternehmen verpflichtet. Das spricht für das Zustandekommen eines Beförderungsvertrages. Anders zu beurteilen wäre der Fall, wenn die Fallschirmspringer als Vereinsmitglieder ein Flugzeug des Vereins benützt hätten [36].

ff) Beförderungen unter dem Warschauer Abkommen in der ursprünglichen Fassung

Das LTR hat bei der Revision von 1962 verschiedene Formulierungen des Haager Protokolls übernommen [37]. Auf Beförderungen, für die das Warschauer Abkommen in der ursprünglichen Fassung gilt, sind die revidierten Bestimmungen nicht anwendbar.

---

29 Der Verweis auf das Warschauer Abkommen «in seiner ungeänderten Fassung» ist notwendig, weil das Abkommen in der ursprünglichen Fassung nach wie vor massgebend ist im Verhältnis zu Staaten, die das Haager Protokoll nicht ratifiziert haben (z.B. die USA, vorne 18).
30 So in BGE 98 II 231, vorne 18.
31 Ob das LTR im konkreten Fall massgebend ist, bestimmt sich nach IPR, hinten 78ff; siehe auch SCHWEICKHARDT, Lufttransportrecht 12f.
32 Vorne 15.
33 Vorne 15ff.
34 SCHWEICKHARDT, Lufttransportrecht 14; zur Anwendung von Art. 1 WA, vorne 12ff.
35 BGE 108 II 233; ASDA-Bulletin 1982/3, 15ff.
36 GIEMULLA/SCHMID, Art. 1 N 34 mit Verweisen, siehe auch vorne 14.
37 BRB vom 1. Juni 1962, AS *1963* 679.

Art. 23 LTR bezieht sich auf diesen Sachverhalt und hält fest, dass die revidierten Artikel nicht anwendbar sind auf Beförderungen, die dem Abkommen in der ursprünglichen Fassung unterliegen.

D. Das schweizerische Obligationenrecht

1. Das OR als Grundlage vertraglicher Ansprüche

Auf Beförderungen, die weder dem Warschauer Abkommen noch den schweizerischen Sondervorschriften über den Lufttransport unterstehen, ist das schweizerische Obligationenrecht anwendbar (Art. 137 Abs.2 LFV). Es sind unentgeltliche Beförderungen, die ein Privater ausführt oder es sind Beförderungen, die auf Gefälligkeit beruhen.

Der Eigentümer eines Sportflugzeuges nimmt seinen Freund gratis auf einen Alpenrundflug mit; die Beförderung untersteht den Bestimmungen des OR, weil der Lufttransportführer kein Luftfahrtunternehmen i.S. von Art. 2 Abs.2 LTR ist. Beteiligt sich der Freund an den Unkosten, ist nach der hier vertretenen Auffassung das Kriterium der Entgeltlichkeit nicht erfüllt [38].
Das OR ist auch massgebend, wenn der Freund aus Gefälligkeit mitfliegen darf: der Beförderung liegt kein Beförderungsvertrag zugrunde.

Ob die Beförderung eines blinden Passagiers unter die Bestimmungen des OR fällt, ist umstritten [39].

Das OR ist auch massgebend, wenn das Warschauer Abkommen oder das LTR in einer Frage eine Lücke enthalten.

Das Warschauer Abkommen und das LTR regeln z.B. die verweigerte Beförderung nicht. Das gleiche gilt für die Frage, ob der Geschädigte im Zusammenhang mit einer Beförderung Genugtuungsansprüche geltend machen kann.

Dem OR unterliegen schliesslich Ansprüche, die der Lufttransportführer gegen den Passagier geltend macht.

Wenn ein Passagier durch störendes Verhalten (Betrunkenheit, Handgreiflichkeiten gegenüber anderen Passagieren) den Piloten zu einer unvorhergesehenen Zwischenlandung zwingt, damit er von Bord geschafft werden kann, haftet der Passagier für die daraus entstehenden Kosten nach dem OR.

2. Das OR als Grundlage ausservertraglicher Ansprüche

Der Beförderungsvertrag zwischen Lufttransportführer und Passagier oder Absender schliesst nicht aus, dass zwischen den Parteien ausservertragliche Ansprüche entstehen [40]. In der Höhe begrenzt das Warschauer Abkommen auch ausservertragliche

---

38 Vorne 15.
39 SCHWEICKHARDT, Lufttransportrecht 14, verneint, dass die Normen des Lufttransportrechts anwendbar seien; siehe auch vorne 14.
40 Ausführlich dazu hinten 140.

Schadenersatzansprüche. Nach Art. 24 Abs.2 WA gelten die Limiten für alle Ansprüche, unabhängig von ihrem Rechtsgrund.

Die Spezialvorschriften des Lufttransportrechts enthalten keine Bestimmung, ob ausservertragliche Ansprüche berechtigt sind. Die Frage beantwortet sich – sofern auf die Beförderung schweizerisches Recht anwendbar ist [41] – nach dem OR.

Nach schweizerischem Recht ist die Konkurrenz zwischen Ansprüchen aus Vertragsverletzung und aus unerlaubter Handlung möglich [42]. Voraussetzung ist, dass der Schädiger ein absolutes Recht verletzt oder gegen eine objektive Schutznorm verstösst [43].

Im Fall *Galu vs. Swissair* bejahte der **U.S. District Court S.D.N.Y.** eine ausservertragliche Schädigung. Eine amerikanische Staatsbürgerin, die bei der UNO in Genf arbeitete, wurde wegen Verstössen gegen die öffentliche Ordnung gegen ihren Willen deportiert. Als sie in Begleitung von zwei Polizistinnen in Handschellen an Bord des Flugzeuges gebracht wurde, leistete sie physischen Widerstand. Im Flugzeug wehrte sie sich weiter und schrie. Die Polizistinnen versuchten, sie zum Schweigen zu bringen. Ein Steward schlug vor, ihr den Mund mit Papier zuzuhalten und gab den Polizistinnen Papiertaschentücher. Die Polizistinnen folgten dem Rat. Das Gericht beurteilte das Verhalten des Stewards als ausservertragliche Schädigung. Zum gleichen Schluss kam es in bezug auf die Tatsache, dass die Besatzung nicht eingriff, als die Polizistinnen die Deportierte würgten und ihren Kopf in eine Toilettenschüssel stiessen und als die Besatzung die Klägerin gegenüber anderen Passagieren als geistesgestört bezeichnete [44].

III. Zusammenwirken von internationalem und nationalem Lufttransportrecht

A. *Das Warschauer Abkommen als völkerrechtlicher Vertrag mit privatrechtlichem Inhalt*

Das Warschauer Abkommen ist ein Staatsvertrag mit privatrechtlichem Inhalt [1]: es stellt vereinheitlichte Normen auf, die das Verhältnis zwischen zwei privaten Rechtssubjekten (Passagier oder Absender und Lufttransportführer) regeln. Das Warschauer Abkommen ordnet nicht Beziehungen unter den Vertragsstaaten, sondern schreibt den Vertragsstaaten vor, wie sie die Beziehung zwischen Lufttransportführer und Passagier oder Absender im Zusammenhang mit einer internationalen Beförderung i.S. des Warschauer Abkommens zu gestalten haben. Dadurch, dass ein Vertragsstaat das Abkommen ratifiziert, verpflichtet er sich, Beförderungsverträge, welche in den Anwendungsbereich des Abkommens fallen, nach dessen Normen zu beurteilen [2]. Dabei spielt es keine Rolle, ob die Parteien des Beförderungsvertrages eigene Staatsangehörige sind oder Ausländer: das Warschauer Abkommen gilt für beide in der gleichen Form.

---

41 Hinten 78ff.
42 GAUCH/SCHLUEP, N 1719ff; BUCHER 337.
43 GAUCH/SCHLUEP, N 1716f.
44 Urteil vom 3. Aug. 1987, 20 Avi.18,537.
1 Zur Geschichte von Staatsverträgen mit privatrechtlichem Inhalt, MAJOROS, RabelsZ 1982, 87.
2 Siehe auch MANKIEWICZ, ZLW 1956, 249.

Die Schweizer Behörden unterscheiden – wie andere Mitglieder der Malta-Gruppe [3] – in bezug auf die Erhöhung der Haftungslimiten aufgrund von Art. 22 WA zwischen In- und Ausländern. Sie unterstellen inländische Fluggesellschaften einer strengeren Regelung und nehmen die ausländischen Fluggesellschaften davon aus, in der Meinung, sie würden gegen das Warschauer Abkommen verstossen, wenn die Vorschrift auch für Ausländer gelte [4]. Diese Argumentation impliziert, dass die schweizerischen Behörden einen von der Schweiz ratifizierten Staatsvertrag gegenüber schweizerischen Staatsangehörigen nicht anzuwenden haben. Dieser Auffassung kann nicht zugestimmt werden: nach Art. 113 Abs.3 BV sind die von der Schweiz ratifizierten Staatsverträge für alle rechtsanwendenden Behörden massgebend [5]. Eine Unterscheidung zwischen In- und Ausländern findet weder im Warschauer Abkommen noch in einer anderen völkerrechtlichen Norm eine Grundlage.

Auf zwischenstaatlicher Ebene verpflichtet das Warschauer Abkommen einen Vertragsstaat, die Rechtsbeziehungen zwischen den Parteien eines Beförderungsvertrages nach den Normen des Abkommens zu beurteilen.

Für die Vertragsstaaten ist das Warschauer Abkommen grundsätzlich zwingender Natur: die Ordnung, die auf internationaler Ebene aufgestellt wurde, bindet sie [6]. In verschiedenen Bestimmungen verbietet das Abkommen ausdrücklich abweichende Vereinbarungen (z.B. Art. 23 [7], Art. 32 [8]). In anderen Fällen erlaubt es ausdrücklich eine andere Regelung (z.B. Art. 22 Abs.1 [9]); die dispositive Natur einer Vorschrift kann sich auch durch Auslegung ergeben [10].

Umstritten kann sein, ob die zwingende Natur des Abkommens auch gilt, wenn ein Vertragsstaat eine Regelung vorsieht, die zugunsten des Passagiers oder Absenders vom Abkommen abweicht. Eine Abweichung zugunsten des Passagiers (oder Absenders) kann gerechtfertigt sein, wenn das Abkommen lediglich einen Mindeststandard aufstellt (z.B. bei den Haftungslimiten [11]). Sie verbietet sich, wenn das Abkommen seine Lösung ausdrücklich als zwingend bezeichnet. Art. 12 LTR ist deshalb aus völkerrechtlicher Sicht unzulässig [12].

Verstösst ein Vertragsstaat gegen die Pflicht, Beförderungsverträge, die in den Anwendungsbereich des Abkommens fallen, nach dessen Normen zu beurteilen, wird er vertragsbrüchig. Das gleiche gilt, wenn er landesrechtliche Normen erlässt, die gegen das Abkommen verstossen. Er untersteht den Sanktionen, die das Völkerrecht für den Fall einer Vertragsverletzung vorsieht [13].

In der Praxis hat vertragswidriges Verhalten von Vertragsstaaten zu keinen Konsequenzen geführt. Nachdem das italienische Verfassungsgericht die Haftungslimiten des Abkommens als

---

3 Vorne 24.
4 Hinten 65ff.
5 KÄLIN, Festgabe, 48f mit Verweisen.
6 GULDIMANN, Einl. N 26.
7 «Jede Bestimmung des Beförderungsvertrages, durch welche die Haftung des Luftfrachtführers ganz oder teilweise ausgeschlossen (...) werden soll, ist nichtig; (...)».
8 «Alle Bestimmungen des Beförderungsvertrages und vor Eintritt des Schadens getroffenen besonderen Vereinbarungen, worin die Parteien (...) von diesem Abkommen abweichende Regeln [über die Zuständigkeit] festsetzen, sind nichtig».
9 «(...) Der Reisende kann jedoch mit dem Luftfrachtführer eine höhere Haftungssumme besonders vereinbaren».
10 Hinten 67.
11 Hinten 66.
12 Hinten 289ff.
13 Art. 60 Abs.2 und Abs.3 VRK; VERDROSS/SIMMA 411ff.

verfassungswidrig beurteilt hatte und die entsprechenden Bestimmungen nicht mehr anwendete [14], reagierte keiner der anderen Vertragsstaaten auf die Vertragsverletzung. Das dürfte dadurch zu erklären sein, dass viele andere Vertragsstaaten mit der Haftungsordnung des Abkommens nicht mehr einverstanden sind. Reaktionen kamen von beunruhigten Fluggesellschaften, und das Urteil wurde in der Fachliteratur diskutiert [15].

B. Das Warschauer Abkommen als Vertrag zur Rechtsvereinheitlichung

Die vereinheitlichte Regelung der Beziehung zwischen Lufttransportführer und Passagier oder Absender erreicht das Warschauer Abkommen mit verschiedenen Methoden:

– es enthält völkerrechtliche Kollisionsnormen: es verweist nach eigenen Kriterien auf ein nationales Recht, um ein völkerrechtliches Problem zu lösen [16] (z.B. die Frage der Zuständigkeit, Art. 28).

– es enthält völkerrechtliche Normen zum nationalen Kollisionsrecht: es schreibt den Vertragsstaaten vor, wie sie einen Sachverhalt anzuknüpfen haben [17] (z.B. Anknüpfung an die lex fori, Art. 29 WA oder Art. II GA, der den vertraglichen und den ausführenden Lufttransportführer den Regeln des Warschauer Abkommens unterstellt.

– es enthält materielle Normen, die direkt anwendbar sind: der Richter stützt seinen Entscheid auf einen bestimmten Artikel des Abkommens. Dieser kann auslegungsbedürftig sein, aber es braucht keine landesrechtlichen Erlasse, um den Artikel anzuwenden (z.B. Voraussetzung der Haftung, Art. 17).

– es enthält Bestimmungen, die eine materielle Frage abschliessend regeln, aber dies in einer Form tun, die dem Richter nicht als Grundlage eines Entscheides dienen kann. Es braucht eine landesrechtliche Norm, um den jeweiligen Artikel anwenden zu können (z.B. die Umrechnung des Goldfrankens in Landeswährung, Art. 22.)

C. Die Anwendung des Warschauer Abkommens im Landesrecht

1. Transformation ins Landesrecht

Das Völkerrecht verpflichtet die Staaten, den von ihnen ratifizierten Staatsverträgen in ihrem Land Geltung zu verschaffen. Jeder Staat bestimmt nach eigenem Recht, wie er einen völkerrechtlichen Vertrag ins Landesrecht integriert [18]. Dieser Grundsatz gilt auch für die Anwendung des Warschauer Abkommens.

---

14 Hinten 61.
15 Siehe 61 FN 30.
16 Siehe auch MEESSEN, FS Mann, 227.
17 MEESSEN, FS Mann, 228, 231.
18 KÄLIN, Festgabe, 51f; zu den verschiedenen Methoden ausführlich MÜLLER/WILDHABER 96ff.

In einigen Ländern, so in der *Schweiz*, in den *USA* [19] und in *Belgien* gehen das Warschauer Abkommen und die Zusatzprotokolle ohne Transformation ins Landesrecht über. In anderen Staaten, so in der *BRD*, in *Frankreich*, in *Italien* [20] und in *England* braucht es ein Gesetz, welches das Abkommen ins Landesrecht transformiert [21]. In diesen Ländern kann sich das Problem stellen, welche Version des Abkommens für den nationalen Richter verbindlich ist: die Originalversion des Abkommens oder die Übersetzung im nationalen Gesetz [22].

2. Hierarchiestufe im Landesrecht

Das Völkerrecht definiert nicht, welche Stufe ein Staatsvertrag in der Normenhierarchie eines Landes einnimmt. Jeder Staat bestimmt nach eigenem Recht, ob das Verfassungs- oder das Gesetzesrecht dem Staatsvertrag vorgehen oder ob diese durch das Warschauer Abkommen verdrängt werden. Das gleiche gilt für die Frage, ob die zeitliche Reihenfolge der Erlasse die Stellung im Landesrecht beeinflusst [23].

In der Schweiz geht gemäss der mehr als hundertjährigen Praxis das Völkerrecht dem entgegenstehenden Landesrecht vor [24]. Dieser Grundsatz gilt unbestritten für kantonales Recht, für Bundesverordnungen und für Bundesgesetze, die vor der Ratifizierung eines Staatsvertrages erlassen wurden [25]. In bezug auf Bundesgesetze, die nach der Ratifizierung erlassen wurden, hat das Bundesgericht den Grundsatz modifiziert: im Fall *Schubert* vertrat es die Auffassung, der Gesetzgeber könne bewusst gegen geltendes Völkerrecht legiferieren [26]. Für die Anwendung des Warschauer Abkommens in der Schweiz bedeutet dies folgendes: Das Abkommen geht den nationalen Sondervorschriften über das Lufttransportrecht vor. Das gilt generell für das LTR und die LFV [27]. In bezug auf das LFG ist denkbar, dass der Gesetzgeber bewusst gegen das Abkommen legiferieren wollte. Dies ist jedoch nicht der Fall: das LFG verpflichtet im Gegenteil in Art. 75 Abs.1 den Bundesrat, dass er sich beim Erlass des LTR an die Grundsätze der für die Schweiz verbindlichen internationalen Übereinkommen zu halten hat.

Trotz der dargestellten eindeutigen Regeln gibt es im LTR Vorschriften, die nach meiner Auffassung dem Warschauer Abkommen widersprechen (Art. 12 Abs.2 LTR, Art. 21 LTR). Soweit sie keine völkerrechtskonforme Auslegung zulassen, sind sie in der heute geltenden Form nicht anwendbar.

---

19 JOHNSON/MINCH, JALC 52 [1986] 109f.
20 LA PERGOLA/DEL DUCA, AJIL 79 [1985] 606f.
21 Für Deutschland: Bekanntmachung über das Abkommen zur Vereinheitlichung von Regeln über die Beförderung im internationalen Luftverkehr vom 30. November 1933; Gesetz zum Protokoll vom 28. September 1955 zur Änderung des Abkommens zur Vereinheitlichung von Regeln über die Beförderung im internationalen Luftverkehr vom 7. Aug. 1958, GIEMULLA/SCHMID, Anhang I-2, I-6.
Für England: Carriage by Air and Road Act.
Für Italien: Gesetz Nr. 841 und Gesetz Nr. 1832.
22 Englische Gerichte hatten zu beurteilen, ob für Art. 8 i) des Warschauer Abkommens in der Fassung des Haager Protokolls die englische Übersetzung oder die französische Originalversion massgebend sei. Der englische Carriage by Air Act von 1932 übersetzt den Art. 8 i) nicht wörtlich und verwendet statt eines Kommas das Wort «und». Lord Denning betrachtete den französischen Originaltext als massgebend, Urteil des Court of Appeal vom 7. Nov. 1968 i.S. *Corcocraft Ltd. vs. Pan American World Airways*; dazu ausführlich MANKIEWICZ, ZLW 1970, 61ff.
23 KÄLIN, Festgabe 51ff.
24 KÄLIN, Festgabe 54ff.
25 SALADIN 81.
26 BGE 99 Ib 44; Pra 62 (1973), Nr. 106, 292; ausführlich dazu KÄLIN 60ff.
27 Anders ist die Situation, wenn ein Gericht das Warschauer Abkommen als Landesrecht anwendet, hinten 76ff.

Die Staaten haben die Frage der Hierarchie zwischen Völkerrecht und Landesrecht unterschiedlich geregelt. Das Warschauer Abkommen kann den Gesetzen, nicht aber der Verfassung vorgehen (Frankreich, Italien); es kann dadurch, dass es mit einem Zustimmungsgesetz ins Landesrecht integriert wird, den Rang eines einfachen Gesetzes erhalten (Deutschland)[28], oder die zeitliche Reihenfolge kann darüber entscheiden, ob ein nachträgliches Gesetz dem Warschauer Abkommen vorgeht (USA)[29].

Im Juli 1985 entschied das **Verfassungsgericht von Italien** im Fall *Coccia vs. Turkish Airlines*, zwei Bestimmungen des Zustimmungsgesetzes zum Warschauer Abkommen und zum Haager Protokoll widersprächen der italienischen Verfassung[30]. Der mit dem Fall befasste Zivilrichter hatte die verfassungsrechtlichen Fragen an den Verfassungsgerichtshof überwiesen. Die beklagte Fluggesellschaft hielt dem entgegen, der Verfassungsgerichtshof sei nicht befugt, einzelne Vorschriften des Abkommens zu überprüfen und aufzuheben. Diese Kompetenz habe einzig die italienische Regierung. Der Verfassungsgerichtshof war anderer Ansicht: er überprüfte das Gesetz, welches das Abkommen ins Landesrecht transformiert, und kam zum Schluss, dass die darin verankerte Haftungsordnung des Abkommens nicht mit Art. 2 und Art. 3 der italienischen Verfassung[31] vereinbar sei. Damit setzte er die Bestimmungen des Abkommens, welche die Haftung bei Personenschäden limitieren, in Italien ausser Kraft[32].

3. Anwendungsfähigkeit einer staatsvertraglichen Bestimmung

Bestimmungen eines Staatsvertrages können sich entweder an die Behörden eines Vertragsstaates richten, oder sie können Rechte und Pflichten für den einzelnen begründen[33]. Grundlage für einen Rechtsanspruch des einzelnen sind nur Bestimmungen, die der zweiten Kategorie angehören: sie sind *self-executing (direkt anwendungsfähig)*[34]. Ob eine Bestimmung diese Voraussetzungen erfüllt, ermittelt der Richter durch Auslegung[35]. Er berücksichtigt dabei folgende Kriterien: die Bestimmung muss justitiabel, d.h. zur direkten Anwendung durch den Richter geeignet sein, und sie muss Rechte und Pflichten des einzelnen zum Inhalt haben[36].

Ist eine Bestimmung nicht direkt anwendungsfähig, haben die Behörden eines Vertragsstaates nach ihrem Landesrecht dafür zu sorgen, dass sie dem Richter im konkreten Fall als Grundlage eines Entscheides dienen kann.

Bis auf zwei Bestimmungen sind alle Artikel des Warschauer Abkommens und seiner Zusatzprotokolle self-executing. Die Ausnahmen sind Art. 22 WA und Art. 33 WA.

---

28 JAYME 25.
29 KÄLIN 52ff; zur Situation in Italien LA PERGOLA/DEL DUCA, AJIL 79 [1985] 607ff; zum Verhältnis zwischen dem Warschauer Abkommen und der Verfassung der USA HASKELL, JALC 39 [1973] 492ff; JEFFREY, JALC 48 [1983] 815ff.; AWFORD, ZLW 1992, 24f.
30 Urteil No. 132 vom 2. Mai 1985, Gaz. uff. No. 113 bis, wiedergegeben in Air Law 1985, 297ff; siehe auch KUHN, ZLW 1986, 99ff; BACELLI, AASL 1985, 217ff.
31 Art. 2 garantiert die Unverletzlichkeit der Menschenrechte und Art. 3 verankert den Gleichheitsgrundsatz.
32 Zur Stellung des Warschauer Abkommens in Italien siehe auch BACCELLI, AASL 1983, 12ff.
33 MÜLLER, Handbuch der Schweizerischen Aussenpolitik 227ff.
34 In der Lehre werden die Begriffe *Anwendbarkeit, Anwendungsfähigkeit, self-executing, directement applicable* nicht einheitlich gebraucht, siehe dazu auch BLECKMANN 110ff mit Verweisen.
35 So schreiben z.B. die Staatsverträge, die eine loi uniforme enthalten, den Vertragsstaaten vor, wie sie den Vertrag anzuwenden haben, BLECKMANN 16f, 105.
36 KÄLIN 119 mit Verweisen; siehe auch BGE 106 Ib 187.

Art. 22 WA gibt den Haftungsbetrag in Einheiten an (Goldfranken [37] oder SZR [38]), die dem Richter nicht als Grundlage eines Urteils dienen können. Weder der Poincaré-Franken noch SZR sind physisch existierende Währungen. Der Richter kann den zahlbaren Wert eines Goldfrankens oder eines SZR nur ermitteln, indem er sich auf Erlasse abstützt, welche die Parität zwischen seiner Landeswährung und dem Gold oder dem SZR festhalten. Der Richter ist darauf angewiesen, dass der Gesetzgeber tätig wird. In der Regel ist es ein nationales Gesetz, das die Paritäten bestimmt. Das Verhältnis zwischen dem SZR und den einzelnen Landeswährungen ist aufgrund der IWF-Statuten festgelegt.

In der Praxis entstehen Diskussionen darüber, ob der Richter die Goldfranken immer nach seinem eigenen Recht umrechnet [39]. Es wird geltend gemacht, dass für die Umrechnung diejenige Rechtsordnung massgebend sei, der die Beförderung nach den IPR-Regeln untersteht [40]. Damit werden zwei Fragen verknüpft, die getrennt zu beantworten sind. Wenn der Richter eine Beförderung dem Warschauer Abkommen unterstellt, aus ihm seine Zuständigkeit ableitet und der Sachverhalt in den Anwendungsbereich des Abkommens fällt, wendet er Art. 22 WA als Teil eines für ihn verbindlichen Staatsvertrages an. Es liegt in seiner Kompetenz, die Bestimmung für sich anwendbar zu machen und die Goldfranken oder Sonderziehungsrechte in seine Landeswährung umzurechnen. Die IPR-Frage des anwendbaren Rechts spielt in diesem Zusammenhang keine Rolle.

Auch Art. 33 WA ist nicht self-executing: die Bestimmung erlaubt es dem Lufttransportführer, Beförderungsbedingungen zu erlassen, soweit sie dem Abkommen nicht widersprechen. Das Abkommen stellt jedoch nur beschränkt Sanktionen auf, falls Beförderungsbedingungen gegen das Abkommen verstossen (Nichtigkeit von Bestimmungen, welche die Haftung weiter beschränken, als es das Abkommen vorsieht [41]). Art. 33 WA richtet sich deshalb primär an die Behörden eines Vertragsstaates [42] und verpflichtet sie, Beförderungsbedingungen, die gegen das Warschauer Abkommen verstossen, die Genehmigung zu verweigern [43].

4. Lücken des Warschauer Abkommens

Das Warschauer Abkommen regelt internationale Beförderungen nicht abschliessend; die Lücken sind zu differenzieren:

– Einige Artikel weisen *ausdrücklich* darauf hin, dass sie eine bestimmte Frage nicht regeln, oder die Frage wurde *absichtlich* nicht normiert und ohne jedoch im Text darauf hinzuweisen *(qualifiziertes Schweigen* [44]). Im zweiten Fall gibt es zwei Varianten: das Abkommen hat die betreffende Frage negativ entschieden und damit bewusst einen Anspruch ausgeschlossen, oder es hat lediglich auf eine eigene

---

37 Im Warschauer Abkommen in der ursprünglichen Fassung, im Haager Protokoll und im Guatemala-Protokoll.
38 In den Montreal-Protokollen.
39 Weil die Vertragsstaaten aufgrund von verschiedenen Methoden umrechnen, können sich beträchtliche Differenzen ergeben, hinten 196ff.
40 Hinten 78ff.
41 Hinten 125.
42 Ebenso SCHWEICKHARDT, FS Meyer 235.
43 Hinten 127f.
44 GYGI 83 mit Verweisen; MEIER-HAYOZ, Art. 1 ZGB N 255ff.

Regelung verzichtet, ohne auszuschliessen, dass ein Anspruch unter dem anwendbaren Landesrecht gegeben sein kann. Beim Warschauer Abkommen ist im Zweifel der zweite Fall anzunehmen, weil das Warschauer System nur «gewisse Regeln» für internationale Luftbeförderungen aufstellen will [45].

- Für bestimmte Fragen fehlt eine Regelung, ohne dass dies beabsichtigt war; eine Rechtsfrage, die sich unweigerlich stellt, bleibt unbeantwortet (*eigentliche* oder *echte Lücken*[46]).

Ob es sich um ein qualifiziertes Schweigen oder um eine Lücke handelt, ist durch Auslegung zu ermitteln.

Die Unterscheidung zwischen einem qualifizierten Schweigen und einer auslegungsfähigen Rechtslücke hat bei der Anwendung des Abkommens Konsequenzen: wenn das Abkommen wie z.B. in Art. 15 Abs.3 [47] darauf hinweist, dass es eine zusätzliche Regelung zulässt, entscheidet das anwendbare Landesrecht [48] über die Frage. Bedeutet das qualifizierte Schweigen, dass das Abkommen über einen Anspruch bewusst negativ entschieden hat, ist für eine landesrechtliche Regelung kein Raum [49]. Anders wiederum, wenn es sich um eine echte Lücke handelt: in diesem Fall füllt sie der Richter in freier Rechtsfindung, wobei er auch hier im Ergebnis auf das anwendbare Landesrecht zurückgreifen wird, weil die völkerrechtlichen Regeln über die Lückenfüllung in diesem Fall keine Lösung ergeben [50].

Das Abkommen lässt offen, ob der Geschädigte Anspruch hat auf Schadenszinsen [51]. Denkbar ist, dass das Abkommen diesen Anspruch bewusst ausschliessen wollte. Weder der Text noch die Entstehungsgeschichte enthalten jedoch Hinweise, welche für diese Schlussfolgerung sprechen. Es liegen auch keine Anhaltspunkte vor, dass das Abkommen diese Frage absichtlich dem Landesrecht überlassen wollte. Es liegt vielmehr eine echte Lücke vor, die der Richter in freier Rechtsfindung füllt.

Verschiedene Vertragsstaaten bestimmen über Fragen, die das Warschauer Abkommen offen lässt, in landesrechtlichen Erlassen (Zustimmungsgesetze zum Warschauer Abkommen oder Spezialgesetze zum Lufttransportrecht) [52].

Kommerziell tätige Fluggesellschaften regeln wichtige Punkte eines Beförderungsvertrages, die im Warschauer Abkommen oder im für sie massgebenden Landesrecht offen bleiben, in ihren AGB [53].

---

45 Ebenso GULDIMANN, Einl N 40.
46 GULDIMANN, Einl N 40; TUOR/SCHNYDER 38; MEIER-HAYOZ, Art. 1 ZGB N 251ff.
47 «Dieses Abkommen steht der Ausstellung eines begebbaren Luftfrachtbriefes nicht entgegen».
48 Siehe nächsten Abschnitt.
49 Siehe auch BGE vom 27. Feb. 1991, FA NZZ Nr.71, 14; zur Auslegung des Warschauer Abkommens als Staatsvertrag, vorne 43.
50 Bei Staatsverträgen mit privatrechtlichem Inhalt wie es das Warschauer Abkommen ist, können bei einer echten Lücke die Grundsätze von Art. 38 des IGH-Statuts nicht unmittelbar gelten, weil das Abkommen nur bedingt Rechte und Pflichten zwischen Staaten begründet, vorne 57.
51 Hinten 266ff.
52 Vorne 60.
53 Hinten 122ff.

5. Die Kontroverse um die Lückenfüllung

Das Warschauer Abkommen weist in einigen Fällen eines qualifizierten Schweigens darauf hin, dass die Frage nach der lex fori zu beantworten sei (z.B. Art. 21 [54], Art. 22 Abs.1 [55]). In den übrigen Fällen eines qualifizierten Schweigens lässt es offen, nach welchem Recht der Sachverhalt zu beurteilen ist (z.B. Art. 15 Abs.3 [56], Art. 24 Abs.2 [57]).

In der Lehre hat die Problematik zu Kontroversen geführt. Verschiedene Autoren sind der Meinung, der Richter müsse sowohl in Fällen eines qualifizierten Schweigens als auch in Fällen von echten Lücken sein Landesrecht anwenden. Für die gleiche Behandlung wird geltend gemacht, dass das Warschauer Abkommen der Rechtsvereinheitlichung diene; wenn der Richter alle offenen Fragen nach der gleichen Methode fülle, könne er vermeiden, dass verschiedene Anknüpfungsregeln die Rechtsvereinheitlichung beeinträchtigen [58]. Dabei wird in Kauf genommen, dass die lex fori nicht auf eine bestimmte Rechtsordnung verweist, weil das Warschauer Abkommen dem Kläger die Wahl zwischen vier Gerichtsständen einräumt [59].

Der Wortlaut und die Systematik des Warschauer Abkommens sprechen dagegen, qualifiziertes Schweigen und echte Lücken in jedem Fall nach dem materiellen Recht der lex fori zu beantworten. In denjenigen Fällen, in welchen der Richter eine Frage nach seinem Recht zu entscheiden hat, verweist das Abkommen ausdrücklich auf die lex fori. In den anderen Fällen verzichtet es auf eine entsprechende Verweisung. Das bedeutet, dass der Richter die Frage nach dem auf die Beförderung anwendbaren Recht zu beantworten hat [60]. Diese Lösung gewährleistet, dass in der Regel diejenige Rechtsordnung zur Anwendung kommt, zu der die Parteien eine enge Beziehung haben [61].

D. *Zwingende nationale Bestimmungen zur Änderung der internationalen Haftungsordnung*

Seit den sechziger Jahren versuchen die Vertragsstaaten des Warschauer Abkommens, auf internationaler Ebene eine neue Regelung über die Haftung bei Personenschäden zu schaffen. Weil dieses Ziel nicht erreicht wurde, haben verschiedene Staaten in ihrem Landesrecht Vorschriften erlassen, welche die Haftungslimiten bei Personenschäden erhöhen oder die Voraussetzungen für die Berufung auf die Haftungslimiten verschärfen (Vereinbarung von Montreal [62], Absprache der Malta-Gruppe [63]). Sie waren als

---

54 «(...) so kann das Gericht nach Massgabe seines heimischen Rechts entscheiden, dass der Luftfrachtführer nicht oder nur in vermindertem Umfang zum Schadenersatz verpflichtet ist.»
55 «(...) kann nach dem Recht des angerufenen Gerichts die Entschädigung in Form einer Geldrente festgesetzt werden (...)».
56 Vorne FN 47.
57 «(...) Die Frage, welche Personen zur Klage berechtigt sind und was für Rechte ihnen zustehen, wird hierdurch nicht berührt».
58 LUKOSCHEK, Das anwendbare Recht bei Flugzeugunglücken (1984), 27; GIEMULLA/SCHMID, in bezug auf Art. 24 Abs.2, Art. 24 N 13; MANKIEWICZ Liability 15f, 161ff.
59 Diese Auffassung begünstigt deshalb eher das Forum shopping, anstatt die Rechtsvereinheitlichung zu fördern.
60 Im Ergebnis ebenso GULDIMANN, Art. 24 N 18; RUHWEDEL 26f; BOGDAN, JALC 54 [1988] 326.
61 Hinten 81ff.
62 Vorne 21.
63 Vorne 24.

Provisorien gedacht und gelten trotzdem seit Jahren. Sie aus rechtlicher Sicht zu beurteilen, ist nicht ganz einfach.

Im Vordergrund stehen die folgenden Fragen: ist es möglich, in- und ausländische Fluggesellschaften zu *zwingen*, die Haftungslimiten für Personenschäden zu erhöhen? Können Behörden und Fluggesellschaften Art. 3 Abs.1c) WA ergänzen und vereinbaren, der Hinweis auf die limitierte Haftung müsse in einer bestimmten Schrift erfolgen, damit sich der Lufttransportführer auf die Haftungslimiten berufen kann? Erlaubt das Warschauer Abkommen eine Vereinbarung, in der die Fluggesellschaft bei Personenschäden auf den Entlastungsbeweis verzichtet, der ihr gemäss Art. 20 WA zusteht?

Diese Fragen beantwortet zum Teil das Völkerrecht, zum Teil das Landesrecht.

Aufgrund des *Völkerrechts* ist zu beurteilen, ob die Vertragsstaaten Vorschriften erlassen können, die vom Warschauer Abkommen abweichen. Soweit das Abkommen und das übrige Völkerrecht es den Vertragsstaaten erlauben, eine Frage des internationalen Lufttransportrechts selbständig zu regeln, entscheidet das *Landesrecht*, wie ein Staat die abweichende Regelung gestaltet.

1. Die Erhöhung der Haftungslimiten aufgrund der Vereinbarung von Montreal und der Absprache der Malta-Gruppe

a) *Die Erhöhung der Haftungslimiten als völkerrechtliches Problem*

aa) *Aspekte unter dem Warschauer Abkommen*

Aus der Sicht des Völkerrechts wirft die Erhöhung der Haftungslimiten zwei grundsätzliche Fragen auf: erlaubt es das Völkerrecht, den Lufttransportführer zu zwingen, die Haftungslimiten anzuheben und ist es zulässig, dass sowohl in- wie ausländische Fluggesellschaften diesem Zwang unterworfen werden?

Das Warschauer Abkommen sieht in Art. 22 Abs.1 letzter Satz vor, dass der Lufttransportführer mit dem Reisenden eine höhere Haftungssumme vereinbaren kann, als sie das Abkommen vorschreibt [64]. Ob die Vereinbarung auf einer individuellen Absprache oder auf einer Klausel in den AGB beruht, lässt das Abkommen offen. In der Praxis bildet eine Bestimmung in den Beförderungsbedingungen die Grundlage für die erhöhten Haftungslimiten. Entsprechende Klauseln in den Beförderungsbedingungen sind angesichts des Wortlauts von Art. 22 Abs.1 nicht zu beanstanden [65] und die heutige Praxis ist mit dem Abkommen vereinbar.

---

64 Art. 22 Abs.1 letzter Satz lautet: «Der Reisende kann jedoch mit dem Luftfrachtführer eine höhere Haftungssumme besonders vereinbaren». Siehe auch GIEMULLA/SCHMID, Art. 22 N 5ff, 6ff; MILLER 185ff.
65 Nach MANKIEWICZ bezieht sich Art. 22 WA nur auf die *individuelle* Vereinbarung höherer Limiten in einem Beförderungsvertrag, MANKIEWICZ, RFDA 1967, 394. Angesichts der Tatsache, dass heute in der gewerbsmässigen Luftfahrt Beförderungsverträge ausschliesslich Massenverträge sind (hinten 93) überzeugt der Einwand kaum. In diesem Sinn gibt es keine individuellen Beförderungsverträge mehr; es gibt nur noch «individuelle», d.h. von Fluggesellschaft zu Fluggesellschaft unterschiedliche AGB.

Das Warschauer Abkommen lässt offen, aus welchem Grund der Lufttransportführer dem Passagier im Rahmen von Art. 22 Abs.1 eine höhere Haftungssumme anbietet und eine entsprechende Bestimmung in seine AGB aufnimmt [66]. Er kann die höhere Limite aus freien Stücken offerieren, oder es kann dahinter eine entsprechende Verpflichtung eines nationalen Gesetzgebers stehen. Heute trifft in der Regel der zweite Fall zu. Sowohl die Vereinbarung von Montreal als auch die landesrechtlichen Vorschriften, welche die Mitglieder der Malta-Gruppe erliessen, zwingen faktisch die betroffenen Fluggesellschaften dazu, eine höhere Haftungslimite anzubieten. Ohne die Vereinbarung von Montreal hätten die USA die Kündigung des Warschauer Abkommens nicht zurückgezogen [67]. Eine Fluggesellschaft, welche die Vereinbarung von Montreal nicht unterzeichnet, erhält in den USA keine Landebewilligung [68]. Einer schweizerischen Fluggesellschaft, die in ihren Beförderungsbedingungen die Haftungslimiten nicht erhöht, wird die Betriebskonzession bzw. die Betriebsbewilligung verweigert [69].

Es ist zu prüfen, ob dieser Zwang zur Erhöhung der Haftungslimiten vor dem Warschauer Abkommen standhält.

Das Warschauer Abkommen hält in der Präambel fest, dass es die «Bedingungen für die Beförderung im internationalen Luftverkehr [vereinheitlichen will], soweit sie die dafür verwendeten Beförderungsscheine und die Haftung des Luftfrachtführers [betrifft]». In bezug auf die Haftung normiert es deren Voraussetzungen und es limitiert die Haftung auf bestimmte Beträge; schliesslich hält es fest, unter welchen Bedingungen der Lufttransportführer unbegrenzt haftet [70].

Begründen die Haftungslimiten, die Art. 22 nennt, einen Anspruch des Lufttransportführers, dass er sich unter Vorbehalt der unlimitierten Haftung gemäss Art. 3 WA oder gemäss Art. 25 WA [71] auf diese Haftungslimiten berufen kann oder sind sie ein Mindeststandard, der über-, aber nicht unterschritten werden darf? Verschiedene Gründe sprechen dafür, dass das Warschauer Abkommen in bezug auf die Höhe der Haftungslimiten nur einen Mindeststandard festlegt.

Die Haftungslimiten des Abkommens gelten – in der ursprünglichen Fassung und in der Fassung des Haager Protokolls [72] – nicht absolut: den Parteien des Beförderungsvertrages steht es frei, diese auf eine beliebige Höhe anzuheben. Sie gelten auch nicht, wenn bestimmte Voraussetzungen erfüllt sind (fehlende Beförderungsdokumente oder schweres Verschulden [73]). Damit zeigt sich, dass das Abkommen von Anfang an darauf verzichtet hat, die Höhe der Haftungslimiten auf einen Betrag festzusetzen, der in jedem Fall gilt. Der Lufttransportführer muss unter dem Warschauer Abkommen in der ursprünglichen Fassung und in der Fassung des Haager Protokolls damit rechnen, dass er über die Limiten von Art. 22 WA hinaus haftet, und er muss sich gegen dieses Risiko

---

66 SCHWEICKHARDT, FS Meyer 234.
67 COHEN, Air Law 1982, 75.
68 COHEN, Air Law 1982, 89 mit Nachweisen, welche Fluggesellschaften die Landerechte (permit) nur unter der Bedingung erhielten, dass sie der Vereinbarung von Montreal zustimmten.
69 Art. 104 1 a) und Art. 117 l) LFV.
70 Ausführlich dazu hinten 207ff.
71 Hinten 207ff, 213ff.
72 Zur Situation unter den Montreal-Protokollen, hinten 253f.
73 Hinten 207ff, 213ff.

versichern. Konsequenterweise verbietet das Abkommen nur Vereinbarungen, welche die Haftung des Lufttransportführers weiter als das Abkommen einschränken: gemäss Art. 23 WA sind solche Bestimmungen des Beförderungsvertrages nichtig. Abweichungen gegen oben sanktioniert das Abkommen nicht. Damit zeigt sich, dass das Warschauer Abkommen den Freiraum einräumt, die Haftungslimiten des Abkommens zu erhöhen und in dieser Beziehung auf eine einheitliche Ordnung verzichtet [74].

Als nächstes fragt sich, ob dieser Freiraum nicht nur für die Parteien des Beförderungsvertrages, sondern auch für die Vertragsstaaten des Abkommens besteht. Das Abkommen äussert sich nicht zu diesem Problem. Aus Art. 22 Abs.1 WA könnte man e contrario den Schluss ziehen, dass nur die Parteien des Beförderungsvertrages befugt sind, die Limiten zu erhöhen. Für dieses Argument lassen sich jedoch keine Gründe finden. Weder der Wortlaut noch die Entstehungsgeschichte lassen den Schluss zu, dass das Abkommen es den Vertragsstaaten verbieten will, die Möglichkeit zur Erhöhung der Haftungslimiten auszuschöpfen, indem sie in ihrem Zuständigkeitsbereich [75] den Lufttransportführern die Anwendung von Art. 22 Abs.1 WA vorschreiben. Dagegen spricht einzig das Argument, dass die Vertragsstaaten einen anderen Weg einschlagen müssen, um die Haftungslimiten anzuheben: die Revision des Abkommens. Dieser Einwand schliesst jedoch nicht aus, dass die Vertragsstaaten die Lösung über Art. 22 WA suchen, solange eine internationale Lösung über die umstrittenen Haftungslimiten nicht zustande kommt.

Die Staatenpraxis bestätigt die hier vertretene Auffassung [76]: seit Jahren akzeptieren sowohl die Vertragsstaaten des Warschauer Abkommens als auch die betroffenen Lufttransportführer, dass die Haftungslimiten aufgrund von landesrechtlichen Massnahmen erhöht werden müssen.

bb) Übriges Völkerrecht

Schliesslich ist zu prüfen, ob es ausserhalb des Warschauer Abkommens, d.h. im übrigen Völkerrecht einen Rechtssatz gibt, der es einem Vertragsstaat des Warschauer Abkommens verbieten würde, Fluggesellschaften die Erhöhung der Haftungslimiten aufgrund von Art. 22 Abs.1 WA vorzuschreiben. Das ist nicht der Fall. Selbst der Grundsatz von Treu und Glauben wird nicht verletzt, wenn Vertragsstaaten einen Lufttransportführer zu entsprechenden Klauseln in den Beförderungsbedingungen zwingen. Ein Vertragsstaat kann weder für sich noch für seine Staatsangehörigen beanspruchen, er hätte schützenswertes Vertrauen dadurch begründet, dass Art. 22 Abs.1 WA nicht zur Anwendung komme, und er habe durch das Verhalten der USA und der Mitglieder der Malta-Gruppe einen Schaden erlitten [77].

---

74 Ebenso GIEMULLA/SCHMID, Art. 24 N 9; a.M. SCHWEICKHARDT mit der Begründung, Art. 23 WA bezwecke nicht den Schutz des Geschädigten, sondern die Rechtsvereinheitlichung, SCHWEICKHARDT, FS Meyer 234; der Einwand übersieht, dass Art. 22 Abs.1 WA die individuelle Erhöhung der Haftungslimiten vorsieht und damit in diesem Punkt die Rechtsvereinheitlichung zugunsten des maximalen Schutzes des Geschädigten zurückstellt.
75 Hinten 68.
76 Das Problem wird in der Literatur kaum aufgegriffen; einzig BIN CHENG, ZLW 1989, 332 äussert sich ablehnend, ohne seine Auffassung näher zu begründen.
77 Siehe auch MÜLLER/WILDHABER 24ff und 222f .

cc) Anwendung der erhöhten Haftungslimiten gegenüber ausländischen Lufttransportführern

Es ist unter dem Warschauer Abkommen zulässig, dass ein Vertragsstaat einem Lufttransportführer die Erhöhung der Haftungslimiten aufgrund von Art. 22 Abs.1 WA vorschreibt [78]. Umstritten ist, ob er auch ausländische Fluggesellschaften, welche das Land anfliegen, einer entsprechenden Pflicht unterstellen darf.

Die Praxis zu dieser Frage ist nicht einheitlich: innerhalb der IATA herrschte lange Zeit die Meinung vor, die Erhöhung der Haftungslimiten für ausländische Fluggesellschaften sei rechtswidrig. Die IATA setzte sich mit dieser Haltung in einen Widerspruch, denn sie war massgeblich beteiligt am Zustandekommen der Vereinbarung von Montreal, die sowohl für amerikanische wie auch für ausländische Gesellschaften gilt [79]. In den letzten Jahren haben jedoch neben den USA auch andere Länder ausländische Fluggesellschaften zur Erhöhung der Haftungslimiten verpflichtet.

Seit 1988 schreibt **Italien** ausländischen Fluggesellschaften vor, dass sie in den Beförderungsbedingungen den Passagieren bei Körperschäden eine Haftungssumme von mindestens 100'000 SZR anbieten müssen [80].

In den **USA** war die Vereinbarung von Montreal Gegenstand richterlicher Überprüfung: Im Entscheid *Korean Air Lines Disaster of September 1, 1983* hielt der **U.S. Court of Appeals for the District of Columbia** fest, die Behörden seien befugt, den Fluggesellschaften, welche die USA anfliegen, Auflagen zu machen und wegen einer Verletzung der Auflagen die Landebewilligung zu entziehen [81].

Die Frage, in welchem Ausmass ein Land ausländische Rechtssubjekte den eigenen Normen unterwerfen kann, ist im Völkerrecht umstritten [82]. Im internationalen Luftrecht gibt es jedoch eine spezielle Norm, welche in diesem Punkt Klarheit schafft: Nach Art. 6 des Abkommens von Chicago [83] kann eine internationale Fluglinie über oder in das Hoheitsgebiet eines Vertragsstaates [84] nur mit dessen besonderer Genehmigung oder einer anderen Bewilligung dieses Staates und gemäss den Bedingungen dieser Genehmigung oder Bewilligung betrieben werden. Gleichzeitig enthalten in der Regel bilaterale Verträge über Landerechte eine Klausel, wonach die berechtigten Fluggesellschaften die landesrechtlichen Gesetze und Vorschriften einhalten müssen [85]. Damit zeigt sich, dass es das Völkerrecht einem Staat erlaubt, gegenüber den ausländischen Fluggesellschaften, die sein Territorium anfliegen, Vorschriften zu erlassen. Das können auch Vorschriften über die Erhöhung der Haftungslimiten bei Körperschäden sein [86].

---

78 Siehe vorhergehenden Abschnitt.
79 Vorne 21.
80 Gesetz Nr. 274 vom 7. Juli 1988, übersetzt wiedergegeben in SCHMID, ZLW 1989, 33.
81 20 Avi.18,238.
82 MÜLLER/WILDHABER 260ff.
83 SR 0.748.0.
84 Das Chicago Abkommen ist von zahlreichen Staaten ratifiziert worden, 1993 gehören ihm 178 Staaten an.
85 BIN CHENG, The Law of International Air Transport (1962), 291; für die Schweiz siehe HEUBERGER 481, 629.
86 Diese Auffassung wird dadurch bestätigt, dass soweit ersichtlich kein Staat gegen die USA protestierte, als sie von ausländischen Fluggesellschaften verlangten, die Vereinbarung von Montreal zu unterzeichnen. Dagegen hat Deutschland darauf verzichtet, den nationalen Fluggesellschaften in einem Erlass die Erhöhung der Haftungslimiten vorzuschreiben. Dies geschah offenbar in der Meinung, ein solcher Erlass würde gegen Völkerrecht verstossen. Deutsche Fluggesellschaften erhöhten die Limiten «freiwillig» aufgrund einer Absprache mit den Behörden, MÜLLER-ROSTIN, ZLW 1976, 338, 343.

Die Schweizer Behörden vertreten heute die Auffassung, dass ausländischen Lufttransportführern keine höheren Haftungslimiten auferlegt werden dürfen. Sie begründen ihre Haltung damit, dass eine entsprechende Pflicht gegen Völkerrecht verstossen würde [87]. Aus den dargestellten Gründen überzeugt diese Haltung nicht. Die Schweiz könnte von ausländischen Fluggesellschaften, die Passagiere von oder nach der Schweiz transportieren, verlangen, dass auch sie auf diesen Strecken den Passagieren für Personenschäden eine höhere Haftungslimite anbieten. Dieser Schritt drängt sich auf [88].

b) Die Erhöhung der Haftungslimiten unter dem Landesrecht

Schliesslich bleibt zu prüfen, ob nationale Vorschriften, welche die Erhöhung der Haftungslimiten aufgrund von Art. 22 Abs.1 WA vorschreiben, mit dem jeweiligen Landesrecht zu vereinbaren sind.

Für die Frage, ob die *Vereinbarung von Montreal* gültig sei, ist das Recht der USA massgebend. Amerikanische Gerichte und die Lehre sind mehrheitlich der Meinung, das amerikanische Recht lasse die Erhöhung der Haftungslimiten zu [89].

Gesetzesbestimmungen, welche die Mitglieder der *Malta-Gruppe* erliessen, sind nach dem jeweiligen Landesrecht zu beurteilen. Ich beschränke mich darauf, die entsprechenden Vorschriften der Schweiz, d.h. Art. 75 Abs.4 LFG, zu prüfen.

Die Schweizer Behörden fordern von den schweizerischen Unternehmen der gewerbsmässigen Luftfahrt die Erhöhung der Haftungslimiten gestützt auf Art. 75 Abs.4 LFG. Nach dieser Bestimmung kann der Bundesrat vorschreiben, dass schweizerische Unternehmen der gewerbsmässigen Luftfahrt Konzessionen und Bewilligungen nur erhalten, wenn sie den Fluggästen eine bestimmte höhere Haftungssumme anbieten, «soweit die Übereinkommen eine vertragliche Erhöhung der Haftungsgrenzen vorbehalten [90]». Die LFV nennt in Art. 104 Abs.1l) und in Art. 117a) den Betrag, der bei Körperschäden als Limite gelten soll (200'000 sFr.). Nach schweizerischem Recht genügt eine gesetzliche Ermächtigung, um einem Konzessionär oder einem

---

[87] FF 1976 III, 1281. Die Schweizer Behörden machen zudem geltend, die internationale Ordnung würde dadurch noch uneinheitlicher. Angesichts der verwirrenden Vielfalt der Haftungslimiten ist dieser Einwand wenig stichhaltig.

[88] Die Auflage wäre mit der Erteilung der Konzession an ausländische Fluggesellschaften zu verbinden; Art. 75 Abs.4 LFG wäre auf ausländische Unternehmen auszudehnen und Abs.3 von Art. 104 LFV wäre so zu formulieren wie Abs.1l) der gleichen Bestimmung. Wenn ausländische Fluggesellschaften die Schweiz ohne separate Konzession, sondern aufgrund des bilateralen Luftverkehrsabkommens anfliegen, müssten die Schweizer Behörden in diese Luftverkehrsabkommen eine entsprechende Klausel aufnehmen. Zur Konzessionserteilung allgemein siehe SCHWEICKHARDT, ASDA-Bulletin, 1981/1, 30.

[89] *Sheris vs. The Sheris Company*, 12 Avi.17,394 (Virginia Supreme Court 1972); MILLER 186. Es gibt zu dieser Frage nur wenige Entscheide. Weder der Passagier noch die Fluggesellschaften haben ein Interesse daran, die erhöhten Limiten anzufechten. Der Passagier profitiert davon und die Fluggesellschaft will ihre Zustimmung zur Vereinbarung von Montreal nicht in Frage stellen, weil sie damit ihre Position auf dem amerikanischen Markt gefährdet, MILLER 187.
COHEN betrachtet die Vereinbarung als nichtig, weil sie unter dem Druck einer rechtswidrigen Kündigung zustande gekommen sei. Der Präsident der USA sei nicht befugt gewesen, das Warschauer Abkommen ohne die Zustimmung des Senats zu kündigen. Gegen amerikanisches Recht habe das CAB auch verstossen, weil es Verfahrensvorschriften verletzt habe (keine Publikation der Vereinbarung im Federal Register), COHEN, Air Law 1982, 89.

[90] Mit «Übereinkommen» ist hier das Warschauer Abkommen in der ursprünglichen Fassung und in der Fassung des Haager Protokolls gemeint, denn nur diese sind internationale Abkommen, die eine vertragliche Erhöhung der Haftungslimiten vorsehen, siehe folgenden Abschnitt.

Bewilligungsempfänger Auflagen zu machen [91]. Damit ist es nach schweizerischem Recht zulässig, Fluggesellschaften vorzuschreiben, sie müssten in den Beförderungsbedingungen den Passagieren gestützt auf Art. 22 Abs.1 WA eine erhöhte Haftungslimite anbieten.

Art. 75 Abs.4 LFG beschränkt sich auf schweizerische Fluggesellschaften. Ist diese Einschränkung vertretbar? Nach meiner Ansicht gibt es keine überzeugenden Argumente, ausländische Fluggesellschaften, welche die Schweiz anfliegen, von der Regelung auszunehmen; das Gegenteil ist der Fall [92].

Zu Recht befanden die schweizerischen Behörden die Haftungslimiten des Warschauer Abkommens in der Fassung des Haager Protokolls als zu tief und wollten schweizerischen Flugpassagieren mit Art. 75 Abs.4 LFG bzw. Art. 104 Abs.1l) und Art. 117 LFV zu realistischem Schadenersatz verhelfen. Der Schutz ist jedoch nur wirksam, wenn alle Fluggesellschaften, die in und aus der Schweiz aufgrund der Luftverkehrsabkommen Passagiere befördern dürfen, einer höheren Limite unterliegen. Die Schweiz hätte die Kompetenz, auch ausländische Fluggesellschaften zu höheren Limiten bei Körperschäden zu verpflichten [93].

Die Auffassung der Schweizer Behörden unterstellt im Übrigen, dass das Warschauer Abkommen gegenüber in- und ausländischen Fluggesellschaften unterschiedliche Wirkung entfalte. Diese Unterscheidung ist nicht haltbar. Auf einen von der Schweiz ratifizierten Staatsvertrag können sich Schweizer ebenso berufen wie Ausländer. Wenn Art. 74 Abs.5 LFG für schweizerische Gesellschaften mit dem Warschauer Abkommen vereinbar ist, kann und muss die Schweiz eine entsprechende Verpflichtung auch den ausländischen Gesellschaften auferlegen, welche die Schweiz anfliegen. Sollte die Bestimmung gegen das Abkommen verstossen – was nach meiner Auffassung nicht zutrifft – dann könnte sie auch nicht für schweizerische Gesellschaften gelten, weil das Warschauer Abkommen für diese gilt.

2. Erhöhung der Haftungslimiten unter dem Montreal-Protokoll Nr. 3

Der letzte Satz von Art. 22 Abs.1 WA (Erhöhung der Haftungslimiten aufgrund einer Vereinbarung zwischen Lufttransportführer und Passagier) wurde im Guatemala-Protokoll und damit im Montreal-Protokoll Nr. 3 gestrichen. Es fragt sich, ob entsprechende Bestimmungen in den Beförderungsbedingungen rechtlich noch möglich sind, nachdem das Montreal-Protokoll Nr. 3 in Kraft getreten sein wird.

Mit der Streichung des letzten Satzes von Art. 22 Abs.1 WA schloss sich die Konferenz von Guatemala einem Vorschlag des ICAO-Legal Committee an. Der Delegierte von Brasilien hatte in diesem Gremium die Streichung des Passus vorgeschlagen. Dieser sei angesichts der hohen Limiten für Personenschäden überflüssig und mit den undurchbrechbaren Limiten nicht vereinbar [94]. Verschiedene Delegierte widersetzten sich dem Vorschlag mit der Begründung, es stehe den Parteien des Luftbeförderungsvertrages im

---

91 FLEINER 145ff; zur Auflage in Konzessionen SCHWEICKHARDT, ASDA-Bulletin, 1981/1, 30.
92 Zur Frage, ob die Pflicht zur Erhöhung gegen Völkerrecht verstossen würde, vorne 65ff.
93 Vorne 68f.
94 ICAO-DOC. 8878-LC/162, 201.

Rahmen der Vertragsfreiheit frei, eine höhere Limite zu vereinbaren. Der französische Delegierte schliesslich verlangte die Ergänzung von Art. 23 WA: jede Absprache, welche die Limiten erhöht, sollte nichtig sein [95].

Weder an der Konferenz von Guatemala noch in der Lehre hat die Streichung des letzten Satzes von Art. 22 Abs.1 WA zu Diskussionen geführt [96]. Die Tatsache, dass in der neuen Formulierung von Art. 22 eine Ermächtigung zur Erhöhung der Haftungslimiten fehlt, legt den Schluss nahe, dass diese aufgrund von «special contracts» [97] nicht mehr möglich sein soll. Dies gilt in erster Linie für die Erhöhung der Haftungslimiten durch landesrechtliche Vorschriften, die den Fluggesellschaften die Erhöhung der Limiten für Personenschäden in den Beförderungsbedingungen vorschreiben. Wenn ein Vertragsstaat die Haftungslimiten des Protokolls für Personenschäden als zu tief erachtet, hat das Guatemala-Protokoll einen anderen Mechanismus geschaffen, um die Haftungslimiten zu erhöhen: mit einem Supplemental Plan gemäss Art. 35 A kann ein Vertragsstaat ein zusätzliches Entschädigungssystem schaffen [98]. Es erübrigt die individuelle Erhöhung der Haftungslimiten aufgrund eines «special contract». Damit zeigt sich, dass die Änderung von Art. 22 WA in erster Linie für die Vertragsstaaten Konsequenzen hat. Ob auch die Parteien des Beförderungsvertrages davon betroffen sind, ist eher eine dogmatische Frage: wenn ein Lufttransportführer sich dazu entschliesst, dem Passagier eine erhöhte Haftungslimite anzubieten, wird es kaum je einen Kläger geben, der diese Erhöhung als widerrechtlich ansieht.

3. Die Formvorschriften der Vereinbarung von Montreal und der Verzicht auf den Entlastungsbeweis

Das Warschauer Abkommen verpflichtet den Lufttransportführer in Art. 3 Abs.1c), den Passagier im Flugschein auf die limitierte Haftung hinzuweisen. Unterlässt er den Hinweis, kann er sich nicht auf die Limiten des Abkommens berufen. Die Vereinbarung von Montreal geht von dieser Vorschrift aus und schreibt den Fluggesellschaften den Wortlaut des Hinweises und dessen Schriftgrösse vor. Zudem verpflichtet sie die Fluggesellschaften, bei Körperschäden auf den Entlastungsbeweis gemäss Art. 20 WA zu verzichten.

Diese beiden Punkte der Vereinbarung von Montreal sind unterschiedlich zu beurteilen.

Die Verpflichtung, mit einem bestimmten Text und in einer definierten Schriftgrösse auf die Haftungslimiten hinzuweisen, ist Gegenstand einer Vereinbarung zwischen den Fluggesellschaften und den amerikanischen Behörden. Die Beziehung zwischen der Fluggesellschaft und dem Passagier wird dadurch nicht berührt. Die Regelung der Vereinbarung von Montreal ergänzt auch nicht das Warschauer Abkommen. Verletzt eine Fluggesellschaft die Vereinbarung von Montreal, kann der Passagier aus dieser Verletzung nichts für sich ableiten.

---

95 ICAO-DOC. 8878-LC/162, 202.
96 Einzig MANKIEWICZ und FLORIO werfen die Frage auf: MANKIEWICZ lässt sie offen, während FLORIO «special contracts» auch unter dem Guatemala-Protokoll als zulässig erachtet, sofern sie der Staat nicht (wie bei der Vereinbarung von Montreal und später in verschiedenen Staaten, die der Malta-Gruppe angehören) zwingend vorschreibt, MANKIEWICZ, JALC 38 [1972], 529f, FLORIO, 57.
97 Hinten 251, 305.
98 Vorne 28.

Im Urteil *In re Korean Airlines Desaster* hatte der **U.S. Court of Appeals for the District of Columbia**[99] zu entscheiden, ob ein Hinweis auf die limitierte Haftung in einer 8-Punkte Schrift (anstatt der in der Vereinbarung von Montreal vorgeschriebenen 10-Punkte Schrift) Grundlage für die unlimitierte Haftung sein könne. Das Gericht kam zum Schluss, die Vereinbarung von Montreal sei kein (formeller) Anhang zum Warschauer Abkommen. Eine Verletzung der Vereinbarung könne nicht mit der unlimitierten Haftung geahndet werden[100]. Das Gericht änderte mit diesem Entscheid eine jahrelange Praxis[101]; es stützte sein Urteil auf die abweichende Meinung im früheren leading case *Lisi vs. Alitalia*[102] und auf ein Urteil des **Obersten Gerichts von Kanada** i.S. *Dame Ritz Hildegard Aranka Ludecke vs. Canadian Pacific Airlines*[103].

Beim Verzicht auf den *Entlastungsbeweis* liegt eine analoge Situation vor wie bei der Verpflichtung, die Haftungslimiten für Körperschäden zu erhöhen[104]. Die Fluggesellschaften sind aufgrund einer landesrechtlichen Norm (der Vereinbarung von Montreal) verpflichtet, eine entsprechende Bestimmung in ihre Beförderungsbedingungen aufzunehmen. Eine derartige Verpflichtung ist rechtmässig, wenn der betreffende Vertragsstaat nach Völkerrecht dafür zuständig ist und mit der Regelung nicht gegen das Warschauer Abkommen oder gegen eine andere Norm des Völkerrechts verstösst.

Das Warschauer Abkommen lässt offen, ob die Parteien des Beförderungsvertrages auf die Einhaltung einer seiner Bestimmungen verzichten können. Es stellt den Parteien in Art. 33 frei, Rechte und Pflichten in den Beförderungsbedingungen zu regeln und verlangt, dass diese dem Abkommen nicht widersprechen.

Einige Autoren haben Art. 33 WA so ausgelegt, dass die Parteien nur über Fragen eine Vereinbarung treffen können, die das Abkommen nicht regelt[105]. Für diese Auffassung spricht, dass das Abkommen grundsätzlich zwingender Natur ist[106] und dass die vereinheitlichte Ordnung des Abkommens nicht durch landesrechtliche Massnahmen der Vertragsstaaten ausgehöhlt werden soll. Auf der anderen Seite hat das Abkommen in bezug auf die Haftung von Anfang an keine abschliessende Ordnung aufgestellt. Das Warschauer Abkommen will für die Haftung einen Mindeststandard garantieren. Abweichungen zugunsten des Geschädigten sind zulässig. Die Erhöhung der Haftungslimiten sieht das Abkommen ausdrücklich vor (Art. 22 Abs.1 WA). Der Verzicht auf den Entlastungsbeweis verbessert zusätzlich die Position des Geschädigten, wenn der Lufttransportführer für einen Schaden einstehen muss. Diese Überlegungen sprechen dafür, landesrechtliche Vorschriften, die den Verzicht auf den Entlastungsbeweis zwingend vorschreiben, als zulässig zu betrachten. Die Praxis der Vertragsstaaten bestätigt diese Auffassung[107].

---

99 20 Avi.18,223; Entscheid der Vorinstanz 19 Avi.17,548.
100 20 Avi.18,238.
101 Hinten 208.
102 9 Avi.18,378.
103 15 Avi.17,687; der Supreme Court of Canada vertrat die Ansicht, es genüge, dass der Lufttransportführer im Flugschein überhaupt auf die limitierte Haftung verweise; siehe auch *Canadian Pacific Airlines vs. Montreal Trust Company*, 13 Avi.17,456; die gegenteilige Ansicht vertrat einzig der U.S. District Court for the Eastern District of New York im Urteil *In re Air Crash Disaster at Warsaw on March 14, 1980:* die Vereinbarung von Montreal habe einen quasi legislativen Zweck, AASL 1982, 544; siehe auch AWFORD, Air Law 1987, 129.
104 Vorne 65ff.
105 SCHWEICKHARDT, FS Meyer 234; GULDIMANN, Art. 33, N 5.
106 Vorne 58.
107 Soweit ersichtlich, hat keiner der Vertragsstaaten des Warschauer Abkommens gegen die USA protestiert, als sie von den Fluggesellschaften die Unterzeichnung der Vereinbarung von Montreal verlangten.

5. Die erhöhten Limiten als Norm des Völkergewohnheitsrechts oder als allgemeiner Rechtsgrundsatz des Völkerrechts?

Die Vereinbarung von Montreal und die Absprache der Malta-Gruppe bestehen seit Jahren. Die Vertragsstaaten des Warschauer Abkommens haben bei Körperschäden widerspruchslos Haftungslimiten akzeptiert, welche diejenigen des Warschauer Abkommens weit übersteigen (mindestens 75'000 U.S.$ bzw. 100'000 SZR [108]). Sind diese höheren Limiten als Völkergewohnheitsrecht [109] oder als allgemeiner Rechtsgrundsatz des Völkerrechts zu qualifizieren? Gehört dazu der Grundsatz, dass die Fluggesellschaften bei Personenschäden auf den Entlastungsbeweis verzichten (Vereinbarung von Montreal, nicht aber die Absprache der Malta-Gruppe)? Besteht eine völkerrechtliche Verpflichtung, im Flugschein in einer bestimmten Schriftgrösse auf die beschränkte Haftung hinzuweisen, um den Sanktionen von Art. 3 Abs.2 WA (unlimitierte Haftung) zu entgehen?

Das Warschauer Abkommen ist ein Staatsvertrag, der die privatrechtlichen Beziehungen zwischen dem Luftfrachtführer und dem Passagier oder dem Absender von Fracht regelt. Er unterstellt Personen des Privatrechts in den Vertragsstaaten einer einheitlichen Regelung. Im Gegensatz zu andern Staatsverträgen berührt er nicht die Beziehung unter Staaten. Er befasst sich mit der privatrechtlichen Regelung von internationalen Luftbeförderungen, d.h. mit einer Materie, die jeder Staat intern regelt. Behörden eines Vertragsstaates, die – ohne gegen das Abkommen selber oder gegen eine andere Norm des Völkerrechts zu verstossen – im Landesrecht Vorschriften erlassen, die über das Abkommen hinausgehen, befolgen damit keine zwischenstaatliche Pflicht. Sie schaffen damit auch keine auf zwischenstaatlicher Ebene relevante Rechtspraxis. Die erhöhten Haftungslimiten und andere, in verschiedenen Ländern geltende Normen, welche das Warschauer Abkommen ergänzen, können deshalb nicht als allgemeine Rechtsgrundsätze des Völkerrechts oder als Völkergewohnheitsrecht betrachtet werden.

E. *Nationales Recht als Ergänzung des Warschauer Abkommens: die schweizerischen Bestimmungen*

1. Das Warschauer Abkommen verweist auf die lex fori

Das Warschauer Abkommen regelt internationale Beförderungen nicht abschliessend. In einigen Bestimmungen weist es den Richter an, eine Lücke nach seinem eigenen Recht zu füllen (lex fori). Mit diesem Verweis ist nicht entschieden, welchem Recht ein Sachverhalt untersteht, weil das Warschauer Abkommen dem Kläger in Art. 28 die Wahl zwischen vier Gerichtsständen lässt [110].

---

108 Vorne 22, 24f.
109 Nach Art. 38 Abs.1 lit.b des IGH-Statuts ist «das internationale Gewohnheitsrecht als Ausdruck einer allgemeinen als Recht anerkannten Übung» eine formelle Völkerrechtsquelle. Völkergewohnheitsrecht setzt voraus, dass eine dauernde und einheitliche Übung besteht und dass sie als Recht anerkannt ist VERDROSS/SIMMA 345ff mit Verweisen.
110 Das Landgericht München I spricht in diesem Zusammenhang davon, dass der Kläger «praktisch freie Wahl des Sachrechts» habe und einseitig begünstigt sei, Urteil vom 15. Juli 1975, ZLW 1977, 155; zu den Gerichtsständen hinten 281ff.

Die folgenden Bestimmungen des Warschauer Abkommens verweisen auf die lex fori:

- Art. 21 WA: Der Richter kann die Ersatzpflicht des Luftfrachtführers «nach Massgabe seines heimischen Rechts» mindern. Der schweizerische Richter reduziert den Schadenersatz gestützt auf Art. 99 OR in Verbindung mit Art. 44 OR.

- Art. 22 Abs.1 WA: Falls der Richter den Schadenersatz in Form einer Rente zusprechen will, ist für die Berechnung sein nationales Recht massgebend. Das Warschauer Abkommen schreibt ihm vor, dass der Kapitalwert der Rente die Haftungslimiten des Warschauer Abkommens nicht überschreiten darf. Nach Schweizer Recht kann der Richter dem Geschädigten für den Nachteil künftiger Arbeitsunfähigkeit (Art. 46 OR) oder für den Verlust des Versorgers (Art. 45 Abs.3 OR) eine Rente zusprechen [111]. Wählt der Richter statt der Kapitalabfindung die Rente, wendet er auch Art. 43 Abs.2 OR an; diese Bestimmung verpflichtet den Schuldner, für die Rente eine Sicherheit zu leisten.

- Art. 22 Abs.4 WA: Der Richter kann dem Kläger nach seinem eigenen Recht die Gerichtskosten und eine Prozessentschädigung zusprechen, sofern nicht die Voraussetzungen von Art. 22 Abs.4, zweiter Satz, erfüllt sind [112].

- Art. 25 WA (ursprüngliche Fassung): Die Voraussetzungen der unlimitierten Haftung prüft der Richter in bestimmten Fällen nach seinem eigenen Recht. Nach Art. 10 LTR (Fassung von 1952) führt auch grobe Fahrlässigkeit zur unlimitierten Haftung [113].

- Art. 28 Abs.2 WA: Ein Verfahren, das der Kläger auf das Warschauer Abkommen stützt, wickelt sich nach den Vorschriften der lex fori ab [114]. Dazu gehören die Beweisregeln [115], soweit das Warschauer Abkommen die Beweislast nicht selber regelt [116]. In der Schweiz enthält das Bundesrecht nur fundamentale Regeln des Prozessrechts: die Verfassung garantiert beispielsweise das rechtliche Gehör und verbietet dem Richter Willkür bei der Beweiswürdigung. Das Bundeszivilrecht stellt in den Einleitungsartikeln zum ZGB (Art. 8 bis 10) Regeln über Beweise auf [117]. Im übrigen richtet sich das Verfahren nach kantonalem Recht.

- Art. 29 Abs.2 WA: Der Richter berechnet die zweijährige Verwirkungsfrist nach seinem eigenen Recht. Das schweizerische Recht regelt in Art. 77ff OR die Berechnung der Fristen; für den schweizerischen Richter kann zudem das Europäische Übereinkommen über die Berechnung von Fristen vom 16. Mai 1972 [118] anwendbar sein.

---

111 GUHL/MERZ/KOLLER 76.
112 Hinten 268f.
113 Hinten 219.
114 Der Hinweis auf die Verfahrensregeln des angerufenen Gerichts ist aus der Entstehungsgeschichte zu erklären, GULDIMANN, Art. 28 N 13.
115 Ob diese Vorschriften zum Verfahrensrecht oder zum materiellen Recht gehören, ist in der Lehre umstritten; Art. 8 ZGB schlägt sie dem materiellen Recht zu, KUMMER, Zivilprozessrecht 119; KUMMER, Berner Kommentar, Art. 8 ZGB, 627 N 48.
116 GULDIMANN, Art. 28 N 14.
117 Es ist zu unterscheiden, welche Partei für eine Sachbehauptung den Beweis anzutreten und zu führen hat (*Beweisführungslast*) und welche Partei die *Folgen der Beweislosigkeit* tragen muss. Die Beweisführungslast regelt das kantonale Recht, die Folgen der Beweislosigkeit bestimmt Art. 8 ZGB, KUMMER, Berner Kommentar Art. 8 ZGB, 622 N 31ff; KUMMER 119.
118 SR 0.221.122.3.

2. Die Lücken des Warschauer Abkommens

Die wichtigsten Lücken [119] des Warschauer Abkommens füllt der schweizerische Richter nach den folgenden Grundsätzen:

- Nichterfüllung [120] des Beförderungsvertrages: Das Warschauer Abkommen beschränkt sich darauf, einige typische Fälle der Nichterfüllung zu regeln. Für die übrigen Sachverhalte enthält auch das schweizerische Recht keine spezifisch luftrechtlichen Bestimmungen. Der schweizerische Richter bestimmt die Rechtsfolgen der Nichterfüllung nach dem OR [121].

- Geschäftsfähigkeit der Vertragsparteien: Das Warschauer Abkommen bestimmt nicht, unter welchen Voraussetzungen die Parteien eines Luftbeförderungsvertrages geschäftsfähig sind. In der Schweiz sind die Vorschriften des ZGB über die Handlungsfähigkeit natürlicher und juristischer Personen (Art. 12ff und Art. 54f ZGB), sowie die Bestimmungen des OR über die Stellvertretung (Art. 32ff) massgebend.

- Form, Rechtswirksamkeit, Stornierung, Anfechtung des Beförderungsvertrages: Das Warschauer Abkommen enthält keine Bestimmungen über die Form, die Rechtswirksamkeit, die Stornierung und die Anfechtung des Beförderungsvertrages. Der schweizerische Richter entscheidet diese Fragen nach dem OR.

- Handelbarkeit des Luftfrachtbriefes: Das Warschauer Abkommen weist in Art. 15 Abs.3 darauf hin, dass der Luftfrachtbrief als begebbares Dokument ausgestellt werden kann. Es ist – wie unter dem Warschauer Abkommen in der ursprünglichen Fassung – dem Landesrecht überlassen, dem Luftfrachtbrief den Status eines Konnossements zu verleihen [122]. Nach schweizerischem Recht ist der Luftfrachtbrief kein handelbares Papier [123].

- Grund der Haftung des Lufttransportführers: Das Warschauer Abkommen bestimmt nicht, aus welchem Rechtsgrund der Luftfrachtführer haftbar wird. Es hält in Art. 24 lediglich fest, dass der Anspruch auf Schadenersatz in den Fällen von Art. 17 (Körperverletzung oder Tod eines Passagiers), Art. 18 (Zerstörung, Beschädigung und Verlust von Gepäck oder Fracht) und Art. 19 (Verspätung von Reisenden, Gepäck und Fracht) nur unter den Voraussetzungen und Beschränkungen des Warschauer Abkommens geltend gemacht werden kann, unabhängig davon, auf welchem Rechtsgrund der Anspruch beruht. Das schweizerische Recht kann im Zusammenhang mit Luftbeförderungen Geldleistungen unter drei Titeln zusprechen:

---

119 Zum Begriff der Lücke vorne 62f.
120 «Nichterfüllung» wird hier umfassend verstanden: sie enthält den Verzug, die verschuldete Unmöglichkeit, die nicht gehörige Erfüllung und die Verletzung einer vertraglichen Unterlassungspflicht, BUCHER 334; GAUCH/SCHLUEP, N 1590ff.
121 Sie hängen nicht zuletzt davon ab, wie der Luftbeförderungsvertrag qualifiziert wird, hinten 99ff.
122 Die Vorschrift ist historisch zu erklären. Während der Ausarbeitung des Haager Protokolls wurde darüber diskutiert, ob der Luftfrachtbrief ein handelbares Papier (Luftkonnossement) werden sollte. Die Verfasser des Haager Protokolls entschieden dagegen, CUENOD, ASDA-Bulletin 1956/13, 17; GULDIMANN, Art. 16 N 12f.; HUBER, ASDA-Bulletin 1956/13, 4; SCHWEICKHARDT, ASDA-Bulletin 1956/13, 12; SCHWEICKHARDT, Lufttransportrecht 36f.
123 Zur Rechtsnatur der Beförderungsdokumente, hinten 135ff.

als Schadenersatz aus Vertrag, als Schadenersatz aufgrund ausservertraglicher Schädigung und als Genugtuung [124].

– Der Kreis der Anspruchsberechtigten: Das Warschauer Abkommen lässt offen, wer zur Schadenersatzklage legitimiert ist. Umstritten sind in der Praxis vor allem die Legitimation Dritter [125]. Nach schweizerischem Recht beurteilt sich die Anspruchsberechtigung Dritter unter Vorbehalt von Art. 21 LTR [126] nach dem OR und nach dem ZGB.

– Die unentgeltliche Beförderung, die nicht von einem Luftfahrtunternehmen durchgeführt wurde: Das Warschauer Abkommen regelt diesen Sachverhalt nicht. In der Schweiz sind für unentgeltliche Beförderungen, die nicht durch ein Luftfahrtunternehmen ausgeführt werden, die Bestimmungen des OR massgebend (Art. 137 Abs.2 LFV) [127].

– Rückgriff des Ersatzpflichtigen (Montreal-Protokolle): Im Gegensatz zum Warschauer Abkommen in der Fassung des Haager Protokolls weist das Montreal-Protokoll Nr. 3 in Art. 30 A ausdrücklich darauf hin, dass das Abkommen die Frage, ob die ersatzpflichtige Person gegen einen Dritten Rückgriff nehmen kann, nicht berührt. Das OR regelt den Rückgriff in den Art. 50ff [128].

F. Anwendung des Warschauer Abkommens als Ergänzung des Lufttransportreglements

Das LFG schreibt dem Bundesrat in Art. 75 Abs.1 vor, er müsse sich beim Erlass von Vorschriften über das Lufttransportrecht «an die Grundsätze der für die Schweiz verbindlichen internationalen Übereinkommen» halten.

Im Urteil *Mirzan et Gargini contre Air Glaciers S.A.* [129] bestätigte das **Bundesgericht**, der Bundesrat habe sich beim Erlass des LTR an die im Gesetz vorgeschriebenen Grundsätze gehalten und die ihm delegierten Befugnisse nicht überschritten. Es befand das LTR als verfassungsmässig (Erw.4d).

Der Bundesrat hat im Lufttransportreglement weitgehend darauf verzichtet, eigene Sondervorschriften für das Lufttransportrecht zu schaffen. Er bestimmte, dass «(...) die Rechtsbeziehungen der Reisenden, Verfrachter und Empfänger zum Luftfrachtführer und seinen Leuten (...) sich nach den Bestimmungen des Warschauer Abkommens [richten]» (Art. 3 Abs.1 LTR). Mit dem Verweis erweiterte der Bundesrat den Anwendungsbereich des Warschauer Abkommens. Es ist auf internationale Beförderungen anwendbar, die dem schweizerischen Recht unterliegen, weil das Abkommen aufgrund seiner Vorschriften über die Anwendung nicht gelten würde [130].

In wenigen Punkten hat der Bundesrat das Warschauer Abkommen ergänzt oder davon abweichende Bestimmungen erlassen: Art.5 (Beförderungsscheine), Art. 12 Abs.2 (Gerichtsstand),

---

124 Hinten 262.
125 Hinten 274.
126 Zur Problematik dieser Bestimmung, hinten 272f.
127 Vorne 56.
128 GUHL/MERZ/KOLLER 196ff.
129 BGE 108 II 235.
130 Zum Geltungsbereich des LTR, vorne 54.

Art. 13 bis 16 (besondere Transporte, verbotene oder gefährliche Gegenstände, Tiere, Leichen) und Art. 17 bis 21 (Stellung des Absenders und des Empfängers gegenüber dem Luftfrachtführer).

Das **Obergericht des Kantons Zürich** hatte die Beförderung einer Frachtsendung von Genf via Rom nach Istanbul zu beurteilen [131]. Der Luftfrachtführer, der die Ware von Rom nach Istanbul transportieren sollte, beförderte sie an einen falschen Bestimmungsort. Der Absender klagte in Zürich gegen den fehlbaren Transportführer. Dieser war in der Schweiz geschäftlich nicht tätig; er hatte lediglich bei der Swissair in Zürich gemäss Art. 12 Abs.2 LTR ein Rechtsdomizil bezeichnet. Die Beförderung unterlag dem LTR, weil die Türkei das Warschauer Abkommen nicht ratifiziert hat. Damit war Art. 12 Abs.2 LTR anwendbar, der einen im Warschauer Abkommen nicht vorgesehenen Gerichtsstand schafft. Dem Einwand der beklagten Fluggesellschaft, der schweizerische Gesetzgeber könne die Bestimmung über den Gerichtsstand (Art. 28 WA) nicht ändern, gab das Gericht zu Recht nicht statt. Im vorliegenden Fall wendete das Gericht das Warschauer Abkommen als schweizerisches Recht an. Es steht dem schweizerischen Gesetzgeber frei, dieses zu ändern, soweit es als nationales Recht zum Zuge kommt [132].

Die Verweisung des LTR auf das Abkommen hat Konsequenzen. Dort, wo das LTR auf das Abkommen verweist, gilt die Bestimmung als wörtlich übernommen [133]. Das bedeutet, dass die französische Version des Abkommens entscheidend ist, weil dies seine Originalsprache ist (Art. 36 WA). Für Bestimmungen, die das LTR dem Abkommen teilweise oder ganz entnommen hat und als eigene Vorschrift wiedergibt, ist in erster Linie die Fassung des LTR massgebend [134]. Stellen sich bei der Auslegung Schwierigkeiten, wird der Richter auf den französischen Originaltext zurückgreifen.

Im Entscheid *Baartsman, Callens und Van Eichelen S.A. gegen Swissair* [135] hielt das **Bundesgericht** im Zusammenhang mit einer Beförderung, die dem LTR unterlag, fest, die Bestimmungen des Abkommens gingen kraft der Verweisung den Bestimmungen des LTR vor; das Reglement gelte nur als ergänzendes Recht, d.h. soweit es dem Abkommen nicht widerspreche [136]. Das Bundesgericht begründete die Priorität des Warschauer Abkommens vor dem LTR bei Beförderungen, die dem schweizerischen Recht unterstehen, nicht. Sie ist in diesem Fall auch kaum zu rechtfertigen [137]. In Art. 3 Abs.1 LTR heisst es, die Rechtsbeziehungen der Reisenden, Verfrachter und Empfänger zum Luftfrachtführer richteten sich nach den Bestimmungen des Warschauer Abkommens. Abs.2 des gleichen Artikels weist darauf hin, dass die Bestimmungen des Reglements *vorbehalten* bleiben (Hervorhebung von der Autorin). Wenn sich das Warschauer Abkommen und das LTR widersprechen, muss aufgrund dieser Bestimmung das Reglement vorgehen [138]. Der vom Bundesgericht zitierte Art. 8 LTR begründet keine Hierarchie, sondern verweist gleichermassen auf das Abkommen und das LTR [139].

---

131 Entscheid vom 15. Jan. 1958 i.S. *M. D. gegen LAI*, ASDA-Bulletin 1958/2, 8.
132 Hinten 289ff.
133 Z.B. Art. 6 LTR: «(...) hat der Luftfrachtführer die im Warschauer Abkommen vorgeschriebenen Beförderungsscheine auszustellen oder ausstellen zu lassen» oder Art. 12 LTR: «Der Gerichtsstand für Schadenersatzklagen richtet sich nach den Bestimmungen des Warschauer Abkommens».
134 SCHWEICKHARDT, Lufttransportrecht 18.
135 BGE 98 II 231.
136 BGE 98 II 240 Erw. 3.
137 Anders ist die Situation, wenn das Warschauer Abkommen als Staatsvertrag direkt angewendet wird, weil seine Voraussetzungen über die Anwendbarkeit erfüllt sind.
138 Man kann sich fragen, ob allenfalls Art. 75 LFG diese Schlussfolgerung verbietet, weil er den Bundesrat anweist, sich beim Erlass der Vorschriften über die Luftbeförderung «an die Grundsätze der für die Schweiz verbindlichen Abkommen» zu halten. Aus dieser grundsätzlichen Verweisung lässt sich m.E. nicht ableiten, dass bei einzelnen Divergenzen im Detail das Abkommen vorgeht.
139 Art. 8 LTR lautet: «Bei Inlandbeförderungen, internationalen Beförderungen im Sinne des Warschauer Abkommens und bei andern Beförderungen haftet der Luftfrachtführer nach den Regeln des Warschauer Abkommens und nach den ergänzenden Bestimmungen dieses Reglements.»

Das Bundesgericht hätte in diesem Entscheid primär von Art. 10 LTR ausgehen müssen. Die Bestimmung ist eine Übersetzung von Art. 25 WA. Das Bundesgericht hätte auf die französische Fassung des Abkommens nur soweit zurückgreifen dürfen, wie es für die Auslegung des deutschen Gesetzestextes notwendig und gerechtfertigt ist. Seiner apodiktischen Feststellung, die französische Fassung des Abkommens gehe vor, kann nicht zugestimmt werden.

Im Entscheid *Mirzan et Gargini c. Air Glaciers S.A.* [140] verwies das **Bundesgericht** in bezug auf die Auslegung von Art. 3 und Art. 8 LTR auf den Entscheid *Baartsman, Callens und Van Eichelen S.A. gegen Swissair* [141]. Im Unterschied zum zitierten Entscheid kam das Gericht in diesem Fall nicht in Konflikt mit möglichen Differenzen zwischen dem LTR und dem Abkommen. Das Gericht hatte Art. 7 LTR in der französischen Version anzuwenden; dieser entspricht Art. 3 Abs.2 des Abkommens.

Die Verweisung des LTR hat auch in *prozessualer* Hinsicht Folgen: wenn der Richter das Warschauer Abkommen aufgrund des LTR anwendet, ist es schweizerisches Bundesrecht und kein Staatsvertrag.

IV. IPR-Regeln des Lufttransportrechts

A. *Bedeutung der Anknüpfung*

Das Warschauer Abkommen regelt den Beförderungsvertrag nicht abschliessend. Selbst wenn eine Beförderung dem Abkommen untersteht, entscheidet das ergänzend anwendbare Landesrecht wesentliche Rechtsfragen. Welches nationale Recht massgebend ist, bestimmt der Richter nach seinen IPR-Vorschriften (Anknüpfungsregeln) [1]. Den IPR-Regeln kommt deshalb im internationalen Lufttransportrecht grosse Bedeutung zu [2].

Massgebend für die Bestimmung des anwendbaren Rechts ist der Vertrag, den die Parteien für die ganze Beförderung abgeschlossen haben, und nicht nur die Strecke, auf der sich der Schaden ereignet hatte [3].

Die Anknüpfungsregeln haben sich mit der technischen und wirtschaftlichen Entwicklung gewandelt; Kriterien, die zu Beginn der kommerziellen Luftfahrt als generelle

---

140 BGE 108 II 233.
141 BGE 98 II 235, Erw. 4 a).
1 In wenigen Fällen weist das Abkommen den Richter an, nach der lex fori zu entscheiden, vorne 64.
2 Für Fragen des *öffentlichen Rechts* sind die Regeln weitgehend vereinheitlicht: massgebend sind das Recht am *Ort der Handlung* und die *Nationalität* des Flugzeuges: Straftaten an Bord eines Flugzeuges beurteilen sich nach dem Recht des Staates, in welchem sich das Flugzeug im Zeitpunkt der strafbaren Handlung befindet, oder nach dem Recht des Ortes, wo der Erfolg der strafbaren Handlung eintritt. Subsidiär gilt das Recht des Staates, in welchem das Flugzeug immatrikuliert ist. Dieser Fall tritt ein, wenn sich das Flugzeug zur Zeit der Tat über der hohen See befindet oder wenn der nach dem Territorialitätsprinzip zuständige Staat auf die Ausübung seiner Hoheitsrechte verzichtet. Als Beispiel kann das *Tokio Abkommen über strafbare und bestimmte andere an Bord von Luftfahrzeugen begangene Handlungen* vom 14. September 1963 gelten, SR 0.748.710.1. Es befasst sich mit der Zuständigkeit und der Frage des anwendbaren Rechts im Falle von Handlungen an Bord eines Flugzeuges, welche dessen Sicherheit gefährden. Es regelt die Frage der Zuständigkeit und des anwendbaren Rechts nach den Prinzipien der Territorialität und der Nationalität.
3 BOGDAN nennt als Beispiel den Absturz einer DC-10 in Paris (1974): die Passagiere gehörten 24 verschiedenen Staaten an. Beim Absturz einer Alitalia-Maschine in Zürich (1990) stammten die Opfer aus 11 verschiedenen Ländern.

Lösung taugten, werden den neuen Unternehmensformen in der Luftfahrt und dem Massenverkehr nicht mehr gerecht.

Die Anknüpfungsregeln sollen grundsätzliche Forderungen erfüllen: sie müssen funktionell richtig sein und auf das Wesen des Beförderungsvertrages Rücksicht nehmen, sie müssen präzis, einfach und konstant sein, damit die Anknüpfung vorhersehbar ist und der Rechtssicherheit genügt [4].

Gerichte haben internationale Beförderungen nach unterschiedlichen Gesichtspunkten einer bestimmten Rechtsordnung unterstellt. Von einer einheitlichen Rechtsprechung kann kaum gesprochen werden [5]. Unverkennbar ist, dass Gerichte – mit verschiedenen Begründungen – dazu neigen, ihr eigenes Recht anzuwenden [6]. Das gilt auch für schweizerische Gerichte. Es liegt kein Urteil vor, in welchem ein schweizerisches Gericht eine internationale Beförderung nach ausländischem Recht beurteilt hat.

Regeln über die Anknüpfung sind nicht wertfrei [7]. Sie erleichtern einer der Parteien die Rechtsverfolgung und erschweren sie der anderen. Im Lufttransportrecht muss in der Regel eine der Parteien damit rechnen, dass sie in einem Gerichtsverfahren unter einer fremden Rechtsordnung zu kämpfen hat, soweit die Beförderung nicht den vereinheitlichten Normen des Warschauer Abkommens untersteht. Mit der Bezeichnung des anwendbaren Rechts entscheidet der Richter, welcher Partei er zumuten will, ihr Verhalten nach fremdem Recht beurteilen zu lassen.

Lehre und Rechtsprechung haben bei internationalen Lufttransporten der einheitlichen Behandlung aller Schadenfälle nach einem Flugzeugabsturz und der Rechtssicherheit oft Priorität eingeräumt; sie unterstellten alle Beförderungsverträge dem Recht am Sitz des Lufttransportführers. Die Interessen der geschädigten Passagiere oder Absender bleiben im Hintergrund. Von den Vorteilen der einheitlichen Anknüpfung profitiert vor allem die Fluggesellschaft [8].

Die neuere Lehre anerkennt, dass der Entscheid, welchem Recht ein Sachverhalt unterstellt wird, verknüpft ist mit der Frage, wie die materielle Ordnung ausgestaltet ist [9]. Das materielle Recht begünstigt den Lufttransportführer [10]. Das spricht dafür, dem klagenden Passagier oder Absender im Zusammenhang mit der Anknüpfung die Erleichterungen zu verschaffen, die möglich sind.

B. Anknüpfung des Luftbeförderungsvertrages

Soweit ersichtlich bestehen in keinem Land besondere Regeln darüber, welchem Recht der Vertrag über eine internationale Beförderung zu unterstellen ist. Auch das schwei-

---

4 VISCHER/VON PLANTA 165f.
5 Nach KELLER/SIEHR ist der Glaube an wenige und umfassende Kollisionsnormen geschwunden, KELLER/SIEHR 120; siehe auch URWANTSCHKY 109ff.
6 Zur Situation in Deutschland URWANTSCHKY 123.
7 POCAR, RdC 1984 V 355ff.
8 URWANTSCHKY 135; BENTIVOGLIO 164.
9 KELLER/SIEHR 124.
10 Nach wie vor kann sich der Lufttransportführer auf eine limitierte Haftung berufen - nach dem Inkrafttreten der Montreal-Protokolle sogar auf eine absolut begrenzte Haftung, vorne 26f, hinten 253f.

zerische IPRG [11] enthält keine speziellen Vorschriften über den Beförderungsvertrag. Der Richter entscheidet nach den für das allgemeine Vertrags- und Deliktsrecht geltenden gesetzlichen Regeln.

C. Vertragliche und ausservertragliche Ansprüche und Anknüpfung

Ein Passagier oder Absender stützt seine Forderungen gegen den Luftfrachtführer in erster Linie auf den Beförderungsvertrag. Er macht Ansprüche aus einem Vertrag geltend. Zusätzlich kann der Passagier oder Absender – je nach Landesrecht – ausservertragliche (deliktische) Ansprüche geltend machen [12].

Für das IPR spielt es nach neuer Lehre und nach Art. 133 Abs.3 IPRG keine Rolle, ob der Kläger seine Forderung gegen den Transportführer aus Vertrag oder aus Delikt geltend macht. Ansprüche aus unerlaubter Handlung unterstehen dem gleichen Recht wie die vertraglichen Ansprüche, wenn zwischen den Parteien bereits ein Rechtsverhältnis besteht (*akzessorische Anknüpfung*) [13]. Schadenersatzforderungen aus einer Luftbeförderung beruhen in der Regel [14] in erster Linie auf einem Beförderungsvertrag; mit der akzessorischen Anknüpfung unterstehen deliktische Ansprüche aus einer Luftbeförderung der gleichen Rechtsordnung wie die vertraglichen.

D. Subjektive Anknüpfung: Rechtswahl durch die Parteien

Bei grenzüberschreitenden privatrechtlichen Verhältnissen bestimmen in der Regel die Parteien, welchem Recht ihre Beziehung unterstehen soll [15]. Anders in der kommerziellen Luftfahrt: es gibt kaum Fluggesellschaften, die in den Beförderungsbedingungen eine Rechtswahl vorgesehen haben [16].

Aus der Tatsache, dass in den Beförderungsbedingungen der IATA eine Rechtswahlklausel fehlt, schloss das **Landgericht Hamburg**, dass die Fluggesellschaften dem Heimatrecht des Luftfahrtunternehmens «eine geminderte Bedeutung des an sich denkbaren Anknüpfungspunktes [beimessen]» [17].

---

11 BG über das Internationale Privatrecht vom 18. Dezember 1987, SR 291.
12 FRINGS, ZLW 1977, 9ff.
13 Art. 133 Abs.3 IPRG; BOTSCHAFT IPRG, 162; siehe auch HEINI, FS Mann 197ff; URWANTSCHKY 208; KELLER/SIEHR 285.
14 Bei Beförderungen aufgrund einer Gefälligkeit oder bei der Beförderung eines blinden Passagiers besteht kein Beförderungsvertrag; allfällige Schadenersatzansprüche hat der Geschädigte aus unerlaubter Handlung geltend zu machen, vorne 14.
15 Art. 116 Abs.1 IPRG; KELLER/SIEHR 366ff.
16 Die heute nicht mehr gültigen Allgemeinen Beförderungsbedingungen der IATA von 1931 bestimmten, Klagen, welche nicht dem Warschauer Abkommen unterliegen, seien am Ort der Hauptniederlassung des Luftfrachtführers anzubringen. Das Gericht habe nach seinem eigenen Recht zu entscheiden, SCHEUCH 37; siehe auch URWANTSCHKY 104 Anm. 102. RUHWEDEL, AGB-Gesetz 84, erklärt die fehlende Rechtswahlklausel damit, dass die vom Warschauer Abkommen und den AGB geschaffene Ordnung ein «flächendeckendes Regelungswerk» darstelle und es keines Rückgriffs auf nationale Rechtsordnungen bedürfe.
17 Urteil vom 7. Sept. 1977, Recht der internationalen Wirtschaft 1977, 652, Hinweis bei URWANTSCHKY 114. Die Zurückhaltung kann mit Art. 32 WA zusammenhängen. Nach dieser Vorschrift sind Vereinbarungen nichtig, in welchen die Parteien vor Eintritt eines Schadens durch die Rechtswahl oder durch eine Gerichtsstandvereinbarung von der Zuständigkeitsordnung des Abkommens abweichen, hinten 292; siehe auch GULDIMANN, Art. 32 N 2ff.

In der Schweiz wäre eine Rechtswahl in den Beförderungsbedingungen seit dem Inkrafttreten des neuen IPRG problematisch: Art. 120 Abs.2 verbietet die Rechtswahl in Konsumentenverträgen; als solcher muss unter bestimmten Voraussetzungen auch der Beförderungsvertrag betrachtet werden [18].

Soweit eine Rechtswahl zulässig ist, können sich die Parteien auch über das anwendbare Recht absprechen, nachdem es im Zusammenhang mit einer internationalen Beförderung zu einer Auseinandersetzung gekommen ist [19].

Im Entscheid *Panagra gegen Nouvelle Fabrique Election SA* bestätigte das **Bundesgericht** (unter dem NAG), dass die Parteien im Zusammenhang mit einer internationalen Luftbeförderung eine Rechtswahl vereinbaren können [20]. Dies kann – wie in diesem Fall – auch während des Verfahrens geschehen [21]. Das Bundesgericht liess offen, welchem Recht es den Vertrag ohne die Rechtswahl durch die Parteien unterstellt hätte (Sitz der Klägerin in der Schweiz, Vertragsschluss und Abgangsort in der Schweiz, Sitz der beklagten Fluggesellschaft in den Niederlande).

Das **Handelsgericht des Kantons Zürich** hatte folgenden Sachverhalt zu beurteilen [22]: Der Kläger kaufte bei der libyschen Niederlassung der schweizerischen Beklagten mehrere 1.Klass-Flugscheine für verschiedene Strecken. Er bezahlte diese in libyschen Dinars. Weil er die Flugscheine nicht benützte, verlangte er von der Beklagten eine Rückerstattung in Schweizer Franken. Das Gericht ging davon aus, dass der Vertrag aufgrund von Art. 117 IPRG dem libyschen Recht unterstehe, falls die Parteien keine Rechtswahl getroffen haben. Eine solche Rechtswahl nahm es im vorliegenden Fall an. Die Vertreter der Parteien hätten während des Prozesses übereinstimmend zum schweizerischen Recht plädiert und in der Referentenaudienz sei die Frage diskutiert worden.

E. Objektive Anknüpfung

1. Allgemeine Bemerkung

Treffen die Parteien keine Rechtswahl, bestimmt der Richter das anwendbare Recht. Er entscheidet nach objektiven Kriterien, zu welcher Rechtsordnung die internationale Beförderung die wesentlichen Bezugspunkte aufweist [23].

---

18 Hinten 83.
19 Vgl. Art. 116 Abs.3 und Art. 132 IPRG; SCHNYDER 96f; siehe auch Urteil des Tribunal de 1ère instance de Genève vom 26. März 1957 i.S. *M.D. contre L.A.I.*, ASDA-Bulletin 1957/1, 14.
20 BGE 85 II 209; die Veröffentlichung in der offiziellen Entscheidsammlung enthält die Erwägungen zur Rechtswahl nicht; siehe dazu ASDA-Bulletin 1959/3, 9f; siehe auch Urteil des LG Frankfurt vom 18. Jan. 1988, ZLW 1990, 407.
21 ASDA-Bulletin 1959/3, 10.
22 Urteil vom 19. Sept. 1991, SJZ 1992, 37.
23 Die deutsche Praxis und Lehre (in früheren Entscheiden auch das Bundesgericht) knüpfen die Rechtswahl an den hypothetischen Willen der Parteien an und «objektivieren» damit die Rechtswahl, Urteil des LG Frankfurt vom 26. April 1983, ZLW 1984, 177ff; Urteil des BGH vom 30. März 1976, ZLW 1976, 354ff; Urteil des LG München I, ZLW 1977, 155; BÖCKSTIEGEL, FS Meyer 58; URWANTSCHKY 109ff; VISCHER/VON PLANTA 167.

Das IPRG enthält für die objektive Anknüpfung von Verträgen in Art. 117 [24] eine allgemeine Regel: massgebend ist das Recht des Staates, mit dem der Vertrag am engsten zusammenhängt. Für bestimmte Vertragstypen enthält das Gesetz besondere Vorschriften [25]. Im Zusammenhang mit internationalen Luftbeförderungen kann die spezielle Anknüpfungsregel für Konsumentenverträge relevant sein: wenn ein Luftbeförderungsvertrag als Konsumentenvertrag zu qualifizieren ist, gilt für die Anknüpfung Art. 120 IPRG [26].

2. Die Anknüpfung gemäss Art. 117 IPRG

Nach Art. 117 IPRG ist für die Anknüpfung eines Vertrages das Recht massgebend, zu dem der Vertrag den *engsten Zusammenhang* aufweist (Art. 117 Abs.1 IPRG). Gemäss Abs.2 besteht der engste Zusammenhang vermutungsweise mit dem Staat, in dem die Partei, welche die *charakteristische Leistung* erbringen soll, ihren gewöhnlichen Aufenthalt hat. Nach Art. 117 Abs.3 ist bei Auftrag, Werkvertrag oder bei ähnlichen Dienstleistungsverträgen [27] die Dienstleistung die charakteristische Leistung (Abs.3c). Schliesst die Partei den Vertrag aufgrund ihrer gewerblichen Tätigkeit ab, ist die *Niederlassung* massgebend. Den Begriff der Niederlassung definiert Art. 21 Abs.3 IPRG: sie befindet sich dort, wo die Gesellschaft ihren Sitz oder eine Zweigniederlassung hat [28].

Für den Beförderungsvertrag heisst dies im einzelnen: Die charakteristische Leistung ist die Beförderung des Passagiers oder der Fracht vom Abgangs- an den Bestimmungs-

---

24 Art. 117 IPRG:
«¹ Bei Fehlen einer Rechtswahl untersteht der Vertrag dem Recht des Staates, mit dem er am engsten zusammenhängt.
² Es wird vermutet, der engste Zusammenhang bestehe mit dem Staat, in dem die Partei, welche die charakteristische Leistung erbringen soll, ihren gewöhnlichen Aufenthalt hat oder, wenn sie den Vertrag aufgrund einer beruflichen oder gewerblichen Tätigkeit geschlossen hat, in dem sich ihre Niederlassung befindet.
³ Als charakteristische Leistung gilt namentlich:
(...)
c. bei Auftrag, Werkvertrag und ähnlichen Dienstleistungsverträgen die Dienstleistung
(...)»
25 SCHNYDER 97f.
26 Art. 120 IPRG:
«Verträge über Leistungen des üblichen Gebrauchs, die für den persönlichen oder familiären Gebrauch des Konsumenten bestimmt sind und nicht im Zusammenhang mit der beruflichen oder gewerblichen Tätigkeit des Konsumenten stehen, unterstehen dem Recht des Staates, in dem der Konsument seinen gewöhnlichen Aufenthalt hat:
a. wenn der Anbieter die Bestellung in diesem Staat entgegengenommen hat;
b. wenn in diesem Staat dem Vertragsabschluss ein Angebot oder eine Werbung vorausgegangen ist und der Konsument in diesem Staat die zum Vertragsschluss erforderlichen Rechtshandlungen vorgenommen hat
(...)».
27 Zur Qualifizierung des Beförderungsvertrages, hinten 100ff.
28 Art. 21 IPRG:
«¹ Bei Gesellschaften gilt der Sitz als Wohnsitz.
² Als Sitz einer Gesellschaft gilt der in den Statuten oder im Gesellschaftsvertrag bezeichnete Ort. Fehlt eine solche Bezeichnung, so gilt als Sitz der Ort, an dem die Gesellschaft tatsächlich verwaltet wird.
³ Die Niederlassung einer Gesellschaft befindet sich in dem Staat, in dem sie ihren Sitz oder eine Zweigniederlassung hat.»

ort. Der Lufttransportführer erbringt sie [29]. Der Beförderungsvertrag untersteht demnach dem Recht des Ortes, an dem der Luftfrachtführer seinen Sitz oder eine Zweigniederlassung hat.

Die in Art. 117 IPRG aufgestellten Anknüpfungskriterien weisen den Beförderungsvertrag nicht in allen Fällen eindeutig einer bestimmten Rechtsordnung zu: der Sitz [30] des Lufttransportführers und die Zweigniederlassung [31] können in verschiedenen Staaten liegen. Weltweit tätige Fluggesellschaften haben in zahlreichen Ländern Zweigniederlassungen. Je nach Abgangs- und Bestimmungsort kann der Vertrag mit dem Recht am Ort der Zweigniederlassung enger zusammenhängen als mit dem Recht am Ort des Sitzes.

Solange Fluggesellschaften aufgrund der limitierten Verkehrsrechte nur Passagiere und Fracht von und nach ihrem Heimatstaat transportieren dürfen (3. und 4. Freiheit [32]), stellt sich die Frage kaum: jede Beförderung impliziert eine Berührung mit dem Sitzstaat, und zwischen der typischen Vertragsleistung und dem Recht am Sitz des Lufttransportführers besteht tatsächlich der engste Zusammenhang. Seit bestimmte Luftverkehrsabkommen Beförderungen erlauben, welche den Sitzstaat nicht berühren (5. und 6. Freiheit [33] und Kabotage), kann zwischen der vertragstypischen Leistung und dem Sitzstaat der von Art. 117 IPRG geforderte engste Zusammenhang fehlen. Er besteht vielmehr zu einem Staat, in dem der Lufttransportführer eine Zweigniederlassung hat. So weist eine Beförderung von Zürich nach Berlin, die eine amerikanische Fluggesellschaft ausführt, zum Ort der Zweigniederlassungen (Schweiz und Deutschland) einen engeren Zusammenhang auf als zu den USA. Im konkreten Fall wird bei einer Konkurrenz unter diesen möglichen Anknüpfungen vermutlich der «Heimwärtstrend» der Gerichte zum Tragen kommen, und der Richter wird sein eigenes Recht anwenden [34].

Ähnlich stellt sich die Frage im Zusammenhang mit der Bildung sog. Megacarriers, d.h. dem Zusammenschluss von mehreren nationalen Fluggesellschaften. Falls diese Gesellschaften fusionieren, kann der gemeinsame Sitz aus politischen Gründen an einem Ort gewählt sein, der mit dem Flugbetrieb, d.h. mit der Erbringung der Beförderungen wenig zu tun hat. Auch in diesem Fall kann es gerechtfertigt sein, den Beförderungsvertrag in Anwendung von Art. 117 dem Recht am Ort der Zweigniederlassung zu unterstellen.

3. Der Beförderungsvertrag als Konsumentenvertrag

Wenn Beförderungsverträge nach der allgemeinen Regel von Art. 117 IPRG einer bestimmten Rechtsordnung unterstellt werden, unterstehen sie dem Recht des Ortes, an dem der Lufttransportführer eine Niederlassung hat [35]. Das bedeutet, dass der Luft-

---

29 Siehe Urteil des Bundesgerichts vom 16. Mai 1952, ZLW 1954, 309f.
30 Als Sitz gilt der in den Statuten bezeichnete Ort; fehlt eine solche Bezeichnung, gilt als Sitz der Ort, an dem die Gesellschaft tatsächlich verwaltet wird, Art. 21 Abs.2 IPRG.
31 Als Zweigniederlassung gilt eine Handelsniederlassung, die rechtlich Teil des Gesamtunternehmens ist, jedoch über eine eigene Organisation verfügt und selbständig Geschäfte abschliesst. Ihre Tätigkeit dient dem wirtschaftlichen Zweck der Hauptniederlassung, BOTSCHAFT IPRG, 59.
32 Siehe dazu HEUBERGER, 43.
33 Siehe dazu HEUBERGER, 171ff.
34 Gemäss Art. 28 WA besteht ein Gerichtsstand am Ort des Domizils des Lufttransportführers, am Ort seiner Hauptbetriebsleitung, am Ort, an dem sich diejenige Geschäftsstelle befindet, welche den Vertrag abgeschlossen hat und am Bestimmungsort, hinten 281ff.
35 Vorne FN 28.

transportführer mit dem anwendbaren Recht vertraut ist, während sich der Passagier oder Absender möglicherweise einer fremden Rechtsordnung ausgesetzt sieht. Heute anerkennen Lehre und Praxis, dass diese Einseitigkeit bei Konsumentenverträgen unbillig ist [36]. Das IPRG unterstellt sie deshalb dem Recht des Staates, in dem der Konsument seinen gewöhnlichen Aufenthalt hat (Art. 120) [37]. Voraussetzung ist, dass der Anbieter die Bestellung in diesem Staat entgegengenommen hat, oder [38] dass in diesem Staat dem Vertragsschluss ein Angebot oder eine Werbung vorausgegangen ist und der Konsument in diesem Staat die zum Vertragsabschluss erforderlichen Rechtshandlungen vorgenommen hat (Art. 120 Abs.1a) und b).

Es ist zu prüfen, ob der Luftbeförderungsvertrag als Konsumentenvertrag qualifiziert werden kann.

Das IPRG definiert den Konsumentenvertrag eng [39]: unter einem Konsumentenvertrag erwirbt der Käufer eine Leistung des üblichen Verbrauchs, die für seinen persönlichen oder familiären Gebrauch bestimmt ist (Art. 120 Abs.1 IPRG). Leistungen, die ein Konsument im Zusammenhang mit der beruflichen oder gewerblichen Tätigkeit erwirbt, fallen nach dem Wortlaut e contrario nicht unter die Spezialbestimmung.

Ein Vertrag über eine Luftbeförderung kann heute unter bestimmten Voraussetzungen als Leistung des üblichen Verbrauchs gelten [40]: es muss sich um eine Luftbeförderung mit einem kommerziell tätigen Lufttransportführer handeln, der seine Leistungen im Rahmen seiner beruflichen oder gewerblichen Tätigkeit anbietet [41]. In der Regel, d.h. bei einer Beförderung mit Luftfahrtunternehmen kann der Passagier oder Absender den Vertrag nur abschliessen, wenn er den Preis und die Bedingungen akzeptiert, welche die Fluggesellschaft festsetzt. Vertragsverhandlungen sind nicht möglich [42]. Damit weist ein Beförderungsvertrag die typischen Merkmale eines Massenvertrages auf [43].

---

36 POCAR, RdC 1984 V 367.
37 Deutschland hat eine andere Lösung getroffen: das deutsche Gesetz über die Allgemeinen Geschäftsbedingungen schreibt vor, dass es unter bestimmten Voraussetzungen auch gilt, wenn ein Vertrag ausländischem Recht untersteht. Der Vertrag muss aufgrund von Werbung zustande gekommen sein, die eine der Parteien im Geltungsbereich des AGB-Gesetzes betreibt, und die andere Partei muss bei Vertragsschluss im Geltungsbereich des AGB-Gesetzes ihren Wohnsitz oder ihren gewöhnlichen Aufenthalt haben und ihre Willenserklärung im Geltungsbereich des Gesetzes abgeben (§ 10 des AGB-Gesetzes), BÖCKSTIEGEL, FS Meyer, 58.
38 Die Botschaft zum IPRG weist darauf hin, dass die Voraussetzungen nur alternativ erfüllt sein müssen, BOTSCHAFT IPRG 151.
39 Die Botschaft zum IPRG umschreibt den Konsumentenvertrag weiter: Als Konsumentenverträge gelten Verträge, in der eine der Parteien die Beziehung dominiert. Die schwächere Partei hat das Angebot des wirtschaftlich stärkeren Kontrahenten zu dem Preis und zu den Konditionen zu akzeptieren, die der Stärkere festsetzt; sonst kann sie keinen Vertrag abschliessen, BOTSCHAFT IPRG 150f.
40 Im Urteil vom 16. Jan. 1989 hielt der Oberste Gerichtshof von Oesterreich fest, eine Luftbeförderung sei eine Ware oder gewerbliche Leistung des täglichen Bedarfs i.S. des österreichischen Rabattgesetzes, ZLW 1988, 369ff. Siehe auch Urteil des Bezirksgerichts Zürich vom 30. Juni 1988 zu den Kriterien, um einen Arztvertrag als Konsumentenvertrag zu qualifizieren, SJZ 1989, 249ff. Für SCHNYDER ist offen, ob Dienstleistungsverträge unter den Vertragstypus des üblichen Verbrauchs fallen, SCHNYDER 99. Aufgrund der historischen Auslegung (Materialien) befürwortet KREN, Zeitsch. für vrgl. Rechtswissenschaft, Bd. 88, 1989, 48ff, 61 FN 79 den Einbezug der Dienstleistungen unter den Begriff des Konsumentenvertrages.
41 Urteil des Einzelrichters in Zivilsachen des Bezirksgerichts Zürich vom 30. Juni 1988, SJZ 1989, 249 Erw. 1.3.
42 BOTSCHAFT IPRG 150f; siehe auch Entscheid des Einzelrichters des Bezirksgerichts Zürich vom 16. Mai 1989, SJZ 1990, 215.
43 Zum «konsumentenschutzrechtlichen Ungleichgewichtsprinzip» Urteil des Einzelrichters in Zivilsachen des Bezirksgerichts Zürich vom 30. Juni 1988, SJZ 1989, 249f Erw. 1.3.1.

Schwieriger ist es abzugrenzen, ob der Passagier oder der Absender einen Beförderungsvertrag zum persönlichen Gebrauch oder im Zusammenhang mit der beruflichen Tätigkeit abschliesst [44].

Die Unterscheidung zwischen Verträgen für den persönlichen und geschäftlichen Gebrauch will ausschliessen, dass Verträge unter Kaufleuten unter die privilegierte Anknüpfung fallen, weil sich zwei gleich starke Verhandlungspartner gegenüber stehen [45]. Im Lufttransportrecht kann die Abgrenzung nach den Kriterien, die das Gesetz nennt, zu willkürlichen Unterscheidungen führen: ein Ingenieur, der sich ein Mal pro Jahr ins Ausland an eine Messe begibt, schliesst den Beförderungsvertrag zwar nicht zum persönlichen Gebrauch ab; die Flugreise gehört jedoch auch nicht zu seiner üblichen beruflichen Tätigkeit. Beim Vertragsschluss ist er in der gleichen Situation wie ein Passagier, der aus persönlichen Gründen reist. Noch deutlicher kann sich die Fragwürdigkeit der Unterscheidung zeigen, wenn – was in der Praxis häufig vorkommt – private und geschäftliche Reisen verbunden werden, sei es, dass die gleiche Person einen Geschäftsaufenthalt mit Ferien verbindet, sei es, dass bei einem Paar der eine Partner den andern auf einer Geschäftsreise aus privaten Gründen begleitet.

Ob sich Gerichte im Zusammenhang mit internationalen Beförderungen zu einer weiten Auslegung von Art. 120 IPRG entschliessen können, ist offen. Aus der bisherigen Rechtsprechung zur Frage der Konsumentenverträge zu schliessen, ist dies kaum zu erwarten [46]. Wenn die vertragliche Leistung beruflichen Zwecken dient oder damit einen Zusammenhang aufweist, ist die Qualifizierung als Konsumentenvertrag ausgeschlossen [47].

Unbestritten wird sein, dass eine Partei als Konsument zu betrachten ist, wenn sie aus persönlichen Gründen (Ferien, Besuche) mit einem kommerziell tätigen Lufttransportführer reist. Das gleiche gilt für den Absender von Fracht, der den Vertrag aus persönlichen Gründen abschliesst (Umzug ins Ausland, Transport von persönlichen Gegenständen) [48].

Der **Einzelrichter in Zivilsachen des Bezirksgerichts Zürich** qualifizierte einen Luftbeförderungsvertrag als Konsumentenvertrag i.S. von Art. 120 IPRG, als ein emeritierter Geologieprofessor eine «private Forschungsreise» auf den indischen Subkontinent unternahm. Aus dem publizierten Sachverhalt geht nicht hervor, ob die Forschungsreise ausschliesslich einem privatem Zweck diente [49].

In einer Kritik an diesem Urteil ist zu Recht darauf hingewiesen worden, dass es sich vermutlich um eine Inclusive Tour gehandelt habe und die Beförderung aufgrund eines Chartervertrages [50]

---

44 Der Vorentwurf von 1982 schloss nicht ausdrücklich aus, dass Verträge, die im Zusammenhang mit der beruflichen oder gewerblichen Tätigkeit des Konsumenten stehen, als Konsumentenverträge gelten.
45 BOTSCHAFT IPRG 150.
46 Mit Art. 31 sexies BV wurde der Konsumentenschutz in der Bundesverfassung verankert, siehe dazu ausführlich Urteil des Einzelrichter in Zivilsachen des Bezirksgerichts Zürich vom 30. Juni 1988, SJZ 1989, 249f Erw. 1.3.1. mit Verweisen und Verfügung des Einzelrichters in Zivilsachen des BG Zürich vom 2. Feb. 1988, ZR 87 Nr. 92, 214ff. Zur Analogie mit dem Abzahlungsrecht (Art. 226m OR) ibid 215 Erw. 2.1.2.; zur Verbindung zwischen Art. 31 sexies BV und Art. 120 IPRG, ibid 218f mit Verweisen.
47 Verfügung des Einzelrichters in Zivilsachen des Bezirksgerichts Zürich vom 2. Feb. 1988, ZR 87 Nr. 92, 218.
48 Die Qualifizierung als Konsumentenvertrag wirkt sich auch prozessual aus, Art. 31 sexies Abs.3 BV; Verfügung des Einzelrichters in Zivilsachen des Bezirksgerichts Zürich vom 2. Feb. 1988, ZR 87 Nr. 92, 214ff.
49 Entscheid vom 16. Mai 1989, SJZ 1990, 216; ASDA-Bulletin 1991/1, 12ff.

durchgeführt wurde [51]. Zwischen dem Passagier und der beklagten Luftfahrtgesellschaft habe kein Beförderungsvertrag bestanden, der eine Qualifizierung als Konsumentenvertrag zulasse. Diese Kritik ist insofern zu ergänzen, als auch das Rechtsverhältnis zwischen dem Passagier und dem Reiseveranstalter als Konsumentenvertrag qualifiziert werden kann, selbst wenn es sich nicht um einen Beförderungsvertrag, sondern um einen Reisevertrag handelt [52], der eine Beförderung einschliesst [53].

4. Die Anknüpfung gemäss Art. 120 Abs.1 IPRG

Wenn ein Konsumentenvertrag i.S. von Art. 120 IPRG vorliegt, sieht das Gesetz für die Anknüpfung eine besondere Regel vor: der Vertrag unterliegt dem Recht des Staates, in dem der Konsument seinen gewöhnlichen Aufenthalt hat; zusätzlich muss der Anbieter die Bestellung in diesem Staat entgegengenommen haben, oder es muss dem Vertragsschluss in diesem Staat ein Angebot oder eine Werbung vorausgegangen sein, und der Konsument hat im gleichen Staat die zum Vertragsabschluss erforderlichen Rechtshandlungen vorgenommen (Art. 120 Abs.1a) und b) IPRG). In bezug auf Luftbeförderungen bedeutet dies, dass der Passagier oder Absender im betreffenden Staat die Beförderung reserviert hat («Bestellung»), oder dass er die Reise im gleichen Staat, in dem er seinen Aufenthalt hat, aufgrund eines Angebots oder einer Werbung des Lufttransportführers buchte [54] («die zum Vertragsabschluss erforderlichen Rechtshandlungen vorgenommen [hat]»).

5. Die Bezeichnung eines Domizils in der Schweiz nach Art. 104 Abs.3b) LFV

Ausländische Fluggesellschaften, welche die Schweiz anfliegen, müssen gemäss Art. 104 Abs.3b) der VO über die Luftfahrt (LFV) im Konzessionsgesuch in der Schweiz ein Domizil bezeichnen. Diese Vorschrift ist primär im Zusammenhang mit Art. 12 Abs.2 LTR zu sehen [55]. Es fragt sich, ob die Bezeichnung eines Rechtsdomizils in der Schweiz auch die Anknüpfung beeinflusst.

Die schweizerischen Behörden verfolgen mit der Pflicht zur Bezeichnung eines Rechtsdomizils in der Schweiz eine klare Absicht: der ausländische Lufttransportführer soll in der Schweiz ins Recht gefasst werden können, selbst wenn nach Art. 28 WA in der Schweiz kein Gerichtsstand besteht [56]. Der Zweck von Art. 104 Abs.3b) LFV, nämlich dem schweizerischen Passagier oder Absender die Durchsetzung von Ansprüchen aus einer internationalen Luftbeförderung zu erleichtern, kann auch im Zusammenhang mit IPR-Fragen zum Tragen kommen. Aus dieser Sicht rechtfertigt es sich, dass ein ausländischer Lufttransportführer sich das schweizerische Rechtsdomizil als «Niederlassung» i.S. von Art. 117 IPRG anrechnen lassen muss.

---

50 Zwischen dem Reiseveranstalter und der Fluggesellschaft.
51 STAEHELIN, ASDA-Bulletin 1991/1, 31ff.
52 Aus dem publizierten Sachverhalt geht nicht hervor, ob der Kläger mit dem Reisebüro nur die Beförderung vereinbart hat oder ob auch andere Leistungen unter den Vertrag fielen.
53 Zur Terminologie ROBERTO 6.
54 Zum Zustandekommen des Beförderungsvertrages, hinten 104.
55 Hinten 289.

In der Praxis wird der Frage, ob das Rechtsdomizil eine Niederlassung i.S. von Art. 117 Abs.2 IPRG darstelle, kaum eine grosse Bedeutung zukommen. Eine ausländische Fluggesellschaft, die im Rahmen eines Konzessionsgesuches ein Rechtsdomizil bezeichnet, wird die Schweiz mit regelmässigen Flügen bedienen und deshalb hier auch eine Zweigniederlassung betreiben.

F. Die Praxis schweizerischer Gerichte

Zu Art. 117 des neuen IPRG haben die schweizerischen Gerichte soweit ersichtlich bis anhin im Zusammenhang mit Luftbeförderungen nur einen veröffentlichten Entscheid gefällt. Schweizer Gerichte hatten jedoch in verschiedenen Fällen unter dem NAG Luftbeförderungsverträge einer bestimmten Rechtsordnung zu unterstellen. Auch vor dem Inkrafttreten des IPRG war nach der Praxis des Bundesgerichts das Recht des engsten räumlichen Zusammenhangs massgebend [57].

Das **Handelsgericht des Kantons Zürich** hielt ohne weitere Begründung fest, auf verschiedene Beförderungen mit Abgangsort Libyen sei nach Art. 117 IPRG das libysche Recht anzuwenden [58]. Im betreffenden Fall hatte die beklagte Fluggesellschaft ihren Sitz in der Schweiz. Der Kläger hatte verschiedene Flugscheine gekauft mit unterschiedlichen Routen. Das Gericht entschied den Fall jedoch nicht nach libyschem Recht, weil es davon ausging, dass die Parteien eine Rechtswahl für schweizerisches Recht getroffen hatten [59].

Das **Obergericht des Kantons Zürich** knüpfte im Fall *Black Sea and Baltic General Insurance Company Ltd. gegen Scandinavian Airlines Systems SAS* an den Sitz des Luftfrachtführers an und betrachtete die schweizerische Niederlassung der ausländischen Fluggesellschaft als massgebend [60].

Im Entscheid *Lacroix, Baartsman, Callens und Van Eichelen gegen Swissair* war für das **Bundesgericht** massgebend, dass beide Parteien des Vertrages (Beförderung von Luftfracht) ihren Sitz in der Schweiz hatten und das Frachtgut von der Schweiz aus zu befördern war 61.

Im Entscheid *Inter-Consulter SA contre Aeroleasing SA* [62] unterstellte das **Bundesgericht** den Luftbeförderungsvertrag dem schweizerischen Recht mit der Begründung, die verpflichtete Fluggesellschaft habe ihren Sitz in der Schweiz. Es verwies auf drei frühere Entscheide (98 II 239, 85 II 269 und 74 II 85) ohne zu erwähnen, dass in 98 II 239 der Sitz des Lufttransportführers nicht das einzige Kriterium war, um auf den Vertrag schweizerisches Recht anzuwenden. Immerhin waren auch im Entscheid *Inter-Consulter SA contre Aeroleasing SA* weitere Voraussetzungen erfüllt, um die Wahl schweizerischen Rechts zu begründen: auch die andere Vertragspartei hatte ihren Sitz in der Schweiz, und der Abgangsort war Genf. Das Bundesgericht erwähnte diese Bezugspunkte zur schweizerischen Rechtsordnung nicht [63].

---

56 SCHWEICKHARDT, Lufttransportrecht 96; zur Problematik dieser Bestimmung hinten 289.
57 BOTSCHAFT IPRG 147f; VISCHER/VON PLANTA 168.
58 Urteil vom 19. Sept. 1991, SJZ 1992, 37f.
59 Vorne 80.
60 Urteil vom 4. März 1966, ASDA-Bulletin 1966/2, 9.
61 BGE 98 II 231.
62 SemJ 106, Nr. 15 (10. April 1984); ASDA-Bulletin 1984/1, 24; ausführliche Beschreibung des Sachverhaltes hinten 134.
63 Man kann sich bei diesem Entscheid fragen, ob das Bundesgericht zu Recht annahm, es gehe um die Anknüpfung eines Luftbeförderungsvertrages. Die beklagte Gesellschaft hatte mit der Klägerin vereinbart, dass sie mehrere Passagiere von Genf nach Saudi-Arabien und zurück fliege. Soweit der Sachverhalt aus dem publizierten Urteil hervorgeht, scheinen die Parteien einen Chartervertrag abgeschlossen zu haben. Die Luftbeförderungsverträge kamen zwischen dem Lufttransportführer (Charterer) und den einzelnen Passagieren zustande; dieses Verhältnis war nicht strittig.

Das **Handelsgericht des Kantons Zürich** unterstellte eine Beförderung dem schweizerischen Recht mit der Begründung, sie habe zur Schweiz als dem Sitzstaat der Beklagten [der Fluggesellschaft] die engste Beziehung. Diese Lösung entspreche der Auffassung, welche die Massenverträge wie Verträge mit Transportunternehmen dem Recht des Ortes unterstellt, an dem dieses Institut die gewerbliche Niederlassung hat [64].

G. Die Praxis ausländischer Gerichte

1. Sitz des Lufttransportführers

Ausländische Gerichte unterstellen den Luftbeförderungsvertrag oft dem Recht des Landes, in dem sich der Sitz des Lufttransportführers befindet. Sie begründen die Anknüpfung damit, dass dort der Schwerpunkt der vertraglichen Leistung liegt [65]. Für die formelle Anknüpfung an den Sitz der Fluggesellschaft spricht nicht zuletzt die Überlegung, dass alle Insassen eines Flugzeuges der gleichen Rechtsordnung unterstehen und dass allen Beteiligten klar ist, nach welchem Recht sich ihre Beziehung richtet [66].

2. Der gemeinsame Wohnsitz oder gewöhnliche Aufenthalt der an einem Unfall beteiligten Parteien

Schädiger und Geschädigte können am gleichen Ort ihren Wohnsitz bzw. Niederlassung oder ihren gewöhnlichen Aufenthalt haben [67] und in einem Land verunfallen, das beiden fremd ist [68]. Aufgrund dieser Gemeinsamkeit unterstellen einige Gerichte die Beziehung zwischen den Parteien dem Recht des gemeinsamen Wohnsitzes oder des gemeinsamen gewöhnlichen Aufenthaltes [69].

Die frühere schweizerische Praxis und einzelne ausländische Gerichte berücksichtigen im Rahmen der Anknüpfung an das Personalstatut [70] die Nationalität von Schädiger und Geschädigtem. Das IPRG geht jedoch – wie die neuere internationale Praxis – in erster Linie vom Wohnsitzprinzip aus [71].

---

64 Urteil vom 10. Juli 1987, ASDA-Bulletin 1988/1, 7.
65 So bspw. Urteil des BGH vom 30. März 1976, ZLW 1976, 354ff; Urteil des LG München vom 15. Juli 1975, ZLW 1977, 155; Urteil des Amtsgerichts Köln vom 27. Nov. 1980, ZLW 19981, 315f; Urteil des LG Berlin vom 15. März 1984 in URWANTSCHKY 110f; anders das OLG Frankfurt in einem Entscheid vom 26. April 1983. Es hielt fest, dass auch die Kläger ein gleichrangiges Interesse an der Anwendung des deutschen Rechts hätten, weil sie diesem Rechtskreis angehören, ZLW 1984, 181.
66 RUHWEDEL, AGB-Gesetz 85 mit Verweisen insbes. auf Art. 4 des EG-Übereinkommens über das auf vertragliche Schuldverhältnisse anwendbare Recht von 1980; siehe auch RIESE, ZLW 1958, 281f; URWANTSCHKY 111; RUDOLF, ZLW 1971, 164.
67 Zur Definition der Begriffe siehe Art. 20 IPRG; BOTSCHAFT IPRG 54ff; KELLER/SIEHR 314ff.
68 Die frühere Praxis und Lehre betrachtete die Staatsangehörigkeit als das für die Anknüpfung massgebende Kriterium. Die heutige Lehre zieht die Anknüpfung am Wohnsitz oder am Ort des gewöhnlichen Aufenthaltes vor, BOTSCHAFT IPRG 53ff; siehe auch Art. 133 Abs.1 IPRG; KELLER/SIEHR 68ff, 303ff.
69 URWANTSCHKY 109ff.
70 Zur Definition des Begriffs, KELLER/SIEHR 302f.
71 BOTSCHAFT IPRG 53f.

Die Anknüpfung an das Recht des gemeinsamen Wohnsitzes hat sich – wie die Anknüpfung an das Recht des Zulassungsortes – im Zusammenhang mit der rechtlichen Beurteilung von Verkehrsunfällen eingebürgert. Bei unentgeltlichen Luftbeförderungen, die nicht ein Flugunternehmen ausführt und die deshalb nicht unter das Warschauer Abkommen fallen [72], kann die analoge Anknüpfung an den Wohnsitz bzw. an den gewöhnlichen Aufenthalt sinnvoll sein. Diese Beförderungen gleichen vom Sachverhalt her Strassenverkehrsunfällen im Ausland [73].

Der **deutsche Bundesgerichtshof** entschied nach deutschem Recht über einen Unfall, den zwei Deutsche mit Wohnsitz in Deutschland in einem Sportflugzeug auf einem Flug nach Südfrankreich erlitten hatten [74].

3. Der Ort des Vertragsschlusses

Mit der Anknüpfung des Beförderungsvertrages an den Ort des Vertragsschlusses versuchen Parteien und Gerichte in erster Linie zu vermeiden, dass sie einen Fall nach fremdem Recht zu beurteilen haben. Es ist kaum sinnvoll, den Vertrag über eine internationale Beförderung ausschliesslich dem Ort des Vertragsschlusses zu unterstellen [75], weil diesem Kriterium oft etwas Zufälliges anhaftet. Der Ort des Vertragsschlusses kann höchstens zusammen mit andern möglichen Anknüpfungspunkten dafür sprechen, den Beförderungsvertrag einer bestimmten Rechtsordnung zu unterstellen.

Der **deutsche Bundesgerichtshof** hatte zu entscheiden, welchem Recht eine Beförderung von Zypern nach der Türkei unterliege [76]. Die deutschen Passagiere mit Wohnsitz in Deutschland hatten den Flugschein in Deutschland gekauft. Anders als eine der unteren Instanzen entschied der Bundesgerichtshof, der Ort des Vertragsschlusses müsse im Vergleich zu andern Anknüpfungspunkten zurückstehen. Sowohl der Bestimmungsort als auch der Ort der gewerblichen Hauptniederlassung des Transportführers lägen in der Türkei. Die Beförderung unterstehe deshalb türkischem Recht. Dagegen entschied der **englische Court of Appeal**, eine Beförderung eines englischen Staatsbürgers innerhalb von Bangladesch unterstehe dem englischen Recht, obwohl der Beförderungsvertrag in Bangladesch abgeschlossen worden war [77].

4. Der Abgangs- oder Bestimmungsort

Die Anknüpfung an den Abgangs- oder Bestimmungsort lässt sich damit begründen, dass der Beförderungsvertrag dort erfüllt wird. Sie hat den Vorteil, dass der Abflugs- und der Bestimmungsort leicht festzustellen sind. Dagegen spricht, dass für die Passagiere des gleichen Flugzeuges verschiedene Rechtsordnungen massgebend sein können, weil der betreffende Flug eine Teilstrecke von unterschiedlichen Gesamtbeförderungen ist. Gegen die Anknüpfung an den Abgangs- oder Bestimmungsort

---

72 BENTIVOGLIO 159f.
73 Ebenso URWANTSCHKY 209.
74 Urteil vom 27. Nov. 1979, ZLW 1980, 143.
75 KELLER/SIEHR weisen darauf hin, dass diese Anknüpfung am «Aussterben» und die Bedeutung des Abschlussortes als Anknüpfungsmerkmal gegenüber früheren Zeiten stark zurückgegangen ist 344, 348, 352ff.
76 Urteil vom 30. März 1976, NJW 1976, 1581.
77 Urteil vom 26. Feb. 1988, Hinweis in ZLW 1988, 334.

spricht überdies, dass es eine Frage des materiellen Rechts ist, wo ein Vertrag erfüllt wird. Hängt die Anknüpfung von Voraussetzungen ab, die das Sachrecht formuliert, greift sie der Bestimmung des anwendbaren Rechts vor [78].

Gerichte, welche an den Abgangs- oder Bestimmungsort anknüpfen, weil der Vertrag dort zu erfüllen ist, wählen dieses Kriterium oft, weil sie die Anwendung von fremdem Recht vermeiden wollen.

Das **Landgericht Hamburg** hatte die Beförderung einer Frachtsendung von Bangkok nach Frankfurt zu beurteilen. Der Hauptsitz des Frachtführers lag in Singapur. Das Gericht knüpfte an den Bestimmungsort an mit der Begründung, die Erfüllungsleistung des Vertrages sei dort «als bewirkt anzusehen» [79].

Gleich entschied das **Oberlandesgericht Frankfurt**. Die Klägerin verlangte als Veranstalterin einer Charterflugreise von Frankfurt nach Aqaba und zurück von ihrer Vertragspartnerin, einer jordanischen Fluggesellschaft, Schadenersatz. Weil der Bestimmungsort der gesamten Beförderung in Deutschland lag, unterstellte das Gericht den Vertrag deutschem Recht [80].

5. Die Registrierung des Flugzeuges

Ereignisse, die sich an Bord von Massentransportmitteln (Flugzeug, Auto, Schiff) ereignen, können dem Recht des Register- oder Zulassungsstaats unterstehen. Diese Anknüpfung taugt für den Beförderungsvertrag nur beschränkt.

Die internationale kommerzielle Luftfahrt kennt heute verschiedene Formen, Flugzeugflotten zusammenzustellen. Mietverträge und Finanzierungsmethoden für neue Flugzeuge haben häufig zur Folge, dass Fluggesellschaften ihre Flugzeuge in verschiedenen Staaten registrieren. Das Emblem, das die Gesellschaft auf den Schwanz des Flugzeuges aufmalt, lässt nicht mit Sicherheit auf die Registrierung schliessen. Entscheidend sind die auf dem Rumpf aufgemalten Buchstaben. Weil sie verschlüsselt sind, gibt sich der Passagier in der Regel keine Rechenschaft darüber, wo das Flugzeug, in welches er steigt, registriert ist. Er weiss nicht, welchem Recht seine Beziehung zur Fluggesellschaft untersteht, falls die Registrierung des Flugzeuges das dafür entscheidende Kriterium ist [81].

Die Anknüpfung des Beförderungsvertrages an den Registerstaat des Flugzeuges ist nicht zu verwechseln mit der Frage, welches Recht anwendbar ist auf Verhältnisse zwischen Passagieren, die sich an Bord eines in der Schweiz registrierten Flugzeuges befinden. Für diese Beziehungen ist massgebend, dass an Bord von schweizerischen Flugzeugen [82] im Ausland schweizerisches Recht gilt, sofern das Recht des Staates, in oder über welchem sich das Flugzeug befindet, nicht zwingend anwendbar ist (Art. 11 Abs.3 LFG).

Dagegen kann es sinnvoll sein, die Registrierung des Flugzeuges in der *nicht kommerziellen* Luftfahrt bei der Anknüpfung zu berücksichtigen. Diese Beförderungen unterstehen nicht dem Warschauer Abkommen, weil sie unentgeltlich sind und nicht durch ein Luftfahrtunternehmen ausgeführt werden. Diese Situation ist vergleichbar mit dem

---

78 KELLER/SIEHR 355f.
79 Urteil vom 7. Sept. 1977, Recht der Internationalen Wirtschaft 1977, 652.
80 Urteil vom 26. April 1983, ZLW 1984, 181; siehe auch Urteil des OLG Frankfurt vom 11. Nov. 1986, ZLW 1987, 197.
81 Ablehnend auch URWANTSCHKY 132f mit Verweisen.
82 Als schweizerisch gilt ein Flugzeug, das im schweizerischen Luftfahrzeugregister eingetragen ist, Art. 55 LFG.

Strassenverkehr: ein Auto verunfallt im Ausland. Seine Insassen wohnen in verschiedenen Staaten. Art. 4 des Haager Übereinkommens über den Strassenverkehr unterstellt die Ansprüche aus einem Strassenverkehrsunfall dem Recht des Zulassungsstaates [83]. Analog kann sich im Lufttransportrecht die Anknüpfung an den Registerstaat rechtfertigen, wenn ein privates Flugzeug im Ausland verunfallt und Schädiger und Geschädigter weder einen gemeinsamen Wohnsitz noch einen gemeinsamen Aufenthaltsort haben [84].

6. Das Recht des Tat- oder Erfolgsortes

Die Anknüpfung an das Recht des Tat- oder Erfolgsortes gilt – heute in der Regel in abgeschwächter Form [85] – für deliktische Ansprüche. Bei Luftbeförderungen ist sie kaum sinnvoll. Nicht alle Auseinandersetzungen im Zusammenhang mit einer Luftbeförderung stützen sich auf eine unerlaubte Handlung ab. In den Fällen, in welchen ein deliktischer Anspruch vorliegt, kommt die Anknüpfung an den Tat- oder Erfolgsort trotzdem nicht zum Tragen, weil zwischen den Parteien ein Vertrag besteht und allfällige deliktische Ansprüche akzessorisch dem gleichen Recht unterstehen wie der Beförderungsvertrag [86].

In den USA spielen das Deliktsrecht und die Anknüpfung an die lex loci delicti im Zusammenhang mit Flugzeugunfällen nach wie vor eine bedeutende Rolle. Ansprüche aus Tötung und Körperverletzung stützt der Kläger regelmässig auf Deliktsrecht ab, weil diese Ansprüche leichter durchsetzbar sind und aus einem Delikt, nicht aber aus einem Vertrag, Genugtuung zugesprochen wird [87].

7. Die lex fori

Das Warschauer Abkommen regelt internationale Beförderungen nicht abschliessend. Gewisse Fragen lässt es ausdrücklich offen und weist den Richter an, sie nach dem eigenen Recht zu beantworten [88]. Daraus haben einige Autoren die Forderung abgeleitet, alle vom Abkommen nicht normierten Aspekte eines Beförderungsvertrages nach der lex fori zu regeln; nur auf diese Weise könne das Lufttransportrecht vereinheitlicht werden [89].

Die Frage, ob es sinnvoll ist, den ganzen Beförderungsvertrag dem Recht der lex fori zu unterstellen, habe ich an anderer Stelle diskutiert; es hat sich gezeigt, dass diese Lösung in der Regel nicht überzeugt [90]. Immerhin ist denkbar, dass ein Sachverhalt zu keiner Rechtsordnung einen engen Zusammenhang aufweist und es sich deshalb rechtfertigt, die lex fori im Rahmen einer *subsidiären Anknüpfung* zu berücksichtigen [91].

---

83 SR 0.741.31; AS *1986* 2253; KELLER/SIEHR 312.
84 BENTIVOGLIO, RdC 1966 III 159f.
85 Zur modifizierten Anwendung des Grundsatzes im IPRG, SCHNYDER 106ff; siehe auch BOTSCHAFT IPRG 159f; KELLER/SIEHR, 362.
86 Vorne 80.
87 LOWENFELD, Aviation Law, VI-5 1.31; MILLER 241f, 271; MANKIEWICZ, ZLW 1985, 145, 157.
88 Vorne 62ff.
89 RIESE/LACOUR 226; MANKIEWICZ, Liability 15f; so auch der deutsche BGH in einem früheren Entscheid i.S. *SAS g. Wucherpfennig*, ZLW 1955, 226.
90 Vorne 64.
91 KELLER/SIEHR 394f.

H. Beförderungen unter dem Guadalajara-Abkommen

Bei einer Beförderung, die dem Guadalajara-Abkommen untersteht, hat der Richter bei der Anknüpfung zusätzliche Kriterien zu berücksichtigen. Das Guadalajara-Abkommen ist von den sachlichen Voraussetzungen her anwendbar, wenn der vertragliche und der ausführende Lufttransportführer nicht identisch sind. Es sind unter Umständen verschiedene Sitze oder Zweigniederlassungen vorhanden.

Der Passagier oder Absender, der gegen einen der beteiligten Lufttransportführer klagt, hat die Wahl, ob er den vertraglichen oder den ausführenden Lufttransportführer ins Recht fassen will (Art. VIII Guadalajara-Abkommen). Mit der Wahl entscheidet er, welche der beiden Rechtsbeziehungen im Vordergrund steht. Soweit die Niederlassung oder die Staatsangehörigkeit des Lufttransportführers für die Anknüpfung des Beförderungsvertrages relevant sind, scheint es sinnvoll, diejenige als massgebend zu betrachten, die der Lufttransportführer aufweist, der ins Recht gefasst wird.

I. Zusammenfassung: Die optimale Anknüpfung

Für das Lufttransportrecht lassen sich keine Anknüpfungsregeln aufstellen, die für jeden Sachverhalt adäquat sind. Die differenzierte Anknüpfung des Luftbeförderungsvertrages darf nicht auf Kosten der Entscheidungsharmonie und der Rechtssicherheit gehen. Die Rechtssicherheit verlangt nach festen Kollisionsregeln und nicht nach der Gleichbehandlung aller Geschädigten [92].

Bei der Anknüpfung ist zu unterscheiden, wer die Parteien des Beförderungsvertrages sind und zu welcher Rechtsordnung der Beförderungsvertrag den engsten Zusammenhang aufweist. Es lassen sich drei typische Fälle formulieren:

* Schliessen ein *Passagier* oder ein *Absender* von Fracht mit einer *kommerziellen Fluggesellschaft* einen Beförderungsvertrag ab und gehört der Abschluss des Vertrages zu ihrer beruflichen Tätigkeit, untersteht der Vertrag dem Recht des Staates, zu dem er den *engsten Zusammenhang* aufweist (Art. 117 IPRG). Dieser besteht vermutungsweise mit dem Staat, in dem die Fluggesellschaft ihren Sitz oder eine Zweigniederlassung hat. Ist damit das anwendbare Recht noch nicht ausreichend bestimmt, kommt es nach der hier vertretenen Auffassung darauf an, wo die charakteristische Leistung erbracht wird (Beförderung vom Abgangs- an den Bestimmungsort). Die Zweigniederlassung muss am Vertragsschluss nicht beteiligt sein.

* Schliessen ein *Passagier* oder ein *Absender* mit einem *kommerziellen Luftfahrtunternehmen* einen Beförderungsvertrag ab, und fällt der Abschluss des Vertrages nicht in den Bereich ihrer beruflichen Tätigkeit, steht der Schutz der schwächeren Partei im Vordergrund. Der Vertrag ist als *Konsumentenvertrag* zu qualifizieren und untersteht dem Recht des Staates, in dem der Konsument seinen gewöhnlichen Aufenthalt hat (Art. 120 Abs.1 IPRG). Voraussetzung ist, dass die Fluggesellschaft in diesem Staat entweder die Reservation für die Beförderung entgegengenommen,

---

92 Siehe auch KELLER, FS Vischer 179.

oder für die Flugreise ein Angebot gemacht, oder dafür geworben hat und der Passagier/Absender in diesem Staat den Beförderungsvertrag abschloss.

* Internationale Beförderungen, welche die Parteien *ohne kommerzielle Interessen* ausführen (Gefälligkeitsflüge) sind kollisionsrechtlich analog zu behandeln wie ein Autounfall, der sich im Ausland ereignet hat. Der gemeinsame Wohnsitz von Schädiger und Geschädigtem und subsidiär die Registrierung des Flugzeuges entscheiden darüber, welchem Recht ihre gegenseitigen Ansprüche unterstehen.

V. Allgemeine Geschäftsbedingungen im Lufttransportrecht

A. Die Funktion der AGB

Die internationalen und nationalen Sondervorschriften über das Lufttransportrecht weisen Lücken auf. Deshalb haben die meisten Fluggesellschaften [1] ausführliche Allgemeine Geschäftsbedingungen (AGB) erlassen (Vertrags- und Beförderungsbedingungen) [2]. Art. 33 WA erlaubt es dem Lufttransportführer, Beförderungsbedingungen zu erlassen, soweit diese nicht gegen das Abkommen verstossen [3].

Seit dem Beginn der gewerbsmässigen Luftfahrt regelten die Fluggesellschaften, die im Linienverkehr tätig sind, wesentliche Punkte des Beförderungsvertrages in den Vertrags- und Beförderungsbedingungen. Sie übernahmen darin die Haftungsgrundsätze des Warschauer Abkommens und verschafften dem Warschauer Abkommen Gültigkeit in Staaten, welche das Abkommen nicht ratifiziert hatten [4].

Die AGB der Fluggesellschaften kompensieren in manchen Ländern die Lücken der gesetzlichen Regelung des Beförderungsvertrages. Der Gesetzgeber delegiert an den Lufttransportführer informell die Kompetenz, den Beförderungsvertrag zu normieren. Im Gegenzug verlangt er, dass die Fluggesellschaften ihre Beförderungsbedingungen von den Behörden genehmigen lassen. Dieser Mechanismus gilt auch in der Schweiz. Die Sondernormen des Lufttransportrechts regeln den Beförderungsvertrag nur in den Grundsätzen. Dafür verlangen die Behörden gestützt auf Art. 4 Abs.1 LTR von den konzessionierten Fluggesellschaften, dass sie ihre AGB vom BAZL genehmigen lassen [5]. Die Behörden dürfen die Bedingungen nur genehmigen, «soweit sie den zwingenden Bestimmungen des schweizerischen Rechts oder der die Schweiz verpflichtenden internationalen Abkommen nicht widersprechen» (Art. 4 Abs.2 LTR).

---

1 Bei der Beförderung von Fracht können auch die AGB des Spediteurs massgebend sein, sofern der Spediteur zugleich Lufttransportführer ist, hinten 110.
2 In der Praxis sind mit dem Begriff «Beförderungsbedingungen» in der Regel sowohl die Vertrags- als auch die eigentlichen Beförderungsbedingungen gemeint. Zum Unterschied hinten 94.
3 Zur Frage, wie die AGB Bestandteil des Beförderungsvertrages werden, hinten 122ff.
4 SCHWEICKHARDT, Lufttransportrecht 1 Anm. 1.
5 Andere Länder unterwerfen die AGB der Fluggesellschaften ähnlichen Verfahren und/oder der Kontrolle durch den Richter (z.B. Genehmigungsverfahren in den USA und in Kanada, richterliche Inhaltskontrolle in der Bundesrepublik Deutschland, siehe dazu BÖCKSTIEGEL, FS Meyer 56; SCHWEICKHARDT, Studientagung 1969, 29.

Das LTR beschränkt die Pflicht zur Genehmigung der AGB auf konzessionierte schweizerische Luftfahrtunternehmen (Art. 4 Abs.1 LTR). Heute besorgt der Bedarfsluftverkehr jedoch einen wesentlichen Teil der Luftbeförderungen. Es ist deshalb m.E. auch den Fluggesellschaften des Bedarfsluftverkehrs den Erlass und die Genehmigung von Beförderungsbedingungen vorzuschreiben.

Als Teil der AGB haben die Beförderungsbedingungen in bezug auf die Haftungslimiten eine entscheidende Funktion erhalten; weil es nicht gelang, die Haftungslimiten auf staatsvertraglicher Ebene zu erhöhen, sind in vielen Ländern die Beförderungsbedingungen die ausschliessliche Geltungsgrundlage für die erhöhten Haftungslimiten [6].

In der kommerziellen Luftfahrt werden kaum Beförderungsverträge abgeschlossen, die nicht den AGB des Lufttransportführers unterstehen sollen. Weder der Passagier noch der Absender haben die Möglichkeit, einen Beförderungsvertrag individuell auszuhandeln. Das bringt den Vorteil der Rationalisierung mit sich, bedeutet aber auch, dass das Transportunternehmen dem Benützer die Vertragsbedingungen diktiert.

B. *Die AGB der IATA-Mitglieder*

Fluggesellschaften, welche Mitglied der IATA sind, geben die AGB, die den Beförderungsvertrag regeln, teilweise in den Beförderungsdokumenten, teilweise in separaten Broschüren wieder [7]; die Tarife und die Bedingungen, die damit verknüpft sind (*Airline Passenger Tariff*), werden in der Regel nicht in Publikationen veröffentlicht, die für das Publikum bestimmt sind [8].

Die *Vertragsbedingungen (Conditions of Contract)* für die Beförderung von Personen sind im Flugschein abgedruckt. Sie haben ihre Grundlage in der IATA-Resolution 724 und sind für alle IATA-Mitglieder bis auf kleine Abweichungen gleich. Die Vertragsbedingungen für die Beförderung von Fracht sind auf der Rückseite des Luftfrachtbriefes enthalten und basieren auf der IATA-Resolution 600b (II) [9].

---

6 Vorne 21ff, 24ff. Die höheren Limiten werden aufgrund der Beförderungsbedingungen Bestandteil des Beförderungsvertrages; GIEMULLA/SCHMID, Einleitung, Ziff. 7
7 Zur Geschichte der Beförderungsbedingungen der IATA allgemein HAANAPPEL, EuropTR 1974, 661f; LEGREZ, RdC 135 [1972] 441ff.
 1927 erarbeitete die Vorgängerin der IATA, die *International Air Traffic Association*, ihre ersten Beförderungsbedingungen für die Beförderung von Personen. 1934 trat das Warschauer Abkommen in Kraft, und die sog. Antwerpen-Bedingungen von 1931 ersetzten die ersten Beförderungsbedingungen. Die Mitglieder der 1945 gegründeten IATA verabschiedeten 1948 auf der Verkehrskonferenz von Bermuda neue Beförderungsbedingungen in Form einer Empfehlung. 1953 und 1970 wurden sie revidiert; JAZDIK, JALC 29 [1952] 184ff; JALC 24 [1957] 151ff; RUDOLF, ZLW 1971, 154; SCHWEICKHARDT, Schweiz. Archiv für Verkehrswissenschaft und Verkehrspolitik, 1959, 25. 1985 hat die IATA Passenger Services Conference die geltenden Beförderungsbedingungen verabschiedet, Hinweis in Air Law 1985, 220ff.
8 STAEHELIN, ASDA-Bulletin 1991/1, 40, 45 weist zu Recht darauf hin, dass die Tarife nicht Teil der AGB sind; a.M. der Einzelrichter des Bezirksgerichts Zürich im Urteil vom 16. Mai 1989, SJZ 1990, 216f, Erw. 3.1., ASDA-Bulletin 1991/1, 17ff; unpräzis auch das Urteil des Amtsgerichts Köln vom 12. Dez. 1989, ZLW 1990, 231, wobei das Gericht immerhin darauf hinwies, dass die Fluggesellschaft der Tarifhoheit des Bundes unterstehe, 232.
9 IATA Cargo Services Conference Resolution Manual.

IATA-Resolutionen werden von den Regierungen der IATA-Mitglieder genehmigt und dadurch für die Fluggesellschaften des betreffenden Landes verbindlich. Mit der Genehmigung können die einzelnen Länder Vorbehalte anbringen. Das hat die Schweiz gestützt auf Art. 4 Abs.1 LTR in bezug auf Resolution 724 (Vertragsbedingungen für die Beförderung von Personen) getan: Absatz 2) Ziff. 9 von Resolution 724 ist nur unter Vorbehalt von Art. 19 WA anwendbar [10]. Entsprechend verlangen die Schweizer Behörden von den schweizerischen konzessionierten Fluggesellschaften, dass sie im Zusammenhang mit der Haftung des Luftfrachtführers im Flugschein auf die «allenfalls zwingend anwendbaren Bestimmungen des schweizerischen Rechts» verweisen (Ziff. 9 der Vertragsbedingungen) [11].

Die Vertragsbedingungen werden durch die *Beförderungsbedingungen (General Conditions of Carriage)* ergänzt. Die IATA stellt ihren Mitgliedern Musterbedingungen zur Verfügung; es steht den einzelnen Fluggesellschaften frei, diese nach den eigenen Bedürfnissen zu ändern. Im Gegensatz zu den Vertragsbedingungen sind die Beförderungsbedingungen lediglich eine Empfehlung (IATA-Recommended Practice Nr. 1724 für die Beförderung von Personen [12], IATA- Recommended Practice Nr. 1601 für die Beförderung von Fracht [13]) [14].

Für den Passagier oder Absender hat die IATA-interne unterschiedliche Qualifikation der Vertragsbedingungen und der Beförderungsbedingungen keine Konsequenzen. Sowohl Vertrags- als auch Beförderungsbedingungen sind für den einzelnen Beförderungsvertrag nur verbindlich, wenn sie als AGB Bestandteil des Vertrages werden [15].

Vertrags- und Beförderungsbedingungen können auch von Bedeutung sein, wenn eine der Parteien in einem Gerichtsverfahren Usanzen im internationalen Luftverkehr nachweisen will [16]. Das **Oberlandesgericht Köln** sprach den Bedingungen der IATA die Qualifizierung als internationale Handelsbräuche ab; sie seien lediglich «einseitig diktierte Geschäftsbedingungen eines Unternehmerkartells» [17].

---

10 Wortlaut des Vorbehaltes hinten 128.
11 Zur Problematik dieses Vorbehaltes hinten 128.
12 IATA Passenger Services Conference Resolutions Manual.
13 IATA Cargo Services Conference Resolutions Manual.
14 Sie sind deshalb nur für die sog. Interline-Beförderungen verbindlich (d.h. Sukzessivbeförderungen, an der zwei Fluggesellschaften beteiligt sind, die dem IATA-Interline Traffic Agreement unterstehen; das sind zur Zeit über 250 Fluggesellschaften, davon etwas mehr als die Hälfte Nicht-Mitglieder der IATA), siehe auch HAANAPPEL, EuropTR 1974, 650ff.
15 Hinten 122ff.
16 In BGE 93 II 350 berief sich die beklagte Fluggesellschaft auf IATA-Resolutionen, um zu beweisen, dass sie eine Frachtsendung sorgfältig befördert habe.
17 Urteil vom 5. Mai 1982, ZLW 1982, 403.

C. Die AGB der konzessionierten schweizerischen Liniengesellschaften

1. Swissair

Die Allgemeinen Geschäftsbedingungen, die bei einem Beförderungsvertrag mit der Swissair [18] Bestandteil des Vertrages werden können, befinden sich zum Teil im Flugschein oder auf dem Frachtbrief und zum Teil in den separat publizierten Allgemeinen Beförderungsbedingungen, die bei den Verkaufsstellen der Gesellschaft aufliegen, nicht aber bei den Agenten.

a) Beförderung von Personen

Der Flugschein enthält die gleichen Bestimmungen wie der Musterflugschein der IATA: Definitionen, Verweis auf das Warschauer Abkommen, Verweis auf die Rechtsgrundlagen des Beförderungsvertrages, Bestimmungen zur Identifikation des Transportführers und zur Definition der Route, Ausdehnung der Haftungsklausel auf die Agenten und Angestellten des Transportführers, Fristen für Anzeigen bei Gepäckschäden, Gültigkeit des Flugscheins, Ausschluss der Haftung für Verspätung, Recht des Transportführers, andere Flugzeuge einzusetzen und die Route zu ändern (die letzten beiden Punkte unter Vorbehalt des schweizerischen zwingenden Rechts), Verantwortung des Passagiers für Formalitäten und rechtzeitiges Einfinden am Flughafen und schliesslich ein Verbot, die Bedingungen zu ändern.

Die *Allgemeinen Beförderungsbedingungen für die Beförderung von Fluggästen und Gepäck* der Swissair entsprechen in den wesentlichen Punkten denjenigen der IATA [19]. Sie enthalten folgende Abschnitte: Anwendungsbereich, Flugscheine, Reiseunterbrechung, Tarife, Beförderungseinschränkungen, Platzbuchungen, Meldeschluss und Einsteigen, Gepäck, Flugpläne, Rückerstattungen, Zubringerdienste, Verwaltungsformalitäten, Haftung für Schäden, Fristen für Schadenanzeigen und Klagen, Änderungen und Verzicht, Änderungen der Bedingungen.

b) Beförderung von Fracht

Für die Beförderung von *Fracht* sind die Bedingungen massgebend, die der Luftfrachtbrief enthält. Zusätzlich gelten die *Allgemeinen Beförderungsbedingungen für den Luftgüterverkehr,* die beim Luftfrachtführer aufliegen, nicht jedoch beim Agenten.

Die *Conditions of Contract* im Luftfrachtbrief sind englisch. In den Landessprachen abgedruckt ist einzig ein Verweis auf das Warschauer Abkommen und das LTR sowie auf die beschränkte Haftung. Die Vertragsbedingungen enthalten folgende Punkte: Definition der Begriffe, Verweis auf die Rechtsgrundlagen, welchen die Beförderung untersteht, Beschränkung der Haftung auf 20 U.S. $ bei Beförderungen, die weder dem Warschauer Abkommen noch dem LTR unterliegen, Erhöhung der Haftungslimiten,

---

18 Zu den Allgemeinen Beförderungsbedingungen für Fluggäste und Gepäck der Lufthansa siehe MÖLLS, ZLW 1987, 141ff.
19 SCHWEICKHARDT, ASDA-Bulletin 1959/2, 6.

wenn der Absender einen höheren Wert deklariert hat, Regelung, wenn nur ein Teil einer Sendung verlorengeht oder beschädigt wird, Ausdehnung der Haftungsbestimmung auf die Agenten und Vertreter des Transportführers, Recht des Transportführers, die Beförderung Dritten zu überlassen und die Route zu ändern (nicht gültig im Verkehr mit den USA), Bezahlung des Beförderungspreises, Benachrichtigung des Empfängers und Auslieferung des Gutes, Anzeigen von Schäden, Pflicht des Absenders, gesetzliche Vorschriften zu beachten, Änderungen der Bedingungen, Versicherung der Fracht.

Die *Allgemeinen Beförderungsbedingungen* enthalten: Definitionen, Geltungsbereich, Ausstellung des Luftfrachtbriefes, Tarife und Gebühren, Annahme der Sendung zur Beförderung; An- und Abtransport, Flugpläne, Ausfall von Flügen, Sendungen während der Beförderung, Verfügungsrecht des Absenders, Ablieferung, Ablieferungshindernisse, Haftung des Luftfrachtführers, Schadenanzeigen und Klagen, Anspruchsberechtigung, Klagelegitimation, zwingendes Recht, Änderungen.

2. Crossair

Die Fluggesellschaft Crossair hat keine speziellen Allgemeinen Beförderungsbedingungen. Für den Transport von *Personen* und *Gepäck* gelten neben den gesetzlichen Bestimmungen die Vertragsbedingungen, die der Flugschein oder der Gepäckschein enthalten. Beim Transport von *Fracht* sind die Bestimmungen massgebend, die der Luftfrachtbrief enthält.

D. Andere Luftfahrtunternehmen

Kleinere Unternehmen, die gewerbsmässig Lufttransporte durchführen (Flug-Taxi, Rundflüge), haben in der Regel keine Allgemeinen Beförderungsbedingungen. Der Fluggast oder der Absender von Fracht erhält einen Flugschein, der auf die limitierte Haftung des Transportführers und auf die Haftungssumme hinweist. Das gleiche gilt für Unternehmen des Bedarfsluftverkehrs [20].

E. Verkehr mit den USA und Kanada

Im Verkehr mit den USA und Kanada [21] sind aus der Sicht der amerikanischen und der kanadischen Behörden nicht die Beförderungsbedingungen massgebend, welche die Fluggesellschaft publiziert und dem Passagier und dem Absender zur Einsicht auflegt [22]. Verbindlich sind nach amerikanischem und kanadischem Recht nur diejenigen

---

20 Vorne 93.
21 Das sind Reisen, die in den USA oder in Kanada beginnen; sonst hätte der Passagier keine Möglichkeit, die *tariffs* (Bedingungen) einzusehen, bevor er die Reise beginnt; siehe auch RUDOLF, ZLW 1971, 156.
22 Sowohl die Allgemeinen Beförderungsbedingungen für Personen wie für Fracht enthalten folgenden Hinweis: «Auf Beförderungen zwischen Orten in den Vereinigten Staaten oder in Kanada und Orten ausserhalb dieser Länder finden die in diesen Ländern geltenden Bedingungen Anwendung. Sie können teilweise von den vorliegenden Bedingungen abweichen» (Art. 1 Ziff.3 bzw. Art. 2 Ziff.2). Die Vertragsbedingungen auf dem Luftfrachtbrief verweisen zusätzlich darauf, dass bestimmte Abschnitte im Verkehr mit den USA nicht gelten.

Vertragsbedingungen *(tariffs)*, welche die Fluggesellschaft bei den Luftfahrtbehörden hinterlegt hat *(filing)* [23].

Die Bedingungen, welche die Swissair bei den amerikanischen und bei den kanadischen Behörden hinterlegte, sind nicht identisch mit den Allgemeinen Beförderungsbedingungen. Wegen dieser Diskrepanz ist jeweils zu prüfen, welche Beförderungsbedingungen Bestandteil des Vertrages geworden sind [24].

---

[23] Für die USA: § 49 U.S.C. 1373 (a) für Beförderungen innerhalb der USA, COOR, Air Law 1985, 220f; siehe auch 20 Avi.17,977; für Kanada: National Transportation Act, 1987, Sec. 102 (g) und die Air Transport Regulations der National Transportation Agency, Division II (1987); siehe auch HAANAPPEL, EuropTR 1974, 658f; RUDOLF, ZLW 1971, 156; MILLER 186.

[24] Hinten 122f.

2. Teil
Der Beförderungsvertrag

I. Inhalt und Rechtsnatur des Beförderungsvertrages

A. *Der Inhalt des Beförderungsvertrages*

In einem Luftbeförderungsvertrag vereinbaren die Parteien die Beförderung einer Person oder die Beförderung eines Frachtstückes vom Abgangs- an den Bestimmungsort zu einer bestimmten Zeit und zu einem bestimmten Preis. Dieses sind die objektiv wesentlichen Punkte eines Luftbeförderungsvertrages [1]. Nebenpunkte des Vertrages sind in der Regel die Einigung über die Beförderung einer bestimmten Menge Gepäck, die Beförderung in einer bestimmten Klasse und im Raucher- bzw. Nichtraucherabteil, gegebenenfalls das Erbringen von besonderen Dienstleistungen (spezielle Betreuung von Passagieren oder von Fracht) und die Vorausbezahlung des Beförderungspreises. In der kommerziellen Luftfahrt sind weitere Nebenpunkte des Beförderungsvertrages in den AGB des Lufttransportführers geregelt [2].

In der Literatur wird vertreten, dass die Parteien für die Beförderung des Gepäcks einen separaten akzessorischen Beförderungsvertrag abschliessen [3]. Diese Trennung drängt sich nicht auf. Der Passagier hat keinen selbständigen Anspruch auf die Beförderung des Gepäcks; die weltweit übliche Vereinigung von Flug- und Gepäckschein im gleichen Dokument weist eher darauf hin, dass die Beförderung des Gepäcks eine Nebenleistung des Personenbeförderungsvertrages ist [4].

In der Allgemeinen Luftfahrt können zu den Nebenpunkten des Vertrages auch Vereinbarungen über den Flugzeugtyp und über die meteorologischen Bedingungen gehören [5].

Vor dem **Amtsgericht Köln** machte ein Passagier Schadenersatz geltend, weil es die Fluggesellschaft auf einem 18 Stunden dauernden Flug von Tokio nach Hamburg zuliess, dass Passagiere auch im Nichtraucherabteil rauchten [6]. Als Bronchialasthmatiker habe er deshalb dauernd Reizhustenanfälle erlitten. Das Gericht hielt fest, die Fluggesellschaft habe eine vertragliche Nebenpflicht verletzt.

Sowohl das internationale Recht als auch das nationale Recht schränken die Parteien in der Gestaltung des Beförderungsvertrages ein: das Warschauer Abkommen und das schweizerische Recht (LTR) schreiben die Regelung verschiedener Punkte zwingend vor [7]. Für den Vertrag über die Beförderung von Personen können – je nach dem, wie

---

1 Zur Definition der wesentlichen Vertragspunkte GAUCH/SCHLUEP, N 308ff; BUCHER 117ff; das OLG Stuttgart hielt fest, der Lufttransportführer müsse auch dafür sorgen, dass die Fluggäste «gesund und nicht nur überhaupt ans Ziel ihrer Reise gelangen», Urteil vom 19. Feb. 1992, ZLW 1992, 305.
2 Vorne 93.
3 GIEMULLA/SCHMID, Art. 4 N 3.
4 Zur Frage, ob Gepäckvorschriften (Freigepäckvorschriften USA) auch den nachfolgenden Lufttransportführer binden *Andrea McElderry vs. Cathay Pacific Airways Ltd.*, 21 Avi.17,158.
5 Nebenpunkte können nach dem Willen der Parteien zu subjektiv wesentlichen Vertragspunkten werden; dies wirkt sich auf das Zustandekommen des Vertrages aus, BUCHER 119f; GAUCH/SCHLUEP, N 309.
6 Urteil vom 27. Nov. 1980, ZLW 1981, 315.
7 Vorne 57f.

man den Vertrag qualifiziert [8] – zusätzlich zwingende Vorschriften des Besonderen Teils des OR massgebend sein. Auf den Frachtvertrag sind Art. 440ff OR anwendbar. Sie sind auch analog anzuwenden für die Beförderung von Gepäck.

B. Die Qualifizierung des Luftbeförderungsvertrages für Personen nach schweizerischem Recht

Das schweizerische Recht unterscheidet zwischen Verträgen über die Beförderung von Personen und über die Beförderung von Fracht. Das OR enthält nur Vorschriften über die Beförderung von Fracht (Art. 440ff OR), während es den Vertrag über die Beförderung von Personen nicht speziell regelt.

Das Bundesgericht [9] und die ältere Lehre [10] unterstellen den Vertrag über die Beförderung von Personen mangels einer speziellen Regelung den Normen über den Auftrag. Sie stützen sich dabei auf Art. 394 OR [11]. Bereits 1952 argumentierte jedoch das Zürcher Handelsgericht, beim Personentransport sei anstelle des Auftragsrechts das Werkvertragsrecht anzuwenden. Der vom Unternehmer geschuldete Erfolg sei die vereinbarte Ortsveränderung. Das Widerrufsrecht, wie es das Auftragsrecht enthält (Art. 404 Abs.1 und 2 OR), widerspreche dem Zweck des Vertrages. Der Fluggast sei darauf angewiesen, dass die Fluggesellschaft den geschuldeten Erfolg erbringe [12].

In Deutschland gilt der Luftbeförderungsvertrag als Werkvertrag [13]. Die Qualifizierung als Auftrag fällt ausser Betracht, denn nach deutschem Recht ist der Auftrag unentgeltlich [14]. Entscheidend ist nach deutscher Lehre, dass der Transportführer dem Passagier einen Erfolg schuldet: er muss ihn an den vereinbarten Bestimmungsort befördern [15]. Die französische Lehre geht ebenfalls davon aus, dass der Luftfrachtführer dem Passagier primär einen Erfolg schuldet (obligation de résultat) [16].

Im jüngsten Entscheid im Zusammenhang mit einem Vertrag über die Beförderung von Personen erübrigte sich für das Bundesgericht die Frage, ob es gerechtfertigt sei, diesen als Auftrag zu qualifizieren. Es kam zum Schluss, die Parteien hätten keinen Beförderungs-, sondern einen Chartervertrag abgeschlossen [17]. Immerhin hat das Bundesgericht bereits in einem früheren Entscheid seine bisherige Rechtsprechung in Frage gestellt [18]. Seither ist in der Lehre die Frage ausführlich diskutiert worden, ob es richtig sei, Dienstleistungsverträge sui generis – und dazu gehört auch der Beförderungsvertrag für

---

8 Hinten 100.
9 Zuletzt BGE 115 II 110.
10 Siehe Verweise in BGE 115 II 110 und bei LEUENBERGER 39f.
11 Art. 394. Abs.2 lautet: «Verträge über Arbeitsleistungen, die keiner besonderen Vertragsart dieses Gesetzes unterstellt sind, stehen unter den Vorschriften über den Auftrag».
12 ZR *51* (1952) Nr. 78, 135; ebenso befürwortet SCHEUCH die Qualifikation als Werkvertrag, SCHEUCH 14.
13 GIEMULLA/LAU/BARTON, LuftVG § 44, N 5 mit zahlreichen Verweisen; zur Kritik an dieser Auffassung OTT 45ff, 60ff mit Verweisen auf andere kritische Literaturmeinungen.
14 § 662 BGB.
15 GIEMULLA/LAU/BARTON, LuftVG § 44, N 5.
16 MILLER 54f, 64f mit Verweisen.
17 BGE 115 II 110.
18 BGE 109 II 466; siehe auch GAUCH, N 15.

Personen – dem Auftragsrecht zu unterstellen [19]. Es scheint deshalb angezeigt, die bisherige Auffassung über die Rechtsnatur des Luftbeförderungsvertrages für Personen zu überprüfen.

Unbestritten ist in der Lehre, dass Beförderungsverträge Fixgeschäfte sind [20]. Das bedeutet, dass der Schuldner ohne die Zustimmung des Gläubigers nur zu einem bestimmten Zeitpunkt erfüllen darf [21]. Es bedeutet aber auch, dass der Lufttransportführer den Zeitpunkt der Beförderung nicht vorverlegen darf [22].

C. Der Luftbeförderungsvertrag für Personen als Vertrag sui generis

1. Der Beförderungsvertrag ist kein Auftrag

Die Qualifikation des Luftbeförderungsvertrages für Personen als Auftrag ist keine gute Lösung; die typischen Merkmale des Luftbeförderungsvertrages decken sich nicht mit den typischen Merkmalen des Auftrages [23].

Unter dem Auftragsrecht schuldet der Beauftragte die getreue und sorgfältige Ausführung seiner Arbeit. Für den Erfolg seiner Bemühungen hat er nicht einzustehen. Die Bestimmungen des OR über den Auftrag gehen davon aus, dass zwischen den Vertragsparteien ein Vertrauensverhältnis besteht; deshalb räumt der Gesetzgeber den Parteien ein zwingend vorgeschriebenes Widerrufsrecht ein (Art. 404 OR): wenn das Vertrauensverhältnis zerstört ist, sollen sie das Auftragsverhältnis jederzeit auflösen können [24]. Der Beauftragte arbeitet nicht auf eigenes Risiko, und er muss über seine Aufwendungen Rechenschaft ablegen.

Die typischen Merkmale des Auftrages werden den Charakteristiken des Luftbeförderungsvertrages kaum gerecht. Das gilt vor allem bei Beförderungen im *kommerziellen Luftverkehr*. Der Lufttransportführer organisiert die Beförderung auf eigene Rechnung und auf eigenes Risiko; über seine Geschäftsführung legt er dem Passagier keine Rechenschaft ab [25]. Die Dienstleistung, die der Lufttransportführer erbringt, ist erfolgsbezogen: er muss den Passagier zum vereinbarten Zeitpunkt vom Abgangs- an den Bestimmungsort transportieren. Im Massenluftverkehr fehlt die persönliche Beziehung zwischen dem Passagier und dem Lufttransportführer, die eines besonderen Schutzes bedarf. Es gibt deshalb im Zusammenhang mit Luftbeförderungen auch kein zwingend geltendes Widerrufsrecht [26]: der Passagier kann vom Vertrag nur zurücktreten, wenn er einen Flugschein einer bestimmten Kategorie erworben hat [27].

---

19 LEUENBERGER 31ff; Urteil des Obergerichts des Kantons Basel-Landschaft vom 29. Jan. 1985 i.S. *Leguillon* gegen *African Safari Club und ASC African Safari Club AG*, ASDA-Bulletin 1985/2, 94; siehe auch SCHLUEP 921f und GUHL/MERZ/KOLLER 445.
20 In Deutschland wird er als absolutes Fixgeschäft qualifiziert, Urteil des LG Frankfurt vom 17. Okt 1988, ZLW 1989, 384; zur unterschiedlichen Terminologie, GAUCH/SCHLUEP, N 1740.
21 GAUCH/SCHLUEP, N 1740.
22 Urteil des LG Frankfurt vom 17. Okt. 1988, ZLW 1989, 384ff.
23 Zum Vertragstypenrecht SCHLUEP 787ff.
24 LEUENBERGER 31ff.
25 In der gleichen Situation befindet sich der Reiseveranstalter, ROBERTO 22.
26 Zu Recht hat das Handelsgericht des Kantons Zürich festgestellt, dass das freie Widerrufsrecht, «das nur durch die Verpflichtung zum Schadenersatz bei Widerruf zur Unzeit gemildert ist» der Zielsetzung des Luftbeförderungsvertrages widerspricht, ZR *51* (1952) Nr. 78, 135.
27 Hinten 161

Auch der Lufttransportführer kann sich – so wie der Luftbeförderungsvertrag in der Praxis ausgestaltet ist – in vielen Fällen nicht auf das Widerrufsrecht berufen [28]. Dem konzessionierten Lufttransportführer schreibt der Gesetzgeber die Betriebs-, Beförderungs- und Kontrahierungspflicht sogar vor (Art. 108 und 109 LFV) [29].

Für den Frachtvertrag hat der Gesetzgeber das freie Widerrufsrecht eingeschränkt. Der Absender kann über die Fracht nur verfügen, solange er den Frachtbrief oder den Empfangsschein für das Gut besitzt (Art. 443 OR) [30].

Gegen die Anwendung von Auftragsrecht auf Beförderungen im *privaten Luftverkehr* sprechen die gleichen Bedenken wie bei Beförderungen im kommerziellen Luftverkehr. Als Unterschied kann zwischen dem Passagier und einem privaten Lufttransportführer, der zugleich Pilot ist, zwar eine persönliche Beziehung und ein Vertrauensverhältnis bestehen. Allein deshalb rechtfertigt es sich jedoch nicht, Beförderungsverträge, die im privaten Luftverkehr abgeschlossen werden, anders zu beurteilen als diejenigen des Massenluftverkehrs [31].

2. Der Beförderungsvertrag ist kein Werkvertrag

Bei einem Luftbeförderungsvertrag steht der «Erfolg», den der Lufttransportführer zu erbringen hat, im Vordergrund. Das könnte dafür sprechen, den Luftbeförderungsvertrag – wie in Deutschland [32] – als Werkvertrag zu qualifizieren. Diese Auffassung setzt voraus, dass der Beförderungsvertrag die typischen Merkmale eines Werkvertrages aufweist. In erster Linie ist zu prüfen, ob die Beförderung als «Werk» gelten kann. Diese Qualität geht einer Beförderung ab. Nach der Praxis des Bundesgerichts und nach der herrschenden Lehre kann zwar auch ein «unkörperlicher Arbeitserfolg» ein Werk sein. Voraussetzung ist, dass er sich als Arbeitsergebnis versprechen lässt und dass er eine «gewisse Körperlichkeit» erlangt [33]. Die erste Voraussetzung erfüllt ein Beförderungsvertrag: die Beförderung ist das Ergebnis der Arbeit, die der Lufttransportführer leistet. Die zweite Voraussetzung geht dem Beförderungsvertrag ab: eine Beförderung bewirkt keine «dauernde Gestalt einer Sache» [34]. Sie ist ein sofort verbrauchtes Gut; eine Nachbesserung ist ausgeschlossen [35]. Schliesslich zeichnet sich der Werkvertrag dadurch aus, dass der Besteller eine Vergütung leistet (Art. 363 OR) [36]. Entfällt die Vergütung, liegt kein Werkvertrag, sondern ein Auftrag vor [37]. Wendet man diesen Grundsatz auf den Beförderungsvertrag an, bedeutet dies, dass unentgeltliche Beförderungen anders zu qualifizieren wären als entgeltliche. Diese Differenzierung ist nicht sinnvoll, weil sich unentgeltliche und entgeltliche Beförderungen in den anderen

---

28 LEUENBERGER 32f.
29 Hinten 121.
30 GUHL/MERZ/DRUEY 534f.
31 Im gegebenen Fall kann die Tatsache, dass ein bestimmter Pilot das Flugzeug steuert, zu einem wesentlichen Bestandteil des Vertrages werden.
32 Vorne 100.
33 GAUCH, N 39ff.
34 GAUCH, N 42.
35 Siehe auch ROBERTO 20f mit Verweisen; OTT 46; es gibt auch keine Abnahme des Werkes, Urteil des BGH vom 27. Okt 1988, ZLW 1989, 372.
36 GAUCH, N 100.
37 GAUCH, N 104 mit Verweisen.

wesentlichen Merkmalen nicht unterscheiden [38]. Aus den genannten Gründen scheint es nicht sinnvoll, den Beförderungsvertrag als Werkvertrag zu qualifizieren [39].

3. Der Luftbeförderungsvertrag ist ein Vertrag sui generis

Verträge sui generis sind Verträge, deren Tatbestandselemente nicht gesetzlich geordnet sind und die über eine besondere innere Einheit verfügen [40]. Der Luftbeförderungsvertrag für Personen erfüllt diese Voraussetzungen. Die Beförderung einer Person vom Abgangs- an den Bestimmungsort ist eine einheitliche Leistung, die sich ohne Schwierigkeiten definieren lässt [41]. Das OR enthält jedoch keine speziellen Bestimmungen über Beförderungsverträge von Personen; damit fehlen auch spezielle Vorschriften über die Luftbeförderung. Mit gewissen Aspekten des Luftbeförderungsvertrages befassen sich dagegen das Warschauer Abkommen und das LTR; ihre lückenhafte Regelung bietet jedoch keine genügende Grundlage, um von einer gesetzlichen Regelung des Luftbeförderungsvertrages sprechen zu können.

Die fehlende gesetzliche Regelung für Luftbeförderungsverträge wird in der kommerziellen Luftfahrt durch die AGB der Fluggesellschaften kompensiert [42]. In den Vertrags- und Beförderungsbedingungen [43] sind die wesentlichen Aspekte des Luftbeförderungsvertrages normiert. Allerdings sind nur die konzessionierten Fluggesellschaften verpflichtet, Beförderungsbedingungen aufzustellen und sie den Bundesbehörden zur Genehmigung zu unterbreiten. Die Fluggesellschaften des Bedarfsluftverkehrs unterliegen keiner entsprechenden Pflicht; sie haben weitgehend darauf verzichtet, Beförderungsbedingungen zu erlassen [44]. Ob die im Linienverkehr geltenden Vertrags- und Beförderungsbedingungen auch für den Bedarfsluftverkehr und für die Allgemeine Luftfahrt als Grundlage für die Beurteilung von Luftbeförderungsverträgen dienen können, entscheidet der Richter. Er hat zu beachten, dass diese AGB in erster Linie die Interessen des Lufttransportführers schützen [45]. Er wird als Vergleichsmassstab eine dispositive Regel schaffen müssen, um zu entscheiden, ob die allenfalls zu berücksichtigende AGB-Bestimmung in erheblichem Mass von einer gerechten Ordnung abweicht [46].

Wenn die Parteien einen Aspekt des Luftbeförderungsvertrages nicht geregelt haben und eine entsprechende Bestimmung in den AGB fehlt, muss der Richter den Vertrag ergänzen [47]. Das gleiche gilt, wenn der Lufttransportführer zwar AGB aufgestellt hat,

---

38 Zur unentgeltlichen Beförderung vorne 15f.
39 Ebenso für den Reiseveranstaltungsvertrag GAUCH, N 42; ROBERTO 19ff. BUCHER weist darauf hin, dass es letztlich unerheblich ist, ob man den Werkbegriff des OR weit auffasst und damit die Qualifizierung als Werkvertrag ermöglicht oder ob man von einem engen Begriff ausgeht und das Werkvertragsrecht analog anwendet BUCHER, OR Bes. Teil, 204 mit Verweisen.
40 SCHLUEP 776; Verträge sui generis sind neben den gemischten Verträgen die zweite Kategorie von Verträgen, die unter dem Oberbegriff «Innominatkontrakte» zusammengefasst werden, SCHLUEP 813; zur Terminologie siehe auch LEUENBERGER 59.
41 Zu den wesentlichen Punkten des Luftbeförderungsvertrages vorne 99.
42 Zur Bedeutung von AGB bei Innominatverträgen LEUENBERGER 62ff.
43 Vorne 93ff.
44 Vorne 97.
45 Zur Gefahr, dass die AGB die Verkehrssitte zu einseitig prägen, SCHLUEP 800.
46 LEUENBERGER 65 mit Verweisen.
47 GAUCH/SCHLUEP, N 916ff.

diese aber nicht zum Bestandteil des Beförderungsvertrages geworden sind [48]. Der Richter kann bei der Ergänzung «passende Normen gesetzlich geregelter Verträge durch Analogieschluss beiziehen» [49].

II. Der Abschluss des Beförderungsvertrages

Das Warschauer Abkommen regelt das Zustandekommen des Beförderungsvertrages nicht. Massgebend ist das anwendbare Landesrecht.

Damit der Vertrag nach schweizerischem Recht zustande kommt (Art. 1 OR), muss der Konsens der Parteien die objektiv wesentlichen Punkte decken [1]. Zusätzlich müssen sich die Parteien über die subjektiv wesentlichen Vertragspunkte einigen, wenn mindestens eine der Parteien das Zustandekommen des Vertrages in erkennbarer Weise von der Einigung über einen Nebenpunkt abhängig machte [2].

Zu den subjektiv wesentlichen Vertragspunkten können z.B. gehören: die Zuteilung eines Sitzes im Nichtraucher- bzw. Raucherabteil, das Servieren eines bestimmten Menus, Hilfeleistungen für behinderte oder minderjährige Passagiere, Transport von Tieren mit dem gleichen Flugzeug, Flugzeugtyp, meteorologische Bedingungen, etc. Beim Frachtvertrag können die Parteien eine spezielle Betreuung des Gutes als wesentlichen Bestandteil des Vertrages vereinbaren (besondere Betreuung für wertvolle, zerbrechliche, gefährliche oder verderbliche Güter).

Der Luftbeförderungsvertrag kann mündlich, schriftlich oder stillschweigend abgeschlossen werden. In der Umgangssprache wird der Vertragsschluss oft als «Buchung» oder als «Reservation» bezeichnet. In der Praxis spielt sich der Abschluss eines Luftbeförderungsvertrages in der Regel so ab, dass der Passagier oder Absender dem Lufttransportführer oder dessen Agenten bekanntgibt, wohin er wann fliegen möchte oder wann und wohin er die Fracht befördert haben will. Der Lufttransportführer unterbreitet ihm danach ein Angebot über die Route, den Preis und das Datum des Fluges. Nimmt der Passagier oder Absender die Offerte an, ist der Vertrag zustande gekommen [3]. Sofern der Passagier oder Absender ihrerseits den Vertrag erfüllen, können sie aufgrund der «Buchung» oder «Reservation» den Anspruch auf Beförderung geltend machen.

Bei Beförderungen mit kommerziellen Flugunternehmen schliessen der Passagier oder Absender den Beförderungsvertrag entweder direkt mit dem Lufttransportführer in einem Luftreisebüro einer Fluggesellschaft oder mit einem Agenten des Lufttransportführers in einem Reise- oder Frachtbüro ab [4].

Vom typischen Vertragsabschluss können die Parteien abweichen; schreibt eine Fluggesellschaft Abgangs- und Bestimmungsort, Preis und Datum eines Fluges öffent-

---

48 Hinten 122ff.
49 GAUCH, N 275.
1 Zur Definition der wesentlichen Vertragspunkte beim Luftbeförderungsvertrag vorne 99.
2 BUCHER 120; GAUCH/SCHLUEP, N 732.
3 SCHUPPISSER ist der Auffassung, dass der Vertrag erst zustande kommt, wenn der Lufttransportführer die Buchung bestätigt hat, SJZ 1988, 206. In der Praxis wird jedoch - insbesondere beim mündlichen Vertragsabschluss - in der Regel auf die Bestätigung einer Buchung verzichtet.
4 Zur Vertretung des Lufttransportführers durch Agenten hinten 113f.

lich aus, ist sie an diese Offerte gebunden und der Vertrag kommt mit der Annahme des ausgeschriebenen Angebots zustande [5].

Verschiedene Fluggesellschaften haben in ihren Beförderungsbedingungen eine Bestimmung, wonach eine Buchung nur gültig sei, wenn sie im elektronischen Reservationssystem des Transportführers gespeichert ist [6]. Ob sich die Fluggesellschaften im Streitfall auf diese Bestimmung berufen können, scheint fraglich. Der Richter wird ihr möglicherweise aufgrund der Ungewöhnlichkeitsregel [7] die Geltung versagen. Es ist ungewöhnlich, dass eine Vertragspartei das Zustandekommen des Vertrages davon abhängig macht, dass sie bestimmte Eintragungen in ihrem Computer vornimmt [8].

Nach dem Vertragsschluss registriert der Lufttransportführer die Beförderung in der Regel in seinem Computer und übergibt dem Passagier den Flugschein bzw. dem Absender den Luftfrachtbrief. Der Beförderungspreis wird – in Analogie zum Werkvertragsrecht (Art. 372 OR) [9] – erst mit der Ankunft am Bestimmungsort fällig. Die meisten Fluggesellschaften behalten sich in den Beförderungsbedingungen jedoch vor, dass der Passagier den Beförderungspreis vor Beginn des Fluges leistet [10].

Die Übergabe des Flugscheins und das Bezahlen des Beförderungspreises sind Erfüllungshandlungen, die das Zustandekommen des Vertrages nicht beeinflussen [11]. Das gleiche gilt für die Übergabe der Güter: das Zustandekommen des Vertrages hängt nicht davon ab, dass der Absender dem Lufttransportführer die Güter übergibt [12].

Kommerzielle Fluggesellschaften behalten sich in den Beförderungsbedingungen in der Regel vor, dass sie die Beförderung verweigern können, wenn der Passagier keinen Flugschein vorweisen kann [13] oder wenn der Absender den Beförderungspreis nicht bezahlt, bevor der Lufttransportführer die Ware annehmen soll [14]. In diesen Fällen tritt der Lufttransportführer vom bereits zustandegekommenen Vertrag zurück [15]. Das gleiche gilt, wenn der Passagier bei einer Beförderung zu einem Spezialtarif die Frist verpasst, um den Flugschein zu erwerben.

---

5 Ausführlich dazu BUCHER 125ff. Er weist darauf hin, dass die Modalitäten des Vertragsschlusses variieren können; entscheidend ist das Resultat, nämlich der erzielte Konsens, 126; siehe auch MERZ 106ff.
6 So z.B. Art. VI Ziff. 2 der Beförderungsbedingungen der Swissair (Passagiere).
7 Hinten 124.
8 Das LG Frankfurt hielt fest, eine automatische Erklärung eines Computers sei wie eine Willenserklärung einer natürlichen Person zu behandeln, Urteil vom 15. Jan. 1988, ZLW 1990, 408.
9 GAUCH, N 788f.
10 Siehe z.B. Art. VI Ziff. 3 der Beförderungsbedingungen der Swissair (Passagiere).
11 Soweit ersichtlich, hat einzig das LG Köln in einem Urteil vom 9. Nov. 1977 anders entschieden und festgehalten, dass dort, «wo die Ausgabe von Beförderungsdokumenten üblich ist, der Vertrag erst mit deren Aushändigung geschlossen [sei]», ZLW 1979, 69; ohne nähere Begründung scheint das LG Frankfurt in einem Urteil vom 15. Jan. 1988 die gleiche Auffassung zu vertreten, ZLW 1990, 408.
12 GAUTSCHI, Berner Kommentar Art. 440 N 5 c); siehe auch Urteil des BGH vom 19. März 1976, EuropTR 1976, 887.
13 Siehe z.B. Art. II Ziff. 1 der Beförderungsbedingungen der Swissair (Passagiere); zur Pflicht, einen verloren gegangenen Flugschein zu ersetzen hinten 160.
14 Siehe z.B. Art. 7 Ziff. 4 der Beförderungsbedingungen der Swissair (Fracht).
15 Hinten 151.

III. Die Vertragsparteien

A. *Der Lufttransportführer*

1. Definition des Begriffs

Luftfrachtführer oder Lufttransportführer [1] ist die natürliche oder juristische Person, die sich vertraglich verpflichtet, Personen, Gepäck oder Fracht über eine bestimmte Strecke mit einem Luftfahrzeug zu befördern [2]. Der Lufttransportführer muss die Beförderung nicht selber ausführen; er kann dazu das Luftfahrzeug und die Besatzung eines Dritten benützen [3]; entscheidend ist die vertraglich übernommene Verpflichtung. Der Lufttransportführer kann den Passagier oder die Fracht gratis oder gegen Entgelt befördern. Besteht kein Beförderungsvertrag, gibt es auch keinen Lufttransportführer [4].

Das Warschauer Abkommen definiert den Begriff des «Luftfrachtführers» nicht. Einzig in Art. 30 hält es im Zusammenhang mit der Haftung bei Sukzessivbeförderungen fest, dass jeder, der Reisende, Reisegepäck oder Güter annimmt, als Partei des Beförderungsvertrages gilt (Abs.1).

Dagegen umschreibt das LTR den Begriff in Art. 1 f); danach ist Luftfrachtführer, «wer gegen Entgelt die Beförderung von Personen, Reisegepäck oder Gütern mit Luftfahrzeugen übernimmt». Diese Definition muss als gesetzgeberisches Versehen betrachtet werden, weil sie einen Widerspruch schafft zum Warschauer Abkommen (Art. 1 Abs.1) und zu Art. 2 Abs.1 LTR. Das Warschauer Abkommen und das LTR nennen in diesen Bestimmungen das «Entgelt» als ein Kriterium des sachlichen Anwendungsbereichs [5]. Mit der Definition des Lufttransportführers darf das Entgelt nicht in Verbindung gebracht werden. Das würde sonst dazu führen, dass ein Luftfahrtunternehmen, das unentgeltliche Beförderungen ausführt, nicht als Luftfrachtführer i.S. des Abkommens oder des LTR betrachtet werden kann – ein paradoxes Ergebnis, wenn man bedenkt, dass sowohl das Warschauer Abkommen als auch das LTR die unentgeltliche Beförderung normieren, sofern sie von einem Luftfahrtunternehmen ausgeführt wird [6]. Die korrekte Umschreibung des Begriffs «Luftfrachtführer» im LTR müsste lauten: «wer die Beförderung von Personen, Reisegepäck oder Gütern mit Luftfahrzeugen übernimmt».

---

1 Das Warschauer Abkommen spricht vom «transporteur par air». In der deutschen Version des Abkommens und im schweizerischen Luftrecht, insbesondere im LTR, ist dieser Begriff mit «Luftfrachtführer» übersetzt. Die unpräzise Übersetzung meint den Lufttransportführer, der sowohl Personen, Gepäck als auch Fracht befördert, GULDIMANN, Art. 1, N 5.
2 Ebenso Urteil des BGH vom 14. Feb. 1989, ZLW 1989, 253; siehe auch RUHWEDEL 37ff mit Verweisen; GULDIMANN, Art. 1, N 10.
3 BGE 83 II 237 für das schweizerische Recht.
4 GIEMULLA/SCHMID, Art.1 N 34.
5 Art. 1 Abs.1 WA, Art. 2 Abs.1 LTR, vorne 15.
6 Die widersprüchliche Formulierung dürfte darauf zurückzuführen sein, dass sie sich an Art. 440 OR anlehnt. Diese Bestimmung definiert im Zusammenhang mit dem Frachtvertrag als Frachtführer, «wer gegen Vergütung (Frachtlohn) den Transport von Sachen auszuführen übernimmt». Zum Zusammenhang zwischen Art. 1 Abs.f) LTR und Art. 440 OR, SCHWEICKHARDT, Lufttransportrecht 13.

2. Beispiele aus der Praxis

In der Praxis sind als Lufttransportführer in der Regel zu betrachten: **Luftfahrtunternehmen** des **Linien- und Bedarfsluftverkehrs**; **Luftsportvereine**, die Passagiere oder Güter aufgrund eines Beförderungsvertrages und nicht ausschliesslich im Rahmen der Vereinstätigkeit, d.h. ohne Beförderungsvertrag transportieren; Organisationen, die **Rettungsflüge** übernehmen.

Im Entscheid i.S. *Jaquet contre Club neuchâtelois d'aviation* qualifizierte das **Bundesgericht** einen Verein als Lufttransportführer, der seinen Mitgliedern eine Ballonfahrt verkauft hatte [7]. Ein Dritter hatte den Ballon mit dem Piloten zur Verfügung gestellt; der Neuenburger Verein war als Organisator aufgetreten, hatte von den Passagieren – darunter vom Kläger – den Beförderungspreis einkassiert und die öffentlichen Abgaben für die Fahrt bezahlt [8].

Auch der **deutsche Bundesgerichtshof** qualifizierte einen Verein als Lufttransportführer [9]. Der Kläger war Passivmitglied des Vereins. In dieser Eigenschaft war ihm erlaubt worden, mit einem Vereinsflugzeug einen Golfplatz zu besichtigen. Ein (aktives) Vereinsmitglied pilotierte das Flugzeug, das kurz nach dem Start abstürzte. Der Bundesgerichtshof ging davon aus, dass der Flug ausserhalb der luftsportlichen Betätigung des Vereins stattgefunden habe. Damit sei die Interessen- und Gefahrenlage gleich wie bei einem Luftbeförderungsvertrag. Der Verein sei deshalb als Lufttransportführer zu betrachten und die Beförderung unterstehe den Sondernormen des Lufttransportrechts.

Anders entschied das **Oberlandesgericht München**, das bei einem vergleichbaren Sachverhalt nicht den Verein, sondern den Piloten als Luftfrachtführer betrachtete [10].

Im Fall *Inter Consulter AG contre Aeroleasing S.A.* prüfte das **Bundesgericht**, ob die Beklagte als Partei des Beförderungsvertrages zu betrachten sei [11]. Der Geschäftsführer und Präsident der Beklagten vereinbarte mit der Klägerin (als deren Kunde) telefonisch einen Charterflug nach Saudi Arabien. Er wollte dort für die Gesellschaft Otrag Abklärungen vornehmen. Der Flug fand wie vereinbart statt. Die Klägerin stellte der Beklagten Rechnung über 63'961 Fr. Deren Geschäftsführer und Präsident wies die Klägerin an, die Rechnung auf einen Dritten auszustellen und weiterzuleiten; dieser wiederum liess die Rechnung auf die Otrag ausstellen. Otrag weigerte sich, die Forderung zu begleichen mit der Begründung, sie habe den Flug nicht bestellt. Das Bundesgericht prüfte nach schweizerischem Recht, ob zwischen dem Vertreter der Beklagten und der Klägerin ein Beförderungsvertrag zustandegekommen sei oder ob die Klägerin den Beförderungsvertrag mit der Otrag abgeschlossen habe und der Vertreter der Beklagten als deren Stellvertreter gehandelt habe [12].

Bei Beförderungen mit einem **privaten Luftfahrzeug** ist zu prüfen, ob ein Beförderungsvertrag vorliegt und wenn ja, wer als Lufttransportführer zu betrachten ist. Entscheidende Kriterien sind, wer sich gegenüber dem Passagier oder dem Absender zur Beförde-

---

7 BGE 83 II 231.
8 Anders wäre zu entscheiden, wenn der Ballonsportverein ausschliesslich mit aktiven Mitgliedern als Training eine Ballonfahrt durchführt; in diesem Fall ist die Beförderung nicht Zweck der Fahrt; es liegt kein Beförderungsvertrag vor, und der Verein kann nicht als Lufttransportführer qualifiziert werden; siehe auch GIEMULLA/SCHMID, Art. 1, N 34, vorne 14.
9 Urteil vom 5. Juli 1983, ZLW 1983, 363ff.
10 Urteil vom 11. Feb. 1983, bestätigt vom BGH mit Urteil vom 20. Dez. 1983 mit der Bemerkung, es bestünden «rechtliche Bedenken gegen die Auffassung [der Vorinstanz]; der beklagte Pilot (und nicht der zweitbeklagte Verein) habe den Flug als Luftfrachtführer durchgeführt», ZLW 1984, 171ff.
11 Urteil 8. Nov. 1983 SemJud 106, Nr. 15; ASDA-Bulletin 1984/1, 24.
12 Zur Kritik an diesem Entscheid vorne 87.

rung verpflichtet, wer den Flug organisiert, den Beförderungspreis entgegennimmt und die öffentlich-rechtlichen Pflichten im Zusammenhang mit dem Flug wahrnimmt.

Denkbar ist auch, dass ein **Fallschirmspringer**, der einen zweiten Fallschirmspringer im Tandemflug zu Boden führt, und ein **Deltaflieger**, der einen Passagier mitnimmt, als Lufttransportführer zu betrachten sind. Voraussetzung ist, dass die Parteien einen Beförderungsvertrag abschliessen.

Beim Transport von **Gütern** gilt als Luftfrachtführer, wer sich gegenüber dem Absender verpflichtet, die Ware zu befördern. In der Regel ist dies das Unternehmen, das den Luftfrachtbrief ausstellt und sich darin als Lufttransportführer bezeichnet [13]; unter bestimmten Voraussetzungen kann auch der Spediteur Lufttransportführer sein [14].

3. Besondere Fälle

a) Charterflüge

Bei Charterflügen stellt die Definition des Lufttransportführers spezielle Probleme [15]. An einer Beförderung mit einem Charterflug [16] sind in der Regel drei Parteien beteiligt. Der Vercharterer stellt ein betriebsbereites Flugzeug mit einer Besatzung unter seiner Befehlsgewalt und befördert damit Fluggäste und/oder Güter [17]. Die entsprechende Verpflichtung geht er im Chartervertrag gegenüber dem Charterer ein [18]. Dieser chartert das ganze Flugzeug, oder er chartert auf einem Kurs eine Anzahl Sitzplätze oder eine Frachtkapazität. Im ersten Fall bestimmt in der Regel der Charterer Zeit und Route der Beförderung [19]. In jedem Fall trägt er das finanzielle Risiko: er schuldet den Charterpreis unabhängig davon, ob er die vorhandene Beförderungskapazität an Dritte verkaufen kann oder nicht [20].

Die Qualifizierung der Rechtsverhältnisse bei Charterflügen ist umstritten. Das Bundesgericht bezeichnete den Vercharterer eines Luftballons als Hilfsperson, für deren Verhalten der Charterer aufgrund von Art. 101 OR einzustehen habe [21]. Nach dieser Auffassung ist der Charterer der Lufttransportführer, während zwischen dem Passagier

---

13 Entscheid des OLG Frankfurt vom 10. Jan 1978, ZLW 1978, 215ff.
14 Hinten 110.
15 Wegen dieser Schwierigkeiten wurde das Guadalajara-Abkommen ausgearbeitet, vorne 33f.
16 Hier wird unter dem Begriff Charterflug der sog. *Transportcharter* verstanden. Im Gegensatz dazu stellen sich beim *Mietcharter* keine Probleme: der Vercharterer vermietet dem Charterer ein Flugzeug mit Besatzung. Der Charterer tritt allein als Vertragspartei von Passagier und Absender auf und führt die Beförderung auf eigenes Risiko durch, GIMBEL 109f mit Verweisen; zum Chartervertrag insbes. mit Verweisen auf die Analogie zum Seerecht, STAEHELIN, Einführungskurs 1958, 89ff, siehe auch vorne 38.
17 In der Schweiz sind die bekanntesten Chartergesellschaften die Balair, die CTA, die Aeroleasing AG und die Classic Air; aber auch Liniengesellschaften können als Vercharterer auftreten, wenn sie Flüge ausserhalb des Linienverkehrs durchführen.
18 Der Vertrag zwischen Vercharterer und Charterer gilt als Vertrag sui generis, SCHWEICKHARDT, ZLW 1964, 15; SCHWENK 463; SCHEUCH 25.
19 SCHEUCH 25.
20 SCHWENK 463; SCHEUCH 25ff, siehe auch BGE 115 II 109 zum Chartervertrag gem. Art. 94 des BG über die Seeschiffahrt unter der Schweizerflagge, SR 747.30.
21 BGE 83 II 231.

und dem Vercharterer kein Vertragsverhältnis besteht. In Deutschland hat der Bundesgerichtshof den Chartervertrag als echten Vertrag zugunsten Dritter qualifiziert [22]. Diese Auffassung wird der Praxis am ehesten gerecht [23]: in der Regel schliesst der Charterer mit dem Passagier den Vertrag ab und händigt ihm die Beförderungsdokumente aus. Darin wird der Vercharterer als Lufttransportführer genannt, und als solcher tritt er auf. Er ist Anspruchsgegner für Reklamationen und für Schadenersatzansprüche, wenn er den Vertrag nicht richtig erfüllt. Es ist deshalb gerechtfertigt, die Sondernormen des Lufttransportrechts auf das Verhältnis zwischen dem Passagier oder Absender und dem Vercharterer anzuwenden. Diese Konstruktion fügt sich in den Zweck des Abkommens ein: es dient dazu, für den Lufttransportführer die Risiken aus dem Betrieb von Luftfahrzeugen zu limitieren. Er trägt das operationelle Risiko des Flugverkehrs und soll in den Genuss der Haftungslimiten kommen.

Untersteht die Beförderung dem Guadalajara-Abkommen, ist die Frage nach dem Lufttransportführer einfach zu beantworten: sowohl der Charterer wie auch der Vercharterer sind Lufttransportführer im Sinne des Warschauer Abkommens [24]; beide unterstehen gegenüber dem Passagier oder Absender den Sondernormen des Lufttransportrechts [25].

b) *Reiseveranstalter und Spediteur als Lufttransportführer*

Der **Reiseveranstalter** ist als Lufttransportführer zu betrachten, wenn er sich in eigenem Namen verpflichtet, den Passagier an den Bestimmungsort zu befördern [26]. Führt der Veranstalter die Beförderung nicht selber aus, setzt er die Fluggesellschaft als Erfüllungsgehilfen ein [27]. Es muss aus den Umständen des Vertragsschlusses hervorgehen, dass der Veranstalter den Flug nicht nur vermittelt hat, sondern die Beförderung selber organisiert hat. Im einzelnen bedeutet dies, dass der Passagier mit der Fluggesellschaft beim Abschluss des Vertrags keinen Kontakt hat und haben kann, dass er – bei einem Flug- und Landarrangement – einen Pauschalpreis bezahlt und der Veranstalter den Preis der Luftbeförderung nicht separat ausweist. Die Luftbeförderung ist Teil eines fixen Leistungspakets, und der Veranstalter unterstellt den ganzen Vertrag einheitlichen Bedingungen [28].

---

22 Urteil vom 17. Jan. 1985, NJW 1985, 1457f.
23 Ebenso SCHUPPISSER, SJZ 1988, 209; a.M. GIMBEL 130f, der den Vercharterer als Erfüllungsgehilfen des Charterers sieht; deshalb gebe es zwischen dem Vercharterer und dem Passagier keine vertragliche Beziehung; ebenso SCHWEICKHARDT, ZLW 1964, 23.
24 Vorne 38.
25 Zum Zusammenhang zwischen der Definition des Lufttransportführers und der Anwendung des Guadalajara-Abkommens hinten 117.
26 In bezug auf andere Leistungen eines Reisearrangements (z.B. Unterkunft) kann der Reiseveranstalter anderen Sondernormen unterstehen, die für den Reiseveranstaltungsvertrag als Dienstleistungsvertrag sui generis gelten (Werkvertragsrecht, Auftragsrecht), GIRSBERGER, 32ff; MILLER weist darauf hin, dass in Frankreich der Reiseveranstalter zunehmend als *partie à un contrat d'entreprise* und nicht als *partie à un contrat de transport* betrachtet werde, 266f.
27 SCHUPPISSER, SJZ 1988, 211. In einem analogen Fall betrachtete das Obergericht des Kantons Zürich eine Reederei als Erfüllungsgehilfen des Reiseveranstalters, Urteil vom 22.April 1986, ZR 1987, Nr. 54.
28 Urteil des Obergerichts des Kantons Basel-Landschaft vom 29. Jan. 1985, ASDA-Bulletin 1985/2, 95; SCHUPPISSER, SJZ 1988, 208; zur Abgrenzung zwischen Reisevermittlung und Reiseveranstaltungsvertrag ROBERTO 25; zur Haftung des Reiseveranstalters für ein Schiffahrtsunternehmen, ZR 1987, Nr. 54.

Es gibt Für und Wider, den Begriff des Reiseveranstalters weit zu definieren: der Passagier hat ein Interesse daran, den Partner, mit dem er den Vertrag abgeschlossen hat, für alle versprochenen Leistungen ins Recht zu fassen. Auf der anderen Seite ist zu beachten, dass der Veranstalter, sofern er Lufttransportführer ist, gegebenenfalls dem Warschauer Abkommen unterliegt und damit u.a. in den Genuss der limitierten Haftung kommt. Unabhängig davon, ob der Reiseveranstalter als Lufttransportführer qualifiziert wird, haftet er für die sorgfältig Erfüllung der vertraglich übernommenen Pflichten [29].

Im Fall *Leguillon gegen African Safari Club* qualifizierte das **Obergericht des Kantons Basel-Land** den Reiseveranstalter zurecht als Lufttransportführer. Der Kläger hatte zusammen mit seiner beim Absturz getöteten Frau bei der Beklagten ein Arrangement für eine Safari gebucht. Es bestand aus einem Flug Basel-Mombasa-Basel, Hotelunterkunft und einer dreitägigen Flugsafari. Auf dieser, von einer lokalen Fluggesellschaft ausgeführten Luftbeförderung, verunglückten der Kläger und seine Frau. Das Gericht stellte darauf ab, dass die Beklagte den Vertrag für die Flugsafari in eigenem Namen ohne Nennung der kenianischen Fluggesellschaft abgeschlossen habe (Erw. 3c) [30]. Der Absturz beschäftigte auch das **Bundesgericht** [31]. Es fällte keinen Entscheid in der Sache und wies den Fall wegen Verletzung von Art. 8 ZGB an die Vorinstanz zurück. Die Umstände des Vertragsschlusses seien genau abzuklären, um beurteilen zu können, ob ein Reiseveranstaltungsvertrag oder ein blosser Vermittlungsauftrag anzunehmen sei [32].

Das **Amtsgericht Köln** qualifizierte ein Reisebüro als Lufttransportführer [33]; der Kläger wurde auf dem ursprünglich vorgesehenen Flug nicht befördert, weil dieser überbucht war. Das Reisebüro organisierte einen Ersatzflug und den Transport zum neuen Abflugsort. Damit habe die Beklagte für den Ortswechsel verantwortlich gezeichnet.

Der **Spediteur** ist Luftfrachtführer, wenn er den Transport mit eigenen Mitteln durchführt [34] oder wenn er sich selbständig verpflichtet, die Fracht zu einem fixen Preis für Verpackung, Kosten für die Luftfracht und Unkosten an den Bestimmungsort zu befördern [35]. Der Absender kennt den Preis für die Beförderung nicht, und der Spediteur stellt in eigenem Namen Rechnung. Er beschränkt sich nicht darauf, die Beförderung der Fracht in eigenem Namen und auf fremde Rechnung zu vermitteln [36], sondern kauft auf bestimmten Kursen Frachtkapazität, die er auf eigenes Risiko verkauft. Indiz dafür, dass der Spediteur Lufttransportführer ist, kann der Luftfrachtbrief sein: der Spediteur bezeichnet sich darin als Lufttransportführer [37]. Anhaltspunkte sind auch die Art und Weise des Vertragsschlusses (kein Kontakt zwischen Absender und Fluggesellschaft) und das Auftreten des Spediteurs in Werbung und auf Briefpapier [38].

---

29 Siehe auch STAEHELIN, ASDA-Bulletin 1980, 23ff.
30 ASDA-Bulletin 1985/2, 99f.
31 BGE 111 II 270.
32 BGE 111 II 275f.
33 Urteil vom 5. Juli 1985, ZLW 1986, 84ff.
34 Die Allgemeinen Bedingungen des Schweizerischen Spediteurverbandes sprechen von Selbsteintritt, Art. 1, Abs.2 Ausgabe 1980; siehe dazu auch JUNGFLEISCH, Der Selbsteintritt des Spediteurs, Diss. Giessen, 1984.
35 Entscheid des BGH vom 10. Okt 1985, ZLW 1986, 260; SCHONER, Air Law 1980, 13f; Übersicht über die Stellung des Spediteurs (freight forwarders) in den verschiedenen Rechtskreisen, SCHONER, Air Law 1980, 2ff; siehe auch SCHONER, TranspR 1979, 57; TETLEY, EuropTR 1987, 79ff.
36 So die Definition des Spediteurs in Art. 439 OR.
37 Urteil des OLG Frankfurt vom 10. Jan. 1978, ZLW 1978, 216; Spediteur als Lufttransportführer abgelehnt im Entscheid des BGH vom 2. Juli 1979, weil dieser die Beförderung nur vermittelt hatte und im Luftfrachtbrief eine Fluggesellschaft als Transporteur eingetragen war, ZLW 1980, 438f; SCHONER, Air Law 1980, 14f.
38 Siehe auch Urteil des BGH vom 22. April 1982, ZLW 1982, 378ff; SCHONER, Air Law 1980, 13ff; zur Abgrenzung zwischen Speditions- und Frachtvertrag siehe auch ISLER, SJZ 1990, 243ff.

Luftfrachtführer kann auch der Sammellade-Spediteur (*air freight forwarder*) sein. Er organisiert typischerweise die Beförderung, bezahlt Verpackung, Frachtpreis, Versicherungen und Zölle und belastet dem Absender einen prozentualen Anteil der gesamten Kosten [39].

Der **deutsche Bundesgerichtshof** betrachtete einen (Sammellade-) Spediteur als Lufttransportführer, weil er den Luftfrachtbrief unterzeichnet hatte und der Absender aus seinem Verhalten annehmen durfte, dass der Spediteur den Vertrag als Lufttransportführer abgeschlossen habe: auf dem Luftfrachtbrief waren neben den AGB des Spediteurs diejenigen des Luftfrachtführers abgedruckt, und es war nicht ersichtlich, dass der Spediteur sich auf die Vermittlung des Güterversandes durch einen Dritten beschränke [40].

Untersteht die Beförderung dem **Guadalajara-Abkommen**, sind der Reiseveranstalter und unter bestimmten Voraussetzungen auch der Spediteur [41] als vertragliche Lufttransportführer zu betrachten. Sie unterstehen aufgrund des Guadalajara-Abkommens dem Warschauer Abkommen [42].

4. Leute des Lufttransportführers

Der Lufttransportführer kann den Beförderungsvertrag oft nur mit der Hilfe von Dritten erfüllen; Leistungen, die der Lufttransportführer gegenüber dem Passagier oder dem Absender versprochen hat, erbringt der Dritte. Diese Erfüllungsgehilfen (das Warschauer Abkommen verwendet den Begriff «préposés», in der amtlichen Übersetzung wird er mit dem Begriff «Leute» übersetzt, Art. 20, Art. 25, Art. 25 A WA) sind Angestellte des Lufttransportführers, oder es sind Dritte, die der Lufttransportführer verpflichtet hat, eine bestimmte Leistung zu erbringen, damit er den Beförderungsvertrag erfüllen kann [43]. Nicht notwendig ist, dass die Hilfsperson zum Lufttransportführer in einem Subordinationsverhältnis steht [44]. Entscheidend ist, dass die Hilfsperson aufgrund einer rechtlichen Beziehung zum Lufttransportführer an der Erfüllung des Beförderungsvertrages beteiligt ist und der Lufttransportführer ein Weisungsrecht hat [45]. Unter diesen Voraussetzungen hat der Lufttransportführer für das Verhalten der Hilfspersonen einzustehen; er kann sich gleichzeitig darauf berufen, dass die Haftungslimiten des Abkommens auch für seine Leute gelten, wenn sie in Ausführung ihrer Verrichtungen gehandelt haben [46].

---

39 TETLEY, EuropTR, 1987, 79ff.
40 Urteil vom 22. April 1982, ZLW 1982, 378ff; siehe auch Urteil der Cour d'appel de Grenoble vom 26. April 1989, RFDA 1989, 253.
41 Vorne 39; zur Abgrenzung zwischen vertraglichem Luftfrachtführer und Spediteur SCHONER, Air Law 1980, 9ff.
42 Zum Zusammenhang zwischen der Auslegung des Begriffs «Lufttransportführer» und der Anwendung des Guadalajara-Abkommens hinten 117.
43 Ausführlich dazu SCHMID, Arbeitsteiligkeit; ders. in RFDA 1986, 165ff; GIEMULLA/SCHMID, Art. 20 N 24ff; GERBER 21 FN 116.
44 GIEMULLA/SCHMID, Art. 20 N 28 mit Verweisen.
45 Siehe Urteil des Kantonsgerichts St. Gallen vom 20. Nov. 1970; danach ist der Zwischenspediteur Hilfsperson des Spediteurs, SJZ 1973, 359f. und Urteil des BGH vom 14. Feb. 1989, ZLW 1989, 254.
46 Hinten 261.

«Leute» i.S. des Warschauer Abkommens entsprechen dem Erfüllungsgehilfen i.S. von Art. 101 OR [47].

Es ist unter den Fluggesellschaften Usanz, sich gegenseitig als **handling agent** zu verpflichten. Dieser fertigt für die andere Gesellschaft Passagiere, Gepäck und Fracht ab, liefert Gepäck, Fracht und Postsendungen aus, übernimmt Be- und Entladung und Betankung des Flugzeuges, operationelle Aufgaben sowie Cateringdienste. Er wird damit zu deren Hilfsperson, die in die Kategorie der «Leute» i.S. des Warschauer Abkommens fällt [48]. Das gleiche gilt für den Lagerhalter, der beförderte Fracht vor der Auslieferung an den Empfänger aufgrund einer Vereinbarung mit dem Lufttransportführer aufbewahrt [49]. Zu den Leuten des Lufttransportführers zählte der Bundesgerichtshof auch den Chauffeur eines Lastwagens, der den Angestellten des Lufttransportführers beim Abladen des Frachtgutes half [50]. Keine Hilfsperson des Lufttransportführers ist dagegen die Flughafenbetriebsgesellschaft [51].

Im Entscheid *Lufthansa AG contre La Neuchâteloise, Compagnie Suisse d'Assurances Générales* hatten die **Cour de justice des Kantons Genf** und das Bundesgericht zu beurteilen, ob sich der Luftfrachführer (Lufthansa) das Verhalten seines *handling agent* (Swissair) anrechnen lassen müsse [52]. Das Gericht ging davon aus, die Swissair habe als Stellvertreterin der Lufthansa i.S. von Art. 32 OR gehandelt (Erw. 3 b). Mit dieses Qualifizierung des Verhältnisses zwischen Luftfrachführer und handling agent setzte sich das Gericht in Widerspruch zu seiner eigenen Umschreibung des Handling-Vertrages: *handling agent* bedeute, «que la compagnie suisse [Swissair] met son personnel et ses installations au service de la compagnie allemande et se charge notamment, pour elle, de toute manutention concernant le fret qui, en principe, incomberait à celle-ci» (Erw. a). Diese Definition lässt kaum zu, den handling-Vertrag als Stellvertretung zu qualifizieren [53]. Eher handelt es sich um einen Dienstleistungsvertrag sui generis, der dazu führt, dass der handling agent gegenüber Dritten Hilfsperson (Leute) des Lufttransportführers wird.

Der **deutsche Bundesgerichtshof** entschied, dass ein Pilot einer Fluggesellschaft, der eigenmächtig Personen befördert, obwohl er nur beauftragt war, ein Flugzeug leer zu überführen, nicht zu den «Leuten» des Lufttransportführers gehört [54].

Zu den Leuten des Lufttransportführers gehört auch derjenige, der ihm ein Luftfahrzeug mit Mannschaft vermietet (wet lease) [55].

Strittig kann sein, ob ein an Bord eines Flugzeuges zufällig mitreisender Arzt, der aufgrund einer Aufforderung durch die Besatzung für einen Passagier tätig wird, als Hilfsperson des Lufttransportführers zu betrachten ist. Die Fluggesellschaften gehen davon aus, dass sich in den meisten Flugzeugen unter den Passagieren eine medizinisch qualifizierte Person befindet, die im Notfall einen erkrankten Passagier betreuen kann. Sie halten für diese Fälle spezielle Notfalltaschen bereit. Aus dieser Tatsache allein kann jedoch nicht abgeleitet werden, dass der Arzt als Hilfsperson des Lufttransportführers handelt: mit der Hilfeleistung erfüllt er unter diesen Voraussetzungen keine vertragliche oder ausservertragliche Pflicht des Lufttransportführers.

---

47 Zur Frage, ob der Zwischenspediteur Erfüllungsgehilfe des Spediteurs sei siehe Urteil des KG St. Gallen vom 20. Nov. 1970, SJZ 1973, 359f.
48 Siehe auch Entscheid des Bundesgerichts vom 26. März 1986 i.S. *Lufthansa AG contre La Neuchâteloise, Compagnie Suisse d'Assurances Générales*, ASDA-Bulletin 1987/2, 3; Entscheide der kantonalen Instanzen in der gleichen Sache RFDA 1986, 549ff.
49 Urteil des OLG Frankfurt vom 1. Februar 1972, ZLW 1972, 276ff.
50 Urteil vom 27. Okt 1978, ZLW 1980, 66.
51 Urteil der Corte d'Appellazione Milano vom 13. Okt. 1987, Hinweis in ZLW 1988, 334.
52 Urteile vom 30. Okt. 1985 und 26. März 1986, ASDA-Bulletin 1987/2, 6ff.
53 Zur Stellvertretung allgemein BUCHER 596ff.
54 Urteil vom 14. Feb. 1989, ZLW 1989, 252ff.
55 BGE 85 II 238, vorne 40.

Anders ist die Situation, wenn Leute des Lufttransportführers einen Unfall verursachen und der Arzt bemüht wird, um die Folgen dieses Unfalls zu behandeln. In der Praxis wird diese Rechtsfrage nicht von entscheidender Bedeutung sein. In der Regel deckt die Haftpflichtpolice der Fluggesellschaften jeden Einsatz eines Arztes an Bord eines Flugzeuges.

Bei der Frage, wer als Hilfsperson des Lufttransportführers zu betrachten ist, können sich im Zusammenhang mit der Anwendung des **Guadalajara-Abkommens** Abgrenzungsschwierigkeiten ergeben. Ein Erfüllungsgehilfe des Lufttransportführers kann gleichzeitig ausführender Lufttransportführer i.S. des Guadalajara-Abkommens sein [56]. Untersteht die Beförderung dem Guadalajara-Abkommen, erübrigt es sich zu prüfen, ob der ausführende Lufttransportführer als Hilfsperson des (vertraglichen) Lufttransportführers zu betrachten ist. Als spezielle Norm geht das Guadalajara-Abkommen vor. Es unterstellt sowohl den vertraglichen als auch den ausführenden Lufttransportführer dem Warschauer Abkommen [57].

Im Rahmen der Zusammenarbeit zwischen Fluggesellschaften auf internationalen Routen wird immer häufiger das sog. **code sharing** angewendet. Es bedeutet, dass eine Fluggesellschaft Beförderungen an einen Bestimmungsort mit einem eigenem Kurs verkauft, obwohl sie den Ort nicht selber anfliegt. Sie hat mit einer anderen Fluggesellschaft vereinbart, auf einem bestimmten Flug dieser anderen Gesellschaft eine Anzahl Plätze zu verkaufen. Dieser Flug trägt in der Regel eine Kursnummer von beiden Gesellschaften. Im Beförderungsdokument wird unter der Rubrik «Transporteur» («carrier») die vertragsschliessende Gesellschaft eingetragen. Mit dem code-sharing wollen die beiden Gesellschaften erreichen, dass die Passagiere oder die Fracht automatisch auf die Maschine des Partners gebucht werden. Wenn Fluggesellschaften aus kommerziellen Gründen Leistungen Dritter als eigenes Produkt verkaufen, müssen sie für die Erfüllung durch den Dritten einstehen. Untersteht die Beförderung dem Guadalajara-Abkommen, spielt es keine Rolle, wie die beiden an der Beförderung beteiligten Gesellschaften qualifiziert werden: beide unterstehen als Lufttransportführer dem Warschauer Abkommen. Untersteht die Beförderung nicht dem Guadalajara-Abkommen [58], ist gegenüber dem Passagier oder Absender die vertragsschliessende Gesellschaft Lufttransportführer und die ausführende Gesellschaft ist als deren Hilfsperson zu betrachten.

5. Agenten des Lufttransportführers

a) Der Reise- oder Frachtagent

Bei der Beförderung von Personen schliesst der Agent als ständiger Vertreter der Fluggesellschaft in ihrem Namen [59] und auf ihre Rechnung mit dem Passagier einen Beförderungsvertrag ab [60]. Als Entgelt kassiert der Agent eine Kommission, die einen bestimmten prozentualen Anteil des Beförderungspreises ausmacht. Ein Passagier, der

---

56 Vorne 36.
57 Zum Zusammenhang zwischen der Auslegung des Begriffs «Lufttransportführer» und der Anwendung des Guadalajara-Abkommens hinten 117.
58 Vorne 41f.
59 Zur besonderen Stellung des IATA-Agenten in bezug auf den Anspruch auf die Zahlung des Flugpreises siehe übernächster Absatz.
60 STAEHELIN, Flugschein 411, weist zu Recht darauf hin, dass der Agent den Beförderungsvertrag für Personen nicht vermittelt.

in einem Reisebüro einen Beförderungsvertrag reserviert bzw. bucht [61], schliesst mit der Fluggesellschaft einen Vertrag ab [62].

Die IATA als eine private Vereinigung von Fluggesellschaften hat ein weltweites Netz von Agenten aufgebaut. Diese vertreten aufgrund eines von der IATA formulierten Standard-Vertrages Fluggesellschaften, die in der IATA zusammengeschlossenen sind. Dabei vertritt der IATA-Agent jedoch nicht alle IATA-Fluggesellschaften, sondern nur diejenigen, die ihn bevollmächtigt haben [63].

Reisebüros, die sich als Vertreter der IATA-Gesellschaften qualifizieren wollen, müssen einen von der IATA vorgegebenen Qualitätsstandard erfüllen. Rechte und Pflichten des IATA-Agenten sind im *agency agreement* festgehalten [64]. Dieser Vertrag sieht vor, dass das Reisebüro den Preis für den Flugschein in seinem eigenen Namen einzieht, wenn auch auf Rechnung der IATA-Fluggesellschaften. Damit handelt der Agent als Inhaber des Anspruchs auf Zahlung des Flugpreises als indirekter Vertreter. Diese Stellung erhält er aufgrund eines Auftrages und nicht in Ausführung des eigentlichen Agenturvertrages, weil der Abschlussagent direkter Vertreter ist [65].

Bei der Beförderung von Fracht ist die Stellung des Frachtagenten weniger einfach zu definieren, weil der Frachtagent gleichzeitig verschiedene Funktionen erfüllen kann. Er schliesst als Vertreter der Fluggesellschaft in ihrem Namen und auf ihre Rechnung Beförderungsverträge ab.

Auch für die Beförderung von Fracht hat die IATA ein weltweites Netz von Agenten aufgebaut. Es ist nach den gleichen Grundsätzen organisiert wie die IATA-Agenturen für den Verkauf von Personenbeförderungen.

Die Doppelvertretung ist nach schweizerischem Recht nur zulässig, wenn damit keine Interessenkollision verbunden ist und die Vertretenen nicht benachteiligt werden [66]. Das ist der Fall, wenn der Vertrag zu einem festen Marktpreis abgeschlossen werden kann [67]. Beförderungsverträge für Fracht erfüllen diese Voraussetzungen: Frachttarife und Beförderungsbedingungen sind durch die betreffenden Staaten bzw. durch die IATA verbindlich festgelegt.

Übernimmt der Spediteur selber die Beförderung der Fracht, wird er Luftfrachtführer [68].

---

61 Zur Terminologie vorne 104f.
62 Anders, wenn das Reisebüro als Reiseveranstalter auftritt, vorne 109; siehe auch MILLER 265f, 271f.
63 STAEHELIN, Flugschein 410.
64 COOPER 27ff; RUDOLF, ZLW 1979, 421ff mit Hinweis auf die deutsche Gerichtspraxis in bezug auf die Provisionsansprüche von Reisebüros aus dem Verkauf von Flugscheinen (Urteil des Bundesgerichtshofes vom 13. März 1979); STAEHELIN, Studientagung 1972, 37ff; LESTER, RdC 135 [1972], 433ff; zu wirtschaftlichen Aspekten der IATA-Reiseagenturen ELZINGA, JALC 44 [1978] 47f; ABEYRATNE, Air Law 1986, 2ff; THORNTON, JALC 52 [1986] 371ff.
65 BGE vom 23. April 1982 i.S. *Konkursmasse Avi Voyages gegen Swissair*, Pra 71, 449; RFDA 1984, 106ff mit Hinweisen zur französischen Literatur; zur Frage, ob der Agent das finanzielle Risiko trägt, wenn er Flugscheine auf Kredit verkauft, Entscheid des BGH vom 31. März 1982, ZLW 1983, 40ff; zur Stellung des Agenten nach französischem und amerikanischem Recht, MILLER, 265f, 271f.
66 BGE 39 II 566 ff; BUCHER 638f; macht der Agent bei der Reservation einen Fehler, hat sich der Lufttransportführer dessen Verhalten anrechnen zu lassen, Urteil des LG Frankfurt vom 15. Jan. 1988, ZLW 1990, 408.
67 BUCHER 639.
68 Vorne 109; siehe auch Urteil des Handelsgerichts des Kantons Bern vom 10. Dezember 1975 i.S. *Concord Watch Company SA gegen Goth & Cie AG*, ASDA-Bulletin 1978/1, 22.

b) Fluggesellschaften als gegenseitige Agenten bei Sukzessivbeförderungen

An einer internationalen Beförderung, die verschiedene Strecken umfasst, können mehrere Lufttransportführer beteiligt sein. Die Parteien vereinbaren bei Vertragsschluss, dass verschiedene Fluggesellschaften den Passagier oder die Ware je über einen bestimmten Streckenabschnitt an den Bestimmungsort bringen *(Sukzessivbeförderung* [69]*)*. Jede Fluggesellschaft wird für den von ihr übernommenen Teil der Beförderung Partei des Luftbeförderungsvertrages (Art. 30 Abs.1 WA). Diejenige, welche die Beförderung mit dem Dritten verkauft, handelt als Agent und wird gegenüber dem Passagier oder dem Absender für diese Strecke nicht Lufttransportführer [70].

Die gegenseitige Vertretung der Fluggesellschaften beruht auf dem *Interline Agreement*, das die IATA ausgearbeitet hat. Die Vereinbarung regelt insbesondere die Abrechnung für Beförderungen, welche eine Fluggesellschaft für die andere verkauft oder ausführt.

6. Übertragung der Beförderung auf einen anderen Lufttransportführer

Der Lufttransportführer, der mit dem Passagier oder Absender den Beförderungsvertrag abgeschlossen hat, kann die Beförderung oft nicht selber ausführen. Er beauftragt einen Dritten, die Passagiere und die Fracht eines ausgefallenen Kurses zu befördern, oder er bietet den Passagieren oder Absendern individuelle Alternativen an, den Bestimmungsort zu erreichen. Entweder indossiert [71] der erste Lufttransportführer die ursprünglichen Beförderungsdokumente, oder er stellt neue aus.

Auch der Passagier oder der Absender kann nach Abschluss des Vertrages seine Pläne ändern: er will zu einem andern Zeitpunkt und/oder mit einer anderen Fluggesellschaft reisen.

Die geschilderten Sachverhalte haben unterschiedliche Rechtsfolgen. Wenn der Lufttransportführer ohne die Zustimmung des Passagiers oder Absenders einen Dritten beauftragt, die Beförderung auszuführen, bleibt er als vertragschliessende Partei Lufttransportführer i.S. des Warschauer Abkommens. Derjenige, der die Beförderung ausführt, ist Hilfsperson des Lufttransportführers («Leute» i.S. des Abkommens). Gegebenenfalls ist das Guadalajara-Abkommen anwendbar [72].

In den Vertragsbedingungen behalten sich die meisten Fluggesellschaften die Substitution durch einen Dritten vor; sie halten fest, dass der Transportführer «ohne Vorankündigung andere Transportführer mit der Beförderung betrauen [kann]» [73]. Selbst wenn die zitierte Bestimmung Bestandteil des Vertrages geworden ist [74], bewirkt sie nicht, dass der erste und vertragschliessende Lufttransportführer aus den übernommenen Verpflichtungen entlassen ist [75]. Gegebenenfalls kann der Geschädigte unter dem Guadalajara-Abkommen direkt gegen ihn vorgehen.

---

69 Art. 1, Abs.3 WA, vorne 11; eine Strecke unter einem sog. *code sharing* ist keine Sukzessivbeförderung, vorne 113.
70 Art. 5 der Vertragsbedingungen der IATA; zur Inanspruchnahme bei Sukzessivbeförderungen aufgrund von Art. 30 Abs.2, 3 WA hinten 272.
71 Siehe folgenden Abschnitt.
72 Vorne 33f; siehe auch Urteil des Amtsgerichts Frankfurt vom 5. Dez. 1988, ZLW 1989, 274f.
73 Ziff. 9 der Vertragsbedingungen der IATA.
74 Hinten 122ff.
75 Siehe auch GIEMULLA/SCHMID, Art. 3 N 14.

Wie die Übertragung der Beförderung auf einen anderen Lufttransportführer rechtlich zu qualifizieren ist, entscheidet das anwendbare Landesrecht [76]. Bei der Beförderung von Fracht wird der Dritte in der Regel als Unterfrachtführer bezeichnet [77].

In der Praxis wird die Übertragung des Flugscheins als «Indossament» (endorsement) bezeichnet [78]. Die Übertragung des Flugscheins ist nach schweizerischem Recht je nach Sachverhalt als interne oder externe Schuldübernahme zu qualifizieren [79]. Nur im zweiten Fall wird das Verhältnis zwischen dem ersten Lufttransportführer und dem Passagier oder Absender betroffen. Mit der Schuldübernahme ist der zweite Lufttransportführer ausschliesslich zuständig für die Erfüllung des Beförderungsvertrages; der bisherige Lufttransportführer ist befreit [80]. Die übernommene Schuld, d.h. die geschuldete Beförderung an den Bestimmungsort bleibt unberührt.

Im Entscheid des **Bundesgerichts** i.S. *Panagra, Pan American-Grace Airways, Inc.* gegen *Nouvelle Fabrique Election SA* beauftragte der vertragsschliessende Luftfrachtführer KLM die Swissair damit, ein Frachtgut von Zürich nach Amsterdam zu befördern. Das Gut sollte von Zürich nach Arica (Peru) gebracht werden. Obwohl der für die Beförderung von Amsterdam nach Curaçao und Panama gewählte Kurs der KLM in Zürich eine Landung vorgesehen hatte, zog KLM es vor, die Fracht bereits in Amsterdam zu laden. Damit konnte sie das Risiko ausschalten, dass die Fracht in Zürich wegen mangelnder Kapazität liegenblieb. Strittig war in diesem Fall, ob die Swissair (erster) Luftfrachtführer geworden war und damit für den während der Beförderung eingetretenen Schaden aufgrund von Art. 30 WA solidarisch haftete. Das Bundesgericht betrachtete die Swissair als ersten Luftfrachtführer und bejahte die Passivlegitimation aufgrund von Art. 30 WA. Der Entscheid ist in der Literatur kritisiert worden [81], weil auf dem Luftfrachtbrief die KLM als erster Luftfrachtführer eingetragen und die Beförderung durch die Swissair nur in der Beschreibung der Strecke festgehalten war. Der Kritik ist grundsätzlich zuzustimmen, soweit sie fordert, dass die vertragsschliessende Partei als (erster) Luftfrachtführer gilt. Wenn sie sich – ohne die Zustimmung des Absenders – durch andere Gesellschaften substituieren lässt, soll der Absender sie als Ansprechpartner behalten können. Dies gilt jedoch nicht, wenn die Parteien vereinbaren, dass ein Dritter die Fracht über die erste Teilstrecke befördert und den Frachtbrief nicht den Tatsachen entsprechend ausfüllen. Das war hier der Fall, und der Entscheid des Bundesgerichts erscheint unter diesen Umständen im Ergebnis richtig [82].

Ändert der Passagier nach Abschluss des Vertrages seine Pläne und benützt er einen anderen als den ursprünglich vorgesehenen Lufttransportführer, schliesst er einen neuen Beförderungsvertrag ab [83].

Handelt es sich um eine Beförderung zum Normaltarif, wird der zweite Lufttransportführer die Zahlung an den ursprünglichen Lufttransportführer als Begleichung des Beförderungspreises anerkennen, weil er aufgrund des *IATA-Interline Agreements* Anspruch hat auf diesen Betrag.

---

76 Vorne 78ff.
77 GIEMULLA/SCHMID, Art. 1 N 15ff.
78 So die in der Branche gebräuchliche Umgangssprache. Faktisch geht es darum, dass die erste Fluggesellschaft vom Passagier oder Absender den Beförderungspreis einkassiert hat und sich mit dem «Indossament» gegenüber dem zweiten Luftfrachtführer verpflichtet, ihm den Beförderungspreis zu erstatten. Diese Verpflichtung ist kein Indossament i.S. des OR, weil Indossamente nach dem OR nur bei Orderpapieren möglich sind; ein Flugschein ist kein Orderpapier, sondern eine Urkunde mit Präsentations- und Legitimationsklausel, hinten 135ff.
79 Zur Abgrenzung GAUCH/SCHLUEP, N 2284ff.
80 GAUCH/SCHLUEP, N 2307 mit Verweisen.
81 GULDIMANN, Art. 30, N 20.
82 Siehe auch Hinweise auf zwei deutsche Entscheide bei SCHMID/BRAUTLACHT, ZLW 1988, 221f.
83 Anspruchsgegner für Schadenersatzansprüche ist deshalb ausschliesslich der zweite Lufttransportführer; siehe auch Urteil der Cour d'appel d'Aix-en-Provence vom 26. April 1989, RFDA 1989, 257ff.

Handelt es sich um einen Spezialtarif, wird er die Zahlung an den andern Lufttransportführer nur anerkennen, wenn sich dieser durch ein «Indossament» [84] verpflichtet, den einkassierten Beförderungspreis an ihn weiterzugeben.

7. Definition des Lufttransportführers und die Anwendung des Guadalajara-Abkommens

Die Definition des Lufttransportführers wirkt sich auf die Anwendung des Guadalajara-Abkommens aus. Wenn sich an einer Beförderung verschiedene Transportführer beteiligen, sind die sachlichen Voraussetzungen zur Anwendung des Guadalajara-Abkommens erfüllt [85]. Sie erübrigt sich jedoch, wenn der Begriff des Lufttransportführers unter dem Warschauer Abkommen so weit gefasst wird, dass er sowohl den vertraglichen als auch den ausführenden Transportführer umfasst. Der Reiseveranstalter, der unter dem Guadalajara-Abkommen vertraglicher Lufttransportführer ist, kann bei einer weiten Auslegung des Begriffs als Lufttransportführer i.S. des Warschauer Abkommens gelten. In diese Richtung geht die neuere Gerichtspraxis [86]. Das Gleiche gilt in bezug auf den ausführenden Lufttransportführer: eine weite Auslegung des Begriffs «Lufttransportführer» deckt Dritte, die sich an einer Beförderung aufgrund eines Auftrages des Lufttransportführers beteiligen und seine Hilfspersonen sind. Je weiter der Begriff «Lufttransportführer» gefasst wird, desto eher erübrigt es sich, auf eine Beförderung das Guadalajara-Abkommen anzuwenden.

Die geringe Anzahl von Gerichtsfällen, die aufgrund des Guadalajara-Abkommens entschieden wurden, dürfte nicht zuletzt damit zu erklären sein, dass viele Richter das Guadalajara-Abkommen nicht kennen. Ein weiterer Grund besteht darin, dass im Vergleich mit dem Warschauer Abkommen weit weniger Staaten das Guadalajara-Abkommen ratifiziert haben.

Die Umgehung des Guadalajara-Abkommens hat für den Geschädigten Nachteile: die solidarische Haftung des vertraglichen und ausservertraglichen Lufttransportführers entfällt [87]; er verliert auch die zusätzlichen Gerichtsstände, die das Guadalajara-Abkommen einräumt [88].

B. *Der Passagier*

1. Definition

Das Warschauer Abkommen definiert den Begriff «Passagier» nicht [89]. Art. 24 überlässt es dem Landesrecht, zu bestimmen, wer aus dem Beförderungsvertrag berechtigt und verpflichtet wird. Auch das LTR enthält keine entsprechende Definition. Dagegen

---

84 Vorne 116.
85 Vorne 35f.
86 Vorne 113.
87 Zur Ausgestaltung der solidarischen Haftung zwischen vertraglichem und ausführendem Lufttransportführer unter dem Guadalajara-Abkommen hinten 252.
88 Hinten 292.
89 Damit lässt es offen, wer Schadenersatzansprüche aus der Schlecht- oder Nichterfüllung des Vertrages geltend machen kann, hinten 271.

bestimmen die meisten Fluggesellschaften in den Beförderungsbedingungen, wer als Passagier gilt [90].

Passagier ist die Person [91], welche der Lufttransportführer aufgrund eines Beförderungsvertrages oder aus Gefälligkeit befördert oder befördern soll [92]. Keine Passagiere sind Personen, die sich aufgrund eines anderen Rechtsverhältnisses zum Lufttransportführer an Bord befinden (Besatzung, die im Dienst ist [93]).

Ein Flugzeugmechaniker, der nicht als Mitglied der Besatzung mitfliegt, sondern um auf einer Aussenstation ohne technisches Personal Wartungsarbeiten am Flugzeug vorzunehmen, ist kein Passagier [94].

2. Nichtübertragbarkeit des Flugscheins

Der Lufttransportführer stellt den Flugschein in der Regel [95] auf den Namen des Passagiers aus. In den Beförderungsbedingungen hält er fest, dass der Flugschein nicht auf Dritte übertragbar ist [96]. Nach Art. 29 f) des Abkommens von Chicago muss ein Luftfahrzeug auf internationalen Flügen eine Liste der Fluggäste mitführen. Diese öffentlich-rechtliche Vorschrift ist einer der Gründe, warum Fluggesellschaften die Übertragbarkeit des Flugscheines in den Beförderungsbedingungen ausschliessen [97].

Die Pflicht, eine Passagierliste zu führen, ist jedoch nicht der entscheidende Grund, die Übertragbarkeit von Flugscheinen auszuschliessen. Mit der Computerisierung in der Luftfahrt sind Änderungen von Passagiernamen ohne weiteres zu bewältigen. Hinter der restriktiven Praxis der Fluggesellschaften stehen Bedenken, mit der freien Übertragbarkeit von Flugscheinen könnten Tarifvorschriften umgangen werden. Ob der Transportführer die Übertragbarkeit zu Recht verbietet, beurteilt sich nach dem anwendbaren Landesrecht.

Das schweizerische Recht erlaubt es, die Abtretung einer Forderung (Anspruch auf Beförderung) vertraglich auszuschliessen. Die entsprechende Vereinbarung muss Bestandteil des Vertrages sein; das bedeutet, dass die entsprechenden Vertrags- und Beförderungsbedingungen, welche die Rechte des Passagiers in dieser Hinsicht beschränken, vom Konsens der Parteien gedeckt sind [98].

---

90 Nach Art. I 1. der Beförderungsbedingungen der Swissair (Passagiere) gilt als Fluggast «jede Person, die mit dem Einverständnis des Transportführers an Bord eines Flugzeuges befördert wird oder befördert werden soll, ausgenommen Mitglieder der Besatzung».
91 Leichen sind gemäss LTR als Fracht zu betrachten, vorne 15.
92 Diese Definition deckt sich mit der Anspruchsberechtigung für Schadenersatzansprüche; siehe auch GIEMULLA/SCHMID, Art. 17 N 40.
93 Dagegen sind Angestellte des Lufttransportführers, die sich auf einem Frei- oder Dienstflug befinden, als Passagiere zu betrachten, die mit dem Lufttransportführer einen Beförderungsvertrag abgeschlossen haben, vorne 14.
94 Urteil des U.S. District Court S.D.N.Y., bestätigt vom U.S. Court of Appeals (2nd Cir.), Hinweis bei GIEMULLA/SCHMID, ZLW 1992, 127.
95 Auf einigen Strecken stellen Fluggesellschaften Flugscheine aus, die den Namen des Passagiers nicht nennen (z.B. auf den sog. *shuttle flights* in den USA).
96 So Art. 1 Ziff. 3. der Beförderungsbedingungen der Swissair; die Bestimmung behält vor, dass der Transportführer, wenn er gutgläubig ist, auch an einen Dritten befreiend leisten kann.
97 RUDOLF, ZLW 1969, 101.
98 Hinten 122ff.

Das Verbot, den Beförderungsanspruch abzutreten, scheint fragwürdig: für den Lufttransportführer spielt es keine Rolle, wen er als Passagier transportiert. Auf der anderen Seite behält sich der Lufttransportführer seinerseits vor, dass er sich substituieren lassen kann, obwohl er die vertragstypische Leistung erbringt.

3. Verhältnisse bei Verträgen zugunsten Dritter

Die Beförderung eines Passagiers kann auf einem Vertrag zugunsten Dritter beruhen: der Dritte kauft für den Passagier einen Flugschein.

Die Sondernormen des Lufttransportrechts regeln die Beförderung zugunsten eines Dritten nicht; massgebend ist das anwendbare Landesrecht [99].

Beurteilen sich die Rechtsverhältnisse unter den Beteiligten nach schweizerischem Recht, sind Art. 112 und 113 OR massgebend. Die vertragschliessende Partei (Promissar/Stipulant) lässt sich die Leistung an den Dritten versprechen. Der Lufttransportführer (Promittent) verpflichtet sich, an den Dritten als Passagier zu leisten [100]. Rechte und Pflichten, die spezifisch dem Passagier zukommen, gehen auf den Dritten über [101] (Anspruch auf Beförderung, Schadenersatzansprüche aus Schlecht- oder Nichterfüllung des Beförderungsvertrages, Anspruch darauf, dass der Lufttransportführer Angaben über den Passagier nicht weitergibt [102], Pflicht, die notwendigen Reisedokumente mitzuführen, Pflicht, sich an Bord vorschriftsgemäss zu verhalten etc.).

Bei der **Prepaid Ticket Advice** (PTA) erwirbt der Stipulant für den Dritten eine Beförderung über eine bestimmte Strecke. PTA's werden gebraucht, wenn sich der Passagier an einem andern Ort befindet als der Stipulant. Ein Vertrag zugunsten eines Dritten entsteht in der Regel auch bei **Geschäftsreisen** von Angestellten: üblicherweise schliesst der Arbeitgeber den Beförderungsvertrag ab und bezahlt den Beförderungspreis.

Wenn ein Dritter den Flugpreis bezahlt hat, kann sich die Frage stellen, wer Anspruch auf Rückerstattung des Flugpreises hat oder wer die Differenz beanspruchen kann, die sich ergibt, wenn der Passagier nicht die ursprünglich vereinbarte Klasse benützt [103]. Sofern die Parteien die Frage der Rückerstattung nicht geregelt haben [104], ist in der Regel davon auszugehen, dass der begünstigte Dritte die Rückerstattung verlangen kann [105]. Hat der Dritte mit der Rückerstattung eine zwischen ihm und dem Stipulanten bestehende Verpflichtung verletzt, muss diese Verletzung unter diesen beiden Parteien geahndet werden. Ändert der Dritte nachträglich aus eigener Initiative die Route der Beförderung und verursacht dadurch Mehrkosten, muss er selber dafür aufkommen [106].

---

99 Vorne 78ff.
100 VOGT, ZLW 1967, 125ff.
101 Nach Art. 112 Abs.2 OR kann der Dritte «selbständig die Erfüllung fordern, wenn es die Willensmeinung der beiden andern war»; diese Willensmeinung kann im vorliegenden Fall vermutet werden; siehe auch GAUCH/SCHLUEP, N 2556ff.
102 Das gilt vor allem für die Frage, ob der Dritte den vom Stipulanten bezahlten Flug benützt hat. Der Lufttransportführer darf gegenüber dem Stipulanten über den Dritten, d.h. den Passagier nur soweit Auskunft geben, wie er es über einen beliebigen anderen Reisenden tun würde.
103 Oft hat ein Arbeitnehmer aufgrund des Arbeitsvertrages Anspruch auf die Beförderung in der F- oder C-Klasse, benützt aber die E-Klasse, um sich die Differenz auszahlen zu lassen.
104 Art. X der Beförderungsbedingungen der Swissair enthält ein Klausel, wonach der Promissar verlangen kann, dass die Rückerstattung nur an ihn geleistet werde, sofern im Flugschein ein entsprechender Vermerk enthalten ist.
105 Siehe auch VOGT, ZLW 1967, 126, 131ff.
106 Urteil des Amtsgerichts Hamburg vom 28. April 1976, ZLW 1976, 273.

C. Absender und Empfänger beim Frachtvertrag

Das Warschauer Abkommen definiert den Begriff des Absenders und des Empfängers nicht. Auch das LTR enthält keine entsprechenden Definitionen. Dagegen bestimmen die meisten Fluggesellschaften den Absender (*shipper, consignor*) und den Empfänger (*consignee*) in den Beförderungsbedingungen [107].

Absender ist die Person, die mit dem Lufttransportführer den Beförderungsvertrag abschliesst und im Luftfrachtbrief als Absender eingetragen ist.

Empfänger ist die Person, die der Absender dem Lufttransportführer im Beförderungsvertrag als «Empfänger» bezeichnet und die im Luftfrachtbrief als «Empfänger» eingetragen ist.

Nach der herrschenden Auffassung ist der Luftfrachtvertrag ein Vertrag zugunsten eines Dritten [108]. Der Empfänger kann nach Ankunft der Güter am Bestimmungsort und nach der Bezahlung des Beförderungspreises und gegen Erfüllung der im Frachtbrief angegebenen Beförderungsbedingungen die Aushändigung des Luftfrachtbriefes und die Ablieferung der Ware verlangen (Art. 13 Abs.1 WA)

Die von den Fluggesellschaften verwendeten Definitionen von Absender und Empfänger stellen ausschliesslich auf die Beförderungsdokumente ab [109]. Entscheidend muss jedoch sein, was die Parteien vereinbart haben. Dem Luftfrachtbrief kommt nur Beweisfunktion zu.

Im Gegensatz zum Flugschein (Art. 3 Abs.2 WA) beweist der Luftfrachtbrief vermutungsweise nicht den Inhalt des ganzen Beförderungsvertrages. Die Vermutung, die Angaben im Frachtbrief seien richtig, bezieht sich gemäss Art. 11 Abs.1 WA nur auf bestimmte Angaben (z.B. Inhalt und Verpackung des Gutes). Angaben über Absender und Empfänger gehören nicht dazu.

Das Warschauer Abkommen sieht vor, dass sich der Absender bei der Ausstellung des Luftfrachtbriefes durch den Luftfrachtführer vertreten lassen kann. Wenn der Luftfrachtführer den Luftfrachtbrief auf Verlangen des Absenders ausstellt, wird aufgrund von Art. 6 Abs.5 WA bis zum Beweis des Gegenteils vermutet, der Luftfrachtführer handle als Beauftragter des Absenders [110].

Führt der Luftfrachtführer den Auftrag mangelhaft aus, hat er für den Schaden einzustehen. Die Haftung für sein Verhalten untersteht nicht dem Abkommen, sondern dem anwendbaren Landesrecht [111].

Das Warschauer Abkommen räumt dem Absender ein Weisungsrecht ein (Art. 12 WA): er kann sich die Ware am Abgangs- oder am Bestimmungsort ausliefern lassen, er kann

---

107 Siehe z.B Art. 1 der Beförderungsbedingungen für den Luftgüterverkehr der Swissair.
108 Die schweizerische Lehre befasst sich nicht speziell mit der Frage, ob der Luftfrachtvertrag ein Vertrag zugunsten eines Dritten ist; in bezug auf den Frachtvertrag allgemein GAUTSCHI, Berner Kommentar, Vorbemerkungen zum Frachtvertrag, N 5a; GUHL/MERZ/KOLLER 164f; BUCHER, Bes. Teil 249, 251. Siehe auch Urteil des OLG Frankfurt vom 10. Mai 1977, ZLW 1977, 232; RUHWEDEL 73 mit Verweisen.
109 Siehe auch MAGDELENAT 58f.
110 GULDIMANN, Art. 7 N 13ff.
111 GULDIMANN, Art. 7 N 16 mit Verweisen; siehe auch Urteil des OLG Frankfurt vom 20. April 1989, ZLW 1989, 382.

sie während der Beförderung aufhalten oder an eine andere Person als den ursprünglichen Empfänger ausliefern lassen. Voraussetzung ist, dass der Absender seinerseits den Vertrag erfüllt und insbesondere den Beförderungspreis bezahlt hat [112].

IV. Betriebs- und Beförderungspflicht, Kontrahierungspflicht

Das Warschauer Abkommen zwingt den Lufttransportführer nicht, einen Beförderungsvertrag abzuschliessen. Art. 33 hält fest, dass keine Bestimmung des Abkommens den Lufttransportführer daran hindert, den Abschluss eines Beförderungsvertrages zu verweigern. Dagegen kann ein Vertragsstaat im Landesrecht eine Betriebs- und Beförderungspflicht sowie einen Kontrahierungszwang vorschreiben [1].

Die Schweiz hat in der Bundesverfassung in Art. 37ter dem Bund die ausschliessliche Kompetenz zur Regelung des Luftverkehrs übertragen [2]. Gestützt auf diese Vorschrift hat er den Linienverkehr einer Konzessionspflicht und den Bedarfsluftverkehr einer Bewilligungspflicht unterstellt (Art. 27 Abs.1 LFG, Art. 33 LFG)[3]. Sowohl die Konzession als auch die Bewilligung erlauben es dem Bund, die Erteilung an Bedingungen zu knüpfen [4]. In der LFV sind die Pflichten des Konzessionärs und des Bewilligungsempfängers umschrieben: Nach Art. 107 LFV ist der Konzessionär verpflichtet, Flugpläne und Tarife genehmigen zu lassen. Er muss seinen Betrieb gemäss den Flugplänen aufrecht erhalten (Art. 108 Abs.1 LFV) und Passagiere, Gepäck, Fracht und Post im Rahmen der behördlich genehmigten Bedingungen (Tarife, Beförderungsbedingungen) transportieren (Art. 109 LFV [5]). Damit unterstehen die konzessionierten schweizerischen Fluggesellschaften einer Betriebs- und Beförderungspflicht [6], sowie einem Kontrahierungszwang [7]. Die LFV verpflichtet den Konzessionsnehmer zudem, Post gegen Entschädigung zu transportieren und Personal des BAZL für dienstliche Verrichtungen unentgeltlich zu befördern (Art. 109 LFV).

Die Bewilligungen, die der Bund für den Bedarfsluftverkehr erteilt, enthalten keine entsprechenden Auflagen (Art. 114ff LFV). Unternehmungen des Bedarfsluftverkehrs unterliegen weder einer Betriebs- und Beförderungspflicht noch einem Kontrahierungszwang.

---

112 Urteil des BGH vom 27. Okt. 1988, ZLW 1989, 373; GULDIMANN, Art. 12 N 15.
1 GULDIMANN, Art. 33 N 2; a.M. SCHWEICKHARDT, Lufttransportrecht 101.
2 LENDI, Art. 37ter N 2ff.
3 Für Deutschland siehe § 21 des LuftVG, GIEMULLA/LAU/BARTON, § 21.
4 GIMBEL 299ff; SCHWEICKHARDT, ASDA-Bulletin 1981/1, 17ff.
5 Siehe z.B. Art. 7 der Konzession der Swissair.
6 Will eine Fluggesellschaft einen Linienflug streichen, muss das BAZL die Streichung genehmigen (Art. 5 Abs.2).
7 Siehe dazu MERZ 137ff.

V. Die Allgemeinen Geschäftsbedingungen als Vertragsinhalt

A. *Die Übernahme der AGB des Lufttransportführers in den Beförderungsvertrag*

Das Warschauer Abkommen enthält keine Bestimmung über die Frage, wie die AGB des Lufttransportführers in den Vertrag übernommen werden; es stellt lediglich die Vermutung auf, dass die Beförderungsdokumente bis zum Beweis des Gegenteils «die Bedingungen des Beförderungsvertrages» beweisen [1]. Ob und in welchem Umfang die AGB des Lufttransportführers Bestandteil des Beförderungsvertrages sind, beurteilt sich nach dem anwendbaren Landesrecht [2].

Nach schweizerischem Recht werden Allgemeine Geschäftsbedingungen in den Vertrag übernommen, wenn sie durch die übereinstimmende Willenserklärung der Parteien gedeckt sind [3]. Der Kunde nimmt die AGB vor dem Abschluss des Vertrages [4] ausdrücklich oder stillschweigend zur Kenntnis. Das gilt auch für AGB, welche die Behörden genehmigt haben [5].

Beim typischen Abschluss eines Beförderungsvertrages [6] hat der Passagier oder Absender in der Regel keine Möglichkeit, die AGB vor dem Vertragsschluss einzusehen [7]. Seine ausdrückliche Zustimmung dazu wird deshalb nur in Ausnahmefällen vorliegen. In meisten Fällen werden die AGB bei Beförderungsverträgen – wenn überhaupt – stillschweigend übernommen [8].

Nach schweizerischem Recht ist die stillschweigende Übernahme von AGB in der Regel nicht möglich [9]. Der Vertragspartner muss beim Vertragsschluss ausdrücklich auf die AGB verwiesen werden [10].

Beim typischen Abschluss eines Luftbeförderungsvertrages händigt der Lufttransportführer oder sein Agent dem Passagier oder Absender den Flugschein oder den Luftfrachtbrief üblicherweise aus, ohne speziell auf die Vertrags- und Beförderungsbe-dingungen zu verweisen. Unter diesen Voraussetzungen dürfte es dem Passagier oder Absender im Streitfall gelingen, die Vermutung von Art. 3 Abs. 2 WA bzw.

---

1 Art. 3 Abs.2; Art. 4 Abs.2; Art. 11 Abs.1 WA; RUHWEDEL 52; RUHWEDEL, AGB-Gesetz und Lufttransportverträge, 87ff; GULDIMANN, Art. 3 N 15.
2 Zu Aspekten des IPR im Zusammenhang mit der Anwendung von AGB, DROBNIG 591ff.
3 GIGER 61f mit Verweisen; FORSTMOSER 34ff.
4 FORSTMOSER 39f mit Verweisen.
5 KRAMER/SCHMIDLIN, Berner Kommentar, Art. 1 OR, N 185.
6 Vorne 104.
7 Einsehen kann der Kunde diese nur beim Lufttransportführer selber, nicht aber beim Agenten; zur Unterscheidung zwischen Vertragsbedingungen und Beförderungsbedingungen vorne 94f.
8 In der Regel werden die AGB global übernommen, weil der Passagier oder Absender den Inhalt der Vertrags- und Beförderungsbedingungen und der Tarife nicht zur Kenntnis nehmen, GAUCH/SCHLUEP, N 830 mit Verweisen.
9 KRAMER/SCHMIDLIN, Berner Kommentar, Art. 1 OR, N 194 mit Verweisen. Anderer Ansicht ist FORSTMOSER; er vertritt die Meinung, die stillschweigende Annahme setze voraus, dass die AGB dem Kunden bei einem früheren Vertragsschluss oder während der Vertragsverhandlungen ausgehändigt wurden, oder dass ausnahmsweise in Katalogen, Prospekten oder durch einen Anschlag auf die AGB hingewiesen wird, FORSTMOSER 36.
10 KRAMER/SCHMIDLIN, Berner Kommentar, Art. 1 OR, N 195.

Art. 11 Abs. 1 WA zu widerlegen [11]. Eindeutiger ist die Lage, wenn der Lufttransportführer oder sein Agent die Beförderungsdokumente erst aushändigt, nachdem die Parteien den Beförderungsvertrag abgeschlossen haben. Unter diesen Voraussetzungen werden die AGB des Lufttransportführers nicht Bestandteil des Beförderungsvertrages [12]. Anders ist zu entscheiden, wenn der Passagier oder Absender die Vertrags- und Beförderungsbedingungen als Unternehmer der Branche kennen muss [13]. Ist er nicht branchenkundiger oder branchenangehöriger Kaufmann und kennt die Vertrags- und Beförderungsbedingungen nur aufgrund früherer Beförderungsverträge, genügt dies nicht, um im strittigen Fall die AGB als Teil des Beförderungsvertrages zu betrachten [14].

Die Übernahme der AGB kann auch daran scheitern, dass sie – wie in der internationalen Luftfahrt gebräuchlich – nur in englischer Sprache abgefasst und nur zum Teil in die schweizerischen Landessprachen übersetzt sind. Bei den schweizerischen konzessionierten Fluggesellschaften sind die Vertrags- und Beförderungsbedingungen für Passagiere in die Landessprachen übersetzt, nicht aber die Vertragsbedingungen auf dem Luftfrachtbrief; diese sind nur auf englisch publiziert. Im Luftfrachtbrief ist einzig der Verweis auf die Haftungslimiten in die Landessprachen übersetzt. Bei Beförderungsverträgen, die dem schweizerischen Recht unterstehen, müssen die Vertragsbedingungen jedoch in der Regel in einer Landessprache abgefasst sein, denn vom Kunden kann nicht erwartet werden, dass er die Vertragsbedingungen auf englisch versteht [15].

Besondere Fragen stellen sich im Zusammenhang mit der Geltung der AGB im Verkehr mit den USA und Kanada. Die Behörden der USA und Kanada verlangen von Fluggesellschaften, welche diese Länder anfliegen, dass sie die AGB als *tariffs* bei den Behörden hinterlegen. Damit werden diese Bestandteil des einzelnen Beförderungsvertrages [16]. Das genügt nach schweizerischem Recht jedoch nicht, um sie in den Vertrag einzubeziehen. Beruft sich ein Lufttransportführer auf die AGB, die er bei den amerikanischen Behörden hinterlegt hat, muss er diese für den Passagier oder Absender zur Verfügung halten.

Es gibt, soweit ersichtlich, in der Schweiz nur wenige Gerichtsentscheide, die sich mit der Übernahme von AGB eines Luftfahrtunternehmens auseinandersetzen. Oft wagt es der Konsument nicht, die Geltung der AGB einer Fluggesellschaft anzufechten [17], und diese vermeiden in Streitfällen durch kulantes Verhalten einen Prozess [18].

Der **Einzelrichter des Bezirksgerichts Zürich** lehnte es ab, die Tarifbestimmungen des Lufttransportführers als Bestandteil des Vertrages zu erachten und einen verschlüsselten Hinweis

---

11 Siehe auch Urteil des LG Köln vom 9. Nov. 1977, ZLW 1979, 67 und Urteil des LG Salzburg vom 19. Feb. 1971, ZLW 1971, 205. Das Tribunal de commerce de Paris entschied, die beklagte Fluggesellschaft habe nicht belegen können, dass die Absenderin die AGB kannte. Soweit aus dem publizierten Entscheid hervorgeht, hatte das Gericht einen Fall zu beurteilen, der nicht dem Warschauer Abkommen unterlag, Urteil vom 4. April 1990, RFDA 1990, 360.
12 Die gleiche Feststellung gilt für Deutschland, RUHWEDEL 56.
13 KRÄMER/SCHMIDLIN, Berner Kommentar, Art. 1 OR, N 200; siehe auch BUCHER 154f mit Verweisen; siehe auch RUHWEDEL 57 und Urteil des Tribunal de commerce de Bruxelles vom 30. März 1988, RFDA 1988, 400; zur Problematik der Geltung der AGB gegenüber dem Empfänger BASEDOW, ZHR 1987, 264f.
14 KRÄMER/SCHMIDLIN, Berner Kommentar, Art. 1 OR, N 194.
15 Siehe auch Urteil des OLG Frankfurt vom 31. Jan. 1984, TranspR 1984, 297, Hinweis bei RUHWEDEL 56 und RUHWEDEL, AGB-Gesetz und Lufttransportverträge 91; Urteil des AG Frankfurt, TranspR 1989, 368, Hinweis bei SCHMID/BRAUTLACHT, ZLW 1990, 168.
16 HAANAPPEL, EuropTR 1974, 677; siehe vorne 97.
17 HOLLIGER 12.
18 BAUDENBACHER 311.

auf Einschränkungen in bezug auf die Änderung des Flugdatums gegen den Passagier gelten zu lassen [19]. Der Richter ging davon aus, dass die Tarife Teil der AGB seien und als solche nicht Bestandteil des Vertrages wurden. Das Urteil überzeugt nicht. Zu Recht wurde darauf hingewiesen, in diesem Fall müsse massgebend sein, dass die Parteien einen widerrechtlichen Vertrag abgeschlossen hätten [20]; die Rechtsfolgen wären nach der – soweit ersichtlich vom Verkäufer verursachten – Teilnichtigkeit des Vertrages zu bestimmen gewesen [21].

Im Fall *Société cooperative suisse de consommation contre Mico* hielt die **Cour de justice civile de Genève** fest, die AGB eines Reiseunternehmens würden nur Bestandteil des Reiseveranstaltungsvertrages, wenn der Kunde ausdrücklich darauf aufmerksam gemacht werde und in der Lage sei, sie zu lesen. Es genüge nicht, dass die AGB in einem Prospekt abgedruckt seien; auch sei das Personal des Veranstalters nicht instruiert gewesen, die Kunden auf die AGB aufmerksam zu machen, und weder das Bestätigungsschreiben noch das Reiseprogramm hätten auf die Vertragsbedingungen verwiesen [22].

Im Entscheid *Leguillon gegen African Safari Club* stellte das **Obergericht des Kantons Basel-Landschaft** sein Urteil weitgehend auf die Allgemeinen Vertragsbedingungen ab, ohne im einzelnen zu prüfen, wie diese zum Bestandteil des Reiseveranstaltungsvertrages geworden waren [23].

Im Fall *Goth & Co. contre Concord Watch Company S.A.* betrachtete das **Bundesgericht** eine Klausel in den AGB des Spediteurs, welche die Haftung bei grober Fahrlässigkeit ausschloss, als ungültig [24].

Der **Federal Court of Canada** wies im Fall *Swiss Bank Corp. vs. Air Canada et al.* Zinsansprüche des Klägers für die Zeit nach dem Eintritt des Schadens bis zum Urteil ab mit der Begründung, die Beförderungsbedingungen schlössen Folge- oder indirekte Schäden aus [25].

Im Fall *Galu vs. Swissair* wollte sich die beklagte Fluggesellschaft auf die tariffs berufen, die sie bei der amerikanischen Luftfahrtbehörde hinterlegt hatte [26]. Der **U.S. District Court S.D.N.Y.** verneinte die Geltung der tariffs mit der Begründung, dass kein Beförderungsvertrag zustande gekommen sei.

Das **Amtsgericht Köln** versagte einem Passagier bei einem «Sondertarif» den Anspruch auf die Rückreise vor dem vereinbarten Termin, weil der Tarif und die Beförderungsbedingungen eine Änderung der Buchung ausschlossen. Der Flugschein habe auf beide hingewiesen, sodass diese Bestandteil des Vertrages geworden seien [27].

B. Der Inhalt der AGB des Lufttransportführers

1. Anforderungen an den Inhalt

Die AGB erhalten nur Geltung, wenn die dargestellten Kriterien zur Übernahme der AGB in den Beförderungsvertrag erfüllt sind. Zusätzlich müssen sie bestimmte inhaltliche

---

19 Urteil vom 16. Mai 1989, SJZ 1990, 214ff.
20 STAEHELIN, ASDA-Bulletin 1991/1, 43f.
21 Siehe auch VOGT, ZLW 1969, 3ff.
22 Urteil vom 25. Juni 1982, ASDA-Bulletin 1983/1, 31.
23 ASDA-Bulletin 1985/2, 96ff.
24 BGE 102 II 256.
25 Urteil vom 22. Okt. 1981, AASL 1982, 537, siehe auch hinten 267.
26 Urteil vom 3. Aug. 1887, 20 Avi.18,550, Sachverhalt vorne 57.
27 Urteil vom 7. Aug. 1982, ZLW 1983, 70f.

Voraussetzungen erfüllen. Im Gegensatz zum deutschen Recht [28] unterliegen Allgemeine Geschäftsbedingungen nach schweizerischem Recht nur bedingt einer Inhaltskontrolle. Sie dürfen nicht dem zwingenden Recht widersprechen, und sie dürfen keine ungewöhnlichen Klauseln enthalten, mit welchen der Kunde nicht rechnen muss [29], es sei denn, er werde auf ungewöhnliche Klauseln ausdrücklich hingewiesen [30]. Zulässig sind dagegen – unter dem geltenden Recht – unbillige Klauseln [31].

Schliesslich haben die AGB den Anforderungen von Art. 8 UWG zu genügen: nach dieser Bestimmung handelt unlauter, wer vorformulierte AGB verwendet, die in irreführender Weise zum Nachteil einer Vertragspartei von der unmittelbar oder sinngemäss anwendbaren gesetzlichen Ordnung erheblich abweichen oder eine der Vertragsnatur erheblich widersprechende Verteilung von Rechten und Pflichten vorsehen [32].

Als erstes ist bei den AGB der Luftfahrtunternehmen zu prüfen, ob sie zwingenden Bestimmungen des Warschauer Abkommens [33] widersprechen. Eine Prüfung der von vielen Fluggesellschaften verwendeten AGB zeigt, dass sie Bestimmungen enthalten, die gegen das Warschauer Abkommen verstossen, weil sie die Haftung des Lufttransportführers ganz oder teilweise ausschliessen. Das Warschauer Abkommen hält in Art. 23 fest, dass derartige Bestimmungen nichtig sind. Die schweizerischen Behörden müssten ihnen die Genehmigung sowohl aufgrund des Warschauer Abkommens als auch aufgrund von Art. 4 LTR sowie der geltenden Praxis zu den AGB verweigern.

Die Bestimmungen, die gegen das Warschauer Abkommen verstossen, beschränken die Haftung des Lufttransportführers weiter als es das Warschauer Abkommen vorsieht: sie lehnen diese ab für Verspätungen, für Streiks und für die Beförderung von wertvollen oder verderblichen Gegenständen im aufgegebenen Gepäck. Rechtswidrig sind auch Klauseln, die für die Anzeige von Schäden die Fristen des Abkommens verkürzen oder Fristen einführen, die das Abkommen nicht kennt [34]. Bedenken bestehen auch gegenüber Klauseln, die ausländische Gerichte als rechtswidrig befunden haben.

In Deutschland focht der Verein für Verbraucherschutz mit Erfolg die Beförderungsbedingungen der Lufthansa an. Der **Bundesgerichtshof** hielt dafür, dass verschiedene Bestimmungen der Vertrags- und Beförderungsbedingungen der Lufthansa – die weitgehend mit den von der IATA als Empfehlung 1013 herausgegebenen General Conditions of Carriage übereinstimmten – gegen das Warschauer Abkommen oder gegen das deutsche AGB-Gesetz verstossen [35]. Als rechtswidrig beurteilte das Gericht Bestimmungen über den Ausschluss der Haftung für die Einhaltung der Flugpläne, die Vorschrift, die dem Lufttransportführer das Recht einräumt, Flugpläne ohne

---

28 GIGER 69f mit Verweisen.
29 GIGER 32ff; FORSTMOSER 43ff; siehe auch Urteil des Basler Appellationsgerichts vom 14. Jan. 1985, SJZ 1985, 289f.
30 FORSTMOSER 47 mit Verweisen.
31 FORSTMOSER 48; GAUCH/SCHLUEP N 834ff. Als unbillige Klausel ist m.E. die Vorschrift zu betrachten, die bestimmt, dass der Passagier den Beförderungsanspruch nicht abtreten darf, während sich der Transportführer vorbehält, sich durch einen Dritten substituieren zu lassen; siehe auch Urteil des BGH vom 20. Jan. 1983, Erw. 2 b), EuropTR 1984, 548f.
32 Art. 8 UWG wird sich in der Praxis auf die Rechtsstellung des Passagiers kaum auswirken; die Revision des UWG hat die Stellung des Konsumenten weder verbessert noch verschlechtert, ROBERTO 191 mit Verweisen.
33 Vorne 58, 72.
34 Hinten 293ff.; zum (rechtswidrigen) Ausschluss der Haftung für Streiks hinten 185.
35 Urteil vom 20. Jan. 1983, ZLW 1983, 147; GIEMULLA/SCHMID, Art. 23 N 5ff.

Vorankündigung zu ändern und ohne Vorankündigung andere mit der Beförderung zu betrauen, die Vorschrift, dass der Lufttransportführer einen Flug absagen oder die Flugroute ohne Angabe von Gründen ändern kann und der Ausschluss der Haftung für Drittschäden.

In einem anderen Urteil befasste sich der **Bundesgerichtshof** mit der Wirksamkeit von Reisebedingungen für ABC-Flugreisen [36]. Der Reiseveranstalter verlangte bei einem Rücktritt vom Vertrag aufgrund seiner AGB den vollen Beförderungspreis. Das Gericht sah in dieser Klausel einen Verstoss gegen das AGB-Gesetz.

Das **Landgericht Hamburg** wies darauf hin, dass der Ausschluss der Haftung für verderbliche Ware unter Vorbehalt von Art. 23 Abs.1 WA/HP nichtig sei [37].

Das **Landgericht Frankfurt** kam zum Schluss, dass die Bestimmungen in den Vertrags- und Beförderungsbedingungen, wonach der Lufttransportführer die Flugzeiten einseitig ändern kann, wegen Verstoss gegen das AGB-Gesetz ungültig seien [38].

Das **Handelsgericht Wien** entschied, der Ausschluss der Haftung für wertvolle Gegenstände im aufgegebenen Gepäck halte vor Art. 23 Abs.2 WA nicht stand [39].

Die **Cour commercial de Bruxelles** betrachtete eine Klausel in den AGB, welche die Fristen von Art. 29 WA verkürzte, als Verstoss gegen das Abkommen [40].

Das Kriterium der *Ungewöhnlichkeit* erfüllt eine Vertragsbestimmung, wenn sie den Charakter des Vertrages wesentlich ändert und der Passagier oder Absender mit der ungewöhnlichen Bestimmung nicht gerechnet hat und nicht damit rechnen musste [41]. Die Bestimmung über den Ausschluss der Haftung für Verspätung wird diese Voraussetzungen in der Regel erfüllen [42]. Bei Luftbeförderungen ist die Schnelligkeit des Transportes ein wesentlicher Punkt des Vertrages. Wenn die Fluggesellschaft sich ausbedingt, nicht an die publizierten Verkehrszeiten gebunden zu sein, derogiert sie den Vertrag in einem zentralen Punkt. Dies ist besonders stossend bei Beförderungen mit konzessionierten Fluggesellschaften, weil diese durch die Konzession verpflichtet sind, die Verkehrszeiten einzuhalten.

Als ungewöhnlich ist auch die Klausel zu betrachten, wonach der Lufttransportführer die Beförderung auf dem Landweg durchführen darf, selbst wenn er mit dem Passagier oder Absender einen Luftbeförderungsvertrag abgeschlossen hat [43].

Im Lufttransportrecht zeigt sich, dass das vom Bundesgericht verwendete Kriterium der «Üblichkeit» bzw. «Unüblichkeit» unzulänglich sein kann, um die Rechtmässigkeit von AGB-Bestimmungen zu prüfen [44]. Die – auch vom deutschen Bundesgerichtshof beanstandeten – Klauseln, welche die Haftung für Verspätung, für streikbedingte Schäden (Fracht) oder für den Verlust von wertvollen oder verderblichen Gegenständen wegbedingen, oder welche die Beförderung auf dem Landweg vorbehalten (Fracht), sind in der Luftfahrt weltweit verbreitet. Das

---

36 Urteil vom 25. Okt. 1984, ZLW 1985, 360ff; siehe auch Urteil des BGH vom 22. April 1982, ZLW 1982, 378ff und Urteil des OLG Frankfurt vom 12. Jan. 1987, ZLW 1988, 94.
37 Urteil vom 19. Juni 1989, ZLW 1990, 230.
38 Urteil vom 17. Okt. 1988, ZLW 1989, 386.
39 Urteil vom 26. Juni 1983, ZLW 1983, 374; siehe auch Urteil des LG Salzburg vom 19. Feb. 1971, ZLW 1971, 205ff.
40 Urteil vom 16. Feb. 1987, Hinweis bei GODFROID, RFDA 1991, 229.
41 GAUCH/SCHLUEP, N 837 mit Verweisen; MERZ 52 mit Verweisen; BUCHER 156.
42 Der Ausschluss der Haftung für Verspätung ist auch unter dem Warschauer Abkommen nichtig, vorne 58 FN 7.
43 Hinten 156.
44 BAUDENBACHER, ZbJV 1987, 517.

heisst jedoch nicht, dass sie rechtmässig sind. Derartigen Klauseln ist nur beizukommen, wenn die Richter wie in Deutschland die AGB der Fluggesellschaften auf ihren Inhalt prüfen oder indem die Behörden bei der präventiven Kontrolle der Beförderungsbedingungen rechtswidrigen Klauseln gestützt auf Art. 4 LTR die Geltung versagen [45].

2. Die Bedeutung von Art. 4 LTR (Genehmigungspflicht der Beförderungsbedingungen)

Im Lufttransportrecht haben die AGB nicht nur die Aufgabe, den Abschluss von Massenverträgen zu rationalisieren; ihre ursprüngliche Funktion war, die Lücken der gesetzlichen Ordnung zu schliessen [46]. Der Gesetzgeber delegierte die Regelung des Beförderungsvertrages an die Luftfahrtunternehmen und verpflichtete sie im Gegenzug, die Beförderungsbedingungen genehmigen zu lassen [47].

Art. 4 LTR nennt die Genehmigungspflicht nur für die «Beförderungsbedingungen». Um eine sinnvolle Kontrolle der von den Luftfahrtunternehmen verwendeten AGB zu ermöglichen, gehören die Vertragsbedingungen dazu. In der Praxis wird dies auch so gehandhabt. Die Pflicht zur Genehmigung der Tarife ist in Art. 31 LFG verankert.

Art. 4 LTR schränkt die Kognition der Behörden ein: sie dürfen die Genehmigung der Beförderungsbedingungen nur verweigern, wenn sie zwingenden Bestimmungen des schweizerischen Rechts widersprechen [48]. Zu den zwingenden Normen gehört das Warschauer Abkommen, soweit es die Parteien des Luftbeförderungsvertrages nicht befugt, einen bestimmten Punkt frei zu regeln [49]. Schwieriger zu beurteilen ist, ob die AGB zwingend anwendbarem Landesrecht widersprechen, denn es ist oft durch Auslegung zu bestimmen, welche Normen des schweizerischen Rechts zwingender Natur sind. Das macht den Behörden die Aufgabe schwer, einer Bestimmung der Beförderungsbedingungen die Genehmigung zu verweigern, weil sie damit eine rechtsfindende Funktion übernehmen und die richterliche Nachkontrolle der AGB ersetzen müssen, die in der Schweiz weitgehend fehlt [50].

Es ist den schweizerischen Behörden nicht entgangen, dass die Vertrags- und Beförderungsbedingungen der IATA – und damit auch diejenigen der konzessionierten schweizerischen Luftfahrtunternehmen – widerrechtliche Bestimmungen enthalten [51]. In bezug auf die Haftung bei Verspätung brachten die Schweizer Behörden deshalb zur entsprechenden IATA-Resolution einen Vorbehalt an [52]. Er ist jedoch unglücklich formuliert. Nach seinem Wortlaut sind die Bestimmungen der Vertragsbedingungen

---

45 RUHWEDEL, AGB-Gesetz 93f, weist darauf hin, dass das Warschauer Abkommen bis auf wenige Ausnahmen genügende Grundlage biete, um die AGB auf ihre Rechtmässigkeit zu überprüfen.
46 Vorne 93.
47 Durch die Genehmigung werden die Beförderungsbedingungen in bezug auf das einzelne Vertragsverhältnis nicht verbindlich, GAUCH/SCHLUEP, N 831. Auch nach deutschem Recht schliesst die behördliche Genehmigung die Kontrolle durch den Richter nicht aus, Urteil des BGH vom 20. Jan. 1983 Erw.II c), EuropTR 1984, 545; ZLW 1983, 150; englische Übersetzung des Entscheides in AASL 1983, 513 ff.
48 Das schweizerische Recht kennt nur noch im Versicherungswesen die Genehmigungspflicht von AGB, Art. 8 If) und Art. 19 des BG vom 23. Juni 1978 betreffend die Aufsicht über die privaten Versicherungseinrichtungen, SR 961.01.
49 Vorne 58, 72.
50 BAUDENBACHER, ZbJV 1987, 523.
51 Beispiele siehe vorhergehenden Abschnitt.
52 Vorne 93.

über die Haftung bei Verspätungen nur anwendbar, soweit sie nicht Art. 19 WA und dem LTR widersprechen [53]. Der Hinweis, den die konzessionierten schweizerischen Fluggesellschaften aufgrund dieses Vorbehaltes in die Vertragsbedingungen aufgenommen haben (Ziff 9 Abs.2), ist anders formuliert [54]. Keiner der Vorbehalte ändert die materielle Rechtslage: das Warschauer Abkommen selber schreibt vor, dass Bestimmungen, welche die Haftung des Lufttransportführers ganz oder teilweise ausschliessen oder reduzieren, nichtig sind (Art. 23 WA). Ebenso sind zwingende Vorschriften des LTR ohne weiteres anwendbar. Der Vorbehalt kann nur den Sinn haben, den Konsumenten auf seine Rechte hinzuweisen. Dieses Ziel wird mit der gewählten Formulierung kaum erreicht; der Passagier kann aufgrund des Hinweises nicht beurteilen, in welchen Fällen er trotz der (widerrechtlichen) Beförderungsbedingungen einen Anspruch gegen den Lufttransportführer durchsetzen könnte. Es scheint eher angebracht, den konzessionierten Fluggesellschaften vorzuschreiben, rechtswidrige Klauseln der AGB (so z.B. Ziff. 9 der Vertragsbedingungen) zu streichen oder anders zu formulieren [55].

VI. Die Beförderungsdokumente

Das Warschauer Abkommen enthält ausführliche Bestimmungen über die Beförderungsdokumente: in Art. 3 und 4 regelt es Flug- und Gepäckscheine, in Art. 5 bis 11 den Luftfrachtbrief.

Auch das schweizerische LTR enthält Vorschriften über die Beförderungsdokumente (Art. 5 und 6). Während Art. 5 LTR die Anforderungen an die Beförderungsdokumente nennt, verweist Art. 6 LTR auf das Warschauer Abkommen und schreibt vor, dass der Lufttransportführer «bei internationalen Beförderungen i.S. des Warschauer Abkommens und bei anderen Beförderungen (...)» die im Warschauer Abkommen vorgeschriebenen Beförderungsscheine auszustellen hat.

Die Bestimmung ist verwirrend formuliert. Sie wiederholt die selbstverständliche Tatsache, dass bei internationalen Beförderungen i.S. des Warschauer Abkommens in bezug auf die Beförderungsdokumente das Abkommen massgebend ist. Mit «anderen Beförderungen» sind internationale Beförderungen, die nicht unter das Warschauer Abkommen fallen [1] oder Inlandbeförderungen gemeint. Für nationale Beförderungen enthält das LTR jedoch eine spezielle Bestimmung über die Beförderungsdokumente (Art. 5); sie geht als lex specialis vor [2]. Art. 6 LTR ist deshalb nur im Zusammenhang mit internationalen Beförderungen von Bedeutung, die nicht dem Warschauer Abkommen unterstehen. Es hätte sich erübrigt, für diese Fälle eine spezielle Vorschrift über Beförderungsdokumente aufzunehmen, weil das Warschauer Abkommen aufgrund des generellen Verweises in Art. 1 Abs.e LTR und in Art. 3 LTR ohnehin gilt.

---

53 Wortlaut hinten 150.
54 Der Hinweis lautet:
«Soweit zwingend anwendbare Bestimmungen des schweizerischen Rechts eine weitergehende Haftung vorsehen, bleiben diese vorbehalten (Schweizerisches Lufttransportreglement in Verbindung mit den Art. 19ff des Warschauer Abkommens).»
55 Hinten 150 FN 54.
1 Vorne 54.
2 Siehe auch Art. 3 Abs.2 LTR.
3 Siehe z.B. Art. II Ziff. 6 der Beförderungsbedingungen der Swissair (Passagiere). Zu prüfen ist, ob eine derartige Bestimmung Bestandteil des Vertrages werden kann, denn es ist ungewöhnlich, dass sich ein Vertragspartner die Beschlagnahmung fremden Eigentums ausbedingt. Zur Ungewöhnlichkeits-Regel im Zusammenhang mit AGB vorne 126.

Der Inhalt und die Gestaltung der heute in der kommerziellen Luftfahrt gebräuchlichen Beförderungsdokumente beruhen auf Resolutionen der IATA. Flugscheine und Luftfrachtbriefe können auch andere Formen aufweisen.

Die Beförderungsdokumente haben in erster Linie die Funktion, den Bestand und den Inhalt des Beförderungsvertrages zu beweisen und den Anspruch auf Beförderung durchzusetzen. Das Warschauer Abkommen hält ausdrücklich fest, dass der Flug- oder Gepäckschein und der Luftfrachtbrief auf den Bestand des Beförderungsvertrages keinen Einfluss haben (Art. 3 Abs.2, Art. 4 Abs.2, Art. 5 Abs.2 WA).

Eigentümer eines ausgestellten und ausgehändigten Beförderungsdokuments ist der Passagier oder der Absender.

Im Zusammenhang mit der Ahndung von Tarifumgehungen behändigen Fluggesellschaften gelegentlich Beförderungsdokumente, sobald der Passagier oder Absender diese zur Beförderung vorweisen. Eine entsprechende Ermächtigung findet sich in den Beförderungsbedingungen [3]. Das Einziehen des Flugscheins kann auch nach dem anwendbaren Landesrecht gerechtfertigt sein. Untersteht ein Beförderungsvertrag schweizerischem Recht [4], kann sich der Lufttransportführer auf das Retentionsrecht (Art. 895 ZGB) berufen. Gemäss dieser Vorschrift muss der Lufttransportführer gegen den Passagier eine fällige Forderung haben, und diese muss mit dem eingezogenen Dokument einen Zusammenhang aufweisen: die Forderung des Lufttransportführers muss aus dem Beförderungsvertrag stammen, der dem eingezogenen Beförderungsdokument zugrunde liegt. Denkbar ist auch, dass ein Straftatbestand erfüllt ist und der Lufttransportführer das Beförderungsdokument aufgrund der anwendbaren Strafprozessordnung als Beweismittel zurückbehalten und den Behörden übergeben kann.

A. Der Flugschein

1. Internationale Beförderung

Das Warschauer Abkommen verlangt vom Lufttransportführer im Flugschein die folgenden Angaben:

– *Abgangs- und Bestimmungsort* (Art. 3 WA). Liegen diese beiden im gleichen Vertragsstaat und ist in einem Drittstaat eine Zwischenlandung vorgesehen, ist auch diese im Flugschein aufzuführen.

Das Warschauer Abkommen schreibt die Angaben über den Abgangs- und Bestimmungsort und allfällige Zwischenlandungen vor, damit bestimmt werden kann, ob die Beförderung unter das Abkommen fällt [5]. Die Gerichtspraxis hat an die Erfüllung dieser Vorschrift keine strengen Anforderungen gestellt. Es genügt, dass Zwischenlandeplätze aus den Flugplänen des Lufttransportführers ersichtlich sind [6].

– *Ort und Datum der Ausgabe sowie Name und Adresse des Lufttransportführers* (Art. 3, Abs.1 a) und d) WA); diese Angaben sind nur notwendig, sofern die Beförderung der ursprünglichen Version des Warschauer Abkommens unterliegt.

---

4 Zum anwendbaren Recht vorne 78ff.
5 Vorne 18ff.
6 MILLER 100f mit Verweisen.

– den *Hinweis auf die limitierte Haftung* des Lufttransportführers (Art. 3 Abs.2 WA). Bei Beförderungen von, nach und via den USA muss dieser Hinweis gemäss der Vereinbarung von Montreal im vorgeschriebenen Wortlaut erfolgen und in einer bestimmten Schriftgrösse gedruckt sein [7].

Neben den gesetzlichen Mindestanforderungen enthält der Flugschein üblicherweise den Namen des Passagiers und des Ausstellers, Angaben über den Zeitpunkt der Beförderung, die Flugnummer, die Klasse, den Status der Buchung [8], das Freigepäck, den Tarif und die Art, wie die Reise bezahlt wurde. In der Regel enthält er auch Angaben über die Gültigkeit, sowie allfällige Einschränkungen bezüglich der Rückerstattung.

Das Guatemala-Protokoll und damit das Montreal-Protokoll Nr. 3 vereinfachen die Vorschriften über die Beförderungsscheine. Gemäss Art. II GP muss er nur noch den Abgangs- und Bestimmungsort und allfällige Zwischenlandepunkte enthalten. Der Lufttransportführer kann als Beförderungsdokument «jedes andere Mittel» verwenden, das die geforderten Angaben enthält. Diese Vorschrift soll ihm erlauben, Daten über die Beförderung von Passagieren im Computer zu speichern [9].

Einen Hinweis auf die limitierte Haftung des Lufttransportführers verlangen das Guatemala-Protokoll und damit das Montreal-Protokoll Nr. 3 nicht mehr. Art. II Abs.3) GP hält fest, dass der Lufttransportführer nicht – wie unter den früheren Fassungen des Warschauer Abkommens – der unbeschränkten Haftung unterliegt, wenn er keine oder unvollständige Beförderungsdokumente ausgibt und es unterlässt, darin auf die Haftungslimiten zu verweisen.

Unter dem Guatemala-Protokoll und dem Montreal-Protokoll Nr. 3 kann der Lufttransportführer auch verschlüsselte Dokumente aushändigen [10].

In der Literatur ist die Auffassung vertreten worden, der Lufttransportführer könne unter dem Guatemala-Protokoll und damit dem Montreal-Protokoll Nr. 3 auf die Ausstellung von Beförderungsdokumenten sogar verzichten [11]. Ob Art. II des Protokolls diesen Schluss zulässt, scheint mir fraglich («Bei der Beförderung ist ein Einzel- oder Sammelbeförderungsschein auszuhändigen»); richtig ist jedoch, dass er keine Sanktionen zu gewärtigen hat (unlimitierte Haftung), wenn er keinen Flugschein ausstellt.

20 Jahre nach der Ausarbeitung des Guatemala-Protokolls erscheint die grosszügige Regelung über die Beförderungsdokumente angesichts einer umfassenden Information der Konsumenten schwer verständlich [12]. Die limitierte Haftung des Lufttransportführers und die tiefen Haftungslimiten sind in den meisten Ländern eine Ausnahme, so auch in der Schweiz [13]. Dies rechtfertigt eine umfassende Informationspflicht des Lufttransportführers.

---

7 Hinten 208f.
8 Eine bestätigte Buchung wird üblicherweise mit dem Vermerk «ok» bezeichnet.
9 FLORIO 90. Angesichts der Tatsache, dass die Luftfahrt bereits heute weitgehend computerisiert ist, haben sich Bedenken, die ausführlicheren Vorschriften des Warschauer Abkommens hinderten die Computerisierung der Passagierabfertigung, als gegenstandslos erwiesen.
10 Z.B. Flugscheine, die das Einchecken per Computer ermöglichen, siehe auch BIN CHENG, ZLW 1990, 5.
11 BIN CHENG, ZLW 1990, 5.
12 Als das Guatemala-Protokoll ausgearbeitet wurde, schien es vertretbar, die Pflicht aufzuheben, auf die limitierte Haftung hinzuweisen; die Limiten deckten damals die Ansprüche der meisten Geschädigten, MILLER 91.
13 Vor der Konferenz in Guatemala wurden (1968) im Londoner Flughafen Heathrow Passagiere befragt, ob sie den Hinweis auf die limitierte Haftung gelesen hätten, und ob sie an einer zusätzlichen Versicherung interessiert seien. Ein verschwindend kleiner Anteil der Passagiere bejahte die Fragen, was offenbar zum Schluss führte, der Hinweis sei nutzlos, FLORIO 89 mit Verweisen.

Das Montreal-Protokoll Nr. 3 sieht in Art. II Abs.1 vor, dass der Lufttransportführer einen Sammelbeförderungsschein ausstellen kann [14].

Sammelflugscheine sind auch unter früheren Fassungen des Warschauer Abkommens zulässig. Der Lufttransportführer muss lediglich dafür sorgen, dass alle Passagiere auf die limitierte Haftung hingewiesen werden, damit er sich auf die Limiten berufen kann [15].

Das Montreal-Protokoll Nr. 4, das die Beförderung von Fracht regelt, hat die Vorschriften über die Beförderungsdokumente weniger radikal geändert als das Montreal-Protokoll Nr. 3. Der Lufttransportführer kann den Luftfrachtbrief nur codieren, wenn der Absender einverstanden ist (Art. III MP 4, neuer Art. 5). Er ist jedoch nicht mehr verpflichtet, auf die Haftungslimiten hinzuweisen. Gleich wie beim Montreal-Protokoll Nr. 3 untersteht der Luftfrachtführer auch keinen Sanktionen, wenn er den Luftfrachtbrief fehlerhaft oder unvollständig ausstellt (Art. III MP 4).

2. Inlandbeförderung

Der Flugschein für Inlandbeförderungen muss gemäss Art. 5 Abs.1 LTR im wesentlichen die gleichen Angaben enthalten, wie sie das Warschauer Abkommen in der Fassung des Haager Protokolls für internationale Beförderungen verlangt. Die Verpflichtung, auf Zwischenlandeplätze zu verweisen, entfällt, weil bei Inlandbeförderungen die (direkte) Anwendung des Warschauer Abkommens nicht zur Debatte steht [16].

Die in der Praxis verwendeten Flugscheine enthalten in der Regel zusätzlich zu den gesetzlichen Mindestanforderungen den Namen des Lufttransportführers, des Passagiers, Angaben über den Zeitpunkt der Beförderung, den Flugpreis und die Beförderungsbedingungen.

Im Gegensatz zum Warschauer Abkommen fehlt im LTR die Vermutung, dass der Beförderungsschein bis zum Nachweis des Gegenteils den Abschluss und die Bedingungen des Beförderungsvertrages beweist.

B. *Gepäckschein- und Gepäckmarke*

1. Abgrenzung zwischen aufgegebenem Gepäck und Handgepäck

Das Warschauer Abkommen unterscheidet zwischen aufgegebenem und Handgepäck (*checked and unchecked baggage*); je nachdem variieren die Ansätze für die Haftung des Transportführers (Art. 22 Abs.2 und 3) [17].

---

14 Öffentlichrechtliche Vorschriften (Art. 29 f) des Chicago Abkommens) verpflichten den Lufttransportführer, bei Beförderungen aufgrund eines Sammelflugscheins die Namen der Passagiere zu registrieren.
15 Auch wegen der Nichtübertragbarkeit des Beförderungsanspruches wird der Lufttransportführer die Namen der Passagiere festhalten, vorne 118.
16 Vorne 54.
17 Hinten 192.

131

Aufgegebenes Gepäck nimmt der Lufttransportführer unter seine Obhut und stellt dafür einen Gepäckschein aus; nicht aufgegebenes Gepäck behält der Passagier in seiner Obhut und nimmt es an Bord des Flugzeuges.

Abgrenzungsfragen können sich stellen, wenn Passagiere Gepäckstücke mit an Bord nehmen wollen und das Personal des Transportführers es ihnen vor oder nach dem Einsteigen abnimmt [18]. Damit verliert der Passagier die Obhut über das Gepäckstück, erhält aber keinen Gepäckschein, wie es das Warschauer Abkommen für aufgegebenes Gepäck vorsieht.

Das Warschauer Abkommen regelt diesen Sachverhalt nicht. Auch die Beförderungsbedingungen der Fluggesellschaften enthalten in der Regel keine Lösung. Als einziges Kriterium, um aufgegebenes von nicht aufgegebenem Gepäck zu unterscheiden, nennt das Abkommen das «Entgegennehmen» durch den Transportführer (Art. 4 Abs.4 WA). Es scheint sinnvoll, die Obhut des Passagiers weit auszulegen, weil er in erster Linie Kenntnis hat, welche Aufmerksamkeit oder Behandlung ein Gepäckstück braucht (wertvoller oder zerbrechlicher Inhalt). Solange der Passagier weiss, wo sich der abgenommene Gegenstand während des Fluges befindet und Zugang hat dazu, ist seine Obhut gewahrt. Befindet sich das Gepäckstück an einem Ort, zu dem ausschliesslich das Personal des Transportführers gelangen kann, ist die Obhut des Passagiers aufgehoben, und es befindet sich unter der Obhut des Transportführers [19]. Wenn der Transportführer aus praktischen Gründen darauf verzichtet, für das nachträglich abgenommene Gepäck einen Gepäckschein auszustellen, muss er dafür die Konsequenzen tragen: er kann sich bei Schäden an diesen Gepäckstücken nicht auf die Haftungslimiten des Warschauer Abkommens berufen [20].

2. Form und Inhalt von Gepäckschein und Gepäckmarke

Im Gepäckschein hält der Lufttransportführer fest, wieviele Gepäckstücke ihm der Passagier zur Beförderung übergeben hat. Der Gepäckschein beweist vermutungsweise die Aufgabe des Gepäcks (Art. 4 Abs.2 WA).

Das Warschauer Abkommen lässt offen, ob der Lufttransportführer für die Beförderung von Personen und Gepäck verschiedene Dokumente ausgibt (Flug- und Gepäckschein) oder diese vereint (Art. 4 Abs.1 WA). Stellt er ein separates Dokument aus, muss es die gleichen Angaben enthalten wie der Flugschein (Art. 4 Abs.1 WA). In der kommerziellen Luftfahrt hat sich eingebürgert, dass der Flug- und der Gepäckschein im gleichen Dokument enthalten sind. Anzahl und Gewicht des Gepäcks, das der Passagier dem Lufttransportführer vom Abgangs- an den Bestimmungsort übergeben hat, sind im Flugschein vermerkt [21].

In der kommerziellen Luftfahrt versehen die Fluggesellschaften zusätzlich jedes aufgegebene Gepäckstück mit einer numerierten Gepäckmarke (*baggage tag*). Das

---

18 Z.B. elektronische Geräte; siehe auch REUKEMA, AASL 1987, 121ff.
19 Es könnte argumentiert werden, dass der Transportführer Gepäck, das er dem Passagier nach dem Einsteigen abnimmt, behändigt, um es sicher zu verwahren, während er aufgegebenes Gepäck entgegennimmt, um es zu befördern, REUKEMA, AASL 1987, 124f. Das Warschauer Abkommen sieht jedoch keine solche Unterscheidung vor.
20 REUKEMA, AASL 1987, 127; siehe auch hinten 207f.
21 Aufgegebenes Gepäck kann auch im Flugschein eines anderen Passagiers eingetragen werden, sofern die Reisenden eine Gruppe bilden, siehe z.B. Art. VII Abs.2c) der Beförderungsbedingungen der Swissair (Passagiere); siehe auch Urteil des LG Frankfurt vom 15. Nov. 1974, ZLW 1975, 354ff.

Warschauer Abkommen sieht die Ausgabe einer Gepäckmarke nicht vor; sie dient der Identifikation des Gepäcks [22]; der Lufttransportführer kann prüfen, ob der Passagier zur Herausgabe des betreffenden Stückes legitimiert ist, und der Passagier kann im Falle eines Verlustes mit seiner Kopie der Gepäckmarke nachweisen, welches Gepäckstück fehlt.

Für Inlandbeförderungen von Gepäck gilt gemäss Art. 5 Abs.2 LTR die analoge Regelung zum Warschauer Abkommen: der Lufttransportführer ist verpflichtet, einen Fluggepäckschein auszustellen, der die vom Gesetz vorgeschriebenen Angaben enthält [23]. Der Lufttransportführer kann Flug- und Gepäckschein im gleichen Dokument vereinen.

Auch das Guatemala-Protokoll und damit das Montreal-Protokoll Nr. 3 fordern vom Lufttransportführer, dass er einen Gepäckschein ausstellt. Analog zur Regelung bezüglich des Flugscheins untersteht er keinen Sanktionen, wenn er keinen Gepäckschein ausgibt oder wenn der ausgestellte Schein fehlerhaft ist (Art. III GP).

C. Der Luftfrachtbrief

Die Beförderungsdokumente für die Beförderung von Fracht (*Luftfrachtbrief*, *air waybill*, *lettre de transport aérien*) sind im internationalen kommerziellen Luftverkehr weitgehend vereinheitlicht. Gewisse Anforderungen ergeben sich aus dem Warschauer Abkommen und dem LTR; andere einheitlich angewandte Normen beruhen auf Resolutionen der IATA [24].

1. Der Luftfrachtbrief gemäss dem Warschauer Abkommen

Das Warschauer Abkommen regelt den Luftfrachtbrief im 3. Abschnitt (Art. 5 bis 11 WA). Wie der Flugschein für Passagiere muss er Abgangs- und Bestimmungsort, allfällige Zwischenlandeorte und einen Hinweis auf die limitierte Haftung des Lufttransportführers enthalten (Art. 8 WA). In der ursprünglichen Fassung verlangt das Abkommen wesentlich detailliertere Angaben.

Im Gegensatz zum Flug- und Gepäckschein stellt der Absender den Luftfrachtbrief aus, und der Luftfrachtführer ist verpflichtet, diesen entgegenzunehmen (Art. 5 Abs.1). Delegiert der Absender die Ausstellung des Dokuments an den Lufttransportführer, handelt dieser vermutungsweise als dessen Stellvertreter (Art. 6 Abs.5 WA) [25]. Das Abkommen schreibt vor, dass der Luftfrachtbrief in drei Exemplaren auszufertigen ist: ein vom Absender (shipper, consignor) unterzeichnetes Exemplar ist für den Luftfrachtführer (carrier) bestimmt, das zweite, von beiden Parteien unterzeichnete Exemplar begleitet das Gut und das dritte, vom Luftfrachtführer unterschriebene Exemplar ist für

---

22 Siehe z.B. Art. VIII der Beförderungsbedingungen der Swissair (Passagiere).
23 Wie beim Flugschein entfällt bei Inlandbeförderungen das Erfordernis, dass der Gepäckschein auf allfällige Zwischenlandungen verweist, vorne 131.
24 Der Ausdruck «Brief» im Zusammenhang mit der Beförderung von Fracht erklärt sich historisch: ursprünglich teilte der Absender dem Empfänger in einem Brief mit, er habe die Ware einem bestimmten Transporteur übergeben, GEORGIADES, Studientagung 1965, 38f.
25 Vorne 94.

den Absender bestimmt (Art. 6 Abs.1 WA). Unter der ursprünglichen Fassung hat der Lufttransportführer den Luftfrachtbrief sofort nach der Annahme des Gutes zu unterzeichnen; das Haager Protokoll verlangt die Unterschrift, bevor das Gut verladen wird (Art. 6 Abs.3 WA). Gemäss Art. 11 WA beweist der Luftfrachtbrief vermutungsweise die Aufgabe der Güter.

Im Entscheid *Black Sea and Baltic gegen Scandinavian Airlines System SAS* war u.a. strittig, ob sich der Absender, der den Luftfrachtbrief selber ausgefüllt hat, auf Formmängel berufen kann. Das **Obergericht des Kantons Zürich** hielt fest, der Absender verstosse nicht gegen Treu und Glauben, wenn er Fehler beim Ausfüllen des Luftfrachtbriefes geltend mache. Der Absender sei nicht verpflichtet, den Luftfrachtbrief so auszufüllen, dass sich der Transportführer auf die Haftungslimiten berufen könne. An der beschränkten Haftung sei allein die beklagte Fluggesellschaft interessiert; sie habe dafür zu sorgen, dass der Luftfrachtbrief die erforderlichen Angaben enthalte [26].

Die in der internationalen kommerziellen Luftfahrt verwendeten Formulare für die Beförderung von Fracht sind umfangreicher als das vom Abkommen vorgeschriebene Dokument. Sie enthalten zusätzliche Kopien für den (allfälligen) Agenten, für den möglichen zweiten und dritten Transportführer, für den Empfänger (consignee) und für den Flughafen des Bestimmungsortes.

Besteht die Frachtsendung aus mehreren Stücken, kann der Luftfrachtführer vom Absender verlangen, dass dieser mehrere Frachtbriefe ausstellt (Art. 7 WA). Das erlaubt es, die Frachtstücke getrennt zu befördern.

In Art. 11 regelt das Warschauer Abkommen die Beweiskraft des Luftfrachtbriefes: er erbringt den Beweis für den Abschluss des Vertrages, den Empfang des Gutes und die Beförderungsbedingungen (Abs.1). Soweit der Luftfrachtbrief Angaben enthält über die beförderten Güter, kommt ihm unterschiedliche Beweiskraft zu: Angaben über Gewicht, Masse und Verpackung, sowie über die Anzahl der Frachtstücke gelten vermutungsweise als richtig. Angaben über die Menge, das Volumen und den Zustand des Gutes sind beweiskräftig, sofern sie der Luftfrachtführer in Gegenwart des Absenders nachgeprüft hat und dies auf dem Frachtbrief vermerkt ist, oder wenn sie sich auf den äusserlich erkennbaren Zustand des Gutes beziehen.

Die **Cour de cassation belgique** hatte sich mit der Tragweite von Art. 11 Abs.2 WA zu befassen [27]. Eine belgische Firma, die mit Edelsteinen handelt, sandte an einen Klienten in Tokio bzw. an dessen Bank eine Kollektion von Edelsteinen zur Auswahl. Der Klient kaufte einige Stücke; der Rest der Steine sollte an das belgische Handelshaus zurückgesendet werden. Sie wurden unter Beisein von Zollbeamten in die Originalverpackung gelegt und diese wurde versiegelt. Die Sendung blieb vier Tage im Zollager und wurde danach einer der an der Beförderung beteiligten Fluggesellschaften übergeben. Zwei Wochen später traf sie in Belgien ein, und dort wurde festgestellt, dass sich die Edelsteine nicht mehr in der Verpackung befanden. Das Gericht bestätigte die Urteile der Vorinstanzen und hielt fest, dass die Angaben im Luftfrachtbrief nur bewiesen, dass der Lufttransportführer die Sendung zur Beförderung erhalten habe. Die Angaben über die Menge, das Volumen und den Zustand der Ware seien nur beweiskräftig, wenn sie der Lufttransportführer im Beisein des Absenders geprüft habe. Das war im vorliegenden Fall nicht geschehen, und das Gericht wies die Forderung der Klägerin (Versicherungsgesellschaft) ab.

---

26 ASDA-Bulletin, 1966/2, 10.
27 Urteil vom 30. Sept. 1988, RFDA 1989, 163.

2. Der Luftfrachtbrief gemäss dem LTR

Das LTR regelt den Luftfrachtbrief für Inlandbeförderungen nur kurz in Art. 5 Abs.3. Es verlangt darin die gleichen Angaben wie das Warschauer Abkommen in der Fassung des Haager Protokolls [28]. Im Gegensatz zum Warschauer Abkommen fehlt im LTR die Vermutung, dass der Luftfrachtbrief bis zum Nachweis des Gegenteils den Abschluss und die Bedingungen des Beförderungsvertrages beweist [29].

D. *Die Rechtsnatur der Beförderungsdokumente nach schweizerischem Recht*

Das Warschauer Abkommen überträgt den Beförderungsdokumenten eine Beweisfunktion: sie beweisen bis zum Nachweis des Gegenteils den Abschluss und die Bedingungen des Beförderungsvertrages (Art. 3 Abs.2 WA), die Aufgabe des Gepäcks und die Bedingungen des Beförderungsvertrages (Art. 4 Abs.2 WA), den Abschluss des Frachtvertrages, den Empfang des Gutes und die Bedingungen des Vertrages (Art. 11 Abs.1 WA). Die Beförderungsdokumente sind aufgrund des Abkommens Beweisurkunden, die eine widerlegbare Vermutung schaffen [30].

Definiert man die Rechtsnatur der Beförderungsdokumente nach schweizerischem Recht, sind Flug- und Gepäckschein, Gepäckmarke und Luftfrachtbrief Urkunden mit Präsentations- und Legitimationsklausel [31]. Sie sind keine Wertpapiere. Sie sind mit dem Anspruch auf Beförderung nicht derart verknüpft, dass er nur aufgrund des Reisedokuments geltend gemacht werden könn-te [32]. Der Lufttransportführer kann Passagiere oder Güter auch ohne Beförderungsdokumente befördern [33].

Im Entscheid *Hodara contre Deutsche Lufthansa AG* hielt das **Bundesgericht** [33a] fest, der *Miscellaneous Charges Order* (MCO) [34] sei kein Wertpapier, denn er beweise lediglich, dass die Fluggesellschaft einen Vertrag abgeschlossen habe, die sie zu einer bestimmten Leistung verpflichte [35].

---

28 Allfällige Zwischenlandeplätze müssen nicht angegeben werden, weil das Warschauer Abkommen bei Inlandflügen nicht (direkt) anwendbar ist, vorne 54.
29 Siehe jedoch die Beförderungsbedingungen der Swissair (Fracht): danach erbringt der Luftfrachtbrief den Beweis für den Vertrag zwischen dem Absender und dem Luftfrachtführer (Art. 3 Ziff.4).
30 GULDIMANN, Art. 3 N 16; STAEHELIN, Flugschein 407.
31 SCHWEICKHARDT, Lufttransportrecht 31ff; RUHWEDEL 80ff.
32 Diese Voraussetzung gilt für ein Wertpapier, Art. 965 OR.
33 Befördert der Lufttransportführer den Passagier oder die Fracht, ohne ein Beförderungsdokument ausgestellt zu haben, kann sich der Lufttransportführer nicht auf die Haftungslimiten berufen, hinten 207ff.
33a ASDA-Bulletin 1966/3, 8.
34 Die Fluggesellschaften verwenden dieses Papier als Beweis für ein Guthaben, das der Passagier oder Absender gegenüber dem Transportführer hat. Er kann den MCO für eine Beförderung an Zahlung geben.
35 Im betreffenden Fall sollten aufgrund des MCO Flugscheine für Dritte ausgestellt werden (sog. *Prepaid Ticket Advice*, vorne 119).

1. Der Flugschein

Die meisten Fluggesellschaften behalten sich in den Beförderungsbedingungen vor, ihre Leistung davon abhängig zu machen, dass der Passagier den Flugschein vorlegt (einfache Präsentationsklausel) [36]. Der Lufttransportführer muss jedoch die Vorweisung nicht verlangen. Aufgrund der Beförderungsbedingungen kann die Fluggesellschaft an die Person befreiend leisten, die den Flugschein vorweist, ohne dass sie sich verpflichtet, diese Person auf jeden Fall zu befördern (einfache Legitimationsklausel) [37]. Verliert der Passagier oder Absender den Flugschein, stellt ihm der Lufttransportführer ein Ersatzdokument aus, ohne dass ein für Wertpapiere charakteristisches Amortisationsverfahren (Art. 971, 972 OR) notwendig wäre; der Passagier ist verpflichtet, den Transportführer schadlos zu halten, falls das abhanden gekommene Dokument missbräuchlich verwendet wird [38].

In der Praxis neigen Fluggesellschaften dazu, bei Schadenfällen vom Passagier zu verlangen, er müsse das Beförderungsdokument vorweisen, um Schadenersatzansprüche geltend zu machen. Der Passagier oder Absender verliert diese jedoch nicht, wenn er den Bestand des Beförderungsvertrages mit andern Mitteln beweisen kann [39]. Letztlich ist ohnehin der Transportführer primär daran interessiert, dass er die Ausstellung des Dokuments beweisen kann, weil er sich sonst nicht auf die Haftungslimiten des Warschauer Abkommens berufen kann.

2. Gepäckschein und Gepäckmarke

Auch der Gepäckschein und die Gepäckmarke sind Urkunden mit einfacher Präsentations- und Legitimationsklausel. Der Transportführer trägt im Gepäckschein ein, wieviele Gepäckstücke der Passagier aufgegeben hat, und er händigt ihm die Gepäckmarke aus. Aufgrund dieser beiden Dokumente kann der Lufttransportführer die Gepäckstücke an die Person ausliefern, welche die Urkunden vorweist. Er ist nicht verpflichtet zu prüfen, ob der Inhaber der Dokumente tatsächlich berechtigt ist. Fehlt der Gepäckschein und/oder die Gepäckmarke, kann der Transportführer die Gepäckstücke trotzdem ausliefern, sofern der Ansprecher seine Berechtigung nachweist [40].

In der Praxis prüfen die wenigsten Fluggesellschaften, ob die Passagiere bei der Gepäckausgabe nur das ihnen gehörende Gepäck vom Rollband mitnehmen. Sie verlangen in der Regel nicht, dass der Passagier seine Gepäckmarke vorweist, weil eine Kontrolle offenbar zu aufwendig wäre. Dadurch, dass die Fluggesellschaften darauf verzichten, die Berechtigung aufgrund der Gepäckmarke zu prüfen, verstossen sie gegen die vertraglich übernommene Pflicht, das Gepäck an den Berechtigten auszuliefern; im Schadenfall sind sie ersatzpflichtig [41].

---

36 Siehe z.B. Beförderungsbedingungen der Swissair (Passagiere) Art. II Ziff. 1 b).
37 GUHL/KUMMER/DRUEY 806.
38 Siehe z.B. Art. III Ziff 2. der Beförderungsbedingungen der Swissair (Passagiere); siehe auch Urteil des AG Hamburg vom 8. Nov. 1989, ZLW 1990, 232.
39 Im Falle eines Prozesses kann er von der Fluggesellschaft verlangen, dass diese ihre Kopien des Beförderungsdokuments ediere.
40 Siehe z.B. Art. VIII Ziff. 5 der Beförderungsbedingungen der Swissair (Passagiere).
41 Hinten 173f.

3. Der Luftfrachtbrief

Der Luftfrachtbrief hat verschiedene Funktionen. Er ist – wie der Flug- und Gepäckschein – eine Urkunde, die den Bestand und den Inhalt des Beförderungsvertrages beweist. Zusätzlich instruiert er den Transporteur, wohin und an welche Person er die Ware zu liefern hat. Der Luftfrachtbrief ist ein Begleitpapier, das zusammen mit dem Gut vom Abgangs- an den Bestimmungsort reist. Schliesslich ist er eine Urkunde mit Präsentations- und Legitimationsklausel. Der Transportführer kann vom Absender verlangen, dass er einen Luftfrachtbrief ausstellt, bevor er die Güter annimmt [42]. Gleichzeitig ist der Lufttransportführer verpflichtet, diese Urkunde anzunehmen (Art.5 Abs.1 WA) und sie zu unterzeichnen; er kann sie stattdessen abstempeln (Art.6 Abs.3 und 4 WA). Damit wird sie zusätzlich zu einer Empfangsbestätigung [43]. Für den Absender belegt die für ihn bestimmte Kopie des Dokuments überdies die Berechtigung, während der Beförderung über das Gut zu verfügen [44]. Aufgrund des Luftfrachtbriefes händigt der Lufttransportführer der darin als Empfänger bezeichneten Person die Güter aus. Ist es nicht möglich, die Sendung dem Empfänger abzuliefern, händigt er sie demjenigen aus, der im Luftfrachtbrief als berechtigte Person bezeichnet ist [45].

Das Haager Protokoll erlaubt es ausdrücklich, den Luftfrachtbrief als begebbares Dokument, d.h. als Luftkonnossement; auszustellen [46]. Soweit ersichtlich hat die Praxis [47] von dieser Möglichkeit kaum Gebrauch gemacht, weil in der Luftfracht – im Gegensatz zur Seefracht – das Gut ebenso schnell reist wie das Papier; damit erübrigt sich die Notwendigkeit, während der Reise aufgrund des Papiers dinglich über die Ware verfügen zu können.

E. *Beförderungsdokumente bei besonderen Beförderungen (Art. 34 WA)*

Alle Versionen des Warschauer Abkommens befreien ein Luftfahrtunternehmen unter bestimmten Voraussetzungen von der Anwendung seiner Bestimmungen. Das ursprüngliche Abkommen suspendiert die Anwendung des ganzen Abkommens, wenn

---

42 Siehe z.B. Art.6 Abs.c) der Beförderungsbedingungen der Swissair (Fracht).
43 RUHWEDEL 91f.
44 In den Beförderungsbedingungen der Swissair heisst es, der Absender könne das Verfügungsrecht «nur» ausüben, wenn er seine Kopie des Luftfrachtbriefes vorweise. Es ist kaum anzunehmen, dass dieses Dokument deshalb zum qualifizierten Präsentations- und Legitimationspapier wird. Die Beförderungsbedingungen sagen nichts darüber, was gilt, wenn das Dokument dem Absender abhanden kommt oder wenn ein Unberechtigter es vorweist. Es wäre systemwidrig, eine einzige Kopie des Luftfrachtbriefes anders zu behandeln als die übrigen Beförderungsdokumente.
45 Siehe z.B. Art. 10 Ziff. 1 der Beförderungsbedingungen der Swissair (Fracht).
46 Siehe dazu die in den fünfziger Jahren geführte Diskussion in ASDA-Bulletin 1956/11 und 13 mit Beiträgen von CUENOD und HUBER. Schon das Warschauer Abkommen steht der Begebung eines Luftkonnossements nicht entgegen; dies hält die Schlussakte der Haager Konferenz ausdrücklich fest, GULDIMANN, Art. 15 N 12.
47 Weder die Vertragsstaaten durch entsprechende Gesetze, noch die Fluggesellschaften durch die praktische Einführung.

mit der Beförderung eine neue Linie eröffnet und damit ein erhebliches Risiko eingegangen wird, oder wenn die Beförderung unter aussergewöhnlichen Umständen und nicht im Rahmen des gewöhnlichen Luftverkehrs erfolgt. Das Haager Protokoll und das Guatemala-Protokoll und damit das Montreal-Protokoll Nr. 3 befreien den Lufttransportführer unter diesen Voraussetzungen davon, die Vorschriften über die Beförderungsscheine (Art. 3 bis 9 WA) einzuhalten. Die Bestimmungen über den Luftfrachtbrief bleiben anwendbar [48].

Die herrschende Lehre und die (spärliche) Praxis legen Art. 34 WA zu Recht eng aus [49]. Er erfasst Tatbestände, bei welchen die Parteien vor oder bei Abschluss des Beförderungsvertrages die aussergewöhnlichen Umstände kennen und es klar ist, dass der Transport nicht im Rahmen des gewöhnlichen Luftverkehrs stattfindet. Was unter «gewöhnlichem Luftverkehr» zu verstehen ist, richtet sich nach dem individuellen Betätigungsfeld eines Flugunternehmens. Eine Charterfirma, die regelmässig Hilfsgüter in Krisengebiete fliegt und damit ihr Geld verdient, oder eine Firma, die von Rettungsflügen lebt, kann nicht geltend machen, die Voraussetzungen von Art. 34 seien erfüllt, wenn sich bei ihren Tätigkeiten damit verbundene typische Risiken verwirklichen [50]. Die Umstände der Beförderung müssen für beide Parteien aussergewöhnlich sein, damit Art. 34 angewendet werden kann.

---

[48] GULDIMANN, Art. 34 N 7.
[49] GIEMULLA/SCHMID, Art. 34 N 2ff; GULDIMANN, Art. 34 N 3ff; MILLER 25.
[50] Siehe auch GIEMULLA/SCHMID, Art. 34 N 4.

3. Teil
Nichterfüllung des Beförderungsvertrages

I. Grundsätze

A. Zusammenwirken von internationalen und schweizerischen Bestimmungen über die Nichterfüllung des Beförderungsvertrages

Wenn eine der Vertragsparteien die vertraglich übernommenen Verpflichtungen nicht erbringt oder nicht richtig erbringt, liegt eine Nichterfüllung des Vertrages vor [1].

Das Warschauer Abkommen regelt nur die häufigsten Fälle der Nichterfüllung, die sich im Zusammenhang mit einem Luftbeförderungsvertrag ereignen können. Es beschränkt sich auf Vertragsverletzungen, die der Lufttransportführer verursacht. Es erfasst die häufigsten Risiken der Luftfahrt: Körperschäden nach einem Unfall, Sachschäden an Gepäck oder Gütern und Verspätungsschäden. Als Folge der Nichterfüllung sieht das Warschauer Abkommen ausschliesslich Schadenersatz vor. Es unterstellt den Lufttransportführer einer beschränkten Haftung, weil es zu Beginn der Luftfahrt unbillig schien, dem Lufttransportführer das ganze Risiko einer neuen Technologie zu überbürden.

Leistungsstörungen, die das Abkommen nicht regelt, beurteilen sich nach dem Beförderungsvertrag (insbesondere den AGB des Lufttransportführers [2]) sowie nach dem anwendbaren Landesrecht [3].

Untersteht der Beförderungsvertrag dem schweizerischen Recht, sind die Folgen von Leistungsstörungen differenziert zu beurteilen, soweit es sich um die Beförderung von Personen handelt. Das OR regelt den Frachtvertrag in Art. 440ff; über den Personenbeförderungsvertrag fehlen dagegen spezielle Vorschriften. Es ist nach den für Innominatkontrakte entwickelten Regeln nach angemessenen Lösungen für die Rechtsfolgen zu suchen.

Erfüllen die Parteien des Beförderungsvertrages die vertraglich übernommenen Pflichten nicht, bieten sich zur Bestimmung der Rechtsfolgen in erster Linie die Vorschriften über den Auftrag oder den Werkvertrag an. Lassen sich nach dieser Methode keine befriedigenden Lösungen finden, ist auf die Regeln des Allgemeinen Teils des OR zurückzugreifen.

---

1 Nach schweizerischer Terminologie liegt Nichterfüllung vor, wenn die Leistung nachträglich (verschuldet) unmöglich wurde oder wenn Verzug vorliegt, BUCHER 334. Zur Nichterfüllung gehört auch die positive Vertragsverletzung, bei welcher der Schuldner eine Unterlassungspflicht verletzt, BUCHER 335; GAUCH/SCHLUEP, N 1598ff.
2 Sofern sie Bestandteil des Vertrages geworden sind, vorne 122ff.
3 Vorne 78ff.

Berücksichtigt man analog die Regeln über den Werkvertrag, untersteht der Lufttransportführer einer Kausalhaftung: er muss für unverschuldete Mängel einstehen [4]. Damit unterliegt er für Sachverhalte, die ausserhalb des Anwendungsbereichs des Warschauer Abkommens liegen, einer im Vergleich zum Abkommen strengeren Haftung [5]. Diese Überlegung könnte es rechtfertigen, die analoge Anwendung von Werkvertragsrecht auszuschliessen [6]. Anderseits kommt die analoge Anwendung von Werkvertragsrecht nur für Sachverhalte in Frage, welche die zwingend anwendbaren Sondervorschriften des Lufttransportrechts (Warschauer Abkommen, LTR) nicht erfassen. Damit beschränkt sie sich auf Ereignisse, die ausserhalb der typischen Risiken der Luftfahrt liegen. Der Lufttransportführer ist in diesen Fällen einem anderen Unternehmer gleichgestellt [7]. Für die strengere Haftung des Werkvertragsrechts spricht auch die Tatsache, dass die zukünftigen – noch nicht in Kraft getretenen – Sondervorschriften des Lufttransportrechts (Montreal-Protokolle) die Voraussetzungen über die Haftung des Lufttransportführers verschärfen (Kausalhaftung) [8].

Der analogen Anwendung der Bestimmungen über den Werkvertrag sind auch dadurch Grenzen gesetzt, dass es sich bei einer Beförderung nicht um ein physisches Werk handelt. Die im Werkvertragsrecht vorgesehenen Rechtsfolgen taugen deshalb nur beschränkt für Beförderungsverträge. Das gilt insbesondere für die Nachbesserung. Bei einer Beförderung ist die nachträgliche Verbesserung nicht möglich. Sinnvoll kann es dagegen sein, im Zusammenhang mit Beförderungsverträgen die dem Werkvertragsrecht typischen Rechtsfolgen wie Minderung und Ersatzbeschaffung anzuwenden.

B. Das Warschauer Abkommen als ausschliessliche Grundlage für Schadenersatzansprüche?

In Praxis und Lehre ist kontrovers, ob das Warschauer Abkommen ausschliessliche Grundlage sei für Schadenersatzansprüche, oder ob ein Passagier oder Absender aus einer Beförderung, die dem Abkommen unterliegt, auch Forderungen auf das anwendbare Landesrecht abstützen könne.

In den angloamerikanischen Ländern stellt sich die Frage, ob das Abkommen eine *cause of action* darstelle [9]. Umstritten ist in den USA auch, ob das Warschauer Abkommen es erlaube, punitive damages zuzusprechen [10].

Art. 24 Abs. 1 WA hält fest, dass «der Anspruch auf Schadenersatz, auf welchem Rechtsgrund er auch beruht, nur unter den Voraussetzungen und Beschränkungen geltend gemacht werden [kann], die in diesem Abkommen vorgesehen sind». Das gilt für alle Schäden, die in Art. 17 bis 19 WA geregelt sind (Art. 24 WA).

---

4 GAUCH, N 1026; nur der Ersatz des Mangelfolgeschadens hängt vom Verschulden ab, GAUCH, N 1027, 1328f; siehe auch BUCHER, Besonderer Teil 203.
5 Dieses geht von einer Verschuldenshaftung mit umgekehrter Beweislast aus, hinten 141.
6 Siehe auch FRANK, SJZ 1981, 160, der für den Reisevertrag die Rechtsfolgen der Vertragsstörung nach Art. 97ff OR bestimmen will.
7 ROBERTO 21ff befürwortet die Erfolgshaftung für den Reiseveranstaltungsvertrag.
8 Hinten 253ff.
9 Dazu ausführlich MILLER 224; siehe auch Hinweis in GIEMULLA/SCHMID, ZLW 1990, 182, FN 111; KUHN, ZLW 1989, 22.
10 Siehe dazu DUBUC, RFDA 1991, 24f und hinten 263.

Aus der Formulierung von Art. 24 WA («auf welchem Rechtsgrund er auch beruht») haben verschiedene Autoren m.E. zu Recht geschlossen, dass das Abkommen es dem anwendbaren Recht überlässt, den Rechtsgrund einer Forderung zu bestimmen [11]. Es verlangt lediglich, dass diese Forderungen in jedem Fall den Beschränkungen des Abkommens unterliegen (insbes. der limitierten Haftung) [12]. Damit erlaubt es das Abkommen, dass der Geschädigte Ansprüche aus ausservertraglicher Schädigung oder aus Verletzung einer vertraglichen Nebenpflicht geltend macht. Mit Art. 24 erreicht das Abkommen, dass die vertraglichen und die ausservertraglichen Ansprüche gleichgestellt sind [13].

Das anwendbare Landesrecht entscheidet darüber, ob ein Geschädigter gleichzeitig vertragliche und ausservertragliche Ansprüche geltend machen kann. Das schweizerische Recht lässt die Kumulierung dieser Ansprüche zu [14]. Ein Richter, der Ansprüche aus einer Beförderung zu beurteilen hat, die neben dem Abkommen dem schweizerischen Recht untersteht, kann deshalb sowohl vertragliche wie ausservertragliche Ansprüche gutheissen.

Das **Oberlandesgericht Köln** hatte folgenden Sachverhalt zu beurteilen [15]: ein Passagier wollte seine Fototasche mit wertvollen Kameras an Bord nehmen. Auf Anweisung einer Angestellten des Lufttransportführers musste er sie aufgeben. Er wies auf den hohen Wert der Fotoausrüstung hin. Die Angestellte unterliess es, den Passagier über die Möglichkeit einer Wertdeklaration i.S. von Art. 22 Abs. 2a WA zu informieren. Der Passagier sah darin eine positive Vertragsverletzung, die einen Anspruch auf Schadenersatz begründe. Das Gericht wies die Klage ab. Ein Anspruch aus positiver Vertragsverletzung sei ein Anspruch des deutschen Rechts, der neben Art. 18 WA nicht geltend gemacht werden könne, weil dieser den Verlust von Reisegepäck abschliessend regle [16]. Der Kläger musste sich mit dem Ersatz innerhalb der Limiten zufriedengeben. Auch wenn dem Urteil im Ergebnis zuzustimmen ist, überzeugt die Begründung kaum. Das Abkommen schweigt sich darüber aus, aus welchem Rechtsgrund der Lufttransportführer den Verlust von Gepäck zu ersetzen hat. Das Gericht hätte dem Kläger Schadenersatz unter dem Titel einer positiven Vertragsverletzung zusprechen können, wobei auch in diesem Fall die Limiten von Art. 22 WA anwendbar gewesen wären.

C. Die Haftung des Warschauer Abkommens als Verschuldenshaftung

Der Lufttransportführer wird unter dem Warschauer Abkommen in der ursprünglichen Fassung und in der Fassung des Haager Protokolls nur haftbar, wenn er den Schaden schuldhaft verursacht hat. Dies ergibt sich nicht aus Art. 17 bis 19 WA, sondern aus Art. 20 WA (Umkehrschluss): der Lufttransportführer kann die Haftung abwenden, wenn er beweist, dass er oder seine Leute alle Massnahmen getroffen haben, um den Schaden abzuwenden, oder wenn sich diese Massnahmen nicht treffen liessen.

---

11 GULDIMANN, Art. 24 N 11; MANKIEWICZ, Liability 92.
12 GULDIMANN, Art. 24 N 8.
13 KUHN, ZLW 1989, 22.
14 GAUCH/SCHLUEP, N 1719ff mit Verweisen; siehe auch vorne 56f; für das deutsche Recht GIEMULLA/LAU/BARTON, Vorbemerkung vor § 33 N 16.
15 Urteil vom 16. Feb. 1990, ZLW 1990, 221.
16 Die gleiche Problematik stellt sich in Deutschland im Zusammenhang mit der Frage, ob ein Passagier bei einer Luftbeförderung auch Ansprüche aus dem deutschen Reisevertragsrecht geltend machen könne, siehe Hinweise bei SCHMID/BRAUTLACHT, ZLW 1988, 161ff.

Das Abkommen definiert den Begriff des Verschuldens nicht. Massgebend ist das anwendbare Landesrecht.

Das schweizerische Recht versteht Verschulden als tadelnswertes Verhalten [17]; Verschulden bedeutet eine missbilligende Qualifikation [18]. Dabei wird zwischen Vorsatz und Fahrlässigkeit unterschieden [19]. Liegt vorsätzliches Handeln vor, wird die Prüfung des Verschuldens keine Schwierigkeiten verursachen. Im Falle von Fahrlässigkeit wird der Richter das Verschulden des Täters negativ bestimmen: er wird im Zusammenhang mit der Anwendung von Art. 20 WA prüfen, ob der Täter alles getan hat, um den Schaden abzuwenden, sofern sich solche Massnahmen hätten treffen lassen [20].

Die Vereinbarung von Montreal modifiziert die Verschuldenshaftung des Warschauer Abkommens: unter dieser Vereinbarung verzichtet der Lufttransportführer auf den Entlastungsbeweis, falls er für Körperschäden haftet. Untersteht eine Beförderung der Vereinbarung von Montreal [21], gilt für Körperschäden faktisch eine Kausalhaftung, wobei die Entlastung des Lufttransportführers aufgrund von Art. 21 WA (Selbstverschulden des Geschädigten) möglich bleibt [22]. Die gleiche Regelung trifft das Guatemala- Protokoll und damit das Montreal-Protokoll Nr. 3. Der Entlastungsbeweis steht dem Lufttransportführer nur noch offen bei Selbstverschulden, bei Sachschäden und bei Verspätungen [23].

In der Lehre ist umstritten, welche Terminologie zu verwenden ist, um die Haftung des Warschauer Abkommens, modifiziert durch die Vereinbarung von Montreal und diejenige der Montreal-Protokolle zu umschreiben [24]. Nach der in der Schweiz gebräuchlichen Terminologie ist die Haftung des Luftfrachtführers als *Gefährdungshaftung* zu bezeichnen [25]: die gesetzliche Ordnung schafft eine Haftungspräsumption. Diese wirkt, solange nicht der vom Gesetz umschriebene Befreiungsbeweis erbracht wird [26].

II. Die einzelnen Tatbestände

A. *Annullierung eines Fluges*

Bei der Annullierung eines Fluges streicht der Lufttransportführer einen Kurs; er kann die Beförderungsverträge nicht erfüllen, die er für den betreffenden Flug abgeschlossen hat.

---

17 OFTINGER 141.
18 STARK, N 441.
19 Zum Verschulden siehe ausführlich OFTINGER 141ff und STARK, N 439ff.
20 Zur Anwendung von Art. 20 WA hinten 180.
21 Zum Anwendungsbereich der Vereinbarung vorne 23f.
22 Hinten 187.
23 Art. V Guatemala-Protokoll und Montreal-Protokoll Nr. 3, Art. V Montreal-Protokoll Nr. 4.
24 Ausführlich dazu BIN CHENG, AASL 1981, 3ff.
25 Gefährdungshaftungen sind eine Kategorie der Kausalhaftungen und sind von den gewöhnlichen Kausalhaftungen zu unterscheiden, OFTINGER 16ff, 20ff, 26ff. Vergleichende Tabelle der Ausdrücke in englisch, deutsch und französisch in BIN CHENG, AASL 1981, 10.
26 OFTINGER 25.

Das Warschauer Abkommen regelt den Fall eines annullierten Fluges nicht. Massgebend ist das auf die Beförderung anwendbare Landesrecht [1].

Das **Oberlandesgericht Frankfurt** beurteilte Schadenersatzansprüche, die entstanden waren, weil das Wartungspersonal des Lufttransportführers streikte, nach dem anwendbaren Landesrecht. Es bejahte die Haftung der Fluggesellschaft für Schäden aus einer streikbedingten Annullierung eines Fluges [2].

Das **Landgericht Hannover** sprach einem Passagier das Recht auf Minderung des Flugpreises zu, weil der Passagier auf einem Flug gebucht worden war, der nach der Änderung des Flugplanes nicht mehr existierte [3]. Im gleichen Urteil wies das Gericht den Anspruch auf Ersatz wegen vertaner Urlaubszeit ab mit der Begründung, das Warschauer Abkommen sehe dies nicht vor (Erw.II). Das Gericht übersah, dass das Warschauer Abkommen in diesem Fall nicht anwendbar war.

Das **Landgericht Frankfurt** hiess den Schadenersatzanspruch eines Passagiers gut, nachdem der vorgesehene Flug annulliert wurde und die Passagiere mit einem früheren Kurs befördert werden sollten [4]. Der Passagier verpasste den früheren Flug, weil er auf die neue Abflugszeit nicht hingewiesen worden war.

Beurteilt sich der Beförderungsvertrag nach schweizerischem Recht, ist die Annullierung eines Fluges als Nichterfüllung des Vertrages zu betrachten.

Hat der Lufttransportführer die Annullierung nicht verschuldet, liegt eine unverschuldete Unmöglichkeit vor (z.B. schlechte meteorologische Verhältnisse [5], Streik des Flugsicherungspersonals, kriegerische Ereignisse); die Rechtsfolgen beurteilen sich nach Art. 119 OR: der Schuldner wird von seiner Verpflichtung zur Beförderung und von der Zahlung von Schadenersatz befreit [6].

Ob bei kriegerischen Ereignissen eine unverschuldete Unmöglichkeit vorliegt, kann strittig sein, wenn der Lufttransportführer eine Beförderung beginnt und unterwegs entscheidet, das Flugzeug habe die Reise abzubrechen. Geht man davon aus, dass eine unverschuldete Unmöglichkeit vorliegt, darf der Lufttransportführer den Beförderungspreis für die bereits abgeflogene Strecke behalten. Der Lufttransportführer muss beweisen, dass er den Ausbruch der kriegerischen Ereignisse nicht voraussehen konnte. Gelingt ihm dieser Beweis nicht, liegt eine verschuldete Unmöglichkeit vor, und es kommen die Rechtsfolgen zum Zuge, die im nächsten Abschnitt dargestellt werden.

Geht die Annullierung des Fluges auf eine subjektiv verschuldete Unmöglichkeit zurück (z.B. Streik bei den Angestellten des Lufttransportführers, wirtschaftliche Gründe), wird der Lufttransportführer nach Ansicht der herrschenden Lehre aufgrund von Art. 97 OR schadenersatzpflichtig [7]. Sachgerechter scheint es, in Übereinstimmung mit der neueren Lehre in diesem Fall die Regeln über den Schuldnerverzug (Art. 102ff OR) anzuwenden [8]. Damit stehen dem Passagier die Wahlmöglichkeiten von Art. 102ff

---

1 Vorne 70ff.
2 Urteil vom 12. Jan. 1987, ZLW 1988, 91ff.
3 Urteil vom 15. Aug. 1989, ZLW 1990, 409f.
4 Urteil vom 27. April 19988, ZLW 1989, 270ff.
5 Siehe auch Urteil des LG Frankfurt a.M. vom 12. März 1984, ZLW 1985, 376f.
6 Die analoge Berücksichtigung der Vorschriften über den Werkvertrag oder den Auftrag erübrigt sich in diesem Fall, weil der besondere Teil des OR in dieser Hinsicht keine speziellen Vorschriften enthält; siehe auch GAUCH/SCHLUEP, N 489ff.
7 Nachweise bei GAUCH/SCHLUEP, N 1862.
8 GAUCH/SCHLUEP, N 1863 mit Verweisen.

OR offen (Verzicht auf die nachträgliche Leistung und Schadenersatz, Festhalten an der nachträglichen Leistung und Schadenersatz, Rücktritt vom Vertrag [9]).

Das **Landgericht Frankfurt** hielt fest, ein Lufttransportführer, der einen Flug um sechs Stunden vorverlege, werde wegen verschuldeter Unmöglichkeit schadenersatzpflichtig [10].

Als Alternative zu diesen Rechtsbehelfen kann die analoge Anwendung von Art. 366 Abs.1 OR gerechtfertigt sein. Nach dieser Vorschrift über den Werkvertrag kann der Besteller «(...) die Fortführung eines Werkes auf Gefahr und Kosten des Unternehmens einem Dritten übertragen (...)»; die Vorschrift ist auch anwendbar, wenn sich eine mangelhafte oder sonst vertragswidrige Erstellung des Werkes bereits vor Beginn der Ausführung bestimmt voraussehen lässt [11]. Überträgt man diese Grundsätze auf den Beförderungsvertrag, kann der Passagier aus eigener Initiative eine Ersatzbeförderung organisieren, falls der Lufttransportführer nach der verschuldeten [12] Annullierung eines Fluges trotz einer angemessenen Nachfrist keine Ersatzbeförderung organisiert. Die Nachfrist wird sich nach dem Zeitraum bemessen, in welchem Möglichkeiten bestehen, um mit anderen Verkehrsmitteln oder mit anderen Fluggesellschaften an den Bestimmungsort zu gelangen. Der Passagier muss dem Lufttransportführer die Gelegenheit geben, eine dieser Alternativen zu organisieren, bevor er selber tätig wird.

B. Verweigerung der Beförderung

In der internationalen kommerziellen Luftfahrt kann der Passagier – je nach anwendbarem Tarif – einen gebuchten Flug absagen oder ändern, ohne dass er den Anspruch auf Beförderung verliert. Fluggesellschaften buchen deshalb auf einen bestimmten Kurs oft mehr Passagiere als Plätze vorhanden sind, weil erfahrungsgemäss nicht alle Fluggäste zur Beförderung erscheinen. Manchmal geht diese Rechnung nicht auf [13]. Für einen bestimmten Flug erscheinen mehr Passagiere mit bestätigter Buchung, als Plätze vorhanden sind. Der Lufttransportführer muss einigen Passagieren die Beförderung auf dem vereinbarten Flug verweigern.

Bei der Beförderung von Fracht wird eine verweigerte Beförderung dadurch verursacht, dass der Lufttransportführer die Beförderung auf einem bestimmten Kurs verspricht und diese Zusicherung nicht einhalten kann, weil er nicht genügend Frachtraum freihält [14].

Eine verweigerte Beförderung kann auch darauf zurückzuführen sein, dass der Lufttransportführer einen kleineren Flugzeugtyp einsetzt oder dass bei der Reservation Fehler gemacht wurden [15].

In allen Fällen einer verweigerten Beförderung führt der Lufttransportführer den Kurs planmässig durch, er nimmt jedoch nicht alle Passagiere oder alle Fracht mit, für die er die Beförderung auf dem betreffenden Kurs vertraglich zugesagt hat.

---

9 Ausführlich dazu GAUCH/SCHLUEP, N 1796ff und Übersicht in N 1830a.
10 Urteil vom 17. Okt. 1988, ZLW 1989, 384ff.
11 GAUCH, N 609.
12 Art. 366 OR kommt nur beim Verschulden des Unternehmers zum Tragen, GAUCH, N 613.
13 In den USA werden Zahlen über das «Bumping» veröffentlicht. Je nach Fluggesellschaft variiert der Anteil an verweigerten Beförderungen zwischen 0,7 und 10 Passagieren pro 10 000 beförderten Personen, NYT, 29. April 1990; zum «Overbooking» siehe auch MAPELLI, AASL 1979, 213ff.
14 Urteil des OLG Frankfurt vom 24. Nov. 1988, ZLW 1989, 178ff.
15 SHERMAN, JALC 44 [1979] 775; MAPELLI, AASL 1979, 213ff.

Das Warschauer Abkommen regelt den Tatbestand der verweigerten Beförderung nicht, weil sie kein typisches Risiko der Luftfahrt darstellt. Eine verweigerte Beförderung ist insbesondere keine Verspätung i.S. von Art. 19 WA. Der Passagier oder die Waren treffen zwar in der Regel mit Verspätung am Bestimmungsort ein; der Kurs, der sie hätte befördern sollen, verkehrte jedoch planmässig.

Im Entscheid *Air India Corp. c. Lovegrove* hatte die **Cour de justice civile de Genève** den Fall einer verweigerten Beförderung zu beurteilen [16]. Der Passagier verfügte über einen korrekt ausgestellten Flugschein, hatte sich rechtzeitig am Flughafen eingefunden und wurde trotzdem nicht befördert. Das Gericht ging zu Recht davon aus, dass dieser Fall nicht in den Anwendungsbereich des Warschauer Abkommens falle; demzufolge seien auch dessen Vorschriften über die Zuständigkeit nicht anwendbar. Der Kläger konnte in Genf gegen die Beklagte einen Arrest legen. Mit praktisch identischen Fällen hatten sich auch ausländische Gerichte auseinanderzusetzen [17].

Der **Einzelrichter des Bezirksgerichts Zürich** ging in einem Urteil im Zusammenhang mit einer verweigerten Beförderung fälschlicherweise davon aus, dass das Warschauer und das Guadalajara-Abkommen anwendbar seien [18]. Dem Passagier wurde die Beförderung verweigert, weil bei der Reservation ein Fehler gemacht wurde und der Passagier nach Ansicht der Fluggesellschaft keinen gültigen Flugschein vorweisen konnte. Dieser Sachverhalt beurteilt sich ausschliesslich nach dem anwendbaren Landesrecht. In einem späteren Urteil [19] entschied die gleiche Instanz in einem ähnlichen Fall richtigerweise nach dem OR [20]: ein Ehepaar wies für einen bestimmten Flug einen Flugschein mit einer bestätigten Buchung vor. Weil das Reisebüro, welches die Flugscheine ausstellte, im Computer keinen entsprechenden Eintrag vorgenommen hatte, konnte die Fluggesellschaft dem Ehepaar beim Check-in nicht garantieren, dass auf dem Flug Platz vorhanden sei. Die Passagiere zogen es vor, mit einer anderen Fluggesellschaft zu reisen, die etwas früher an den gleichen Bestimmungsort flog. Das Gericht sprach den Klägern den Ersatz für die zwei zusätzlichen Flugscheine zu.

Schwierig sind Fälle zu beurteilen, in welchen der Lufttransportführer wegen Überbuchung ein anderes Flugzeug einsetzt. Anders als bei der verweigerten Beförderung eines einzelnen Passagiers oder eines einzelnen Gutes kommen in diesem Fall alle Passagiere und Güter verspätet an. Das spricht für die Anwendung von Art. 19 WA. Die Gründe für die Verspätung sind jedoch die gleichen, die im Fall einer individuell verweigerten Beförderung der Anwendung des Abkommens entgegenstehen. Beachtet man Sinn und Zweck von Art. 19, muss der geschilderte Sachverhalt ausserhalb des Warschauer Abkommens angesiedelt werden [21].

---

16 Urteil vom 6. April 1973, ASDA-Bulletin 1974/1, 23ff.
17 Urteil des Provincial Court District of Montreal i.S. *Hendler v. Iberia*, AASL 1979, 693ff; Urteil des Bundesgerichtshofs vom 28. Sept. 1978; ZLW 1979, 134ff; Urteil des LG Berlin vom 10. Juni 1981, ZLW 1982; Urteil des OLG München vom 20. Sept. 1982, ZLW 1983, 60f; Urteil des AG Frankfurt vom 5. Dez. 1988, ZLW 1989, 274f.
18 Urteil vom 16. Mai 1989, SJZ 1990, 215 Erw. 1.1.; ASDA-Bulletin 1991/1, 12.
19 Urteil vom 17. Dez. 1992 in Sachen *X. gegen El Al Israel Airlines Ltd.* (Der Autorin aus privater Quelle zur Verfügung gestellt).
20 Bei der Erörterung der internationalen Zuständigkeit beging das Gericht auch in diesem Fall den Fehler, auf das Warschauer Abkommen abzustellen (Erw. III). Dessen Zuständigkeitsvorschriften gelten nur für Ansprüche, die sich auf das Abkommen abstützen, RUHWEDEL 186. Ersatzansprüche aus einer verweigerten Beförderung gehören nicht dazu, siehe auch hinten 281.
21 Siehe auch Urteil des OLG Frankfurt vom 26. April 1983, das mit einer Begründung, die eigentlich gegen die Anwendung des Abkommens spricht, den Fall Art. 19 WA unterstellt hat: «Massgeblich ist [...], dass die Beklagte infolge Überbuchung einen Flugzeugwechsel vornehmen lassen musste. Eine Verzögerung, die bei Anwendung gehöriger Sorgfalt und Organisation vermeidbar war, führt in der Regel zu einer die Einstandspflicht des Luftfrachtführers begründenden Verspätung im Sinne von Art. 19 WA», ZLW 1984, 179; zur Verspätung hinten 148ff. GIEMULLA/SCHMID, Art. 19 N 4 und RUHWEDEL 158 befürworten die Anwendung von Art. 19 WA in diesem Fall.

In den USA haben die Behörden die Schadenersatzleistungen nach einer verweigerten Beförderung standardisiert (*denied boarding compensation*). Fluggesellschaften, die im kommerziellen Linienverkehr einen Flug überbuchen, müssen unter den Fluggästen Freiwillige suchen, die bereit sind, auf die Beförderung zu verzichten. Es steht der Fluggesellschaft frei, wie sie den Fluggast entschädigt, der freiwillig verzichtet. Vorgeschrieben ist lediglich die Entschädigung für Passagiere, welchen die Fluggesellschaft die Beförderung verweigert [22].

Nachdem die Behörden der USA den Schadenersatz bei verweigerten Beförderungen pauschalisiert hatten [23], fand die gleiche Praxis in europäischen Ländern Eingang. Die in der AEA zusammengeschlossenen Fluggesellschaften führten 1979 bei verweigerten Beförderungen Schadenersatzpauschalen ein [24]. Einige Länder, so die BRD, banden das System in eine öffentlichrechtliche Pflicht ein [25]. 1991 hat der Rat der Europäischen Gemeinschaft eine Verordnung «über eine gemeinsame Regelung für ein System von Ausgleichsleistungen bei Nichtbeförderung im Linienflugverkehr» erlassen. Aufgrund dieser Verordnung hat der Fluggast ein Wahlrecht zwischen der Erstattung des Flugpreises, der möglichst schnellen Beförderung an den Bestimmungsort oder der späteren Beförderung zu einem dem Passagier gelegenen Zeitpunkt (Art. 4 Abs. 1). Unabhängig davon, für welche der genannten Möglichkeiten sich der Passagier entscheidet, zahlt die Fluggesellschaft eine Schadenersatzpauschale, die variiert nach der Distanz des Fluges und nach der Verspätung, die der Passagier erleidet [26]. Schliesslich hat der Lufttransportführer die folgenden Leistungen kostenlos zu erbringen: ein Telefongespräch und/oder Telex/Fax an den Bestimmungsort, Mahlzeiten und Erfrischungen in angemessenem Verhältnis zur Wartezeit und Hotelkosten, falls Übernachtungen erforderlich sind. Die von der EG erlassenen Vorschriften sind in den EG-Mitgliedstaaten unmittelbar geltendes Recht. Sie sind anwendbar, wenn ein Fluggast auf einem überbuchten Linienflug von einem Flughafen im Gebiet eines Mitgliedstaates nicht befördert wird (Art.1 der VO). Unabhängig von der neuen EG-Regelung kann der Passagier nach dem anwendbaren Landesrecht gegen den Lufttransportführer weitere Schadenersatzansprüche geltend machen [27].

Das **Landgericht Berlin** sprach einem Kläger die Kosten eines Concorde-Fluges für sich und seine Ehefrau zu, weil sie zu einem bestimmten Zeitpunkt am Bestimmungsort eintreffen muss-

---

22 CAB Economic Regulation 1050, 43 Fed. Reg. 24,283–85 (1978) und in Code of Federal Regulations 250.4ff.
23 Sie beträgt in den USA zur Zeit 200 % des Wertes des Flugscheins und mindestens 75 US $ und maximal 400 US $; ausführlich dazu SHERMAN, JALC 44 [1979] 782ff; McLAUGHLIN, JALC 54 [1989] 1135ff mit Verweisen auf die neuere amerikanische Rechtsprechung.
24 Wiedergegeben in GIEMULLA/SCHMID, Anhang III–6.
25 Genehmigungsschreiben des Bundesministers für Verkehr gemäss § 21 Abs. 1 LuftVG; zur Schadensregelung der Lufthansa im einzelnen Art. XIII ABB-Flugpassage der Deutschen Lufthansa; siehe auch HÖDEL, ASDA-Bulletin 1985/2, 64f.
26 Bei Flügen bis zu 3500 km beträgt sie 150 ECU, bei Flügen über 3500 km beträgt sie 300 ECU (ca. 262.– Fr. bzw. 525.– Fr.). Die genannten Beträge werden um die Hälfte gekürzt, wenn der Passagier das Ziel mit der Ersatzbeförderung nicht mit mehr als 2 Std. (bei Flügen unter 3500 km) bzw. 4 Std. (bei Flügen über 3500 km) Verspätung erreicht, GIEMULLA, EuZW 1991, 369.
27 Z.B. auf entgangenen Gewinn, GIEMULLA, EuZW 1991, 369 oder auf vertane Urlaubszeit, Urteil des AG Köln vom 5. Juli 1985, ZLW 1986, 82f.

ten [28]. Der **Bundesgerichtshof** verweigerte einem Kläger den Ersatz für den Charter eines Privatflugzeuges, weil er die ihm zukommende Schadenminderungspflicht verletzt habe [29].

Das **Amtsgericht Frankfurt** sprach einem Passagier Ersatz für die Kosten eines Linienfluges zu, weil er wegen Überbuchung nicht befördert worden war [30]. Ein dänisches Gericht hiess den Anspruch auf Ersatz eines Taxifluges nach einer verweigerten Beförderung gut [31]. Das **Tribunal de commerce de Bruxelles** entschied, der Kläger, dem die Beförderung verweigert worden war, müsse sich mit der standardisierten *Denied Boarding Compensation* zufrieden geben, die in den Beförderungsbedingungen vorgesehen sei [32].

Die Verankerung der *Denied Boarding Compensation* im Gesetz ist (im Ausland) darauf zurückzuführen, dass die konzessionierten Fluggesellschaften eine Verletzung der Beförderungspflicht [33] in Kauf nehmen, wenn sie Flüge systematisch überbuchen [34].

Die Schweiz kennt keine gesetzliche Regelung der Entschädigung bei Überbuchungen. Die schweizerischen Gesellschaften des Linienverkehrs haben auch in ihren AGB keine entsprechende Klausel. Die Swissair hat intern eine – der Vereinbarung der AEA entsprechende [35] – Pauschale festgesetzt, die sie Passagieren nach einer verweigerten Beförderung auszahlt. Diese Entschädigung ist eine Offerte seitens der Fluggesellschaft; es steht dem Passagier frei, diese auszuschlagen und Schadenersatzansprüche gemäss dem OR geltend zu machen [36].

Auch schweizerische Fluggesellschaften verletzen mit der Überbuchung ihre Konzession (Art. 6). Die Behörden wären nach Art. 91 Abs. 1 LFG 2. Abschnitt gehalten, die Konzessionsverletzung zu sanktionieren. Sie erlauben den Fluggesellschaften – aus praktischen Gründen – trotzdem das Überbuchen. Es wäre vorzuziehen, in der Konzession oder im Gesetz das Recht auf Überbuchung festzuhalten und gegebenenfalls die Entschädigungspflicht zu verankern. Die Vorschrift über die Entschädigungspflicht drängt sich nicht auf: das OR enthält ausreichende Grundlagen, damit der Passagier den Schaden geltend machen kann, den er im Zusammenhang mit einer verweigerten Beförderung erleidet [37]. Die gesetzliche Regelung hat einzig den Vorteil, dass sich Auseinandersetzungen im Zusammenhang mit einer verweigerten Beförderung möglicherweise schneller beilegen lassen.

Verweigert der Lufttransportführer dem Passagier die Beförderung trotz einer bestätigten Buchung, gelten nach schweizerischem Recht die gleichen Grundsätze wie bei der verschuldeten Annullierung [38].

---

28 ZLW 1982, 84.
29 Urteil vom 28. Sept. 1978, ZLW 1979, 134ff; siehe auch Hinweis auf ein dänisches Urteil in Air Law 1990, 104.
30 Urteil vom 5. Dez. 1988, ZLW 1989, 274f.
31 Urteil vom 5. Sept. 1989, Hinweis bei GIEMULLA/SCHMID, ZLW 1990, 177 FN 88.
32 Urteil vom 30. März 1988, RFDA 1988, 401 (der Kläger hatte keinen weitergehenden Schaden nachweisen können).
33 Vorne 121.
34 Die Beförderungspflicht bedeutet nicht nur, dass die konzessionierte Fluggesellschaft einen Beförderungsvertrag abschliesst, sondern dass sie die Passagiere und die Fracht tatsächlich befördert. Die Konzession der Swissair spricht ausdrücklich von der «Pflicht zur Beförderung» (Art. 6); a.M. HODEL, ASDA-Bulletin 1985/2, 65.
35 Vorne 146.
36 Siehe auch Urteil des Amtsgerichts Bad Homburg vom 5. Mai 1992, ZLW 1992, 314; in diesem Fall war strittig, ob die Ansprüche des Klägers aus einer verweigerten Beförderung durch den danach abgeschlossenen Vergleich limitiert seien.
37 HODEL, ASDA-Bulletin 1985/2, 65.
38 Vorne 143.

C. Verspätung

1. Der Begriff

Verspätungen sind seit Beginn der Luftfahrt ein typisches Risiko im Luftverkehr und sie sind heute nach wie vor eine der häufigsten Ursachen für eine gestörte Vertragsabwicklung. Das Warschauer Abkommen normiert sowohl Verspätungen von Passagieren als auch von Gepäck und Fracht. Nach Art. 19 WA hat der Luftfrachtführer «den Schaden zu ersetzen, der durch Verspätungen bei der Luftbeförderung von Reisenden, Gepäck oder Gütern entsteht».

Das Warschauer Abkommen fordert, dass die Verspätung «dans le transport aérien» («bei der Luftbeförderung») entstehe. Im Gegensatz zu Art. 17 und Art. 18 WA definiert es den Zeitraum nicht, in welchem die Verspätung eintreten muss. Massgebend muss sein, ob der Passagier oder die Fracht zum vereinbarten Zeitpunkt am Bestimmungsort eintreffen [39]. Für Passagiere ist entscheidend, wann sie das Flughafengebäude des Bestimmungsflughafens betreten. Für Gepäck und Fracht ist der Zeitpunkt massgebend, in dem das Gut dem Passagier oder dem Empfänger ausgeliefert wird und er es in seine Obhut nehmen kann.

Nicht jede Verspätung ist rechtserheblich. In der Lehre wird vertreten, das Flugzeug müsse innerhalb eines objektiv angemessenen Zeitraums am Bestimmungsort eintreffen [40]. Als allgemeine Richtlinie kann diese Definition gelten; sie bringt jedoch im konkreten Fall nicht immer eine Lösung; ebensowenig tut dies ein standardisierter Massstab [41]. Eine Verspätung von 45 Minuten bedeutet für den einen Passagier, dass er den Anschlussflug oder einen Termin verpasst, während ein anderer Passagier sich darüber ärgert, aber sonst keine Konsequenzen zu gewärtigen hat. Massgebend ist, dass Luftbeförderungen Fixgeschäfte sind [42].

In Deutschland unterscheiden die Gerichte bei Verspätungen zwischen «reinen Beförderungsverträgen» und Flugpauschalreisen. Bei den letzten wird eine «Dispositionsbefugnis» zugestanden: der Reiseteilnehmer muss organisatorisch bedingte Verzögerungen bis zu 4 Stunden in Kauf nehmen, wobei diese nicht zu einer unangemessenen Verkürzung der Nachtruhe des Reiseteilnehmers führen dürfen. Die Unterscheidung wird damit begründet, dass «der Abflugszeitpunkt nicht so sehr im Vordergrund des vertraglichen Pflichtenkatalogs des Reiseveranstalters [stehe]» [43].

---

39 Ebenso GIEMULLA/SCHMID, Art. 19 N 13ff; weniger deutlich auch GULDIMANN, Art. 19 N 9; zum Ausschluss der Haftung für Verspätung in den Beförderungsbedingungen hinten 149f; zur Haftung des Lufttransportführers bei Verspätungen allgemein MAPELLI, AASL 1976, 109ff.
40 GULDIMANN, Art. 19 N 5; RUHWEDEL 158. Erstaunlich ist in diesem Zusammenhang ein Urteil des Tribunal de grande instance de Paris: das Gericht war der Auffassung, es sei nicht «abnormal», dass eine Sendung von 450 kg Gewicht, verteilt auf 18 Pakete, zwischen Paris und Peking 20 Tage unterwegs sei, Urteil vom 22. März 1989, RFDA 1989, 417.
41 So z.B. GIEMULLA/SCHMID, die Zahlen festlegen, welche sich nach der geplanten Dauer des Fluges richten, Art. 19 N 7.
42 RUHWEDEL 158, 160f; vorne 101.
43 Siehe Urteil des LG Frankfurt vom 17. Okt. 1988, ZLW 1989, 385 mit Verweisen. Man kann sich fragen, ob diese Unterscheidung gerechtfertigt ist. Bei einem Wochenend-Arrangement kann eine Verspätung von 4 Stunden bedeuten, dass der Reisende weniger oder keine Einkaufsmöglichkeiten oder einen halben Urlaubstag weniger hat.

Anforderungen an die Pünktlichkeit dürfen in der kommerziellen Luftfahrt streng sein, weil den Fluggesellschaften in der Regel bekannt ist, welche Gründe die rechtzeitige Erfüllung des Beförderungsvertrages verhindern. Wenn sie aus kommerziellen Gründen einen Flug während der Stosszeiten ansetzen, müssen sie dem Umstand Rechnung tragen, dass die Überlastung des Luftraumes zu Wartezeiten führt. Strenge Anforderungen lassen sich auch rechtfertigen, weil das Warschauer Abkommen dem Lufttransportführer erlaubt, die Haftung für Verspätungen abzuwenden, wenn ihn kein Verschulden trifft: er muss beweisen, dass er alle Massnahmen zur Verhütung des Schadens getroffen hat (Art. 20 Abs.1 WA in der ursprünglichen Fassung, Art. 20 in der Fassung des Haager Protokolls und Art. 20 in der Fassung des Guatemala-Protokolls bzw. Montreal-Protokolls Nr. 3)[44]. Der Entlastungsbeweis dürfte gelingen, wenn der Lufttransportführer nachweist, dass die Verspätung auf die Einhaltung von Sicherheitsvorschriften oder durch unvorhersehbare technische Schwierigkeiten bedingt war[45].

Das **Tribunal de grande instance d'Evry** hatte verschiedene Verspätungen der französischen Gesellschaft Air Inter zu beurteilen[46]. Es befreite die Beklagte von der Haftung für Verspätung gestützt auf Art. 20 WA in Fällen, in welchen sie die Überlastung des Luftraumes oder die Einhaltung der Vorschriften über die Mindestruhezeiten der Besatzung nachweisen konnte. In Fällen, in welchen die Verspätung auf «une désorganisation de la vie professionelle ou personelle» zurückzuführen war, bejahte es die Haftung der Fluggesellschaft.

Tritt die Verspätung bei einer Sukzessivbeförderung[47] ein, ist der nachfolgende Lufttransportführer nicht verpflichtet, Anschlusspassagiere oder Anschlussfracht abzuwarten. Dies gilt auch, wenn der Lufttransportführer aufgrund der Beförderungsdokumente wissen kann, dass der betreffende Passagier oder die betreffende Fracht für eine Beförderung über mehrere Teilstrecken gebucht waren[48].

2. Rechtswidriger Ausschluss der Haftung für Verspätung in den Vertragsbedingungen

Die Vertragsbedingungen der IATA und damit die Vertragsbedingungen der meisten Fluggesellschaften befreien den Transportführer davon, die publizierten Verkehrszeiten einzuhalten. Kategorisch ist der Ausschluss für die Beförderung von Personen formuliert[49], während bei der Beförderung von Fracht in den Vertragsbedingungen eine

---

44 Die Vereinbarung von Montreal schliesst den Entlastungsbeweis nur bei Körperschäden aus.
45 Hinten 180ff.
46 Urteil vom 5. März 1990, RFDA 1990, 221.
47 Zum Begriff vorne 11.
48 Urteil des LG Frankfurt vom 30. Juni 1988, ZLW 1989, 272ff; bestätigt durch das OLG Frankfurt mit Urteil vom 14. Juni 1989, ZLW 1990, 222ff. Der Entscheid ist kritisiert worden mit dem Hinweis, der nachfolgende Lufttransportführer hätte «ohne Mühe» durch Rückfrage in Erfahrung bringen können, dass der Zubringerflug verspätet war, GIEMULLA/SCHMID, ZLW 1990, 178. Ob der Einwand berechtigt ist, scheint zweifelhaft. Ein Lufttransportführer kann nicht verpflichtet werden, bei jedem einzelnen Passagier, der nicht rechtzeitig erscheint, abzuklären, warum er ausbleibt. Eher scheint es gerechtfertigt, die Pflicht zur Information demjenigen Lufttransportführer aufzuerlegen, der die Verspätung verursacht hat (so auch das OLG Frankfurt im zitierten Entscheid).
49 So z.B. die Vertragsbedingungen (Ziff. 9) der Swissair:
«Der Transportführer ist nach besten Kräften bemüht, Fluggast und Gepäck möglichst pünktlich zu befördern. In Flugplänen oder anderswo angegebene Verkehrszeiten sind jedoch nicht garantiert und nicht Bestandteil dieses Vertrages; sie unterliegen Änderungen ohne Vorankündigung. (...) [Der Transportführer] haftet nicht für das Erreichen von Anschlüssen.»

abgeschwächte Formulierung gilt, die aber in Verbindung mit den Beförderungsbedingungen materiell einem Ausschluss für Verspätungshaftung gleichkommt. In den Beförderungsbedingungen schliesst der Transportführer aus, dass er eine Sendung mit einem bestimmten Kurs befördert oder dass Anschlüsse erreicht werden [50].

Lehre und Praxis haben diese Bestimmungen als rechtswidrig erkannt [51]. Sie verstossen gegen Art. 23 WA, der festhält, dass jede Bestimmung des Beförderungsvertrages nichtig ist, durch welche die Haftung des Luftfrachtführers ganz oder teilweise ausgeschlossen wird. Weil der Lufttransportführer aufgrund von Art. 19 WA für Verspätungen bei der Beförderung von Personen, Gepäck und Gütern haftet, sind entsprechende Ausschlussklauseln in den AGB der Fluggesellschaften nichtig. Es gibt ausländische Fluggesellschaften, welche die rechtswidrigen Klauseln aus ihren AGB gestrichen haben [52].

Das **Oberlandesgericht Frankfurt** hatte einen Fall zu beurteilen, in welchem die Parteien den Transport von Fracht nach Kuwait vereinbart hatten. Der Luftfrachtbrief war mit der Anmerkung «höchst dringlich!» versehen, und das Datum der spätesten Ankunft war vermerkt. Das Gericht betrachtete dies als ausdrückliche Verabredung einer Transportfrist, die der AGB-Klausel vorgehe, wonach der Luftfrachtführer keine bestimmten Flugzeiten garantiere [53].

Einen anderen Weg wählten die schweizerischen Behörden. Sie brachten zur IATA-Resolution über die Vertragsbedingungen einen Vorbehalt an [54]. Gleichzeitig verknüpften die Behörden die Genehmigung der Vertrags- und Beförderungsbedingungen (Personen) mit der Auflage, dass der Luftfrachtführer im Zusammenhang mit Ziff. 9 der Vertragsbedingungen auf die zwingend anwendbaren Bestimmungen des Warschauer Abkommens und des schweizerischen Rechts hinweist [55].

Die Vorbehalte sind verwirrend formuliert. Im Vorbehalt zur IATA-Resolution wird mit der Aussage, dass Art. 19 «under the Swiss air law» den abweichenden Beförderungsbedingungen vorgeht, der Eindruck erweckt, das schweizerische Landesrecht verlange nach der modifizierten Regelung. Es ist jedoch das Warschauer Abkommen, das abkommenswidrige Bestimmungen derogiert (Art. 23 WA). Das gleiche gilt für den Hinweis im Flugschein: nicht die zwingend anwendbaren Bestimmungen des schweizerischen Rechts, sondern Art. 23 WA erklärt, dass Bestimmungen nichtig sind, welche die Haftung des Luftfrachtführers ausschliessen. Auch schweizerische Fluggesellschaften sollten Ziff.9 der Vertragsbedingungen streichen oder mindestens rechtmässig formulieren, und die Behörden sollten rechtswidrigen Klauseln in Anwendung von Art.

---

50 So lautet z.B. Ziff. 8 a) bzw. b) der Vertragsbedingungen für Fracht:
 «Carrier undertakes to complete carriage hereunder with reasonable dispach (...)».
 In Ergänzung dazu halten die Beförderungsbedingungen der Swissair (Art. 7 Ziff 1) fest:
 «(...) Unter Vorbehalt besonderer Vereinbarungen übernimmt der Luftfrachtführer keine Verpflichtung, die Sendung (...) mit einem bestimmten Kurs zu befördern oder gemäss einem bestimmten Flugplan Anschlüsse zu erreichen».
51 Vorne 125.
52 So z.B. die Lufthansa: Ziff.9 der Vertragsbedingungen lautet heute:
 «Der Transportführer ist nach besten Kräften bemüht, Fluggast und Gepäck möglichst pünktlich zu befördern».
53 Urteil vom 15. Jan. 1980, ZLW 1980, 146ff.
54 Der Vorbehalt lautet:
 «The conditions contained in Resolution 724 (previously 275 b) Paragraph 2) Subparagraph 9) are only applicable subject to Article 19 of the Warsaw Convention, which under the Swiss air law applies to any kind of delay», IATA Passenger Services Conference Resolution Manual, Resolution 724.
55 Vorne 127.

32 WA und Art. 4 LTR die Genehmigung verweigern. Wie bei der Haftung für Körper- und Sachschäden sollte der Lufttransportführer darauf hinweisen, dass seine Haftung für Verspätungen dem Warschauer Abkommen unterliegt und beschränkt ist.

Die gleichen Überlegungen gelten für den Ausschluss der Verspätungshaftung bei der Beförderung von Fracht: Art. 23 WA geht den Vertrags- und Beförderungsbedingungen der Fluggesellschaften vor, in welchen sie de facto die Haftung für Verspätungen ausschliessen [56]. Der Ausschluss ist rechtswidrig. Nach Art. 32 WA müssten die Behörden dieser Bestimmung in den Beförderungsbedingungen die Genehmigung verweigern [57].

Bei verschiedenen Fluggesellschaften ist man sich bewusst, dass Ziff. 9 der Vertragsbedingungen widerrechtlich ist. Die Fluggesellschaften verzichten im konkreten Fall darauf, sich auf ihre AGB zu berufen [58].

D. Nichtbezahlung des Beförderungspreises und Ungültigkeit des Flugscheins

Fluggesellschaften des Linien- und Bedarfsluftverkehrs verlangen vom Passagier oder Absender, dass er zur Beförderung einen gültigen Flugschein bzw. einen gültigen Luftfrachtbrief vorweist. «Gültiger Flugschein» heisst auch, dass der Passagier dafür den offiziellen Tarif bezahlt [59]. Die Fluggesellschaften behalten sich vor, einer Person ohne rechtmässiges Beförderungsdokument den Transport zu verweigern [60] und den Flugschein einzuziehen [61] oder den Flugpreis nach der Beförderung nachzuverlangen [62].

Im Entscheid *Swiss Air Transport Company Ltd. v. Benn* hielt der **New York Supreme Court** fest, die Fluggesellschaft könne die Differenz zwischen dem offiziellen und dem tatsächlich bezahlten Tarif auch nach der Beförderung einfordern. Die Passagiere hatten ihre Flugscheine umgeschrieben, ohne für die nachträglich erweiterte Route einen Zuschlag zu entrichten (ursprüngliche Route: Genf-Basel-Genua, tatsächlich geflogene Strecke: Genf-New York-Genf) [63].

Flugscheine, die unter dem offiziellen Tarif erworben wurden, sind in der Regel Flugscheine mit *Rabatt, Weichwährungsflugscheine* oder es sind veruntreute oder gestohlene Beförderungsdokumente (*bust out tickets*) [64].

Weichwährungsflugscheine werden unter dem offiziellen und genehmigten Tarif eines bestimmten Landes verkauft. Ihr Preis liegt tiefer, wenn Reisebüros oder Passagiere die

---

56 MAGDELENAT 129ff.
57 Vorne 127.
58 Die Änderung der AGB innerhalb der IATA scheitert daran, dass die Anpassung den amerikanischen Behörden vorgelegt werden müsste; diese könnten sich veranlasst sehen, bei dieser Gelegenheit die ganzen Vertrags- und Beförderungsbedingungen der IATA zu überprüfen, was die IATA offenbar vermeiden will.
59 Zu den Rechtsfolgen fehlerhafter Flugpreisberechnung VOGT, ZLW 1969, 3.
60 Siehe z.B. Art. II Abs. 1 der Beförderungsbedingungen der Swissair (Passagiere), Art. 6 Abs. 1 c) der Beförderungsbedingungen der Swissair (Fracht).
61 Art. II Ziff. 6 der Beförderungsbedingungen der Swissair (Passagiere); siehe dazu auch vorne 129.
62 Zur Fälligkeit des Beförderungspreises siehe Urteil des BGH vom 27. Okt. 1988, ZLW 1989, 372.
63 Im umstrittenen Fall war nur der *flight coupon*, nicht aber der *auditors coupon*, d.h. der Beleg, der an die Verrechnungsstelle der Fluggesellschaft geht, geändert worden. Swissair konnte die nachträgliche Änderung der Route erst feststellen, als die Diskrepanz zwischen *flight coupon* und *auditors coupon* ersichtlich wurde.
64 Siehe z.B. Art. II Ziff. 6 der Beförderungsbedingungen der Swissair (Passagiere).

Tickets im Ausland zu einem tieferen Preis erwerben und eine unterschiedliche Entwicklung der Inflation oder ein Währungsgefälle ausnützen. Dies ist möglich, weil IATA-Fluggesellschaften innerhalb der IATA festgesetzte Umrechnungskurse benützen, die von den offiziellen Wechselkursen abweichen können.

Das Tarifsystem der IATA beruht auf dem Prinzip, dass der Passagier einen Flugschein für eine internationale Beförderung in jedem Land, in dem es der IATA angeschlossene Fluggesellschaften gibt, zum gleichen Preis in der jeweiligen Landeswährung kaufen kann. Der Flugpreis wird aufgrund einer *Fare Construction Unit* (FCU) kalkuliert. Die IATA setzt das Verhältnis zwischen der FCU und den einzelnen Landeswährungen periodisch fest. Ein Flugpreis wird immer in der Währung des Abgangsortes berechnet. Das kann – je nach Währungssituation – dazu führen, dass z.B. der Flug Mailand – Zürich – New York in Schweizer Franken billiger ist als der Flug Zürich – New York [65].

Vor allem deutsche Gerichte haben den Verkauf von Weichwährungsflugscheinen mit der Begründung verboten, dass damit Wettbewerbsrecht verletzt werde [66]. Mit der zunehmenden Liberalisierung des Luftverkehrs wird sich diese Begründung kaum mehr aufrecht erhalten lassen.

Bust out tickets gelangen in den Handel, weil organisierte Banden ein Reisebüro kaufen und dessen Blankotickets behändigen. Sie validieren den gesamten Vorrat an Blankoflugscheinen [67], verschwinden damit und lassen das Reisebüro Konkurs gehen. Die Flugscheine werden über Umwege unter dem offiziellen Tarif an Passagiere verkauft. Den ganzen Verkaufspreis stecken die Gauner ein und liefern den Fluggesellschaften ihren Anteil nicht ab.

Die Fluggesellschaften behandeln Weichwährungsflugscheine und *bust out tickets* in der Regel gleich: sie machen geltend, dass der Passagier den Beförderungspreis nicht bezahlt habe. Sie verlangen, dass der Passagier die Differenz oder den Flugpreis nachzahlt [68]. Soweit ersichtlich gibt es zur Zeit nur Gerichtsentscheide in bezug auf Weichwährungsflugscheine.

1. Die Praxis zu den Weichwährungsflugscheinen

Im Entscheid *Genossenschaft Hotelplan, Schweizerischer Reisebüro-Verband und Reisebüro A.K. Bieri AG gegen EVED* hielt das **Bundesgericht** [69] fest, es sei zulässig, dass Reisebüros das Währungsgefälle zwischen zwei Ländern ausnützen und Flugscheine im Ausland zu den dort geltenden IATA-Tarifen kaufen. Das schweizerische Recht enthalte keine Bestimmung, die es verbietet, für Flüge ab der Schweiz im Ausland günstigere Flugscheine zu erwerben (Erw. 6 b). Offen liess das Bundesgericht die Frage, ob die Fluggesellschaften verpflichtet seien, die im Ausland erworbenen Flugscheine zu anerkennen [70].

---

65 Vgl. auch Urteil des OLG Köln vom 13. Feb. 1981, ZLW 1981, 184f; zum System der IATA-Tariffestsetzung und dessen Durchsetzung REIMER, ZLW 1982, 12ff; ausführlich dazu auch STAEHELIN, Flugschein, 401f.
66 Siehe auch OLG München, ZLW 1982, 407f.
67 D.h. versehen sie mit dem Stempel des IATA-Agenten und der carrier identification plate.
68 Siehe z.B. Art. II Abs. 1 a) in Verbindung mit Art. IV Abs 2 der Beförderungsbedingungen der Swissair (Passagiere) und Urteil des OLG Köln vom 13. Feb. 1981, ZLW 1981, 189 über die Praxis der Lufthansa.
69 BGE 102 Ib 300.
70 STAEHELIN, ASDA-Bulletin 1980/3, 17.

In Deutschland gab es zu dieser Frage verschiedene Verfahren mit unterschiedlichem Ausgang. Das **Oberlandesgericht Köln** hielt 1981 fest, ein Reisebüro könne rechtmässig Weichwährungsflugscheine verkaufen. Es verstosse jedoch gegen Wettbewerbsrecht, wenn es den Passagier nicht darauf hinweise, dass die Fluggesellschaft gegebenenfalls die Nachzahlung bis zum Tarif ab Deutschland fordere [71]. Das gleiche Gericht änderte ein Jahr später seine Ansicht. Nachdem der Bundesminister für Verkehr die Verwendung von Weichwährungsflugscheinen verboten hatte, verstiessen Reisebüros, die Weichwährungsflugscheine verkauften, gegen das deutsche UWG [72]. Das **Oberlandesgericht Frankfurt** erachtete den Verkauf von Weichwährungsflugscheinen als zulässig [73]. Anderer Ansicht waren wiederum das **Oberlandesgericht München** und das **Oberlandesgericht Schleswig** [74]; beide Gerichte sahen im Verkauf von Weichwährungsflugscheinen einen Verstoss gegen das Wettbewerbsrecht [75].

Die Praxis zeigt, dass die Behörden in der Regel kaum eine Möglichkeit haben, Tarifumgehungen durch Dritte, z.B. durch Reisebüros, zu ahnden. Normadressaten der von den Behörden genehmigten Tarife sind die konzessionierten Fluggesellschaften. Die Genehmigung der Tarife bedeutet jedoch nicht, dass die Flugpreise einer Preiskontrolle unterliegen. Dritte können im Ausland Flugscheine erwerben mit Abflugsort Schweiz, ohne gegen eine schweizerische Rechtsnorm zu verstossen [76].

Schwierig zu beantworten ist die Frage, ob eine Fluggesellschaft verpflichtet ist, den Passagier zu befördern, wenn er im Ausland einen günstigen Flugschein mit Abgangsort im Ausland erworben hat und dann auf die erste Teilstrecke vom Ausland in die Schweiz verzichtet. Er beginnt die Reise in der Schweiz und hat dafür einen tieferen Tarif bezahlt, als wenn er das Billet in der Schweiz mit Abgangsort in der Schweiz gekauft hätte. Die Antwort hängt davon ab, wie das Verhältnis zwischen dem Passagier und der Fluggesellschaft qualifiziert wird. Wird es als öffentlichrechtlich betrachtet, weil die Fluggesellschaft als konzessioniertes Unternehmen mit behördlich genehmigten Tarifen operiert, ist die Fluggesellschaft berechtigt und verpflichtet, die Preisdifferenz zwischen dem im Ausland bezahlten Tarif und demjenigen mit Abgangsort Schweiz zu verlangen [77]. Wird es als privatrechtlich qualifiziert, steht es dem Passagier frei, auf eine Leistung zu verzichten, die ihm vertraglich zustehen würde.

2. Die Praxis zu den «bust out tickets»

Es ist nicht einfach, die Benützung von *bust out tickets* rechtlich zu beurteilen. Jedes IATA-Reisebüro erhält von der IATA einen Vorrat an Blankotickets und die Geräte, um diese zu validieren. Wird das Reisebüro verkauft, gelangen die Flugscheine in die Hände des Käufers. Die IATA hat deshalb für den Verkauf oder die Übergabe eines IATA-Reisebüros Vorschriften aufgestellt. Wenn eine Agentur verkauft wird, ohne dass dieses Verfahren eingehalten wird, verletzt der Agent vertraglich übernommene Verpflichtungen. Wie sich das interne Verhältnis zwischen Vollmachtgeber und Agent

---

[71] Urteil vom 13. Feb. 1981 ZLW 1981, 300 ff.
[72] Urteil vom 12. Nov. 1982 ZLW 1983, 46 ff.
[73] Urteil vom 10. Dez. 1981, ZLW 1983, 53ff.
[74] Urteil vom 16. Sept. 1982, ZLW 1982, 406ff; Urteil vom 13. März 1984, ZLW 1985, 243ff.
[75] Zur Kritik an der deutschen Rechtsprechung HÄBEL, ZLW 1982, 225ff; zur Stellung des Reisebüros, das einen Billig-Flug vermittelt, Urteil des OLG München vom 13. Dez. 1983, ZLW 1985, 373ff.
[76] BGE 102 Ib 306f.
[77] Siehe dazu ausführlich STAEHELIN, Flugschein 403ff.

auf die Rechtsstellung des gutgläubigen Käufers auswirkt, ist nach dem anwendbaren Recht [78] abzuklären. Die Fluggesellschaften können nicht ohne weiteres «bust out tickets» als «gestohlen» qualifizieren, diese einziehen und vom Passagier verlangen, dass er den Beförderungspreis ein zweites Mal bezahlt. Das Risiko der missbräuchlichen Verwendung eines Blankodokuments liegt letztlich beim Aussteller.

Gestohlen sind die Flugscheine nicht, weil sie der Erwerber mit der Geschäftsübernahme rechtmässig in die Hände bekam. Es bleibt nur die Möglichkeit, dass die Fluggesellschaft den guten Glauben des Passagiers bestreitet. Das dürfte nicht leicht sein. Viele Fluggesellschaften gewähren selber Rabatt. Ein Passagier, der heute ein verbilligtes Linienticket kauft, kann dies je nach den Umständen des Vertragsschlusses in gutem Glauben tun.

E. Abweichung von der vereinbarten Route

Im Beförderungsvertrag bestimmen die Parteien den Abgangs- und den Bestimmungsort und vereinbaren allfällige Zwischenlandeplätze. Ob der Lufttransportführer nachträglich von der vereinbarten Route abweichen kann, bestimmt sich nach dem Beförderungsvertrag [79] und nach dem anwendbaren Landesrecht, weil das Warschauer Abkommen und das LTR diesen Sachverhalt nicht regeln.

Im Fall *Société cooperative suisse de consommation contre Mico* verlegte der Lufttransportführer den Abflugort ohne ersichtlichen Grund von Genf nach Basel, und der Abflug verzögerte sich um einen Tag, ohne dass die Passagiere den Grund für die Änderungen erfuhren. Die **Cour de justice civile de Genève** räumte dem klagenden Passagier ein Rücktrittsrecht in Analogie zu Art. 366 OR ein [80].

In der Praxis führen im Zusammenhang mit der Änderung der Route oft die folgenden Fälle zu Kontroversen: der Passagier oder Absender befördern im Gepäck oder in einer Frachtsendung Ware, die in bestimmten Ländern nicht ein- oder ausgeführt werden darf. Sie wählen die Strecke so, dass die Sendung diese Länder nicht berührt. Vor oder nach Beginn des Fluges ändert der Lufttransportführer die Route. Die Ware gerät in eine Zollkontrolle und wird beschlagnahmt.

Das **Tribunal de grande instance de Bobigny** hatte im Fall *Najjar contre Cie. Swissair et Cie. Air Afrique c. Air Canada* einen typischen Sachverhalt zu beurteilen [81]. Wegen schlechten Wetters in Genf wurde ein Flug der Air Afrique von Lagos nach Genf nach Paris umgeleitet. Von dort aus wurden die Passagiere mit dem nächsten möglichen Flug, mit der Air Canada, nach Genf gebracht. Dort fehlten die Koffer der Kläger. Den einen fand man in Paris und brachte ihn mit einem Kurs der Swissair nach Genf. In Paris hatten die Behörden das Gepäck des Air Afrique-Fluges routinemässig geprüft; deshalb erreichte es, im Gegensatz zu den Passagieren, den Flug der Air Canada nicht. In Genf inspizierten die französischen Zollbehörden den Koffer als unbegleitetes, nicht identifiziertes Gepäckstück und beschlagnahmten ihn wegen unerlaubter Ausfuhr von Devisen, denn er enthielt Devisen im Wert von fast 7 Mio. französischen Francs. Das französische Gericht ging davon aus, dass einer der Koffer verloren gegangen sei [82]. Für den

---

78 Vorne 78ff.
79 Siehe z.B. Ziff. 9 der Vertragsbedingungen der Swissair (Passagiere), wonach der Lufttransportführer «erforderlichenfalls Zwischenlandeplätze ändern oder auslassen [kann]».
80 Unklar war für den Passagier vor dem Abflug auch, ob ein Wirbelsturm am Bestimmungsort (Guadeloupe) den Flug und den Aufenthalt gefährde, Urteil vom 25. Juni 1982, ASDA-Bulletin 1983/1, 25ff.
81 Urteil vom 22. Okt. 1987, RFDA 1986, 323ff.
82 Zu den Rechtsfolgen bei Verlust hinten 173f.

beschlagnahmten Koffer lehnte es die Schadenersatzpflicht der beteiligten Lufttransportführer ab. Behördliche Massnahmen hätten den Schaden verursacht, was einen Entlastungsgrund i.S. von Art. 20 WA darstelle.

F. Abweichung vom geplanten Flugzeugtyp und Substitution durch andere Verkehrsmittel

Die meisten kommerziellen Fluggesellschaften publizieren in ihren Flugplänen, mit welchem Flugzeugtyp eine bestimmte Strecke geflogen werden soll. Gleichzeitig halten sie in den Beförderungsbedingungen fest, dass der Lufttransportführer ohne Ankündigung andere Luftfahrzeuge einsetzen kann [83]. Für die Beförderung von Fracht behalten sie sich vor, dass der Transportführer ohne Ankündigung und nach Belieben andere Transportmittel einsetzen kann [84].

Der Vorbehalt, einen anderen Flugzeugtyp einzusetzen, wirft keine Probleme auf. Er kann durch eine Vereinbarung der Parteien aufgehoben sein (z.B. Flüge mit Oldtimern) [85].

Problematisch ist dagegen die Bestimmung in den Vertrags- und Beförderungsbedingungen, wonach der Transportführer bei der Beförderung von Fracht ohne Ankündigung und nach Belieben andere Transportmittel einsetzen kann [86]. Damit kann er ohne das Einverständnis vom Absender die Güter mit Bus, Zug oder Lastwagen befördern. In der Praxis ist die Substitution von Transportmitteln bei der Beförderung von Fracht über kurze Strecken gebräuchlich (z.B. Zürich – Mailand) [87]. Ob dieses Vorgehen rechtmässig ist, beurteilt sich nach dem anwendbaren Landesrecht. Das Warschauer Abkommen befasst sich nicht mit dem (vertragswidrigen) *Trucking*; es hält lediglich fest, dass es nur für Luftbeförderungen gilt (Art. 31 WA) [88].

Der schweizerische Richter wird das *Trucking* unter zwei Aspekten prüfen.

Als erstes stellt sich die Frage, ob die Bestimmung in den AGB, wonach der Transportführer das Verkehrsmittel substituieren kann, Bestandteil des Vertrages geworden ist oder ob sie gegen die Ungewöhnlichkeitsregel verstösst. Dies wird in der Regel der Fall sein: mit einer Bestimmung, welche den Lufttransportführer von der Pflicht zur Luftbeförderung entbindet, muss der Absender nicht rechnen. Der Absender wählt eine Fluggesellschaft gerade darum als Vertragspartner, weil er eine Beförderung in der Luft

---

83 Siehe z.B. Art. IX Abs. b) der Beförderungsbedingungen der Swissair (Passagiere).
84 Art. 7 Ziff. 2 Beförderungsbedingungen der Swissair (Fracht).
85 Nach einem Flugzeugabsturz kann es vorkommen, dass ein Passagier auf einem bestimmten, im Flugplan publizierten Flugzeugtyp insistiert, weil er keinen Typ der Unglücksmaschine besteigen will. In diesem Fall muss der Passagier beweisen, dass er in Abweichung von den AGB eine entsprechende Zusage erhalten hat.
86 Siehe z.B. Art. 8 a) der Vertragsbedingungen und Art. 7 Ziff. 2 der Beförderungsbedingungen der Swissair (Fracht); siehe auch IATA-Resolution 5076, Ziff 1 a–f.
87 Die Beförderung auf dem Landweg ist attraktiver, weil Nachttransporte möglich sind, weil die Kosten geringer sind und weil im Europaverkehr kleine Flugzeuge mit beschränktem Frachtraum eingesetzt werden. Die Lufthansa befördert nach Angabe von MÜLLER-SARTORI, ZLW 1989, 232, 70 % ihrer Luftfracht auf dem Landweg (Votum an einem verkehrswissenschaftlichen Seminar der Deutschen Verkehrswissenschaftlichen Gesellschaft vom April 1989); auf der Strecke Mailand-Zürich bspw. befördert die Swissair 85% der Fracht auf dem Landweg, NZZ FA vom 8. Aug. 1992.
88 Hinten 256.

erwerben will. Dafür bezahlt er in der Regel einen höheren Preis. Dass der Lufttransportführer trotzdem die Beförderung auf dem Landweg ausführt, widerspricht einem wesentlichen Punkt des Vertrages [89].

Im weiteren hat der Richter zu prüfen, ob das Warschauer Abkommen anwendbar sei, wenn der Lufttransportführer einen Luftbeförderungsvertrag abschliesst und danach, ohne die Zustimmung des Absenders, das Gut auf dem Landweg befördert. Die Kontroverse konzentriert sich auf die Frage der Haftung. Gerichte und Autoren, welche die Anwendung des Abkommens auch bei Landtransporten befürworten, weisen darauf hin, dass der Lufttransportführer nach dem Recht des vereinbarten Transportmittels hafte. Gegner machen geltend, Art. 31 WA schliesse die Anwendung der Sondernormen des Lufttransportrechts auf Beförderungen auf dem Landweg aus [90]. Es ist auch vertreten worden, dass beim vertragswidrigen Trucking grundsätzlich das Lufttransportrecht gelte, aber dessen spezifisch luftrechtlichen Haftpflichtnormen nicht anwendbar sein sollen [91]. Auch kann die Anwendung der AGB ausgeschlossen sein, wenn diese ihren Geltungsbereich selber einschränken und festhalten, dass sie nur für Luftbeförderungen gelten [92].

Es sprechen m.E. verschiedene Gründe dafür, die Anwendung der Sondernormen des Lufttransportrechts auf Landtransporte – unabhängig davon, ob sie vertragskonform oder vertragswidrig sind – auszuschliessen. Art. 1 Abs. 1 WA schränkt den Anwendungsbereich des Abkommens auf «Beförderungen durch Luftfahrzeuge» ein; im weiteren hält das Abkommen in seinen Bestimmungen über die Haftung (Art. 18, 19) fest, dass es sich um Schäden handeln muss, die bei der Luftbeförderung eingetreten sind. Schliesslich weist Art. 31 WA ausdrücklich darauf hin, dass bei gemischten Beförderungen die Bestimmungen des Abkommens nur für die Luftbeförderung gelten [93].

In einem Entscheid über das «Trucking» liess der **deutsche Bundesgerichtshof** offen, ob der Lufttransportführer berechtigt war, für die Beförderung eines Gutes von Stuttgart nach Frankfurt eine Lastwagenfirma zu betrauen (Erw. I.1.) [94]. Der Lufttransportführer musste für den Schaden, der sich auf der Fahrt ereignete, nach den Normen über die Haftung im Strassengüterverkehr einstehen. In einem anderen Urteil liess der **Bundesgerichtshof** die Beförderung einer Dokumenten-Sendung auf dem Landweg ausdrücklich zu mit der Begründung, die Parteien hätten sich nicht auf ein bestimmtes Beförderungsmittel festgelegt (obwohl die beklagte Kurierfirma den Empfang der Sendung mit einer «Forwarder Airbill» quittiert hatte). Der Klägerin sei es nur auf den Erfolg, d.h. auf die fristgerechte Aushändigung der Dokumente angekommen [95].

---

89 Auch in Deutschland ist die entsprechende Bestimmung unter dem AGB-Gesetz rechtswidrig, RUHWEDEL, AGB-Gesetz 93.
90 Nachweise bei KOLLER, ZLW 1989, 359f.
91 Nachweise bei KOLLER, ZLW 1989, 362.
92 So z.B. die IATA-Empfehlung Nr. 1601 und die AGB der Lufthansa für die Beförderung von Fracht, welche «Beförderung» als «unentgeltliche oder entgeltliche Beförderung auf dem Luftweg» definieren; sie auch MÜLLER-ROSTIN, Air Law 1992, 292.
93 Der Entscheid, die Sondernormen des Lufttransportrechts auf Beförderungen auf dem Landweg nicht anzuwenden, darf nicht dazu führen, dass die Rechtsposition des Absenders geschmälert wird, indem sich der Lufttransportführer z.B. auf (noch restriktivere) Haftungsbestimmungen des Strassengüterverkehrsrecht beruft. In diesem Fall müsste die Differenz zwischen den Haftungsbeträgen des Strassengüterverkehrsrechts und den Beträgen des Abkommens aus positiver Vertragsverletzung zugesprochen werden.
94 Urteil vom 17. Mai 1989, ZLW 1990, 108ff.
95 Urteil vom 13. April 1989, ZLW 1990, 211.

Das **Landgericht Hamburg** entschied, bei einem vertragswidrigen Trucking hafte der Lufttransportführer für die ganze Beförderung nach den Sondernormen des Lufttransportrechts[96]. Die beklagte Fluggesellschaft hatte Fleisch von Sao Paulo nach Hamburg befördert. Auf dem Abschnitt Kopenhagen – Hamburg setzte sie entgegen der Vereinbarung der Parteien einen Lastwagen ein.

Das **Hanseatische Oberlandesgericht** liess in einem Fall eines vertragswidrigen Truckings die Fluggesellschaft nach den Normen des Strassengüterverkehrsrechts haften [97]. Die Absenderin wusste aufgrund des Fracht-Flugplans und aufgrund spezifischer Information beim Abschluss des Vertrages, dass die Güter auf der betreffenden Strecke auf dem Landweg befördert werden.

G. Verletzung öffentlichrechtlicher Vorschriften und von Beförderungsbedingungen

Eine Störung in der Abwicklung des Beförderungsvertrages kann dadurch verursacht sein, dass der Passagier oder der Absender öffentlichrechtliche Vorschriften verletzen, sei es im Land des Abgangsortes, sei es im Land des Bestimmungsortes [98]. Damit verstossen sie in der Regel zugleich gegen die AGB des Lufttransportführers, weil die meisten Fluggesellschaften in den Beförderungsbedingungen festhalten, dass der Passagier und der Absender dafür verantwortlich sind, gesetzliche und behördliche Anordnungen zu befolgen [99].

Verletzt der Passagier oder Absender *Aus- oder Einreisevorschriften*, hat dies verschiedene Konsequenzen. Der Lufttransportführer kann die Beförderung verweigern, wenn er vor Abflug feststellt, dass mit der Ein- oder Ausreise Vorschriften des Abgangs- oder Bestimmungsortes oder eines Transitlandes verletzt werden [100]. Auch die Behörden können die Beförderung oder die Einreise verhindern. Wurden der Passagier oder das Gut bereits befördert, verlangen die Behörden des Einreisestaates in der Regel, dass der Lufttransportführer den Passagier oder das Gut wieder an den Ausgangspunkt zurückbringt; möglich ist auch eine Verhaftung oder die Beschlagnahmung.

Im Fall *K.A. Sethi vs. KLM Royal Dutch Airlines* kaufte der Kläger eine Beförderung von den USA über Amsterdam nach Neu Delhi. In Amsterdam stellte die Fluggesellschaft fest, dass das indische Visum des Passagiers abgelaufen war. Sie weigerte sich, den Passagier weiter zu befördern. Der **State Court of Fulton County** wies das Begehren des Klägers auf Schadenersatz ab. Der Lufttransportführer habe die Beförderung zu Recht verweigert, selbst angesichts der Tatsache, dass der Kläger nach Indien reisen wollte, um an der Beerdigung seines Schwiegersohnes teilzunehmen, und geltend machte, die indischen Behörden hätten ihn wegen dieses Notfalles ohne Visum einreisen lassen [101].

---

96 Urteil vom 10. Juni 1989, ZLW 1990, 230; ebenso Tribunal d'instance de Paris, RFDA 1986, 254 (Beförderung des verspäteten Reisegepäcks auf dem Landweg, wo es verloren ging).
97 Urteil vom 24. Okt. 1991, ZLW 1992, 307ff.
98 Siehe auch Art. 16 und 35 des Chicago-Abkommens, wonach ein Vertragsstaat das Recht hat, Flugzeuge zu untersuchen und die Beförderung von bestimmten Frachtstücken zu verbieten.
99 Siehe z.B. Art. XII der Beförderungsbedingungen der Swissair (Passagiere), Ziff. 13 der Vertragsbedingungen der Swissair (Fracht).
100 Siehe z.B. Art. V der Beförderungsbedingungen der Swissair (Passagiere), Art. 6 der Beförderungsbedingungen der Swissair (Fracht).
101 Urteil vom 8. Juni 1988, 21 Avi. 17,401.

Die Verletzung von Aus- und Einreisevorschriften hat nicht nur für den Passagier oder den Absender Konsequenzen. Viele Staaten verpflichten die Fluggesellschaften, die ungenügend dokumentierten Passagiere oder Ware ausser Landes zu schaffen. Sie auferlegen ihnen Bussen, weil sie Passagiere oder Waren einfliegen, welche nicht gehörig dokumentiert sind.

Die Kosten des Rücktransports hat aufgrund der Beförderungsbedingungen der Passagier oder der Absender zu tragen [102]. Ob der Lufttransportführer berechtigt ist, auch die Bussen auf den Passagier oder Absender abzuwälzen, ist fraglich. Diese strafrechtliche Sanktion wird nicht gegen den Passagier oder Absender, sondern gegen die Fluggesellschaft verhängt. Das anwendbare Recht müsste es zulassen, dass die Täterin (Fluggesellschaft) mit einem Dritten (Passagier, Absender) vertraglich vereinbart, sie für eine ihr auferlegte Strafe zu entschädigen.

Vor (finanzielle) Probleme gestellt werden heute die Fluggesellschaften nicht durch die Bussen für illegale Aus- und Einreise, sondern durch die in einigen Ländern übliche Praxis (z.B. in den USA), undokumentiert einreisende Passagiere unterbringen zu müssen. Dadurch haben Fluggesellschaften unter Umständen die Kosten für monatelange Aufenthalte in Hotels zu tragen, ohne sie auf die meist mittellosen Passagiere abwälzen zu können.

Für die Verletzung von *Zollvorschriften* hat ausschliesslich der Passagier oder Absender bzw. der Empfänger einzustehen. Eine Ausnahme kann sich ergeben, wenn der Lufttransportführer ohne Ankündigung die Route ändert und der Flug an einem Ort zwischenlandet oder endet, den die Parteien nicht vereinbart haben, oder wenn der Lufttransportführer Gepäck oder Güter fehlleitet [103].

Sowohl das LTR als auch die Beförderungsbedingungen sehen vor, dass der Lufttransportführer einen Passagier oder ein Gut nur befördert, wenn die *öffentlichrechtlichen Sicherheitsvorschriften* und diejenigen der Fluggesellschaft erfüllt sind. Ist dies nicht der Fall, kann der Transportführer die Beförderung verweigern [104].

Die meisten Fluggesellschaften behalten sich vor, Passagiere und Waren nur zu befördern, wenn damit keine *Beförderungsbedingungen* verletzt werden [105]. Passagiere müssen körperlich in der Lage sein, die Flugreise zu absolvieren. Der Sinn dieser Vorschrift ist, dass sich nur Passagiere im Flugzeug befinden, die ohne spezielle Betreuung durch das Kabinenpersonal den Flug überstehen und bei einer Evakuierung selbständig (bzw. mit Hilfe einer eigenen Begleitperson) das Flugzeug verlassen können.

---

102 Siehe z.B. Art. XII Ziff. 4 der Beförderungsbedingungen der Swissair (Passagiere): «Falls der Transportführer verpflichtet wird, eine Busse oder Strafgelder zu bezahlen oder zu hinterlegen oder ihm sonstige Auslagen entstehen, weil der Fluggast die anwendbaren Vorschriften eines Landes nicht eingehalten oder die notwendigen Dokumente nicht vorgewiesen hat, muss der Fluggast auf Verlangen des Transportführers diesem die bezahlten oder hinterlegten Beträge und sämtliche Auslagen zurückerstatten.»
103 Vorne 155.
104 Zur Beförderung gefährlicher Güter siehe STAUFFACHER, insbes. 63ff.
105 Siehe beispielsweise Art. V 2 c) der Beförderungsbedingungen der Swissair (Passagiere).

In den USA gibt es eine reichhaltige Rechtsprechung zur Frage, unter welchen Voraussetzungen die Fluggesellschaft einem behinderten oder kranken Passagier die Beförderung verweigern darf [106].

Eine Verletzung der Beförderungsbedingungen liegt auch vor, wenn sich der Passagier nicht rechtzeitig am Flughafen einfindet.

Das **Amtsgericht Düsseldorf** hatte einen Fall zu beurteilen, in dem sich der Passagier mit seiner Familie eine halbe Stunde statt der erforderlichen 90 Minuten vor Abflug zur Abfertigung einfand [107]. Statt dem Kläger wurden Passagiere auf der Warteliste befördert. Das Gericht hielt fest, angesichts der eindeutigen vertraglichen Regelung habe der Passagier keinen Beförderungsanspruch, wenn er sich zu spät am Flughafen einfinde.

H. Andere Vertragsverletzungen

1. Verletzung von Nebenpunkten durch den Lufttransportführer

Neben der Hauptleistungspflicht (Beförderung vom Abgangs- an den Bestimmungsort) übernimmt der Lufttransportführer verschiedene Nebenpflichten [108].

Typische Nebenpflichten sind: Beförderung in der vereinbarten Klasse und im Raucher- bzw. Nichtraucherabteil, Servieren von Getränken und Mahlzeiten, sichere Verwahrung von Gepäckstücken in der Kabine.

Als Nebenpflicht hat das **Amtsgericht Hamburg** auch das Ausstellen eines Ersatzflugscheins betrachtet [109]. Der Kläger hatte nach dem Hinflug den Flugschein verloren, und der Lufttransportführer weigerte sich, einen Ersatzflugschein auszustellen. Der Passagier musste bei einer anderen Gesellschaft eine Beförderung erwerben. Die Beklagte wurde dazu verurteilt, die Kosten für die Ersatzbeförderung wegen positiver Vertragsverletzung zu bezahlen.

Das **Oberlandesgericht Frankfurt** bejahte eine Nebenpflicht des Lufttransportführers, dem Absender den Verlust eines Transportgutes zu bescheinigen [110].

Das Warschauer Abkommen und das LTR regeln die Verletzung von Nebenpunkten nicht. Auch die AGB befassen sich in der Regel nicht mit der Frage, welche Rechtsfolgen die Verletzung von Nebenpunkten nach sich zieht.

Untersteht der Beförderungsvertrag schweizerischem Recht, ist massgebend, dass die Verletzung von Nebenpflichten eine positive Vertragsverletzung bewirkt [111]. Sie begründet die Schadenersatzpflicht des Lufttransportführers aufgrund von Art. 97 Abs. 1 OR [112].

---

106 Der Passagier beruft sich in der Regel auf § 49 U.S.C. 1374 (b), der dem Luftfrachtführer verbietet, Passagiere zu diskriminieren; anderseits kann der Luftfrachtführer gestützt auf § 49 U.S.C. 1511 die Beförderung verweigern, wenn ein Passagier nach seiner Meinung die Sicherheit des Fluges gefährdet; siehe 19 Avi. 17,869; 17 Avi. 17,781 und Hinweise bei PETKOFF, JALC 56 [1990] 551ff.
107 Urteil vom 17. Dez. 1984, ZLW 1986, 78ff.
108 Siehe dazu allgemein BUCHER 366.
109 Urteil vom 8. Nov. 1989, ZLW 1990, 233.
110 Urteil vom 3. Aug. 1982, ZLW 1983, 59f.
111 Zum Begriff GAUCH/SCHLUEP, N 1600ff mit Verweisen.
112 GAUCH/SCHLUEP, N 1605.

Vertragsverletzungen in Nebenpunkten kommen in der Praxis oft vor. Häufig führen sie nicht zu einem Schaden, sondern lösen beim Passagier oder Absender «nur» Ärger aus. Ärger – auch nicht der verdorbene Feriengenuss – ist in der Schweiz bisher nicht als Schaden im juristischen Sinn anerkannt [113]. Es ist deshalb bei der Verletzung von Nebenpunkten gegebenenfalls sinnvoll, Art. 368 Abs. 2 OR analog anzuwenden. Nach dieser Vorschrift über den Werkvertrag hat der Besteller bei minder erheblichen Mängeln einen Minderungsanspruch [114]. Wurde eine Beförderung dadurch beeinträchtigt, dass der Lufttransportführer eine Nebenpflicht verletzt hat, ohne dass ein Schaden entsteht (z.B. Servieren von verdorbenen Speisen, die beim Passagier für einige Stunden Beschwerden auslösen), kann die Minderung des Beförderungspreises gerechtfertigt sein.

Das **Landgericht Frankfurt** bejahte – neben der Ersatzbeschaffung – einen Minderungsanspruch, weil dem Passagier das Gepäck erst drei Tage nach Ankunft ausgehändigt worden war [115].

2. Vertragsverletzung durch den Passagier oder Absender

Nicht nur der Lufttransportführer, sondern auch der Passagier oder Absender verursachen Vertragsverletzungen.

Die Sondernormen des Lufttransportrechts befassen sich nicht mit den Pflichten des Passagiers oder Absenders. Massgebend sind die Bestimmungen des Vertrages und das anwendbare Landesrecht [116].

Ist schweizerisches Recht anwendbar, beurteilen sich Vertragsverletzungen durch den Passagier nach Art. 97 OR.

In der Praxis sind die folgenden Fälle häufig: der Passagier erscheint zu spät zur Abfertigung oder zum Einsteigen, er beschädigt das Flugzeug; er belästigt Mitreisende und das Kabinenpersonal, sodass das Flugzeug eine unvorhergesehene Landung vornehmen muss, um den Passagier von Bord zu bringen; Passagier oder Absender schliessen im Gepäck oder in der Fracht Waren ein, die den Beförderungsbedingungen widersprechen.

Das **Tribunal d'instance de Longjumeau** wies Schadenersatzansprüche eines Passagiers ab, der zu spät zur Abfertigung erschienen war [117]. Sein Sitz wurde an einen anderen Passagier vergeben. Der Kläger hatte bei der Abfertigung zunächst einen «jump-seat» (Klappsitz für das Kabinenpersonal) zugeteilt erhalten. Als der Bordkommandant dies bemerkte, liess er den Passagier aussteigen, weil dieser nicht berechtigt sei, auf diesem Sitz zu reisen. Das Gericht hielt fest, wegen des zu späten Erscheinens zur Abfertigung habe der Passagier seinen Anspruch auf Beförderung verloren.

Der **deutsche Bundesgerichtshof** hatte einen Fall zu beurteilen, in dem der Bordkommandant einen Passagier auf dem Flug von Deutschland nach Ceylon bei einer Zwischenlandung in Bahrain von Bord gewiesen hatte [118]. Während des Fluges war es zwischen dem Passagier und dem Kabinenpersonal zu Auseinandersetzungen gekommen.

---

113 Hinten 263.
114 GAUCH, N 1121ff; bei Verschulden hat der Geschädigte zusätzlich das Recht auf Schadenersatz, GAUCH, N 1302ff.
115 Hinweis bei SCHMID/BRAUTLACHT, ZLW 1988, 162 FN 240.
116 Siehe auch Urteil des LG Frankfurt vom 17. Okt 1988, ZLW 1989, 386.
117 Urteil vom 29. März 1990, RFDA 1990, 459.
118 Urteil vom 18. Nov. 1982, ZLW 1983, 43ff.

Der Bundesgerichtshof ging davon aus, dass der Captain den Passagier nicht in Ausübung seiner hoheitlichen Funktionen von Bord gewiesen habe. Deshalb habe die Fluggesellschaft gegen die vertragliche übernommene Verpflichtung verstossen, den Passagier an den Bestimmungsort zu befördern, als dieser von Bord gewiesen wurde. Dazu sei der Captain trotz des störenden Verhaltens des Passagiers nicht berechtigt gewesen. Das Gericht bejahte grundsätzlich den Anspruch des Klägers auf Schadenersatz, wies ihn jedoch im konkreten Fall ab, weil er verjährt sei.

Keine Vertragsverletzung liegt vor, wenn der Passagier auf einem Flug so schwer erkrankt, dass die Besatzung eine unvorhergesehene Landung vornimmt, um den Passagier in ein Spital bringen zu können. Der Passagier haftet für die dadurch verursachten Kösten aus Geschäftsführung ohne Auftrag [119].

3. Beendigung des Vertrages durch den Passagier

Das Warschauer Abkommen und das LTR regeln die Frage nicht, unter welchen Voraussetzungen der Passagier den Beförderungsvertrag beendigen kann. Dagegen vereinbaren in der Regel die Parteien beim Vertragsabschluss, unter welchen Voraussetzungen der Passagier oder Absender vom Vertrag zurücktreten kann [120]. Der Beförderungspreis (Tarif) bestimmt, ob dem Passagier ein freies Rücktrittsrecht zusteht oder nicht. Bei einer teuren Klasse von Flugscheinen kann der Passagier bei den meisten Fluggesellschaften jederzeit vom Vertrag zurücktreten.

Das freie Rücktrittsrecht stellt die Fluggesellschaften vor erhebliche Probleme, weil sie nicht wissen, ob ein gebuchter Passagier tatsächlich zur Beförderung erscheint. Bleibt er aus, handelt es sich um einen sog. *no-show*. Die Fluggesellschaft kann den gebuchten Sitz bis zur Einfindungszeit nicht an einen Dritten verkaufen und riskiert, durch den leergebliebenen Platz einen Verlust zu erleiden [121].

Bei verbilligten Tarifen muss der Passagier in der Regel einen beträchtlichen Teil oder den ganzen Flugpreis entrichten, wenn er vom Vertrag zurücktritt.

Entsprechende Bestimmungen sind problematisch. Rechtlich gesehen sind sie als Schadenersatzpauschalen zu betrachten [122]. Der Lufttransportführer hat nur darauf Anrecht, wenn er tatsächlich einen Schaden erleidet und den Platz oder den Frachtraum nicht anderweitig verkaufen kann. Im Rahmen seiner Schadenminderungspflicht hat der Lufttransportführer sich zu bemühen, andere Passagiere oder Fracht zu finden [123].

Der **deutsche Bundesgerichtshof** hat im Zusammenhang mit einer Pauschalflugreise die Bestimmung, wonach bei einem Rücktritt der volle Beförderungspreis geschuldet sei, als rechtswidrig erkannt [124]. Das **Amtsgericht Köln** betrachtete eine Schadenersatzpauschale von ca. 25 % des Beförderungspreises als zulässig [125].

---

119 Beschluss des OLG Nürnberg vom 28. Okt. 1991, ZLW 1992, 186.
120 Fehlt es an einer Vereinbarung, ist Art. 377 OR analog anzuwenden; dazu im einzelnen GAUCH, N 412ff.
121 Fluggesellschaften verfügen für jede Strecke über Erfahrungszahlen von *no-shows*. Deshalb erlauben es in der Regel die Behörden, dass sie Flüge überbuchen, um das Flugzeug auszulasten, vorne 144ff.
122 GIRSBERGER 81.
123 Siehe auch RUHWEDEL 34.
124 Urteil vom 25. Okt. 1984, ZLW 1985, 360ff; siehe auch vorne 125.
125 Urteil vom 12. Dez. 1989, ZLW 1990, 232.

Kein Rücktritt liegt vor, wenn der Passagier den Hinflug wie vorgesehen absolviert und den Rückflug verschieben will. In diesen Fällen kann sich der Lufttransportführer darauf berufen, dass der Rückflug bei einem Spezialtarif nur zum vereinbarten Zeitpunkt möglich ist [126].

Schliesslich kann der Passagier vom Beförderungsvertrag zurücktreten, wenn der Lufttransportführer die Beförderung verzögert. Beförderungsverträge für Personen [127] sind Fixgeschäfte [128]. Der Passagier kann ohne eine Nachfrist anzusetzen auf der Beförderung bestehen und Schadenersatz für die Verspätung geltend machen [129] oder er kann auf die nachträgliche Leistung verzichten (Art. 108 OR). In diesem Fall schuldet er den Beförderungspreis nicht und kann ihn vom Lufttransportführer zurückfordern [130].

III. Personenschäden

A. Personenschäden unter dem Warschauer Abkommen: Überblick

Wird ein Passagier im Zusammenhang mit einer Luftbeförderung körperlich geschädigt, ist zu prüfen, ob der Fall nach dem Warschauer Abkommen zu regeln ist. Dafür müssen gemäss Art. 17 WA die folgenden Voraussetzungen erfüllt sein: es muss sich um einen «Unfall» handeln, die Verletzung muss zum Tod des Passagiers führen, verwundet ihn oder schädigt ihn sonst gesundheitlich, und der Unfall muss sich «an Bord des Luftfahrzeuges oder beim Ein- und Aussteigen ereignet» haben. Schliesslich muss ein Schaden vorliegen und der Kausalzusammenhang zwischen den genannten Elementen bestehen [1].

Art. 17 WA hat in der Praxis zu Kontroversen Anlass gegeben. Umstritten ist vor allem die Bedeutung der Begriffe «Unfall» und «Körperverletzung» (lésion corporelle) und die Definition der Zeitspanne zwischen dem «Ein- und Aussteigen». Die Auslegung von Art. 17 WA hängt nicht zuletzt davon ab, ob eine Beförderung der Vereinbarung von Montreal untersteht: wenn ja, hat der Lufttransportführer keine Möglichkeit, unter Berufung auf Art. 20 WA die Haftung abzuwenden und ist daran interessiert, die Anforderungen an die Anwendung von Art. 17 WA hochzuschrauben [2].

Ist eine der Voraussetzungen von Art. 17 nicht erfüllt, richtet sich die Haftung des Lufttransportführers für Körperschäden nicht nach dem Warschauer Abkommen,

---

126 Siehe auch Urteil des Amtsgerichts Köln vom 7. Aug. 1982, ZLW 1983, 70.
127 Bei der Beförderung von Fracht müssen die Parteien einen bestimmten Tag für die Beförderung festlegen, damit ein Fixgeschäft vorliegt.
128 Vorne 101.
129 Vorne 148ff.
130 Siehe auch RUHWEDEL 34; nach schweizerischem Recht kann der Passagier in diesem Fall auch gestützt auf Art. 107 OR am Vertrag festhaltenund das Erfüllungsinteresse geltend machen, obwohl er auf die geschuldete Leistung verzichtet und allenfalls seine eigene Leistung (Beförderungspreis) nicht erbringt, BUCHER 373, 376ff.
1 Art. 17 WA lautet in der Originalfassung: «Le transporteur est responsable du dommage survenu en cas de mort, de blessure ou de toute autre lésion corporelle subie par un voyager lorsque l'accident qui a causé le dommage s'est produit à bord de l'aéronef ou au cours de toutes opérations d'embarquement et de débarquement».
2 MILLER 111, 133; MANKIEWICZ, Liability 141.

sondern nach dem anwendbaren Landesrecht und – falls anwendbar – nach den Beförderungsbedingungen des Lufttransportführers.

1. Unfall

Gemäss Art. 17 WA haftet der Transportführer nur für Schäden, die der Passagier bei einem *Unfall* erleidet. Das Abkommen definiert den Begriff nicht.

Die Lehre und die ausländische Rechtsprechung sind sich über die wesentlichen Elemente des Begriffs einig. Sie verstehen «Unfall» als ein von aussen wirkendes, unvorhersehbares und aussergewöhnliches Ereignis, das nicht zum üblichen Verlauf eines Fluges gehört [3]. Die von ausländischen Gerichten verwendete Definition deckt sich mit dem Begriff des «Unfalls» im schweizerischen Recht. Gemäss Bundesgericht ist ein Unfall die plötzliche, nicht beabsichtigte, schädigende Einwirkung eines ungewöhnlichen äusseren Faktors auf den menschlichen Körper [4]. Mit dem Kriterium «ungewöhnlichen äusseren Faktor» wird zugleich ausgeschlossen, dass der Transportführer für Gesundheitsschädigungen einzustehen hat, die auf die Prädisposition des Geschädigten zurückzuführen sind [5]. Die Anforderung, dass die Einwirkung plötzlich auftreten muss, bedeutet nicht, dass auch die Schädigung plötzlich eintreten muss. Diese kann sich erst nach einer gewissen Zeit einstellen.

Kein Unfall liegt vor, wenn sich der (schlechte) Gesundheitszustand eines Passagiers während des Fluges verschlechtert [6].

Das Guatemala-Protokoll und damit das Montreal-Protokoll Nr. 3 haben den «Unfall» als Haftungsvoraussetzung fallengelassen. Nach Art. IV löst jedes Ereignis («fait») an Bord eines Flugzeuges, das einen Schaden bewirkt, die Haftung des Lufttransportführers aus [7].

Aus den zahlreichen Urteilen ausländischer Gerichte seien einige Entscheide neueren Datums ausgewählt [8]:

Im Fall *Air France vs. Saks* [9] verlor eine Passagierin während der Landung nach einem Transatlantikflug auf einem Ohr das Gehör. Während des Sinkfluges und nach der Landung verspürte sie einen Schmerz, das volle Ausmass des Schadens jedoch stand erst fünf Tage nach der Ankunft fest. Sie verlangte von der Fluggesellschaft Schadenersatz und machte geltend, auch

---

3 GIEMULLA/SCHMID, Art. 17 N 6; MANKIEWICZ, Liability 147ff.
4 BGE 113 V 62 in Verbindung mit Art. 9 Abs. 1 UVV; RUDOLF, ZLW 1973, 24 weist zu Recht darauf hin, dass im Luftrecht der gleiche Begriff für «Unfall» gilt wie im übrigen Recht. Es gibt keinen Sonderbegriff «Luftunfall».
5 Eine entsprechende Einschränkung der Haftung enthalten in der Regel auch die Beförderungsbedingungen der Fluggesellschaften, siehe z.B. Art. XIII Ziff. 3 c) der Beförderungsbedingungen der Swissair (Passagiere).
6 Siehe Urteil des U.S. Court of Appeals, 3rd Circuit, 18 Avi.18,064 (Zwerchfellbruch während des Fluges); Urteil des District Court (N.D.Ill.), 19 Avi.18,363 (Herzattacke während des Fluges), Urteil der Cour de cassation vom 29. Nov. 1989, RFDA 1989, 540 (Tod durch Asthma-Anfall während des Fluges); weitere Hinweise bei GIEMULLA/SCHMID, Art. 17 N 14.
7 FLORIO, 26ff; siehe auch BACCELLI, AASL 1983, 9.
8 Ausführliche Übersicht bei GIEMULLA/SCHMID, Art. 17 N 6 ff; siehe auch MANKIEWICZ, Liability 148; MILLER 109ff.
9 Entscheid vom 4. März 1985, 18 Avi.18,538; SCHMID/BRAUTLACHT, ZLW 1988, 17ff.

der Druckausgleich während eines normalen Sinkfluges könne ein Unfall i.S. von Art. 17 WA sein. Der **Supreme Court der Vereinigten Staaten** hielt in seinem Urteil fest, die Fluggesellschaft hafte nach Art. 17 WA, wenn die Verletzung durch ein unerwartetes oder ungewöhnliches äusserliches Ereignis verursacht wird [10]. Wenn die Verletzung darauf zurückzuführen ist, dass die Passagierin auf einen Vorgang im Rahmen des normalen Betriebs eines Flugzeuges reagiert, liege kein Unfall vor.

Im Fall *Mazze vs. Swiss Air Transport Company, Ltd.* wurde die Passagierin während eines Fluges von New York nach Zürich in der Toilette ohnmächtig. Sie machte geltend, das mangelhafte Lüftungssystem des Flugzeuges habe den Ohnmachtsanfall verursacht. Der **U.S. District Court S.D.N.Y.** [11] war jedoch der Meinung, es liege kein unerwartetes, äusserliches Ereignis und damit kein Unfall i.S. von Art. 17 WA vor [12].

Im Fall *Schneider vs. Swiss Air Transport Company, Ltd.* war strittig, ob ein Unfall i.S. von Art. 17 WA dadurch verursacht werden könne, dass die (übergewichtige) Passagierin sich am Knie verletzte, als sie sich erheben wollte, um einen Sitznachbarn auf den Gang zu lassen. Der vor ihr sitzende Passagier hatte sich angeblich geweigert, die Lehne seines Sitzes senkrecht zu stellen, um der Passagierin das Aufstehen zu erleichtern; ebensowenig seien ihr Flight Attendants behilflich gewesen. Der **U.S. District Court for the District of Maine** wies die *motion for summary judgement* (Summarverfahren) ab mit der Begründung, die Weigerung des Kabinenpersonals, der Passagierin zu helfen, könnte gegebenenfalls als äusserliche Einwirkung aufgefasst werden [13]. Dieser Aspekt sei im ordentlichen Verfahren zu prüfen [14].

Behandelt ein zufällig mitfliegender Arzt während des Fluges einen Passagier und macht er dabei einen Fehler, liegt kein Unfall i.S. von Art. 17 WA vor [15].

2. Terrorakte und Flugzeugentführungen als Unfall i.S. von Art. 17 WA

Terrorakte sind heute eines der typischen Risiken in der Luftfahrt. Flugzeuge sind für Terroristen ein «ideales» Objekt, weil sie mit einem Anschlag auf kleinstem Raum eine grosse Anzahl von Personen treffen. Die vollständige präventive Überwachung eines Flugzeuges erfordert einen grossen Aufwand und es ist relativ einfach, Sprengstoffsätze an Bord eines Flugzeuges zu bringen. Überdies ist es nach einem Absturz schwierig, Spuren zu sichern und den Täterkreis zu eruieren. Ähnliches gilt bei Flugzeugentführungen. Auch hier finden die Täter eine grosse Zahl von Opfern, die ihnen ohne grosse Fluchtmöglichkeiten ausgeliefert sind. Weil Flugzeuge durch die Nationalität der Fluggesellschaften mit einem bestimmten Land verbunden sind, koppeln Terroristen und Entführer politische Anliegen mit Angriffen auf die (zivile) Fluggesellschaft dieses Landes.

---

10 «We conclude that liability under Article 17 of the Warsaw Convention arises only if a passenger's injury is caused by an unexpected or unusual event or happening that is external to the passenger», Erw. III, 18 Avi.18,543.
11 Urteil vom 6. Mai 1988, 21 Avi.17,320.
12 Hinweis auf zwei weitere Urteile des U.S. District Court S.D.N.Y. in GIEMULLA/SCHMID, ZLW 1992, 127.
13 Urteil vom 13. Mai 1988, 21 Avi.17,397.
14 Ein ordentliches Verfahren wurde nicht durchgeführt, weil die Parteien einen Vergleich abschlossen.
15 GIEMULLA/SCHMID, vor Art. 3 N 6; zur Stellung des als Passagier mitfliegenden Arztes, vorne 113.

Die öffentlichrechtlichen Aspekte von Terrorakten und Flugzeugentführungen wurden auf internationaler Ebene geregelt [16]. Verschiedene Konventionen befassen sich mit der Strafbarkeit sowie der Zuständigkeit zur Strafverfolgung und Strafvollstreckung nach Terroranschlägen gegen Flugzeuge und nach Flugzeugentführungen: es sind das *Abkommen über strafbare und bestimmte andere an Bord von Luftfahrzeugen begangene Handlungen* [17], das *Übereinkommen zur Bekämpfung der widerrechtlichen Inbesitznahme von Luftfahrzeugen* [18] und das *Übereinkommen zur Bekämpfung widerrechtlicher Handlungen gegen die Sicherheit der Zivilluftfahrt* [19]. Privatrechtliche Aspekte des Luftterrors sind nicht speziell geregelt. Sofern seine Voraussetzungen über die Anwendbarkeit erfüllt sind, regeln sich Schadenersatzansprüche aus einem Anschlag auf ein Flugzeug und aus Flugzeugentführungen nach dem Warschauer Abkommen; wenn nicht, ist das anwendbare Landesrecht massgebend.

Es ist umstritten, ob eine Flugzeugentführung einen «Unfall» i.S. von Art. 17 WA darstellt. Die Lehre und Rechtsprechung gehen mehrheitlich davon aus, dass auch eine Flugzeugentführung ein Unfall sein kann [20]. Gegner dieser Auffassung machen geltend, die französische Rechtssprache und die Entstehungsgeschichte würden diese Auslegung verbieten [21]. Diese Argumentation überzeugt kaum: auch die französische Rechtsprechung hat Entführungen als Unfall qualifiziert [22]. Die gebräuchlichen Definitionen eines Unfalls i.S. von Art. 17 WA decken zu Recht auch Terrorakte; das bedeutet jedoch nicht, dass der Lufttransportführer dafür einstehen muss: er kann gestützt auf Art. 20 WA die Haftung abwenden (sofern die Beförderung nicht der Vereinbarung von Montreal untersteht) [23].

Der **Oberste Gerichtshof von Israel** betrachtete eine Flugzeugentführung als Unfall i.S. von Art. 17 WA. Das Flugzeug der Air France war auf einem Flug von Tel Aviv nach Paris nach Entebbe entführt worden [24]. Zum gleichen Schluss kam das **Tribunal de grande instance de Paris**, als es sich mit der gleichen Entführung zu befassen hatte [25].

Im Fall *Salerno vs. Pan American World Airways Inc.* betrachtete der **U.S. District Court S.D.N.Y.** eine Bombendrohung als «Unfall» i.S. des Warschauer Abkommens [26]. Das Flugzeug

---

16 Allgemein zum Problem des Luftterrorismus BUCHMÜLLER, Internationale Rechtsgrundlagen zur Bekämpfung des Luftterrors, ASDA-Bulletin 1974/1, 14; BOURGEOIS, Le droit suisse face au détournement d'aéronef et autres atteintes à la sûreté de l'Aviation civile, RFDA 1978, 50ff; LUTERNAUER, Ein weiterer Schritt im Kampf gegen die Luftpiraterie, ASDA-Bulletin 1978/3, 14.
17 Abgeschlossen in Tokio am 14. Sept. 1963, für die Schweiz in Kraft getreten am 21. März 1971; siehe auch GULDIMANN, Die internationale Luftrechtskonferenz von Tokio, ASDA-Bulletin 1963/3, 6; ARCHINARD, La Suisse et les infractions non aériennes commises à bord des aéronefs civils, ASDA-Bulletin, 1968/3, 3; ASDA-Bulletin 1969/1, 2, ASDA-Bulletin 1969/2, 1.
18 Abgeschlossen in Den Haag am 16. Dez. 1970, für die Schweiz in Kraft getreten am 14. Okt. 1971; siehe auch BUCHMÜLLER, Luftrechtskonferenz von Den Haag betreffend das Haager Übereinkommen zur Bekämpfung der widerrechtlichen Inbesitznahme von Luftfahrzeugen, ASDA-Bulletin 1971/1, 12.
19 Abgeschlossen in Montreal am 23. Sept. 1971, für die Schweiz in Kraft getreten am 16. Feb. 1978; siehe auch BUCHMÜLLER, Die internationale Luftrechtskonferenz vom September 1971, ASDA-Bulletin 1971/3, 18.
20 MANKIEWICZ, Liability 147f; MILLER 110; GOLDHIRSCH 60f; GIEMULLA in GIEMULLA/BARTON/LAU § 44 N 16; SILETS, JALC 53 [1987] 359ff.
21 GIEMULLA/SCHMID, Art. 17 N 12; SCHNEIDER, ZLW 1989, 223 mit Verweisen.
22 Sie liess aber den Entlastungsbeweis gemäss Art. 20 WA zu; siehe dazu auch MILLER 111.
23 Verschiedene Gerichte haben den Entlastungsbeweis im Zusammenhang mit Terrorakten als erbracht betrachtet, hinten 180f.
24 Urteil vom 22. Okt. 1984, EuropTR 1988, 87ff; RFDA 1985, 232ff.
25 Urteil vom 28. April 1978, AASL 1978, 609.
26 19 Avi.17,705.

war von Miami nach Uruguay unterwegs. Nach dem Start ging bei der Fluggesellschaft die Meldung ein, es befinde sich eine Bombe an Bord des Flugzeuges. Der Pilot brachte die Maschine nach Miami zurück, und das Kabinenpersonal durchsuchte während des Retourfluges das Flugzeug. Die klagende Passagierin, die schwanger war, realisierte, warum der Flug abgebrochen wurde. 24 Stunden nach der Ankunft in Miami erlitt sie eine Fehlgeburt. Das Gericht bezog sich auf den Entscheid *Air France vs. Saks*[27] und betrachtete die Bombendrohung als unerwartetes und ungewöhnliches, äusserliches Ereignis, das ausserhalb des gewöhnlichen, normalen und zu erwartenden Ablauf eines Fluges liege [28]. Damit seien die Voraussetzungen von Art. 17 erfüllt.

Im Fall *Husserl vs. Swiss Air Transport Co., Ltd.* beurteilte der **U.S. District Court S.D.N.Y.** eine Entführung als Unfall i.S. von Art. 17 WA [29]. Das Flugzeug war auf dem Flug von Zürich nach New York in die Wüste von Jordanien entführt worden. Das Gericht war der Auffassung, der Lufttransportführer sei am ehesten in der Lage, solche Zwischenfälle zu vermeiden, weil er das Flugzeug physisch kontrolliere. Er sei auch derjenige, der entsprechende Risiken einschätzen und versichern lassen und die Kosten dieser Massnahmen effizient verteilen könne. Im übrigen sei klar, dass die Parteien der Vereinbarung von Montreal [30] eine Entführung als Unfall i.S. des Abkommens betrachteten. Auch wenn die Vereinbarung von Montreal kein Staatsvertrag ist, sei sie für die Auslegung von Art. 17 WA von Bedeutung, weil sie die nachfolgende Staatenpraxis belege.

3. Körperschaden

Das Warschauer Abkommen hält fest, dass der Lufttransportführer haftet, wenn ein Reisender «getötet, körperlich verletzt oder sonst gesundheitlich geschädigt wird». In der französischen Originalfassung lautet der Passus «(...) en cas de mort, de blessure ou de toute autre lésion corporelle (...)». Die Auslegung von «mort» und «blessure» hat zu keinen Kontroversen Anlass gegeben. Anders beim Begriff «lésion corporelle»: kann ein Passagier nach einem Unfall auch Schadenersatz beanspruchen, wenn er keine physischen Wunden, sondern ausschliesslich psychische Schäden erlitten hat? Die Lehre und vor allem die amerikanische Rechtsprechung haben sich mit dieser Frage ausführlich befasst [31]. In Europa hat die Frage kaum zu Diskussionen Anlass gegeben, weil nach kontinentaleuropäischer Auffassung eine «lésion corporelle» psychische Schäden beinhaltet [32].

Einige amerikanische Gerichte waren der Auffassung, der Wortlaut von Art. 17 WA lasse es nicht zu, dass psychische Schäden einen Ersatzanspruch begründen [33]. Diese Entscheidungen gehen davon aus, dass «lésion corporelle» mit «bodily injury» übersetzt werden müsse; damit wird der Begriff eingeengt [34]. Das Haager Protokoll, die Vereinbarung von Montreal und das Guatemala-

---

27 Vorne 163.
28 Urteil vom 19. April 1985, 19 Avi.17,705.
29 Urteil vom 8. Nov. 1972, bestätigt durch 2d Circ., 485 F.2d 1240, 12 Avi.17,637.
30 Vorne 21.
31 MILLER 129 weist zu Recht darauf hin, dass die Frage europäische Gerichte nicht beschäftigt hat, weil nach der kontinentaleuropäischen Auffassung «Körperverletzung» auch psychische Schäden beinhaltet; zur amerikanischen Rechtsprechung ausführlich MANKIEWICZ, AASL 1979, 202.
32 MILLER 129; MANKIEWICZ, AASL 1979, 187ff, insbes. 200.
33 Ausführliche Begründung dieser Auffassung in *Burnett vs. Trans World Airlines, Inc.* (District Court of New Mexico, 1973, 12 Avi.18,405); siehe auch *Rosman vs. Trans World Airlines Inc.*, New York Court of Appeals, 1974, 13 Avi.17,231.
34 Dazu ausführlich MANKIEWICZ, AASL 1979, 194ff.

Protokoll brauchen in der englischen Version den weiteren Begriff «personal injury» [35]. Die geänderte Übersetzung wurde sowohl von der Konferenz vom Haag als auch derjenigen von Guatemala kommentarlos angenommen und als Diskussionsgrundlage benützt [36]. Trotzdem hat der **U.S. Supreme Court** in einem neuen Fall entschieden, dass «bodily injury» psychische Schäden nicht decke. Im Fall *Eastern Airlines, Inc. vs. Floyd* erlitt das Flugzeug auf einem Flug von Miami nach den Bahamas einen Triebwerkschaden. Die Besatzung stellte das betreffende Triebwerk ab und wollte nach Miami zurückkehren. In der Folge fielen auch das zweite und das dritte Triebwerk aus. Das Fluzeug verlor an Höhe und die Besatzung informierte die Passagiere, dass eine Wasserung im Atlantik vorgesehen sei. Etwas später gelang es der Crew, eines der Triebwerke wieder zu starten, und das Flugzeug landete ohne Zwischenfall in Miami. Verschiedene Passagiere machten nach diesem Ereignis Schadenersatz wegen «mental distress» geltend. Das Gericht wies die Forderungen ab, weil «neither the Warsaw Convention itself nor any of the applicable French legal sources demonstrate that ‚lésion corporelle' should be translated other than as ‚bodily injury' – a narrow meaning excluding purely mental injuries» [37].

Zusätzlich geht es in den USA im Zusammenhang mit der Auslegung von Art. 17 WA oft auch um die Frage, ob Passagiere Schadenersatz für «physical pain and mental anguish» beanspruchen können; dazu gehört auch «preimpact suffering», d.h. die Angst, die Passagiere ausstehen, bevor das Flugzeug abstürzt [38].

In der Lehre wird z.T. die Auffassung vertreten, das Guatemala-Protokoll erweitere die Haftung des Lufttransportführers, weil es «bodily injury» durch «personal injury» ersetzt [39]. Dabei wird übersehen, dass bereits die Haager Konferenz die geänderte Übersetzung verwendete, und dass das Guatemala-Protokoll in der französischen Fassung nach wie vor den Begriff «lésion corporelle» braucht.

Die in Deutschland, Österreich und in der Schweiz verwendete amtliche deutsche Übersetzung von Art. 17 WA entspricht der weiten Auslegung des französischen Originaltexts: «lésion corporelle» wird als «sonst gesundheitlich geschädigt» übersetzt; damit sind psychische Schäden erfasst [40].

4. Kausalzusammenhang zwischen Unfall und Körperschaden

Der Lufttransportführer haftet nach Art. 17 WA nur, wenn der Personenschaden durch einen Unfall «verursacht» worden ist. Das Abkommen fordert einen Kausalzusammenhang zwischen dem Unfall und dem Schaden. Welche Anforderungen an die Kausalität zu stellen sind, entscheidet der Richter nach dem auf die Beförderung anwendbaren Recht [41].

---

35 Art. 17 lautet in der Fassung des Haager Protokolls und in der Fassung des Guatemala-Protokolls: «The carrier is liable for damage in case of death or personal injury (...)»; MANKIEWICZ, AASL 1979, 188ff.
36 ICAO Doc. 7686, Vol. II, 243, Vol I, 60; ICAO Doc. 8878-LC/162, 370, 187; MANKIEWICZ, AASL 1979, 190ff; MILLER 123. Im Guatemala-Protokoll wurden die (redundanten) Ausdrücke blessure/ wounding gestrichen.
37 Hinweis auf das Urteil in HARAKAS, ZLW 1991, 363f.
38 Siehe auch hinten 263.
39 SCHONER, ZLW 1977, 274; GIEMULLA/SCHMID, Art. 17 N 5.
40 Die amtliche Übersetzung geht auf Prof. Riese zurück, der als Vertreter von Deutschland an der Warschauer Konferenz teilnahm. Sie ist ein Indiz dafür, dass die Delegierten in Warschau den Passagier umfassend schützen wollten, MANKIEWICZ, AASL 1979, 201f.
41 Vorne 78ff; dieser Meinung ist auch MANKIEWICZ, Liability 155, obwohl er an anderer Stelle (MANKIEWICZ, Liability 16) vertritt, die Lücken des Abkommens seien nach dem Recht des angerufenen Gerichts zu füllen.

Der schweizerische Richter berücksichtigt im Zusammenhang mit einer Luftbeförderung die im Haftpflichtrecht geltende Definition des adäquaten Kausalzusammenhanges: die Haftung des Lufttransportführers wird ausgelöst, wenn der Unfall nach dem gewöhnlichen Lauf der Dinge und der allgemeinen Erfahrung geeignet ist, den eingetretenen Erfolg zu bewirken [42].

Im Fall *K. gegen X. AG* erlitt eine Passagierin beim Absturz einer Convair während des Anfluges in Zürich Kloten an zwei Lendenwirbeln Stauchungsbrüche. Vier Tage später erlag sie einer Lungenembolie. Das **Bundesgericht** ging davon aus, dass der von der Vorinstanz festgestellte natürliche Zusammenhang zwischen den beim Absturz erlittenen Verletzungen und der Lungenembolie rechtlich erheblich sei [43].

5. Unfall ereignet sich an «Bord des Luftfahrzeuges oder beim Ein- und Aussteigen»

Der Lufttransportführer haftet gemäss Art. 17 WA für Schäden, die sich «an Bord des Luftfahrzeuges oder beim Ein- oder Aussteigen» ereignen.

Auch dieser Passus von Art. 17 WA hat zu Kontroversen Anlass gegeben. Es geht vor allem um Schäden, die sich im Flughafengebäude ereignen. Bei einer engen Auslegung muss der Passagier diese Schäden selber tragen oder Dritte (z.B. den Flughafenhalter) ins Recht fassen [44].

In den Entscheiden ausländischer Gerichte [45] und in der Lehre wurde der Haftungszeitraum nach den folgenden Kriterien definiert: das *Einsteigen* beginnt, sobald die Passagiere sich unter der Obhut des Transportführers befinden, sich an einem durch das Einsteigen bedingten Ort befinden und eine Handlung vornehmen, die mit dem Einsteigen zusammenhängt [46]. Analog gelten diese Kriterien für das *Aussteigen*.

In der amerikanischen Rechtsprechung werden zur Definition des Haftungszeitraums die folgenden Kriterien benützt: 1) passengers' activities, 2) passengers' control, 3) the air carriers' control over passenger, 4) the passengers' location [47].

Im modernen Flugbetrieb heisst dies im einzelnen: der Haftungszeitraum gemäss Art. 17 WA beginnt, wenn die Passagiere in einem speziellen Raum warten, um ins Flugzeug einzusteigen, wenn sie in ein Fahrzeug einsteigen, das sie zum Flugzeug bringt, oder wenn sie ein Fingerdock benützen, welches das Flugzeug direkt mit dem Flughafen verbindet.

Die **Cour d'appel de Bruxelles** verneinte die Haftung des Lufttransportführers für einen Unfall, der sich beim Einsteigen ereignet hatte. Die Passagierin war auf Glatteis gestürzt, als sie auf dem Flugfeld den Zubringerbus verlassen hatte und die 15 m entfernte Flugzeugtreppe erreichen

---

42 OFTINGER 72f.
43 Urteil vom 28. Juni 1969, ASDA-Bulletin 1960/3, 9 Erw. 3.
44 MILLER 138; die Auslegung der Begriffe «an Bord des Luftfahrzeuges»/«Ein- und Aussteigen» hat nicht zuletzt darum zu Diskussionen geführt, weil die Entstehungsgeschichte wenig zur Klärung beiträgt, welchen Zeitraum die Haftung des Lufttransportführers umfassen soll, MILLER 137.
45 Entscheide schweizerischer Gerichte gibt es, soweit ersichtlich, zu dieser Frage keine.
46 MANKIEWICZ, Liability 153.
47 *Shinn vs. El Al Israel Airlines*, 21 Avi.18,331; siehe auch Hinweise in GOLDHIRSCH, 62f.

wollte. Der Unfall geschah «fast vor» der Flugzeugtreppe. Das Gericht hielt fest, dass sich beim Sturz kein Risiko des Flugbetriebes verwirklicht habe und Art. 17 WA deshalb nicht anwendbar sei. Es verneinte auch die Haftung des Flughafenhalters, weil die Passagierin den Zustand des Flugfeldes gekannt habe [48]. Der Entscheid wurde in der Lehre zu Recht kritisiert [49]. Kein anderes Gericht hatte zuvor die Auffassung vertreten, ein Passagier, der sich auf dem Flugfeld befindet, sei nicht unter der Obhut des Lufttransportführers.

In der Lehre und in der Rechtsprechung wird gefordert, den Haftungszeitraum nach Art. 17 WA auszudehnen: er soll jede Handlung umfassen, die mit dem Ein- oder Aussteigen zusammenhängt. Nach dieser Auffassung soll das Einsteigen bereits beginnen, wenn der Passagier abgefertigt wird, selbst wenn dies z.B. in einem Hotel ausserhalb des Flughafens stattfindet [50], oder wenn der Passagier sich in einer Lounge befindet, welche die Fluggesellschaften für Passagiere der Erst- und Businessklasse einrichten. Zum Aussteigen gehört nach dieser Auffassung auch der Zeitpunkt, in dem die Passagiere ihr Gepäck vom Rollband nehmen [51].

Sinn und Zweck des Warschauer Abkommens sprechen dagegen, den Haftungszeitraum gemäss Art. 17 WA auszudehnen. Die Haftungsbestimmungen sollen die Gefahren erfassen, welche der Betrieb eines Luftfahrzeuges mit sich bringt. Wenn der Passagier vor einem Schalter einer Fluggesellschaft (sei es beim Kauf des Flugscheines oder bei der Abfertigung) oder bei der Gepäckausgabe zu Schaden kommt, verwirklicht sich kein Risiko, das der Betrieb eines Flugzeuges mit sich bringt. Hat der Lufttransportführer in diesem Zeitraum einen Schaden verursacht, soll er dafür nach den Normen des Vertragsrechts einstehen müssen. Abzulehnen ist auch die Auffassung, dass die Haftung nach Art. 17 WA nach dem Einsteigen bis zum Aussteigen ununterbrochen gelte, selbst wenn das Flugzeug zwischenlandet, die Passagiere die Maschine verlassen und sich während des Aufenthaltes im oder ausserhalb des Flughafens frei bewegen [52].

Im Fall *Husserl vs. Swiss Air Transport Co., Ltd.* wurde das Flugzeug auf einem Flug von Zürich nach New York nach Jordanien entführt. 24 Stunden hatten die Passagiere im Flugzeug in der Wüste zu verbringen; danach wurden Frauen – unter ihnen die Klägerin – und Kinder in ein Hotel in Amman gebracht, wo sie sechs Tage blieben. Anschliessend kehrten sie nach Zürich zurück. Die Klägerin machte geltend, der Lufttransportführer sei auch für Schäden, die sie während des Aufenthaltes im Hotel erlitten habe, nach dem Warschauer Abkommen verantwortlich. Der **U.S. District Court S.D.N.Y.** bestätigte die Auffassung der Klägerin und hielt fest, alle Ereignisse, die sich zwischen dem Abflug und der Rückkehr in Zürich ereignet haben, seien «an Bord des Flugzeuges» geschehen [53]. Der Entscheid wurde in der Literatur zu Recht kritisiert, weil weder der Wortlaut noch der Sinn und Zweck von Art. 17 eine derart weite Auslegung rechtfertigen [54].

---

48 Urteil vom 5. Feb. 1986, EuropTR 1987, 170ff, Urteil der Vorinstanz, EuropTR 1987, 161 ff.
49 MULLER L., Anmerkung zum Urteil der Cour d'appel de Bruxelles, EuropTR 1987, 173ff; SCHMID/BRAUTLACHT, ZLW 1988, 22.
50 GIEMULLA/SCHMID, Art. 17 N 25; es ist schwerlich vorstellbar, welche typische Gefahr des Luftfahrtbetriebes den Passagier in einer Hotel-Lobby trifft und die sich durch andere beliebige Gefahren unterscheidet.
51 GIEMULLA/SCHMID, Art. 17 N 31.
52 Ebenso GIEMULLA/SCHMID, Art. 17 N 32; befindet sich der Passagier nach dem Aussteigen unter der Obhut des Transportführers, weil er als Behinderter oder als Kind Betreuung braucht, richtet sich die Haftung des Lufttransportführers für diesen Zeitraum nach allgemeinem Vertragsrecht; siehe auch Hinweis bei SCHMID/BRAUTLACHT, ZLW 1988, 21.
53 Urteil vom 10 Feb. 1975, 13 Avi.17,607.
54 GIEMULLA/SCHMID, Art. 17 N 37.

In den Fällen *Day vs. Trans World Airways, Inc.* [55] und *Evangelinos vs. Trans World Airways, Inc.* [56] war die Fluggesellschaft haftbar für Schäden, welche die Passagiere im Flughafen von Athen erlitten, als sie vor dem Einsteigen ins Flugzeug in einer Reihe standen, um durchsucht zu werden. In diesem Moment explodierte eine Bombe.

Eine Passagierin, die nach dem Verlassen des Flugzeuges auf dem Weg zur Zollabfertigung strauchelt, ist nicht beim Aussteigen verunfallt [57].

Im Fall *Michael Sweis et al. vs. Trans World Airways* war strittig, ob die Fluggesellschaft für Schäden haftet, welche die Passagiere als Opfer eines Terroranschlages im Flughafen von Rom erlitten [58]. Sie fertigten ihr Gepäck ab und erhielten den Boarding Pass, als das Unglück geschah. Der **U.S. District Court, Northern District of Illinois** verneinte die Haftung der TWA. Die Passagiere hätten sich nicht unmittelbar vor dem Einsteigen befunden, seien in einem allgemein zugänglichen Teil des Flughafens gewesen, und der Abflug hätte erst zwei Stunden später stattfinden sollen. Das Flugzeug war zu diesem Zeitpunkt noch nicht eingetroffen [59].

Untersteht die Beförderung schweizerischem Recht, ist Art. 1 Abs. b) LTR zu beachten. Diese Bestimmung definiert den Haftungszeitraum sowohl für die Beförderung von Personen als auch von Gepäck und Gütern. Für Personenbeförderung umfasst er die Spanne zwischen «dem Beginn des Einsteigens eines Reisenden in ein Luftfahrzeug und dem Ende des Aussteigens aus einem Luftfahrzeug». Auch wenn diese Definition vom Wortlaut her von Art. 17 WA abweicht, steht der Richter im Ergebnis vor der gleichen Auslegungsfrage wie beim Warschauer Abkommen. Er muss bestimmen, mit welcher Handlung das Einsteigen beginnt und das Aussteigen aufhört. Die Überlegungen zur Auslegung von Art. 17 WA gelten deshalb auch für Art. 1 Abs. b) LTR.

Bei der Definition des Haftungszeitraums kann sich die Frage stellen, ob auch *Bodentransporte* unter Art. 17 WA fallen. Verschiedene Fluggesellschaften bieten den Passagieren diese Dienstleistung an. Sie bringen die Fluggäste auf dem Landweg (Zug, Bus) an den Bestimmungsort, weil es sich nicht lohnt, über die jeweilige Strecke einen Flugbetrieb aufrecht zu erhalten, oder sie betreiben eine Buslinie zwischen dem Flughafen und dem Stadtzentrum.

Die Swissair hat in ihren Flugplänen Bern als Destination aufgenommen. Fluggäste mit Bestimmungsort Bern werden von Zürich oder Genf aus mit dem Zug befördert, und die Kurse der SBB erhalten eine Swissair-Flugnummer. Eine ähnliche Einrichtung besteht in Deutschland mit dem Lufthansa Airport Express, mit dem Unterschied, dass diese Eisenbahnkurse Sonderzüge sind.

Ereignet sich ein Schaden auf einer Eisenbahn- oder Busstrecke, unterstehen seine Ansprüche gegen den Lufttransportführer nicht dem Warschauer Abkommen, weil sie sich nicht innerhalb des Haftungszeitraums ereignet haben, wie ihn Art. 17 WA definiert [60].

---

55 13 Avi.18,144.
56 14 Avi.17,612.
57 Urteil des U.S. District Court for the District of Colorado, No. 84-K-672, vom 12. Juni 1985, 610 F.Supp. 844.
58 21 Avi. 17,308.
59 Siehe Hinweis auf weitere Urteile von U.S. Gerichten bei GIEMULLA/SCHMID, ZLW 1992, 125.
60 Massgebend ist in der Schweiz das Bundesgesetz über die Haftpflicht der Eisenbahn (Ansprüche gegenüber den SBB) und das OR (Ansprüche gegenüber der Fluggesellschaft); für Deutschland siehe GIEMULLA/SCHMID, Art. 17 N 33.

IV. Störungen bei der Beförderung von Gepäck und Gütern

Das Warschauer Abkommen regelt Schäden bei der Beförderung von Gepäck und Gütern in Art. 18. Der Lufttransportführer hat den Schaden zu ersetzen, der durch die Zerstörung, den Verlust oder die Beschädigung von aufgegebenem Gepäck [1] und von Gütern entsteht. Voraussetzung ist, dass der Schaden «während der Luftbeförderung» eingetreten ist. Die verspätete Auslieferung von Gepäck und Gütern richtet sich nach Art. 19 WA [2].

Sach- und Verspätungsschäden im Zusammenhang mit der Beförderung von Gepäck und Fracht unterstehen nach dem Warschauer Abkommen einer beschränkten Haftung. Die Haftungssummen bemessen sich beim aufgegebenen Gepäck und bei Fracht nach dem Gewicht der von der Vertragsstörung betroffenen Güter (Art. 22 Abs. 2b WA) [3]. Bei Handgepäck stellt das Warschauer Abkommen eine Limite auf, die unabhängig vom Gewicht der betroffenen Stücke oder des betroffenen Stücks gilt (Art. 22 Abs. 2a und Abs. 3).

A. *Bestimmung des Haftungszeitraumes*

Art. 18 WA beschränkt die Haftung des Lufttransportführers auf Schäden während der «Luftbeförderung»; das bedeutet gemäss Art. 18 Abs. 2, dass sich das Reisegepäck oder die Güter auf einem Flughafen, an Bord eines Luftfahrzeuges oder, bei einer Landung ausserhalb eines Flughafens, an einem beliebigen Ort unter der Obhut des Luftfrachtführers befinden [4].

Nach Lehre und Rechtsprechung ist das entscheidende Kriterium die Obhut des Lufttransportführers: solange sich eine Sache im Gewahrsam des Lufttransportführers befindet, haftet er für Schäden [5]. Das Guatemala-Protokoll und das Montreal-Protokoll Nr. 4 haben durch eine redaktionelle Änderung des Textes von Art. 18 Abs. 2 diese Begrenzung des Haftungszeitraums klargestellt [6]. Bei der Beförderung von Fracht wird der Lufttransportführer haftbar, sobald er die tatsächliche Gewalt über das Frachtgut ausüben und Beschädigungen oder Verlust verhindern kann [7].

Bei kleineren Sendungen beginnt die Obhut mit der Übergabe. Bei grossen Gütern beginnt die Obhut des Lufttransportführers, sobald die Fracht (in einem Lastwagen) an den Flughafen angeliefert ist und der Lufttransportführer beginnt, die Güter ins Flugzeug umzuladen [8].

---

1 Zur Haftung für Schäden an Handgepäck hinten 174.
2 Vorne 148.
3 WESSELS, ZLW 1960, 35ff.
4 Siehe dazu auch GODFROID, RFDA 1983, 321ff.
5 GULDIMANN, Art. 18 N 7ff; GIEMULLA/SCHMID, Art. 18 N 19.
6 Im Gegensatz zu den früheren Fassungen wird die Obhut als erstes Kriterium genannt: «Der Ausdruck «Luftbeförderung» (...) umfasst den Zeitraum, während dessen die Güter sich in der Obhut des Luftfrachtführers auf einem Flughafen, an Bord eines Luftfahrzeuges oder, bei Landung ausserhalb eines Flughafens, an einem beliebigen Ort befinden.»
7 Urteil des BGH vom 27. Okt. 1978, ZLW 1980, 64.
8 Siehe auch STAEHELIN, Anmerkung zu einem Urteil des OLG Nürnberg, ASDA-Bulletin 1989/3, 144.

Untersteht die Beförderung schweizerischem Recht, präzisiert Art. 1 b) LTR den Haftungszeitraum: die Luftbeförderung umfasst den Zeitraum zwischen der Annahme von Reisegepäck oder Gütern durch den Luftfrachtführer und der Ablieferung an den Berechtigten. Auch wenn diese Umschreibung den Haftungszeitraum für die Beförderung von Sachen näher umschreibt als Art. 18 WA, bleibt es dem Richter überlassen, im einzelnen Fall den Haftungszeitraum zu definieren.

Das **Bundesgericht** und vor ihm die kantonalen Instanzen entschieden im Fall *Deutsche Lufthansa AG contre La Neuchâteloise*, die Obhut des Lufttransportführers habe beim Abladen des Lastwagens begonnen [9]. Der Speditionsfirma war es erlaubt worden, mit dem Lastwagen auf das Flugfeld des Genfer Flughafens zu fahren, wo die Swissair als «handling agent» der Lufthansa [10] die Fracht abladen wollte. Dabei stürzte eine 2000 kg schwere Maschine zu Boden. Das Gericht bejahte die Haftung des Lufttransportführers.

Der **deutsche Bundesgerichtshof** erklärte den Lufttransportführer verantwortlich für einen Schaden, der sich ereignet hatte, als seine Angestellten und der Chauffeur des Lastwagens eine 3 Tonnen schwere Maschine von einem Lastwagen mit einem Lifter auf einen Palettentransporter umluden. Die Obhut am Frachtgut sei mit der Öffnung der Ladeklappe des Lastwagens, spätestens mit der Lösung der Blockiervorrichtung an den Paletten, auf den Lufttransportführer übergegangen [11].

In einem vom **Oberlandesgericht Nürnberg** beurteilten Fall dagegen begann die Obhut des Lufttransportführers noch nicht mit dem Abladen. Das zu transportierende Pferd wurde beim Abladen ausschliesslich vom Fahrer des Pferdetransportwagens betreut. Die Angestellten des Lufttransportführers hatten lediglich einen Container bereitgestellt. Das Pferd verletzte sich an der ausgestellten Heckklappe des Pferdetransportwagens. Das Gericht verneinte deshalb die Haftung des Lufttransportführers gemäss Art. 18 Abs. 2 WA [12].

Das **Oberlandesgericht Frankfurt** hatte einen Fall zu beurteilen, in dem eine Sendung spurlos verschwand, nachdem sie der Vertreter des Lufttransportführers an einen Spediteur ausgeliefert hatte. Das Gericht betrachtete den Spediteur als Vertreter des Empfängers; damit hatte sich der Diebstahl ereignet, als sich das Gut bereits ausserhalb der Obhut des Lufttransportführers befunden hatte [13]. Gleich entschied das **Tribunal de commerce de Paris**: es lehnte die Haftung der Fluggesellschaft ab mit der Begründung, ein Beauftragter des Spediteurs habe den Schaden verursacht und das Gut habe sich deshalb nicht unter der Obhut des Lufttransportführers befunden [14]. Die **Cour d'appel de Paris** bejahte die Obhut des Lufttransportführers für den Zeitraum, in dem sich die Fracht nach der Ankunft bei einem «handling agent» befand [15].

Das **Oberlandesgericht Frankfurt** entschied, dass der Schaden auch während der Luftbeförderung eingetreten sei, wenn die Fracht während einer Zwischenlandung umgeladen werde [16]. Im umstrittenen Fall musste eine Senderöhre von Berlin via Frankfurt nach Zürich gebracht werden. In Frankfurt besorgten Arbeiter der Frankfurter Flughafen AG das Umladen. Dabei fiel

---

9 Urteil vom 26. März 1986, ASDA-Bulletin 1987/2, 21ff; RFDA 1989, 456; Urteil der Vorinstanz (Cour de justice de Genève) ASDA-Bulletin 1987/2, 6ff.
10 Vorne 112.
11 Urteil vom 27. Okt. 1978, ZLW 1980, 65.
12 Urteil vom 29. Mai 1987, ZLW 1988, 184ff; siehe dazu auch Anmerkung von STAEHELIN, ASDA-Bulletin 1989/3, 144.
13 Urteil vom 14. Juli 1977, ZLW 1978, 53ff.
14 Urteil vom 8. März 1988, RFDA 1988, 61f.
15 Urteil vom 9. Feb. 1990, RFDA 1990, 216.
16 Urteil vom 21. Mai 1975, ZLW 1975, 218ff.

die Röhre zu Boden. Das Gericht ging davon aus, dass die Röhre beim Umladen nach wie vor im Verantwortungsbereich und damit unter der Obhut des Lufttransportführers geblieben sei, selbst wenn sie im Moment des Schadenseintritts bei einem Dritten war.

Die **Cour d'appel de Paris** betrachtete eine Fluggesellschaft als haftbar für einen Verlust, der sich auf dem Landweg ereignet hatte [17]. Ein Passagier hatte bei der Gepäckausgabe versehentlich den Koffer des Klägers mitgenommen und ihn später der Fluggesellschaft retourniert. Diese schickte ihn dem Kläger auf dem Landweg nach. Dabei ging er verloren. Das Gericht entschied, der Koffer habe sich nach wie vor unter der Obhut des Lufttransportführers befunden [18].

Dieser Entscheid ist angesichts des klaren Wortlauts von Art. 18 Abs.3 WA abzulehnen. Eine Beförderung auf dem Land fällt nicht in den Zeitraum der Luftbeförderung, selbst wenn sie bezweckt, ein Gepäckstück abzuliefern [19]. Das Abkommen stellt lediglich die Vermutung auf, dass bei einer Kombination von Luft- und Landtransporten der Schaden während der Luftbeförderung eingetreten sei. Im zitierten Fall war diese Vermutung durch die Tatsachen widerlegt.

B. Schäden bei der Beförderung von Gepäck

1. Schäden am aufgegebenen Gepäck

Das Warschauer Abkommen unterscheidet zwischen aufgegebenem und nicht aufgegebenem Gepäck (Handgepäck); es definiert die Begriffe jedoch nicht. Nach herrschender Lehre und Rechtsprechung sind als aufgegebenes Gepäck diejenigen Sachen zu betrachten, die der Lufttransportführer vom Passagier zur Beförderung übernimmt und für die er einen Gepäckschein [20] ausstellt [21]. Entscheidendes Kriterium ist die ausschliessliche Obhut und nicht der Gepäckschein. Der Gepäckschein bewirkt lediglich, dass sich der Lufttransportführer auf die Haftungslimiten berufen kann, wenn bei der Beförderung ein Schaden entsteht. Zum aufgegebenen Gepäck gehören auch Sachen, die der Passagier bei der Abfertigung nicht aufgibt, weil er sie an Bord nehmen will, und die ihm vor oder nach dem Einsteigen vom Kabinenpersonal abgenommen werden, sei es, weil sie zu gross sind oder weil sie Sicherheitsvorschriften widersprechen. Oft wird für dieses nachträglich abgenommene Gepäck kein Gepäckschein ausgestellt. Das ändert nichts daran, dass es sich um aufgegebenes Gepäck handelt, weil es sich unter der Obhut des Lufttransportführers befindet [22].

---

17 Urteil vom 20. Dez. 1988, RFDA 1988, 383.
18 Einen ähnlichen Sachverhalt hatte das OLG Köln zu beurteilen: die beklagte Fluggesellschaft sandte eine Handtasche mit wertvollem Inhalt, welche die Klägerin im Flugzeug vergessen hatte, per Post nach. Das Gericht bejahte die unbeschränkte Haftung gemäss Art. 48 des deutschen LVG, Urteil vom 4. Dez. 1986, ZLW 1987, 194ff. (Im betreffenden Fall wurde der Schadenersatz wegen Selbstverschuldens um 30 % gemindert).
19 Zu den gemischten Beförderungen vorne 10f.
20 Vorne 131.
21 So auch die Definition in den Beförderungsbedingungen der meisten Fluggesellschaften; siehe z.B. Art. VIII der Beförderungsbedingungen der Swissair (Passagiere).
22 Der fehlende Eintrag im Gepäckschein kann zur unlimitierten Haftung führen, hinten 210ff.

Schäden am aufgegebenen Gepäck bedeuten nach Art. 18 Abs. 1 WA, dass es zerstört wird, verloren geht oder dass es beschädigt wird. Beschädigung und Zerstörung beziehen sich sowohl auf das Äussere als auch auf den Inhalt des Gepäcks. Verlust liegt vor, wenn der Lufttransportführer dem Passagier nicht die gleiche Anzahl von Gepäckstücken ausliefert wie er entgegengenommen hat. Ein Verlust liegt aber auch vor, wenn der Inhalt eines Gepäckstückes ganz oder teilweise fehlt. Nach Art. 19 WA kann ein Schaden im Zusammenhang mit der Beförderung von Gepäck schliesslich eintreten, wenn der Lufttransportführer dieses zu spät ausliefert.

Gibt der Passagier mehrere Gepäckstücke auf, können die genannten Schäden auch nur an einzelnen Gepäckstücken eintreten. In diesen Fällen bemisst sich die Haftpflicht des Lufttransportführers nach dem Gewicht der verloren gegangenen bzw. beschädigten bzw. verspäteten Stücke, es sei denn, der Wert anderer, auf demselben Gepäckschein aufgeführten Stücke, werde durch den Schaden beeinträchtigt (Art. 22 Abs. 2b WA).

2. Schäden am Handgepäck

Gepäckstücke, die der Passagier nicht dem Lufttransportführer übergibt und in eigener Obhut behält, sind Handgepäck. Die Unterscheidung ist relevant, weil das Warschauer Abkommen für Handgepäck eine andere Haftungssumme vorsieht als für aufgegebenes Gepäck [23].

Die Abgrenzung zwischen aufgegebenem Gepäck und Handgepäck kann schwierig sein, wenn das Kabinenpersonal dem Passagier nach dem Einsteigen Gegenstände abnimmt. Entscheidend ist, dass der Passagier weiss, wo sich sein Handgepäck während des Fluges befindet, und er Zugang hat dazu. Ist dies nicht der Fall, handelt es sich nicht um Handgepäck, sondern um aufgegebenes Gepäck, weil es unter der ausschliesslichen Obhut [24] des Lufttransportführers ist [25].

Nimmt das Kabinenpersonal dem Passagier vor dem Abflug beispielsweise Waffen oder elektronische Geräte ab, damit der Passagier sie während des Fluges nicht benützen kann, ist die Obhut des Passagiers aufgehoben. Der Lufttransportführer nimmt sie in Gewahrsam, gerade damit der Passagier ihrer nicht habhaft werden kann.

Der **deutsche Bundesgerichtshof** hatte folgenden Fall zu beurteilen [26]: auf einem Flug zwischen Düsseldorf und Alicante (Spanien) musste der Pilot wegen eines Schadens an der Hydraulik des Fahrgestells eine Notlandung vornehmen. Für die Vorbereitung dieser Landung sammelte das Kabinenpersonal die persönlichen Gegenstände ein, welche die Passagiere mit sich führten. Die Gegenstände wurden in die an jedem Sitz befindlichen Spucktüten gelegt, mit dem Namen des betreffenden Passagiers versehen und in einer Toilette eingeschlossen. Dem Kläger waren auf diese Weise eine Uhr im Wert von 4500 DM und eine Sonnenbrille im Wert von 185 DM abgenommen worden. Nach der erfolgreichen Notlandung verteilte das Flugpersonal die Tüten

---

23 Hinten 192.
24 Wie die «Obhut» rechtlich zu qualifizieren ist, beurteilt sich nach dem anwendbaren Landesrecht. Laut Praxis des Bundesgerichts ist der Frachtführer unselbständiger Besitzer BGE 93 II 376; das gleiche gilt für den Verwahrer, TUOR/SCHNYDER 559.
25 Siehe dazu auch GIEMULLA/SCHMID, Art. 18 N 6 mit Verweisen.
26 Urteil vom 28. Nov. 1978, ZLW 1979, 137ff; ZLW 1980, 52ff; EuropTR 1980, 98ff; englische Übersetzung in Air Law 1979, 165ff.

an die Passagiere. Der Kläger bekam seine Sachen nicht zurück. Die beklagte Fluggesellschaft bezahlte ihm einen Ersatz gemäss Art. 22 Abs. 3 WA (1070 DM). Das Gericht bejahte die Haftung aufgrund des deutschen Landesrechts [27] und hielt fest, es habe sich bei den eingezogenen Gegenständen nach wie vor um Handgepäck gehandelt, selbst wenn das Kabinenpersonal diese in Verwahrung und damit unter seine Obhut genommen habe. Die Fluggesellschaft habe sich zu Recht auf Art. 22 Abs.3 WA berufen [28].

Das Urteil geht davon aus, dass die Obhut der Passagiere über ihre persönlichen Gegenstände auch in dieser speziellen Situation weiterbestanden habe – eine Annahme, die angesichts der tatsächlichen Verhältnisse kaum zu überzeugen vermag. Wenn der Lufttransportführer verlangt, dass den Passagieren vor einer Notlandung selbst wertvolle persönliche Gegenstände abgenommen werden, muss er die entsprechenden organisatorischen Vorkehrungen treffen, um nicht unter Art. 4 Abs. 2 WA zu fallen (unlimitierte Haftung, weil kein Gepäckschein ausgestellt wurde) [29]. Ein anderes Urteil liesse sich dadurch begründen, dass man der Auffassung von Lord Denning im Fall *Collins vs. British Airways* folgt [30]: der Gepäckschein, der im Flugschein enthalten ist, hätte auch die Gegenstände erfasst, die den Passagieren im Flugzeug abgenommen wurden. Der fehlende Eintrag im Flugschein wäre als «nicht ordnungsgemäss» i.S. von Art. 4 Abs.2 WA zu qualifizieren gewesen. Trotzdem hätte sich der Lufttransportführer auf Art. 22 Abs. 2a WA berufen können.

Das **Amtsgericht Bad Homburg** verneinte die Haftung der Fluggesellschaft in einem Fall, in welchem die Stewardess der klagenden Passagierin eine Handtasche abgenommen und sie in einer vom Sitz der Passagierin etwas entfernten Gepäckablage untergebracht hatte. Aus der Tasche verschwand nach Angaben der Klägerin ein Brillant. Das Gericht ging davon aus, dass es sich bei der Tasche um nicht aufgegebenes Gepäck gehandelt habe und die Obhut der Klägerin nicht aufgehoben war [31].

Bei Schäden im Zusammenhang mit der Beförderung von Handgepäck kann strittig sein, nach welchen Normen der Lufttransportführer haftet.

Aus dem Wortlaut von Art. 18 Abs. 1 WA zu schliessen, hat der Lufttransportführer nur den Schaden zu ersetzen, der an «aufgegebenem Gepäck oder an Gütern» entsteht. Will der Passagier einen Schaden am Handgepäck geltend machen, muss er einen entsprechenden Anspruch auf das anwendbare Landesrecht abstützen [32]. Trotz des eindeutigen Wortlautes von Art. 18 Abs. 1 WA wird in der Lehre vertreten, dass das Warschauer Abkommen auch für Schäden an Handgepäck eine Anspruchsgrundlage enthalte: Art. 22 Abs. 3 WA limitiere Ansprüche aus Schäden an Handgepäck auf einen bestimmten Betrag; das bedeute implizit, dass der Lufttransportführer unter dem Warschauer Abkommen für Schäden am Handgepäck einzustehen hat. Für diese Auslegung spreche auch die Tatsache, dass das Protokoll von Guatemala mit Gepäck sowohl aufgegebenes als auch nicht aufgegebenes Gepäck meine (Art. IV): damit werde klar, dass auch das Handgepäck Gegenstand des Beförderungsvertrages sei [33]. Diese Auffassung hat den

---

27 Das Warschauer Abkommen enthält für die Haftung an Handgepäck keine Anspruchsgrundlage, siehe folgenden Abschnitt.
28 § 44 des deutschen LuftVG verlangt, dass der Schaden durch einen «Unfall» verursacht wurde und die Schadensursache flugbetriebsbedingt war, siehe dazu RUHWEDEL 131.
29 Hinten 210ff.
30 Hinten 211.
31 Urteil vom 30. Okt. 1991, ZLW 1992, 106ff.
32 GULDIMANN, Art. 18 N 3.
33 GIEMULLA/SCHMID, Art. 18 N 7 mit Verweisen; MANKIEWICZ, Liability 166f.

Vorteil, dass sie die Beförderung von Passagieren und ihrem Gepäck in jeder Hinsicht als rechtlich einheitlichen Sachverhalt behandelt und damit den tatsächlichen Verhältnissen Rechnung trägt. Dagegen spricht der klare Wortlaut von Art. 18 Abs. 1 WA [34].

In der Praxis wird die unterschiedliche Auffassung über die Haftungsgrundlage für Handgepäck kaum Konsequenzen haben. Verneint man, dass das Warschauer Abkommen (in der ursprünglichen Fassung oder in der Fassung des Haager Protokolls [35]) für Schäden am Handgepäck eine Anspruchsgrundlage enthält, schaffen die Beförderungsbedingungen und das Landesrecht die entsprechenden Voraussetzungen [36]. In jedem Fall limitiert jedoch das Warschauer Abkommen die Schadenersatzansprüche für aufgegebenes Gepäck, unabhängig davon, auf welchem Rechtsgrund sie beruhen.

Nach schweizerischem Recht ist die Anspruchsgrundlage für die Haftung für Handgepäck im OR zu suchen. Anders als z.B. das deutsche Recht [37] enthält das LTR keine spezielle Norm, die sich mit der Haftung von Handgepäck befasst. Weil der Luftbeförderungsvertrag ein Innominatkontrakt ist [38], muss die Haftung für Handgepäck am ehesten in Anlehnung an den Frachtvertrag konstruiert werden. Bei der Festlegung der Haftungssumme ist zu beachten, dass sie durch Art. 22 Abs. 3 WA begrenzt ist [39].

C. Schäden bei der Beförderung von Fracht

Auseinandersetzungen über Störungen bei der Erfüllung des Luftfrachtbeförderungsvertrages betreffen typischerweise die Zerstörung des Gutes, den ganzen oder teilweisen Verlust der Sendung, die Beschädigung des Gutes durch unsachgemässe Behandlung, die verspätete Beförderung und die Auslieferung an Personen, die nicht zum Empfang berechtigt sind. Bei Zerstörung, Verlust und Beschädigung bildet Art. 18 Abs. 1 WA die Grundlage für Schadenersatzansprüche gegen den Lufttransportführer, bei Verspätungen Art. 19 WA [40], während das Abkommen die Auslieferung an eine unberechtigte Person nicht regelt; die Ansprüche daraus beurteilen sich nach dem anwendbaren Landesrecht und unterstehen nicht den Limiten des Abkommens [41].

Die Unterscheidungen zwischen den einzelnen Schadensursachen ist relevant: je nachdem gelten – wenn überhaupt – unterschiedliche Fristen für die Anzeige eines Schadens (Art. 26 WA) [42].

1. Zerstörung, Verlust und Beschädigung des Frachtgutes

Art. 18 Abs.1 WA verpflichtet den Lufttransportführer, den Schaden zu ersetzen, der durch die Zerstörung, den Verlust oder die Beschädigung der Fracht entsteht. Der

---

34 GULDIMANN, Art. 18 N 3.
35 Das Protokoll von Guatemala stellt klar, dass der Ausdruck «Reisegepäck» das aufgegebene Reisegepäck sowie die vom Reisenden mitgeführten Gegenstände bezeichnet.
36 Siehe auch GIEMULLA/SCHMID, Art. 18 N 8.
37 § 44 Abs. 1 des deutschen LuftVG.
38 Vorne 100ff.
39 Hinten 192.
40 Vorne 148f.
41 Hinten 213.
42 Hinten 293.

Schaden muss – im Gegensatz zur Regelung bei Körperschäden – nicht auf einem Unfall oder auf einem anderen qualifizierten Ereignis beruhen [43].

Eine *Beschädigung* liegt vor, wenn der Inhalt und/oder die Verpackung eines Gutes nicht unversehrt am Bestimmungsort eintreffen [44]. Der geschädigte Absender muss beweisen, dass er dem Lufttransportführer das Gut in einwandfreiem Zustand übergeben hat. Art. 11 Abs. 2 WA sieht dazu ausdrücklich vor, dass Angaben über das Gewicht, Mass, die Verpackung und die Anzahl der Güter im Luftfrachtbrief vermutungsweise richtig vermerkt sind. Angaben über Menge, Raumgehalt und den Zustand der Ware sind nur beweiskräftig, wenn der Lufttransportführer sie in Gegenwart des Absenders geprüft hat und dies auf dem Luftfrachtbrief vermerkt ist [45].

In einem vom **Landgericht Frankfurt** beurteilten Fall kamen 450 Kartons Kirschen in verdorbenem Zustand in Frankfurt an. Die Klägerin konnte nicht beweisen, dass die Früchte bei der Versand in Buenos Aires in einwandfreiem Zustand gewesen waren. Das Gericht wies die Schadenersatzansprüche der Klägerin ab [46].

In einem Fall, der dem **Oberlandesgericht Frankfurt** vorlag, waren sich die Parteien einig, dass die beförderten Früchte dem Lufttransportführer in einwandfreiem Zustand übergeben worden waren [47]. Am Bestimmungsort kamen sie verdorben an. Ein Gutachter vermutete als Ursache die unsachgemässe Lagerung der Früchte. Der beklagten Fluggesellschaft misslang deshalb der Entlastungsbeweis gemäss Art. 20 WA, und sie musste für den Schaden einstehen.

Das belgische **Tribunal de commerce** bejahte die Haftung einer Fluggesellschaft für eine Sendung von Diamanten, die verloren ging [48]. Die Fluggesellschaft hatte ein Kiste von 2,5 kg Gewicht vom Absender entgegengenommen, die laut Luftfrachtbrief Rohdiamanten enthielt. Beim Öffnen nach der Ankunft in Belgien stellte sich heraus, dass sich in der Kiste nur Metallstücke befanden. Das Gericht hielt fest, die vorbehaltlose Entgegennahme der Fracht begründe die Vermutung, die Sendung entspreche den Angaben im Luftfrachtbrief. Zudem seien die Diamanten dem Lufttransportführer vorschriftsgemäss verpackt übergeben worden; daraus könne man schliessen, dass der Inhalt erst ausgetauscht worden sei, als die Obhut des Lufttransportführers bereits bestand.

Eine Sendung gilt als ganz oder teilweise *verloren*, wenn der Lufttransportführer dem Empfänger oder – im Fall von Art. 12 Abs. 1 WA – dem Absender nicht die gleiche Anzahl von Stücken ausliefert, wie er vom Absender entgegengenommen und im Frachtbrief vermerkt hat [49]. Als Verlust gilt auch die Auslieferung an einen anderen als den im Luftfrachtbrief genannten Empfänger [50].

Bei einem Teilverlust können sich Abgrenzungsfragen stellen. Wenn eine Sendung aus mehreren Stücken besteht, im Luftfrachtbrief jedoch als eine einzige Sendung deklariert wird, kann strittig sein, ob es sich um einen Verlust oder um eine Beschädigung handelt, wenn bei der Ankunft eines oder mehrere Stücke fehlen. Die herrschende Lehre und Praxis stellen in diesen Fällen zu Recht

---

43 Vorne 163f; siehe zum Ganzen auch VOGT, ZLW 1970, 163.
44 GULDIMANN, Art. 18 N 4.
45 Siehe dazu Urteil des OLG Frankfurt vom 15. Nov. 1983, ZLW 1984, 90f.
46 Urteil vom 6. Jan. 1987, ZLW 1988, 85f.
47 Urteil vom 25. Jan 1983, ZLW 1983, 57f; siehe auch Urteil des Tribunal de commerce de Paris vom 18. Mai 1988, RFDA 1988, 213 (Transport von Entenschenkeln).
48 Urteil vom 13. Juni 1988, RFDA 1989, 443ff.
49 Siehe auch Urteil des OLG Frankfurt, Urteil vom 28. April 1981, ZLW 1981, 312ff.
50 Siehe auch Urteil des OLG Frankfurt vom 27. Jan. 1989, ZLW 1990, 229; GULDIMANN, Art. 18 N 4.

auf die Angaben im Luftfrachtbrief ab [51]: wenn die Sendung gesamthaft aufgegeben wurde und die einzelnen Stücke weder nach Inhalt noch nach Gewicht spezifiziert wurden, liegt eine anzeigepflichtige Beschädigung vor, wenn die Sendung nicht vollständig am Bestimmungsort ankommt [52]. Ein Verlust liegt in diesen Fällen nur vor, wenn die Sendung überhaupt nicht ankommt.

Der **deutsche Bundesgerichtshof** hatte einen Fall zu beurteilen, in welchem drei von vier Colis verloren gegangen waren [53]. Das Gericht hielt fest, entscheidend sei der Eintrag im Luftfrachtbrief, um zu prüfen, ob es sich um einen Verlust oder um eine Beschädigung handle. Im vorliegenden Fall waren vier selbständige Frachtstücke im Luftfrachtbrief verzeichnet worden, von denen der Lufttransportführer drei nicht auslieferte. Das Gericht betrachtete diese als verloren.

Das **Hanseatische Oberlandesgericht** entschied, bei einer Sendung, die aus acht Stücken bestand und unter Angabe des Gesamtgewichts aufgegeben worden war, handle es sich um eine (anzeigepflichtige) Beschädigung, wenn einige der Packstücke zerbrochen und offen ankommen [54].

Die *Zerstörung* eines Frachtgutes bedeutet, dass es in seiner Substanz vernichtet ist und nicht mehr bestimmungsgemäss gebraucht werden kann [55].

Verderbliche Nahrungsmittel, die nicht mehr gebraucht werden können, sind i.S. des Abkommens «zerstört». Das gleich gilt, wenn Tiere während der Beförderung sterben. Keine Zerstörung liegt vor, wenn das Tier die Beförderung überlebt und nachträglich stirbt; in diesem Fall liegt eine Beschädigung vor [55a].

Die Abgrenzung zwischen Zerstörung und Beschädigung ist relevant, weil je nachdem unterschiedliche Regelungen bestehen für die Anzeige des Schadens (bei Zerstörung keine Pflicht zur Anzeige des Schadens gemäss Art. 26 Abs. 4 WA [56]).

Das **Landgericht Frankfurt** betrachtete eine Reistasche als zerstört, nachdem Zeugen ausgesagt hatten, die sei «match» und «platt» am Bestimungsort eingetroffen [57]. Der Kläger hatte den Schaden nicht innert der für Beschädigungen geltenden Frist angezeigt. Die Fluggesellschaft stellte sich auf den Standpunkt, damit habe er den Anspruch auf den Ersatz des Schadens verloren. Weil das Gericht eine Zerstörung des Gepäcks annahm, spielte es keine Rolle, dass der Kläger den Schaden nicht angezeigt hatte.

2. Verletzung von Weisungen des Absenders

Nach Art. 12 WA kann der Absender dem Lufttransportführer Weisungen über das beförderte Gut erteilen, sofern er seinerseits den Beförderungsvertrag erfüllt hat [58].

---

51 Siehe auch Urteil des BGH vom 22. April 1982, ZLW 1982, 378ff.
52 GIEMULLA/SCHMID, Art. 18 N 12; RUHWEDEL 129, beide mit Verweisen.
53 Urteil vom 22. April 1982, ZLW 1982, 378ff.
54 Urteil vom 18. Feb. 1988, ZLW 1988, 362ff; siehe auch GIEMULLA/SCHMID, ZLW 1990, 173 FN 61, 62.
55 GULDIMANN, Art. 18 N 4.
55a Nachweise bei GIEMULLA/SCHMID, Art. 18 N 9.
56 Hinten 293ff.
57 Urteil vom 5. Nov. 1990, ZLW 1991, 194.
58 Urteil des BGH vom 27. Okt. 1988, ZLW 1989, 373.

Wenn der Lufttransportführer diese Weisungen missachtet, haftet er nach den Normen des anwendbaren Landesrechts [59].

Der **deutsche Bundesgerichtshof** stellte fest, dass der Absender dem Lufttransportführer aufgrund von Art. 12 WA vorschreiben könne, er dürfe den Luftfrachtbrief erst ausstellen, wenn er das Gut erhalten habe [60].

D. Zusammenfassung der Praxis zu Sachschäden

Luftfracht ist heute in der internationalen kommerziellen Luftfahrt eine wichtige Einkommensquelle. In den fünfziger und sechziger Jahren bestand Luftfracht vor allem aus Wertsendungen (Banknoten, Gold, Edelsteine). Störungen in der Abwicklung dieser Beförderungsverträge bedeutete meistens, dass die wertvolle Fracht verloren ging und der Absender oder dessen Versicherung versuchte, vom Luftfrachtführer den Schaden ersetzt zu erhalten. Gestritten wurde um die Frage, ob der Lufttransportführer für den Diebstahl hafte und ob die Voraussetzungen von Art. 25 WA (unlimitierte Haftung) erfüllt seien [61]. In den siebziger Jahren zeichnete sich eine Wende ab: Flugzeuge transportieren vor allem Konsum- und Industriegüter. Luftbeförderungen von Lebensmitteln, Medikamenten, Tieren, Maschinen, Ersatzteilen oder Computer sind an der Tagesordnung. Bei Störungen in der Vertragsabwicklung geht es bei diesen Transporten nicht mehr primär darum, dass die nach dem Gewicht bemessenen Limiten des Warschauer Abkommens den Schaden nicht decken. Probleme ergeben sich, weil der Lufttransportführer die Ware nicht schnell genug befördert und sich die Frage stellt, ob er unter Art. 19 für Verspätungen haftbar ist [62]. Der Faktor «Zeit» ist bei der Beförderung von Fracht zu einem heiklen Punkt geworden. Studien haben gezeigt, dass die eigentliche Luftbeförderung von Luftfrachtsendungen nur einen kleinen Anteil des Zeitraums zwischen Aufgabe und Auslieferung ausmacht. Die meiste Zeit befindet sich eine Luftfrachtsendung am Boden [63], und die Zeit, die mit der Luftbeförderung gewonnen wurde, geht dadurch wieder verloren [64]. Die rechtliche Verantwortung des Luftfrachtführers konzentriert sich darauf, dass er die Annahme, Aufbewahrung und Auslieferung der Güter sorgfältig und speditiv organisiert. Streitfälle aus der Beförderung von Fracht haben sich in den letzten Jahren hauptsächlich ergeben, weil Sendungen verschwanden, nicht rechtzeitig befördert oder ausgeliefert wurden, oder weil der Lufttransportführer sie an eine nicht berechtigte Person auslieferte. Prozessthema war oft die Frage, ob der Verlust eingetreten sei, als sich die Ware in der Obhut des Lufttransportführers befand. Schäden, die auf die Risiken der eigentlichen Luftbeförderung zurückgehen, sind selten geworden. Das Warschauer Abkommen hat heute bei der internationalen Beförderung von Fracht in erster Linie die Funktion, eine vereinheitlichte Ordnung zu schaffen. Der ursprüngliche wichtigere Aspekt, die Haftung des Lufttransportführers für Risiken aus der eigentlichen Luftbeförderung zu limitieren, ist bei Frachtbeförderungen in den Hintergrund getreten.

---

59 Vorne 78ff.
60 Urteil vom 19. März 1976, ETR 1976, 880ff; ZLW 1977, 79ff.
61 Hinten 213ff.
62 SUNDBERG, Air Law 1981, 230.
63 SUNDBERG, Air Law 1981, 235f; MAGDELENAT, ZLW 1979, 183f.
64 WOLF, Referat gehalten an der Tagung der Deutschen Verkehrswissenschaftlichen Gesellschaft, Köln 1989, ZLW 1989, 232.

V. Entlastungsgründe

A. *Entlastungsbeweis unter dem Warschauer Abkommen*

Das Warschauer Abkommen billigt dem Lufttransportführer sowohl in der ursprünglichen Fassung als auch in der Fassung des Haager Protokolls zu, dass er die Haftung für Körper-, Verspätungs- und Sachschäden abwenden kann, wenn er beweist, dass er den Schaden nicht verschuldet hat: er und seine Leute [1] müssen alle erforderlichen Massnahmen zur Verhütung des Schadens getroffen haben, oder sie müssen beweisen, dass sich diese Massnahmen nicht treffen liessen (Art. 20 WA).

Die ursprüngliche Fassung des Abkommens sieht zusätzlich vor, dass der Lufttransportführer die Haftung für Güter und Gepäck abwenden kann, wenn der Schaden durch *nautisches Verschulden* verursacht wurde. Die fehlerhafte Lenkung, Führung oder Navigation des Luftfahrzeuges und die Tatsache, dass der Lufttransportführer und seine Leute alle erforderlichen Massnahmen zur Verhütung des Schadens getroffen haben, sind die Voraussetzungen für den Entlastungsbeweis gemäss Art. 20 Abs.2 WA in der ursprünglichen Fassung.

Die Bestimmung, dass der Lufttransportführer bei Sachschäden für nautisches Verschulden nicht einzustehen hat, geht auf eine entsprechende Regelung im Seerecht zurück. Im Seerecht haftet der Reeder nicht für Schäden am Frachtgut, wenn diese durch Handlungen oder Unterlassungen des Kapitäns oder der Mannschaft bei der Führung oder beim Betrieb des Schiffes verursacht wurden [2].

In der Praxis wird Art. 20 WA selten angewendet und wenn, dann eher im Zusammenhang mit Schäden an Gepäck oder an Fracht. Das hat verschiedene Gründe: der Entlastungsbeweis wird mit einiger Sicherheit nur gelingen, wenn der Schaden durch höhere Gewalt oder durch Zufall verursacht wurde [3]. In den anderen Fällen läuft der Lufttransportführer Gefahr, dass der Beweis scheitert. Nachträglich lässt sich in der Regel feststellen, welche notwendigen Massnahmen unterlassen wurden, um den Schaden abzuwenden. Auch wenn der Richter das Verhalten des Lufttransportführers nicht rückwirkend beurteilen darf [4], wird es nicht leicht sein nachzuweisen, dass sich keine zumutbaren Massnahmen treffen liessen, um den Schaden abzuwenden. Im einzelnen wird der Lufttransportführer belegen müssen, dass weder er noch seine Leute gesetzliche oder interne Vorschriften verletzt haben und auch nicht gegen eine zumutbare Sorgfaltspflicht verstossen haben.

Im Fall *X g. K.* hatte das **Bundesgericht** einen Flugzeugabsturz zu beurteilen, der sich im Dezember 1953 in Zürich Kloten ereignet hatte. Der Pilot unterschritt beim Anflug die vorgeschriebene Mindestflughöhe, ein Propeller berührte den Boden, der linke Motor löste sich und das Flugzeug machte eine Bruchlandung. Die beklagte Fluggesellschaft wollte ihre Schadenersatzpflicht unter Berufung auf Art. 20 Abs.1 WA (ursprüngliche Fassung) abwenden. Das Bundesgericht erachtete den Entlastungsbeweis als nicht erbracht. Der Pilot habe das Flugzeug nicht

---
1 Zum Begriff der «Leute» vorne 111.
2 MÜLLER WALTER 46, mit Verweis auf das Übereinkommen zur Einheitlichen Feststellung einzelner Regeln über die Konnossemente vom 23. Aug. 1924 (sog. Haager Regeln).
3 GULDIMANN, Art. 20 N 9.
4 GULDIMANN, Art. 20 N 6ff; GIEMULLA/SCHMID, Art. 20 N 5.

ohne Not einer Bodenberührung aussetzen dürfen. Es stehe auch nicht fest, dass er alle erforderlichen Massnahmen zur Verhütung des Schadens getroffen habe oder hätte treffen können [5].

Das **Tribunal d'instance de Toulouse** erachtete den Entlastungsbeweis als erbracht in einem Fall, in dem ein Passagier auf verschiedenen Flügen der Air Afrique mit Annullierungen, Verspätungen und Überbuchungen konfrontiert war [6]. In der kurzen Begründung hielt das Gericht fest, die Fluggesellschaft habe ihre Flugzeuge vorschriftsgemäss gewartet, und die Vertragsstörungen seien zum Teil auch auf die Einhaltung von Sicherheitsvorschriften zurückzuführen gewesen.

Das **Tribunal de commerce de Paris** betrachtete die Voraussetzungen von Art. 20 WA als nicht erfüllt in einem Fall, in dem die schlechte Organisation des Lufttransportführers eine Verspätung von Fracht verursacht hatte [7].

Im Fall *Barboni c. Air France et al.* verfing sich die Klägerin während einer Evakuation des Flugzeuges in einer Schleife der Notrutschen und verletzte sich. Das **Tribunal de grande instance de Paris** liess den Entlastungsbeweis der Beklagten zu [8]. Es sei ihr bei einer Evakuation des Flugzeuges nicht möglich, jedem Passagier behilflich zu sein, die Notrutschen zu benützen.

B. Entlastungsbeweis bei Beförderungen unter der Vereinbarung von Montreal und den Montreal-Protokollen Nr. 3 und 4

Untersteht eine Beförderung der Vereinbarung von Montreal, kann sich der Lufttransportführer bei Körperschäden i.S. von Art. 17 WA nicht auf Art. 20 WA berufen. Damit ist dem Lufttransportführer in den Fällen von Art. 17 WA [9] der Entlastungsbeweis versagt, selbst wenn der Unfall durch höhere Gewalt oder durch ein Drittverschulden verursacht wurde [10]. Die gleichen Haftungsvoraussetzung können bestehen, wenn der Lufttransportführer im Falle von Körperschäden in den Beförderungsbedingungen auf den Entlastungsbeweis verzichtet [11].

Das Protokoll von Guatemala und damit das Montreal-Protokoll Nr. 3 schliessen den Entlastungsbeweis bei Körperschäden aus und lassen ihn nur bei Verspätungen zu (Art. VI).

Sowohl unter der Vereinbarung von Montreal als auch unter dem Guatemala-Protokoll und damit dem Montreal-Protokoll Nr. 3 kann der Lufttransportführer die Haftung abwenden, wenn der Geschädigte den Schaden selber verursacht hat [12].

Das Montreal-Protokoll Nr. 4 lässt den Entlastungsbeweis generell bei Verspätungen zu (Art. V); bei Zerstörung, Verlust oder Beschädigung von Gütern reduziert es den Entlastungsbeweis auf die folgenden Gründe: Eigenart der Güter oder ein ihnen

---

5 Urteil vom 28. Juni 1960, ASDA-Bulletin 1960/3, 7ff.
6 Urteil vom 20. Dez 1988, RFDA 1988, 394.
7 Urteil vom 16. Sept. 1987, RFDA 1988, 66.
8 Urteil vom 12. Mai 1982, RFDA 1982, 355.
9 Vorne 163ff.
10 BIN CHENG, AASL 1981, 11.
11 Siehe z.B. Art. XIII B) 3 der Beförderungsbedingungen der Swissair (Personen). Die Swissair leistet im Todesfall oder bei Körperschäden freiwillig eine «garantierte Zahlung» bis zu 67'500.– Fr. unabhängig vom Verschulden.
12 Hinten 186f.

innewohnender Mangel; mangelhafte Verpackung der Güter durch eine andere Person als den Luftfrachtführer oder seine Leute; Kriegshandlungen oder ein bewaffneter Konflikt; hoheitliches Handeln in Verbindung mit der Einfuhr, Ausfuhr oder Durchfuhr der Güter (Art. IV Abs. 3).

C. Die einzelnen Entlastungsgründe

1. Höhere Gewalt

Höhere Gewalt ist in den meisten Rechtsordnungen ein Grund, die Haftung abzuwenden. Das Warschauer Abkommen nennt diesen Entlastungsgrund nicht spezifisch; er definiert sich nach dem anwendbaren Recht [13].

Nach schweizerischem Recht liegt höhere Gewalt vor, wenn es sich um ein aussergewöhnliches, unvorhersehbares Ereignis handelt, das von aussen hereinbricht. Es ist nicht darauf zurückzuführen, dass Anlagen oder Flugzeuge in mangelhaftem Zustand sind, und es ist nicht durch zumutbare Vorkehrungen abzuwenden. Je gefährlicher ein Betrieb ist, desto zurückhaltender ist höhere Gewalt anzunehmen [14]. Das bedeutet im Lufttransportrecht, dass sich der Lufttransportführer nur unter strengen Voraussetzungen auf höhere Gewalt berufen kann, weil der «Betrieb» eines Flugzeuges an sich gefährlich ist.

Hindert höhere Gewalt den Lufttransportführer daran, den Vertrag zu erfüllen, wird ihm der Entlastungsbeweis gemäss Art. 20 WA gelingen.

Der Lufttransportführer, der die Passagiere oder die Fracht wegen schlechtem Wetter verspätet befördert, haftet aufgrund von Art. 19 WA für die Verspätung. Er kann jedoch den Entlastungsbeweis gemäss Art. 20 WA führen.

Auch der Passagier oder Absender kann aus Gründen höherer Gewalt verhindert sein, den Vertrag zu erfüllen. Die Sondernormen des Lufttransportrechts befassen sich nicht mit diesem Sachverhalt. Massgebend sind das anwendbare Landesrecht und allfällige Beförderungsbedingungen des Lufttransportführers.

2. Terrorakte und Flugzeugentführungen

Wenn Terrorakte und Flugzeugentführungen als «Unfall» i.S. von Art. 17 WA betrachtet werden [15], ist zu prüfen, ob der Lufttransportführer in diesen Fällen die Haftung abwenden kann, indem er sich auf Art. 20 WA beruft.

---

13 Er weist in den meisten Rechtsordnungen ähnliche Elemente auf, siehe CAYTAS, Der unerfüllbare Vertrag. Anfängliche und nachträgliche Leistungshindernisse und Entlastungsgründe im Recht der Schweiz, Deutschlands, Österreichs, Frankreichs, Italiens, Englands, der Vereinigten Staaten im Völkerrecht und im internationalen Handelsrecht, Diss. St. Gallen 1984.
14 OFTINGER 118f.
15 Vorne 164.

In den letzten Jahren haben zahlreiche Entführungen und Terrorakte stattgefunden. Sie sind zu einem typischen Risiko des internationalen Flugverkehrs geworden [16]; sowohl Sicherheitsbehörden als auch Fluggesellschaften kennen bis zu einem gewissen Grad das Vorgehen von Terroristen. Gelingt es den Tätern, konventionelle Waffen an Bord zu schmuggeln, muss man in der Regel davon ausgehen, dass bei den heute üblichen Kontrollen nicht die nötige Sorgfalt aufgewendet wurde. Es stellt sich die Frage, ob diese Nachlässigkeit der Fluggesellschaft angelastet werden kann oder ob sie geltend machen kann, sie habe die zumutbaren Massnahmen zur Verhütung des Schadens getroffen.

Die Argumentation, mangelhafte Sicherheitskontrollen würden den Entlastungsbeweis ausschliessen, setzt voraus, dass die Sicherheitsbeamten als «Leute» d.h. als Hilfspersonen des Lufttransportführers gelten [17]. In der Regel scheint dies nicht gerechtfertigt: der Lufttransportführer hat keinen Einfluss darauf, wer die Sicherheitskontrollen durchführt. Dies bestimmen die örtliche Polizei und der Flughafenhalter. Die Fluggesellschaft hat diejenigen Massnahmen durchzuführen, zu der sie unter dem anwendbaren nationalen Recht verpflichtet und berechtigt ist [18]. Erlaubt das anwendbare nationale Recht eigene Kontrollen von Passagieren und Gepäck, können solche von einem Lufttransportführer erwartet werden, wenn die Kontrollen der Polizei oder des Flughafenhalters notorisch unsorgfältig sind oder wenn die Fluggesellschaft Anlass zu besonderer Vorsicht hat (z.B. nach Bombendrohungen).

Benützen die Täter «Werkzeuge», die mit den konventionellen Mitteln und einem vertretbaren Aufwand nicht zu entdecken sind (heute z.B. Plastiksprengstoff), kann sich die Fluggesellschaft auch durch diesen Umstand entlasten. Solche Entlastungsgründe sind relativ: sobald eine Technologie besteht, die es mit zumutbarem Aufwand ermöglicht, ein bestimmtes Terrorwerkzeug zu eruieren, muss die Fluggesellschaft diesen Aufwand erbringen oder dafür sorgen, dass er erbracht wird.

Das französische **Tribunal de grande instance de Paris** [19] und die französische **Cour de cassation** [20] kamen in einem Verfahren nach der Entführung eines Flugzeuges der Air France nach Entebbe im Jahre 1976 zu unterschiedlichen Urteilen. Das Tribunal de grande instance war der Meinung, die Fluggesellschaft sei den Beweis schuldig geblieben, alle zumutbaren Massnahmen getroffen zu haben, damit am Zwischenlandeort Athen das Zusteigen der Terroristen hätte verhindert werden können. Die Cour de cassation war der Ansicht, Air France habe keine Polizeigewalt zugestanden, um auf dem Flughafen eines Drittlandes Personen beim Einsteigen kontrollieren zu können. Auch sei sie nicht befugt gewesen, bewaffnetes Personal an Bord mitzuführen. Es sei ihr deshalb unmöglich gewesen, den Schaden abzuwenden. In einem späteren Verfahren nach der Entebbe-Entführung schloss sich das **Tribunal de grande instance de Paris** dieser Auffassung an [21].

---

16 MANKIEWICZ, ASDA-Bulletin, 1976/2, 15f.
17 Siehe auch vorne 111.
18 MANKIEWICZ, Liability, 104; SCHWEICKHARDT, ASDA-Bulletin, 1971/1, 6.
19 Urteil vom 28. April 1978, AASL 1978, 607ff.
20 Urteil vom 16. Feb. 1982 i.S. *Epoux Haddad, Cie. Air-France*, RFDA 1982, 342ff.
21 Urteil vom 11. Mai 1984 i.S. *Ayache et autres c. Cie. Air-France*, RFDA 1984, 450ff.

3. Andere Gründe

In der Regel hindern nicht Terrorakte oder Naturereignisse den Transportführer daran, den Vertrag gehörig zu erfüllen. Häufige Gründe dafür sind technische oder operationelle Probleme, die Überlastung des Luftraumes oder Massnahmen von Behörden (Durchsuchung oder Beschlagnahmung des Flugzeuges) oder Streiks. Es ist kaum möglich, eine für alle Sachverhalte geltende Regel über die Anforderungen an den Entlastungsbeweis zu formulieren. Generell kann gelten, dass der Richter einen strengen Massstab anlegen kann [22], weil der Lufttransportführer nur einer beschränkten Haftung unterliegt. Dieser limitierten Ersatzpflicht soll er nicht durch einen grosszügig gehandhabten Entlastungsbeweis entgehen können.

Bei *Überlastung des Luftraumes* kann der Lufttransportführer nur dann der Haftung entgehen, wenn die Verspätung nicht vorauszusehen war. Ist ein bestimmter Flughafen dauernd überlastet, muss der Lufttransportführer diesem Umstand in seinen Flugplänen Rechnung tragen [23].

Massnahmen von Behörden können den Transportführer daran hindern, rechtzeitig zu starten oder ein Flugzeug oder einen Flughafen zu benützen oder Treibstoff zu beziehen. Es ist im einzelnen Fall zu prüfen, worauf die Anordnung der Behörden beruht. Handelt es sich um eine generelle Massnahme wie z.B. um ein Startverbot für einen bestimmten Flugzeugtyp oder um ein allgemeines Treibstoffembargo, wird der Transportführer nach Art. 20 WA nicht für Schäden einstehen müssen. Anders ist zu entscheiden, wenn die Massnahme ein Fehlverhalten des Lufttransportführers ahndet (Beschlagnahmung des Flugzeuges, weil der Transportführer Gebühren nicht bezahlt hat oder sich sonst strafbar machte; Verarrestierung des Flugzeuges aufgrund des Schuldbetreibung- und Konkursrechts, verweigerte Lieferung von Treibstoff, weil der Lufttransportführer ihn nicht bezahlt).

Politische Unruhen oder *kriegerische Ereignisse* können dazu führen, dass der Lufttransportführer einen Flughafen oder seine Flugzeuge nicht mehr benützen oder eine Zone nicht mehr überfliegen kann. Diese Vorkommnisse entlasten den Lufttransportführer von der Haftung für allfällige Schäden, wenn eine alternative Beförderung nicht möglich oder zumutbar ist.

Bei *technischen und operationellen Problemen* muss der Lufttransportführer aufgrund von Wartungsbüchern und anderen Unterlagen aus seinem Betrieb nachweisen, dass er deren Ursache weder rechtzeitig erkennen noch beheben konnte. Er muss nachweisen, dass er mit zumutbarem Aufwand keine Ersatzbeförderung organisieren konnte.

In den Beförderungsbedingungen für die Beförderung von Fracht haben verschiedene Fluggesellschaften eine Bestimmung, die bei technischen und operationellen Problemen die Haftung des Transportführers ausschliesst. Sie können die Beförderung wegen Mangel an Arbeitskräften oder Treibstoff, Mangel an Material oder Anlagen, technischen Schwierigkeiten oder anderen Umständen unterlassen oder abbrechen [24]. Die Fluggesellschaften bedingen sich aus, dass sie in

---

22 Ebenso GIEMULLA/SCHMID, Art. 20 N 4.
23 GIEMULLA/SCHMID, Art. 20 N 17a; siehe auch Urteile des Tribunal de grande instance d'Envoy vom 5. März 1990, RFDA 1990, 221 und des Amtgerichts Düsseldorf vom 9. Mai 1990, ZLW 1991, 205f.
24 Siehe Z.B. Art. 7 Ziff. 3 der Beförderungsbedingungen der Swissair (Fracht).

diesen Fällen die Sendung ohne Anerkennung einer entsprechenden Verpflichtung auf Kosten des Absenders oder des Empfängers einem Dritten zur Beförderung oder zur Aufbewahrung übergeben können [25]. Die Bestimmung verstösst gegen Art. 23 WA; sie ist auch kein Grund für den Entlastungsbeweis gemäss Art. 20 WA [26].

Streiks sind nur unter bestimmten Voraussetzungen ein Grund, um die Haftung des Lufttransportführers für die Schlecht- oder Nichterfüllung des Beförderungsvertrages abzuwenden. Streiken Dritte, die an der Erfüllung des Beförderungsvertrages nicht direkt beteiligt sind (z.B. die Flugsicherungsbehörden), kann sich der Transportführer in der Regel auf diesen Umstand als Entlastungsgrund berufen, es sei denn, er könne den Schaden durch zumutbare Massnahmen abwenden (alternative Routenwahl) [27]. Streiken dagegen die Angestellten oder die «Leute», d.h. Hilfspersonen [28] des Lufttransportführers, kann er die Haftung für die daraus entstehenden Schäden kaum abwenden: der Grund dafür, dass er Beförderungsverträge nicht erfüllen kann, liegt in diesen Fällen beim Transportführer und es wird ihm nicht gelingen, sich nach den in Art. 20 WA festgesetzten Kriterien zu entlasten [29].

In den Beförderungsbedingungen schliessen viele Fluggesellschaften die Haftung für streikbedingte Schäden aus. Sie halten fest, dass sie die Beförderung unterlassen oder abbrechen können, wenn Arbeitsstörungen bei eigenen oder fremden Belegschaften die Durchführung des Fluges in Frage stellen [30]. Dieser Ausschluss ist m.E. in dieser generellen Form nicht zulässig [31]. Ist der Schadenersatzanspruch nach dem Warschauer Abkommen zu beurteilen (z.B. bei Verspätungen), muss der Lufttransportführer auch bei Streiks beweisen, dass die Voraussetzungen von Art. 20 WA erfüllt sind, damit er die Haftung abwenden kann. Streiken seine eigenen Leute, wird ihm dieser Beweis misslingen. Streiken Dritte, ist entscheidend, ob es dem Lufttransportführer zugemutet werden kann, dass er andere Hilfspersonen zur Erfüllung des Beförderungsvertrages beizieht.

Das **Oberlandesgericht Frankfurt** bejahte aufgrund von deutschem Recht (§ 325 Abs.1 BGB, § 278 BGB) die Haftung einer Fluggesellschaft für streikbedingte Schäden. Die Fluggesellschaft strich einen Flug, weil ihr Wartungspersonal streikte. Sie argumentierte, die Beförderungsbedingungen enthielten einen entsprechenden Ausschluss. Das Gericht betrachtete diesen Ausschluss als unzulässig [32].

4. Drittverschulden

Bei einer Beförderung mit einem Flugzeug kommt es oft vor, dass Passagiere Körperschäden erleiden, weil ein anderer Passagier ihnen eine Verletzung zufügt. Häufig sind die Fälle, in welchen der Mitreisende ein Gepäckstück aus der Gepäckablage nehmen will und es dem Opfer auf den Kopf fallen lässt oder ein Gepäckstück schlecht versorgt, sodass es beim Öffnen des Gepäckfachs herausfällt.

---

25 Siehe z.B. Art. 7 Ziff. 5 der Beförderungsbedingungen der Swissair (Fracht).
26 Ausgenommen von dieser Feststellung ist die Verknappung des Treibstoffes, wenn sie auf einem Treibstoffboykott beruht.
27 GIEMULLA/SCHMID, Art. 20 N 18.
28 Vorne 111.
29 GIEMULLA/SCHMID, Art. 20 N 18.
30 Siehe z.B. Art. 7 Ziff. 3 der Beförderungsbedingungen der Swissair (Fracht).
31 Vorne 125f.
32 Urteil vom 12. Jan. 1987, ZLW 1988, 91ff.

Die **Cour d'appel d'Aix-en-Provence** lehnte die Haftung der Fluggesellschaft ab in einem Fall, in dem ein Passagier das Gepäckfach öffnete und dabei seine Aktentasche auf einen anderen Passagier fallen liess [33]. Die Ungeschicklichkeit des Passagiers könne nicht der Fluggesellschaft angelastet werden. Diese habe im übrigen die Passagiere darauf aufmerksam gemacht, dass beim Öffnen des Gepäckfachs Gegenstände herunterfallen können [34].

Das **Landgericht Köln** wies die Klage eines Passagiers ab, der von einer Fluggesellschaft nachträglich den Namen und die Adresse eines Passagiers erfahren wollte, um diesen auf Schadenersatz belangen zu können [35].

Typische Unfälle ereignen sich auch dadurch, dass ein Passagier heisses Essen oder Getränke verschüttet und damit einen andern Passagier trifft oder dass ein betrunkener Reisender andere belästigt oder angreift. Verletzungen, die durch solche Ereignisse verursacht werden, stellen einen «Unfall» i.S. von Art. 17 WA dar; auch die übrigen Voraussetzungen von Art. 17 sind in der Regel erfüllt, sodass sich der Lufttransportführer nur der Haftung entziehen kann, wenn ihm der Entlastungsbeweis gemäss Art. 20 gelingt.

Im Fall *Amsellen c. Cie. TWA* war strittig, ob die Fluggesellschaft haftbar sei, weil heisser Tee der Klägerin ein Bein verbrüht hatte. Die Hostess hatte den Tee dem Ehemann der Klägerin übergeben, der ihn wegen einer plötzlich auftretenden Turbulenz verschüttete. Die **Cour d'appel de Paris** hielt fest, die Fluggesellschaft habe den Beweis nach Art. 20 WA nicht erbracht. Die Stewardess hätte den Becher selber der Passagierin übergeben müssen, weil sie darin erfahren sei, Ungeschicklichkeiten zu vermeiden [36].

D. *Selbstverschulden*

Der Lufttransportführer kann die Haftung für Schäden, für die er gemäss Art. 17, 18 und 19 WA einstehen muss, abwenden oder reduzieren, wenn er beweist, dass der Geschädigte den Schaden durch eigenes Verschulden verursacht hat oder bei der Entstehung des Schadens mitgewirkt hat (Art. 21 WA). Die Möglichkeit, die Schadenersatzpflicht auszuschliessen oder zu reduzieren, gilt auch dann, wenn die Beförderung der *Vereinbarung von Montreal* untersteht; diese schliesst nur den Entlastungsbeweis gemäss Art. 20 WA aus.

Im Fall *Adly A. Felous et al. vs. Swiss Air Transport Co., Ltd.* bestätigte der **Massachusetts Superior Court** eine langjährige Praxis amerikanischer Gerichte und hielt fest, die Vereinbarung von Montreal erlaube es dem Lufttransportführer, die Haftung abzuwenden mit dem Argument, der Geschädigte habe den Unfall selber verschuldet [37].

Welchen Massstab der Richter an das Verschulden des Geschädigten anlegt, damit die Schadenersatzpflicht des Lufttransportführers reduziert oder ausgeschlossen werden kann, bestimmt das Abkommen nicht. Es überlässt es ausdrücklich dem Recht des angerufenen Gerichts, zu entscheiden, in welchem Umfang die Ersatzpflicht zu reduzieren ist.

---

33 Urteil vom 23. Juni 1988, RFDA 1988, 384ff.
34 Ebesno der U.S. District Court, District of Maryland und der U.S. Court of Appeals (4th Cir.), 22 Avi 18,255, 728 Fr.Supp.374 bzw. 927 F.2d 595.
35 Urteil vom 31. Jan. 1990, ZLW 1990, 310ff.
36 Urteil vom 14. Feb. 1983, RFDA 1983, 138.
37 Urteil vom 24. Juni 1981, 16 Avi.17,833.

Nach schweizerischem Recht ist Art. 44 Abs. 1 OR massgebend. Der Richter kann die Ersatzpflicht ermässigen oder den Schädiger davon entbinden, wenn der Geschädigte durch sein Verhalten auf die Entstehung oder Verschlimmerung des Schadens eingewirkt hat oder wenn er die Stellung des Ersatzpflichtigen sonst erschwert.

Das **Landgericht Köln** sprach einem Passagier das Recht auf Schadenersatz ab, weil er den Schaden selber verschuldet habe [38]. Der Passagier wollte wichtige Dokumente im aufgegebenen Gepäck transportieren. Der Koffer erreichte den Bestimmungsort nicht und wurde dem Kläger erst ausgehändigt, als dieser wieder an den Ausgangsort zurückgekehrt war. Das Gericht warf dem Kläger vor, er hätte die Papiere im Handgepäck transportieren müssen. Das Mitverschulden des Klägers sei so stark, dass demgegenüber das Verschulden der beklagten Fluggesellschaft völlig zurücktrete.

Das **Tribunal de commerce de Paris** nahm Selbstverschulden des Absenders an, weil dieser eine Sendung mit Fleisch falsch etikettiert hatte; sie konnte deshalb nicht an den Empfänger ausgeliefert werden [39].

Der **Alberta Court of Queen's Bench** betrachtete einen Schaden grösstenteils als selbstverschuldet, weil der Passagier lebensnotwendige Medikamente im Koffer transportiert hatte [40]. Nachdem der Kläger den Koffer fünf Tage nach der Ankunft in Bagdad nicht erhalten hatte, flog er via München nach Kanada. Der Richter sprach ihm lediglich Ersatz zu für Unterkunft, Mahlzeiten und Taxi.

Auch unter dem Guatemala-Protokoll und damit unter dem Montreal-Protokoll Nr. 3, sowie unter dem Montreal-Protokoll Nr. 4 kann der Lufttransportführer die Haftung abwenden, wenn der Geschädigte den Schaden selbst verursacht hat (Art. VII GP, Art. VI Abs. 2 MP4). Im Gegensatz zum Warschauer Abkommen in der ursprünglichen Fassung und in der Fassung des Haager Protokolls verweist Art. 21 nicht mehr auf das einheimische Recht. Der Richter reduziert unter dem Montreal-Protokoll den Schaden aufgrund des Abkommens selber und nicht «nach Massgabe seines heimischen Rechts» [41].

---

38 Urteil vom 30. März 1988, ZLW 1988, 265ff.
39 Urteil vom 9. Nov. 1988, RFDA 1988, 391.
40 Urteil vom 5. Aug. 1981, AASL 1982, 564ff.
41 So die Formulierung in Art. 21 WA (ursprüngliche Fassung und Fassung des Haager Protokolls).

4. Teil
Schadenersatz unter dem Warschauer System

I. Die Haftungsordnung des Warschauer Systems

A. *Überblick*

Unter dem Warschauer Abkommen haftet der Lufttransportführer für Schäden, die durch typische Risiken einer Luftbeförderung verursacht werden. Die Haftung ist in der Regel summenmässig begrenzt. Unter dem Guatemala-Protokoll und den Montreal-Protokollen Nr. 3 und 4 sind die Haftungslimiten undurchbrechbar.

Die Haftungsordnung des Warschauer Systems ist seit langem der umstrittene Punkt des international vereinheitlichten Luftbeförderungsrechts. Dissens über wesentliche Punkte der Haftungsregelung drohte und droht, die international erreichte Rechtsvereinheitlichung zu sprengen [1]. Der Kompromiss zwischen den Interessen der Luftfrachtführer und den Passagieren/Absendern, der 1929 gerecht erschien, wird heute nicht mehr vom Konsens der Staatengemeinschaft getragen. Es war zu Beginn der Luftfahrt unbillig, dem Lufttransportführer das ganze Risiko einer neuen Technologie aufzubürden. Reisende und Absender, welche die Beförderung mit einem Flugzeug wagten, willigten in eine gefährliche Unternehmung ein, und es war vertretbar, ihnen einen Teil des Risikos zu überbürden.

Dagegen herrschte schon immer die Meinung vor, dass (unbeteiligte) Dritte auf der Erde, die durch den Betrieb eines Flugzeugs geschädigt werden, einen vollständigen Schutz geniessen sollten. Bemühungen, einem internationalen «Abkommen zur Vereinheitlichung von Regeln bezüglich der Schäden, die Dritten auf der Erdoberfläche durch Luftfahrzeuge zugefügt werden» von 1933 zum Durchbruch zu verhelfen, scheiterten bis jetzt, obwohl das Abkommen verschiedentlich revidiert wurde (1952 in Rom, 1978 in Montreal) [2]. Die Staaten hielten sich dem Abkommen fern, weil es die Haftung des Luftfahrzeughalters gegenüber Dritten limitiert. Das widerspricht dem Rechtsempfinden vieler Staaten, weil sie keine Haftungshöchstsummen gegenüber Dritten kennen [3]. Auch nach schweizerischem Recht haftet der Lufttransportführer für Schäden auf der Erde unbegrenzt und unabhängig vom Verschulden. Gemäss Art. 64 Abs. 1 LFG genügt, dass ein Schaden entstanden und vom Luftfahrzeug verursacht worden ist.

Seit den dreissiger Jahren hat sich der internationale Luftverkehr grundlegend gewandelt. Flugzeuge sind zu einem der sichersten Massentransportmittel geworden. Flugzeug-

---
[1] Markantes Ereignis war die Kündigung des Warschauer Abkommens durch die Vereinigten Staaten, vorne 22.
[2] Siehe dazu TOBOLEWSKI 37ff.
[3] SCHWENK 519ff.

unfälle sind in den meisten Fällen nicht mehr darauf zurückzuführen, dass das Fluggerät unkontrollierbaren Bedingungen nicht standhält oder unvorhersehbare technische Schwierigkeiten auftreten. Vielmehr verursacht menschliches Versagen die meisten Flugzeugkatastrophen [4]. Die Voraussetzungen für die Verteilung des Schadenrisikos haben sich schliesslich auch gewandelt, weil Fluggesellschaften Risiken aus dem Flugbetrieb heute zu relativ geringen Kosten versichern können.

B. *Vergleich zur Haftung anderer Verkehrsmittel*

Bei der Ausarbeitung des Warschauer Abkommens haben damals bestehende internationale und nationale Rechtsnormen die Haftungsordnung im Lufttransportrecht beeinflusst [5]. An erster Stelle steht das Seerecht. 1924 wurde das internationale Abkommen über die Vereinheitlichung von Haftungsvorschriften für Seeschiffe unterzeichnet [6]. Es beschränkte die Haftung des Schiffseigentümers für Sachschäden auf die Werte, die er dem Wasser anvertraut hatte, während der Eigentümer der Ladung – im Sinne einer Haftungsgemeinschaft – die Ladung riskierte [7]. Das Warschauer Abkommen hat aus dem Seerecht den Grundsatz der begrenzten Haftung übernommen.

Neben dem Seerecht hat auch das Eisenbahnrecht das internationale Lufttransportrecht beeinflusst. 1890 wurde in Bern das erste Abkommen über die Beförderung von Gütern durch die Eisenbahn (CIM) abgeschlossen. 1924 folgte ein Abkommen über die Beförderung von Personen und Gepäck (CIV) [8]. Es limitiert die Haftung der Eisenbahn für Körper- und Sachschäden. In der schweizerischen Gesetzgebung hat bei Eisenbahnbeförderungen der Grundsatz der limitierten Haftung bei Körper- und Personenschäden allerdings keinen Eingang gefunden. Aufgrund des BG über die Haftpflicht der Eisenbahn- und Dampfschifffahrts-Unternehmungen und der Post haftet der Inhaber der Eisenbahnunternehmung für den vollen Schaden [9]. Dagegen limitieren internationale Abkommen über die Haftung im internationalen Eisenbahnverkehr die Haftung sogar tiefer als die Abkommen über internationale Luftbeförderungen [10].

Unter den neueren Abkommen räumt das Europäische Abkommen über Produktehaftpflicht von 1977 den Vertragsstaaten die Möglichkeit ein, die Haftung des Herstellers zu limitieren [11].

---

4 Hinten 250.
5 Übersicht zur Entwicklung der beschränkten Haftung bei TOBOLEWSKI 5ff.
6 *International Convention for the Unification of Certain Rules Relating to the Limitation of the Liability of Owners of Sea-Going Vessels* vom 25. Aug. 1924, in Kraft getreten 1932, TOBOLEWSKI 57.
7 Für Personenschäden bestand im Seerecht anfangs auf internationaler Ebene keine Regelung, MÜLLER WALTER, 45 mit Verweisen. Der Grundsatz, dass auch für Personenschäden die Haftung limitiert ist, beeinflusste die Regelung im Brüsseler Übereinkommen über die Vereinheitlichung gewisser Regeln bei der Beförderung von Passagieren zur See vom 29. April 1961, AS *1966* 1453, 1466; BBl 1965 II 284; siehe auch Art. 118 des BG über die Seeschiffahrt unter der Schweizerflagge, SR 747.30.
8 Dieses Abkommen ist heute in der Version von 1970 mit einem Protokoll von 1973 gültig.
9 BG vom 1. März 1901, SR 221 112.
10 Siehe z.B. die von 1985 stammenden *Règles uniformes concernant le contrat de transport international ferroviaire des voyageurs et des bagages (CIV)*; sie setzen den Haftungsbetrag auf 70'000 SZR fest.
11 TOBOLEWSKI 69 mit Verweisen.

Im Vergleich mit der Regelung für internationale Beförderungen mit anderen Transportmitteln hat das Lufttransportrecht eine adäquate Regelung der Haftung. Im Vergleich mit den nationalen Vorschriften für andere Verkehrsträger (insbesondere dem Auto) dagegen geniesst der Lufttransportführer eine Privilegierung, die kaum mehr zu rechtfertigen ist.

II. Die Haftungslimiten des Warschauer Abkommens

A. *Die Festsetzung der Haftungsbeträge in Poincaré-Franken*

Das Warschauer Abkommen sowie das Haager und das Guatemala-Protokoll setzen die Haftungsbeträge in Poincaré-Franken fest. Das Abkommen selber definiert den Poincaré-Franken als 65,5 Milligramm Gold von $^{900}/_{1000}$ Feingehalt (Art. 22 Abs. 4 ursprüngliche Fassung bzw. Abs. 5 Fassung des Haager Protokolls). Bei der Ausarbeitung des Warschauer Abkommens diskutierten die Staatenvertreter, ob die Haftungsbeträge in französischen Franken oder in Gold festzusetzen seien. Der schweizerische Delegierte *Pittard* überzeugte das Plenum, dass die Haftungsbeträge in einer Einheit zu bestimmen seien, die nicht von einer nationalen Währung (dem französischen Franken) abhängt [1]. Für die Teilnehmer der Warschauer Konferenz war entscheidend, dass das Abkommen die Haftungssummen in einer stabilen Währung ausdrückt. Die – auch in den Zusatzprotokollen – in mühsamen Verhandlungen erarbeiteten Kompromisse sollten nicht durch den schwankenden Währungskurs ausgehöhlt werden [2].

Der offizielle Goldpreis wurde nach dem ersten Weltkrieg in U.S.Dollars festgesetzt und richtete sich nach der Parität zwischen dem U.S.Dollar und einer Feinunze Gold. Er wurde einzig 1934 angepasst und hielt sich dank staatlicher Intervention und einem Verbot, privat mit Gold zu handeln, stabil bis 1968. Die Währungen der einzelnen Länder basierten auf einer Parität zum Goldpreis, und die Vereinbarung von *Bretton Woods* (1944) garantierte, dass sie untereinander in einem stabilen Verhältnis blieben. Unter diesen Voraussetzungen waren die im Warschauer Abkommen festgesetzten Haftungsbeträge in allen Vertragsstaaten in einem definierten und stabilen Verhältnis [3]. 1968 bekam das bis zu diesem Zeitpunkt funktionierende Währungssystem Risse: die Nachfrage nach Gold stieg, und der Goldmarkt wurde gespalten. Es gab den offiziellen Goldpreis von 35 U.S. $ pro Feinunze und den freien Marktpreis des Goldes. Dieser lag zu Beginn der siebziger Jahre erheblich über dem offiziellen Goldpreis [4]. 1976 lösten die USA die Parität des Dollars zum Gold, und mit Wirkung auf den 1. April 1978 ersetzte der Internationale Währungsfonds das Gold als Grundlage der Währungs-

---

[1] Der französische Delegierte RIPERT wollte den Verweis auf die Goldeinheit streichen, weil die französische Gesetzgebung die Parität zwischen der französischen Währung und dem Gold festlege, WIEDEMANN 14f mit Verweisen.
[2] MILLER 179; TOBOLEWSKI 167.
[3] WIEDEMANN 18ff.
[4] MILLER 178; GIEMULLA/SCHMID, Art. 22 N 3.

parität. Stattdessen gelten bis heute die Sonderziehungsrechte als Bezugsgrösse für das internationale Währungssystem. Gold hat seine tragende Rolle im internationalen Währungssystem verloren [5]. Gleichzeitig fehlt für die Umrechnung des Poincaré-Frankens eine einheitliche Grundlage.

B. Die Haftungsbeträge im ursprünglichen Abkommen

In der ursprünglichen Fassung setzt das Warschauer Abkommen die Haftungslimite für Personenschäden bei 125'000 Poincaré-Franken fest. Das entsprach in den zwanziger Jahren der Summe von 8300 U.S.$ (basierend auf einem Goldpreis von 35 U.S. $ pro Feinunze Gold [6]). Für Gepäck- und Frachtschäden begrenzt das Warschauer Abkommen die Haftung auf 250 Poincaré-Franken pro Kilo (ca. 16 U.S. $ [7]). Für Gepäckstücke, die der Passagier in seiner Obhut behält, beträgt die Haftungssumme 5000 Poincaré-Franken (ca. 320 U.S. $).

Um 1986 für Körperschäden eine Haftungslimite zu erreichen, die kaufkraftmässig dem Betrag von 8300 U.S.$ von 1929 entsprach, hätten ca. 50'000 U.S.$ eingesetzt werden müssen [8].

C. Die Haftungsbeträge im Haager Protokoll

Die Konferenz vom Haag (1955) verdoppelte die Haftungsbeträge für Personenschäden; sie betragen 250'000 Goldfranken, was damals einem Betrag von ca. 16'600 U.S.$ entsprach. Die Limiten für Sachschäden sind gleich wie im Warschauer Abkommen in der ursprünglichen Fassung.

Das Haager Protokoll trat 1963 in Kraft. Zu diesem Zeitpunkt hatte sich die Kaufkraft von 16'000 U.S. $ auf 12'000 U.S. $ vermindert [9].

D. Die Haftungsbeträge der Vereinbarung von Montreal

Die Vereinbarung von Montreal von 1966 erhöht die Limiten des Warschauer Abkommens für Körperschäden auf 75'000 U.S.$. Wenn ein Gericht die Verfahrenskosten separat zuspricht, gilt eine Limite von 58'000 U.S.$.

Um die Kaufkraft von 75'000 U.S.$ von 1966 zu erhalten, hätte die Limite der Vereinbarung von Montreal 1986 ca. 250'000 U.S.$ betragen müssen [10].

---

5 WIEDEMANN 24 mit Verweisen; zur Bedeutung des Goldes im internationalen Währungsrecht siehe auch SCHMID, SAG 1981, 58ff.
6 TOBOLEWSKI 147.
7 WIEDEMANN 25 mit Verweisen.
8 TOBOLEWSKI 148.
9 TOBOLEWSKI 149.
10 TOBOLEWSKI 151.

E. Die Haftungsbeträge im Guatemala-Protokoll

Das Guatemala-Protokoll von 1971 erhöhte die Haftungslimite für Personenschäden auf 1,5 Mio. Poincaré-Franken. Das entspricht 100'000 U.S.$ [11]. Das Guatemala-Protokoll führt eine gesonderte Limite für Verspätungsschäden ein. Sie beträgt 62'500 Goldfranken pro Reisenden (Art. VIII Abs.1 b). Das Guatemala-Protokoll beseitigt die unterschiedliche Behandlung von aufgegebenem Gepäck und Handgepäck. Der Lufttransportführer haftet bei der Beförderung von Reisegepäck maximal mit dem Betrag von 15'000 Goldfranken pro Passagier (Art. VIII Abs. 1 c). Die Limiten für die Beförderung von Gütern blieben unverändert.

Das Guatemala-Protokoll sieht vor, dass die Haftungsbeträge periodisch angepasst werden, und es begrenzt die maximale Erhöhung auf 187'000 Poincaré-Franken (12'500 U.S.$ [12]).

F. Die Haftungsbeträge der Montreal-Protokolle Nr. 3 und Nr. 4

Das Montreal-Protokoll Nr. 3 limitierte die Haftung für Personenschäden in Übereinstimmung mit dem Guatemala-Protokoll auf 100'000 U.S. $, setzt den Betrag aber nicht mehr in Poincaré-Franken, sondern in Sonderziehungsrechten fest. Das gleiche gilt für den Betrag, um den die Limiten periodisch erhöht werden können: er beträgt 125'000 SZR (Art. III).

1975 entsprachen 100'000 U.S.$ dem Betrag von 100'000 SZR. 1993 hatten 100'000 SZR den Wert von ca. 140'000 U.S.$ oder 200'000 sFr.

Als die Montreal-Protokolle ausgearbeitet wurden, entsprach der Haftungsbetrag des Guatemala-Protokolls von 1971 kaufkraftmässig dem Betrag von ca. 70'000 U.S.$. Um die Kaufkraft zu erhalten, hätte die Limite auf 140'000 U.S.$ erhöht werden müssen [13]. 1985 hatte sich die Kaufkraft von 100'000 SZR auf ca. 37'000 U.S.$ reduziert [14].

Für Verspätungs- und Sachschäden setzen die Montreal-Protokolle Nr. 3 und 4 folgende Beträge fest: für Verspätungen von Reisenden haftet der Lufttransportführer bis zu einem Betrag von 4150 SZR (Art. II des Protokolls Nr. 3); das entspricht 1993 ca. 8260 sFr. Bei der Beförderung von Gepäck beschränkt das Protokoll Nr. 3 die Haftung auf 1000 SZR pro Reisenden (Art. II Abs. 1 c). Bei der Beförderung von Gütern gilt aufgrund von Protokoll Nr. 4 eine Limite von 17 SZR pro Kilogramm (Art. VII Abs. b).

---

11 Bei der Ausarbeitung des Guatemala-Protokolls wurde über die Limite in U.S.Dollar verhandelt. Als man sich auf 100'000 U.S.$ geeinigt hatte, wurde der Betrag in Goldfranken umgerechnet, TOBOLEWSKI 152 mit Verweisen.
12 TOBOLEWSKI 152.
13 TOBOLEWSKI 152ff.
14 TOBOLEWSKI 159; die Zahl bezieht sich auf den Vergleich mit dem U.S.Dollar von 1971.

G. Die Haftungsbeträge in den Beförderungsbedingungen

Verschiedene Fluggesellschaften – in erster Linie diejenigen, welche einem Staat der Malta-Gruppe angehören [15] – bieten den Passagieren in den Beförderungsbedingungen in Übereinstimmung mit Art. 34 WA für Personenschäden eine höhere Haftungssumme an. In der Regel heben sie die Limite auf ca. 100'000 SZR an und anerkennen damit materiell die Haftungslimite des Guatemala-Protokolls bzw. des Montreal-Protokolls Nr. 3 für den Ersatz bei Personenschäden.

III. Die Umrechnung des Goldfrankens in Landeswährung

A. Überblick

Im Ausland hat die Umrechnung des Goldfrankens in Landeswährung zu Kontroversen geführt. Die meisten Länder haben die Parität zwischen ihrer Landeswährung und dem Gold in einem Erlass festgesetzt. Diese sind für die Umrechnung des Goldfrankens massgebend und Grundlage für entsprechende Bestimmungen in Ausführungsgesetzen zum Warschauer Abkommen. Andere Länder haben den Goldfranken des Warschauer Abkommens in SZR umgerechnet. Trotz dieser Erlasse ist es in vielen Fällen strittig geblieben, wie der Poincaré-Franken umzurechnen ist. Zur Debatte stehen die Umrechnung aufgrund des letzten offiziellen Goldkurses [1] oder aufgrund des Marktpreises von Gold. Der Unterschied zwischen den beiden Methoden ist beträchtlich: anfangs 1993 betrug der Goldpreis in Zürich rund 365 U.S.$ pro Unze bzw. 16'475 sFr. pro Kilo. Im Gegensatz dazu basiert der von der Nationalbank festgesetzte Umrechnungskurs für den Poincaré-Franken auf einem Preis von 4595 Fr.[2] pro Kilo. Ähnlich sind die Verhältnisse in anderen Ländern. Vereinzelte Gerichte haben es abgelehnt, Art. 22 anzuwenden, weil eine feste Grundlage fehle, um die Haftungslimiten zu berechnen.

B. Umrechnung der Goldfrankenbeträge nach der lex fori oder nach den Beförderungsbedingungen?

Bei der Umrechnung des Goldfrankens in eine Landeswährung stellt sich ein methodisches Problem: ist sie nach der lex fori vorzunehmen oder wendet der Richter das auf den Beförderungsvertrag anwendbare Recht und die möglicherweise massgebenden Beförderungsbedingungen an?

Gerichte haben sich zu dieser Frage soweit ersichtlich nicht geäussert. Sie gingen stillschweigend davon aus, dass der Goldfranken des Abkommens nach der lex fori umzurechnen sei. In der Lehre wird das Problem ebenfalls kaum aufgegriffen [3]. In der

---

15 Zur Absprache der Malta-Gruppe vorne 24.
1 Zur Entwicklung des Goldmarktes vorne 192.
2 BRB vom 9. Mai 1970, SR 941.102.
3 RUDOLF, ZLW 1983, 96 ist der Meinung, die Umrechnung nach den Beförderungsbedingungen sei zulässig.

Praxis stellen sich die Fluggesellschaften in der Regel auf den Standpunkt, die Haftungslimiten seien so umzurechnen, wie es die Beförderungsbedingungen vorsehen. Diese legen in der Regel die Haftungslimiten in U.S.Dollar oder in Landeswährung fest [4]. Im konkreten Fall kann die unterschiedliche Berechnungsmethode zu erheblichen Differenzen führen, vor allem, wenn der Dollarkurs tief liegt. Die Haftungshöchstgrenze für einen Koffer von 20 Kilo beträgt 600 Franken, wenn der Berechnung die Entschädigung von 20 U.S.$ pro Kilo zugrunde liegt [5], oder aber 1350 Fr., wenn die Entschädigung nach dem von der schweizerischen Nationalbank festgesetzten Umrechnungskurs zwischen Goldfranken und Schweizerfranken berechnet wird [6]. Ähnlich liegen die Verhältnisse bei der Entschädigung für Körperschäden. Setzt die Fluggesellschaft den Haftungsbetrag des Haager Protokolls in den Beförderungsbedingungen in U.S.Dollar fest (16'000 U.S.$), erhält ein Passagier in der Schweiz umgerechnet maximal 24'000 sFr. Rechnet der Richter die 250'000 Goldfranken des Haager Protokolls nach dem Ansatz der Schweizerischen Nationalbank um, erhält der Passagier 67'500 sFr.

Für den schweizerischen Passagier oder Absender stellt sich das Problem, wenn er den Beförderungsvertrag mit einer ausländischen Fluggesellschaft abgeschlossen hat. Bei Auseinandersetzungen hat er gegebenenfalls in der Schweiz einen Gerichtsstand [7], und der Richter muss entscheiden, wie er die Haftungsbeträge des Warschauer Abkommens umrechnet.

An den Konferenzen von Warschau, den Haag und Guatemala wurde das Problem, welches Landesrecht für die Umrechnung massgebend sei, nicht diskutiert. Die Frage hat sich auch nicht gestellt, solange die Währungen unter sich in einem stabilen Verhältnis waren, weil sie auf der Goldparität beruhten [8]. Auszugehen ist von der Überlegung, dass es sich bei Art. 22 um eine Bestimmung handelt, die nicht direkt anwendungsfähig ist [9]. Der Richter hat die Aufgabe, die Haftungsbeträge des Warschauer Abkommens aufgrund der landesrechtlichen Erlasse in zahlbare Währung seines Landes umzurechnen. Art. 22 enthält keine Lücke, die das anwendbare Landesrecht zu schliessen hat. Er legt fest, dass die Goldfranken des Abkommens «in abgerundete Beträge einer jeden Landeswährung» umgewandelt werden können. «Die Umwandlung dieser Beträge in andere Landeswährungen als Goldwährungen erfolgt im Falle eines gerichtlichen Verfahrens nach dem Goldwert dieser Währungen im Zeitpunkt der Entscheidung» (Art. 22 Abs. 5 WA).

Der Geschädigte hat damit aufgrund des Warschauer Abkommens primär Anspruch auf einen bestimmten Betrag in Goldfranken [10]. Dieser Anspruch geht einer allfälligen Regelung in den Beförderungsbedingungen vor [11]. Poincaré-Franken waren jedoch nie eine physische Währung, sodass der Richter den Betrag in die geltende Währung seines Landes umrechnen muss.

---

4 In der Regel des Landes, in dem die Fluggesellschaft ihren Sitz hat.
5 Basierend auf einem Dollarkurs von 1.50 Fr.
6 Hinten 201.
7 Hinten 281ff.
8 Vorne 191.
9 Vorne 61.
10 Das Haager Protokoll präzisiert, dass es sich dabei um eine «unité monétaire» handelt; der Geschädigte hat keinen Anspruch auf einen bestimmten Goldbetrag, RUDOLF, ZLW 1983, 91.
11 Siehe auch Art. 23 WA.

C. Übersicht über die Umrechnungspraxis im Ausland

1. USA

Als die USA 1934 dem Warschauer Abkommen beitraten, war für die Umrechnung des Poincaré-Frankens der *U.S. Gold Reserve Act* von 1934 massgebend. Er setzte den Wert einer Unze Feingold auf 35 U.S.$ fest. 1972 und 1973 genehmigte der Kongress mit dem *Par Value Modification Act* je eine Erhöhung der Parität zwischen dem U.S.Dollar und dem Gold. Der Wert einer Unze Feingold erhöhte sich damit auf 38 U.S. $ bzw. 42.22 U.S. $ [12]. Das CAB passte nach diesen Änderungen die Haftungslimiten gemäss dem Warschauer Abkommen an. 1976 erliess der Kongress ein Gesetz, um den im Rahmen des IWF beschlossenen Ersatz des Goldes mit SZR zu verwirklichen. Gleichzeitig hob er mit Wirkung auf den 1. April 1978 den *Par Value Modification Act* auf. Das CAB berechnete jedoch auch nach diesem Zeitpunkt die Haftungslimiten des Warschauer Abkommens aufgrund des letzten offiziellen Goldpreises [13].

In der amerikanischen Rechtsprechung ist die Umrechnung des Goldfrankens bis zum Entscheid des Supreme Courts i.S. *Franklin Mint vs. TWA* im Jahr 1984 kontrovers gewesen [14]. Zuvor hatten unterinstanzliche Gerichte die Haftungsbeträge des Abkommens nach dem Marktwert des Goldes [15] oder nach dem aktuellen Wert des französischen Francs umgerechnet [16].

Im Fall *Franklin Mint vs. TWA* hatte der **Supreme Court** Schadenersatzansprüche aus der Beförderung einer Luftfrachtsendung zu beurteilen. Franklin Mint übergab TWA im März 1979 eine Sendung mit Münzen für die Beförderung von Philadelphia nach London. Sie wog 714 Pfund. Die Münzen gingen verloren, und der Absender beanspruchte Schadenersatz in der Höhe von 250'000 U.S. $. TWA stellte sich auf den Standpunkt, der Verlust sei mit 9.07 U.S. $ pro Kilo zu entschädigen. Das erstinstanzliche Gericht [17] bestätigte den Standpunkt der Fluggesellschaft und sprach dem Kläger Schadenersatz in der Höhe von 6475 U.S. $ zu. Der **Court of Appeals for the Second Circuit** folgte dem Entscheid der ersten Instanz, soweit er die Höhe des Schadensersatzes betraf. Das Gericht kam zum Schluss, dass die Haftungslimiten des Warschauer Abkommens in den USA nicht mehr durchsetzbar seien, weil eine Grundlage für die Umrechnung des Poincaré-Frankens in Landeswährung nach der Aufhebung des *Par Value Modification Act* fehle [18]. Mit einer Frist von 60 Tagen nach Urteilsverkündung seien die Haftungslimiten «unenforceable». Der **Supreme Court** bestätigte das Urteil der Vorinstanz in bezug auf die Höhe des Schadensersatzes, verwarf jedoch die Ansicht, dass die Limiten des Warschauer Abkommens zukünftig nicht mehr durchsetzbar seien. Das Gericht hielt fest, ein internationales Abkommen werde durch den Kongress nur aufgehoben, wenn er eindeutig eine entsprechende Absicht bekunde. Keines der Gesetze, das sich mit dem Goldstandard befasst, nehme Bezug auf das Abkommen. Der Kongress habe das Warschauer Abkommen nicht erwähnt, als er den *Par Value Modification Act* aufhob. Das Gericht widersetzte sich unter diesen Umständen der Ansicht, die

---

12 RUDOLF, ZLW 1983, 91f.
13 Ausführlich zur amerikanischen Gesetzgebung über die Goldparität des Dollars, Entscheid des Supreme Court i.S. *Franklin Mint vs. TWA*, 18 Avi. 17,779f mit Verweisen.
14 WIEDEMANN 61.
15 *Boehringer Mannheim Diagnostics vs. Pan Am*, Urteil vom 24. Nov. 1981, 531 F.Supp. 344; WIEDEMANN 61.
16 *Kinney Shoe Corp. vs. Alitalia Airlines*, Urteil vom 7. Juli 1980, 15 Avi. 18,509; WIEDEMANN 66.
17 16 Avi. 18,024ff.
18 17 Avi. 17,491ff.

politischen Behörden hätten beabsichtigt, das Abkommen aufzuheben, ohne die im Abkommen selber vorgesehenen Schritte einzuleiten.

Der Kläger hatte sich weiter auf den Standpunkt gestellt, das Warschauer Abkommen sei aufgrund der *clausula rebus sic stantibus* nicht mehr anzuwenden. Das Gericht verwarf das Argument mit dem Einwand, ein Privater könne in bezug auf einen völkerrechtlichen Vertrag diese Klausel nicht anrufen. Das sei den Vertragsparteien, (d.h. den betreffenden Staaten) vorbehalten (Erw. III).

Schliesslich setzte sich das Gericht ausführlich mit der Frage auseinander, wie der Goldfranken des Abkommens in U.S.Dollar umzurechnen sei. Nach Ansicht des Gerichtes bestätigt die Praxis zum Abkommen in erster Linie, dass die Limiten stabil bleiben sollen. Wenn man den Goldfranken aufgrund des freien Marktpreises für Gold konvertiert, wäre dieses Ziel vereitelt. Der vom CAB festgesetzte Haftungsbetrag von 9.07 U.S. $ pro Kilo sei mit dem Zweck des Abkommens vereinbar (Erw. IV). Den Vertragsparteien sei es nicht darum gegangen, die Kaufkraft der Goldfrankenbeträge zu erhalten; sie hätten zwischen 1934 und 1978 eine beachtliche Entwertung der Haftungssummen in Kauf genommen (Erw. IV). Der Entscheid des CAB, die Goldfrankenbeträge aufgrund des letzten offiziellen Goldpreises umzurechnen, sei mit dem nationalen Recht, dem Abkommen und der Praxis seit dem Inkrafttreten des Abkommens vereinbar (Erw. V).

In einer *abweichenden Meinung* vertrat *Richter Stevens* die Ansicht, die Haftungsbeträge seien in Gold festgesetzt worden, um einen bestimmten Wert zu sichern. Im weiteren betrachtete Richter Stevens als entscheidend, dass der Goldpreis nicht mehr gesetzlich festgelegt sei. Gold sei trotzdem nach wie vor austauschbar gegen den U.S.Dollar. Dieser – heute vom Markt festgelegte – Kurs zwischen dem U.S.Dollar und Gold sei massgebend, um die Haftungslimiten zu berechnen. Wenn die Behörden die Limite nicht nach diesem Wert umrechnen, verstiessen sie gegen Art. 23 WA. Nach dieser Bestimmung sind Vorschriften nichtig, welche die Haftungslimiten des Abkommens reduzieren.

Grundsätzliche Kritik übte Richter Stevens gegenüber dem Argument, der Zweck des Abkommens rechtfertige es, dass die Behörden den letzten offiziellen Goldpreis als massgebend betrachten, um die Limiten festzusetzen. Die Tatsache, dass heute kein offizieller und stabiler Goldpreis mehr bestehe, und die Limiten des Warschauer Abkommens nach Ansicht des Gerichts deshalb «fliessend, unsicher und insgesamt unbrauchbar» seien (fluid, uncertain and altogether inconvenient), rechtfertige nicht, dass die Richter das Abkommen neu formulierten [19]. Im Grunde sei auch die Mehrheit der Richter – wie vor ihnen der Court of Appeals – der Ansicht, dass das Warschauer Abkommen [wegen eines fehlenden offiziellen Goldpreises] heute nicht mehr angewendet werden könne. Im Gegensatz zur Vorinstanz schliesse die Mehrheit daraus nicht, dass das Abkommen aufgehoben werden müsse; vielmehr revidiere sie durch den Entscheid das Abkommen. Diese Aufgabe komme jedoch einzig den Vertragsstaaten zu; das Gericht sei in keiner Weise befugt, einen solchen Schritt zu unternehmen (Erw. IV und V).

2. Deutschland

In einem Goldfranken-Umrechnungsgesetz von 1981 hat der deutsche Gesetzgeber für fast alle internationalen Haftungskonventionen den Goldfranken durch SZR ersetzt. Bei der Aufzählung der betroffenen Verträge fehlt das Warschauer Abkommen. Dies geschah mit Absicht, weil nach Ansicht des Gesetzgebers das Gesetz zur Durchführung des Abkommens in Verbindung mit der 4. Umrechnungsverordnung die Umrechnung

---

19 Richter Stevenson wörtlich: «(...). The majority takes the convention written for a few years, in the era of the Spirit of St. Louis, and rewrites it in the hope, I presume, that it will last a few more years into the age of the Space Shuttle» 18 Avi. 17,789.

des Goldfrankens genügend definiert [20]. Gestützt auf diese Grundlagen ist der Poincaré-Franken mit 0,2140 DM zu bewerten.

In Deutschland hat die Umrechnung des Goldfrankens zu Kontroversen geführt. Wie in den USA haben untere Instanzen zum Teil den Goldfranken aufgrund des Marktpreises bewertet und damit die Haftungslimiten des Abkommens angehoben. Sie begründeten ihre Auffassung damit, dass der Gesetzgeber den Wert des Poincaré-Franken nicht verfassungsmässig festgesetzt habe; der Bundesminister für Justiz habe seine Kompetenzen überschritten, als er 1973 die 4. Umrechnungsverordnung erliess. Damit sei der letzte offizielle Goldpreis für die Berechnung der Haftungslimiten nicht mehr massgebend [21].

In einem Urteil vom 9. April 1987 entschied der **Bundesgerichtshof**, die 4. Umrechnungsverordnung sei nach wie vor verbindlich [22]. Auch wenn es bei deren Erlass keinen amtlich festgestellten Goldpreis mehr gegeben habe, hätten die SZR damals in einem definierten Verhältnis zum Gold gestanden und hätten damit die Umrechnung des Poincaré-Frankens erlaubt. An der Rechtmässigkeit der Umrechnungsverordnung ändere sich auch nichts durch die Tatsache, dass nach deren Erlass die Goldwertgarantie der SZR aufgehoben wurde. Die Umrechnungsverordnung sei auch deshalb nicht ausser Kraft gesetzt worden, weil sich die Verhältnisse durch die Aufhebung des offiziellen Goldpreises völlig verändert haben. Der in der Umrechnungsverordnung festgesetzte Goldpreis sei mit dem Haftungssystem des Warschauer Abkommens eher vereinbar als der Rückgriff auf den freien Marktwert. Die Umrechnungsverordnung verstosse auch nicht gegen die im Grundgesetz verankerte Eigentumsgarantie. Schliesslich sei der Gesetzgeber zu Recht davon ausgegangen, dass die 4. Umrechnungsverordnung vom sechs Jahre späteren Goldfrankengesetz nicht betroffen werde. Mit diesem Gesetz wurde für haftungsrechtliche Bestimmungen der Goldfranken durch SZR ersetzt. Der Gesetzgeber habe das Warschauer Abkommen ausgenommen, weil die Haftungsbeträge durch die Berechnung in SZR zusätzlich verringert werden [23].

3. Italien

In Italien hat die Berechnung der Haftungslimiten zu Kontroversen geführt. Solange der internationale Goldstandard bestand, waren für die Umrechnung des Poincaré-Frankens das Gesetz Nr. 841 von 1931 und das Gesetz Nr. 1832 von 1962 massgebend. Diese beiden Erlasse transformierten das Warschauer Abkommen in der ursprünglichen Fassung bzw. in der Fassung des Haager Protokolls ins Landesrecht. Nachdem der offizielle Goldstandard aufgehoben wurde, berechneten italienische Gerichte die Haftungslimiten zum Teil aufgrund des freien Marktpreises [24], zum Teil aufgrund von

---

20 MÜLLER-ROSTIN, ZLW 1985, 213 mit Verweisen.
21 So die Urteile des LG München I vom 21. Feb. 1984, TranspR 1985, 387; AG Düsseldorf vom 11. Juli 1985, TranspR 1986, 152 und des LG Frankfurt vom 20. Sept. 1985, ZLW 154.
22 Urteil wiedergegeben in ZLW 1987, 310 ff; ebenso Urteil des OLG Frankfurt vom 23. Juni 1986, ZLW 1986, 263.
23 GIEMULLA/SCHMID, ZLW 1990, 181 weisen darauf hin, dass der Gesetzgeber in den drei Jahren seit dem Entscheid nach wie vor untätig geblieben sei und eine neue Klage deshalb möglicherweise Erfolg habe; siehe auch GIEMULLA/SCHMID, Art. 22 N 20 am Ende.
24 Urteile der Zivilgerichte Rom und Mailand aus dem Jahr 1981, Nachweise bei WIEDEMANN 51 FN 2; siehe auch BIN CHENG, ZLW 1989, 329 FN 19. Das Zivilgericht Genua hatte einen seerechtlichen Fall zu beurteilen, auf den das Brüsseler Übereinkommen zur Vereinheitlichung gewisser Regeln über Konossemente von 1924 anwendete. Dieses Abkommen setzt die Haftungsbeträge ebenfalls in Poincaré-Franken fest, Urteil vom 11. Nov. 1981, Nachweis bei WIEDEMANN 51 FN 3; siehe auch KUHN, ZLW 1986, 100f.

SZR [25]. 1983 bestimmte ein neues Gesetz, dass die Haftungslimiten des Warschauer Abkommens in SZR zu berechnen seien [26]. Im Jahr 1985 entschied der Verfassungsgerichtshof von Italien, Art. 22 WA [27] widerspreche der italienischen Verfassung.

Im Fall *Coccia vs. Turkish Airlines Company* machten die Eltern der tödlich verunfallten Passagierin Schadenersatz und Genugtuung geltend. Das angerufene Zivilgericht überwies den Fall an den Verfassungsgerichtshof, weil es der Ansicht war, die Haftungslimiten hielten bei Personenschäden vor Art. 2 der italienischen Verfassung nicht stand. Der **Verfassungsgerichtshof** analysierte die Entstehungsgeschichte, sowie Sinn und Zweck des Warschauer Haftungssystems; er kam zum Schluss, dass das Warschauer Abkommen unter den heutigen Bedingungen der internationalen Luftfahrt keinen angemessenen Schadensausgleich sicherstelle. Er erklärte die Ausführungsgesetze zum Warschauer Abkommen und damit Art. 22 WA als nicht mehr anwendbar und hiess das Begehren der Kläger gut [28].

Der Entscheid des Verfassungsgerichtshofs hatte zur Folge, dass die Haftungslimiten des Warschauer Abkommens für Personenschäden in Italien nicht mehr durchgesetzt werden konnten. Für Sachschäden galt und gilt das im Jahr 1983 verabschiedete Gesetz, wonach die Haftungslimiten aufgrund von SZR zu berechnen sind.

1989 schuf der italienische Gesetzgeber Abhilfe und erliess ein neues Ausführungsgesetz zum Warschauer Abkommen. Im Gesetz Nr. 274 werden Fluggesellschaften, die Italien anfliegen, verpflichtet, in den Beförderungsbedingungen ihren Passagieren bei Körperschäden eine Haftungslimite von 100'000 SZR anzubieten.

Ob dieses Gesetz dazu führt, dass italienische Gerichte die Haftungslimiten des Warschauer Abkommens bei Personenschäden wieder anwenden, ist zur Zeit offen. Verschiedene Flugzeugabstürze, bei welchen italienische Passagiere ums Leben kamen, werden in naher Zukunft möglicherweise die Gerichte beschäftigen.

Im Winter 1989 stürzte ein Flugzeug der amerikanischen Chartergesellschaft *Independent Air* über den Azoren ab. Die vorwiegend italienischen Passagiere befanden sich auf einem Flug von Italien nach Südamerika.

Im Januar 1990 stürzte ein Flugzeug der kubanischen Gesellschaft *Cubana de Aviacion* kurz nach dem Start in Havanna ab. Es hatte italienische Touristen an Bord, die von Mailand aus nach Kuba geflogen waren und von dort aus nach Mailand zurückkehren wollten.

Im November 1990 stürzte ein Flugzeug der *Alitalia* auf dem Flug von Mailand nach Zürich vor der Landung in Zürich ab.

4. Andere Länder

In verschiedenen anderen Ländern hat die Umrechnung des Poincaré-Frankens ebenfalls zu Kontroversen Anlass gegeben. In den *Niederlanden;* entschied das höchste

---

25 Urteil des Zivilgerichts Rom aus dem Jahre 1978, Nachweise bei WIEDEMANN 51 FN 1.
26 Gesetz Nr. 84 vom 26. März 1983, 90 Gazetta Ufficiale della Republica Italiana (1. April 1983).
27 Der Verfassungsgerichtshof prüfte nicht das Abkommen selber, sondern das dem Abkommen entsprechende nationale Gesetz, welches das Abkommen ins Landesrecht transformiert, vorne 59.
28 Urteil von 2. Mai 1985, Air Law 1985, 297ff.

Gericht (Hoge Raad), der Poincaré-Franken sei aufgrund von SZR in Landeswährung umzurechnen [29].

In *Frankreich* berechneten die Gerichte die Haftungslimiten nach unterschiedlichen Methoden.

Im Fall *Egyptair c. Dame Chamie* setzte die **Cour d'appel de Paris** den Poincaré-Franken mit dem heutigen französischen Franc gleich. Das Gericht war der Ansicht, dass nach der Aufhebung des offiziellen Goldstandards der Franc der monetäre Nachfolger des Poincaré-Frankens sei [30]. Die **Cour de cassation** hob das Urteil des Appellationshofes auf [31] mit der Weisung, die untere Instanz habe von der Regierung eine amtliche Auskunft einzuholen über die Frage, wie der Goldfranken umzurechnen sei. Die **Cour d'appel** setzte den Entscheid aus, bis sich die Regierung zur Frage geäussert habe [32]. Im Juni 1988 gab das Aussenministerium bekannt, der Goldfranken müsse aufgrund der SZR umgerechnet werden [33].

In *Griechenland* entschied der Appellationshof von Athen, der Goldfranken sei aufgrund des Marktpreises von Gold in die Landeswährung umzurechnen [34].

In *Österreich* gibt es zwei Entscheide über die Frage, wie der Poincaré-Franken in Landeswährung umzurechnen sei. Die beiden Gerichte kamen zu unterschiedlichen Ergebnissen, obwohl beiden die SZR als Grundlage für die Umrechnung dienten [35].

In *Spanien* berechnete der Appellationshof von Valencia den Schadenersatz aufgrund des letzten offiziellen Goldkurses [36].

In *Australien* entschied der Supreme Court for New South Wales, dass für die Umrechnung des Poincaré-Frankens der Marktwert des Goldes massgebend sei [37]. Ein gleiches Urteil fällte der District Court of New South Wales [38].

In *Belgien* wird der Poincaré-Franken aufgrund des SZR umgerechnet [39]. Das gleiche gilt für *Grossbritannien, Israel, Kanada,* die *Niederlande* und *Schweden* [40].

---

29 Der Fall befasste sich mit einer Seebeförderung. Weil das anwendbare Haftungsabkommen die Haftungsbeträge ebenfalls in Poincaré-Franken angibt, kann daraus auf die Anwendung des Warschauer Abkommens geschlossen werden, Urteil vom 1. Mai 1981, Air Law 1981, 191ff. In einem früheren Urteil hatte das gleiche Gericht den Poincaré-Franken noch aufgrund des letzten offiziellen Goldkurses umgerechnet, Urteil vom 14. April 1972, EuropTR 1972, 933; siehe auch WIEDEMANN 54ff.
30 Urteil vom 31. Jan. 1980, RFDA 1981, 148; WIEDEMANN 57f.
31 Urteil vom 7. März 1983 in Revue critique de droit international privé 1984, 310.
32 Urteil vom 5. Dez. 1984, RFDA 1985, 79.
33 Siehe Hinweis im Urteil der Cour d'appel vom 22. Sept. 1989, RFDA 1989, 550; siehe auch Urteil der Cour d'appel d'Aix-en-Provence vom 31. Okt. 1980, RFDA 1981, 142; Urteil des Tribunal de commerce de Paris vom 18. März 1981, RFDA 1981, 353 (in beiden Urteilen Umrechnung nach dem letzten offiziellen Goldkurs).
34 *Olympic Airways g. Zakoupolos,* Urteil vom 21. Jan. 1974, RFDA 1975, 138.
35 Nach Auffassung des HG Wien haftete der Lufttransportführer mit 308 Schilling pro Kilo, nach Auffassung des LG Linz mit 430 Schilling pro Kilo; *Kislinger g. Austrian Air Transport,* Urteil des HG Wien vom 21. Juni 1983, ZLW 1983, 372; *Rendez-vous-Boutique Parfumerie Friederich und Albine Breitinger GmbH g. Austrian Airlines,* LG Linz, Urteil vom 17. Juni 1983, ZLW 1983, 376.
36 *Cosell g. Iberia, Lineas Aereas de España,* S.A., Urteil vom 16. Okt. 1981; Hinweis auf ein gleiches Urteil des Madrider Berufungsgerichts in ZLW 1988, 334 und auf ein Urteil des Zivilgerichts von Porto, ZLW 1988, 334.
37 Urteil i.S. *S.S. Pharmaceutical Co. Ltd vs. Quantas Airways Ltd.* vom 22. Sept. 1988 (der Autorin aus privater Quelle zur Verfügung gestellt); Hinweis auch bei BIN CHENG, ZLW 1989, 329.
38 Urteil vom 11. Dez. 1984 i.S. *Polatex Trading Co. Ltd. vs. Scandinavian Airlines System,* IATA-Liability Report No. 652.
39 GODFROID, RFDA 1991, 225 mit Hinweis auf Art. 32 de la loi du 23 décembre 1988.
40 Hinweise bei GIEMULLA/SCHMID Art. 22 N18.

D. Umrechnung des Goldfrankens nach schweizerischem Recht

In der Schweiz gibt es keinen Erlass, der sich ausdrücklich mit der Umrechnung des Poincaré-Frankens befasst. Sein Wert ist aufgrund von verschiedenen Vorschriften zu bestimmen. Das *BG über das Münzwesen* [41] ermächtigt den Bundesrat, die Goldparität des Frankens nach Rücksprache mit dem Direktorium der Schweizerischen Nationalbank festzusetzen (Art. 2 Abs. 1). In einem *Bundesratsbeschluss* hat der Bundesrat zuletzt am 9. Mai 1971 bestimmt, dass ein Franken 0,21759 g Feingold entspricht (Feingehalt $^{1000}/_{1000}$) [42]. Diese Grösse erlaubt es, den Wert eines Poincaré-Frankens, d.h. den Wert von 65,5 mg Gold mit einem Feingehalt von $^{900}/_{1000}$ zu berechnen. Er entspricht einem Wert von 0,27091 sFr. [43].

Aufgrund der dargestellten Rechnung ergeben sich für die verschiedenen Fassungen des Warschauer Abkommens die folgenden Haftungsbeträge in Schweizerfranken:

    125'000 Poincaré-Fr. =   33'875.— sFr. [44]
    250'000 Poincaré-Fr. =   67'750.— sFr. [45]
        250 Poincaré-Fr. =   67.75 sFr. [46]
      5'000 Poincaré-Fr. =   1'355.— sFr. [47]
1'500'000 Poincaré-Fr. = 406'350.— sFr. [48]
     62'500 Poincaré-Fr. =   16'932.— sFr. [49]
     15'000 Poincaré-Fr. =   4'063.— sFr. [50]

Die aufgeführten Haftungssummen entsprechen nicht den Beträgen, die das *Lufttransportreglement* nennt. Nach Art. 9 LTR betragen die Haftungssummen 72'500 sFr. für Körper- und Verspätungsschäden, 72.50 sFr. pro Kilo für aufgegebenes Gepäck und für Güter und 1450 sFr. für Gegenstände, die der Reisende in seiner Obhut behält.

Die Differenz ist dadurch zu erklären, dass der Bundesrat darauf verzichtete, das LTR anzupassen, nachdem er die Goldparität des Schweizer Frankens geändert hatte. Er war damals der Meinung, das LFG werde «in einigen Monaten» geändert und er könne nach der Änderung das LTR ohne Genehmigung der Räte korrigieren [51]. Diese Auffassung hat sich als irrig herausgestellt. Die Revision des LFG ist 20 Jahre später noch hängig; der Bundesrat hat es trotzdem unterlassen, die Haftungssummen im LTR anzupassen. Damit stellt sich die Frage, welche Beträge der Richter bei Beförderungen, die dem Warschauer Abkommen unterstehen, in einem Streitfall zu berücksichtigen hat.

---

41 BG vom 18. Dez. 1970, SR 941.10.
42 SR 941.102.
43 Aufgrund der parlamentarischen Initiative Hafner vom 21. Juni 1990 befasst sich seit 1990 eine Kommission des Nationalrates mit der Goldparität des Frankens.
44 Haftungssumme für Körperschäden, ursprüngliche Fassung.
45 Haftungssumme für Körperschäden, Fassung des Haager Protokolls.
46 Haftungssumme pro Kilo aufgegebenes Gepäck oder Fracht, ursprüngliche Fassung und Fassung des Haager Protokolls.
47 Haftungssumme für Handgepäck, ursprüngliche Fassung und Fassung des Haager Protokolls.
48 Haftungssumme für Körperschäden, Fassung des Guatemala-Protokolls.
49 Haftungssumme für Verspätung, Fassung des Guatemala-Protokolls.
50 Haftungssumme für Reisegepäck, Fassung des Guatemala-Protokolls.
51 Brief des Eidgen. Luftamtes an die Swissair vom 7. Juli 1971.

Nach Art. 8 LTR haftet der Lufttransportführer bei allen Beförderungen (d.h. bei Inlandbeförderungen, bei internationalen Beförderungen i.S. des Warschauer Abkommens und bei anderen internationalen Beförderungen) nach den Regeln des Warschauer Abkommens «und nach den ergänzenden Bestimmungen dieses Reglements». Um die Haftung zu spezifizieren, nennt das LTR in Art. 9 die Haftungssummen des Warschauer Abkommens in Schweizer Franken. Die Umrechnung basiert auf einem früheren Goldkurs des Schweizer Frankens [52].

Massgebend muss m.E. sein, wie der Poincaré-Franken nach den heute geltenden Normen über die Goldparität des Schweizer Frankens umzurechnen ist, sofern der Richter nicht zum Schluss kommt, der Poincaré-Franken sei aufgrund des heutigen Marktwertes des Goldes umzurechnen. Der letzte Bundesbeschluss über die Festsetzung der Goldparität des Frankens stammt vom 9. Mai 1971; er hat zur Folge, dass 1 Poincaré-Franken dem Gegenwert von 0, 27 sFr. entspricht [53]; er liegt damit 2 Rappen tiefer als die Berechnungsgrundlage des LTR. Dieser BRB wurde nie aufgehoben.

Man könnte argumentieren, das LTR gehe als Spezialgesetz dem BRB über die Goldparität vor; deshalb würden die Haftungsbeträge des LTR in der bestehenden Form in jedem Fall gelten, selbst wenn sie nicht dem letzten Erlass über die Goldparität des Frankens entsprechen. Gegen dieses Argument spricht die Überlegung, dass das LTR mindestens bei Beförderungen i.S. des Abkommens keine eigenen Haftungsbeträge nennt bzw. nennen darf, sondern lediglich die Summen von Art. 22 WA in Landeswährung angibt. Es bestand nie ein Zweifel darüber, dass die Beträge des LTR das Äquivalent der Beträge des Abkommens sein sollen und dass die Umrechnung aufgrund der offiziellen Goldparität erfolgen soll [54]. Wenn der Richter sich dazu entschliesst, die Haftungslimiten auch nach der Aufhebung des Goldstandards nach dem letzten offiziellen Goldkurs zu berechnen, muss er den entsprechenden gültigen Erlass berücksichtigen: das ist der BRB vom 9. Mai 1971.

Die hier vertretene Auffassung hat zur Folge, dass bei internationalen Beförderungen, die dem Warschauer Abkommen unterstehen, andere Haftungsbeträge gelten als bei Beförderungen, auf welche das LTR anwendbar ist. Der Richter muss sich mit dieser Diskrepanz abfinden, weil der Bundesrat den Widerspruch absichtlich stehen gelassen hat. Dieser Zustand ist unbefriedigend, denn der schweizerische Gesetzgeber will ausdrücklich, dass für Beförderungen, die dem schweizerischen Recht unterstehen, den gleichen Grundsätzen gelten, die das Warschauer Abkommen vorschreibt (Art. 75 LFG und Art. 8 LTR). Wenn der Bundesrat es trotzdem unterlassen hat, den Wortlaut von Art. 9 LTR zu ändern, hat er sich damit über das LFG und über das von der Bundesversammlung genehmigte LTR hinweggesetzt. Der Richter kann diesen Entscheid jedoch nicht durch Auslegung korrigieren. Die Lösung bringt erst eine Revision des LTR.

Das *Eidg. Luftamt* überliess es im Brief an die Swissair vom Juli 1971 den Gerichten zu bestimmen, welche Haftungsbeträge «für nationale Beförderungen» gelten sollten [55]. Bis auf weiteres sollten nach Ansicht der Behörden die in Art. 9 LTR genannten Beträge gelten. Die *Eidg. Luftfahrtkommission* billige die damit eintretende Rechtsunsicherheit. Die Gerichte haben sich bis anhin zu dieser Problematik nicht geäussert. Das Bundesgericht befasste sich nach der

---

52 Siehe BRB vom 1. April 1971, AS 1971, 367.
53 Vorne 201.
54 Siehe übernächsten Abschnitt.
55 Nicht erwähnt wurde, dass das LTR auch auf internationale Beförderungen anwendbar sein kann, wenn die Voraussetzungen für die Anwendung des Warschauer Abkommens nicht erfüllt sind.

Änderung der Goldparität nur in einem einzigen Fall mit Haftungsbeträgen; es übernahm diskussionslos die Beträge, die das LTR nennt [56].

Die dargestellten Grundlagen zur Berechnung der Haftungsbeträge in Schweizerfranken lassen die Frage offen, ob es richtig ist, die Haftungslimiten des Abkommens aufgrund des letzten offiziellen Goldpreises zu berechnen. Als der Bundesrat den Beschluss über die Goldparität des Schweizer Frankens erliess, bestimmte er nicht, dass damit auch die Umrechnung des Poincaré-Frankens gegeben sei. Der Richter muss entscheiden, auf welcher Grundlage er die Umrechnung vornehmen will. Damit steht er vor der gleichen Frage, die bisher in verschiedenen anderen Ländern zur Diskussion stand [57]. Bei einem Entscheid werden die Urteile ausländischer Gerichte und die ausländische Literatur eine wichtige Rolle spielen, weil es in der Schweiz kein Präjudiz gibt und sich auch die Lehre nicht mit dieser kontroversen Frage befasst hat. Als erstes muss der Richter die Frage entscheiden, ob er Art. 22 WA noch anwenden kann, nachdem Gold im internationalen Währungsgefüge seine Funktion als Leitwährung verloren hat und es keinen offiziellen Goldkurs mehr gibt. In der Schweiz ist massgebend, dass der Bundesratsbeschluss vom Mai 1971 über die Goldparität nach wie vor in Kraft ist. Es besteht damit eine legale Grundlage, um den Poincaré-Franken umzurechnen. Den freien Marktwert des Goldes zu berücksichtigen, verbietet m.E. die Auslegung von Art. 22 Abs. 5 [58]. Schliesslich ist zu prüfen, ob der schweizerische Richter den Poincaré-Franken durch SZR ersetzen darf. Dafür fehlen heute die gesetzlichen Grundlagen [59]. Diese sind unabdingbar, weil sich die Haftungsbeträge faktisch auf die Hälfte reduzieren, wenn sie nach dem heutigen Wert der SZR berechnet werden [60].

E. Die Umrechnung in SZR (Montreal-Protokolle Nr. 1, 2 und 3)

1. Die Ersetzung des Poincaré-Frankens durch SZR

Nachdem Gold seine Funktion als internationale Leitwährung verloren hatte, beschloss die Luftrechtskonferenz in Montreal, die im Warschauer Abkommen bisher verwendeten Goldfranken [61] durch *Sonderziehungsrechte* (SZR) zu ersetzen. Massgebend für die Umrechnung war die Goldparität des SZR. Im Jahre 1974 betrug sie 0,8886771 g Feingold und 1 SZR entsprach 1 U.S.$ [62]. Aufgrund dieser Parität zwischen dem Gold und dem SZR wurde das Verhältnis zwischen dem Poincaré-Franken und dem SZR bestimmt: *1 Goldfranken entspricht 15 SZR* [63]. Nach dem 1. Juli 1974 wurde der Wert des SZR aufgrund eines Währungskorbes von 16 Währungen bestimmt: 1 SZR entsprach ca. 1.20 U.S. $. Im Juli 1978 und im Januar 1986 veränderte sich die Zusammensetzung des Währungskorbes erneut. Zur Zeit sind dafür die Währungen der

---

56 BGE 98 II 241, Erw. 11; die umstrittene Beförderung unterstand jedoch nicht dem Warschauer Abkommen, sondern dem LTR, vorne 18.
57 Vorne 196ff.
58 Hinten 206f.
59 SCHMID ist der Ansicht, dass der Richter durch Auslegung die Goldfranken durch SZR ersetzen könne, SAG 1981, 62ff.
60 Hinten 205.
61 Im Montreal-Protokoll Nr. 4 wurden die Haftungsbeträge von Anfang an in SZR festgelegt.
62 TOBOLEWSKI 188 mit Verweisen; EHLERS 31f mit Verweisen.
63 Zur Umrechnung ausführlich EHLERS 31f.

fünf Länder massgebend, die in einer bestimmten Periode am meisten Güter und Dienstleistungen exportieren [64].

Der IWF führte die SZR 1969 ein, um ein neues Reserveinstrument für den internationalen Zahlungsausgleich zu schaffen [65]. 1978 lösten die SZR das Gold als Hauptwährungsreserve ab. SZR werden von Mitgliedsländern des IWF, vom IWF und von sonstigen Inhabern (wie z.B. Nichtmitgliedern des IWF) gehalten. Sie verkörpern einen Anspruch gegenüber den übrigen, am Sonderziehungskonto teilnehmenden Mitgliedern. Diese sind verpflichtet, unter bestimmten Voraussetzungen SZR zu akzeptieren und dafür konvertible Währungen zur Verfügung zu stellen. SZR haben in erster Linie die Funktion, die internationale Handelsbilanz eines Landes auszugleichen. In der Literatur wird die Meinung vertreten, SZR seien deshalb keine geeignete Währungseinheit, um zivilrechtliche Haftungslimiten festzusetzen [66].

Die Luftrechtskonferenz in Montreal war die erste, die SZR wählte, um in einem internationalen Transportabkommen die Haftungslimiten zu definieren [67]. Der Entscheid traf auf Widerstand bei den Ostblockländern. Sie weigerten sich, die SZR als Berechnungsgrundlage zu akzeptieren, weil sie damals nicht Mitglied des IWF waren [68]. Als Kompromiss wurde vereinbart, dass Staaten, die nicht Mitglieder des IWF sind und deren Recht die Anwendung von SZR nicht zulässt, einen Vorbehalt anbringen können, der ihnen erlaubt, die Haftungssummen nach wie vor aufgrund des Poincaré-Frankens zu berechnen. Der in Montreal formulierte Text verwendet das Wort Poincaré-Franken nicht mehr, sondern spricht von «Werteinheit». Seine Definition entspricht jedoch dem Wert eines Poincaré-Frankens (65,5 mg Gold zu einem Feingehalt von $^{900}/_{1000}$). Damit können Staaten, die dem IWF nicht angehören, die Haftungssummen des Warschauer Abkommens in allen Fassungen selber definieren, weil die Montreal-Protokolle nicht vorschreiben, wie die auf Gold basierenden Werteinheiten in Landeswährung umzurechnen sind [69].

Der norwegische Delegierte wies darauf hin, dass dieser Vorbehalt die Montreal-Protokolle Nr. 1 bis 3 aushöhlt. Diese bezwecken, die Rechnungseinheiten des Warschauer Abkommens in der ursprünglichen Fassung sowie in der Fassung des Haager und Guatemala-Protokolls durch SZR zu ersetzen. Wenn ein Staat dieser Änderung nicht zustimmen will, solle er auf die Ratifikation der Protokolle verzichten [70].

Verschiedene Vertragsstaaten des Warschauer Abkommens haben seit der Aufhebung des offiziellen Goldpreises die Haftungslimiten aufgrund der Parität zwischen SZR und Poincaré-Franken festgesetzt. Sie haben damit die Montreal-Protokolle Nr. 1 und 2 vorweggenommen. Zu diesen Ländern gehören Israel, Italien, die Niederlande, Grossbritannien, Schweden, Süd-Afrika und Kanada [71].

---

64 U.S. $ 42 %, DM 19 %, Yen 5 %, FF und britisches Pfund je 12 %, TOBOLEWSKI 189; WIEDEMANN 166.
65 EHLERS 40f; WIEDEMANN 164.
66 WIEDEMANN 165 mit Verweisen; TOBOLEWSKI 187, 195f mit Verweisen.
67 Seither wurden in anderen Abkommen die SZR als Einheit für Haftungssummen gewählt, Liste bei EHLERS 67f; siehe auch WIEDEMANN 170f.
68 Montreal Conference, Minutes, 189/4.
69 Dazu ausführlich EHLERS 32ff.
70 Montreal Protokoll Nr. 1, Minutes 361/66; Montreal Protocol Nr. 2, Minutes, 363/3; Montreal Protocol Nr. 3, Minutes, 358/42. Dieser Einwand gilt vorbehaltlos für das Protokoll Nr. 1 und Nr. 2; das Protokoll Nr. 3 dagegen setzt auch das Guatemala-Protokoll in Kraft und beschränkt sich nicht darauf, die Haftungslimiten in SZR anzugeben.
71 Vorne 200ff; siehe auch MÜLLER-ROSTIN, ZLW 1985, 213.

2. Die Haftungslimiten in Schweizer Franken, berechnet aufgrund von SZR

Die Schweiz ist 1992 dem IWF beigetreten; damit hat auch die Schweiz zwei Jahre nach der Ratifizierung der Montreal-Protokolle eine Grundlage erhalten, um die SZR in Landeswährung umzurechnen.

Zum Zeitpunkt der Ratifizierung der Montreal-Protokoll war nicht klar, auf welcher Grundlage der Schweizer Franken in SZR umgerechnet wurde. Die Botschaft zu den Montreal-Protokollen schwieg sich über diesen Punkt aus, und auch bei der Behandlung der Protokolle in den Räten wurde die Frage nicht aufgeworfen.

Die Montreal-Protokolle räumen Ländern, die nicht Mitglied des IWF sind, die Möglichkeit ein, einen Vorbehalt anzubringen, der ihnen erlaubt, die Haftungsbeträge nach wie vor aufgrund des Poincaré-Frankens zu berechnen [72]. Die Schweiz hatte keinen entsprechenden Vorbehalt angebracht. Damit war in völkerrechtlicher Hinsicht die Schweiz nach Inkrafttreten der Montreal-Protokolle verpflichtet, die Haftungssummen aufgrund der SZR in Landeswährung umzurechnen. Bis zum Beitritt der Schweiz zum IWF wurden in der Schweiz die SZR aufgrund von Art. 14 Ziff. 14 des Nationalbankgesetzes [73] umgerechnet.

Berechnet man die Haftungslimiten des Warschauer Abkommens in der Fassung des Haager Protokolls aufgrund der im Montreal-Protokoll Nr. 2 festgesetzten Parität zwischen Poincaré-Franken und SZR, ergeben sich folgende Haftungsbeträge in sFr. [74]:

		Betrag in sFr. aufgrund von SZR	Betrag in sFr. aufgrund von Goldfranken (geltendes Recht)
Personenschäden	8300 SZR [75]	16'600.—	33'750.—
	16'600 SZR [76]	33'200.—	67'500.—
	100'000 SZR [77]	200'000.—	—
Verspätung von Personen	8300 SZR [78]	16'600.—	33'750.—
	16'600 SZR [79]	33'200.—	67'500.—
	4150 SZR [80]	8'300.—	—
Schäden und Verspätung an Gepäck und Fracht	17 SZR pro Kilo [81]	34.—	67.50
Schäden an Handgepäck	332 SZR [82]	664.—	1'139.—
Schäden und Verspätung bei Reisegepäck	1000 SZR [83]	2'000.—	—

---

72 Jeweils Art. II der Protokolle.
73 SR 951.11; SCHÜRMANN, Nationalbankgesetz, Art. 14 N 71 ff.
74 Die Umrechnungen basieren auf dem Wert des SZR von Fr. 2.00 (ungefährer Wert erste Jahreshälfte 1993).
75 Montreal-Protokoll Nr. 1: Haftung für Körperschäden, WA ursprüngliche Fassung.
76 Montreal-Protokoll Nr. 2: Haftung für Körperschäden bei Beförderungen unter dem WA/HP.
77 Montreal-Protokoll Nr. 3: Haftung für Personenschäden.
78 Montreal-Protokoll Nr. 1: Haftung für Körperschäden, WA ursprüngliche Fassung.
79 Montreal-Protokoll Nr. 2: Haftung für Körperschäden bei Beförderungen unter dem WA/HP.
80 Montreal-Protokoll Nr. 3.
81 Montreal-Protokoll Nr. 1 und 2; Haftung pro kg Reisegepäck und Güter bei Beförderungen unter dem WA ursprüngliche Fassung und WA/HP.
82 Montreal-Protokoll Nr. 2.
83 Montreal-Protokoll Nr. 3.

Die vergleichende Tabelle zeigt, dass die Umrechnung aufgrund von SZR die Haftungsbeträge des Warschauer Abkommens in der ursprünglichen Fassung und in der Fassung des Haager Protokolls um fast die Hälfte reduziert. Es überrascht, dass in der Botschaft zu den Montreal-Protokollen nicht erwähnt wird, in welchem Ausmass die Revision des Warschauer Abkommens die Position des Passagiers und Absenders verschlechtert.

F. Zusammenfassung und Kritik der Praxis zur Umrechnung des Goldfrankens in eine Landeswährung

Die Umrechnung des Goldfrankens in eine Landeswährung ist – mindestens im Ausland – einer der umstrittenen Punkte des Warschauer Abkommens. Der Richter sieht sich dabei mit einem Versäumnis des Gesetzgebers konfrontiert: das Abkommen bestimmt die Haftungslimiten aufgrund eines Währungssystems, das seit mehr als zwanzig Jahren nicht mehr existiert. Trotzdem ist es nicht gelungen, innert nützlicher Frist die Grundlagen für eine neue Rechnungseinheit in Kraft zu setzen. Die 1975 ausgearbeiteten Montreal-Protokolle ersetzen zwar den Goldfranken durch SZR. Obwohl die Änderung an der damaligen Luftrechtskonferenz überraschend grosse Zustimmung fand, haben bis anhin nur relativ wenige Staaten die Protokolle ratifiziert. Noch weniger Staaten haben in ihrem Landesrecht bestimmt, dass der Poincaré-Franken schon vor dem Inkrafttreten der Montreal-Protokolle aufgrund des SZR in Landeswährung umzurechnen sei.

Treten die Protokolle in Kraft, entstehen möglicherweise neue Diskussion um die Haftungslimiten: berechnet man sie aufgrund der SZR anstatt aufgrund von Poincaré-Franken, reduzieren sie sich in verschiedenen Ländern erheblich; in der Schweiz fallen sie auf die Hälfte.

Verschiedene Gerichte haben entschieden, die tiefen Haftungslimiten anzuheben, indem sie den Poincaré-Franken als eine bestimmte Menge Gold auffassten und ihn zum heutigen Marktwert bewerteten. Sie konnten damit den hauptsächlichen Mangel des Abkommens (zu tiefe Haftungslimiten) beseitigen, ohne das Abkommen zu ändern. Es bleibt jedoch dabei, dass die Limiten willkürlich festgesetzt sind [84].

Bei der Ausarbeitung des Warschauer Abkommens wählten die Vertragsstaaten den Poincaré-Franken, weil die Haftungslimiten nicht in einer Währung festgelegt sein sollten, deren Wert ein einzelnes Land beliebig ab- oder aufwerten kann [85]. Die Möglichkeit, dass das internationale Währungsgefüge eines Tages nicht mehr auf einem Goldstandard basieren könnte, wurde 1929 nicht bedacht. Das ist jedoch seit den siebziger Jahren der Fall. Trotzdem berechnen verschiedene Staaten – darunter die Schweiz – die Haftungslimiten nach wie vor auf dem letzten offiziellen Goldpreis.

---

84 BIN CHENG, ZLW 1989, 330.
85 Siehe Votum des schweizerischen Delegierten PITTARD und die anschliessende Diskussion, Procès-Verbaux de II Conférence Internationale de Droit Privé Aérien 4–12 Octobre 1919 Varsovie, 60ff. Die Konferenz folgte dem Anliegen des schweizerischen Delegierten, die Haftungslimiten nicht in der französischen Landeswährung festzusetzen. Der französische Delegierte RIPERT wandte sich anfänglich gegen den schweizerischen Vorschlag mit dem Argument, das Warschauer Abkommen sei nur für «einige Jahre» gemacht. Es ergebe sich kein Risiko, die Haftungslimiten in französischen Franken festzusetzen.

Damit beruhen die Limiten auf einer Fiktion: der letzte offizielle Goldkurs hat im heutigen Währungsgefüge keine Funktion. Die Rolle einer internationalen Währungseinheit haben die Sonderziehungsrechte übernommen. Auch wenn diese primär geschaffen wurden, um den internationalen Zahlungsausgleich zu bewerkstelligen, gingen die Teilnehmer der Konferenz in Montreal davon aus, dass sie geeignet sind, die Haftungslimiten im internationalen Luftverkehr zu definieren. Die Montreal-Protokolle von 1975 sind die Grundlage, um die Poincaré-Franken in SZR umzurechnen.

Die Diskussionen um die Umrechnung des Goldfrankens sind darauf zurückzuführen, dass die Haftungslimiten im internationalen Luftrecht zu tief und nicht gegen Entwertung geschützt sind [86]. Selbst bei der letzten Revision des Warschauer Systems wurde dieser Mangel nicht behoben: bis 1985 hatten die Haftungsbeträge des Guatemala-Protokolls und damit des Montreal-Protokolls Nr. 3 ca. 60 % ihrer Kaufkraft eingebüsst [87]. Auch die fehlenden Mechanismen zur Erhaltung der Kaufkraft der Haftungsbeträge sind ein Versäumnis des Gesetzgebers; der Richter kann diesen Mangel nur mit einer (zu) extensiven Auslegung von Art. 22 WA beheben. Die Delegierten in Warschau gingen davon aus, dass sie ein Abkommen für einige Jahre ausarbeiteten; sie dachten nicht daran, ein Vertragswerk zu schaffen, dass voraussichtlich bis ins nächste Jahrtausend die Haftung bei internationalen Luftbeförderungen regeln wird.

IV. Unbegrenzte Haftung

In der ursprünglichen Fassung und in der Fassung des Haager Protokolls sanktioniert das Warschauer Abkommen verschiedene Tatbestände mit der unbegrenzten Haftung. Die Bestimmungen haben zu Kontroversen Anlass gegeben, weil die Geschädigten eine Möglichkeit sahen, auf diesem Weg den vollen Schaden ersetzt zu erhalten.

A. *Fehlende oder mangelhafte Beförderungsdokumente*

Das Warschauer Abkommen lässt den Lufttransportführer unbegrenzt haften, wenn er keine oder fehlerhafte Beförderungsdokumente ausstellt [1]. Die Voraussetzungen für die unlimitierte Haftung wegen fehlender oder unvollständiger Beförderungsdokumente sind beim Warschauer Abkommen in der ursprünglichen Fassung anders als beim Abkommen in der Fassung des Haager Protokolls. In allen geltenden Fassungen unterliegt der Lufttransportführer der unlimitierten Haftung, wenn er den Passagier befördert, ohne ein Beförderungsdokument ausgestellt zu haben. Ist das Beförderungsdokument unvollständig, variieren die Sanktionen je nach dem, ob die Beförderung dem Abkommen in der ursprünglichen Fassung oder in der Fassung des Haager Protokolls untersteht.

---

86 Der im Guatemala-Protokoll vorgesehen Mechanismus zur Werterhaltung ist nicht an die tatsächliche Inflation gekoppelt, vorne 29.
87 TOBOLEWSKI 158f; siehe auch BIN CHENG, ZLW 1989, 331.
 1 Auch wenn der Lufttransportführer keine Beförderungsdokumente ausstellt, oder diese nicht den Vorschriften des Abkommens genügen, kommt der Beförderungsvertrag zustande, und die Beförderung unterliegt dem Warschauer Abkommen, vorne 104f.

Das Haager Protokoll verlangt, dass alle Beförderungsdokumente den Hinweis auf die limitierte Haftung enthalten. Das Abkommen schreibt nicht vor, in welcher Sprache er erfolgen muss. Massgebend ist das anwendbare Landesrecht. Berücksichtigt man den Zweck der Hinweispflicht (Möglichkeit, sich anderweitig zu schützen), müsste man verlangen, dass der Lufttransportführer den Hinweis in der Sprache des Landes abzufassen hat, in dem er das Beförderungsdokument ausstellt; für Fremdsprachige müsste der Hinweis mindestens in englisch erscheinen. In der Praxis wird diese Forderung daran scheitern, dass international tätige Fluggesellschaften die Beförderungsdokumente nicht in den Sprachen aller Destinationen abfassen wollen. Gegebenenfalls haben sie die Konsequenzen dieser Geschäftspolitik zu tragen, wenn ein Passagier geltend macht, er habe den Hinweis auf den Beförderungsdokumenten nicht verstanden und nicht verstehen müssen.

Das Abkommen lässt auch offen, wie der Richter Schreib- und Zählfehler bei der Ausstellung der Beförderungsdokumente zu beurteilen hat. Massgebend ist das anwendbare Landesrecht. Sofern es sich um einen offensichtlichen Irrtum handelt, wird ein Fehler die unlimitierte Haftung nicht auslösen können [2].

Die Montreal-Protokolle Nr. 3 und 4 verhängen keine Sanktionen, falls der Lufttransportführer keine oder mangelhafte Beförderungsdokumente ausstellt.

1. Flugschein

Für *Personenschäden* lässt das Warschauer Abkommen in der ursprünglichen Fassung den Lufttransportführer unbeschränkt haften, wenn er keinen Flugschein ausstellt (Art. 3 Abs.2). Ein mangelhafter Flugschein, d.h. ein Flugschein, der die vorgeschriebenen Angaben und insbesondere keinen Hinweis auf die limitierte Haftung enthält, führt nicht zur unlimitierten Haftung.

In den USA [3] haben Gerichte im Zusammenhang mit Personenschäden die Bestimmungen über die Beförderungsdokumente (Art. 3 ursprüngliche Fassung) Mitte der sechziger Jahre [4] als Ausgangspunkt für eine extensive, passagierfreundliche Auslegung des Abkommens benützt: um die Voraussetzungen von Art. 3 zu erfüllen, d.h. um einen Flugschein rechtsgültig ausgestellt zu haben, muss der Lufttransportführer dem Passagier einen Flugschein so lange vor Abflug aushändigen, dass er sich wegen der limitierten Haftung des Lufttransportführers zusätzlich versichern kann. Zudem muss der Hinweis auf die limitierte Haftung in einer bestimmten Mindestschriftgrösse gedruckt sein, damit der Flugschein gültig ausgestellt ist [5].

Mitte der achtziger Jahre gaben die amerikanischen Gerichte ihre bisherige Praxis auf: Der **Supreme Court** entschied im Fall *Chan vs. Korean Airlines Ltd.*, Art. 3 WA verhänge die Sanktion der unlimitierten Haftung nur, wenn der Lufttransportführer keinen Flugschein ausstelle [6]. Wenn er – entgegen der Vereinbarung von Montreal [7] – in einer 8-Punkte-Schrift statt in

---

2 Ebenso GULDIMANN, Art. 4 N 13; siehe auch GIEMULLA/SCHMID, Art. 4 N 18 mit Verweisen und Hinweise in GIEMULLA/SCHMID, ZLW 1990, 169 FN 29,30.
3 In keinem anderen Land entwickelte sich eine vergleichbare Rechtsprechung, MILLER 87.
4 Die Unzufriedenheit über die limitierte Haftung des Lufttransportführers erreichte zu dieser Zeit in der amerikanischen Öffentlichkeit einen Höhepunkt, vorne 20 FN 87.
5 *Lisi vs. Alitalia Linee Aeree Italiane*, 9 Avi.18,374.
6 Urteil vom 18. April 1989, 21 Avi.18,229; siehe auch Fussnote von ADELSON, JALC 56 [1991] 939ff, insbes. 951ff und PETKOFF, JALC 56 [1990] 87ff; Urteil der Vorinstanz: *In re: Korean Air Lines Disaster of September 1, 1983*, Urteil des U.S. Court of Appeals for the District of Columbia Circuit, 20 Avi.18,223 ff.
7 Vorne 21f.

einer 10-Punkte-Schrift auf die limitierte Haftung hinweise, unterstehe er dieser Sanktion nicht. Der Fall des mangelhaften Dokuments dürfe nicht gleichgestellt werden mit dem Fall, in dem kein Flugschein ausgestellt worden sei.

Der Lufttransportführer muss den Flugschein ausstellen, bevor der Passagier «zugelassen ist» (ursprüngliche Fassung) bzw. «das Flugzeug besteigt» (Haager Protokoll). In beiden Fällen ist damit der Zeitpunkt gemeint, in dem der Passagier noch die Möglichkeit hat, in Anbetracht der Haftungslimiten Massnahmen zu ergreifen, sei es, dass er eine zusätzliche Versicherung abschliesst, sei es, dass er den Flug nicht benützt [8]. Im heutigen kommerziellen Flugbetrieb bedeutet dies, dass der Passagier den Flugschein erhalten haben muss, bevor er die Einsteigekarte erhält oder bevor er durch den Fingerdock geht oder bevor er den Bus besteigt, der ihn zum Flugzeug bringt.

In den Fällen *Mertens vs. Flying Tiger Line* und *Warren vs. Flying Tiger Line* hatten die Passagiere keine Flugscheine erhalten. Im Fall *Mertens* begleitete ein Offizier der amerikanischen Armee Material, das nach Japan gebracht werden sollte. Die Passagiere erhielten den Flugschein erst an Bord des Flugzeuges. Im Fall *Warren* ging es um 92 Soldaten, die auf dem Weg nach Vietnam verunglückten. Die Soldaten hatten erst an der Rampe des Flugzeuges ihre Flugscheine erhalten, die keine Namen enthielten. Zudem war der Hinweis auf die limitierte Haftung in sehr kleiner Schrift gedruckt. In beiden Fällen kamen die Gerichte zum Schluss, dass den Passagieren kein Flugschein i.S. von Art. 3 WA (ursprüngliche Fassung) ausgestellt worden sei [9].

Besteht die Reise aus mehreren Etappen, muss der Lufttransportführer den Flugschein vor dem Beginn der ersten Etappe dem Passagier aushändigen. Die nachträgliche Ausstellung heilt den ursprünglichen Mangel nicht.

Im Fall *Manion vs. Pan American World Airways Inc.* konnte die beklagte Fluggesellschaft nicht beweisen, dass sie der Klägerin beim Antritt einer über mehrere Etappen führenden Reise ein Ticket ausgehändigt hatte. Die Passagierin hatte den Flugschein erst bei der Zwischenlandung in Rom erhalten. Der **Supreme Court, New York County** kam zum Schluss, die Limiten des Abkommens seien deshalb in Anwendung von Art. 3 WA (ursprüngliche Fassung) nicht anwendbar [10].

Unter dem Haager Protokoll unterliegt der Lufttransportführer der unlimitierten Haftung, wenn er keinen oder einen mangelhaften Flugschein ausstellt. Als mangelhaft gilt der Flugschein, wenn er nicht auf die Haftungslimiten hinweist (Art. 3 Abs. 2 WA).

Das LTR ahndet die fehlende oder mangelhafte Ausstellung eines Flugscheins gleich wie das Warschauer Abkommen in der Fassung des Haager Protokolls.

Im Entscheid *Mirzan et Gargini c. Air Glacier S.A.* [11] hatte das **Bundesgericht** über Schadenersatzansprüche von Passagieren zu befinden, die der Lufttransportführer beförderte, ohne einen Flugschein ausgestellt zu haben. Die Kläger machten geltend, Air Glacier könne sich aufgrund von Art. 7 LTR bzw. Art. 3 WA weder auf die Haftungslimiten des Abkommens (Art. 22) noch

---

8 GOLDHIRSCH 23.
9 *Mertens vs. Flying Tiger Line, Inc.* 9 Avi.17,475; *Warren vs. Flying Tiger Line, Inc.* 9 Avi.17,848; ausführlich dazu BELL, JALC 53 [1988] 853; GOLDHIRSCH 23; siehe auch GIEMULLA/SCHMID, Art. 3 N 17.
10 Urteil vom 23. Juni 1980, AASL 1980, 658ff; GOLDHIRSCH 23 mit Verweisen auf die übrigen Instanzen, welche das Urteil bestätigten.
11 BGE 108 II 235.

auf die Vorschriften über die Verjährung (Art. 29) berufen. Das Bundesgericht wies die Klage ab. Es hielt – in Übereinstimmung mit Lehre und Praxis ausländischer Gerichte [12] – fest, dass fehlende Beförderungsdokumente dem Lufttransportführer nur verbieten, sich auf Art. 22 WA zu berufen. Die Anwendung von Art. 29 WA werde davon nicht berührt. Weil die Geschädigten erst fast vier Jahre nach dem Unfall die Klage einreichten, waren Schadenersatzansprüche, welche die Limiten überstiegen, nach Art. 29 WA verjährt [13].

2. Gepäckschein

Bei Schäden an Gepäck ist nach dem Abkommen in der ursprünglichen Fassung die mangelhafte Ausstellung eines Gepäckscheins Grund für die unlimitierte Haftung: fehlen Angaben über die Nummer des Flugscheins [14], über die Anzahl und das Gewicht der Gepäckstücke und ein Hinweis auf die Haftungsbestimmungen des Abkommens, kann sich der Lufttransportführer nicht auf die Bestimmungen berufen, die seine Haftung ausschliessen oder beschränken. Der gleichen Sanktion untersteht der Lufttransportführer, wenn er keinen Gepäckschein ausstellt (Art. 4 ursprüngliche Fassung).

Das Haager Protokoll hat die Unterschiede beseitigt, die das Warschauer Abkommen in der ursprünglichen Version für die Beförderung von Personen und Gepäck bei fehlenden oder mangelhaften Beförderungsdokumenten traf [15]; stellt der Lufttransportführer keinen Gepäckschein aus oder fehlt der Hinweis auf die limitierte Haftung, kann er sich nicht auf die Haftungslimiten berufen (Art. 3 Abs. 2).

Das LTR ahndet den fehlenden oder mangelhaften Gepäckschein gleich wie das Warschauer Abkommen in der Fassung des Haager Protokolls (Art. 7 Abs. 2b LTR).

Im Fall *Republic National Bank of N.Y. vs. Eastern Airlines* hatte der **U.S. Court of Appeals, 2d Circuit** folgenden Sachverhalt zu beurteilen [16]: Der Kurier eines internationalen Geld-Kurierdienstes wollte als Passagier zwei Gepäckstücke befördern, die insgesamt 6,5 Mio. U.S. $ enthielten. Das eine Gepäckstück mit 4,5 Mio. U.S. $ sollte nach Santiago de Chile gebracht werden, das andere mit 2 Mio. U.S. $ war für Lima, Peru bestimmt. Der Passagier kaufte sich kurz vor Abflug seinen Flugschein und begab sich danach zu einer anderen Angestellten des Lufttransportführers, wo er zwei Gepäckscheine für wertvolles Gepäck verlangte. Er hatte die beiden Gepäckstücke nicht bei sich und machte auch keine Angaben über den Wert und den Inhalt seines Gepäcks. Die Angestellte übergab ihm für das Gepäck nach Chile eine übliche Gepäckmarke (*standard claim check*). Für Lima konnte sie kein entsprechendes Dokument finden und gab dem Passagier stattdessen ein *limited release form*, ein Dokument, das üblicherweise gebraucht wird, um den Lufttransportführer gegen die Haftung für bestehende Schäden am Gepäck zu schützen. Der Passagier befestigte die beiden Dokumente selber am Gepäck, das sich in einem Panzerwagen auf dem Flugfeld befand. Die beiden Stücke wurden im Beisein des Kuriers ins Flugzeug verladen. Bei einer Zwischenlandung in Miami kontrollierte dieser sein Gepäck. In Lima fehlte das Gepäck mit den 2 Mio. Die Bank stellte sich auf den Standpunkt, der

---

12 MILLER 104ff mit zahlreichen Verweisen.
13 Zur Verjährung hinten 298ff.
14 Wenn der Flug- und Gepäckschein - wie in der kommerziellen Luftfahrt üblich - in einem Dokument vereint sind, erübrigt sich dieses Erfordernis. Anders jedoch, wenn der Lufttransportführer dem Passagier nach der Abfertigung ein Gepäckstück abnimmt und dafür einen besonderen Gepäckschein ausstellt.
15 Ein mangelhafter Flugschein löst nach dem WA in der ursprünglichen Fassung keine Sanktionen aus, vorne 182.
16 815 F.2d 232, ausführlich dazu BELL, JALC 53 [1988] 839ff.

Lufttransportführer hafte unbegrenzt, weil kein Gepäckschein ausgestellt worden sei und weil die Voraussetzungen von Art. 25 WA erfüllt seien.

Das Gericht ging davon aus, dass es sich um einen aussergewöhnlichen Fall handle. Er sei eher in Analogie zu früheren Urteilen im Zusammenhang mit einem fehlenden oder mangelhaften Luftfrachtbrief zu entscheiden. Als erstes hielt das Gericht fest, der fehlende Hinweis auf die Haftungslimiten auf der Gepäckmarke gereiche dem Lufttransportführer nicht zum Nachteil. Sowohl der Flug- als auch der Gepäckschein hätten den Hinweis enthalten. Zudem habe der Passagier als erfahrener Kurier um die Haftungslimiten gewusst. In bezug auf die (fehlende) Gewichtsangabe führte das Gericht aus, sie habe nur den Zweck, dem Passagier die Berechnung der Haftungslimiten zu ermöglichen. Danach könne er entscheiden, ob er eine zusätzliche Versicherung brauche. Im vorliegenden Fall sei der Klägerin klar gewesen, dass der Haftungsbetrag, der aufgrund des Gewichts berechnet wird, den Wert des Gepäcks nicht erreiche. Auch bei der Vorschrift über die Angabe der Gepäckschein-Nummer ging das Gericht vom Zweck der Bestimmung aus. Die Nummer ermögliche es dem Passagier, sein Gepäck am Bestimmungsort auszulösen. Im vorliegenden Fall habe nicht die fehlende Nummer den Verlust verursacht, sodass diese Vorschrift nicht massgebend sein könne. Überdies habe der Passagier auf sein Verlangen die Gepäckmarken selber befestigt, und die Fluggesellschaft habe sich nicht vergewissern können, dass die Gepäckstücke korrekt angeschrieben waren. Das Gericht bejahte die Anwendung der Haftungslimiten und wies auch die Anwendung von Art. 25 WA ab.

Im Fall *Collins vs. British Airways* lag dem englischen **Court of Appeal** der folgende Sachverhalt vor [17]: Ein englisches Ehepaar wollte von Los Angeles nach Manchester zurückfliegen. Die Passagiere trafen am Flughafen spät ein und wurden direkt zum Flugzeug gebracht. Die Angestellten der Fluggesellschaft nahmen den Passagieren das Gepäck ab, ohne einen Gepäckschein auszustellen und versprachen, es werde nachgeschickt. Die drei Koffer zu insgesamt 60 kg gingen verloren. *Lord Denning* und *Lord Eveleigh* waren als Mehrheit des Gerichts der Auffassung, die Fluggesellschaft könne sich auf die Haftungslimiten berufen, obwohl sie keinen Gepäckschein ausgestellt hatte. Die Passagiere hätten mit dem Flugschein auch den Gepäckschein erhalten; beim Antritt der Reise, d.h. auf dem Hinflug sei dieser ausgefüllt worden. Der fehlende Eintrag in Los Angeles sei als «irregularity» i.S. von Art. 4 Abs. 2 WA zu bewerten, die nicht zur Aufhebung der Limiten führe. *Lord Kerr* unterlag mit seiner abweichenden Meinung: er wies darauf hin, dass der Eintrag im Gepäckschein bis zum Nachweis des Gegenteils beweise, wieviele Gepäckstücke der Passagier aufgegeben habe. Wenn der Passagier dem Lufttransportführer Gepäck übergebe, müsse dieser den Vorgang im Gepäckschein festhalten. Wenn er dies unterlasse, könne er sich nicht auf die Haftungslimiten berufen.

Der Entscheid ist in der Literatur zu Recht kritisiert worden [18]. Die Passagiere hatten auf dem Rückflug mehr Gepäck aufgegeben als auf dem Hinflug. Trotzdem ging das Gericht davon aus, dass der Gepäckschein, der für den Hinflug ausgestellt worden war, auch die Beförderung des Gepäcks auf dem Rückflug decke. Es ist Lord Kerr zuzustimmen, wenn er davon ausgeht, dass der Lufttransportführer jedes Mal, wenn er Gepäck in seine Obhut nimmt, den Vorgang im Gepäckschein verbriefen muss. Die Gestaltung des IATA-Flug- und Gepäckscheins zeigt, dass auch die Lufttransportführer von dieser Pflicht ausgehen: das weltweit gebräuchliche IATA-Ticket weist die gleiche Anzahl von Rubriken auf für den Eintrag von Gepäck, wie mit dem betreffenden Flugabschnitt Strecken geflogen werden können. Zweifellos ist Art. 4 WA eine Formvorschrift, deren Einhaltung im einzelnen Fall obsolet erscheinen mag. Diese Eigenschaft haftet jedoch jeder Formvorschrift an; es scheint deshalb nicht statthaft, sie durch eine zu extensive Auslegung zu umgehen.

---

[17] Urteil vom 5. Feb. 1982, AASL 1982, 577ff.
[18] BERNIER, AASL 1982, 573ff; GIEMULLA/SCHMID, Art. 9 N 10.

Im Fall *Gill vs. Lufthansa German Airlines* wurde dem Passagier ein Gepäckstück abgenommen, das er als Handgepäck an Bord nehmen wollte. Er erhielt dafür keinen Gepäckschein. Die Fluggesellschaft argumentierte, der Passagier habe für das übrige Gepäck, das er aufgegeben hatte, einen Gepäckschein erhalten. Das Fehlen des zusätzlichen Dokuments sei ein bedeutungsloses technisches Versehen, das nicht zur Aufhebung der Limiten führen könne. Der **U.S. District Court, E.D.N.Y.** lehnte diese Auffassung ab und wies darauf hin, der Passagier habe keine Möglichkeit gehabt, sich anderweitig zu schützen, weil ihm das Gepäck erst kurz vor dem Einsteigen abgenommen worden war [19].

3. Luftfrachtbrief

Bei der Beförderung von Fracht sehen sowohl das ursprüngliche Abkommen als auch das Haager Protokoll vor, dass die mangelhafte und die fehlende Ausstellung eines Frachtbriefes die unlimitierte Haftung des Lufttransportführers zur Folge hat (Art. 9). In der ursprünglichen Fassung hat der Lufttransportführer mehrere Vorschriften zu erfüllen, damit der Luftfrachtbrief als korrekt ausgefüllt gilt und der Lufttransportführer nicht unlimitiert für Schäden haftet (Ort und Tag der Ausstellung, Name und Anschrift des Absenders, des ersten Luftfrachtführers und des Empfängers, Art des Gutes, Anzahl, Verpackungsart und besondere Merkzeichen oder Nummern der Frachtstücke, Gewicht, Menge, Raumgehalt oder Masse des Gutes [20]). Unter dem Haager Protokoll muss der Lufttransportführer lediglich den Luftfrachtbrief vor dem Verladen ausstellen und darin auf die limitierte Haftung hinweisen, damit er nicht der unlimitierten Haftung untersteht.

Das Warschauer Abkommen regelt den Zeitpunkt des Ausstellens in den beiden Fassungen unterschiedlich: nach der ursprünglichen Fassung muss der Lufttransportführer den Luftfrachtbrief bei der Annahme ausstellen. Unter dem Haager Protokoll muss er dies erst tun, wenn er die Sendung verladen hat (Art. 9) [21]. Zu Kontroversen Anlass geben können Schäden, die zwischen der Annahme und dem Verladen entstehen. Nach Art. 18 WA haftet der Lufttransportführer, wenn sich die Fracht in seiner Obhut befindet. Der Absender kann sich auf den Standpunkt stellen, der Lufttransportführer hafte aufgrund von Art. 9 WA unbegrenzt, weil ihm kein Luftfrachtbrief ausgestellt worden sei. In der Lehre wird die Auffassung vertreten, der Luftfrachtführer könne dieser Sanktion entgehen, wenn er nach dem normalen Lauf der Dinge nach dem Verladen einen Luftfrachtbrief ausgestellt hätte. Er muss die entsprechenden Beweise beibringen, weil ihn sonst die Folgen der Beweislosigkeit treffen (unlimitierte Haftung) [22].

Im Fall *Black Sea and Baltic gegen SAS* hatte das **Obergericht des Kantons Zürich** zu beurteilen, ob der Luftfrachtbrief mangelhaft ausgestellt worden sei und der Lufttransportführer deshalb unlimitiert für eine verlorene Wertsendung hafte [23]. Das Gericht vertrat die Meinung, die Voraussetzungen von Art. 9 WA (ursprüngliche Fassung) seien nicht erfüllt. Der Zweck der

---

19 620 F. Supp. 1453; siehe auch Hinweise auf zwei weitere U.S. Urteile in GIEMULLA/SCHMID, ZLW 1992, 124.
20 Siehe auch GULDIMANN, Art. 8 N 7.
21 Die verbindlichen Originalversionen lassen erkennen, dass als relevanter Zeitpunkt der Abschluss des Ladevorgangs gemeint ist, GIEMULLA/SCHMID, Art. 9 N 6.
22 Ebenso GIEMULLA/SCHMID, Art. 9 N 6, wenn auch mit anderer Begründung.
23 Urteil vom 4. März 1966, ASDA-Bulletin 1966/2, 8ff.

Formvorschriften des Abkommens liessen formalistische Strenge nicht zu. Es sei dem Lufttransportführer bzw. dem Absender erlaubt, in der Branche übliche Abkürzungen zu verwenden [24].

Ein fehlender oder mangelhafter Luftfrachtbrief hat unter dem LTR die gleichen Konsequenzen wie unter dem Warschauer Abkommen in der Fassung des Haager Protokolls (Art. 7 Abs. 2c LTR).

Das Montreal-Protokoll Nr. 4 beseitigt die Vorschrift, dass der Lufttransportführer bei fehlender oder mangelhafter Ausstellung eines Luftfrachtbriefes unbeschränkt haftet: gemäss Art. III gelten die Vorschriften des Abkommens auch dann, wenn der Lufttransportführer ein unvollständiges oder überhaupt kein Beförderungsdokument ausstellt.

B. Missachtung der Weisungen des Absenders

Nach Art. 12 Abs. 3 WA hat der Lufttransportführer den Schaden zu ersetzen, der daraus entsteht, dass er Weisungen des Absenders befolgt, «ohne die Vorlage des diesem übergebenen Exemplares des Luftfrachtbriefs zu verlangen». Die Haftung besteht gegenüber dem rechtmässigen Besitzer des Luftfrachtbriefes [25].

Lehre und Praxis gehen davon aus, dass sich die Haftung des Lufttransportführers in diesem Fall nicht nach Art. 22 WA, sondern nach dem anwendbaren Landesrecht richtet [26]. Die Ansprüche des Dritten unterliegen damit nicht den Limiten des Warschauer Abkommens, weil es grundsätzlich nur die Ansprüche des vertraglich Berechtigten limitiert [27].

C. Grobes Verschulden des Lufttransportführers (Art. 25 WA)

Das Warschauer Abkommen will in der ursprünglichen Fassung und in der Fassung des Haager Protokolls dem Lufttransportführer das Privileg der limitierten Haftung versagen, wenn er den Schaden durch ein schweres Verschulden herbeigeführt hat. Die Montreal-Protokolle heben Art. 25 auf.

Die Voraussetzungen des «schweren Verschuldens» sind seit der Ausarbeitung des Abkommens umstritten. Es ist nicht gelungen, den Art. 25 so zu formulieren, dass Gerichte die materiellen Bedingungen für die unlimitierte Haftung dem Abkommen entnehmen können, es sei denn, der Täter habe vorsätzlich gehandelt [28].

---

24 Siehe dazu auch BGE 85 II 209 hinten 277f.
25 Zur Anspruchsberechtigung des Dritten hinten 274.
26 Urteil des BGH, ZLW 1977, 79; GULDIMANN, Art. 12 N 46; GIEMULLA/SCHMID, Art. 12 N 15.
27 GIEMULLA/SCHMID, Art. 12 N 15; vorne 176.
28 GULDIMANN, ZLW 1955, 272, 278.

1. Das grobe Verschulden unter dem WA in der ursprünglichen Fassung

a) Der Wortlaut von Art. 25 (ursprüngliche Fassung)

In der ursprünglichen Fassung lautet der entscheidende Abs. 1 von Art. 25:

«Le transporteur n'aura pas le droit de se prévaloir des dispositions de la présente Convention qui excluent ou limitent sa responsabilité, si le dommage provient de son dol ou d'une faute qui, d'après la loi du tribunal saisi, est considerée comme équivalente au dol».

In der englischen Übersetzung lautet Abs. 1 der Bestimmung:

«The carrier shall not be entitled to avail himself of the provisions of this Convention which exclude or limit his liability, if the damage is caused by his wilful misconduct or by such default on his part as, in accordance with the law of the Court to which the case is submitted, is considered to be equivalent to wilful misconduct».

In der deutschen Übersetzung lautet Abs. 1 der Bestimmung:

«Hat der Lufttransportführer den Schaden vorsätzlich oder durch eine Fahrlässigkeit herbeigeführt, die nach dem Recht des angerufenen Gerichts dem Vorsatz gleichsteht, so kann er sich nicht auf die Bestimmungen dieses Abkommens berufen, die seine Haftung ausschliessen oder beschränken».

b) Entstehungsgeschichte

Nach dem Entwurf des CITEJA von 1927, welcher der Konferenz von Warschau vorgelegen hatte, sollte der Lufttransportführer unbegrenzt haften, wenn er den Schaden durch «actes illicites intentionnels» verursacht hatte. Die Diskussion über die Formulierung der materiellen Voraussetzungen für die unlimitierte Haftung drehte sich um zwei Punkte: einige (kontinentaleuropäische) Delegierte wollten die materiellen Voraussetzungen definieren, während der englische Delegierte offenbar Mühe hatte, die Auseinandersetzung über den Unterschied zwischen «acte illicite intentionnel» und «faute lourde» zu verstehen, und sich bemühte, einen entsprechenden Ausdruck in englisch zu finden. Damit überschnitten sich materielle Fragen mit solchen über die Redaktion des Textes. Der britische Delegierte war der Meinung, «wilful misconduct» sei der angebrachte Verschuldensbegriff, weil er nicht nur «les actes accomplis de propos délibéré, mais aussi les actes d'insouciance sans égard aux conséquences» beinhalte. Der deutsche Delegierte wies darauf hin, dass Art. 25 auch den «faute lourde» decken müsse, weil nach einem Grundsatz des gemeinen Rechts jeder für seine persönlichen Fehler einstehen muss. Der französische Delegierte befürchtete, dass die (zu) generelle Formulierung «faute lourde» in Ländern, welche die Luftfahrt nicht kennen, dazu führt, dass bei jedem Unfall grobe Fahrlässigkeit angenommen werde. Er plädierte dafür, dass eine Formulierung gefunden werde, die eine einheitliche Auslegung verbürge [29]. Während einer weiteren Lesung nahm die Konferenz einen bereinigten Vorschlag der Redaktionskommission an, der dem geltenden Text entspricht. Der

---

29 Protokoll der Warschauer Konferenz 40ff; GULDIMANN, ZLW 1955, 273.

englische Delegierte liess im Protokoll festhalten, dass der im englischen Recht definierte Ausdruck «wilful misconduct» die adäquate Übersetzung sei [30].

Die Entstehungsgeschichte von Art. 25 zeigt, dass den Materialien die materiellen Voraussetzungen der unlimitierten Haftung nicht abschliessend entnommen werden können [31]. Die Delegierten waren sich grundsätzlich einig, dass neben dem Vorsatz («dol») eine weitere Verschuldensform dazu führen kann, dass die Limiten aufgehoben werden. Sie muss nach dem Recht der lex fori definiert werden [32]. Damit setzt bei Beförderungen unter dem Warschauer Abkommen in der ursprünglichen Fassung im Ergebnis die lex fori die Voraussetzungen der unlimitierten Haftung fest, weil in der Praxis die vorsätzliche Verursachung eines Schadens bei einer Luftbeförderung selten vorkommt.

In vielen Vertragsstaaten gilt der Grundsatz, dass grobe Fahrlässigkeit («faute lourde») dem Vorsatz gleichsteht [33]. Die Limiten des Warschauer Abkommens in der ursprünglichen Fassung sind damit in Fällen von grober Fahrlässigkeit aufgehoben, wenn die lex fori die grobe Fahrlässigkeit dem Vorsatz gleichstellt. Kennt sie diese Gleichstellung nicht, gilt die unlimitierte Haftung nur, wenn der Lufttransportführer den Schaden vorsätzlich verursacht hat [34].

a) Die Anwendung von Art. 25 (ursprüngliche Fassung) im Ausland

aa) Angloamerikanische Länder (Common Law)

Im angloamerikanischen Rechtskreis geht es bei der Anwendung von Art. 25 in der ursprünglichen Fassung um die Auslegung des Begriffs «wilful misconduct». Für angloamerikanische Juristen entspricht der Ausdruck «dol» des Originaltextes dem Begriff «wilful misconduct» [35]. Sie haben damit keinen Anlass, die zweite Hälfte des letzten Satzes von Art. 25 [36] als Grundlage eines Schadenersatzanspruches zu betrachten. Für sie sind die Voraussetzungen für die unlimitierte Haftung durch den Begriff des «wilful misconduct» hinreichend bestimmt [37].

Sowohl in der englischen als auch in der amerikanischen Rechtsprechung beinhaltet «wilful misconduct» im wesentlichen die gleichen Elemente: der Täter begeht eine vorschriftswidrige Handlung oder Unterlassung, die für Dritte wahrscheinlich einen

---

30 Protokoll der Warschauer Konferenz 140, GULDIMANN, ZLW 1955, 274; siehe auch MANKIEWICZ, Liability 122.
31 DRION 197ff bezeichnet die Diskussion in Warschau als eine «comedy of errors»; GULDIMANN, ZLW 1955, 274 stellt fest, dass sich die Diskussion nur noch um terminologische Fragen anstatt um das Grundproblem drehte.
32 GULDIMANN, ZLW 1955, 276.
33 MILLER 196. Das gilt auch für die Schweiz, hinten 219ff.
34 MILLER 196.
35 Vorne 214.
36 «(...) ou d'une faute, qui après la loi du tribunal saisi, est considérée comme équivalente au dol».
37 Siehe auch MILLER 199.

Schaden verursachen kann [38]. Damit kann auch eine Handlung gemeint sein, die gegen allgemeine Sorgfaltspflichten verstösst, weil der Täter nicht grundlos für Dritte ein Risiko schaffen darf [39]. Notwendig ist, dass der Täter um die möglichen schädigenden Folgen seines Handelns weiss [40]. «Wilful misconduct» liegt auch vor, wenn der Täter um die Folgen seines Handelns weiss, dieses Wissen jedoch rücksichtslos in den Wind schlägt und sein Verhalten nicht ändert [41]. Nicht notwendig ist – im Gegensatz zum «dol» – dass der Täter den Schaden herbeiführen will [42].

Der Geschädigte muss beweisen, dass die Voraussetzungen von «wilful misconduct» erfüllt sind. Im Zusammenhang mit der Beförderung von wertvollen Gegenständen muss er insbesondere beweisen, dass der Lufttransportführer um den wertvollen Inhalt wusste [43].

Im Fall *Butler vs. Aeromexico* hatte der **U.S. Court of Appeals for the Eleventh Circuit** [44] einen Flugzeugabsturz zu beurteilen, der sich beim Anflug des Flughafens Chihuahua (Mexiko) ereignet hatte. Die Besatzung wusste, dass am Bestimmungsort schlechtes Wetter herrschte. Trotzdem schaltete sie den Radar aus und wollte im Sichtflug landen. Auf der Flughöhe von 818 Fuss fehlte der vorgeschriebene Sichtkontakt mit dem Boden. Die Besatzung setzte den Anflug trotzdem fort. Das Flugzeug machte neben der Piste eine Bruchlandung und fing Feuer. Das Gericht erachtete die Voraussetzungen von «wilful misconduct» als erfüllt. Die Besatzung habe den Anflug fortgesetzt, obwohl kein Sichtkontakt zum Boden bestand. Die Piloten hätten gewusst, dass dieses Vorgehen möglicherweise dazu führt, dass Passagiere verletzt werden [45]. Nach Ansicht des Gerichts reichte der vorschriftswidrige Anflug, um die Voraussetzungen von

---

38 Die vorr den Gerichten verwendeten Formulierungen lauten: «(...) a concious intent to do or to omit doing an act from which harm results to another, or an intentional omission of a manifest duty. There must be a realization of the probability of injury from the conduct, and a disregard of the probable consequence of such conduct», U.S. Court of Appeals im Entscheid *Grey vs. American Airlines, Inc.*, Second Circuit (1955), 4 Avi.17,811; weitere Nachweise bei MILLER 197f; ausführlich zur englischen Rechtsprechung BIN CHENG, AASL 1977, 64ff.
39 BIN CHENG, AASL 1977, 73; im Fall *KLM vs. Tuller* hatte die Besatzung keine irischen Vorschriften verletzt, als sie die Passagiere nicht über den Gebrauch der Schwimmwesten orientierte. Das Gericht war der Auffassung, diese Unterlassung erfülle trotzdem die Voraussetzungen des «wilful misconduct»; zum Sachverhalt hinten 217f; siehe auch ACOSTA 582ff.
40 ACOSTA 589f mit Verweisen; im Urteil *Berner vs. British Commonwealth Pacific Airlines, Ltd.* wies der U.S. Court of Appeals for the Second Circuit ausdrücklich darauf hin, dass sich «wilful misconduct» nicht nur unter subjektiven Aspekten beurteilen lasse. Im konkreten Fall fehlten dem Gericht die nötigen Angaben zum Sachverhalt, um beurteilen zu können, welche Massnahmen der Pilot hätte treffen müssen. Beim Absturz waren alle Passagiere und die Besatzung ums Leben gekommen, Urteil wiedergegeben in LOWENFELD, VI-62ff.
41 Im Fall *Pekelis vs. Transcontinental & Western Air, Inc.* umschrieb der Richter diese Art von «wilful misconduct»: «[Wilful misconduct] may be the intentional performance of an act in such a manner as to imply reckless disregard of the probable consequences of the performance of the act» 3 Avi.17,441, zitiert bei BIN CHENG, AASL 1977, 75; eine ähnliche Formulierung brauchte der U.S. District Court S.D.N.Y: «(...) the wilful performance of an act that ist likely to result in damage or wilful action with a reckless disregard of the probable consequences», *Wing Bank Ltd. vs. Japan Air Lines Co.*, S.D.N.Y. (1973), 12 Avi.17,884 ; siehe auch MILLER 198f mit Verweisen. BIN CHENG, AASL 1977, 75 umschreibt diese Art von «wilful misconduct»: «(...) the doer acts also with such knowledge, but he has unjustifiably banished it to the back of his mind».
42 BIN CHENG, AASL 1977, 66, 70; ACOSTA 589f; a.M. GIEMULLA/SCHMID, Art. 25 N 30, obwohl die im betreffenden Abschnitt verwendeten Zitate (SHAWCROSS/BEAUMONT) ebenfalls nur von «intentional misconduct» sprechen.
43 Siehe auch Hinweis in SEHR, JALC 53 [1987] 121.
44 Urteil vom 18. Okt. 1985, 19 Avi.17,961.
45 «(...) with knowledge that such procedure would probably result in injury to passengers».

«wilful misconduct» zu erfüllen. Es erübrigte sich, zu prüfen, ob die nach Ansicht der Kläger mangelhaften Rettungsmassnahmen der Besatzung ebenfalls Anspruch auf unlimitierten Schadenersatz begründet hätten.

Im Fall *Cohen vs. Varig* betrachtete ein New Yorker Gericht die Voraussetzungen von wilful misconduct im Zusammenhang mit der Beförderung von Gepäck als erfüllt. Die beklagte Fluggesellschaft hatte das Gepäck der Kläger am Bestimmungsort nicht ausgeladen, obwohl diese insistierten, die Angestellten des Lufttransportführers sollten kontrollieren, ob das Gepäck ausgeladen worden sei. Die Fluggesellschaft zog es vor, den Weiterflug der Maschine nicht durch Nachforschungen zu verzögern und nahm in Kauf, dass die Kläger die Ferien ohne Gepäck verbringen mussten [46].

Im Fall *Perera Co., Inc. vs. Varig* hatte der **U.S. Court of Appeals for the Second Circuit** den Verlust von Fracht zu beurteilen [47]. Eine 13 kg schwere Goldsendung ging auf dem Transport von Montevideo über Rio de Janeiro nach New York verloren. Das Gold war in einer Holzkiste verpackt. Auf dem Luftfrachtbrief hatte der Absender den Wert mit 22'500 U.S. $ angegeben, obwohl der Marktwert des Goldes bei 150'000 $ lag. Ein Angestellter der Fluggesellschaft steckte die Kiste in einen Netz-Plastiksack, legte sie zur übrigen Fracht, vermerkte auf der Etikette, dass der Inhalt wertvoll sei und avisierte die Zwischenlandeorte per Telex über die Sendung. Als das Flugzeug in Rio eintraf, war das Gold verschwunden. Das Gericht betrachtete die Voraussetzungen von «wilful misconduct» nicht als erfüllt. Die Art der Beförderung (Plastiksack, Hinweis auf Wertsendung) habe den Schaden nicht verursacht. Vielmehr hielt es dem Kläger vor, er habe den Wert der Sendung falsch deklariert, um Frachtkosten zu sparen. Er habe darauf spekuliert, dass die wertvolle Sendung nicht verloren ginge. Unter diesen Voraussetzungen sei der Absender nicht berechtigt, dem Luftfrachtführer ein schweres Verschulden («wilful misconduct») vorzuwerfen, wenn sich dieser höchstens Fahrlässigkeit habe zuschulden kommen lassen.

Die Frage, ob die Voraussetzungen von Art. 25 erfüllt sind, kann sich auch im Zusammenhang mit Rettungsmassnahmen nach einem Flugzeugabsturz stellen.

Im Fall *KLM vs. Tuller* betrachtete der **U.S. Court of Appeals, District of Columbia Circuit** [48] die Voraussetzungen von «wilful misconduct» als erfüllt. Die KLM-Maschine stürzte kurz nach dem Start ins Meer. Die meisten Passagiere konnten sich mit Gummibooten retten. Tuller stieg durch ein Fenster aus dem Flugzeug und stand zusammen mit einem anderen Passagier ohne Schwimmweste auf dem Heck. Die Besatzung versuchte, die beiden mit einem Gummiboot zu erreichen. Das Paddel erwies sich als zu klein, um das Boot vorwärts zu bringen. Seile, die sich in der Kanzel befanden, benützte die Besatzung nicht. Erst vier Stunden später traf ein Rettungsboot ein; zu spät für Tuller, der kurz zuvor in den steigenden Fluten den Halt verloren hatte und ertrank. Der andere Passagier konnte gerettet werden. Das Gericht bemängelte, dass die Passagiere nicht darüber informiert wurden, wo sich die Schwimmwesten befanden und wie sie zu gebrauchen seien, dass die Besatzung keinen Notruf gesendet habe, dass sie Massnahmen unterliess, um Tuller zu retten, und dass es vier Stunden gedauert habe, bis Rettungsmannschaften eintrafen, weil die Vertreter von KLM in Shannon ihr Funkgerät vorschriftswidrig zu früh abgestellt hatten und sich damit keine Rechenschaft über den missglückten Start gaben. Das Gericht bezeichnete das Verhalten des Lufttransportführers als «(...) a concious and wilful omission to perform a positive duty and [which] constituted reckless disregard of the consequences.»

---

46 Hinweis bei BELL, JALC 53 [1988] 869.
47 JALC 52 [1987] 152.
48 Urteil vom 23. Juni 1961, 7 Avi. 17,544; LOWENFELD, VI-56; deutsche Übersetzung in ZLW 1962, 155.

Im Zusammenhang mit einer Flugzeugentführung entschied der **U.S. District Court S.D.N.Y.**, die Voraussetzungen von wilful misconduct seien nicht erfüllt [49]. Die Fluggesellschaft habe dadurch, dass sie den Passagieren keine Sicherheit verschaffen konnte, nicht das Verhalten an den Tag gelegt, das Art. 25 WA verlangt.

Die Entscheide amerikanischer Gerichte zeigen, dass Art. 25 zurückhaltend angewendet wird. In den fünfziger und sechziger Jahren waren Urteile selten, welche die Limiten aufgrund von Art. 25 aufhoben [50]. In neueren Urteilen scheinen Gerichte bei Körperschäden eher geneigt, die Voraussetzungen von Art. 25 als erfüllt zu betrachten.

Im Zusammenhang mit dem Abschuss einer KAL-Maschine und der Entführung eines Flugzeuges der Pan Am haben erstinstanzliche Gerichte die Voraussetzungen von Art. 25 WA als erfüllt betrachtet und unter dem Titel «punitive damages» hohe Summen zugesprochen [51].

bb) Die Anwendung von Art. 25 (ursprüngliche Fassung) im übrigen Ausland

Im übrigen Ausland hat sich die Auslegung von Art. 25 darauf konzentriert, zu bestimmen, ob die betreffende Rechtsordnung eine Verschuldensform kennt, die «faute lourde» entspricht, und wenn ja, welches deren materiellen Voraussetzungen sind.

In *Frankreich* ergingen zu Art. 25 in der ursprünglichen Fassung verschiedene Entscheide. 1957 spezifizierte Frankreich im Luftfahrtgesetz die Voraussetzungen der unlimitierten Haftung [52]: «Pour l'application de l'article 25 de ladite convention la faute considérée comme équivalent au dol est la faute inexcusable. Est inexcusable la faute délibérée qui implique la conscience de la probabilité du dommage et son acceptation téméraire sans raison valable» (Art. 42).

Diese Bedingungen erachtete die **Cour de cassation** als erfüllt, als ein Pilot mit einem Privatflugzeug einen Flug unternahm, ohne sich über die Wetterbedingungen zu versichern und eine Notlandung unterliess, obwohl er während des Fluges auf missliche Bedingungen gestossen war [53]. Ein ähnlicher Sachverhalt lag der **Cour d'appel de Paris** vor. Das Gericht kam zum Schluss, der Pilot sei ein vorsätzliches Risiko eingegangen, welches das Bewusstsein eines wahrscheinlichen Schadens impliziere; damit seien die Voraussetzungen von «faute inexcusable» erfüllt [54].

Die **Cour d'appel de Paris** verneinte das Vorliegen von «faute inexcusable» im Zusammenhang mit der Beförderung von Banknoten. Air France hatte eine Banknotensendung zusammen mit gewöhnlicher Fracht befördert; auf dem Frachtbrief war die Anzahl der Frachtstücke falsch vermerkt. Das Gericht wies darauf hin, dass auch die Klägerin die falsche Angabe im Beförderungsdokument hätte korrigieren können. Es liege keine unentschuldbare Fahrlässigkeit vor, wenn die Fluggesellschaft Pakete von einer bestimmten Grösse zusammen mit der gewöhnlichen Fracht transportiere [55].

---

49 713 F. Supp. 1483, Hinweis bei PETKOFF, JALC 56 [1990] 70f; siehe zu wilful misconduct im Zusammenhang mit Terrorakten auch SILETS, JALC 53 [1987] 365.
50 GUERRERI, McGill Law Journal Vol. 6 [1959/60], 274.
51 729 F.Supp 17 (U.S. District Court S.D.N.Y.) und Hinweise bei DUBUC, RFDA 1991, 46; siehe auch hinten 263.
52 Loi No 57-259 vom 2. März 1957.
53 Urteil vom 5. März 1964, ZLW 1965, 172f.
54 Urteil vom 6. Okt. 1989, RFDA 1990, 101.
55 Urteil der Cour d'appel de Paris vom 7. Juni 1966, ZLW 1967, 114.

In *Kanada* gilt «faute équivalent au dol» als «faute lourde».

Im umstrittenen Fall hatte der Lufttransportführer einen Film versehentlich zu Gütern gelegt, die per Schiff von Kanada nach England befördert wurden. Der Film blieb an Bord, bis der Frachter nach Kanada zurückkehrte. Die **Cour d'appel du Québec** war der Auffassung, die Verspätung sei durch einen «unglücklichen Unfall» (malheureux accident) entstanden; die Voraussetzungen von Art. 25 seien nicht erfüllt [56].

In *Deutschland* gilt als «faute équivalent au dol» die grobe Fahrlässigkeit. Sie liegt vor, wenn die erforderliche Sorgfalt in besonders schwerem Mass verletzt wird [57].

In *Österreich* hielt der Oberste Gerichtshof fest, dass die grobe Fahrlässigkeit eine dem Vorsatz gleichzustellende Fahrlässigkeit ist [58].

b) Die Anwendung von Art. 25 (ursprüngliche Fassung) in der Schweiz

Das schweizerische Recht hat es nicht dem Richter überlassen, die Voraussetzungen der unlimitierten Haftung zu formulieren. Art. 10 des LTR in der Fassung von 1952 bestimmt, dass neben dem absichtlichen Verschulden «grobe Fahrlässigkeit» den Lufttransportführer unlimitiert haften lässt [59].

1962 hat der Bundesrat im Hinblick auf das Inkrafttreten des Haager Protokolls in der Schweiz Art. 10 LTR revidiert und die Formulierung von Art. 25 in der Fassung des Haager Protokolls übernommen. Die alte Fassung der Bestimmung bleibt jedoch für Beförderungen unter dem Abkommen in der ursprünglichen Fassung – indirekt – massgebend, weil Art. 23 LTR darauf hinweist, dass in diesem Fall nur die unverändert gebliebenen Vorschriften des LTR anwendbar sind.

Die indirekte Anwendung ergibt sich daraus, dass 1963 mit der Revision des LTR dessen Art. 10 in der alten Fassung ersetzt wurde. Art. 23 LTR kann deshalb bei Fällen, in welchen das Abkommen in der ursprünglichen Fassung gilt, in bezug auf die Anwendung von Art. 25 nicht mehr auf eine geltende Bestimmung verweisen.

Nachträglich betrachtet wäre es notwendig gewesen, für Beförderungen unter der ursprünglichen Fassung auch Art. 10 LTR in der alten Version stehen zu lassen, weil dem Abkommen in der ursprünglichen Fassung nach wie vor grosse Bedeutung zukommt, nachdem die USA das Haager Protokoll nie ratifiziert haben [60]. In BGE 93 II 345 hat das **Bundesgericht** Art. 10 LTR in der ursprünglichen Version angewendet, obwohl bereits die revidierte Version des LTR in Kraft getreten war. Das Gericht wies lediglich darauf hin, dass die Beförderung dem Warschauer Abkommen in der ursprünglichen Fassung unterliege. Kommentarlos wendete es deshalb Art. 10 LTR in der ursprünglichen Fassung an.

---

56 Urteil i.S. *Télé-Montagne Inc. et al. vs. Air Canada*, AASL 1981, 592; das Gericht verwendete für «faute lourde» eine verwirrende Definition: «La faute lourde consiste à ne pas apporter aux affaires d'autrui le soin que les personnes les moins soigneuses et les plus stupides ne manquent pas d'apporter à leurs affaires.»
57 GIEMULLA/SCHMID, Art. 25 N 19ff.
58 Urteil vom 10. Okt. 1974, ZLW 1979.
59 Art. 10 LTR lautet in der Fassung vom 3. Okt. 1952:
 «1. Hat der Luftfrachtführer den Schaden absichtlich oder durch grobe Fahrlässigkeit herbeigeführt, kann er sich nicht auf Bestimmungen des Warschauer Abkommens oder dieses Reglements berufen, die seine Haftung ausschliessen oder beschränken.
 2. Das gleiche gilt, wenn der Schaden unter den gleichen Voraussetzungen durch eine Hilfsperson des Luftfrachtführers in Ausführung ihrer Verrichtungen verursacht wurde.»
60 Vorne 18.

Unterliegt die Beförderung dem Warschauer Abkommen in der ursprünglichen Fassung, hat der schweizerische Richter die Voraussetzungen von Art. 25 als erfüllt zu betrachten, wenn der Lufttransportführer oder seine Leute den Schaden absichtlich verursachten oder nach einem objektiven Massstab elementare Vorsichtsgebote missachteten, wie sie sich jedem verständigen Menschen in der gleichen Lage aufdrängen [61]: «(...) la violation ou le mépris des règles élémentaires de prudence ou de prévoyance qu'aurait observées tout être sensé et raisonable dans la même situation et dans les mêmes circonstances» [62]. «La faute équivalent au dol» unterscheidet sich vom Vorsatz dadurch, dass dem Täter die schädigende Absicht fehlt [63]. Ausdrücklich abgelehnt haben schweizerische Gerichte die Auffassung, dass die Auslegung von Art. 25 sich nach dem Begriff des «wilful misconduct» ausrichten soll [64].

Handelt der Verursacher des Schadens in einer qualifizierten Position und verfügt er über spezielles Wissen, sind die Anforderungen an die Sorgfaltspflichten höher [65].

Der beschriebene Grundsatz wirkt sich vor allem aus, wenn der Richter Fehler von *Piloten* zu beurteilen hat. Auch Piloten ist in gefährlichen Situationen eine gewisse Reaktionszeit zuzubilligen, und der Richter hat die Angemessenheit einer Massnahme nicht retrospektiv zu beurteilen. Entscheidend ist, was ein sorgfältiger Pilot unter den gegebenen Umständen unter Einhaltung grundlegender Sorgfaltspflichten zu tun hat. Der Pilot darf die gefährliche Lage nicht durch mangelhafte Vorbereitung des Fluges oder durch falsche Manöver verursacht haben; nur unvorhersehbare Schwierigkeiten rechtfertigen eine mildere Beurteilung [66].

Bei *Frachtschäden* haben die Gerichte in der Regel zwei Aspekte zu beurteilen: sie prüfen, ob das Verhalten der Beklagten oder ihrer Leute im konkreten Fall die Voraussetzungen des Vorsatzes oder der groben Fahrlässigkeit erfüllt und ob das Mass der allgemein angewendeten Sorgfalt vor allem bei der Beförderung von Wertsendungen nicht als grob fahrlässig zu betrachten ist. Vorsatz ist in der Regel gegeben, wenn die Sendung gestohlen worden und der Dieb bekannt ist. Grobe Fahrlässigkeit kann vorausgesetzt werden, wenn der Lufttransportführer es unterlässt, das Mass an Sorgfalt anzuwenden, das nach den konkreten Verhältnissen die sichere Beförderung des Frachtgutes und dessen Übergabe an den Empfänger gewährleistet [67].

Im Fall *K. gegen X. AG* machten die Kläger aufgrund von Art. 25 den Ersatz des ganzen Schadens geltend. Für das **Bundesgericht** erübrigten sich Erwägungen über die Voraussetzungen der groben Fahrlässigkeit, weil der tatsächlich erlittene Schaden die Limiten des Abkommens nicht überstieg [68].

Im Fall *Alpina Compagnie d'Assurances S.A. c. Sté. Trans World Airlines Inc.* hatte die **Genfer Cour de justice** den Diebstahl von Diamanten zu beurteilen. Angestellte des Lufttransportführers hatten die Wertsendung in Genf verladen. Am Zielort Tel Aviv traf sie – nach zwei vorgesehenen

---

61 BGE 93 II 352 mit Verweisen; OFTINGER 142ff, 153; siehe auch Urteil des OG Zürich vom 4. März 1966, ASDA-Bulletin 1966/2, 14.
62 Urteil der Cour de justice civile Genf vom 16. März 1962, ASDA-Bulletin 1962/3, 22.
63 Urteil der Cour de justice civile Genf vom 16. März 1962, ASDA-Bulletin 1962/3, 21.
64 BGE 93 II 347f; Urteil des OG des Kantons Zürich vom 4. März 1966, ASDA-Bulletin 1966/2, 14.
65 OFTINGER 147f.
66 OFTINGER 148.
67 BGE 93 II 350.

Zwischenlandungen in Rom und Athen – nicht ein. Weder die TWA noch die Polizei konnten herausfinden, wo die Sendung verschwunden war. Die Absenderin gab den Wert der Sendung mit 270'000 Fr. an und hatte sie für 200'000 Fr. bei der Klägerin versichert. Auf dem Luftfrachtbrief deklarierte sie einen Wert von 40'000 Fr. Die TWA bezahlte eine Entschädigung von 40'000 Fr. Die Versicherungsgesellschaft klagte gestützt auf Art. 25 WA den Betrag von 160'000 Fr. ein. Das Gericht betrachtete die Voraussetzungen von Art. 25 und Art. 10 LTR nicht als erfüllt. Es ging vom Begriff des «faute grave» aus, welcher dem französischen «faute lourde» entspreche. Die Klägerin habe nicht beweisen können, dass die grobe Fahrlässigkeit der Beklagten den Schaden verursachte [69]. Ebensowenig habe sie nachgewiesen, dass ein Angestellter der Fluggesellschaft die Diamanten gestohlen habe. Das Gericht prüfte schliesslich, ob die TWA den Transport von Wertsachen generell schlecht organisiert habe (Transport im Frachtraum statt im Cockpit). Das Gericht kam zum Schluss, dass die Mängel kein schweres Verschulden i.S. von Art. 25 WA und Art. 10 LTR darstellten [70]. Das Gericht hielt der Klägerin schliesslich vor, dass die Absenderin den Wert der Sendung zu tief deklariert hatte und sie entsprechende Praktiken im Versicherungsvertrag nicht verbiete.

Ein ähnlicher Sachverhalt lag dem **Zürcher Obergericht** im Fall *Black Sea and Baltic Insurance Comp. Ltd. gegen Scandinavian Airlines System, SAS* vor [71]. Es war unbekannt, warum eine Sendung mit Banknoten auf dem Transport zwischen Zürich und Buenos Aires abhanden kam. Das Gericht betrachtete die Voraussetzungen von Art. 25 nicht als erfüllt. Es sei nicht bewiesen, dass die Sendung – wie von der Polizei vermutet – während einer Zwischenlandung oder am Bestimmungsort gestohlen worden sei. Auch sei die Beförderung der Banknoten in einem Kollektorsack in einem durch sog. «webgates» gebildeten Abteil im allgemeinen Frachtraum nicht grobfahrlässig.

Ebenfalls um den Transport von Banknoten ging es im Fall *Deutsche Lufthansa AG gegen Basler Transport-Versicherungsgesellschaft* [72]. Die Absenderin wollte fünf Umschläge mit je 20'000 U.S. $ in Noten von Basel nach Buenos Aires befördern lassen. Die Fluggesellschaft legte die Umschläge in einen grobgewobenen Jutesack und beförderte sie im Frachtraum des Flugzeuges. Nach vier planmässigen Zwischenlandungen traf das Flugzeug in Buenos Aires ein. Beim Ausladen bemerkten die Angestellten der Fluggesellschaft, dass der Jutesack aufgerissen worden war und vier der fünf Umschläge fehlten. Die Nachforschungen der Fluggesellschaft und der Polizei blieben erfolglos. Die Versicherung der Absenderin ersetzte den Schaden und klagte danach gegen die Lufthansa auf Zahlung des entsprechenden Betrages. Das **Handelsgericht Zürich** und das **Bundesgericht** hiessen die Klage gut. Das Bundesgericht ging wie die Vorinstanz davon aus, dass der Täter nicht bekannt sei. Damit war «Vorsatz» i.S. von Art. 25 WA ausgeschlossen. Hingegen erachtete das Bundesgericht die Voraussetzungen der «groben Fahrlässigkeit» als erfüllt. Es sei unverständlich, Wertsachen in einem weitmaschigen und durchsichtigen Netzsack zu befördern. Die Beklagte habe gewusst, dass das betreffende Frachtabteil während einer Zwischenlandung geöffnet werde; damit waren die Wertsachen insbesondere Flughafenarbeitern zugänglich. Trotzdem unterliess die Beklagte entsprechende Kontrollen durch eigenes Personal; dies taxierte das Bundesgericht als «unverantwortlich». Wenn Kontrollen zu aufwendig seien, hätte die Beklagte im Flugzeug einen Sicherheitsschrank einbauen müssen. Die Unterlassungen der Fluggesellschaft seien unentschuldbar, weil sie auf ungenügender Organisation von Sicherheitstransporten beruhten.

---

68 Urteil vom 28. Juni 1960, ASDA-Bulletin 1960/3, 11.
69 Urteil der Cour de justice civile Genf vom 16. März 1962, ASDA-Bulletin 1962/3, 21.
70 Urteil der Cour de justice civile Genf vom 16. März 1962, ASDA-Bulletin 1962/3, 23.
71 Urteil vom 4. März 1966, ASDA-Bulletin 1966/2, 8ff.
72 Urteil vom 14. Nov. 1967, BGE 93 II 345, ASDA-Bulletin 1968/2, 18ff.

Ein fast identischer Sachverhalt lag dem **Bezirksgericht Zürich** vor. Das Zürcher Gericht übernahm die Argumentation des Bundesgerichts im Urteil 93 II 352. Es sei nicht festzustellen, wo die Sendung abhanden gekommen war. Trotzdem sei das Verschulden der Fluggesellschaft schwer; auf der betroffenen Strecke seien wiederholt Wertsendungen verschwunden und sie habe es unterlassen, vermehrte Sicherheitsmassnahmen zu ergreifen [73].

Das **Zivilgericht Basel-Stadt** betrachtete die Voraussetzungen von Art. 25 WA nicht als erfüllt in einem Fall, in dem der Lufttransportführer lebende Fische nicht im Wärmeraum des Frachthofes gelagert hatte [74]. Der Absender sei aufgrund von IATA-Bestimmungen verpflichtet gewesen, die Tiere so zu verpacken, dass sie 48 Stunden unbeaufsichtigt und ungewartet überleben könnten.

c) Hilfspersonen als Täter i.S. von Art. 25 (ursprüngliche Fassung)

Gemäss Abs. 2 von Art. 25 (ursprüngliche Fassung) muss der Lufttransportführer für Schäden einstehen, welche seine Leute verursacht haben, wenn diese in Ausführung ihrer Verrichtung handelten [75].

Strittig sind im Zusammenhang mit der Anwendung dieser Vorschrift vor allem Diebstähle durch Leute des Lufttransportführers. Bei einem Diebstahl sind die Voraussetzungen der Absicht erfüllt, sodass nur offen ist, ob der Täter «in Ausführung» seiner Verrichtung gehandelt hat [76].

Im Fall *Swissair S.A. contre Concorde S.A.* hatte das **Bundesgericht** den Diebstahl eines Frachtgutes zu beurteilen [77]. Der Bordkommandant hatte eine Kiste mit Gold in seinem Mantel versteckt und entwendet [78]. Das Bundesgericht kam zum Schluss, die Swissair müsse sich das Verhalten des Piloten anrechnen lassen, weil sie ihm mindestens teilweise die Erfüllung des Vertrages überlassen habe. Weil der Pilot das Gold gestohlen habe, seien die Voraussetzungen des Vorsatzes («dol») erfüllt und Swissair habe den ganzen Schaden zu ersetzen.

Anders entschied im Zusammenhang mit einem Diebstahl der **U.S. District Court S.D.N.Y.** Das Gericht betrachtete die Voraussetzungen von Art. 25 WA als nicht erfüllt, weil der Täter nicht in Ausführung seiner Verrichtungen gehandelt habe [79].

2. Art. 25 in der Fassung des Haager Protokolls

a) Entstehungsgeschichte von Art. 25 HP

aa) Die Haager Konferenz

Die Haager Konferenz revidierte die ursprüngliche Fassung von Art. 25, weil die Bestimmung die materiellen Voraussetzungen der unbeschränkten Haftung nicht vereinheitlicht [80]. Die Revision sollte dies erreichen. Während der Vorarbeiten zur

---

73 Urteil vom 1. Okt. 1968, ASDA-Bulletin 1969/2, 14.
74 TranspR 1985, 388, Hinweis in SCHMID/BRAUTLACHT, ZLW 1988, 163.
75 Zum Begriff der «Leute» vorne 111.
76 Zur Haftung der Leute hinten 260.
77 BGE 85 II 267; ASDA-Bulletin 1961/1, 9ff.
78 Zum Strafverfahren siehe ASDA-Bulletin 1956/11, 9.
79 590 F. Supp. 165, Hinweis in SEHR, JALC 53 [1987] 121.
80 Siehe auch ICAO-Doc. 7668-LC/140 Vol. II, 98

Haager Konferenz existierten verschiedene Entwürfe. Alle umschrieben materiell die Voraussetzungen der unbegrenzten Haftung, und bis auf einen schlossen sie die grobe Fahrlässigkeit als Grund für die unbegrenzte Haftung aus [81]. Der Konferenz lag schliesslich folgender Entwurf vor [82]:

«The limits of liability specified in Article 22 of the Convention shall not apply if it is proven that the damage resulted from a deliberate act or omission of the carrier, his servants or agents, done with intent to cause damage; provided that, in the case of a deliberate act or omission of a servant or agent, it is also proved that he was acting in the course of his employment.»[83].

Während der Konferenz geriet der Vorschlag unter Beschuss [84]. Verschiedene Delegierte waren nicht damit einverstanden, dass der Lufttransportführer nur im (theoretischen [85]) Fall der vorsätzlichen Schädigung unlimitiert haften solle [86]. Sie waren entweder dafür, Art. 25 in der bisherigen Fassung beizubehalten oder sie unterstützten einen Vorschlag, den Norwegen unterbreitet hatte [87]: er bestimmte, dass der Lufttransportführer auch bei einem milderen Verschulden als demjenigen des Vorsatzes nicht in Genuss der Limiten kommt [88]. Nach dem norwegischen Vorschlag sollte der Lufttransportführer – neben dem Vorsatz – auch unbegrenzt haften, wenn der Schaden «[was] done recklessly by not caring whether or not damage was likely to result» [89].

Die Diskussion um die definitive Formulierung wurde innerhalb einer speziellen Arbeitsgruppe und während verschiedener Sitzungen des Plenums geführt. Der norwegische Delegierte brachte an seinem Vorschlag eine Änderung an, indem er nach «recklessly» das Wort «by» durch «and» ersetzte; damit sollte der englische Text in Übereinstimmung gebracht werden mit der französischen und spanischen Version [90]. Speziell setzten sich die Delegierten mit der Frage auseinander, in welcher Form der Täter gewusst haben muss, dass der Schaden möglicherweise eintritt [91]. Einige Delegierte befürchteten, der Richter werde einen objektiven Massstab anlegen [92]. Der französische Delegierte schlug vor, die Formulierung «without caring» durch den Ausdruck «with knowledge» zu ersetzen [93].

Der amerikanische Delegierte brachte einen Punkt zur Diskussion, der sich später bei der Anwendung der Bestimmung als wichtig erweisen sollte. Er wollte wissen, ob die korrekte Formulierung «with knowledge» oder «where he should have had knowledge»

---

[81] ICAO-Doc. 7668-LC/140 Vol. II, 99; GERBER 86 mit Verweisen.
[82] Die Verhandlungssprache der Konferenz in Haag war englisch.
[83] ICAO-Doc. 7668-LC/140, Vol.II, 80; der Entwurf war in Rio mit knapper Mehrheit (12 zu 11 Stimmen) angenommen worden.
[84] Vorbehaltlos unterstützt hat ihn nur der Beobachter der IATA, ICAO-Doc. 7686-LC/140, Vol. I, 182.
[85] So der deutsche und der spanische Delegierte, ICAO-Doc. 7686-LC/140, Vol. I, 171, 178.
[86] So z.B. die Vertreter von Norwegen, Italien, Mexiko, der Schweiz, Griechenland, Libanon, Spanien ICAO-Doc. 7686-LC/140, Vol. I, 166ff.
[87] So Italien, Mexiko, (eventualiter) die Schweiz, Brasilien, ICAO-Doc. 7686-LC/140, Vol. I, 167ff.
[88] Die Delegierten der Schweiz und Deutschlands sprachen ausdrücklich davon, dass «gross negligence» bzw. «particularly serious negligence» die unlimitierte Haftung auslösen sollte, ICAO-Doc. 7686-LC/140, Vol. I, 171ff.
[89] ICAO-Doc. 7686-LC/140, Vol. I 166.
[90] ICAO-Doc. 7686-LC/140, Vol. I 182.
[91] Insbesondere an der 16. Sitzung, ICAO-Doc. 7686-LC/140, Vol. I, 192ff.
[92] So der Delegierte von Holland, ICAO-Doc. 7686-LC/140, Vol. I, 197f.
[93] ICAO-Doc. 7686-LC/140, Vol. I 203.

lauten solle [94]. Die Frage blieb vorerst unbeantwortet und führte dazu, dass die Delegierten in einer Konsultativabstimmung (*preferential vote*) zu drei verschiedenen Formulierungen Stellung nehmen konnten [95]. 13 Delegierte bevorzugten die Formulierung «(...) and has acted recklessly and knew that damage would probably result», während 11 Delegierte für die Version «(...) and has acted recklessly and knew or should have known that damage would probably result»; drei Delegierte waren für die Formulierung «(...) and has acted recklessly» [96]. Unmittelbar danach – und nachdem der französische Delegierte zu Protokoll gegeben hatte, er habe sich der Stimme enthalten, weil die Abstimmung keine Bedeutung habe und sinnlos sei, solange Art. 25 nicht mit der Höhe der Haftungslimiten in Verbindung gebracht werde – wurde eine zweite Konsultativabstimmung angesetzt. Diesmal ging es darum, Art. 25 im Zusammenhang mit den verschiedenen Haftungslimiten, die zur Debatte standen, zu beurteilen. Am meisten Stimmen (23) erhielt der Vorschlag, Art. 25 in der ursprünglichen Version zu belassen und die Limite von 125'000 auf 200'000 Goldfranken zu erhöhen. 20 Delegierte bevorzugten die in der Vorabstimmung gewählte Formulierung für Art. 25 zusammen mit der Erhöhung der Haftung auf 200'000 Goldfranken [97]. Nach dieser Konsultativabstimmung schlug der amerikanische Delegierte vor, die definitive Abstimmung über die diskutierten Fragen zu verschieben. Er gab zu verstehen, seine Regierung werde eine zu geringe Erhöhung der Haftungslimiten nicht akzeptieren und schilderte die Folgen, welche ein Ausscheiden der USA aus dem Warschauer System nach sich ziehen würde [98]. Die verbindliche Abstimmung wurde verschoben, damit die Delegierten ihre Regierungen konsultieren konnten.

Vor der nächsten Abstimmung schlug der Delegierte der USA vor, die Haftungslimite sei für Personenschäden auf 250'000 Goldfranken zu erhöhen; zusätzlich könne der Richter die Limite um 25 % erhöhen, um Anwaltskosten zuzusprechen. In bezug auf Art. 25 könne die USA sowohl die ursprüngliche Version von Art. 25 sowie den norwegischen Vorschlag akzeptieren.

In der folgenden Abstimmung lagen den Delegierten verschiedene Kombinationen von Haftungslimiten und Formulierungen für Art. 25 vor. Der Vorschlag, die Limiten auf 200'000 Goldfranken zu erhöhen und Art. 25 entsprechend dem ersten Entwurf (*Rio proposal*) zu formulieren, erhielt 17 Stimmen. Zwei Stimmen weniger fielen auf den Vorschlag, die Limite bei 200'000 Goldfranken anzusetzen und Art. 25 in der ursprünglichen Version zu belassen [99]. 10 Delegierte stimmten für die Erhöhung auf 250'000 Goldfranken und Art. 25 gemäss dem norwegischen Vorschlag. Ebenso viele Stimmen erhielt der Vorschlag, die Limiten auf 250'000 Goldfranken festzusetzen,

---

[94] ICAO-Doc. 7686-LC/140, Vol. I 204.
[95] Die Abstimmungsfrage lautete:
«There should be unlimited liability of the person concerned has committed an intentional act:
(a) and has acted recklessly
(b) and has acted recklessly and knew or should have known that damage would probably result
(c) and has acted recklessly and knew that damage would probably result.»
ICAO-Doc. 7686-LC/140, Vol. I 205f.
[96] ICAO-Doc. 7686-LC/140, Vol. I 206.
[97] ICAO-Doc. 7686-LC/140, Vol. I 206.
[98] ICAO-Doc. 7686-LC/140, Vol. I 207.
[99] ICAO-Doc. 7686-LC/140, Vol. I 280.

zusätzlich die Gerichts- und Parteientschädigung zuzusprechen und Art. 25 gemäss dem norwegischen Entwurf zu formulieren [100]. Der norwegische Vorschlag hatte damit 20 Stimmen bekommen, wenn auch in Kombination mit unterschiedlichen Haftungssummen. Nach der Abstimmung wurde eine Arbeitsgruppe eingesetzt; sie sollte für den norwegischen Vorschlag eine Formulierung finden, die sich in die verschiedenen Sprachen des Abkommens übersetzen liesse. Insbesondere ging es um die Übersetzung des Wortes «recklessly»/«témérairement».

In der letzten Sitzung, in welcher Art. 25 beraten wurde, kam schliesslich ein Punkt zur Sprache, der sich in der Praxis als wichtig erweisen sollte: welche Beweise sind relevant, um den Voraussetzungen von Art. 25 zu genügen? Verschiedene Delegierte wiesen darauf hin, dass nach ihrem nationalen Recht der Richter das von Art. 25 geforderte Wissen aufgrund von Tatsachen annehmen könne [101].

In der Schlussabstimmung lag der Konferenz als erstes der bereinigte Text der Arbeitsgruppe vor, der auf dem norwegischen Entwurf beruhte: er wurde mit 23 zu 16 Stimmen bei einer Enthaltung angenommen [102]. Danach sollte über die Höhe der Haftungslimiten abgestimmt werden. Diese Abstimmung wurde auf eine andere Sitzung verschoben, weil sich die Delegierten über den amerikanischen Vorschlag nicht einig waren, die Anwalts- und Gerichtskosten separat zuzusprechen. Mit der Schlussabstimmung nahmen die Delegierten den folgenden Text von Art. 25 an:

«The limits of liability specified in Article 22 shall not apply if it is proved that the damage resulted from an act or omission of the carrier, his servants or agents, done with intent to cause damage or recklessly and with knowledge that damage would probably result; provided that, in the case of such act or omission of a servant or agent, it is also proved that he was acting within the scope of his employment.»

«Les limites de responsabilité prévues à l'article 22 ne s'appliquent pas s'il est prouvé que le dommage résulte d'un acte ou d'une omission du transporteur ou de ses préposés fait, soit avec l'intention de provoquer un dommage, soit témérairement et avec conscience qu'un dommage en résultera probablement, pour autant que, dans le cas d'un acte ou d'une omission de préposés, la preuve soit également apportée que ceux-ci ont agi dans l'exercice de leur fonction.»

«Die in Art. 22 vorgesehenen Haftungsbeschränkungen gelten nicht, wenn nachgewiesen wird, dass der Schaden durch eine Handlung oder Unterlassung des Luftfrachtführers oder seiner Leute verursacht worden ist, die entweder in der Absicht, Schaden herbeizuführen, oder leichtfertig und in dem Bewusstsein begangen wurde, dass ein Schaden mit Wahrscheinlichkeit eintreten werde. Im Falle einer Handlung oder Unterlassung der Leute ist ausserdem zu beweisen, dass diese in Ausführung ihrer Verrichtungen gehandelt haben.»

bb) Zusammenfassung der Entstehungsgeschichte und Schlussfolgerung

Die Diskussion um Art. 25 bewegte sich auf verschiedenen Ebenen: die Delegierten rangen um eine Formulierung für Art. 25, welche die Voraussetzungen der unlimitierten

---

100 Aus dem Protokoll der Konferenz geht nicht hervor, nach welchem Modus die Delegierten in dieser Abstimmung stimmten; offenbar konnten sie ihre Stimme allen Vorschlägen geben, die für sie akzeptabel waren.
101 So die Delegierten von Israel, den Vereinigten Staaten und von Frankreich, ICAO-Doc. 7686-LC/140, Vol. I 285.

Haftung vereinheitlichen würde; gleichzeitig versuchten sie, die Voraussetzungen der unlimitierten Haftung mit der Höhe der Haftungslimiten in Einklang zu bringen und ein Haftungssystem zu schaffen, das zu möglichst wenigen Streitigkeiten führen würde. Schliesslich musste Art. 25 von der englischen Verhandlungssprache in die offiziellen Sprachen und vor allem in die massgebende französische Version übersetzt werden. Die verschiedenen Diskussionspunkte waren miteinander verknüpft und erschwerten eine gradlinige Auseinandersetzung, weil die Delegationen unterschiedliche Schwerpunkte setzten [103].

Trotzdem lassen die Materialien Verschiedenes erkennen: die Delegierten waren nicht damit einverstanden, den Lufttransportführer nur unbegrenzt haften zu lassen, wenn er den Schaden vorsätzlich verursacht hatte. Sie suchten nach einer Formulierung, welche eine mildere Verschuldensform entsprechend dem «wilful misconduct» einschliesst [104], aber nicht so weit geht, dass sie – wie nach der Praxis zum Abkommen in der ursprünglichen Fassung – «faute lourde» beinhaltet [105]. Im weiteren zeigen die Materialien, dass die Voraussetzungen der unlimitierten Haftung mit der Höhe der Haftungslimiten verknüpft sind.

b) Die wörtliche Auslegung

aa) Der missverständliche Wortlaut

Die wörtliche Auslegung von Art. 25 in der Fassung des Haager Protokolls ist schwierig, weil die Formulierung des Textes latent widersprüchlich ist. Dies ist darauf zurückzuführen, dass ein Rechtsbegriff («wilful misconduct»), der in einem bestimmten Rechtskreis (*common law*) feste Konturen hat, Grundlage bildete für eine Vorschrift, die auch in Rechtskreisen Bestand haben sollte, die «wilful misconduct» nicht kennen. Nach einer langen Debatte einigten sich die Teilnehmer der Haager Konferenz auf einen Kompromiss, der zu Missverständnissen führen kann: aus der einheitlichen Rechtsfigur des «wilful misconduct» wurden – unter Verwendung der Terminologie, die dem «wilful misconduct» eigen ist – zwei Verschuldensformen konstruiert: diejenige der Absicht und eine leichtere Form, die zwischen Absicht und grober Fahrlässigkeit liegt.

Kommunikationsschwierigkeiten unter den angloamerikanischen und kontinentaleuropäischen Juristen über die Transponierung und die zutreffende Übersetzung der diskutierten Verschuldensbegriffe gab es schon bei der Warschauer Konferenz [106]. Sie blieben bestehen. Sowohl in den Übersetzungen des Warschauer Abkommens in der ursprünglichen Fassung als auch in den Protokollen der Haager Konferenz wird der Ausdruck «wilful misconduct» mit «dol» übersetzt, obwohl sich die Verschuldensformen nicht decken [107].

Die Formulierungen, die in Art. 25 zu Missverständnissen führen können, sind die folgenden:

---

102 ICAO-Doc. 7686-LC/140, Vol. I 286.
103 Am deutlichsten zeigte sich dies bei einer Zwischenabstimmung über den Wortlaut von Art. 25, ICAO-Doc. 7686-LC/140, Vol. I 206, vorne 224.
104 ICAO-Doc. 7686-LC/140, Vol. I.
105 Am deutlichsten dazu der französische Delegierte ICAO-Doc. 7686-LC/140, Vol. I, 199.
106 GULDIMANN, ZLW 1955, 272f; vorne 214.
107 BIN CHENG, AASL 1977, 62 FN 23.

- Art. 25 geht davon aus, dass der Lufttransportführer in zwei Fällen unlimitiert haften soll: entweder wenn er absichtlich gehandelt hat oder wenn er sich bewusst war, dass durch sein Verhalten wahrscheinlich ein Schaden entstehen werde und er sich leichtfertig über dieses Bewusstsein hinwegsetzt. Mit der Einführung von zwei Verschuldensformen erhielt Art. 25 in den kontinentaleuropäischen Ländern eine zusätzliche Dimension, weil die ursprüngliche Fassung nur eine Verschuldensform nennt, welche die unlimitierte Haftung des Lufttransportführers auslöst. Für die angloamerikanischen Juristen bezeichnet Art. 25 auch nach der Revision eine einzige Verschuldensform, nämlich diejenige des «wilful misconduct» [108]. Abgesehen davon, dass diese grundsätzlich unterschiedliche Auffassung die einheitliche Auslegung von Art. 25 fast verunmöglicht, stehen die kontinentaleuropäischen Juristen vor dem Problem, die beiden Verschuldensformen voneinander abzugrenzen. Die Unterscheidung fällt schwer, weil Art. 25 nur Anhaltspunkte enthält. Klar geht aus dem Wortlaut hervor, dass mit der zweiten Verschuldensform etwas anderes gemeint ist als die Absicht. Aus der Entstehungsgeschichte lässt sich ableiten, dass sie sich auf «wilful misconduct» bezieht. «Wilful misconduct» enthält jedoch selber ein Element der Absicht, sodass es wenig Sinn macht, als Alternative dazu das absichtliche Verschulden zu nennen [109]. Allerdings impliziert «wilful misconduct» nicht die Absicht zur Schädigung, sondern die Absicht, eine Vorschrift zu verletzen [110]. Dieser entscheidende Unterschied geht aus dem Text nicht hervor.

- Die Formulierung von Art. 25 erweckt den Eindruck, dass das Bewusstsein, ein Schaden werde wahrscheinlich entstehen, alternativ zur Absicht vorhanden sei («entweder in der Absicht (...), oder leichtfertig und in dem Bewusstsein, dass ein Schaden mit Wahrscheinlichkeit entstehen werde»). Unter dem Konzept des «wilful misconduct» ist das Bewusstsein, dass ein Schaden wahrscheinlich eintreten werde, nicht alternativ zur Absicht vorhanden, sondern es begleitet sie, gehört kumulativ dazu.

Wie kann der kontinentaleuropäische Richter Art. 25 trotz dieser Widersprüche sinnvoll anwenden? Weil der Text der Bestimmung missverständlich formuliert ist und zu absurden Resultaten führen kann [111], muss der Richter dem Ziel und Zweck sowie der Entstehungsgeschichte von Art. 25 entscheidende Bedeutung zumessen (Art. 31, 32 VRK) [112]. Er wird unter Art. 25 zwei Verschuldensformen subsumieren, weil der Text dies ausdrücklich vorsieht. Bei der zweiten, milderen Verschuldensform muss er berücksichtigen, dass Art. 25 einen Rechtsbegriff normieren wollte, der im common law definiert ist, der in Art. 25 jedoch nicht abschliessend umschrieben wird. So wie Art. 25 formuliert wurde, entstand auch keine Definition eines anderen Verschuldensbegriffs. Die verstümmelte Umschreibung des wilful misconduct kann in der Praxis nur sinnvoll angewendet werden, wenn der Richter zur Ergänzung die in der angloamerikanischen Lehre und Praxis entwickelte Definition des wilful misconduct berücksichtigt.

---

108 BIN CHENG: «Article 25 means simply ‚wilful misconduct‘, AASL 1977, 63; ebenso Federal Court of Canada, Urteil vom 22. Okt 1981, AASL 1982, 534; siehe auch GIEMULLA/SCHMID, Art. 25 N 31.
109 Bereits an der Konferenz von Warschau wies der britische Delegierte darauf hin, dass «wilful misconduct» eine absichtliche Handlung enthalte, Protokoll der Konferenz von Warschau, 1929, 40.
110 BIN CHENG, AASL 1977, 76.
111 Hinten 246.
112 Zur Auslegung des Warschauer Abkommens vorne 43ff.

bb) Die mildere Verschuldensform als zweigliedriger Tatbestand?

Zu Missverständnissen kann schliesslich die Struktur von Art. 25 in der Fassung des Haager Protokolls führen. Bei der Anwendung von Haftpflichtnormen will der Richter daraus die normativen und die verschuldensmässigen Voraussetzungen der rechtlichen Verantwortung des Täters ableiten [113]. Wenn er Art. 25 diese beiden Elemente entnehmen will, stösst er auf Schwierigkeiten, weil der Text nicht so strukturiert ist.

Verschiedene [114] neuere Entscheide [115] und Kommentare [116] haben die unvollständige Definition zu ergänzen versucht, indem sie den im Haag formulierten Text als «zweigliedrig» auffassten und die «Leichtfertigkeit» als normatives Element prüfen. Sie fragen sich, ob das Verhalten des Täters nach einem objektiven Massstab «leichtfertig» gewesen sei und der Täter sich zusätzlich bewusst war, dass ein Schaden wahrscheinlich entstehen werde. In den älteren Entscheiden [117] und in der älteren Literatur [118] wird der Tatbestand von Art. 25 nicht in zwei Elemente zergliedert.

Mit dieser neueren Auslegung von Art. 25 läuft der Richter Gefahr, die Bedeutung von Art. 25 zu verkennen: bei «wilful misconduct» definiert «Leichtfertigkeit» nicht das normative Element; «Leichtfertigkeit» befasst sich vielmehr mit dem Verschulden des Täters und beschreibt, welche innere Haltung er gegenüber seinem Bewusstsein einnimmt, dass ein Schaden wahrscheinlich eintreten werde.

Ursprünglich hiess der für die Verhandlungen massgebende Text «recklessly *by* not caring whether or not damage was likely to result» (Hervorhebung von der Autorin). Die Formulierung wurde aus sprachlichen Gründen geändert [119].

Die in den letzten Jahren verschiedentlich vertretene Auffassung, wonach Art. 25 ein zweigliedriger Tatbestand sei, ist angesichts des unklaren Wortlauts der Bestimmung verständlich. Die Formulierung «(...) leichtfertig und in dem Bewusstsein (...)» verleitet zum Schluss, dass sich die «Leichtfertigkeit» als selbständiges Element manifestiere. Dies trifft aus den dargestellten Gründen nicht zu, und die Auffassung ist deshalb abzulehnen. Nach dem Konzept des «wilful misconduct» – und aus diesem wurde der Ausdruck der «Leichtfertigkeit» übernommen («recklessly», «with wanton disregard)» [120] – äussert sich das Element der Leichtfertigkeit ausschliesslich in der Haltung, die der Täter gegenüber seinem Bewusstsein einnimmt, dass ein Schaden wahrscheinlich entstehen werde.

---

113 Zu den konstitutiven Elementen des «wilful misconduct», BIN CHENG, AASL 64.
114 In der neueren Rechtsprechung wendet sich einzig das OLG Frankfurt offen gegen diese Auffassung, ZLW 1981, 90; der BGH fasst im Ergebnis Art. 25 ebenfalls einheitlich auf.
115 So das Urteil im *Avianca*-Fall, hinten 245ff; wieso das Bundesgericht zum Schluss kommt, Art. 25 sei «klar als kumulative Voraussetzung formuliert», belegt es nicht, BGE 113 II 364; ebenso Cour de cassation von Frankreich im Urteil vom 16. April 1975, hinten 243.
116 GIEMULLA/SCHMID, Art. 25 N 32.
117 So z.B. die Urteile im Fall *Tondriau vs. Air India,* hinten 242.
118 GULDIMANN beispielsweise schreibt nichts von einem zweigliedrigen Tatbestand; GERBER 87 spricht von «zwei Elementen», ohne zu definieren, wie sich diese unterscheiden.
119 Vorne 223.
120 Siehe dazu auch GIEMULLA/SCHMID, Art. 25 N 34 mit Verweis auf § 500 des amerikanischen Restatement of Laws, Second, Torts.

Dieses Ergebnis wird durch das französische Luftfahrtgesetz bestätigt. Es umschreibt den unentschuldbaren Fehler i.S. von Art. 25 (ursprüngliche Fassung) treffend: «Est inexcusable la faute délibérée qui implique la conscience de la probabilité du dommage et son acceptation téméraire sans raison valable» [121].

c) Absichtliche Schädigung als Voraussetzung der unlimitierten Haftung

Nach Art. 25 kann sich der Lufttransportführer nicht auf die Limiten von Art. 22 berufen, wenn er oder seine Leute den Schaden absichtlich herbeigeführt haben «avec l'intention de provoquer un dommage»/«done with intent to cause damage»/«in der Absicht, Schaden herbeizuführen»). Die von Art. 25 verlangte Form der Absicht liegt vor, wenn der Täter mit Wissen und Willen einen Schaden herbeiführen will [122]. Im Gegensatz dazu ist die Absicht, die unter «wilful misconduct» verlangt ist, nur darauf ausgerichtet, eine Vorschrift zu verletzen [123].

In der Praxis ist die Verschuldensform der absichtlichen Schädigung nur im Zusammenhang mit Vermögensschäden von Bedeutung [124]. Bei Körperverletzungen kann man sich kaum einen Fall vorstellen, in welchem der Lufttransportführer oder seine Leute absichtlich handeln.

d) Die mildere Verschuldensform

Nach Art. 25 kann sich der Lufttransportführer nicht auf die Limiten von Art. 22 berufen, wenn er oder seine Leute «(...) témérairement et avec conscience qu'un dommage en résultera probablement», «(...) recklessly and with knowledge that damage would probably result», «(...) con temeridad y sabiendo que probablemente causaria daño» handeln. In der im April 1956 zwischen der Bundesrepublik Deutschland, Österreich und der Schweiz vereinbarten amtlichen Übersetzung lautet der erwähnte Passus «(...) leichtfertig und in dem Bewusstsein, dass ein Schaden mit Wahrscheinlichkeit eintreten werde».

Die amtliche deutsche Übersetzung wird kritisiert, weil sie den Ausdruck «témérairement»/«recklessly»/«con temeridad» nicht zutreffend wiedergibt. Dem Wort «leichtfertig» fehlt das Element der Achtlosigkeit und Rücksichtslosigkeit, das «témérairement» und «recklessly» beinhalten [125]. Auch die Übersetzungen «verwegen» und «tollkühn» können missverständlich sein, weil sie eine positive Konnotation haben, wenn sie dem Täter ein besonders mutiges Verhalten unterschieben. Dieses Element fehlt in den massgebenden französischen, englischen und spanischen Versionen. Der Richter, welcher den deutschen Text des Warschauer Abkommens als Grundlage seines Entscheides benützt, muss im Auge behalten, dass «leichtfertig» nicht nur Gedankenlosigkeit impliziert, sondern eine Hemmungslosigkeit, sich über das Bewusstsein hinwegzusetzen, es werde wahrscheinlich ein Schaden eintreten.

---

121 Vorne 218.
122 GIEMULLA/SCHMID, Art. 25 N 30; allerdings mit dem missverständlichen Hinweis, dass «wilful misconduct» die Schadensabsicht beinhalte; dies kann der Fall sein, muss aber nicht, vorne 215f.
123 Hinten 232f.
124 Beispiele hinten 236f.
125 GERBER 86.

aa) Die Umschreibung von wilful misconduct durch angloamerikanische Gerichte

Damit die im Haager Protokoll gewählte Umschreibung der zweiten Verschuldensform verständlich wird, muss man sich mit den Definitionen auseinandersetzen, die amerikanische und englische Gerichte für den Begriff des «wilful misconduct» verwenden.

Im *leading case*, dem Fall *American Airlines vs. Ulen*, brauchte das Gericht folgende Definition: «(...) if the carrier or its employees or agents wilfully performed any act with the knowledge that the performance of that act was likely to result in injury to a passenger, or performed that act with reckless and wanton disregard of its probable consequences. (...) the mere violation of those [safety rules and regulations] (...) even if intentional would not necessarily constitute wilful misconduct, but if the violation was intentional with knowledge that the violation was likely to cause injury to a passenger, then that would be wilful misconduct and, likewise, if it was done with wanton and reckless disregard of the consequences» [126].

Ähnlich lautet die Definition im Fall *Pekelis vs. Transcontinental and Western Air*: «Wilful misconduct is the intentional performance of an act with knowledge that the performance of that act will probably result in injury or damage, or it may be intentional performance of an act in such a manner as to imply reckless disregard of the probable consequences of the performance of that act. Likewise, the intentional omission of some act with the knowledge that such omission will probably result in damage or injury, or the intentional omission of some act in a manner from which could be implied reckless disregard of the probable consequences (...)» [127].

Im Entscheid *KLM vs. Tuller* definierte der **U.S. Court of Appeals, District of Columbia Circuit** «wilful misconduct» als «the intentional performance of an act with knowledge that the (...) act will probably result in injury or damage». «Wilful misconduct» enthalte «reckless disregard of the consequences» oder «a deliberate purpose not to discharge some duty necessary to safety» [128].

Die neueren Entscheide zu «wilful misconduct» griffen auf die genannten Definitionen zurück: im Entscheid *Butler vs. Aeromexico* kam das Gericht zum Schluss, dass «significant facts» vorlagen «from which the court might properly draw the inference that the crew had intentionally performed acts with knowledge that under the circumstances injury might result» [129]. Im Entscheid *Maschinenfabrik Kern AG vs. Northwest Airlines* hielt das Gericht fest, «wilful misconduct» liege vor, «(...) where an act or omission is taken with knowledge that the act probably will result in injury or damage or with reckless disregard of the probable consequences» [130].

Im Entscheid *Plaza Recycling Company, Inc. vs. British Airways*, Inc. konkretisierte das Gericht wilful misconduct in bezug auf die Beförderung von Fracht: «In order to succeed with the wilful misconduct claim, plaintiff must establish that defendant intentionally failed to transport the consignment as valuable cargo with knowledge or reckless indifference that a loss would

---

126 Urteil des U.S. Court of Appeals, District of Columbia vom 26. Sept. 1949, 2 Avi.14,990.
127 Urteil des U.S. Court of Appeals, Second Circuit vom 15. Feb. 1951, 3 Avi.17,440.
128 Urteil vom 23. Juni 1961, 7 Avi.17,544; LOWENFELD, VI-56; deutsche Übersetzung in ZLW 1962, 155; zum Sachverhalt vorne 217.
129 Urteil des U.S. Court of Appeals for the Eleventh Circuit vom 18. Okt. 1985, 19 Avi.17,961; die im zitierten Urteil verwendete Definition von «wilful misconduct» wurde auch vom District Court S.D.N.Y im Fall *In re Hijacking of Pan Am World Airways, Inc. Aircraft Sept. 5, 1986* verwendet, 713 F.Supp. 1483 (S.D.N.Y. 1989), zitiert bei PETKOFF, JALC 56 [1990] 71.
130 Urteil des Circuit Court N.D. Ill., 1983, Nachweis bei BELL, JALC 53 [1988] 870 FN 213.

probably occur from such conduct.» ¹³¹. Im Fall *Merck & Co. vs. Swissair* zitierte das Gericht den Entscheid *Grey vs. American Airlines*, um zu prüfen, ob die Voraussetzungen von «wilful misconduct» erfüllt seien ¹³².

Soweit ersichtlich haben sich englische Gerichte nur in zwei Fällen mit «wilful misconduct» im Zusammenhang mit Luftbeförderungen befasst.

Im Fall *Horabin vs. British Overseas Airways Corporation* brauchte das Gericht die folgende Umschreibung: «To be guilty of wilful misconduct the person concerned must appreciate that he is acting wrongfully, or is wrongfully omitting to act and yet persists in so acting or omitting to act regardless of the consequences, or act or omits to act with reckless indifference as to what the result may be ¹³³. Im Fall *Goldman vs. Thai Airways International Ltd.* verlangte das Gericht, der Kläger müsse beweisen, «that the damage resulted from an act or omission, that the act was done with intent to cause damage or when the doer was aware that damage would probably result and that the doer did so regardless of that possibility» ¹³⁴.

Auch wenn die Gerichte in der Definition von «wilful misconduct» leicht voneinander abweichen, enthalten sie grundsätzlich die gleichen Elemente:

Das eine Element des «wilful misconduct» betrifft die *normativen Voraussetzungen*: der Täter muss absichtlich eine Vorschrift verletzen, die ihn zu einem Handeln oder zu einer Unterlassung verpflichtet. Unter «Vorschrift» sind nicht nur gesetzliche Normen zu verstehen, sondern auch berufsspezifische Vorschriften ¹³⁵. Das zweite Element betrifft das *Verschulden*: Der Täter setzt sich über die ihn verpflichtenden Vorschriften hinweg, ohne sich um die schädigenden Konsequenzen seines Verhaltens zu kümmern, oder er ist sich der schädigenden Konsequenzen seines Verhaltens bewusst und setzt sich rücksichtslos über dieses Bewusstsein hinweg ¹³⁶.

Die «leichtfertige» Einstellung, die das Bewusstsein des möglichen Schadenseintritts impliziert, gleicht dem im Strafrecht verwendeten Konzept des Eventualvorsatzes ¹³⁷: der Täter weiss, dass ein Schaden eintreten kann und nimmt das entsprechende Risiko in Kauf. Im Unterschied zum Eventualvorsatz muss der Täter den Schaden jedoch innerlich nicht gutheissen ¹³⁸.

---

131 Entscheid des New York Supreme Court, N.Y.. County vom 5. Feb. 1986, 19 Avi.18,422.
132 Urteil des District Court, S.D.N.Y. vom 6. Dez. 1985, 19 Avi.18,192; weitere Nachweise über Entscheide bei SILETS, JALC 53 [1987] 366 FN 267.
133 United Kingdom of Great Britain and Northern Ireland, Queen's Bench Division, Urteil vom 6. Nov. 1952, Fundstelle bei MILLER 197, FN 28.
134 Urteil des Court of Appeal vom 5. Mai 1983, zitiert bei MARTIN, AASL 1983, 145; PRICE verdeutlichte diese Formulierung: «It was in relation to that knowledge that his conduct was to be judged in order to determine whether or not he was reckless», PRICE NORMAN, Bemerkung zum Urteil des Court of Appeal, Air Law, 1983, 172.
135 Siehe folgenden Abschnitt.
136 BIN CHENG gliedert «wilful misconduct» in drei Elemente: 1. die absichtliche Handlung (psychological/material element), 2. deren Norwidrigkeit (normative element) und 3. die Absicht, die fehlerhafte Handlung zu begehen, mit dem Wissen, dass sie fehlbar ist (an intention to commit the act in question, knowing it to be wrongful, i.e. wilfulness (psychological element), AASL 1977, 64. Im Ergebnis weicht diese Auffassung nicht von den in Kontinentaleuropa geltenden Voraussetzungen der Haftpflicht ab (Widerrechtlichkeit und Verschulden).
137 GERBER 87.
138 BGE 98 II 242; das Bundesgericht und später das Zürcher Handelsgericht sehen als weiteres Unterscheidungsmerkmal, dass die Erfordernisse von Art. 25 «insofern strenger [seien] als sich der Handelnde der *Wahrscheinlichkeit* (im Original kursiv) eines Schadenseintrittes bewusst sein muss» (BGE 98 II 242). Es ist nicht einzusehen, wie jemand, der einen möglichen Schaden innerlich gutheisst, nicht primär damit rechnet, dass er möglicherweise eintritt.

e) Das normwidrige Verhalten

Unter dem Warschauer Abkommen haftet der Lufttransportführer unter den Voraussetzungen von Art. 17 ff., wenn er einen Schaden verschuldet hat, indem er es unterliess, «alle erforderlichen Massnahmen zur Verhütung des Schadens» getroffen zu haben (Art. 20 WA) [139]. Bei der unlimitierten Haftung fehlt es an einer analogen Vorschrift über die normativen Voraussetzungen: der Richter muss durch eigene Rechtsfindung ermitteln, welche Normen der Täter verletzen muss, damit er unbeschränkt haftet.

Vorschriften über das Verhalten von Luft- und Bodenpersonal finden sich nur teilweise in behördlichen Erlassen (so insbesondere in der VO über die Verkehrsregeln für Luftfahrzeuge [140] oder in der VO des EVED über die Betriebsregeln im gewerbsmässigen Luftverkehr [141]). Die eigentliche Arbeit des Luftfahrtpersonals wird in Handbüchern des Lufttransportführers reglementiert. Sie sind zum Teil durch die Behörden genehmigt. Diese Normen bilden – zusammen mit den öffentlichrechtlichen Vorschriften die Grundlage, um das Verhalten von Piloten oder anderen Angestellten des Lufttransportführers im Zusammenhang mit Art. 25 zu beurteilen. Entscheidend ist, ob die entsprechende Vorschrift für den Täter aufgrund einer gesetzlichen oder vertraglichen Pflicht verbindlich ist.

Hersteller von Flugzeugen geben für jeden Flugzeugtyp ein Manual heraus (*Aircraft Operating Manual*); sie sind für alle Fluggesellschaften gleich. Für den Betrieb ihrer Flugzeuge stellen die einzelnen Fluggesellschaften eigene Regeln auf, die im *Flight Operations Manual* enthalten sind. Dieses FOM enthält verbindliche Vorschriften über die Führung des Flugzeuges im Streckeneinsatz. Ein Verfahren, das die eine Fluggesellschaft als obligatorisch vorschreibt, kann bei einer anderen Gesellschaft freiwillig sein oder ganz fehlen. Ähnliche Handbücher bestehen bei Fluggesellschaften auch für den Betrieb am Boden.

Die amerikanische Rechtsprechung hat bei Fällen, in welchen es um «wilful misconduct» ging, geprüft, ob der Täter Regeln oder Sicherheitsvorschriften verletzt habe («some duty necessary to safety», «rules or regulations [promulgated for the safety or air travel]» [142].

Wie in der ursprünglichen Fassung verlangt Art. 25 auch in der Fassung des Haager Protokolls, dass der Täter «in Ausführung seiner Verrichtungen» handelt [143].

f) Das mildere Verschulden gemäss Art. 25

Wenn der Richter das Verschulden prüft, qualifiziert er das Verhalten des Täters [144]. In Art. 25 werden zur Beurteilung des Verschuldens ähnliche Kriterien genannt, die für «wilful misconduct» gelten [145]: es wird verlangt, dass der Täter leichtfertig und im Bewusstsein gehandelt habe, dass ein Schaden wahrscheinlich eintreten werde.

---

139 Wenn der Lufttransportführer beweisen kann, dass er diese Massnahmen getroffen hat, kann er die Schadenersatzpflicht abwenden, vorne 180ff.
140 SR 748.121.11.
141 SR 748.127.1.
142 *American Airlines Inc. vs. Ulen,* Zitat bei BIN CHENG, AASL 1977, 68 FN 37.
143 Vorne 222, hinten 260.
144 Siehe dazu auch OFTINGER 138ff.
145 Vorne 215.

Man kann sich fragen, ob der Begriff «Bewusstsein» der amtlichen deutschen Übersetzung zu Recht gewählt wurde. Die Delegierten verhandelten an der Haager Konferenz auf englisch und brauchten den Begriff «knowledge». Die offizielle französische [146] und die spanische Übersetzung verwenden die Ausdrücke «conscience» bzw. «sabiendo». Während die englische und spanische Version dafür sprechen, im deutschen den Ausdruck «Wissen» zu gebrauchen, deutet die französische Version auf die Übersetzung «Bewusstsein». Sofern ein im Haftpflichtrecht relevanter Unterschied zwischen «Wissen» und «Bewusstsein» überhaupt besteht, wäre er wohl darin zu finden, dass «Bewusstsein» weniger konkret ist als «Wissen».

Die Beurteilung des Verschuldens hat im Zusammenhang mit der Anwendung von Art. 25 zu Kontroversen geführt.

Verschiedene *europäische* Gerichte stellten die Frage ins Zentrum, ob das Bewusstsein um den möglichen Schaden nach einem objektiven oder subjektiven Massstab zu beurteilen sei. In amerikanischen oder englischen Urteilen wird dieser für kontinentaleuropäische Gerichte entscheidende Punkt kaum diskutiert.

Bei der objektiven Betrachtungsweise fragt der Richter, ob sich der Täter als sorgfältiger Berufsmann hätte bewusst sein müssen, dass ein Schaden wahrscheinlich entstehen werde. Bei der subjektiven Betrachtungsweise prüft der Richter, ob sich der Täter im konkreten Fall bewusst war, dass ein Schaden wahrscheinlich entstehen werde [147].

Auf den ersten Blick scheinen diese beiden Auffassungen stark voneinander abzuweichen. Bei näherer Betrachtung zeigt sich, dass beide Methoden auf objektive Elemente angewiesen sind. Sie bilden die Grundlage für Hypothesen, die in unterschiedliche Richtungen gehen: bei der objektiven Methode fragt der Richter, über welches Bewusstsein der Täter hätte verfügen müssen, bei der subjektiven Methode fragt er, welches Bewusstsein der Täter hatte. In beiden Fällen schliesst er aus äusseren Tatsachen auf das Bewusstsein als «innere Tatsache» [148].

Aus dieser Sicht kommt der dogmatischen Streitfrage, ob das Bewusstsein, das Art. 25 erwähnt, nach einer objektiven oder subjektiven Methode zu prüfen sei, in der Praxis eine beschränkte Bedeutung zu. Wenn sie trotzdem beantwortet sein soll, scheint mir, dass der Wortlaut und die Entstehungsgeschichte für die subjektive Methode sprechen. Allerdings darf diese subjektive Methode nur so verstanden werden, dass sie den Richter zwingt, sich mit dem Bewusstsein des betreffenden Täters auseinanderzusetzen, anstatt nach dem Bewusstsein eines beliebigen sorgfältigen Berufsmannes zu fragen.

Der Richter, der das Bewusstsein eines Täters nach dem Massstab von Art. 25 WA in der Fassung des Haager Protokolls prüft, wird sich in erster Linie fragen müssen, ob der Täter die Bedeutung der Vorschriften kannte, die er verletzt hat. Ebenso wird er prüfen, ob der Täter sich bewusst war, welche Folgen es nach sich zieht, wenn er die Vorschriften nicht einhält oder wenn er nach einem vorschriftswidrigen Verhalten keine korrigierenden Massnahmen ergreift. Anhaltspunkte für diese Überlegungen sind

---

146 Originalsprache des Abkommens, vorne 8.
147 So der kanadische Federal Court, Urteil vom 22. Okt. 1982, AASL 1982, 535; siehe auch hinten 241.
148 BGE 113 II 364.

die Ausbildung des Täters und seine Erfahrung in vergleichbaren Situationen. Wenn diese Indizien zum Schluss führen, dass sich der Täter bewusst war, durch sein Verhalten werde wahrscheinlich ein Schaden entstehen, sind die Voraussetzungen von Art. 25 WA in dieser Hinsicht erfüllt.

Art. 25 WA fordert weiter, dass sich der Täter «leichtfertig» über dieses Bewusstsein hinwegsetzt. Entscheidende Bedeutung kommt in diesem Zusammenhang Warnungen zu, die der Täter erhält. Wenn er diese Warnungen ohne ersichtlichen Grund ignoriert, wenn er entsprechende optische oder akustische Signale abstellt ohne zu prüfen, warum sie ertönen bzw. erscheinen, wird in der Regel das Erfordernis der «Leichtfertigkeit» erfüllt sein.

Schliesslich ist im Zusammenhang mit der Beurteilung des Verschuldens i.S. von Art. 25 zu beachten, dass das Bewusstsein, es werde wahrscheinlich ein Schaden entstehen, sich spätestens dann einstellen muss, wenn der Täter noch einen Handlungsspielraum hat und sich durch sein Verhalten «leichtfertig» über das Bewusstsein hinwegsetzen kann.

aa) Besondere Aspekte des Verschuldens bei Flugzeugabstürzen

Gerichte – so auch das Bundesgericht – haben sich mit der Anwendung von Art. 25 schwer getan, wenn bei einem Flugzeugabsturz die Besatzung, d.h. die Täter i.S. von Art. 25, ums Leben kamen. Die Richter konnten sich nicht vorstellen, dass die Voraussetzungen der unlimitierten Haftung – so wie sie diese verstanden – erfüllt sein konnten, ohne dass die Besatzung selbstmörderische Absichten hatte [149].

Gegen diese Auffassung sprechen verschiedene Gründe: Wenn Art. 25 nur Selbstmörder hätte erfassen wollen, hätte es genügt, das absichtliche Handeln mit der unlimitierten Haftung zu ahnden. Eine zweite, mildere Verschuldensform hätte sich erübrigt. Diese zweite Form des Verschuldens steht jedoch in Art. 25, und der Richter hat die Aufgabe, sie von der Absicht abzugrenzen [150]. Unterlässt er dies, kann man sich kaum vorstellen, unter welchen Voraussetzungen Art. 25 bei Personenschäden im Zusammenhang mit einem Flugzeugabsturz anwendbar ist.

Die IATA befasst sich intensiv mit den Mechanismen, die sich abspielen, wenn Piloten fatale Fehler begehen. Die Resultate dieser Forschung sind für den Juristen aufschlussreich, weil sie die möglichen Ursachen menschlichen Versagens im Cockpit erklären.

Die IATA klassifiziert Flugzeugunglücke nach drei Kategorien: Menschliches Versagen (*human error*), technisches Versagen (*technical*) und umweltbedingte Unfälle (*environmental*) [151]. Im Zusammenhang mit Art. 25 WA interessiert die Kategorie «Menschliches Versagen». In den IATA Safety Record Reports wird diese Kategorie in vier Gruppen unterteilt [152]:

---

149 Mit dieser Begründung wies auch die belgische Cour d'appel eine Klage gestützt auf Art. 25 ab, Sachverhalt hinten 242.
150 Bezeichnenderweise schreibt das Bundesgericht im Entscheid 113 II 365: «Im Gegensatz zur ursprünglichen Fassung verlangt Art. 25 WA nicht lediglich Vorsatz, sondern Absicht».
151 Bei der Zuteilung eines Unfalles zu einer bestimmten Kategorie ist zu beachten, dass ein Absturz oft auf einer Kombination von verschiedenen Faktoren beruht.
152 Die Zahlen beziehen sich auf 1988 (wiedergegeben in FLIGHT RECORDER 3/89, 37 Abb.2).

1. *Active Failure* (Aware): Non adherence to laws, standards and procedures, not following written rules, lack of resource management, gross lack of appropriate vigilance or discipline, lazyness, (12,7 %).

2. *Passive Failure* (Unaware): Complacency, forgetfulness, boredom, low arousal level, coordination breakdown, distraction, misunderstanding, communication problems, lack of assistance, high workload, (36,6 %).

3. *Proficency Failure*: Inappropirate handling of aircraft and its systems, misjudgement, wrong decision (lack of experience/training, competence), (43,7%).

4. *Incapacitation*: Flight crew member unable to perform his/ her duty due to physical or psychological inability, (7 %).

Nach den Angaben der IATA sind in den letzten Jahren die meisten Flugzeugabstürze (1990: 61 %) auf menschliches Versagen zurückzuführen und für die meisten ist ein Fehler der 3. Gruppe als Ursache verantwortlich [153].

Überträgt man den Raster, den die IATA ausgearbeitet hat, auf die Anforderung von Art. 25, werden die Fälle, die zur ersten Kategorie *(aktives Versagen)* gehören, die Voraussetzungen von Art. 25 in der Regel erfüllen. Der Täter weiss, dass er einen Fehler begeht (indem er gegen eine Vorschrift verstösst und vorgeschriebene Verfahren nicht einhält). Das aktive Versagen wird vom Bewusstsein begleitet, dass ein Schaden wahrscheinlich entstehen werde, wenn dem Piloten Sinn und Zweck der Vorschrift bekannt ist. Indem er es unterlässt, den Fehler zu korrigieren, setzt er sich leichtfertig über dieses Bewusstsein hinweg.

Die zweite Kategorie des *passiven Versagens* lässt nicht allgemein den Schluss zu, dass in diesen Fällen die Voraussetzungen von Art. 25 WA erfüllt seien. Entscheidend werden die jeweiligen Umstände sein. Aufschlussreich sind Analysen von Flugunfällen: es hat sich gezeigt, dass die Cockpit-Besatzung sich im Glauben wähnt, alles sei normal, obwohl sie bereits entscheidende Fehler beging *(theory of situation)*. Die Piloten geben diesen Glauben auch nicht auf, wenn Warnsignale ertönen, sondern neigen dazu, die Erklärung dafür in neuen äusseren Faktoren zu suchen, statt ihr bisheriges Verhalten in Frage zu stellen [154]. Diese Mechanismen erklären, warum in verschiedenen Fällen, die Gerichten vorlagen, die Besatzung trotz der sich anbahnenden Katastrophe ruhig geblieben ist, bis sie – meistens zu spät – merkte, dass sie abstürzen würde [155]. Die zu späte Einsicht wird in der Regel nicht reichen, um das Bewusstsein i.S. von Art. 25 nachzuweisen.

---

153 IATA Safety Report 1990, 11.
154 LAUBER, wiedergegeben in FLIGHT RECORDER 4/89, 47f.
155 Exemplarisch ist dafür das Gespräch zwischen den Piloten eine Maschine, die 1982 in den Potomac abstürzte: trotz extrem tiefen Temperaturen und der mangelhaften Enteisung des Flugzeuges wagten die Piloten - entgegen anderslautender Empfehlungen des Bodenpersonals - den Start. Nach einem normal verlaufenden Anrollen merkten die Piloten, dass sie die nötige Abheb-Geschwindigkeit nicht erreichten. Die letzten Worte der Piloten waren: «Larry, we are going down», worauf der andere antwortete «I know it», wiedergegeben bei DE VIVO, JALC 51 [1986] 303.

Fehler, die der dritten Kategorie (*ungenügende Fähigkeiten*) zuzurechnen sind, können je nach den Umständen zur Anwendung von Art. 25 führen. Der Pilot, der bei der Führung des Flugzeuges Fehler macht oder eine (gefährliche) Situation falsch einschätzt und falsch reagiert, wird die Voraussetzungen von Art. 25 WA erfüllen, wenn er aufgrund seiner Ausbildung und den Vorschriften des Herstellers oder seines Arbeitgebers an sich in der Lage ist, die richtigen Massnahmen zur Vermeidung des Unglücks zu treffen und ihm im konkreten Fall genügend Zeit bleibt, diese Massnahmen zu ergreifen.

In Fällen, die der dritten Gruppe zuzuordnen sind, kann nicht nur das Verhalten der Piloten zählen, sondern auch dasjenige anderer «Leute» des Lufttransportführers: wenn der Kläger nachweist, dass die ungenügende Ausbildung das falsche Verhalten der Piloten verursacht hat, liegt möglicherweise ein entsprechendes Verschulden durch die betreffende Fluggesellschaft vor.

Bei Flugzeugabstürzen, die der vierten Kategorie (*physisches oder psychisches Unvermögen*) zuzuordnen sind, können die Voraussetzungen von Art. 25 erfüllt sein, wenn der Täter das physische Unvermögen verschuldet hat (Drogen- und Alkoholkonsum).

bb) Besondere Aspekte des Verschuldens bei Vermögensschäden

Gerichte haben bei Vermögensschäden das Verschulden des Lufttransportführers und seiner Leute nach unterschiedlichen Kriterien beurteilt. Die Entscheide in- und ausländischer Gerichte lassen sich grob in zwei Kategorien aufteilen: im einen Fall prüft der Richter, ob die Ursache des Schadens bekannt ist und ob es möglich ist, bestimmten Personen ein Verschulden i.S. von Art. 25 WA nachzuweisen. Wenn der Kläger entsprechende Beweise nicht beibringen und der Täter nicht eruiert werden kann, wird Art. 25 gegenstandslos, selbst wenn nur Angestellte des Lufttransportführers als Täter in Frage kommen.

In anderen Fällen haben Gerichte den Geschädigten davon dispensiert, ihm den Täter zu nennen; es genügte der Nachweis, dass mit an Sicherheit grenzender Wahrscheinlichkeit ein Angestellter des Lufttransportführers den Schaden verursacht hatte. Von diesem Angestellten nahm der Richter an, dass er verschuldensmässig die Voraussetzungen von Art. 25 WA erfülle. Gerichte, welche diese Auffassung vertreten haben, wiesen zu Recht darauf hin, dass jede andere Auslegung Art. 25 im Ergebnis aushöhlen würde [156]. Schliesslich war in einigen Fällen entscheidend, ob der Lufttransportführer seinen Betrieb mit genügender Sorgfalt organisiert hatte. Wenn es an einer entsprechenden Organisation fehlte, waren die Voraussetzungen von Art. 25 WA nach dieser Auffassung erfüllt.

---

156 Urteil des Federal Court of Canada vom 22. Okt. 1981, AASL 1982, 536; ebenso die französische Cour de cassation im Urteil vom 17. Nov. 1975, RFDA 1976, 109; hinten 243ff.

In allen Fällen, in welchen der Richter einen Schaden an einem Frachtgut zu beurteilen hat, muss er prüfen, ob die Angestellten des Lufttransportführers wussten, dass es sich um eine wertvolle oder verderbliche Sendung handelte. Der Absender muss den Wert und den Inhalt der Sendung wahrheitsgemäss deklarieren. Es ist deshalb richtig, wenn Gerichte dem Geschädigten die Berufung auf Art. 25 WA verweigern, wenn er den Wert oder den Inhalt falsch deklariert hat.

In diesem Zusammenhang ist zu beachten, dass die wahrheitsgemässe Deklaration des Wertes nicht mit der Deklaration eines besonderen Interesses i.S. von Art. 22 Abs. 2a WA verwechselt werden darf [157]. Damit erhöht der Absender die Haftungslimiten. Der Geschädigte kann sich auf Art. 25 berufen, auch wenn er keinen höheren Wert deklariert hat (in der Regel, weil die Sendung anderweitig versichert ist) [158].

g) *Beurteilen des Verschuldens bei mehreren Tätern*

In der Regel verursachen bei Fällen, die unter Art. 25 WA fallen, mehrere Personen den Schaden: im Cockpit sind zwei Piloten und oft dazu ein *Flight Engineer*, am Boden befassen sich mehrere Personen mit der Beförderung von Waren. Trotzdem haben die Gerichte soweit ersichtlich diese Tatsache kaum je gewichtet [159]. Bei Flugzeugabstürzen wurde zwischen dem Verhalten des Kapitäns und des Copiloten nicht unterschieden, selbst wenn einer der beiden über Vorkommnisse Besorgnis äusserte und der andere nicht darauf einging. Das führte dazu, dass dieser nicht insistierte (vor allem dann, wenn der Copilot am richtigen Verhalten seines Vorgesetzten zweifelte). Wenn der Richter Art. 25 WA anwendet, muss er bei der Beurteilung des Verschuldens das Verhalten von jedem möglichen Täter einzeln beurteilen. Art. 25 begrenzt seine Anwendung nicht auf das Verhalten des Kapitäns, sondern umfasst alle «Leute» [160] des Lufttransportführers.

Es können auch mehrere Leute des Lufttransportführers einen Schaden verursacht haben, wenn dieser auf die falsche Wartung oder die falsche Ausrüstung des Flugzeuges zurückzuführen ist. Der Richter wird in diesen Fällen das Verhalten derjenigen Personen beurteilen, die in der Lage waren, die Konsequenzen ihres Verhaltens einzuschätzen und darüber zu entscheiden, ob eine Massnahme ergriffen werde oder nicht.

h) *Der Zusammenhang zwischen dem Wissen des Täters und dem eingetretenen Schaden*

Verschiedene Gerichte, darunter das Bundesgericht, verlangen, dass die Täter wissen, es werde genau derjenige Schaden eintreten, der sich später verwirklicht [161].

Der Wortlaut von Art. 25 spricht gegen diese Auslegung. Im entscheidenden Passus ist von *einem* Schaden (Hervorhebung von der Autorin) die Rede, während der erste Teil

---

157 Hinten 251.
158 Ebenso Urteil der Cour d'appel de Paris vom 17. Nov. 1975, RFDA 1976, 117.
159 Im Urteil des BGH vom 12. Jan. 1982 (Absturz einer bulgarischen Maschine bei Zürich) hielt das Gericht fest, die Vorinstanz habe ohne Rechtsfehler allein auf das Verhalten des Kommandanten und des Copiloten abgestellt ohne das Verhalten von anderen «Leuten» zu berücksichtigen. Es unterschied jedoch nicht zwischen den beiden Piloten, ZLW 1982, 164; Sachverhalt hinten 243.
160 Vorne 111.
161 BGE 113 II 365; englischer Court of Appeal i.S. *Goldman vs. Thai International Airways, Ltd.* AASL 1983, 171.

des Satzes sich auf den tatsächlich eingetretenen Schaden bezieht und deshalb auch von «dem Schaden» spricht [162]. Der Täter muss nicht wissen, ob Passagiere sterben oder nur verletzt werden. Es genügt, dass einer dieser möglichen Schäden wahrscheinlich eintritt. Der Angestellte, der wertvollen, temperaturempfindlichen Impfstoff nicht sachgemäss lagert, muss nicht wissen, ob die Sendung gestohlen wird oder ob sie wegen zu hoher Temperaturen verdirbt. Er muss lediglich wissen, dass eine dieser Konsequenzen eintreten kann.

i) Teleologische Aspekte von Art. 25

Das Warschauer Abkommen hat die Funktion, die Haftung des Lufttransportführers zu limitieren, wenn sich eines der Risiken der Fliegerei verwirklicht. Wenn das Flugzeug verunfallt, sollen die Schadenersatzforderungen nicht ruinös sein und kein unversicherbares Risiko darstellen. In diesem Kontext will Art. 25 den Lufttransportführer nur unbeschränkt haften lassen, wenn der Schaden vorhersehbar ist und er ihn mit einem Minimum an Sorgfalt abwenden kann. Für Risiken, die er nicht kennt und die er auch durch sorgfältigstes Verhalten nicht verhindern kann, soll er nicht einstehen müssen. Art. 25 hat aber nicht den Sinn, dem Lufttransportführer das Privileg der limitierten Haftung zu gewähren, wenn er sich unentschuldbare Fehler zuschulden kommen lässt und dies zu Personen- und Sachschäden führt. Diese Funktion erhält die Bestimmung jedoch, wenn sie so ausgelegt wird, wie es z.B. das Bundesgericht tut. Der Lufttransportführer kann sich jedes Verhalten leisten, solange seine Leute so unqualifiziert sind, dass sie – bei Personenschäden – nicht merken, wie gefährlich ihr Verhalten ist.

Auch bei Sachschäden hat das Warschauer Abkommen durch die Gerichtspraxis einen Sinn erhalten, welcher dem eigentlichen Zweck des Abkommens widerspricht. Soweit ersichtlich befassten sich die Gerichte kaum je mit Schadenersatzforderungen nach einem Flugzeugabsturz, d.h. mit Forderungen, die entstanden sind, weil sich eines der typischen Risiken der Luftfahrt verwirklicht hat. Es geht in den meisten Fällen um Ersatzforderungen für verlorene Wertsendungen oder für Schäden an empfindlichen Gütern. Der Lufttransportführer hat das Gut bis zu einem gewissen Moment in Obhut und danach verschwindet es spurlos, oder er ignoriert ausdrückliche Anweisungen des Absenders über die Lagerung. Das Warschauer Abkommen hat die Funktion erhalten, den Lufttransportführer von der Verantwortung für schlecht organisierte Verhältnisse am Boden zu entlasten. Gravierende organisatorische Mängel wie nicht registriertes Entnehmen von Wertsachen aus dem Tresor [163], fehlende Angaben darüber, mit welchem Flug die Sendung befördert wurde [164], ungehinderter Zugang von Dritten zu Flugzeugen, in welchen sich Wertsachen befinden [165] kann sich der Lufttransportführer

---

162 «Die in Artikel 22 vorgesehenen Haftungsbeschränkungen gelten nicht, wenn nachgewiesen wird, dass *der* Schaden durch eine Handlung oder Unterlassung (...) verursacht worden ist, (...) oder in dem Bewusstsein begangen wurde, dass *ein* Schaden mit Wahrscheinlichkeit eintreten werde». Der (massgebende) französische Originaltext braucht die gleichen Unterscheidungen (*le* dommage, *un* dommage) ; die gleiche Unterscheidung treffen der englische und der spanische Text: *the* damage, *a* damage; *el* daño, daño (Hervorhebungen von der Autorin).
163 Urteil des HG Zürich vom 10. Juli 1987, der Verfasserin von privater Seite zur Verfügung gestellt.
164 BGE 98 II 231.
165 Urteil des HG Zürich vom 10. Juli 1987, der Verfasserin von privater Seite zur Verfügung gestellt.

unter der heutigen Praxis schweizerischer Gerichte zu Art. 25 leisten, ohne die volle Verantwortung dafür übernehmen zu müssen [166]. Das gilt selbst dann, wenn der Absender den Lufttransportführer auf den Wert der Sendung aufmerksam gemacht hat und der Luftfrachtbrief eine besonders sorgfältige Betreuung verlangte («special supervision is requested» [167]).

k) Die systematische Auslegung von Art. 25 HP; der Zusammenhang zwischen Art. 25 und Art. 22

Bei der systematischen Auslegung von Art. 25 ist ein weiterer Aspekt zu beachten, der sowohl von der Lehre als auch von der Praxis weitgehend vernachlässigt worden ist; ihm haben die Teilnehmer der Haager Konferenz mehr Gewicht beigemessen als der – in der Praxis im Zentrum stehenden – Frage, in welcher Form der Täter um den Schadenseintritt gewusst haben muss. Es geht um den Zusammenhang zwischen den Anforderungen, die an die unlimitierte Haftung zu stellen sind und der Höhe der Haftungslimiten. Im Haag wurden die Haftungslimiten verdoppelt, damit die meisten Schadenfälle gedeckt sind und Art. 25 nur in Ausnahmen zur Anwendung käme. Damals entsprachen 250'000 Goldfranken 16'000 U.S. $ oder 63'000 DM. 1985 hatte sich die Kaufkraft dieses Betrages auf einen Drittel reduziert [168]. Ein Geschädigter, der heute gleich gestellt sein soll wie 1955, als das Haager Protokoll in Kraft trat, müsste heute ungefähr so viel erhalten, wie der Bund schweizerischen Gesellschaften als Haftungslimiten de facto vorschreibt, nämlich 200'000 Franken [169]. Hohe Anforderungen an die unlimitierte Haftung lassen sich in der Systematik des Haager Protokolls nur rechtfertigen, wenn die Haftungssummen von Art. 22 gleichzeitig garantieren, dass die Mehrheit der Schäden gedeckt ist und Art. 25 nur ausnahmsweise angerufen wird. Dieser Zusammenhang ist heute verzerrt. Nach den heute veröffentlichten Zahlen über die durchschnittliche Schadenssumme bei Flugzeugunfällen liegt diese bei 360'000 U.S. $ [170].

Der Richter kann aus diesen Tatsachen verschiedene Schlussfolgerungen ziehen. Er kann feststellen, dass der Gesetzgeber es versäumt hat, die nötigen Korrekturen anzubringen [171]. Oder er kann sich der Argumentation anschliessen, die bereits bei den Beratungen im Haag vorgebracht wurde: die Türe, die Art. 25 darstellt, kann geschlossen sein, wenn die Limiten hoch sind; sie muss jedoch offen bleiben, wenn die Limiten zu tief sind [172]. Im konkreten Fall kann das bedeuten, dass es gerechtfertigt ist, Art. 25

---

[166] Dazu die bildhafte Kritik von KUMMER an BGE 98 II 231: «(...) und die römisch-rechtliche Diligentia drängt sich auf der Rampe 25389 des J.F.Kennedy-Flughafens verängstigt hinter eine Coca-Cola-Säule und versucht ihre Ohren vor dem Tosen zu schützen», ZbJV 1974, 89.
[167] BGE 98 II 233.
[168] So in Deutschland; in den USA verringerte er sich auf einen Viertel, TOBOLEWSKI 148f.
[169] TOBOLEWSKI errechnete für 1985 die Summe von 156'000 DM, TOBOLEWSKI 149; zur Haftungslimite von 100'000 SZR bei Personenschäden, vorne 194.
[170] Hinten 304.
[171] Auch das Bundesgericht äusserte sich in dieser Richtung, allerdings mit dem eher verwirrenden Hinweis, «Entstehungsgeschichte und Zweck» würden eine abweichende Auslegung nicht zulassen, BGE 113 II 366; es sind aber gerade Entstehungsgeschichte und der Zweck von Art. 25, die für eine extensive Auslegung sprechen.
[172] So der französische Delegierte, ICAO-Doc. 7686-LC/140, Vol. I, 175f; er war dagegen, die Limiten tief anzusetzen und dafür via Art. 25 einen Ausweg zu öffnen.

zulasten des Lufttransportführers auszulegen, weil es nicht Sinn und Zweck der Bestimmung ist, der Mehrheit der Geschädigten den Ersatz des Schadens zu vereiteln [173].

l) Die Bedeutung der Beweismittel bei der Anwendung von Art. 25

Den Beweismitteln kommt bei der Anwendung von Art. 25 entscheidende Bedeutung zu. Der Geschädigte muss beweisen, dass die Voraussetzungen von Art. 25 erfüllt sind.

Bereits die Delegierten im Haag hielten in der Debatte fest, dass der Nachweis des in Art. 25 geforderten Bewusstseins letztlich davon abhängt, welche Beweismittel der Richter zulässt. Sie wiesen darauf hin, dass der Indizienbeweis zulässig sein müsse [174]. Dieser Auffassung haben – soweit ersichtlich – die Gerichte nicht widersprochen [175]. In der praktischen Anwendung dieses Grundsatzes dagegen entstanden erhebliche Differenzen.

Bei Sachschäden aus einer Luftbeförderung und bei Personenschäden, die nicht durch einen Flugzeugabsturz verursacht werden, unterscheiden sich die Beweismittel in der Regel nicht von denjenigen in anderen Prozessen: aufgrund von Zeugenaussagen, Urkunden und anderen Beweisgegenständen sowie aufgrund von Augenscheinen wird der Richter das Verhalten des Täters beurteilen. Im Zusammenhang mit Flugzeugabstürzen steht der Richter dagegen vor speziellen Problemen: in der Regel stehen ihm verschiedene Aufzeichnungen über den Flug zur Verfügung (*Flight Data Recorder*, *Cockpit Voice Recorder* und Datenaufzeichnungen des Kontrollturms). Der Richter ist auf Experten angewiesen, um diese Aufzeichnungen zu verstehen. Widersprechende Meinungen von Experten können den Richter vor Probleme stellen.

Im Fall *Goldmann vs. Thai International Airways* lagen den beiden Gerichten, die sich mit dem Fall befassten, widersprechende Expertenberichte vor [176]. Die erste Instanz hielt denjenigen Experten für überzeugender, der die Auffassung vertrat, der Pilot sei sich bewusst gewesen, dass ein Schaden wahrscheinlich eintreten werde, wenn er das «fasten seatbelts»-Zeichen nicht einschalte. Der **Court of Appeal** betrachtete die gegenteilige Auffassung als glaubwürdiger [177].

Im Zusammenhang mit Flugzeugabstürzen haben verschiedene Gerichte bei der Anwendung von Art. 25 fast ausschliesslich auf die Momente vor dem Absturz abgestellt und der Aufzeichnung der Gespräche zwischen den Piloten als Beweismittel entscheidende Bedeutung beigemessen. Kaum oder nicht erwähnt wurden Elemente, die grundsätzlich das Bewusstsein des Piloten bestimmten wie seine Ausbildung, seine Erfahrung auf dem betreffenden Flugzeugtyp, seine Erfahrung in bezug auf den betroffenen Flughafen. Zentrale Bedeutung muss in diesem Zusammenhang den Warnsignalen zukommen, über die moderne Flugzeuge verfügen. Sie haben einzig den Zweck, die Piloten vor Gefahren zu warnen und ihr Bewusstsein im Sinn von Art. 25

---

173 Aus dieser Überlegung scheint es nicht gerechtfertigt, dass das Bundesgericht apodiktisch schreibt: «[Es geht nicht an], den Ausnahmecharakter von Art. 25 durch eine extensive Auslegung zu unterlaufen», BGE 113 II 365.
174 GULDIMANN, Art. 25 N 11 mit Verweisen.
175 Auch nicht das Bundesgericht, BGE 113 II 364.
176 MARTIN, AASL 1983, 149.
177 Zum Sachverhalt hinten 241.

zu formen: sie zeigen an, dass eine Gefahr besteht, die – wenn sie nicht abgewendet wird – möglicherweise einen Schaden verursacht. Der Richter wird aus diesem Grund nicht nur die Reaktion der Piloten auf die Warnsignale prüfen, sondern zuerst abklären müssen, wie ein Pilot die Warnsignale aufgrund seiner Ausbildung und Erfahrung verstanden hatte. Erst wenn er Beweismittel über diesen Punkt zusammengetragen hat, kann er daraus ableiten, welches Bewusstsein der Pilot vor dem Eintritt eines Schadens hatte und ob er im Lichte dieser bewiesenen Tatsachen die Voraussetzungen von Art. 25 erfüllt.

Exemplarisch illustriert der Fall *Butler vs. Aeromexico*, wie der Richter aus äusseren Gegebenheiten auf das Bewusstsein der Piloten im Rahmen von «wilful misconduct» schliesst:
An der entscheidenden Stelle hielt das Gericht fest: «Significant facts from which the court might properly draw the inference that the crew had intentionally performed acts with knowledge that under the circumstances injury might result include the following:
Early on in the flight the crew knew that there were clouds in the vicinity of the destination airport which might develop into severe or dangerous weather and should have been monitored by the crew.
Nevertheless the radar was turned off and not used, although it would have been helpful in detecting the existence of bad weather. The pilot saw or could have seen severe weather in the vicinity of the airport before the radar was deactivated.
It was the duty of the pilot to abort the approach if the airport was not visible at an altitude of 818 feet. At that level visual contact had been lost but the pilot deliberately and intentionally elected not to abort the approach, or even to activate the radar to determine the nature of the weather.
(...) Thus it is an inference sustained by substantial evidence that after the flight crew lost visibility and still had control, and could have aborted the approach, they deliberately continued their descent, with knowledge that such procedure would probably result in injury to passengers.» [178]

m) Die ausländische Rechtsprechung

In *Kanada* hatte der Federal Court of Canada (Trial Division) den Diebstahl einer Banknotensendung zu beurteilen. Die Fracht wurde aller Wahrscheinlichkeit nach von einem nicht identifizierten Angestellten der Fluggesellschaft gestohlen. Das Gericht kam zum Schluss, bei einem Diebstahl könne das Bewusstsein i.S. von Art. 25 WA vorausgesetzt werden, selbst wenn der Täter nicht bekannt sei. Damit sei Art. 25 WA anwendbar [179].

In *England* hatte der **Court of Appeal** die Auslegung von Art. 25 im Zusammenhang mit einem Körperschaden zu beurteilen [180]. Ein Flugzeug der Beklagten geriet auf der Strecke zwischen Amsterdam und Karachi über der Türkei in ein Luftloch (severe clear air turbulence); verschiedene Passagiere erlitten Verletzungen und die Kabine wurde beschädigt. Der Pilot hatte das «fasten seatbelts»-Zeichen nicht eingeschaltet, obwohl die Wettervorhersage für den betreffenden Streckenabschnitt vor «moderate clear air turbulence» gewarnt hatte und das Flight Manual [181] den Pilot anwies, unter diesen Voraussetzungen das Zeichen «fasten seatbelts» einzuschalten. Der Richter der ersten Instanz betrachtete die Voraussetzungen von Art. 25 als erfüllt. Der **Court of Appeal** hob den Entscheid auf. Die Beweise hätten gegen die Annahme gesprochen, dass der Pilot gewusst habe, ein Schaden werde wahrscheinlich eintreten.

---

178 19 Avi.17,963; Sachverhalt vorne 216.
179 Urteil vom 22. Okt. 1981 i.S. *Swiss Bank Corp. vs. Air Canada et al.*, AASL 1982, 533; EuropTR 1983, 826.
180 *Goldman vs. Thai International Airways Ltd.*, Urteil vom 5. Mai 1983, zusammengefasst wiedergegeben in AASL 1983, 146.
181 Vorne 232.

In *Belgien* führte der Absturz einer Boeing 707 der Air India im Januar 1966 zu einem Gerichtsverfahren. Das Flugzeug verunfallte auf einem Flug von Bombay nach London am Mont Blanc. Der Pilot hatte kurz zuvor Funkkontakt mit dem Kontrollturm Genf. Im entscheidenden Gespräch mit dem Turm bestätigte der Pilot eine Anweisung des Turms über die Flughöhe und meldete, er sei dabei, am Mont Blanc vorbeizufliegen («I think we are passing abeam Mont Blanc»). Der Turm gab ihm darauf bekannt, er habe 5 Meilen bis zum Mont Blanc («you have 5 miles to the Mont Blanc»). Der Pilot verstand, er befinde sich 5 Meilen seitlich des Gipfels, während ihm der Turm angeben wollte, er sei 5 Meilen vor dem Berg. Er verringerte die Flughöhe, entsprach dabei allerdings nicht den Anweisungen des Kontrollturms, weil die entsprechenden Sichtverhältnisse nicht gegeben waren [182]. Wenige Meter unterhalb des Gipfels des Mont Blanc zerschellte das Flugzeug; Passagiere und Besatzung kamen ums Leben. Das erstinstanzliche Gericht kam aufgrund eines Expertenberichts zum Schluss, dass die Voraussetzungen von Art. 25 nicht erfüllt seien; es betrachtete als entscheidend, was ein guter Pilot unter den gegebenen Umständen hätte tun sollen. Dazu gehörte nach Auffassung des Gerichts nicht die Pflicht, nach der missverständlichen Meldung des Towers seine Position zu verifizieren [183]. Die **Cour d'appel de Bruxelles** [184] und nach ihr die **Cour de cassation de Belgique** [185] wiesen die Anfechtung des Urteils durch die Kläger ab und äusserten sich auf Begehren der Beklagten auch zur Auslegung von Art. 25 durch die erste Instanz. Sie hielten fest, dass nicht das Wissen eines beliebigen sorgfältigen Piloten massgebend sei, sondern dasjenige des verunglückten Captains. Es sei normal, dass er die Positionsmeldung falsch verstanden habe. Er habe die ursprüngliche Flughöhe nur verlassen, weil er meinte, die Flugbahn sei hindernisfrei. Auch wenn er bei diesem Sinkmanöver die Anweisungen des Turms missachtete, habe er sich nicht bewusst sein können, dass er sein Flugzeug einem katastrophalen Risiko aussetze [186]. Die Cour de cassation verdeutlichte, der Geschädigte müsse beweisen, dass der Täter tatsächlich gewusst habe, der Schaden werde wahrscheinlich eintreten; es genüge nicht, dass er normalerweise über dieses Wissen hätte verfügen müssen [187].

In *Deutschland* hatte der **Bundesgerichtshof** im Zusammenhang mit Art. 25 den Verlust einer Banknotensendung auf der Strecke Las Palmas – Madrid – Frankfurt – Stockholm zu beurteilen. Die beiden Pakete mit den Noten wurden entgegen bestehender Anweisungen nicht im Frachtraum der Boeing 747 befördert, sondern der Chefstewardess übergeben. Sie legte die Pakete in einen Schrank bei der Treppe zum Oberdeck. Der Schrank war nicht abschliessbar. Die Stewardess war nach den Dienstvorschriften nicht befugt, Frachtstücke entgegenzunehmen und hätte beim Captain eine entsprechende Erlaubnis einholen müssen. Das unterliess sie. Nach dem Abflug der Maschine avisierten die Angestellten in Las Palmas per Telex ihre Kollegen in Madrid über die Wertfracht. Der Schichtmeister in Madrid veranlasste jedoch keine Sicherheitsmassnahmen. Nach der Landung in Madrid vergass die Stewardess die Pakete und Beamte der Guardia Civil, welche die Maschine kontrollierten, stiessen nicht auf die Banknoten. Sie waren verschwunden und der Grund des Diebstahls konnte nicht eruiert werden. Der Bundesgerichtshof bestätigte das Urteil der Vorinstanz [188]: leichtfertiges Verhalten i.S. von Art. 25 liege vor, wenn eine auf der Hand liegende Sorgfaltspflicht ausser Betracht gelassen werde. Das Bewusstsein,

---

182 Der Kontrollturm hatte den Piloten angewiesen, die bisherige Flughöhe zu behalten, bis er sich im Sichtflug auf 1000 Fuss über der Wolkendecke begeben könne. Darauf antwortete der Pilot, er werde auf die erwähnte Flughöhe absinken; die Einschränkung des Kontrollturms wiederholte er nicht und dieser unterliess es, den Piloten zu korrigieren.
183 Urteil des Tribunal de première instance de Bruxelles, ausführlich besprochen in BIN CHENG, AASL 57ff.
184 Urteil vom 17. Sept. 1975, EuropTR 1976, 907; RFDA 1977, 203.
185 Urteil vom 27. Jan 1977, RFDA 1977, 193.
186 EuropTR, 1975, 915; RFDA 1977, 207.
187 RFDA, 1977, 203; BIN CHENG, AASL 1977, 59ff.
188 Urteil des BGH vom 16. Feb. 1979, EuropTR 1980, 229; englische Übersetzung in Air Law 1981, 97.

dass wahrscheinlich ein Schaden eintreten werde, dränge sich dem Täter aus seinem leichtfertigen Verhalten auf. Diese innere Tatsache sei anzunehmen, wenn das leichtfertige Verhalten nach seinem Inhalt und nach den Umständen diese Folgerung rechtfertige. Der Bundesgerichtshof beschränkte sich darauf, das Verhalten der Chefstewardess zu beurteilen. Sie habe unter Missachtung der Vorschriften die Wertsendung entgegengenommen und sie an einem völlig ungeeigneten Ort aufbewahrt. Später habe sie sich nicht mehr um das Gut gekümmert und nach der Landung keine Massnahmen zu dessen Sicherung getroffen. Wer sich so verhält, obwohl er weiss, dass es auf ihn entscheidend ankommt, habe das Bewusstsein, es werde mit Wahrscheinlichkeit ein Schaden an dem ihm anvertrauten Gut eintreten [189].

Ansprüche aus Personenschäden hatten deutsche Gerichte im Zusammenhang mit dem Absturz einer bulgarischen Maschine in Zürich im Januar 1971 zu beurteilen. Die Ursachen des Unglücks konnten nicht abschliessend geklärt werden. Fest stand lediglich, dass sich die Wetterbedingungen kurz vor der Landung in Zürich massiv verschlechterten und der Pilot das Durchstartemanöver zu spät einleitete. Nur ein Passagier und der Captain überlebten den Absturz. Die erste Instanz hiess eine Klage von Hinterbliebenen gestützt auf Art. 25 gut. Das **Oberlandesgericht Frankfurt** [190] und der **Bundesgerichtshof** [191] waren der Auffassung, die Voraussetzungen von Art. 25 seien nicht erfüllt. Es sei nicht nachgewiesen, dass sich die Piloten in besonders krasser Weise über die Sicherungsinteressen der ihnen anvertrauten Personen und Güter hinweggesetzt haben; nur ein derart offenbarer Verstoss gegen die in der jeweils konkreten Situation sich klar abzeichnenden, ausser Diskussion stehenden Verhaltenspflicht zum Schutz dieser Interessen erfülle die in der massgebenden französischen Fassung mit «témérairement» bezeichneten Begehungsform [192]. Im Streitfall seien diese Voraussetzungen nicht gegeben, weil das Durchstartemanöver vor allem wegen den schlechten Wetterbedingungen misslungen sei [193].

In *Frankreich* ergingen zur Auslegung von Art. 25 WA relativ viele Entscheide [194]. Die **Cour d'appel de Paris** erachtete die Voraussetzungen von Art. 25 im Zusammenhang mit dem Absturz einer Boeing 707 auf ihrem ersten kommerziellen Flug als erfüllt. Das Flugzeug wollte in Pointe-à-Pitre in der Nacht eine geplante Zwischenlandung vornehmen. Das Wetter war gut. Nach dem Flugunfallbericht und dem Strafverfahren [195] begingen die Piloten einen Navigationsfehler und irrten sich über ihre Position, obwohl ihnen die Bordinstrumente eine Überprüfung ermöglicht hätten; zudem wich der Pilot ohne ersichtlichen Grund vom üblichen Anflugverfahren ab und wählte einen riskanteren Weg. Er kannte den Flughafen von Pointe-à-Pitre gut und war im Jahr zuvor dort 15 Mal gelandet, davon 13 Mal in der Nacht. Im entscheidenden Moment unterliess es der Pilot, dem Kontrollturm seine Position (Höhenmeter) zu melden und unterschritt die vorgeschriebene Mindestflughöhe. Das Flugzeug zerschellte an einem Berg. Passagiere und Besatzung kamen ums Leben. Das Gericht kam zum Schluss, der Irrtum der Besatzung über die Position des Flugzeuges sei unentschuldbar. Die Tatsache, dass sie einen ungewöhnlichen und gefährlichen Anflug wählte, hätte sie zu erhöhter Aufmerksamkeit verpflichtet. Unter diesen Voraussetzungen habe die erfahrene Besatzung wissen müssen, dass aus ihren Handlungen und Unterlassungen wahrscheinlich ein Schaden entstehe. Das Gericht hiess die Klage auf Ersatz des vollen Schadens gut [196]. Die **Cour de cassation** bestätigte das Urteil [197].

---

189 EuropTR 1980, 242.
190 Urteil vom 22. Okt. 1980, ZLW 1981, 87.
191 Urteil vom 12. Jan. 1982, ZLW 1982, 162.
192 ZLW 1982, 163.
193 Siehe auch Urteil des LG Köln vom 9. Nov. 1970, ZLW 1972, 44 (Diebstahl eines Koffers, Voraussetzungen von Art. 25 nicht erfüllt).
194 Siehe dazu auch DU PONTAVICE, AASL 1982, 7ff.
195 Das Verfahren gegen die Piloten wurde eingestellt, weil beide ums Leben gekommen waren.
196 Urteil vom 26. Mai 1973, i.S. *Moinot, Veuve Saulnier-Ciolkowski et al c. Air France et al*. RFDA 1974, 188ff.
197 Urteil vom 16. April 1975 i.S. *Air France c. Moinot, veuve Saulnier-Ciolkowski et al.*, RFDA 1976, 105.

Die Voraussetzungen von Art. 25 betrachtete die **Cour d'appel de Paris** als erfüllt, weil die Fluggesellschaft *Korean Air Lines* für einen Flug Paris – Seoul über den Nordpol eine Boeing 707 statt eine DC-10 einsetzte, obwohl sie wusste, dass die Bordinstrumente des älteren Flugzeugtyps in der Gegend des Pols anfällig waren für Navigationsfehler. Das Flugzeug geriet in den Luftraum der Sowjetunion und wurde von Militärflugzeugen zur Landung gezwungen. Dabei erlitten einige Passagiere Verletzungen [198].

Die **Cour d'appel de Basse-Terre** hiess Schadenersatzansprüche aufgrund von Art. 25 gut in einem Fall, in welchem der Pilot mit einem Flugzeug mit ungenügenden und erst noch defekten Navigationsinstrumenten in Marie-Galante auf Guadeloupe landen wollte. Es herrschte schlechtes Wetter. Das Gericht warf dem Lufttransportführer vor, der Pilot habe das mangelhaft ausgerüstete Flugzeug ohne Co-Pilot geflogen und habe selber nicht über die Ausbildung verfügt, um ohne Sicht zu fliegen; damit sei er ein vorsätzliches Risiko eingegangen und habe grundlos eine Serie von Handlungen und Unterlassungen begangen mit dem Bewusstsein, dass ein Schaden wahrscheinlich entstehen werde [199]. Gleich entschieden die **Cour d'appel d'Amiens** und das **Tribunal de grande instance de Tours** [200]. In beiden Fällen waren Passagiere eines Kleinflugzeuges umgekommen, weil die Piloten trotz entsprechenden Warnungen den Flug bei schlechtem Wetter fortsetzten und die betreffenden Piloten über keinen Ausweis für Instrumentenflug verfügten. Im ersten Fall stürzte das Flugzeug kurz vor der Landung ab, im zweiten Fall flog das Flugzeug in einen Berg.

Nicht als erfüllt betrachte das **Tribunal de grande instance Aix-en-Provence** die Voraussetzungen von Art. 25 WA, als ein Pilot sein Kleinflugzeug in eine Wolkenmasse steuerte, die Sicht verlor und in einen Berg prallte. Das Gericht war der Auffassung, der Pilot habe lediglich «une simple faute» begangen [201].

Bei einer Flugzeugentführung hatte ein Passagier Schussverletzungen erlitten. Er warf der Fluggesellschaft vor, sie habe vor dem Einsteigen zu einem Inlandflug das Handgepäck der Passagiere nicht kontrolliert; deshalb seien die Voraussetzungen von Art. 25 erfüllt. Die **Cour de cassation** widersprach dieser Auffassung. Die Vorinstanz habe zu Recht angenommen, dass die Fluggesellschaft zwar hafte, aber nur innerhalb der Limiten von Art. 22. Ein unentschuldbarer Fehler i.S. von Art. 25 liege nicht vor [202].

Im Zusammenhang mit einem Diebstahl von Gold bestätigte die **Cour de cassation** ihre Auslegung von Art. 25 WA. Die largen Sicherheitsmassnahmen und die Tatsache, dass ein weiter Personenkreis darum gewusst habe, stelle einen unentschuldbaren Fehler dar; die Beklagte habe wissen müssen, dass ihr Verhalten unter diesen Voraussetzungen leichtfertig gewesen sei und ein Schaden wahrscheinlich entstehen werde [203]. Zu einem gegenteiligen Ergebnis kam im Zusammenhang mit der Beförderung von Impfstoff die **Cour d'appel de Lyon** [204]. Auf dem Luftfrachtbrief war vermerkt, dass die Fracht bei einer Temperatur von 0 Grad aufzubewahren sei. Der Impfstoff verdarb, weil er bei der Ankunft am Bestimmungsort nicht ausgeladen, sondern an den Abgangsort Paris zurückgebracht wurde und erst nach 6 Tagen am Bestimmungsort eintraf. Das Appellationsgericht von Lyon setzte sich mit seiner Auslegung von Art. 25 in Widerspruch zur

---

198 Urteil vom 8. Juli 1980 i.S. *Korean Air Lines c. Epoux Entiope*, RFDA 1981, 225.
199 Urteil vom 12. Dez. 1983 i.S. *Cie Air-Guadeloupe et autres c. divers*, RFDA 1984, 301.
200 Urteile vom 18. März 1991 bzw. 16. Jan. 1992, RFDA 1992, 61ff, 70ff.
201 Urteil vom 27. Mai 1980, rapportiert von BESSAN in RFDA 1981, 196.
202 Urteil vom 5. Mai 1982 i.S. *Bornier et C.P.A.M.R.P. c. Cie. Air Inter*, RFDA 1983, 49.
203 Urteil vom 17. Nov. 1975 i.S. *Cie. le Languedoc et al. c. Soc. Hernu-Peron, Middle East Air-Libian et Soc. Transports Marais*, RFDA 1976, 109.
204 Urteil vom 17. Feb. 1983, i.S. *Cie. d'Assurance Helvetia c. Cie. Air-France, Cie. U.T.A. et Cie. Air-Afrique*, RFDA 1983, 228.

Praxis der **Cour de cassation** [205]. Das höchste Gericht hob den Entscheid auf: wenn auf dem Luftfrachtbrief vermerkt sei, dass die Sendung gekühlt gelagert werden müsse und der Lufttransportführer sie trotzdem vier Tage ungekühlt liegen lasse, handle er leichtfertig und im Bewusstsein, dass ein Schaden wahrscheinlich entstehen werde [206].

Die **Cour de cassation de Gabon** vertrat die Auffassung, Art. 25 sei nach subjektiven Kriterien auszulegen [207]. Im strittigen Fall war nicht auszuschliessen, dass die Bordinstrumente eines Kleinflugzeuges versagt hatten; überdies hätten die Karten die Höhenverhältnisse der betreffenden Region nicht genau wiedergegeben; damit seien die Voraussetzungen von Art. 25 nicht erfüllt [208].

In *Australien* entschied der **Supreme Court of New South Wales**, die Voraussetzungen von Art. 25 WA (wilful misconduct) seien erfüllt, wenn die Leute des Lufttransportführers empfindliche, wertvolle pharmazeutische Erzeugnisse ungeschützt auf dem Flugfeld stehen lassen und am betreffenden Ort Regenstürme nicht ungewöhnlich sind [209].

n) Die schweizerische Rechtsprechung

aa) Personenschäden

Im Entscheid *U.J. und Mitbeteiligte gegen Avianca S.A.* hatte das **Bundesgericht** Ansprüche aus dem Absturz eines Jumbo-Jets in der Nähe des Flughafens Madrid zu beurteilen [210]. Kurz vor Mitternacht genehmigte die spanische Flugverkehrsleitung die Änderung des ursprünglichen Flugplanes und forderte die Piloten auf, für einen Instrumentenlandeanflug direkt zum Funkfeuer *Charlie Papa Lima* (CPL) zu fliegen. Während der Vorbereitung des Anfluges machte der Copilot beim Ablesen der Checkliste einen Fehler, indem er die Überflugshöhe über das äussere Schwellenfunkfeuer (*outer marker*) mit 2382 statt mit 3282 Fuss angab, ohne dass ihn der Captain korrigierte. Ungefähr 10 km vor dem Funkfeuer CPL führte das Flugzeug eine Kurve nach Westen gegen den outer marker aus. Dabei sank es unter die für den outer marker vorgeschriebene Anflughöhe. Drei Minuten später setzte das *Ground Proximity Warning System* (GPWS) ein [211]. Die Besatzung reagierte auf die Warnung nicht und setzte den Anflug fort. 14 Sekunden später schlug das Flugzeug auf dem ersten von drei Hügeln auf. Der dritte Aufprall und das ausbrechende Feuer zerstörten das Flugzeug. 181 – darunter die Piloten – der 192 Passagiere wurden getötet, die übrigen schwer verletzt.

Der vom spanischen Verkehrsministerium erstellte Flugunfalluntersuchungsbericht kam unter anderem zu folgenden Schlussfolgerungen: falsche Navigation durch die Besatzung, Flug unterhalb der Minimumsektorhöhe, nicht verifizierte Distanz zum Funkfeuer CPL, kein Signal auf dem ILS, falsche Höhenangabe des Copiloten, welche der Captain nicht korrigierte, keine Korrekturen, als das GPWS vor der Annäherung an den Boden warnte, keine präzise Angabe der

---

205 Siehe Bemerkung von GRELLERE VINCENT in RFDA 1983, 234.
206 Entscheid vom 26. Feb. 1985, EuropTR 1985, 361.
207 Entscheid vom 15. Dez. 1980 i.S. *Dame Van Duyvendijik c. Air Service et autres*, RFDA 1981, 363.
208 Zur Frage, ob das Verhalten eines Privatpiloten «notoirement téméraire» gewesen sei, siehe auch Entscheid der Cour de justice der Communautés Européennes vom 22. Sept. 1983, RFDA 1984, 183 (Auseinandersetzung über die Frage, ob eine Versicherungsleistung geschuldet sei).
209 *Quantas vs. SS Pharmaceutical Co. Ltd*, EuropTR 1991, 391.
210 BGE 113 II 359.
211 Das GPWS ist ein automatisch funktionierender Radiohöhenmeter, der mit akustischen und optischen Warnsignalen auf Situationen hinweist, in welchen die Flugbahn des Flugzeuges potentiell gefährlich wird, insbesondere in bezug auf eine Bodenberührung. Wenn sich das Flugzeug in normaler Landekonfiguration befindet (Klappen, Fahrwerk, Sinkflug), löst das System keinen Alarm aus, auch wenn keine Landepiste vorhanden ist.

Flugverkehrsleitung über die Position des Flugzeuges und über die Beendigung des Radardienstes; weder Cockpit noch Verkehrsleitung befolgten das von der ICAO empfohlene Vorgehen und benützten auch nicht die von der ICAO empfohlenen Ausdrücke [212]. Als Ursache nannte der Flugunfalluntersuchungsbericht: «Der Kommandant schickte sich an, ohne seine Position genau zu kennen, das ILS mit einer inkorrekten Flugbahn zu interceptieren, ohne das offizielle Anflugverfahren für die Landung mit Instrumenten begonnen zu haben; er flog unterhalb aller Sicherheitslimiten der Luftfahrt, bis er auf dem Boden aufschlug» [213].

Das **Handelsgericht Zürich** wies die Klage als erste Instanz ab. Es liess offen, ob das Verhalten der Piloten als «leichtfertig» zu betrachten sei. Es verneinte, dass die Voraussetzungen von Art. 25 erfüllt seien mit der Begründung, dass die Besatzung subjektiv nicht gewusst habe, dass der Schaden wahrscheinlich eintreten werde. Die Piloten hätten laut dem Bericht der Flugunfalluntersuchung bis zum ersten Aufprall ruhig gesprochen und seien sich nicht bewusst gewesen, dass ein Schaden wahrscheinlich eintreten werde. Das Gericht verwies auf ausländische Urteile, stützte sich aber im wesentlichen auf BGE 98 II 231, um seinen abweisenden Entscheid zu begründen.

Das **Bundesgericht** schloss sich dieser Auffassung an. Im Zentrum seiner Argumentation stand die historische Auslegung; es stellte ausführlich die Entstehungsgeschichte von Art. 25 dar. Es schloss daraus, dass die Neufassung der Bestimmung auf den anglo-amerikanischen Rechtskreis ausgerichtet war (Erw. 3 a). Es vertrat im weiteren die Auffassung, dass der Tatbestand von Art. 25 zweigliedrig sei (Erw. 3 a). Bei der teleologischen Auslegung beschränkte sich das Gericht darauf, auf den Zusammenhang zwischen Art. 25 und Art. 22 zu verweisen, ohne die Problematik zu diskutieren, die sich heute daraus ergibt [214]. Schliesslich verwies das Bundesgericht auf ausländische Urteile [215]. Sehr kurz ging das Bundesgericht auf den ihm konkret vorliegenden Sachverhalt ein: es widmete ihm einen einzigen Satz und argumentierte: «Da beweismässig insbesondere feststeht, dass die Piloten auch nach Einsetzen akustischer und optischer Warnsignale des GPWS bis wenige Sekunden vor dem Aufprall in ruhigem Ton weitergesprochen und keine Sofortmassnahmen ergriffen haben, fehlt es am von Art. 25 vorausgesetzten Bewusstsein» [216]. Mit keinem Wort ging es auf den Unfalluntersuchungsbericht ein, der ein vernichtendes Urteil über die Piloten fällte. Ebensowenig würdigte es deren Reaktion auf die fehlende ILS-Anzeige und auf die akustischen und optischen Warnsignale. Das Bundesgericht gab im letzten Satz des Urteils selber zu, dass seine Argumentation im Ergebnis Fluggesellschaften mit unqualifiziertem Personal begünstigt [217].

So sehr es zu begrüssen ist, dass sich das Bundesgericht zur Anwendung von Art. 25 bei Personenschäden geäussert hat – es erstaunt, dass es in diesem Fall dazu gekommen ist. Umstritten war nämlich in erster Linie, ob ein Versorgerschaden vorgelegen habe, wie die Kläger geltend machten. Im Zusammenhang mit dem gleichen Unfall fand in Frankreich ein Gerichtsverfahren statt, in dem es nur um die Höhe des erlittenen Schadens ging. Die beklagte Fluggesellschaft Avianca hatte ausdrücklich darauf

---

212 Vom BAZL erstellte Übersetzung des Flugunfallberichts, 70ff.
213 Vom BAZL erstellte Übersetzung des Flugunfallberichts, 72f.
214 Dieser Aspekt ist nach der hier vertretenen Auffassung unter der systematischen Auslegung zu prüfen; zur teleologischen und systematischen Auslegung von Art. 25 in der Fassung des Haager Protokolls, vorne 238ff.
215 Es verzichtete leider ausdrücklich auf die Darstellung der amerikanischen Rechtsprechung; mit der Analyse der amerikanischen Rechtsprechung hätte es sich materiell mit dem Begriff des ‚wilful misconduct' auseinandersetzen und sich damit auch mit dem eigentlichen Gehalt von Art. 25 in der Fassung des Haager Protokolls befassen müssen.
216 BGE 113 II 367.
217 Das Bundesgericht formuliert das paradoxe Ergebnis in der «kann»-Form; leider ist die Konsequenz dieses Urteils eine Tatsache und nicht bloss eine Möglichkeit.

verzichtet, sich auf die Limiten zu berufen [218]. Wie im vergleichbaren Fall *Pénègre c. Swissair* [219] hätten sich die Gerichte Erwägungen über die Auslegung von Art. 25 möglicherweise ersparen können, wenn sie zuerst geklärt hätten, ob der nachgewiesene Schaden die Limiten überstieg.

bb) Sachschäden

Das **Zürcher Obergericht** hatte den Verlust eines Wertcolis zu beurteilen, das auf dem Transport zwischen Zürich und Montevideo abhanden kam [220]. Das Gericht wies darauf hin, dass sich der Verschuldensbegriff, welcher dem Haager Protokoll zugrunde liegt, im wesentlichen mit dem Begriff des «wilful misconduct» deckt. Der Begriff des «wilful misconduct» umfasse das Handeln einer Person, die in Kenntnis der Gefahren, die in der Abwicklung eines Vorganges liegen, bewusst alle Gebote der Vorsicht und Vorsorge missachtet und sich über die Möglichkeit oder Wahrscheinlichkeit eines Schadenfalles hinwegsetzt und leichtfertig darauf zählt, dass das Schadenereignis nicht eintreten werde [221]. Die Fluggesellschaft hatte die Banknoten in einem Sammelsack aus einem weitmaschigem Gewebe verstaut; der Inhalt der Sendung konnte ohne weiteres erkannt werden. Der Sack wurde zusammen mit der übrigen Fracht im Gepäckraum transportiert, ohne dass spezielle Überwachungsmassnahmen angeordnet wurden. Solche fehlten auch, als die Sendung umgeladen werden musste. Sie gelangte auf einen Frachtkarren; lediglich ein zufällig mitfliegender Angestellter der Fluggesellschaft, der keinen Dienst hatte, wurde über den Aufbewahrungsort der Sendung orientiert. Das Gericht erachtete unter diesen Voraussetzungen die Anforderungen von Art. 25 als erfüllt. Es erwähnte die notorische Diebstahlgefahr auf der betroffenen Strecke und hiess die Klage gut, weil die Luftverkehrsgesellschaft in allen Phasen des Transports elementarste Sicherheitsmassnahmen unterlassen habe. Deshalb bedürfe es auch keiner Angaben über den genauen Hergang des Diebstahls.

Im Entscheid *Lacroix, Baartmans, Callens und Van Eichelen S.A. gegen Swissair* sollte eine Sendung von Banknoten von Zürich via New York und Mexiko nach Nicaragua befördert werden [222]. Auf dem Streckenabschnitt New York – Mexiko verschwanden die fünf Pakete. Weil Nicaragua dem Warschauer Abkommen nicht beigetreten ist, war für die Beurteilung des Falles schweizerisches Recht und damit Art. 10 LTR in der Fassung des Haager Protokolls massgebend [223]. Die Banknoten waren der Swissair als erster Luftfrachtführer übergeben worden. Sie waren mit «valuable cargo» und «special supervision is requested» bezeichnet. Am 30. Januar kamen sie mit dem Swissair-Kurs in New York an. Mehr als zwei Wochen später übergab sie Swissair an Eastern Airlines, die sie über Mexiko nach Managua transportieren wollte. In Mexiko kamen sie nicht an. Bei der Untersuchung des Verlustes stellte sich heraus, dass Eastern nicht mit Gewissheit angeben konnte, ob die Sendung mit dem Flug vom 18. oder 19. Feb. befördert wurde. Die Beförderungsdokumente und die Aussagen der Angestellten waren widersprüchlich. Das **Handelsgericht Zürich** kam zum Schluss, es lasse sich nicht mit Sicherheit feststellen, wo und weshalb die Sendung abhanden kam. Das **Bundesgericht** beanstandete diese Beweiswürdigung nicht. Die beteiligten Angestellten von Eastern Airlines hätten aufgrund eines Missverständnisses oder eines Irrtums die Papiere nicht zusammen mit der Fracht befördert. Damit sei eine Schädigungsabsicht nicht bewiesen. Auch das Bewusstsein, dass ein Schaden wahrscheinlich entstehen werde, sei durch die Vorstellung der betreffenden Angestellten ausgeschlossen. Sie

---

218 Urteil des Cour d'appel de Paris vom 21. Sept. 1989 i.S. *Negers c. Avianca et divers*, RFDA 1989, 540ff.
219 Urteil der französischen Cour de cassation, hinten 264.
220 Urteil vom 25. Nov. 1969, ASDA-Bulletin 1970/2, 18.
221 ASDA-Bulletin 1970/2, 19f.
222 BGE 98 II 231.
223 Vorne 54f.

hätten angenommen, die fünf Pakete seien mit der übrigen Fracht zurückbehalten worden (Erw. 9). Einen Irrtum gestand es den Angestellten von Eastern auch zu, als sie am 18. Feb. (in der Meinung, die Noten seien wie vorgesehen im Flugzeug verladen) nicht sorgfältig prüften, ob die Sendung nicht – zusammen mit anderer, wegen Übergewicht ausgeladener Fracht – zurückgeblieben war. Diese falsche Annahme sei jedoch bloss fahrlässig, sodass auch unter diesem Aspekt die Voraussetzungen von Art. 25 WA bzw. Art. 10 LTR nicht erfüllt seien (Erw. 10).

Im Fall *Société d'Assurance et de Réassurance Languedoc gegen Swissair und Air France* hatte das **Bezirksgericht Zürich** ebenfalls einen Diebstahl von Banknoten zu beurteilen [224]. Ein 850 g schweres Paket im Wert von U.S. $ 60 000 sollte von Basel via Zürich nach Osaka transportiert werden. Der Luftfrachtbrief bezeichnete den Inhalt als «valuable cargo/customs value sFr. 258'600» und die Sendung enthielt den Vermerk «special supervision and stowage is requested/please check weight and seals at destination». Air France, die den Transport von Zürich über Paris bis Osaka übernommen hatte, avisierte alle Zwischenstationen über die wertvolle Sendung und veranlasste spezielle Überwachungsmassnahmen. Bei der letzten Zwischenlandung in Manila sichteten Angestellte angeblich das Paket noch im Frachtraum, in Osaka war es bei der Ankunft jedoch nicht auffindbar. Das Bezirksgericht übernahm im wesentlichen die Argumentation von BGE 98 II 242. Der Transport sei nicht «tollkühn» gewesen. Zudem sei der «ursächliche Zusammenhang zwischen den angeblichen Verfehlungen und dem Verlust» nicht erbracht. Der in Manila für die Überwachung der Wertsendung zuständige Angestellte habe höchstens unsorgfältig gehandelt, als er sich von der Türe des Frachtabteils entfernte und sich bei der Passagiertreppe aufstellte. Auch könne nicht davon die Rede sein, dass er im Bewusstsein einer wahrscheinlichen Schädigung gehandelt habe [225].

Das **Obergericht des Kantons Zürich** hatte 1983 den Verlust einer Wertsendung zu beurteilen. Das Gut hätte von Brüssel über Genf nach Basel transportiert werden sollen. Es war als «valuable cargo» bezeichnet und der Absender hatte sein Interesse mit 20'000 belgischen Francs angegeben. Aufgrund der dem Gericht vorliegenden Beweise konnten die Richter nicht mit rechtsgenügender Sicherheit feststellen, wo die Sendung abhanden gekommen war. Nachgewiesen war lediglich, dass sie vor dem Abflug im Tresor des Handling Agents gelagert wurde. Wer sie wann daraus entfernte und ob sie überhaupt je in das vorgesehene Flugzeug eingeladen wurde, blieb offen. Ebensowenig konnte bewiesen werden, was bei der Entladung des Flugzeuges in Genf geschah. Fest stand lediglich, dass der für Wertsachen zuständige Angestellte 15 Min. nach Ankunft des Flugzeuges auf dem Rollfeld eintraf, obwohl die Sendung per Telex angekündigt worden war. Das Obergericht wies die Klage auf Ersatz des tatsächlich erlittenen Schadens ab. Es stützte seine Begründung im wesentlichen auf BGE 98 II 242. Der abweisende Entscheid dürfte jedoch auch damit zu tun haben, dass von der Klägerin angerufene – und für den Fall vermutlich ausschlaggebende – Zeugen aus prozessrechtlichen Gründen nicht angehört werden konnten [226].

3. Zusammenfassung und Schlussfolgerungen

Entscheide im Zusammenhang mit der Anwendung von Art. 25 sind nicht häufig. In den meisten Ländern gibt es zu Sachschäden mehr Urteile, während im Zusammenhang mit

---

[224] Urteil vom 17. Okt. 1980, ASDA-Bulletin 1981/2, 19.
[225] In der Urteilsbegründung fehlen Angaben über die Ankunft der Sendung in Osaka. Wenn das Gericht der Auffassung ist, dass der Angestellte in Manila als Verursacher des Schadens nicht in Frage kommt, hätte sich die Aufmerksamkeit umso mehr auf die Entladung des Flugzeuges am Bestimmungsort richten müssen.
[226] Die Kläger versäumten es, die Abnahme entsprechender Beweise durch Kostenvorschüsse sicherzustellen.

Personenschäden seit dem Inkrafttreten des Haager Protokolls nur ein oder zwei Entscheide gefällt wurden. Die tiefe Zahl von Gerichtsurteilen hängt nicht zuletzt damit zusammen, dass die meisten europäischen Fluggesellschaften in ihren Beförderungsbedingungen die Haftungslimiten erhöht haben und zudem über Versicherungen verfügen, die bereit sind, bei Personenschäden freiwillig den ganzen Schaden zu ersetzen.

Fast 25 Jahre lang mussten sich schweizerische Gerichte mit der Auslegung von Art. 25 in der Fassung des Haager Protokolls nur im Zusammenhang mit Sachschäden befassen. Die Praxis weist eine eigentümliche Entwicklung auf: obwohl sich die Kaufkraft der im Warschauer Abkommen und im LTR festgesetzten Limiten mit jedem Jahr vermindert, haben die Gerichte die Anforderungen an Art. 25 verschärft. Deutlich wird dies, wenn man die Urteile des Zürcher Obergerichts vergleicht. 1969 hiess es eine Klage gestützt auf Art. 25 gut mit der Begründung, die Fluggesellschaft habe selbst angesichts notorischer Diebstähle auf der betroffenen Strecke elementarste Sicherheitsmassnahmen unterlassen. 1987 wies es eine Klage ab, obwohl die Fluggesellschaft keine Kontrolle darüber hatte, wer wann Gold aus ihrem Tresor entfernte und nicht kontrollierte, wer auf dem Flugfeld Zugang hatte zu Wertsendungen, während diese ausgeladen wurden – beides auch 1987 elementare Sicherheitsmassnahmen bei der Beförderung von wertvoller Fracht [227]. Dies gilt umso mehr, weil es selbst nach Ansicht des Obergerichts «notorisch» ist, dass auf Rollfeldern verschiedenste Personen autorisierten Zugang haben. Die «Wende» in der Rechtsprechung ist mit dem Entscheid des Bundesgerichts 98 II 242 zu erklären; das Bundesgericht wendete Art. 25 zum ersten Mal in der Fassung des Haager Protokolls an und legte ihn sehr eng aus. Im fünf Jahre vorher ergangenen Entscheid 93 II 345 ging es um Art. 25 in der ursprünglichen Fassung. Das Gericht war der Meinung, die Fluggesellschaft habe grob fahrlässig gehandelt und hiess die Klage gut. Leider fehlen im Entscheid 98 II 242 Ausführungen zur Frage, wie die «grobe Fahrlässigkeit» des ursprünglichen Abkommens abzugrenzen ist von der Verschuldensform, die in Art. 25 in der Fassung des Haager Protokolls genannt ist und die zwischen Absicht und grober Fahrlässigkeit liegt.

Die hier vertretene Auslegung und die Kritik am Bundesgericht geht von der Überlegung aus, dass es einen anderen Weg geben muss, einen Fall zu beurteilen als es das Bundesgericht vor allem im Avianca-Entscheid tat. Das Bundesgericht unterschiebt dem Warschauer Abkommen in der Fassung des Haager Protokolls, dass es den Richter zu widersinnigen Schlüssen zwingt. Es trifft zwar zu, dass es den Teilnehmern der Haager Konferenz nicht gelungen ist, die Voraussetzungen der unlimitierten Haftung klar zu formulieren. Mit Hilfe der Auslegung lässt sich jedoch die Bedeutung von Art. 25 in der Fassung des Haager Protokolls bestimmen; diese liegt nicht darin, das Privileg der limitierten Haftung denjenigen zu gewähren, die es am wenigsten verdient haben. Unter der herrschenden Praxis des Bundesgerichts kommen in erster Linie Fluggesellschaften in den Genuss der limitierten Haftung, deren Personal so unqualifiziert ist, dass es nicht merkt, in welchem Mass es Personen und Güter gefährdet.

---

227 Der Entscheid ist in anderen Aspekten (Bewertung des Verhaltens der Angestellten, die das Flugzeug be- und entluden) nicht repräsentativ, weil entsprechende Beweise fehlten.

Die hier vertretene Auslegung von Art. 25 prüft die materiellen Voraussetzungen der unlimitierten Haftung primär nach den Kriterien, die für «wilful misconduct» gelten, weil Art. 25 nach der Revision durch die Haager Konferenz nicht nur die absichtliche Schädigung, sondern auch eine mildere Verschuldensform erfassen will, die zwischen der Absicht und der groben Fahrlässigkeit liegt. In diesem Sinn entfernt sich meine Auffassung nicht von derjenigen des Bundesgerichts: auch das Bundesgericht weist im Avianca-Fall darauf hin, dass für die Auslegung von Art. 25 in der Fassung des Haager Protokolls die Entscheide aus dem anglo-amerikanischen Rechtskreis als Massstab zu betrachten sind.

Das Bundesgericht lässt es bei dieser allgemein gehaltenen Bemerkung bewenden und stellt nicht klar, welche materiellen Konsequenzen die Berücksichtigung von «wilful misconduct» nach sich zieht. Entscheidend ist, dass «wilful misconduct» ein normatives und verschuldensmässiges Element enthält. Der Täter verletzt absichtlich eine ihm aufgrund des Gesetzes oder eines Vertrages auferlegte Pflicht. Diese Absicht deckt jedoch nicht die Schädigung, sondern nur das normwidrige Verhalten. Der Täter muss den Schaden – im Gegensatz zur Verschuldensform der «Absicht» – innerlich nicht gutheissen. Er muss sich lediglich bewusst sein, dass sein Verhalten wahrscheinlich einen Schaden verursacht. Schliesslich verlangt «wilful misconduct» und damit auch Art. 25 WA, dass sich der Täter über dieses Bewusstsein «leichtfertig» hinwegsetzt.

Auch andere Autoren haben zu Recht darauf hingewiesen, dass sich die Problematik um Art. 25 nicht auf die Frage reduzieren lässt, ob das Wissen des Täters nach einem subjektiven oder nach einem objektiven Massstab zu beurteilen sei. In jedem Fall wird der Richter aufgrund der vorhandenen Beweise auf das Bewusstsein i.S. von Art. 25 schliessen müssen. Subjektive Elemente spielen insofern eine Rolle, als der Richter das Verhalten des Täters nicht danach prüft, über welches Bewusstsein ein beliebiger, sorgfältiger Berufsmann unter den gleichen Umständen hätte verfügen müssen, sondern fragt, welches Bewusstsein der Täter aufgrund seiner Ausbildung und den spezifischen Informationen in der gegebenen Situation hatte. Schliesslich fordert «wilful misconduct», dass der Täter sich über dieses Bewusstsein «leichtfertig» hinwegsetzt. Entscheidende Bedeutung kommt in dieser Hinsicht Warnungen zu.

Europäische Gerichte sind mit der Anwendung von Art. 25 im Zusammenhang mit Körperschäden nach wie vor zurückhaltend. Das scheint fast paradox: bei modernen Verkehrsflugzeugen verursachen in den meisten Fällen gravierende Fehler von Piloten katastrophale Abstürze [228], weil die Sicherheitssysteme typische leichtere Fehler zu korrigieren vermögen und Piloten vor den Konsequenzen schwerer Fehler warnen [229]. Zudem verfügen moderne Verkehrsflugzeuge über Aufzeichnungsgeräte, welche die Vorfälle an Bord und das Verhalten der Piloten mit immer besserer Präzision festhalten. Daraus erhält der Richter Beweismittel, die früher nicht zur Verfügung standen. Umso erstaunlicher ist es, dass die Voraussetzungen von Art. 25 nicht öfter als erfüllt betrachtet werden.

---

228 Nach Angaben der IATA waren 1990 60 % der Totalverluste dem «Faktor Mensch» zuzuschreiben.
229 Pointiert drückte diesen Grundsatz ein Pilot aus: «A modern airliner does not crash; you have to bring it down».

D. Erhöhung der Haftungslimiten durch Vereinbarung der Parteien

Das Warschauer Abkommen räumt dem Passagier oder Absender sowohl in der ursprünglichen Fassung als auch im Haager Protokoll die Möglichkeit ein, die Haftungslimiten durch eine spezielle Vereinbarung mit dem Lufttransportführer zu erhöhen (Art. 22 Abs. 1 und 2 WA bzw. Art. 22 Abs. 1 und 2a HP). Das gilt für die Beförderung von Personen und für die Beförderung von aufgegebenem Gepäck und von Fracht [230].

Die vertragliche Erhöhung der Haftungslimiten ist bei der Beförderung von Personen heute ständige Praxis: die Vereinbarung von Montreal und die Absprache der Malta-Gruppe stützen die erhöhten Haftungslimiten auf Art. 22 WA [231]. Bei der Beförderung von Reisegepäck ist es in der Praxis selten, dass der Passagier mit dem Lufttransportführer eine höhere Haftungssumme vereinbart [232]. Häufiger sind vertraglich erhöhte Haftungslimiten im Zusammenhang mit der Beförderung von Fracht (Wertdeklaration).

Art. 22 WA schreibt nicht vor, in welcher Form die Parteien die höhere Haftungslimite zu vereinbaren haben. Die Wertdeklaration kann im Frachtbrief vermerkt sein [233], oder sie kann auf andere Weise vereinbart werden. Keine Wertdeklaration i.S. von Art. 22 WA liegt vor, wenn der Absender zuhanden der Zollbehörden auf dem Luftfrachtbrief den Wert der Sendung angibt [234].

Das **Oberlandesgericht Köln** betrachtete es im Zusammenhang mit der Beförderung von Reisegepäck als ungenügend, dass der Passagier die Angestellte des Lufttransportführers bei der Abfertigung auf den wertvollen Inhalt einer Fototasche aufmerksam gemacht hatte [235]. Damit sei keine Wertdeklaration i.S. von Art. 22 WA zustande gekommen. Der Passagier hatte auch keinen Zuschlag bezahlt.

Hingegen verlangt das Abkommen, dass der Absender einen Zuschlag für die Erhöhung der Haftungslimiten entrichtet, sofern ein solcher vorgesehen ist.

Die Prämie muss nicht notwendigerweise vor der Beförderung bezahlt werden; massgebend ist, dass der Absender die entsprechende Verpflichtung übernimmt [236].

Die Vereinbarung über die erhöhten Haftungslimiten bewirkt, dass der Lufttransportführer für Schäden i.S. von Art. 18 und 19 WA bis zum vereinbarten Betrag haftet. Der Lufttransportführer kann seine Haftung in dieser Höhe nur bestreiten, wenn er nachweist, dass der tatsächlich erlittene Schaden unter der deklarierten Summe liegt (Art. 22 Abs. 2a) [237].

---

230 Nicht vorgesehen ist eine entsprechende Vereinbarung für das Handgepäck.
231 Vorne 65.
232 Die meisten Fluggesellschaften sind auf eine entsprechende Anfrage bei der Abfertigung nicht vorbereitet und verweisen den Passagier an eine Versicherungsagentur, die im Flughafen ihre Dienstleistungen anbietet.
233 Der IATA-Luftfrachtbrief verfügt über spezielle Rubriken «*Declared Value for Carriage*» und «*Amount of Insurance*».
234 GIEMULLA/SCHMID, Art. 22 N 9 mit Verweisen.
235 Urteil vom 16. Feb. 1990, ZLW 1990, 221.
236 GULDIMANN, Art. 22 N 17; GIEMULLA/SCHMID. Art. 22 N 10.
237 GULDIMANN, Art. 22 N 18.

Hat der Absender mit dem Lufttransportführer eine höhere Haftungssumme vereinbart, ist es ihm deswegen nicht verwehrt, sich auf Art. 25 WA zu berufen, falls dessen Voraussetzungen erfüllt sind und der Schaden den deklarierten Wert übersteigt. Art. 25 WA hält fest, dass «die in Art. 22 vorgesehenen Haftungsbeschränkungen» nicht gelten; damit sind auch vertraglich festgesetzte Haftungslimiten gemeint [238].

Das Protokoll von Guatemala und damit das Protokoll Nr. 3 von Montreal sehen die vertragliche Erhöhung der Haftungslimiten bei Personen- und Gepäckschäden nicht mehr vor [239]. Das Montreal-Protokoll Nr. 4 hat die Möglichkeit der Wertdeklaration bei der Beförderung von Fracht beibehalten (Art. VII).

V. Haftung unter dem Guadalajara-Abkommen

Für Beförderungen, die dem Guadalajara-Abkommen unterstehen, gelten für die Haftung der beteiligten Lufttransportführer die Bestimmungen des Warschauer Abkommens (Art. II). Das Guadalajara-Abkommen unterstellt den vertraglichen und den ausführenden Lufttransportführer einer solidarischen Haftung. Der Geschädigte kann jedoch von den beiden Lufttransportführern nicht mehr verlangen, als diese je unter dem Warschauer Abkommen schulden (Art. VI); vorbehalten bleibt auch Art. III Abs. 2, der im folgenden Abschnitt dargestellt wird.

Unter dem Guadalajara-Abkommen haftet der eine Lufttransportführer nicht unbeschränkt für die Handlungen des anderen. Der vertragliche Lufttransportführer hat für alle Handlungen des ausführenden Lufttransportführers einzustehen, während der ausführende Lufttransportführer für die Handlungen des vertraglichen Lufttransportführers nur soweit einzustehen hat, als sie sich auf die ausgeführte Beförderung beziehen (Art. III). Zusätzlich beschränkt das Guadalajara-Abkommen die Haftung des ausführenden Lufttransportführers für Handlungen des vertraglichen Lufttransportführers: es gelten in jedem Fall die Haftungssummen von Art. 22 WA (Art. III Abs. 2). Will ein Passagier oder Absender gegenüber dem vertraglichen Lufttransportführer einen Anspruch geltend machen, der nicht unter die Limiten von Art. 22 des Warschauer Abkommens fallen soll [1], muss er wegen der einschränkenden Regelung des Guadalajara-Abkommens direkt den vertraglichen Lufttransportführer ansprechen.

Die dargestellten Haftungsgrundsätze gelten auch, wenn Angestellte des betroffenen Lufttransportführers den Schaden verursachen und in Ausführung ihrer Verrichtung handeln (Art. V) [2].

Das Guadalajara-Abkommen enthält eine weitere Einschränkung der Solidarhaftung: wenn der vertragliche Lufttransportführer gegenüber dem Passagier oder Absender Zugeständnisse macht und damit Verpflichtungen übernimmt, die ihm das Warschauer Abkommen nicht auferlegt, wenn er auf Rechte aus dem Warschauer Abkommen verzichtet oder wenn er Erklärungen eines besonderen Interesses im Sinne von Art. 22

---

238 Ebenso GIEMULLA/SCHMID, Art. 22 N 9 mit Verweisen.
239 Es ist deshalb fraglich, ob die Vereinbarung von Montreal und die Absprache der Malta-Gruppe unter dem Montreal-Protokoll Nr. 3 Bestand haben können, vorne 70.
1 Ansprüche unter Art. 3, 4, 9 und 25 WA; siehe auch GULDIMANN, Art. III, N 8.
2 GULDIMANN, Art. V N 1.

des Warschauer Abkommens entgegennimmt [3], muss der ausführende Lufttransportführer dies nur gegen sich gelten lassen, wenn er zustimmt. Die Zustimmung kann stillschweigend erfolgen [4]. In der Praxis ist diese Bestimmung von Bedeutung, wenn es um die Höhe der Haftungslimiten bei Körperschäden geht. Mit der Vereinbarung von Montreal [5] und aufgrund der Absprache der Malta-Gruppe [6] haben viele Fluggesellschaften die Haftungssummen für Körperschäden in den Beförderungsbedingungen erhöht. Sofern der vertragliche Lufttransportführer in den Beförderungsbedingungen eine erhöhte Haftungslimite für Körperschäden anbietet, und der ausführende Lufttransportführer dem – wenn auch stillschweigend – zustimmt, gelten die höheren Limiten auch gegen den ausführenden Lufttransportführer.

Im Zusammenhang mit der Erhöhung der Haftungslimiten bei Körperschäden kann auch die umgekehrte Konstellation eintreten: der ausführende Lufttransportführer bietet dem Passagier Haftungssummen an, die über die Verpflichtungen des Warschauer Abkommens hinausgehen. Es dürfte schwierig sein, dem vertraglichen Luftfrachtführer unter dem Guadalajara-Abkommen Leistungen abzuverlangen, die nur der ausführende Lufttransportführer übernommen hat. Der Passagier muss in diesem Fall den Schadenersatz beim ausführenden Lufttransportführer geltend machen, damit er sicher in den Genuss der erhöhten Limiten kommt.

VI. Haftung unter dem Montreal-Protokoll Nr. 3

Das Guatemala-Protokoll und damit das Montreal-Protokoll Nr. 3 haben die Haftungsordnung des Warschauer Abkommens für Personenschäden grundlegend geändert [1]. Anstelle der Verschuldenshaftung mit umgekehrter Beweislast ist eine Kausalhaftung getreten. Der Lufttransportführer haftet für jedes Ereignis, das sich an Bord oder beim Ein- oder Aussteigen ereignet hat und durch welches ein Reisender getötet oder verletzt wurde (Art. IV). Ein Entlastungsbeweis steht dem Lufttransportführer bei Personenschäden nicht mehr zu. Er kann ihn nur noch führen, wenn er die Haftung für Verspätung von Passagieren oder Gepäck abwenden will oder wenn es um Schäden im Zusammenhang mit der Beförderung von Gepäck geht (Art. VI). Die Schadenersatzpflicht des Lufttransportführers reduziert sich auch, wenn der Geschädigte den Schaden selber verursacht hat oder wenn ein Körperschaden ausschliesslich auf eine körperliche Prädisposition zurückzuführen ist (Art. VII und Art. IV Abs. 1).

Das Guatemala-Protokoll und damit das Montreal-Protokoll Nr. 3 erhöhen für Personenschäden die Haftungslimiten des Warschauer Abkommens in den früheren Fassungen. Bei Verspätungs- und Sachschäden liegen die Haftungslimiten insbesondere wegen der Berechnung aufgrund von SZR tiefer als im Abkommen in der ursprünglichen Fassung und in der Fassung des Haager Protokolls [2]. Bei der Berech-

---

3 Vorne 251.
4 GULDIMANN, Art. III, N 10.
5 Vorne 21.
6 Vorne 24.
1 Zur (komplizierten) Gesetzestechnik des Montreal-Protokolls Nr. 3 vorne 30f.
2 Vorne 205.

nung der Haftungslimiten für Schäden aus der Beförderung von Reisegepäck ist nicht mehr das Gewicht der Gepäckstücke massgebend. Es gilt – auch bei Verspätung von Gepäck – die Limite von 1000 SZR (Art. II MP Nr. 3).

Das Guatemala-Protokoll und damit das Montreal-Protokoll Nr. 3 schliessen den Ersatz des ganzen Schadens aus, sofern dieser die vorgesehenen Limiten übersteigt. Weder mangelhafte Beförderungsdokumente noch die Tatsache, dass der Lufttransportführer den Schaden durch schweres Verschulden verursacht hat, führen dazu, dass die Limiten aufgehoben werden.

VII. Haftung unter dem Montreal-Protokoll Nr. 4

Das Montreal-Protokoll Nr. 4 regelt die Haftung für Post und Güter. Für die Haftung bei der Beförderung von Post hält es am bereits heute geltenden Grundsatz fest, dass der Luftfrachtführer nur gegenüber der zuständigen Postverwaltung haftet und das Warschauer Abkommen für die Haftung für Postsendungen nicht massgebend ist.

Für die Beförderung von Reisegepäck und Gütern unterstellt das Montreal-Protokoll Nr. 4 den Lufttransportführer für Sachschäden einer Kausalhaftung. Der Schaden muss während der Luftbeförderung eingetreten sein (Art. IV). Es beschränkt die Haftung des Lufttransportführers für Güter auf 17 SZR pro Kilo, sofern der Absender nicht ein höheres Interesse an der Lieferung deklariert und den entsprechenden Zuschlag bezahlt hat (Art. VII). Der Lufttransportführer kann die Haftung für Schäden an Fracht nur noch abwenden, wenn sie durch innere Mängel des Frachtgutes entstanden sind, wenn sie mangelhaft verpackt waren, wenn Krieg den Schaden verursachte oder wenn hoheitliches Handeln zur Schädigung des Gutes führte (Art. IV). Bei Verspätung von Fracht steht dem Lufttransportführer der Entlastungsbeweis nach wie vor offen (Art. V).

Die im Montreal-Protokoll für die Beförderung von Gütern festgesetzten Limiten gelten absolut. Fehlende oder mangelhafte Beförderungsdokumente oder ein schweres Verschulden führen nicht mehr zur Aufhebung der Limiten.

VIII. Haftung nach dem Lufttransportreglement

Untersteht eine Beförderung dem schweizerischen Recht, haftet der Lufttransportführer nach den Vorschriften des LTR. Es hat die Grundsätze des Warschauer Abkommens übernommen. Art. 8 LTR hält fest, dass der Luftfrachtführer bei Inlandbeförderungen, bei internationalen Beförderungen i.S. des Warschauer Abkommens und bei allen anderen Beförderungen [1] nach den Regeln des Warschauer Abkommens und nach den ergänzenden Bestimmungen des Reglements haftet. In Art. 9 LTR setzt der schweizerische Gesetzgeber die im Abkommen in Goldfranken definierten Haftungsbeträge in der Landeswährung fest. Sie gelten – trotz der problematischen Umrech-

---

1 Vorne 54f.

nung vom Goldfranken in Schweizerfranken – für Beförderungen, die dem LTR unterstehen [2]. In Art. 11 ergänzt das LTR das Warschauer Abkommen und verweist darauf, dass sich bei Personenschäden der Kreis der Ersatzberechtigten und die Bemessung des Schadenersatzes nach dem OR bestimmt. Es räumt dem Richter die Kompetenz ein, bei mehreren Ersatzberechtigten die Ansprüche verhältnismässig zu reduzieren, falls sie die Haftungslimite übersteigen.

Das LTR weist darauf hin, dass bei der Bemessung von Schadenersatz für Sachschäden die Bestimmungen des OR über den Frachtvertrag (Art. 440 OR) ergänzend gelten (Art. 11 Abs. 3 LTR).

IX. Haftung nach schweizerischem OR

Wenn auf eine Beförderung die Sondernormen des Lufttransportrechts nicht anwendbar sind, bestimmt sich die Haftung des Lufttransportführers nach dem OR [1].

Der Luftbeförderungsvertrag ist nach der hier vertretenen Auffassung als Vertrag sui generis zu qualifizieren [2a]. Erleidet ein Passagier im Zusammenhang mit einer Beförderung, die dem OR untersteht, einen Schaden, ist die Haftung des Lufttransportführers unter Berücksichtigung der Vorschriften über den Werkvertrag und der Bestimmungen des Allgemeinen Teils zu bestimmen. Für Gepäck- und Frachtschäden sind die Vorschriften über den Frachtvertrag als Spezialnormen anwendbar (Art. 440 OR).

Sofern die Parteien keine Einschränkung vereinbart haben, unterliegen die Schadenersatzansprüche keinen Limiten.

Verschiedene schweizerische Versicherungsgesellschaften verlangen vom Privatpiloten, er müsse den Passagieren einen Flugschein ausstellen, der auf die Geltung des LTR und auf die beschränkte Haftung des Lufttransportführers hinweist. Damit unterstehen Beförderungen, auf die von Gesetzes wegen das LTR nicht anwendbar ist, trotzdem den Sondernormen des Lufttransportrechts; Grundlage dafür ist die entsprechende Vereinbarung der Parteien. Für allfällige Schadenersatzansprüche gelten die Haftungslimiten des LTR, sofern die Beschränkung nicht aufgrund von Art. 100 OR nichtig ist.

Dem OR können nur unentgeltliche Luftbeförderungen unterstehen oder Beförderungen, die auf Gefälligkeit beruhen [3]. Damit ist im Zusammenhang mit der Haftung Art. 99 OR zu beachten. Die Bestimmung erlaubt es dem Richter, die Haftung zu reduzieren, wenn der Lufttransportführer mit der Beförderung «keinerlei Vorteil bezweckt» [4].

---

2 Vorne 201ff.
1 Vorne 56.
2a Vorne 101ff.
3 Vorne 56.
4 Siehe dazu STARK 69ff.

X. Haftung bei gemischten Beförderungen

Das Warschauer Abkommen regelt gemischte Beförderungen in Art. 31. Als gemischte Beförderungen sind Transporte zu betrachten, die nicht nur mit Luftfahrzeugen, sondern auch mit anderen Verkehrsmitteln durchgeführt werden [1]. Das Warschauer Abkommen bestimmt, dass seine Vorschriften nur für die Luftbeförderungen gelten [2]. Im Zusammenhang mit der Haftung für Gepäck- und Frachtschäden präzisiert das Abkommen in Art. 18 Abs. 3, dass der Zeitraum der Luftbeförderung «keine Beförderung zu Lande, zur See oder auf Binnengewässern ausserhalb eines Flugplatzes» umfasst.

In der Praxis spielen gemischte Beförderungen eine wichtige Rolle [3]. Die Überlastung des Luftraumes und die beschränkte Frachtkapazität von Kurzstreckenflugzeugen haben dazu geführt, dass Lufttransportführer es vorziehen, auf kurzen Strecken andere Verkehrsmittel (Eisenbahn, Bus, Lastwagen) einzusetzen, selbst wenn dies die Parteien nicht vereinbart hatten [4]. Zudem bieten verschiedene Fluggesellschaften mit dem Ausbau des Kundenservice Zubringerdienste für Gepäck und Fracht an.

Aus Art. 31 WA und Art. 18 Abs. 3 WA geht hervor, dass das Abkommen zwischen Zubringerdiensten und gemischten Beförderungen unterscheidet. Zubringerdienste i.S. von Art. 18 Abs. 3 WA haben die Funktion, Gepäck oder Fracht vom Absender zum Flugzeug zu bringen, bei einer Zwischenlandung von einem Flugzeug zum anderen zu transportieren oder am Bestimmungsort zum Empfänger zu befördern [5]. Im Zusammenhang mit Zubringerdiensten stellt das Abkommen in Art. 18 Abs. 3 die Vermutung auf, dass ein Schaden während der Luftbeförderung eingetreten ist.

Anders ist die Regelung für gemischte Beförderungen. Das Abkommen stellt keine Vermutung auf, dass der Schaden bei gemischten Beförderungen während der Luftbeförderung eingetreten sei [6].

XI. Haftung von Dritten bei Luftbeförderungen

A. *Versicherungen*

Passagiere und Absender verfügen oft über eine private Versicherung, die sie für Körper- oder Sachschäden im Zusammenhang mit einer Luftbeförderung entschädigt. Die Versicherung kann speziell im Hinblick auf die Beförderung abgeschlossen sein oder sie kann generell bestehen und auch Schäden im Zusammenhang mit einer

---

1 Siehe zu den gemischten Beförderungen auch die United Nations Convention on International Multimodal Transport of Goods von 1980; zum Verhältnis zwischen diesem Abkommen und dem Warschauer Abkommen FITZGERALD GERALD F., AASL 1982, 41; ders. siehe auch AASL 1980, 51; Air Law 1982, 202; AASL 1983, 41 und BALZ, ZLW 1980, 303.
2 Eine entsprechende Vorschrift enthält Art. 22 LTR.
3 Zum Combined Transport-Vertrag siehe allgemein die Dissertation von ZUELLIG.
4 Zum vertragswidrigen Trucking vorne 155.
5 Siehe auch GIEMULLA/SCHMID, Art. 18 N 23; GULDIMANN, Art. 18 N 12.
6 Siehe auch GULDIMANN, Art. 31 N 5.

Luftbeförderung decken (Sozialversicherungen, Kranken- und Unfallversicherungen, Mobiliar- und Diebstahlversicherungen).

Tritt ein Schadenfall ein, ist zu bestimmen, wie sich die Ersatzpflichten des Lufttransportführers und des Versicherers zueinander verhalten. Die Sondernormen des Lufttransportrechts enthalten darüber keine Bestimmungen. Die Frage ist nach Landesrecht und gegebenenfalls nach dem Beförderungsvertrag zu beantworten.

Die Lufthansa hat in ihren Beförderungsbedingungen die Leistung von Schadenersatz, der die Limiten des Abkommens übersteigt, davon abhängig gemacht, dass der Berechtigte nicht von Dritten für den gleichen Schaden entschädigt wird [1].

Nach schweizerischem Recht kann der Lufttransportführer bei *Personenschäden* seine Entschädigungspflicht nicht bestreiten, weil der Geschädigte bei einem Dritten für den gleichen Schaden versichert ist. Der Geschädigte kann bei Personenschäden Haftpflicht- und Versicherungsansprüche kumulieren [2]. Konkurriert der Anspruch des Geschädigten gegen den Lufttransportführer mit einer Ersatzpflicht der Sozialversicherung, kann der leistungspflichtige Sozialversicherer auf den Lufttransportführer zurückgreifen, nachdem er dem Geschädigten Ersatz geleistet hat [3].

Hat der Lufttransportführer den Berechtigten bis zu den massgebenden Haftungslimiten entschädigt, kann der Versicherer den Rückgriff nur damit begründen, dass der Lufttransportführer aufgrund der Sondernormen des Lufttransportrechts unbegrenzt für den Schaden hafte [4].

Bei *Vermögens- und Sachschäden* ist es nicht zulässig, dass der Geschädigte seine Ansprüche gegen den Lufttransportführer und diejenigen gegen einen Versicherer kumuliert [5]. Tritt ein Schaden ein, wird der Passagier oder Absender seine Versicherung beanspruchen, die aufgrund des Versicherungsvertrages leisten muss. Danach wird diese versuchen, für diese Leistung auf den haftpflichtigen Lufttransportführer zurückzugreifen. Ob der Rückgriff zulässig ist, beurteilt sich nach Art. 51 OR; er bestimmt in Verbindung mit Art. 50 Abs. 1 OR, dass mehrere Personen, die aus verschiedenen Rechtsgründen für den gleichen Schaden ersatzpflichtig sind, gegen aussen solidarisch haften. Im Innenverhältnis können sie nach der Ordnung, die Art. 51 Abs. 2 aufstellt, Rückgriff nehmen [6]. Bei einer Luftbeförderung haften sowohl der Lufttransportführer als auch der Versicherer aus Vertrag [7]. Diesen Fall regelt das Gesetz nicht. Nach der Praxis des Bundesgerichts kann der Versicherer auf den Lufttransportführer nur zurückgreifen, wenn dieser den Schaden des Passagiers oder Absenders grob verschuldet hat [8]. In den meisten Fällen bedeutet dies, dass der Lufttransportführer einen bei einem Dritten versicherten Schaden nicht ersetzen muss, weil der Versicherer, der sich

---

1 ART. XVIII Ziff. 3 der ABB-Flugpassage der Deutschen Lufthansa, in GIEMULLA/SCHMID, Anhang WA III-2; siehe auch RUHWEDEL 111ff.
2 Art. 96 VVG; MAURER 313ff.
3 Auf anerkannte Krankenkassen und auf die SUVA ist Art. 96 VVG nicht anwendbar, MAURER 315 FN 632; MAURER, Sozialversicherungsrecht 380ff.
4 Zur unbegrenzten Haftung vorne 207ff.; zum Rückgriff hinten 259.
5 Art. 53 und 71 VVG; zur Anspruchsberechtigung des Versicherers hinten 276.
6 Danach ist primär derjenige ersatzpflichtig, der aus unerlaubter Handlung haftet (Art. 41 OR), danach derjenige, der aus Vertrag haftet und in letzter Linie derjenige, der einer Kausalhaftung untersteht.
7 Der Versicherer erfüllt mit der Leistung den Versicherungsvertrag; die Praxis stellt dies der vertraglichen Haftung gleich, MAURER 317 FN 638.
8 BGE 80 II 254 ff.; OFTINGER 368, 383; MAURER 320f.

den Anspruch des Passagiers oder Absenders abtreten liess, dem Lufttransportführer kein grobes Verschulden nachweisen kann.

Die grossen schweizerischen Versicherungsgesellschaften haben mit einigen schweizerischen Luftfahrtunternehmen vertraglich vereinbart, nach welchem Schlüssel sie versicherte Schäden unter sich aufteilen.

B. Haftung des Bundes

Im Zusammenhang mit Luftbeförderungen kann bei Schäden die Verantwortung des Bundes greifen. An Bord von Langstreckenflügen der Swissair befinden sich in der Regel zivil gekleidete bewaffnete Polizisten, die der Bund aus Sicherheitsgründen einsetzt («*Tigers*»). Verursachen diese Beamten einen Schaden, wird der Bund haftbar.

Der folgende Zwischenfall ereignete sich an Bord eines Swissair Flugzeuges: nach der Landung entlud ein *Tiger* seine Pistole in der Toilette. Dabei löste sich ein Schuss, drang durch die Wand der Toilette und verletzte einen Passagier am Knie.

Ansprüche gegen den Bund richten sich nach dem *Verantwortlichkeitsgesetz*[9]. Danach haftet der Bund kausal für Schäden, die ein Beamter in Ausübung seiner amtlichen Tätigkeit Dritten widerrechtlich zufügt (Art. 3)[10].

Die gleiche Bestimmung kann greifen, wenn der *Captain* in Ausübung hoheitlicher Funktionen einen Schaden verursacht. Art. 99 LFG überträgt dem Bordkommandanten hoheitliche Befugnisse[11]. Der Captain wird dadurch jedoch nicht Beamter des Bundes. Er ist lediglich mit öffentlichen Aufgaben des Bundes betraut, nämlich Ruhe und Ordnung an Bord eines schweizerischen Flugzeuges zu wahren. Er bleibt Angestellter der Fluggesellschaft, d.h. einer Organisation, die ausserhalb der Bundesverwaltung steht. Damit sind die Voraussetzungen von Art. 19 VG erfüllt: der Bund hat für einen Schaden nur aufzukommen, wenn und soweit die Fluggesellschaft den Schaden nicht selber zu ersetzen vermag[12].

C. Haftung des Flughafenhalters, des Flugzeugherstellers und der Flugsicherungsbehörden

Entstehen im Zusammenhang mit einer Luftbeförderung Schäden, kann die Ursache nicht nur beim Lufttransportführer, sondern auch beim Halter des Flughafens, beim Flugzeughersteller[13] oder bei der Flugsicherungsbehörde liegen[14]. Es gibt zur Zeit

---

9 SR 170.32.
10 Siehe dazu HÄFELIN/MÜLLER, Grundriss des allgemeinen Verwaltungsrechts, 1990, N 1747ff und allgemein zur Staats- und Beamtenhaftung SCHWARZENBACH-HANHART HANS RUDOLF, Das Haftungsgesetz des Kantons Zürich, 1985.
11 Der Kommandant kann bei strafbaren Handlungen an Bord die zur Beweissicherung notwendigen Massnahmen treffen, Untersuchungshandlungen vornehmen, die keinen Aufschub ertragen, er kann Fluggäste und Besatzungsmitglieder durchsuchen und Gegenstände, die als Beweismittel dienen können, beschlagnahmen; wenn Gefahr im Verzug ist, kann er Verdächtige festnehmen.
12 BGE 115 II 242.
13 Als Verursacher des Schadens kommt auch der Hersteller von einzelnen Fluzeugkomponenten in Frage.
14 Sie dazu auch AWFORD, ZLW 1992, 32f.

keine internationalen Normen, welche die Haftung des Flughafenhalters, des Flugzeugherstellers oder der Flugsicherungsbehörden regeln oder limitieren. Für den Geschädigten kann die Belangung des Flughafenhalters oder der Flugsicherungsbehörden eine Möglichkeit darstellen, den ganzen Schaden ersetzt zu halten [15]. Denkbar ist auch, die Behörden, welche das Flugzeug zertifizierten, in Anspruch zu nehmen [16]. Auf entsprechende Schadenersatzansprüche ist ausschliesslich das entsprechende Landesrecht anwendbar [17].

Seit geraumer Zeit bestehen Bemühungen, die Haftung aus Luftbeförderungen zu kanalisieren. Unabhängig davon, wer den Schaden verursacht hat, wären die Ansprüche des Geschädigten nicht nur der Höhe nach begrenzt, sondern zusätzlich darauf limitiert, dass er nur einen der an der Luftbeförderung beteiligten Partner (Fluggesellschaft, Flugzeughersteller, Flughafen und Flugsicherungsbehörden) ins Recht fassen kann. Die Bestrebungen, die Kanalisierung der Haftung im Luftrecht zu verwirklichen, sind bis anhin erfolglos geblieben [18].

In der Schweiz kann sich die Haftung des Flughafenhalters sowohl nach öffentlichem Recht [19] wie nach Privatrecht richten [20]. Das gleiche gilt für die Flugsicherungsbehörde. Die Haftung des Flugzeugherstellers richtet sich nach OR.

Die Haftung des Flugzeugherstellers und der Hersteller einzelner Flugzeugteile ist eine Produkthaftung [21]. Auf internationaler Ebene und im Ausland bestehen seit langer Zeit Bemühungen, diese Haftung gesetzlich zu regeln [22].

Machen Geschädigte aus einer Luftbeförderung gegenüber dem Flughafen, der Flugsicherung oder dem Flugzeughersteller Schadenersatzansprüche geltend, ist zu prüfen, ob diese auf den Lufttransportführer *Rückgriff* nehmen können. Die Sondernormen des Lufttransportrechts regeln diese Frage nicht.

Nach schweizerischem Recht unterstehen die Schädiger einer solidarischen Haftung (Art. 50 Abs. 1 OR). Derjenige, der in Anspruch genommen wurde, kann auf die anderen Schädiger Rückgriff nehmen (Art. 50 Abs. 2 OR). Dabei kann er höchstens den Betrag geltend machen, den der Geschädigte vom Regressschuldner im Aussenverhältnis fordern konnte. Der Ersatzpflichtige soll bei der internen Auseinandersetzung nicht besser oder schlechter gestellt sein, als wenn er vom Geschädigten direkt belangt worden wäre [23]. Konkret bedeutet dies, dass der Hersteller, die Flugsicherungsbehörde oder der Flughafenhalter auf den Lufttransportführer nur soweit Rückgriff nehmen

---

15 Zur Haftung der Flugsicherung, HODEL, ASDA-Bulletin, 1964/1, 2 und 3 (3 Teile); zur Belangung des Flugzeug-Herstellers LEVY STANLEY J., Air Law 1976, 280; AWFORD, Air Law 1985, 129ff.; DU PERRON, Air Law 1985, 203.
16 Siehe dazu (für die USA) PLAVE, JALC 51 [1985] 197.
17 Siehe dazu auch die Produktehaftpflicht-Richtlinie des EG-Rates vom 25. Juli 1985, Verweise bei AWFORD, ZLW 1992, 32f und OPPERMANN THOMAS, Europarecht 1991, 431 N 1116.
18 Zur Kanalisierung der Haftung ausführlich SCHWEICKHARDT, ASDA-Bulletin 1979/2, 6.
19 Beide führen ihren Betrieb aufgrund einer Konzession des Bundes aus. Zur Stellung des Flughafenhalters HODEL, ASDA-Bulletin, 1971/2, 3.
20 Siehe dazu ROCHAT, ASDA-Bulletin 1981/3, 9ff.
21 Siehe dazu DU PERRON, Air Law 1985, 203; HAMALIAN, AASL 1986, 55.
22 Ausführlicher Überblick in GIEMULLA/LAU/BARTON § 21 N 6ff; siehe auch MÜLLER-ROSTIN, ZLW 1983, 225; siehe auch GIEMULLA, ZLW 1988, 140ff.
23 BGE 95 II 340; OFTINGER 353; STARK, N 987 mit Verweisen.

können, als dieser aus dem Beförderungsvertrag Ersatz schuldet. Sind die Limiten des Warschauer Abkommens anwendbar, kann sich der Lufttransportführer auch im Rahmen des Regressverfahrens darauf berufen [24]. Einzig wenn er unter dem Warschauer Abkommen unbegrenzt haftet [25], können auch der Flughafenhalter, der Flugzeughersteller oder die Flugsicherung unbegrenzt auf den Lufttransportführer Rückgriff nehmen.

D. Die Haftung der Leute des Lufttransportführers

Oft weiss der Geschädigte, welcher Angestellte oder welche Hilfsperson [26] des Lufttransportführers einen Schaden verursacht hat und will gegen diese vorgehen. Grundsätzlich sind solche Ansprüche bei einer Beförderung, die dem Warschauer Abkommen untersteht, zulässig [27]. Das Abkommen enthält jedoch keine Grundlage für Ansprüche des Geschädigten gegenüber den Leuten des Lufttransportführers [28]. Massgebend dafür ist das anwendbare Landesrecht. Bejaht der Richter einen entsprechende Forderung, stellt sich die Frage, ob sie den Limiten des Abkommens unterliegt. Das Warschauer Abkommen lässt sie in der ursprünglichen Fassung offen. Das Haager Protokoll regelt sie in Art. 25A.

1. Die Haftung der Leute unter dem Warschauer Abkommen in der ursprünglichen Fassung

Das Warschauer Abkommen regelt in der ursprünglichen Fassung die Haftung der Leute des Lufttransportführers nicht. Massgebend ist das anwendbare Landesrecht [29]. Dieses entscheidet, in welchem Ausmass der Lufttransportführer für die Handlungen seiner Hilfspersonen einstehen muss.

Nach dem OR hat sich der Lufttransportführer die Handlungen seiner Hilfspersonen als Geschäftsherr anrechnen zu lassen (Art. 101 OR). Das Verhalten der Hilfsperson gilt als eigene Erfüllungshandlung des Lufttransportführers [30]. Voraussetzung ist nach der Praxis des Bundesgerichts, dass die Handlung in funktionellem Zusammenhang steht mit dem Beförderungsvertrag und die Handlung des Erfüllungsgehilfen zugleich eine Schlecht- oder Nichterfüllung des Beförderungsvertrages darstellt [31].

Das **Bundesgericht** bejahte die Haftung der Fluggesellschaft für den Diebstahl, den ein Pilot begangen hatte. Der betreffende Gegenstand sei dem Piloten anvertraut gewesen. Er sei verpflichtet gewesen, die Interessen des Eigentümers zu schützen [32].

---

24 Siehe auch GULDIMANN, Art. 24 N 7.
25 Vorne 207ff.
26 Vorne 111ff.
27 GULDIMANN, Art. 25A, N 3.
28 GIEMULLA/SCHMID, Art. 25 A N 1.
29 SCHWEICKHARDT, Lufttransportrecht 51.
30 BUCHER 350f; GUHL/MERZ/KOLLER 229f.
31 BUCHER 353 mit Verweisen; BGE 85 II 267, 90 II 15, 99 II 46, a.M. 98 II 288 E. 4.
32 Urteil vom 15. Juli 1955, ASDA-Bulletin 1956/11, 9f; RFDA 1955, 450ff.

Art. 101 OR bezweckt, dass der Vertragsschuldner, d.h. der Lufttransportführer für das Verhalten seiner Hilfspersonen so einzustehen hat, als wäre es sein eigenes [33]. Deshalb muss für die Hilfsperson das gleiche Haftungsregime gelten wie für den Lufttransportführer. Dieser soll nicht über die Haftung für seine Hilfspersonen einer unlimitierten Haftung unterstehen [34]. Unterliegt die Beförderung dem Abkommen in der ursprünglichen Fassung und ist zudem schweizerisches Recht massgebend, müssen deshalb die Haftungslimiten auch für Ansprüche gelten, die der Geschädigte gegen die Leute des Lufttransportführers geltend macht.

Die Beförderungsbedingungen der meisten Fluggesellschaften sehen im übrigen vor, dass ihre Agenten, Angestellten und Vertreter sich auf die gleichen Haftungsbeschränkungen berufen können wie der Lufttransportführer selber [35].

2. Die Haftung der Leute gemäss dem Haager Protokoll

Unterliegt eine Beförderung dem Haager Protokoll, limitiert Art. 25A die Haftung der Leute: sie können sich unter den allgemeinen Voraussetzungen des Abkommens auf die Haftungslimiten gemäss Art. 22 WA berufen. Der in Anspruch genommene Schädiger muss beweisen, dass die Voraussetzungen von Art. 25A erfüllt sind (Art. 25A Abs. 1) [36].

Es ist nicht einfach zu bestimmen, in welchen Fällen die Hilfsperson «in Ausführung ihrer Verrichtung» handelt. In der Praxis stellt sich die Frage fast ausschliesslich im Zusammenhang mit Diebstählen [37]. Ausländische Gerichte [38] brauchen zur Definition des Begriffs weitgehend die gleichen Kriterien wie das Bundesgericht im Zusammenhang mit Art. 101 OR [39]: die Hilfsperson handelt «in Ausübung ihrer Verrichtung», wenn die schädigende Handlung zugleich eine Nichterfüllung oder schlechte Erfüllung der Schuldpflicht des Geschäftsherrn aus seinem Vertrag mit dem Geschädigten darstellt und er dafür vertraglich (und nicht nur aus Delikt) haften würde [40]. Die schädigende Handlung muss in einem funktionellen Zusammenhang stehen mit der Erfüllung des Vertrages [41].

Umstritten ist, unter welchen Voraussetzungen die Leute des Lufttransportführers sich im Rahmen des Abkommens auf die Limiten berufen können: haften sie nur innerhalb der Limiten, wenn sich auch der Lufttransportführer darauf berufen kann und er keine der Voraussetzungen der unbegrenzten Haftung erfüllt (Art. 3 Abs. 2, Art. 4 Abs. 2, Art. 9 oder Art. 25 WA [42]) [43]? Oder können sie sich auch auf die Limiten berufen, selbst wenn der Lufttransportführer eine der

---

[33] BUCHER 350f; GUHL/MERZ/KOLLER 229.
[34] Ebenso MANKIEWICZ, Liability 38; GIEMULLA/SCHMID, Art. 25A, N 1; GULDIMANN, Art. 25A N 3.
[35] Siehe z.B. Art. XIII Abs. D d) der Beförderungsbedingungen der Swissair (Passagiere).
[36] Siehe auch GIEMULLA/SCHMID, Art. 25A N 3.
[37] Auch Art. 25 braucht den Begriff «in Ausführung ihrer Verrichtung», doch hat er im Zusammenhang mit der Anwendung von Art. 25 zu keinen Kontroversen Anlass gegeben.
[38] GIEMULLA/SCHMID, Art. 20 N 27.
[39] Vorne 111ff.
[40] BGE 92 II 18 mit Verweisen; BUCHER 353.
[41] GIEMULLA/SCHMID, Art. 20 N 27a.
[42] Vorne 207ff.
[43] So GULDIMANN, Art. 25 A N 6.

genannten Voraussetzungen erfüllt? Umgekehrt lautet die Fragestellung: können die Leute unbegrenzt haften, selbst wenn sich der Lufttransportführer auf die Haftungslimiten berufen kann [44]? Art. 25A hält in Abs. 3 lediglich fest, dass die Beschränkungen des Abkommens nicht gelten, wenn die Leute die Voraussetzungen von Art. 25 WA erfüllen. Im übrigen scheint die Frage eher theoretischer Natur: es ist kaum vorstellbar, dass ein Gericht die unbegrenzte Haftung des Lufttransportführers aufgrund des Abkommens bejaht und gleichzeitig zum Schluss kommt, die entsprechenden Voraussetzungen seien bei den Leuten nicht erfüllt; der Geschädigte wird nur Hilfspersonen (Leute) ins Recht fassen, die den Schaden mindestens mitverursacht haben. Umgekehrt wird die unbegrenzte Haftung von Leuten des Lufttransportführers auch die unbegrenzte Haftung des Lufttransportführers auslösen, denn diese haben unter dem Konzept von Art. 25 A «in Ausübung ihrer Verrichtung» gehandelt; der Lufttransportführer wird die Handlungen seiner Hilfspersonen gegen sich gelten lassen müssen.

Schliesslich stellt Art. 25A Abs.2 den wichtigen Grundsatz auf, dass die Limiten des Abkommens auch gelten, wenn der Geschädigte sowohl gegen die Leute des Lufttransportführers als auch gegen den Lufttransportführer selber vorgeht. Insgesamt stehen ihm als Haftungssumme nur die Beträge zur Verfügung, die Art. 22 WA nennt, es sei denn, die Voraussetzungen der unlimitierten Haftung seien erfüllt.

E. Ansprüche als Opfer eines Gewaltverbrechens

In der Schweiz ist 1993 das Gesetz über die Entschädigung von Opfern eines Gewaltverbrechens in Kraft getreten [45]. Opfer von Gewaltverbrechen erhalten vom Bund unter bestimmten Voraussetzungen eine finanzielle Entschädigung für erlittenen moralischen und materiellen Schaden. Dieser Anspruch kann auch im Zusammenhang mit Luftbeförderungen von Bedeutung sein, wenn Passagiere Opfer von Terrorakten werden und der Lufttransportführer den Schaden nicht oder nur zum Teil ersetzt [46].

XII. Der zu ersetzende Schaden
A. Genugtuung/Schmerzensgeld

Das Warschauer Abkommen äussert sich nicht zur Frage, auf welchem Rechtsgrund Leistungen beruhen, die der Lufttransportführer dem Geschädigten im Rahmen von Art. 17, Art. 18 und 19 WA schuldet. Art. 24 weist lediglich darauf hin, dass die Voraussetzungen und Beschränkungen des Abkommens unabhängig davon gelten, auf welchem Rechtsgrund der Anspruch auf Schadenersatz beruht.

Das auf die Beförderung anwendbare Recht bestimmt, aus welchem Rechtsgrund der Lufttransportführer Zahlungen an den Geschädigten leistet.

Nach schweizerischem Recht kann der Richter bei Körperverletzung oder Tötung dem Verletzten oder den Angehörigen eine angemessene Summe als Genugtuung zu-

---

44 Bejahend GIEMULLA/SCHMID, Art. 25A N 4.
45 SR 312.5.
46 Zur Anwendung des Warschauer Abkommens bei Terrorakten vorne 164.

sprechen (Art. 47 OR). Im allgemeinen sind die Genugtuungssummen, die schweizerische Gerichte zusprechen, eher niedrig [1]. Im Zusammenhang mit einer Luftbeförderung wird jedoch in der Regel ohnehin wenig Raum sein für hohes Schmerzensgeld, weil es unter die Limiten des Abkommens fällt. Sind die Voraussetzungen der unlimitierten Haftung erfüllt, unterliegen auch die Genugtuungsansprüche keiner Begrenzung.

Verschiedene amerikanische Gerichte hatten sich mit der Frage zu befassen, ob der Richter gestützt auf das Warschauer Abkommen *punitive damages* [2] zusprechen könne. In der Regel haben sie dies abgelehnt, weil das Abkommen nur den Ersatz des tatsächlich erlittenen Schadens vorsehe [3]. In zwei neuen Urteilen haben jedoch kürzlich erstinstanzliche Gerichte unter dem Titel *punitive damages* sehr hohe Summen zugesprochen [4].

Amerikanische Gerichte haben auch unter anderen Titeln wie *pain and suffering*, *preimpact suffering* und *mental distress* Beträge zugesprochen, die über das hinausgehen, was in Europa als immaterieller Schaden ersetzt wird [5].

Umstritten kann auch sein, ob der Lufttransportführer *entgangenen Feriengenuss* zu ersetzen hat, wenn er Passagiere oder Gepäck nicht oder mit erheblicher Verspätung befördert. Nach der Praxis des Bundesgerichts hat der Geschädigte keinen Anspruch auf den entgangenen Feriengenuss [6]; in der Literatur wird die Auffassung vertreten, dass auch beeinträchtigte Ferien einen Anspruch auf Schadenersatz auslösen [7].

Deutsche Gerichte haben den Anspruch auf entgangenen Feriengenuss unterschiedlich beurteilt. Er wurde verneint mit der Begründung, dass dieser unter dem Warschauer Abkommen nicht zulässig sei [8] oder dass es sich um einen reinen Beförderungsvertrag und nicht um einen Reisevertrag handle [9]. Schadenersatz für vertane Urlaubszeit wurde jedoch auch im Zusammenhang mit einer Beförderung bejaht, die dem Warschauer Abkommen unterstand [10]. Anders entschied das **LG Berlin** mit dem Hinweis, die beklagte Luftfahrtgesellschaft schulde lediglich eine Luftbeförderung; der Zweck des Vertrages sei die Erreichung eines Ziels und nicht die Gestaltung des Urlaubs [11].

---

1 Ausführliche Darstellung bei HÜTTE, Die Genugtuung, 2. Aufl. 1986; siehe auch STARK 45ff.
2 Darunter ist eine «Busse» zu verstehen, die der zivile Richter der beklagten Partei für verwerfliches Verhalten auferlegt, 21 Avi. 17,343.
3 Siehe bspw. das Urteil des U.S. District Court for the Western District of Kentucky vom 30. Dezember 1987, 21 Avi. 17,341 mit Verweisen; ebenso U.S. Court of Appeals, 11th Circuit im Fall *Floyd vs. Eastern Airlines*, Urteil vom 2. Aug. 1989, IATA-Zirkular NR. 3401-A; ebenso entschied das Gericht im Fall *Butler v. Aeromexico*, vorne 216; siehe auch STILETS, JALC 55 [1989] 76 mit Verweisen.
4 Im Fall *Korean Air Lines Disaster of Sept. 1, 1983* sprach eine Jury den Angehörigen 50 Mio. U.S.$ zu, weil in diesem Fall die Voraussetzungen von Art. 25 WA erfüllt seien (Urteil vom 2. Aug. 1989); eine ähnlich hohe Summe erhielten die Geschädigten im Fall *Hijacking of Pan American World Airways Inc. Aircraft at Karachi International Airport, Pakistan on Sept. 5, 1986*, Hinweise und Kritik in DUBUC, RFDA 1991, 45f. Abgelehnt wurden punitive damages im Fall *In re Air Disaster in Lockerbee, Scotland, 21 Dec. 1988* (Urteil vom 3. Jan. 1990), Hinweise in STRANTZ, JALC 56 [1990] 417f; siehe auch MONTLAUR-MARTIN, RFDA 1989, 570ff und PETKOFF, JALC 56 [1990] 85.
5 PETKOFF, JALC 56 [1990] 85f; SEHR, JALC 53 [1987] 53f; siehe auch Urteil des U.S. District Court, Southern District of Texas, Houston Division vom 18. Jan 1982, AASL 1983, 489 mit Verweisen auf weitere Urteile.
6 Urteil vom 24. Okt. 1989, NZZ vom 2. Feb. 1990.
7 Siehe auch ROBERTO 129ff mit Verweisen und ROBERTO, recht 1990, 79ff.
8 Urteil des LG Hannover vom 15. Aug. 1989, ZLW 1990, 410.
9 Urteil des AG Frankfurt vom 5. Dez. 1988, ZLW 1989, 274f; siehe auch Urteil des AG Düsseldorf vom 15. Okt. 1984, ZLW 1986, 77.
10 Urteil des OLG Frankfurt vom 12. Jan 1987, ZLW 1988, 91ff; das Gericht wies darauf hin, es sei nicht einzusehen, warum der Pauschalreisende gegenüber dem individuellen Urlaubsreisenden besser gestellt sein soll, 95.
11 Urteil vom 15. Jan. 1990, ZLW 1992, 188f.

Das anwendbare Landesrecht entscheidet auch über die Frage, ob der Geschädigte *indirekte Schäden* geltend machen kann.

Die schweizerische Praxis ist mit der Zusprechung von Entschädigungen für indirekte Schäden zurückhaltend. Das schweizerische Recht anerkennt Reflexschäden nur, wenn sie durch eine besondere Norm geschützt sind [12]. Auch die Beförderungsbedingungen der meisten Fluggesellschaften schliessen die Haftung für «indirekte oder für Folgeschäden» aus [13].

Wenn der Angestellte einer Firma wegen Verspätung nicht rechtzeitig aus den Ferien zurückkehrt und ein Auftrag deshalb nicht fristgerecht abgeliefert werden kann, hat der Arbeitgeber deshalb keinen Anspruch gegen den Lufttransportführer [14]. Wenn jedoch ein Passagier wegen einer Verspätung einen zusätzlichen Ferientag einziehen muss, liegt ein zu ersetzender Schaden vor.

Die französische **Cour de cassation** lehnte es ab, den Nachkommen eines Ehepaars, das beim Absturz eines Swissair-Flugzeuges in Athen ums Leben gekommen war, Ersatz für öffentlich-rechtliche Abgaben wie Notariatsgebühren, sowie Erbschafts- und Strafsteuern zuzusprechen, weil es sich dabei um einen indirekten Schaden handle [15].

B. Rückerstattung der Beförderungskosten

Das Warschauer Abkommen lässt die Frage offen, ob der Lufttransportführer den Preis der Beförderung zurückzuerstatten hat, wenn er den Vertrag nicht erfüllt [16]. Das anwendbare Landesrecht entscheidet, ob der Passagier oder Absender den Beförderungspreis zurückfordern kann.

Nach schweizerischem Recht ist zwischen Beförderung von Personen und der Beförderung von Fracht zu unterscheiden, weil das OR den Frachtvertrag ausdrücklich regelt. Die Regelung über den Frachtvertrag ist bei Luftbeförderungen auch auf die Beförderung von Gepäck anwendbar.

1. Bei der Beförderung von Fracht

Die Bestimmungen des OR über den Frachtvertrag enthalten keine Vorschrift, welche die Rückerstattung des Frachtlohns regelt, wenn der Frachtführer den Vertrag nicht erfüllt. In der Lehre wird in diesem Zusammenhang zwischen Beschädigung und Verlust unterschieden. Erreicht das Gut den Bestimmungsort ganz oder teilweise beschädigt und leistet der Lufttransportführer dafür Ersatz, ist der Vertrag trotzdem erfüllt und der Frachtlohn ist geschuldet. Geht die Fracht verloren, liegt keine Erfüllung

---

12 STARK 41 mit Verweisen.
13 So z.B. die Beförderungsbedingungen der Swissair (Passagiere), Art. XIII A.
14 Zu Recht weist STARK 43 darauf hin, dass dieser Regel etwas Willkürliches anhaftet: wenn der Inhaber des Betriebes verspätet befördert wird, hat er Anspruch auf Ersatz des erlittenen Schadens.
15 Urteil vom 15. April 1986 i.S. *Pénègre c. Swissair et Caisse Ass. maladie région parisienne*, RFDA 1986, 241; Urteil der Cour d'appel de Paris vom 8. Juli 1984, RFDA 1984, 289.
16 Anders im Eisenbahn- und Schiffahrtsrecht; Art. 180 Abs. 2 EisenbahnG und Art. 109 SSG bestimmen, dass der Frachtlohn nicht geschuldet ist, wenn die Güter am Bestimmungsort nicht ausgeliefert werden.

vor. Der Luftfrachtführer hat deshalb die Frachtkosten zu erstatten [17]. Die analoge Regelung im Seefrachtrecht bestätigt dieses Ergebnis [18].

Bei der Beförderung von Gepäck gilt grundsätzlich die gleiche Regelung. In der Praxis wird es jedoch schwierig sein, den Betrag der Rückerstattung festzusetzen, weil der Lufttransportführer in der Regel die Kosten für die Beförderung des Gepäcks nicht separat ausweist. Einzig wenn der Passagier für Übergepäck einen Zuschlag bezahlen musste, lassen sich die Kosten für die Beförderung des Gepäcks eindeutig feststellen.

2. Bei der Beförderung von Personen

Bei der Beförderung von Personen liegt ein Vertrag sui generis vor [19]. Beantwortet man die Frage nach der Rückerstattung des Beförderungspreises in *Analogie zum Werkvertragsrecht*, ergibt sich folgende Lösung: Der Werklohn wird mit der Ablieferung fällig (Art. 372 Abs. 1 OR). Der Unternehmer, der den geschuldeten Erfolg nicht erbringt, kann den Werklohn nicht einfordern [20], und er hat eine vorempfangene Entschädigung zurückzuzahlen [21]. Der Unternehmer trägt auch die «Vergütungsgefahr» bis zur Übergabe des Werks (Art. 376 OR) [22].

Überträgt man diese Grundsätze auf den Luftbeförderungsvertrag, würde dies zur folgenden Lösung führen: der Lufttransportführer hat nur Anspruch auf den vollen Beförderungspreis, wenn er den Beförderungsvertrag richtig erfüllt. Befördert er den Passagier überhaupt nicht oder nicht richtig (z.B. mit Verspätung), hat er keinen oder einen geminderten Anspruch auf den Beförderungspreis. Dieses Resultat lässt sich schlecht mit dem Konzept des Warschauer Abkommens vereinbaren: das Abkommen geht von einer Verschuldenshaftung aus, die den Lufttransportführer bei der Nichterfüllung des Vertrages zu Schadenersatz verpflichtet. Das bedeutet, dass der Lufttransportführer auch bei der Nichterfüllung des Vertrages die Vergütung erhalten müsste, weil er seine schlechte Leistung durch die Bezahlung von Schadenersatz kompensiert. Die Analogie zum Werkvertragsrecht scheint deshalb angebracht in Fällen, in welchen das Abkommen nicht anwendbar ist (verweigerte Beförderung, Annullierung eines Fluges [23]), nicht aber in den Fällen, die dem Abkommen unterstehen. Dort scheint es richtiger, die Frage der Rückerstattung auch bei Passagierbeförderungen in Analogie zum Frachtrecht zu beantworten.

Beurteilt man die Rückerstattungspflicht bei Personenbeförderungen in *Analogie zum Frachtrecht*, bedeutet dies im einzelnen: der Passagier, der – wenn auch mit Verspätung – an den Bestimmungsort befördert wird, schuldet den Flugpreis; für die Verspätung muss der Lufttransportführer nach dem Abkommen Schadenersatz leisten. Das gleiche

---

17 GAUTSCHI Berner Kommentar, Art. 447 OR N 11ff; siehe auch HOFSTETTER, SPR VII/2, 169.
18 In BGE 115 II 497 hat das Bundesgericht festgehalten, dass der Frachtführer den durch die Beschädigung entstandenen Schadenersatz aufgrund des Vertrages leiste; deshalb sei im Seerecht bei der Beschädigung des Frachtgutes der Frachtlohn in voller Höhe geschuldet.
19 Vorne 103.
20 Art. 372 OR verpflichtet den Besteller, den Werklohn bei der Abnahme des Werkes zu bezahlen.
21 GAUCH, N 1054 (bei Wandelung), N 1129 (bei Minderung).
22 GAUCH, N 812ff.
23 Vorne 142.

gilt bei positiven Vertragsverletzungen im Zusammenhang mit einer Beförderung [24]. Erleidet ein Passagier auf einem Flug eine Körperverletzung, erreicht jedoch den Bestimmungsort, ist auch in diesem Fall der Beförderungspreis geschuldet [25]. Wird der Passagier jedoch nicht an den Bestimmungsort befördert (Flugzeugabsturz), ist der Beförderungspreis nicht geschuldet, und der Lufttransportführer muss den vorempfangenen Beförderungspreis zurückzahlen.

Die Limiten von Art. 22 WA werden durch die Rückerstattung des Beförderungspreises nicht berührt, weil diese kein Schadenersatz, sondern die Rückzahlung einer vorempfangenen vertraglichen Leistung ist.

Das **Landgericht Hamburg** sprach einer Passagierin, die auf dem Rückflug wegen eines plötzlichen Druckabfalls einen Hörsturz erlitten hatte, die Kosten des Rückflugs zu, weil dieser fehlerhaft gewesen sei [26].

C. Zinsansprüche

Das Warschauer Abkommen lässt die Frage offen, ob der Geschädigte unter dem Warschauer Abkommen Zinsansprüche geltend machen kann und wenn ja, ob diese unter die Limiten von Art. 22 WA fallen. In der Lehre und in der Rechtsprechung wird zu dieser Frage kaum Stellung genommen [27]; in der Praxis stellt sie sich vor allem, wenn die Erledigung eines Schadenfalles lange dauert (insbesondere nach einem Flugzeugabsturz).

Die Frage, ob der Geschädigte Anspruch hat auf Schadenszins [28] beurteilt sich nach Landesrecht. Dagegen ist die Frage, ob ein allfälliger Schadenszins unter die Limiten von Art. 22 fällt, durch Auslegung des Abkommens zu beantworten [29].

Nach schweizerischem Recht besteht dieser Anspruch, denn zum Schaden gehört nach schweizerischer Auffassung auch der Schadenszins [30]. Er ist vom Eintritt des schädigenden Ereignisses an geschuldet [31].

Bei der Frage, ob der Schadenszins unter die Limiten fällt, sind folgende Überlegungen massgebend: Das Abkommen lässt die Frage offen; Art. 22 erwähnt Schadenszinsen

---

[24] Vorne 139ff.
[25] Im konkreten Fall wird der Passagier die Kosten der Beförderung als Schaden geltend machen, sofern er die Reise nach der Genesung ein zweites Mal unternimmt.
[26] Urteil vom 15. Aug. 1989, ZLW 1990, 410; bei diesem Urteil ist zu beachten, dass der Beförderungsvertrag nach deutschem Recht als Werkvertrag qualifiziert wird, vorne 100.
[27] Das Bundesgericht äusserte sich zur Frage der Zinsen im Zusammenhang mit einer Luftbeförderung lediglich in einem Fall, in dem die gutgeheissenen Schadenersatzansprüche die Limiten nicht überstiegen. Es hielt fest, dass die Verzugszinsen geschuldet seien, sobald der Lufttransportführer in Verzug geraten sei, spätestens aber seit der Einreichung der Klage beim Friedensrichter, BGE 98 II 250. Aus der Begründung geht nicht hervor, warum es im umstrittenen Fall um Verzugs- und nicht um Schadenszinsen ging.
[28] Als Schadenszins wird der Zins bezeichnet, der mit dem schadensbegründenen Ereignis ausgelöst wird, OFTINGER 174.
[29] Vorne 43ff.
[30] OFTINGER 174 mit Verweisen.
[31] GAUCH/SCHLUEP, N 1659b mit Verweisen; GUHL/MERZ/KOLLER 73f. insbesondere mit Ausführungen zur Frage, ab welchem Zeitpunkt der Schadenszins läuft.

nicht. Abs. 1 und 2 dieser Bestimmung halten lediglich fest, dass der Lufttransportführer «bei der Beförderung von Personen» bzw. «bei der Beförderung von aufgegebenem Reisegepäck und Gütern» bis zu den genannten Beträgen haftet. Diese Haftung bezieht sich auf die Schadensursachen, die Art. 17, 18 und 19 WA nennen. Diese Aussage wird durch Art. 24 WA bestätigt: er hält fest, dass «ein Anspruch auf Schadenersatz» nur unter den Voraussetzungen und Beschränkungen geltend gemacht werden kann, die das Abkommen vorsieht. Das Abkommen bestimmt mit anderen Worten die Haftungssummen, die mindestens gelten sollen, wenn eine der Voraussetzungen von Art. 17 bis 19 WA erfüllt sind. Diese Beträge sind eine Mindestgarantie, die dem Geschädigten in jedem Fall zukommen sollen, wenn der Lufttransportführer einen Schaden i.S. des Abkommens verursacht hat [32]. Art. 23 WA verbietet es dem Lufttransportführer, diese Beträge zu reduzieren. Genau dies würde jedoch geschehen, wenn der Lufttransportführer die Schadenszinsen in die Limiten einschliesst. Er reduziert faktisch den Schadenersatz um die Schadenszinsen, obwohl der Schadenersatz mit dem schadensauslösenden Ereignis fällig wurde. Mit jedem Tag, an welchem er nach dem schädigenden Ereignis den Schadenersatz nicht auszahlt, fallen ihm Zinsen an, mit welchen er nicht rechnen konnte und nicht rechnen durfte. Auch aus diesem Grund scheint es stossend, wenn der Lufttransportführer schliesslich bei der Auszahlung des Haftungsbetrages davon profitiert, dass der Schadenfall nicht sofort erledigt wurde [33].

Der **Civil Court of the City of New York** sprach einem Geschädigten zusätzlich zu den Haftungsbeträgen gemäss Art. 22 WA Schadenszinsen zu [34]. Das Gericht hielt fest, der Zweck des Abkommens rechtfertige, Zinsen über die Limiten hinaus zu gewähren: wenn die Zinsen unter die Limiten fallen, würde der Geschädigte weniger erhalten als das Abkommen vorsieht. Zudem seien in diesem Fall die Limiten nicht mehr vereinheitlicht, sonder würden je nach Überlastung des angerufenen Gerichts variieren. Das Gericht berief sich auf frühere Urteile des **U.S. Court of Appeals for the Fifth Circuit** [35] und lehnte die gegenteilige Auffassung des **U.S. Court of Appeals for the 2nd Circuit** ab [36].

Der **Federal Court of Canada** (Trial Division) wies im Fall *Swiss Bank Corporation vs. Air Canada and Swissair* (als Mitbeklagte) Zinsansprüche der Klägerin ab. Zwischen dem Verlust und dem endgültigen Urteil lagen elf Jahre. Der Richter wies die Zinsansprüche ab mit dem Argument, die Beförderungsbedingungen der Swissair schlössen indirekte und Folgeschäden sowie den Verlust von Einkommen aus (Art. 14 Abs. 3). Zinsen seien Einkommen. Deshalb könne das Gericht keine Zinsansprüche vor dem Urteil zusprechen [37].

---

32 Das Abkommen erlaubt es, dass diese Summen unter bestimmten Voraussetzungen überschritten werden, sei es, dass die Voraussetzungen der unlimitierten Haftung erfüllt sind, sei es, dass der Richter gestützt auf Art. 22 Abs. 4 die Gerichts- und Anwaltskosten zuspricht, sei es, dass die Parteien eine höhere Haftungssumme vereinbart haben; zum Abkommen als Minimalstandard vorne 66f.
33 Zum gleichen Ergebnis kommt GULDIMANN, Art. 22 N 29 unter Berufung auf die Billigkeit.
34 Urteil vom 12. Nov. 1986 i.S. *Eli Lilly Argentina, S.A. et al. vs. Aerolinas Argentinas,* 20 Avi.17,969.
35 Urteile i.S. *Domanque vs. Eastern Airlines,* 18 Avi. 17,533 und i.S. *Boehringer-Mannheim Diagnostics vs. Pan American World Airways,* 18 Avi. 18,090. Das Gericht hatte im ersten Fall eine Beförderung zu beurteilen, die der Vereinbarung von Montreal unterlag. Das Gericht hielt fest, die Vereinbarung bezwecke, Streitfälle möglichst speditiv zu erledigen. Die Zusprechung von Schadenszinsen sei diesem Zweck förderlich.
36 Urteil i.S. *O'Rourke vs. Eastern Airlines,* 18 Avi. 17,763. Dem Gericht lag ein Fall vor, welcher der Vereinbarung von Montreal unterlag. Es war der Ansicht, die Limiten der Vereinbarung dürften nicht um die Schadenszinsen erhöht werden.
37 Urteil vom 22. Okt. 1981, AASL 1982, 533.

D. Prozess- und Anwaltskosten

In der *ursprünglichen Fassung* äussert sich das Warschauer Abkommen nicht zur Frage, ob die Limiten eine Entschädigung für Prozess- und Anwaltskosten einschliesst, oder ob der Richter diese separat zusprechen kann.

In der Praxis hat diese Lücke soweit ersichtlich kaum zu Kontroversen geführt. Der schweizerische Richter ist mit der Frage konfrontiert, wenn er z.B. einen Anspruch aus einer Beförderung von Fracht zwischen der Schweiz und den USA zu beurteilen hat[38]. Angesichts der Tatsache, dass das Abkommen in der ursprünglichen Fassung nur davon spricht, dass die *Schadenersatzansprüche* (Hervorhebung von der Autorin) gegen den Lufttransportführer begrenzt und deren Limiten tief angesetzt sind, rechtfertigt es sich, die Rechtsverfolgungskosten separat zuzusprechen. Diese Auffassung wird durch die Änderungen des Abkommens durch das Haager Protokoll und die Vereinbarung von Montreal bestätigt.

Das *Haager Protokoll* und die *Vereinbarung von Montreal* haben die Lücke bezüglich der Prozessentschädigung geschlossen. Art. 22 Abs. 4 WA/HP bestimmt, dass das Gericht zusätzlich zu den Haftungsbeträgen des Abkommens nach seinem Recht dem Kläger einen Betrag für «Gerichtskosten und sonstige Ausgaben für den Rechtsstreit» zusprechen kann. Damit kann der Richter den beklagten Lufttransportführer dazu verurteilen, dem Kläger den vollen Haftungsbetrag zu bezahlen, und er kann ihm zusätzlich die Gerichtskosten sowie eine Parteientschädigung auferlegen.

Das Abkommen bringt zum dargestellten Grundsatz einen Vorbehalt an. Wenn der Lufttransportführer dem Geschädigten vor dem Gerichtsverfahren den Betrag angeboten hat, der ihm im Urteil zugesprochen wird, dürfen Schadenersatz und Prozesskosten die auf die betreffende Beförderung anwendbaren Limiten nicht übersteigen. Voraussetzung ist, dass der Lufttransportführer dieses Angebot schriftlich innerhalb von sechs Monaten nach dem schädigenden Ereignis oder – falls die Klage erst später erhoben worden ist – vor der Erhebung der Klage unterbreitet hat[39].

Unterliegt die Beförderung der *Vereinbarung von Montreal*[40], gilt bei Personenschäden in bezug auf die Prozesskosten eine besondere Regelung. Der Richter kann dem Geschädigten den Betrag von 75'000 U.S.$ einschliesslich der Prozessentschädigung zusprechen; Wenn der Anspruch in einem Land geltend gemacht wird, in dem Rechtsverfolgungskosten separat zugesprochen werden, beträgt die Haftungslimite für Personenschäden 58'000 U.S.$, und der Richter kann dem Lufttransportführer die Gerichtskosten sowie die Parteientschädigung zusätzlich auferlegen. Sie unterliegen keiner Limite.

In der Schweiz werden die Rechtsverfolgungskosten separat zugesprochen[41]. Damit gilt bei Beförderungen, die der Vereinbarung von Montreal unterliegen, für Personenschäden die Limite von 58'000 U.S.$; zusätzlich kann der Richter dem beklagten Lufttransportführer den Ersatz der vollen Rechtsverfolgungskosten auferlegen.

---

38 Diese Beförderung unterliegt dem Abkommen in der ursprünglichen Fassung, vorne 18.
39 Siehe dazu auch GULDIMANN, Art. 22 N 28ff; GIEMULLA/SCHMID, Art. 22 N 13.
40 Vorne 21ff.
41 GULDENER 407ff; STRÄULI/MESSMER 150ff.

Das Warschauer Abkommen lässt auch offen, ob der Lufttransportführer dem Geschädigten aussergerichtliche *Anwaltskosten* ersetzen muss oder ob er sich auf den Standpunkt stellen kann, der Ersatz innerhalb der Limiten decke die Ausgaben für aussergerichtliche Anwaltskosten. Bei der Beantwortung dieser Frage ist im Auge zu behalten, dass der Richter im Falle eines Prozesses die Anwaltskosten «nach seinem Recht» zuspricht (Art. 22 Abs. 4 WA). Das Abkommen enthält keine Anspruchsgrundlage für gerichtliche Anwaltskosten und limitiert diese auch nicht. Ebensowenig ist dies der Fall für aussergerichtliche Anwaltskosten. Auch hier zeigt sich, dass sich das Abkommen nur mit dem Ersatz für Schäden i.S. von Art. 17 bis 19 WA befasst und nur diese Ansprüche limitiert [42].

Das **Bundesgericht** hat in einem neuen Urteil entschieden, dass ein Geschädigter nach schweizerischem Recht Anspruch hat auf Ersatz von vorprozessualen Kosten [43]. Damit kann der Geschädigte im Zusammenhang mit einer Beförderung, die dem schweizerischen Recht untersteht, vom Lufttransportführer auch Ersatz für die aussergerichtlichen Anwaltskosten verlangen.

---

42 Zur analogen Problematik im Zusammenhang mit Schadenszinsen vorne 266f.
43 Urteil vom 19. Feb. 1991, NZZ FA Nr. 176 vom 3. Aug. 1991.

5. Teil
Anspruchsberechtigte und Anspruchsgegner

I. Die Anspruchsberechtigten

A. Überblick

Das Warschauer Abkommen regelt die Anspruchsberechtigung nicht abschliessend. Es bestimmt in Art 24 Abs. 1, dass in den Fällen von Art. 18 WA (Zerstörung, Beschädigung und Verlust von Gütern) und von Art. 19 WA (Verspätung von Reisenden oder Gütern) ein Anspruch auf Schadenersatz nur unter den Voraussetzungen und Beschränkungen geltend gemacht werden kann, die im Abkommen vorgesehen sind. Aus dieser Formulierung wird abgeleitet, dass der Absender und der Empfänger unter dem Abkommen anspruchsberechtigt sind[1]. Für die Anspruchsberechtigung im Zusammenhang mit der Beförderung von Personen ist Abs. 2 von Art. 24 WA massgebend. Diese Vorschrift dehnt die Geltung des ersten Absatzes auf die Fälle von Art. 17 WA aus (Körperschäden oder Tod eines Reisenden) und weist darauf hin, dass das Abkommen die Frage nicht beantwortet, welche Personen zur Klage legitimiert sind und welche Rechte ihnen zustehen[2].

Zu Recht wird in der Literatur darauf hingewiesen, dass Art. 24 WA nicht präzis formuliert ist[3]. Zur Verwirrung trägt bei, dass das Abkommen an anderer Stelle den Empfänger befugt, nach einem Verlust «die Rechte auf dem Frachtvertrag gegen den Luftfrachtführer geltend [zu] machen» (Art. 13 Abs. 3 WA). Lehre und Praxis gehen davon aus, dass Art. 13 Abs. 3 WA sich nicht mit der Anspruchsberechtigung befasst, sondern nur das Verfügungsrecht regelt.

Der schweizerische Gesetzgeber hat aus diesen Vorschriften trotzdem den Schluss gezogen, dass er die Anspruchsberechtigung mit dem Verfügungsrecht verknüpfen dürfe, und hat dem Absender die Anspruchsberechtigung entzogen, wenn er nicht mehr über das Gut verfügen kann[4].

Im Zusammenhang mit Sukzessivbeförderungen regelt das Abkommen ausführlicher, wer berechtigt ist, gegen den Lufttransportführer Schadenersatzansprüche geltend zu machen.

Das Warschauer Abkommen schliesst die Möglichkeit ein, dass der Luftfrachtführer wegen des gleichen Schadens sowohl vom Absender als auch vom Empfänger in Anspruch genommen wird. In der Literatur wird dies als «Risiko» bezeichnet[5]. Dieses Risiko scheint vertretbar, denn selbst

---
1 MANKIEWICZ, Liability 177f mit Verweisen; BERNAUW, EuropTR 1987, 331 mit Verweisen; siehe auch Urteil der Cour d'appel de Toulouse vom 7. Jan. 1991, RFDA 1991, 155.
2 Im Zusammenhang mit Ansprüchen aus Todesfällen ausführlich HAANAPPEL, Air Law 1981, 67ff.
3 GULDIMANN, Art. 24 N 2; siehe auch HAANAPPEL, Air Law 1981, 67.
4 Hinten 272.
5 SCHWEICKHARDT, Lufttransportrecht 92.

das Warschauer Abkommen nimmt es im Zusammenhang mit Sukzessivbeförderungen in Kauf, wenn es die an der Luftbeförderung beteiligten Transportführer solidarisch haften lässt und gleichzeitig sowohl dem Absender als auch dem Empfänger ein Klagerecht einräumt (Art. 30 WA).

B. Die Anspruchsberechtigung bei Sukzessivbeförderungen

Art. 30 WA unterscheidet für die Regelung der Anspruchsberechtigung bei Sukzessivbeförderungen zwischen Personen- und Sachschäden. Bei Personenschäden räumt es den Anspruch aus Körperverletzung oder aus Verspätung «dem Reisenden oder den sonst anspruchsberechtigten Personen» ein. Damit verweist es in bezug auf die Anspruchsberechtigung von Dritten – in Analogie zu Art. 24 Abs. 2 WA – auf das anwendbare Landesrecht.

Bei Schäden aus der Beförderung von Gepäck und Gütern und bei Verspätung von Gepäck oder Gütern kann gemäss Art. 30 Abs. 2 WA der Absender vom ersten, und der Empfänger, der die Auslieferung des Gutes verlangen kann, vom letzten Luftfrachtführer Schadenersatz verlangen.

Bei der Beförderung von Reisegepäck ist der Passagier sowohl «Absender» als auch «Empfänger». Bei der Beförderung von Fracht ist entscheidend, wer als Absender bzw. Empfänger im Luftfrachtbrief aufgeführt wird [6].

C. Anspruchsberechtigung bei Personenschäden nach schweizerischem Recht

Das schweizerische Recht enthält im Gegensatz zu ausländischen Rechtsordnungen [7] keine spezielle Norm über die Anspruchsberechtigung bei Personenbeförderungen. Nach schweizerischem Recht ist anspruchsberechtigt, wer Partei des Lufttransportvertrages ist und aus der schlechten Erfüllung des Vertrages einen Schaden erlitten hat. Sofern eine gesetzliche Grundlage besteht, können auch Dritte Schadenersatz geltend machen [8]. Dazu gehören diejenigen, die einen Versorgerschaden erlitten haben (Art. 45 Abs. 3 OR), oder die Erben, die aufgrund der Universalsukzession in die Rechte eines verstorbenen Passagiers eintreten (Art. 560 ZGB).

D. Anspruchsberechtigung bei Frachttransporten nach schweizerischem Recht

Art. 21 LTR beantwortet die im Warschauer Abkommen offen gelassene Frage über die Anspruchsberechtigung bei Frachttransporten. Er bestimmt, dass für alle Ansprüche aus Verlust, Beschädigung oder verspäteter Ablieferung nur klageberechtigt ist, wer

---

6 Entscheid der Cour d'appel de Paris vom 18. Juni 1985, RFDA 1985, 343.
7 Übersicht bei HAANAPPEL, Air Law 1981, 70ff.
8 OFTINGER 33ff.

über das Frachtgut verfügen kann. Damit ist auf Art. 17 LTR verwiesen, der das Verfügungsrecht des Absenders und Empfängers umschreibt und bestimmt, dass es sich nach den Vorschriften des Warschauer Abkommens richtet. Der zweite Verweis bezieht sich auf die Art. 12 bis 15 WA. Nach diesen Vorschriften erlöschen die Verfügungsrechte des Absenders, wenn der Empfänger die Aushändigung des Luftfrachtbriefes und die Ablieferung des Gutes geltend macht und die geschuldeten Beträge bezahlt (Art. 12 Abs. 4 WA in Verbindung mit Art. 13 Abs. 1 WA). Abs. 2 von Art. 21 LTR bestimmt, dass nach der Ablieferung des Gutes nur noch der Empfänger klageberechtigt ist.

Die Regelung des LTR impliziert, dass das Warschauer Abkommen es zulasse, die Anspruchsberechtigung vom Verfügungsrecht abhängig zu machen: nur wer über die Ware verfügen kann, ist auch berechtigt, Ansprüche aus der Nichterfüllung des Vertrages geltend zu machen. Zusätzlich nimmt das LTR an, dass mit der Ablieferung des Gutes alle Ansprüche des Absenders aus der Nichterfüllung des Beförderungsvertrages erlöschen. Damit schneidet das LTR dem Absender faktisch seinen Anspruch auf Erfüllung des Beförderungsvertrages und auf Schadenersatz ab, wenn sein Verfügungsrecht erlischt. Es fragt sich, ob der schweizerische Gesetzgeber damit nicht gegen das Warschauer Abkommen verstösst.

Art. 14 WA hält fest, dass der Absender und der Empfänger die ihnen nach Art. 12 und 13 WA zustehenden Rechte im eigenen Namen geltend machen können, sofern sie die Verpflichtung aus dem Frachtvertrag erfüllt haben. Art. 12 und 13 WA befassen sich mit dem Weisungs- und Verfügungsrecht über die Ware; Abs. 3 enthält eine Bestimmung für den Fall, dass das Gut verloren geht. Dieser Zusatz hat in erster Linie eine ergänzende und keine ausschliessende Funktion: wenn ein Frachtgut verloren geht, fehlt es an einem physischen Vorgang (Ankunft am Bestimmungsort), an dem – wie in Art. 13 Abs. 1 WA – der Übergang der Rechte auf den Empfänger anknüpfen könnte. Es war notwendig, für diese Fällen eine spezielle Regelung zu treffen. Verwirrend an der Formulierung von Art. 13 Abs. 3 WA ist, dass die Bestimmung nicht nur auf die Verfügungsrechte gemäss Art. 12 und 13 WA verweist, sondern die «Rechte aus dem Frachtvertrag» erwähnt. In der Praxis und in der Literatur ist zu Recht darauf hingewiesen worden, dass damit trotz der weiten Formulierung nur die Verfügungsrechte der vorstehenden Artikel gemeint sein können [9].

Ist es trotzdem zulässig, aus Art. 13 Abs. 3 WA zu folgern, dass mit dem Übergang der «Rechte aus dem Frachtvertrag» auf den Empfänger die Anspruchsberechtigung des Absenders erlischt? Diese – vom schweizerischen Gesetzgeber getroffene – Schlussfolgerung ist aus verschiedenen Gründen abzulehnen. Mit Art. 21 LTR entzieht der schweizerische Gesetzgeber dem Absender das Recht auf Schadenersatz, auf das er gemäss Art. 18 und 19 WA Anspruch hat. Zudem trifft er eine Unterscheidung, die sich nicht rechtfertigen lässt: nach Art. 30 Abs. 3 WA hat der Absender bei Sukzessivbeförderungen ausdrücklich neben dem Empfänger einen Anspruch auf Schadenersatz [10]. Gegenüber dieser Vorschrift kann Art. 21 LTR nicht greifen, weil er damit gegen das Warschauer Abkommen verstösst [11]. Ein Absender wäre deshalb bei einer Sukzessiv-

---

[9] High Court of Justice (GB), ZLW 1989, 31; ausführlich MILLER 250f.
[10] Vorne 272.
[11] Vorne 60.

beförderung besser gestellt als bei einer einfachen Beförderung. Dieses Ergebnis ist stossend, denn es gibt keinen Grund, bei der Anspruchsberechtigung zwischen einfachen und Sukzessivbeförderungen zu unterscheiden.

Art. 21 LTR ist möglicherweise damit zu erklären, dass ein führender Kommentator des OR im Zusammenhang mit dem Frachtvertrag die Auffassung vertreten hat, der «nach Massgabe von Art. 443 OR verfügungsberechtigte Absender oder Empfänger» sei anspruchsberechtigt [12]. Der Autor begründet seine Auffassung nicht näher und weist auch nicht nach, auf welche Bestimmung des OR er die Einschränkung stützt.

Die dargestellten Überlegungen zeigen, dass der schweizerische Richter Art. 21 LTR die Geltung versagen muss, wenn aufgrund von dieser Bestimmung dem Absender die materielle Anspruchsberechtigung gemäss Art. 18 und 19 WA verweigert wird [13]. Trotz Art. 21 LTR steht auch dem Absender ein Anspruch auf Schadenersatz aus der Nichterfüllung des Beförderungsvertrages für Fracht zu. Wenn das LTR revidiert wird, müsste die Vorschrift gestrichen werden.

E. Ansprüche geschädigter Dritter

Das Warschauer Abkommen regelt die Anspruchsberechtigung Dritter nur in einem Fall: der Lufttransportführer, der Weisungen des Absenders befolgt, ohne die Vorlage des für ihn bestimmten Exemplars des Luftfrachtbriefes zu verlangen, wird gegenüber dem rechtmässigen Besitzer des Luftfrachtbriefes schadenersatzpflichtig (Art. 12 Abs. 3 WA).

Die Bestimmung ist in der Praxis von Bedeutung, weil Luftfrachtbriefe oft als Kreditsicherungsmittel dienen: dem Absender dient seine Kopie des Luftfrachtbriefes als Beweis dafür, dass er die Ware verschickt hat, und er beansprucht aufgrund des Papiers ein Dokumentenakkreditiv, das zu seinen Gunsten eröffnet wurde.

In allen anderen Fällen sind Ansprüche geschädigter Dritter im Warschauer Abkommen nicht geregelt. Im Zusammenhang mit Schadenersatzansprüchen aufgrund von Art. 17 WA (Körperverletzung oder Tod eines Reisenden) weist das Abkommen sogar darauf hin, dass es die Frage nicht beantwortet, «welche Personen zur Klage berechtigt sind und was für Rechte ihnen zustehen».

Die Anspruchsberechtigung Dritter ist nach dem anwendbaren Landesrecht zu beurteilen [14].

In allen Rechtsordnungen wird die Anspruchsberechtigung von Versorgungsempfängern und von Erben gegeben sein. In den USA können darüber hinaus Ehepartner für «loss of companionship», «loss of the services of his wife/her husband», «loss of comfort» o.ä. Ansprüche geltend machen [15].

---

12 GAUTSCHI, Berner Kommentar Art. 446 OR N 3.
13 Ebenso GULDIMANN, Art. 14 N 6; auch MANKIEWICZ geht davon aus, dass sowohl Absender wie auch Empfänger Schadenersatzansprüche unter Art. 18 und 19 WA geltend machen können, Liability 117f mit Verweisen; ebenso GIEMULLA/SCHMID, Art. 14 N 1 und RUHWEDEL 138f.
14 RUHWEDEL 137.
15 Siehe auch PETKOFF, JALC 56 [1990] 84f.

Umstritten ist, ob der Eigentümer eines *Fracht- oder Gepäckstückes*, der nicht Partei des Beförderungsvertrages ist, Anspruch auf Schadenersatz geltend machen kann. Die Anspruchsberechtigung des Eigentümers wurde in der Praxis und in der Literatur bejaht mit dem Argument, das Abkommen schliesse diese Ansprüche nicht ausdrücklich aus. Darum könne das anwendbare Landesrecht darüber entscheiden, ob sie zulässig seien [16]. Bedingt gutgeheissen wurden sie mit dem Argument, der Lufttransportführer wisse oder hätte wissen können, dass ein Dritter (Eigentümer oder sonst Berechtigter) eigentlicher Empfänger sei [17]. Abgelehnt wurde die Anspruchsberechtigung eines Dritten, der an verlorenem Gepäck Teileigentum geltend machte [18]. Auch in der Literatur ist die Ansicht vertreten worden, dass das Warschauer Abkommen Ansprüche des Eigentümers gegen den Lufttransportführer nicht ausschliesse [19]. Entscheidend sei das anwendbare Landesrecht.

Dieser Auffassung ist zuzustimmen: weder bei der Beförderung von Gütern, noch bei der Beförderung von Personen schliesst das Abkommen aus, dass Dritte einen Anspruch gegenüber dem Lufttransportführer geltend machen, sofern ihnen das anwendbare Landesrecht eine entsprechende Anspruchsgrundlage einräumt.

Mit dieser Feststellung ist eine weitere Frage nicht beantwortet, die sich in diesem Zusammenhang stellt: gelten die Haftungslimiten, die das Abkommen aufstellt, auch für Ansprüche von Dritten? Sie ist zu bejahen [20]: Art. 24 Abs. 1 hält fest, dass der Anspruch auf Schadenersatz, «auf welchem Rechtsgrund er auch beruht», nur unter den Voraussetzungen und Beschränkungen des Abkommens geltend gemacht werden kann. Wenn das anwendbare nationale Recht dem Dritten als Versorgtem oder als Eigentümer einen Anspruch einräumt, besteht ein «Rechtsgrund» i.S. von Art. 24 Abs. 1 WA; Ansprüche, die darauf beruhen, unterliegen den Beschränkungen des Abkommens [21].

In der Literatur wurde die Auffassung vertreten, dass die Ansprüche des Eigentümers, der nicht Vertragspartei sei, nicht den Limiten des Abkommens unterliegen. Auf die deliktischen Schadenersatzansprüche sei die Übernahme der Haftungshöchstgrenzen des Abkommens nicht möglich [22]. Diese Auffassung überzeugt nicht. Sie begründet nicht, warum Art. 24 WA in diesen Fällen nicht anwendbar sein soll. Überdies führt sie zu einer paradoxen Situation: wenn der Eigentümer einer Sache, die befördert werden soll, einen Dritten als Absender und/oder Empfänger einsetzt, kann er bei einem Schaden vom Lufttransportführer den ganzen Ersatz erreichen. Schliesslich wäre – wenn man dieser Auffassung folgt – auch kaum zu begründen, warum der Lufttransportführer zwar dem Dritten als Eigentümer, nicht aber dem Dritten als Versorgungsberechtigten den ganzen Schaden ersetzen muss.

---

16 Urteil des High Court of Justice, Queen's Bench Division (GB), ZLW 1989, 32.
17 U.S. District Court N.D. Cal, U.S. District Court, D. Mass., Hinweise bei GIEMULLA/SCHMID, ZLW 1990, 175 FN 75, 76.
18 N.Y. Supreme Court, N.Y. County, 21 Avi.17,942, Hinweis bei GIEMULLA/SCHMID, ZLW 1990, 175f, FN 77; siehe auch Urteil der Cour d'appel d'Aix-en-Provence vom 26. April 1989, RFDA 1989, 256. Das Gericht verneinte die Anspruchsberechtigung einer Firma (und Eigentümerin des verloren gegangenen Gepäcks) mit dem Argument, nur der Angestellte sei Partei des Beförderungsvertrages und nur er sei anspruchsberechtigt.
19 GULDIMANN, Art. 24 N 24.
20 Ebenso SCHÖNWERTH/MÜLLER-ROSTIN, ZLW 1993, 21ff mit Verweis auf Art. 28 CMR (Convention relative aux transports international de marchandises par route).
21 Diesen Grundsatz hält Art. VIII des Montreal-Protokoll Nr. 4 für die Beförderung von Gütern ausdrücklich fest.
22 KUHN, ZLW 1989, 22ff.

Nach schweizerischem Recht hat der Eigentümer, der nicht Partei des Beförderungsvertrages ist, bei der Beförderung von *Fracht und Gepäck* keine Anspruchsberechtigung [23]. Erleiden Dritte durch die mangelhafte Erfüllung des Beförderungsvertrages für *Personen* einen Schaden, räumt ihnen das schweizerische Recht nur in Ausnahmefällen gesetzlich einen Anspruch auf Schadenersatz ein. Die wichtigste Ausnahme ist der Anspruch eines Versorgten auf Ersatz des Versorgerschadens (Art. 45 Abs. 3 OR) [24].

F. Ansprüche des Versicherers

Die Sondernormen des Lufttransportrechts lassen offen, ob eine Versicherung, die einen Schaden aus einer Luftbeförderung beglichen hat, auf den Lufttransportführer Rückgriff nehmen kann.

Die Frage, ob und in welchem Umfang die Schadenersatzforderung des Versicherungsnehmers gegen den verantwortlichen Dritten auf den zahlenden Versicherer übergehen, beurteilt sich nach dem Recht jenes Staates, dem der Versicherungsvertrag untersteht [25]. Nach dem gleichen Recht ist zu entscheiden, unter welchem Titel der Versicherer zahlt [26].

In der Schweiz ist umstritten, unter welchen Voraussetzungen die Versicherungsgesellschaft auf den Lufttransportführer zurückgreifen kann. Einzig bei der Subrogation von Ansprüchen der Sozialversicherungen traf der Gesetzgeber eine klare Regelung: die SUVA, die Militärversicherung und die IV können aufgrund von Gesetzesbestimmungen [27] gegen den haftpflichtigen Lufttransportführer regressieren [28]. Bei Sachschäden ist nach der Praxis des Bundesgerichts zu Art. 51 Abs. 1 in Verbindung mit Art. 50 Abs. 2 OR ein Regress möglich, wenn der Lufttransportführer, der – wie der Versicherer – aus Vertrag haftet, seine vertraglichen Verpflichtungen durch grobes Verschulden verletzt hat [29]. In einem neuen Entscheid hat das Bundesgericht durchblicken lassen, dass eine Subrogation auch aufgrund von Art. 72 VVG [30] denkbar ist, sofern die Fluggesellschaft mit der Vertragsverletzung zugleich eine unerlaubte Handlung begangen hat [31].

---

23 GAUTSCHI, Berner Kommentar, Art. 446 N 3.
24 OFTINGER 230ff; siehe auch Art. XIII A Ziff. 3 der Beförderungsbedingungen der Swissair (Passagiere); siehe auch vorne 257.
25 BGE 98 II 237 mit Verweisen
26 BGE vom 22. Sept. 1959, ASDA-Bulletin 1961/1, 12.
27 Art. 100 KUVG, Art. 49 MVG, Art. 11 Abs. 3 IVG
28 MAURER 323; zur Haftung des Versicherers vorne 256f.
29 BGE 80 II 154, BGE 93 II 353; Urteil des Zürcher Handelsgerichts vom 10. Juli 1987, ASDA-Bulletin 1988/1, 7; MAURER 321.
30 Art. 72 VVG Abs. 1 lautet: «Auf den Versicherer geht, insoweit als er Entschädigung geleistet hat, der Ersatzanspruch über, der dem Anspruchsberechtigten gegenüber Dritten aus unerlaubter Handlung zusteht».
31 Urteil vom 26. März 1986 i.S. *La Neuchâteloise gegen Lufthansa*, ASDA-Bulletin 1987/2, 27; in diesem Fall liessen Hilfspersonen der Fluggesellschaft eine Kiste fallen. Die Vorinstanz (Cour de justice de Genève) hatte die Subrogation aufgrund von Art. 72 VVG bejaht, Urteil vom 31. Okt. 1985, ASDA-Bulletin 1987/2, 15. In einem Fall, der dem Handelsgericht Zürich vorlag, misslang den Klägern der Beweis, dass der Lufttransportführer den Schaden grob verschuldet habe, Urteil vom 10. Juli 1987, ASDA-Bulletin 1988/1, 7; siehe dazu auch STAEHELIN, Bemerkung zu den Urteilen i.S. La Neuchâteloise gegen Lufthansa, ASDA-Bulletin 1987/2, 35; NEUPERT, ASDA-Bulletin 1988/1, 28.

II. Die Anspruchsgegner

A. *Anspruchsgegner unter dem Warschauer Abkommen*

Das Warschauer Abkommen beantwortet die Frage nur teilweise, wer Gegner eines Anspruchs aus einem Luftbeförderungsvertrag ist. Es beschränkt sich darauf, den Fall der Sukzessivbeförderung zu regeln.

Bei einer einfachen Beförderung haftet der als Vertragspartner auftretende Lufttransportführer für die Erfüllung des Beförderungsvertrages [1].

Bei Sukzessivbeförderungen trifft Art. 30 WA für Personen- und Frachttransporte eine unterschiedliche Regelung. Abs.2 bestimmt, dass ein Reisender bei *Personenschäden* nur denjenigen Lufttransportführer in Anspruch nehmen kann, der die Beförderung ausgeführt hat, in deren Verlauf der Unfall oder die Verspätung eingetreten ist. Wenn der erste Lufttransportführer ausdrücklich die Haftung für die ganze Reise übernommen hat, kann auch dieser in Anspruch genommen werden. Hinter der Regelung steht die Überlegung, dass der Passagier weiss, welcher Lufttransportführer den Schaden verursacht hat. Anders bei der Beförderung von *Gepäck* und *Gütern*: der Reisende, der Absender oder der Empfänger wissen nicht, welcher der beteiligten Lufttransportführer das Gut beschädigt hat. Das Warschauer Abkommen unterstellt deshalb alle an der Beförderung beteiligten Transportführer einer solidarischen Haftung und regelt die Anspruchsberechtigung entsprechend: der Absender kann den ersten Lufttransportführer und denjenigen Lufttransportführer in Anspruch nehmen, auf dessen Abschnitt sich der Schaden ereignet hat. Der Empfänger kann ebenfalls den Schädiger und zudem den letzten Lufttransportführer in Anspruch nehmen [2].

In der Praxis hat die Frage zu Kontroversen geführt, ob massgebend sei, was die Parteien vereinbart haben, oder ob die tatsächlichen Verhältnisse die Anspruchsgegner i.S. von Art. 30 WA definieren. Die schweizerische Praxis geht zu Recht davon aus, dass die Vereinbarung der Parteien die Anspruchsverpflichtung gemäss Art. 30 definiert; jede andere Lösung würde dazu führen, dass sich der Passagier oder Absender gegen seinen Willen mit einer fremden Partei konfrontiert sieht. Die Parteien können die ursprüngliche Vereinbarung nachträglich ändern, und den ursprünglich vorgesehenen Transportführer durch einen andern ersetzen. Überlässt ein Lufttransportführer ohne die Zustimmung der anderen Vertragspartei die Beförderung einem Dritten, kann er sich damit der eingegangenen Verpflichtung nicht entledigen [3].

Im Entscheid *Panagra, Pan American-Grace Airways, Inc. gegen Nouvelle Fabrique Election S.A.* hatte das **Bundesgericht** zu beurteilen, wer im Zusammenhang mit einer Sukzessivbeförderung Anspruchsgegner sei [4]. Im Luftfrachtbrief hatten die Parteien vereinbart, dass die Fracht von

---

1 Zur Definition der Vertragsparteien vorne 106ff.
2 Siehe dazu auch das Urteil des Tribunal de 1ère instance de Genève vom 26. März 1957, ASDA-Bulletin 1957/1, 13 (Sachverhalt hinten 284); siehe auch Hinweise bei SCHMID/BRAUTLACHT, ZLW 1988, 222 und bei GIEMULLA/SCHMID, ZLW 1990, 176 FN 79.
3 Wenn die Voraussetzungen für die Anwendung des Guadalajara-Abkommens gegeben sind, ist die Beziehung zwischen dem vertraglichen bzw. dem ausführenden Lufttransportführer und dem Anspruchsberechtigten nach diesem Abkommen zu bestimmen, vorne 33ff.
4 BGE 85 II 209.

Zürich nach Peru zu transportieren sei. Ursprünglich war vorgesehen, dass ein Flug der KLM auf dem Weg von Amsterdam nach Curaçao in Zürich das Gut zuladen sollte [5]. KLM zog es vor, die Ware zwei Tage früher mit der Swissair nach Amsterdam zu befördern und dort in das ursprünglich vorgesehene Flugzeug zu laden. Damit wollte sie verhindern, dass das Gut in Zürich liegen blieb, weil das Flugzeug Amsterdam voll beladen verliess. KLM wählte diese Variante öfters, und die Klägerin stimmte ihr jeweils auf Anfrage zu. Bei der strittigen Beförderung erhielt sie ihr Exemplar des Luftfrachtbriefes, das die tatsächlich benützte Route des Gutes wiedergab, und sie widersprach nicht. Das Gut gelangte wie vorgesehen nach Arica (Peru), wurde dort aber nicht ausgeladen. Panagra beförderte es weiter nach La Paz. Dort fehlten die Begleitpapiere. Die bolivianischen Behörden beschlagnahmten die Fracht und versteigerten sie als geschmuggeltes Gut. Die Klägerin verlangte von der KLM Schadenersatz und diese [6] verkündete Swissair den Streit. KLM bestritt die Passivlegitimation und verkündete Panagra den Streit.

Das Bundesgericht gab – anders als die Vorinstanzen – der Beklagten Recht. Entscheidend sei, was die Parteien als Vertragsinhalt im Luftfrachtbrief verurkundet haben. Das Gericht wies darauf hin, dass die Absenderin, eine Speditionsfirma, im Luftfrachtbrief den ersten Lufttransportführer nicht bezeichnete. Sie beschränkte sich darauf, den transkontinentalen Flug der KLM und denjenigen der Panagra zu nennen. Nach Ansicht des Bundesgerichts gab sie damit zu erkennen, dass es ihr einzig auf die Beförderung mit diesen zwei Flügen ankam. Die übrigen Modalitäten der Beförderung überliess sie der Beklagten und widersprach nicht, als diese – wie bei anderer Gelegenheit – Swissair als erste Lufttransportführerin einsetzte. Damit anerkannte die Absenderin stillschweigend die Beförderung des Gutes durch die Swissair als Bestandteil des Vertrages (Erw. 5 und 6).

Auch die **Cour d'appel de Paris** stellte in erster Linie auf die Vereinbarung der Parteien ab. Der im Luftfrachtbrief genannte erste Luftfrachtführer (SAS) führte die Beförderung über die vertraglich vorgesehene Strecke nicht aus, sondern überliess die Beförderung Swissair. Das Gericht betrachtete SAS als Anspruchsgegner gemäss Art. 30 WA [7].

B. *Anspruchsgegner unter dem Guadalajara-Abkommen*

Bei Charterflügen und bei Pauschalreisen kann es schwierig sein, den Anspruchsgegner zu bestimmen. In Frage kommen der Charterer oder der Vercharterer bzw. der Reiseveranstalter oder die ausführende Fluggesellschaft.

Ist auf die Beförderung das Guadalajara-Abkommen anwendbar [8], bestimmt Art. VII des Abkommens, dass der Geschädigte sowohl den ausführenden als auch den vertraglichen Luftfrachtführer ins Recht fassen kann, soweit der Anspruch die vom ausführenden Luftfrachtführer erbrachte Beförderung betrifft. Art. VII überlässt es dem Geschädigten, ob er gegen beide gesondert oder gemeinsam vorgeht. Er kann gleichzeitig zwei

---

5 Für die Weiterbeförderung via Panama nach Lima waren ebenfalls Kurse der KLM vorgesehen, für die Strecke Lima-Arica die Panagra.
6 In der offiziellen Entscheidsammlung des Bundesgerichts steht, dass die Klägerin den Streit verkündet habe (211); es scheint sich um einen Verschrieb zu handeln.
7 Urteil vom 3. Feb. 1971, RFDA 1972, 49; siehe auch MILLER 259; anders entschied das LG Hamburg, ZLW 1986, 73 in einem Fall, in dem der Lufttransportführer ohne die Zustimmung des Absenders einen Unterfrachtführer einsetzte; das Gericht ging davon aus, dass der Lufttransportführer für Schäden, die beim Unterfrachtführer eingetreten waren, nicht belangt werden könne; siehe auch Kritik bei SCHMID/ BRAUTLACHT, ZLW 1988, 221.
8 Vorne 33ff.

getrennte Verfahren anstrengen; bei getrennten Verfahren räumt das Abkommen dem Beklagten das Recht ein, dem anderen Lufttransportführer den Streit zu verkünden [9]. Die Regelung über die Anspruchsgegner bei Beförderungen unter dem Guadalajara-Abkommen ist notwendig, weil gemäss Art. III Abs. 1 des Abkommens der vertragliche und der ausführenden Lufttransportführer einer solidarischen Haftung unterstehen [10].

---

[9] Damit regelt das Abkommen ausnahmsweise eine Frage des Zivilprozessrechts, GULDIMANN, Art. VII N 3.
[10] Vorne 252.

6. Teil
Prozessuales

I. Zuständigkeit

A. *Gerichtsstände unter dem Warschauer Abkommen*

Das Warschauer Abkommen regelt die örtliche Zuständigkeit in Art. 28. Der Kläger hat die Wahl zwischen vier Gerichtsständen. Alle müssen in einem Vertragsstaat liegen. Der Geschädigte kann den Lufttransportführcr an seinem Wohnsitz bzw. an seinem Domizil einklagen, ebenso am Ort, wo dessen Hauptbetriebsleitung ist, oder am Ort, an dem sich diejenige Geschäftsstelle befindet, durch die der Vertrag abgeschlossen wurde. Schliesslich räumt das Warschauer Abkommen dem Kläger einen Gerichtsstand am Bestimmungsort ein.

Art. 28 WA sollte ursprünglich den Lufttransportführer primär davor schützen, dass er in Staaten eingeklagt würde, die nicht Mitglied des Warschauer Abkommens sind und die limitierte Haftung des Transportführers nicht anerkennen. Zusätzlich sollte der Lufttransportführer nur an einem Ort belangt werden können, zu dem er eine feste Beziehung aufweist [1].

Art. 28 WA regelt nur die Zuständigkeit in bezug auf Schadenersatzklagen, die sich auf Art. 17 bis 19 WA stützen [2]. Hat die Klage einen anderen Rechtsgrund [3] oder betrifft sie einen Sachverhalt, der ausserhalb des Anwendungsbereichs des Abkommens liegt [4], oder fasst der Geschädigte andere an der Beförderung beteiligte Parteien («Leute» [5]) ins Recht, sind für die Zuständigkeit die entsprechenden Bestimmungen des anwendbaren Landesrecht massgebend [6]. Das gleiche gilt, wenn der Lufttransportführer gegen den Passagier oder Absender klagt.

Für das schweizerische Recht bestimmt das IPRG die internationale Zuständigkeit [7]. Soweit bei einem Luftbeförderungsvertrag die Zuständigkeit nicht durch das Warschauer Abkommen geregelt ist, sind nach dem IPRG folgende Grundätze zu beachten: Das IPRG unterscheidet bei der Zuständigkeit zwischen vertraglichen und ausservertraglichen Ansprüchen, und es trifft für Konsumentenverträge eine spezielle Regelung. Ist ein Luftbeförderungsvertrag als Konsumentenvertrag zu qualifizieren [8], sind nach Wahl des Passagiers oder des Absenders die schweizerischen

---

1 Zur Entstehungsgeschichte ausführlich ROMANG 49ff.
2 Ob Klagen aufgrund von Schäden am Handgepäck darunter fallen, ist dem Abkommen nicht zu entnehmen. Weil Art. 18 WA für diese Schäden keine Ersatzpflicht stipuliert, ist eher davon auszugehen, dass Art. 28 solche Klagen nicht erfasst; ebenso GULDIMANN, Art. 28 N 2; siehe auch RUHWEDEL 186.
3 Z.B. Art. 12 Abs.3 WA, vorne 213.
4 Z.B. Ansprüche aus verweigerter Beförderung, vorne 144.
5 Vorne 260.
6 Entscheid des BGH vom 6. Okt. 1981, ZLW 1982, 63; GIEMULLA/SCHMID, Art. 28 N 6; GULDIMANN, Art. 28 N 2.
7 SCHWANDER 281 N 603.
8 Vorne 83.

Gerichte am Wohnsitz oder am gewöhnlichen Aufenthalt des Passagiers oder Absenders oder am Sitz des Lufttransportführers zuständig (Art. 114 IPRG). Ist der betreffende Luftbeförderungsvertrag nicht als Konsumentenvertrag zu qualifizieren, gilt die allgemeine Zuständigkeitsregel für Verträge: die Klage kann am Wohnsitz des Beklagten, oder, wenn ein solcher fehlt, an seinem gewöhnlichen Aufenthalt angebracht werden. Überdies sind für Klagen aufgrund der Tätigkeit einer Niederlassung in der Schweiz die Gerichte am Ort der Niederlassung zuständig (Art. 112 IPRG). Bei ausservertraglichen Ansprüchen ist schliesslich Art. 129 IPRG massgebend. Nach dieser Bestimmung kann die Klage am Wohnsitz des Beklagten oder, wenn ein solcher fehlt, an seinem gewöhnlichen Aufenthalt oder am Ort seiner Niederlassung angebracht werden; subsidiär ist die Klage am Handlungs- oder am Erfolgsort möglich (Art. 129 Abs. 2 IPRG). Im Vergleich zu den Gerichtsständen unter dem Warschauer Abkommen stellt das IPRG bei Konsumentenverträgen und bei ausservertraglichen Ansprüchen zusätzliche Gerichtsstände zur Verfügung.

Für die Mitgliedstaaten der EG und der EFTA ist für die Zuständigkeit ihrer Gerichte und die Vollstreckung gerichtlicher Entscheide auch das Lugano-Übereinkommen vom 16. Sept. 1988 massgebend. Unter das Abkommen fallen Zivil- und Handelssachen; dazu gehören Luftbeförderungeen [9]. Das Lugano-Übereinkommen derogiert die Zuständigkeitsordnung des Warschauer Abkommens nicht: es greift nur dort, wo es um Ansprüche geht, die sich nicht auf das Warschauer Abkommen abstützen.

Will der Geschädigte einen an der Beförderung zusätzlich beteiligten Lufttransportführer ins Recht zu fassen, ist gegebenenfalls die Gerichtsstandbestimmung des Guadalajara-Abkommens anwendbar [10].

Die Wahl unter den verschiedenen Gerichtsständen des Abkommens (forum shopping) wird der Kläger davon abhängig machen, wo er in prozess- und materiellrechtlicher Hinsicht die grössten Vorteile erwartet [11]. Die Wahl ist insbesondere von Bedeutung, wenn es um Schadenersatzansprüche bei Körperschäden geht. Je nach Gerichtsstand muss der Lufttransportführer den ganzen Schaden ersetzen oder der Kläger erhält nur eine Entschädigung innerhalb der Limiten.

Das Abkommen lässt offen, ob der Geschädigte gleichzeitig an mehreren Orten gegen den Lufttransportführer klagen kann. Es ist Sache des anwendbaren Landesrechts, die Frage zu entscheiden [12].

1. Der Gerichtsstand am Domizil, am Ort der Hauptbetriebsleitung und am Bestimmungsort

Die Definition des *Domizils* und der *Hauptbetriebsleitung* stellt keine besonderen Probleme; das gleiche gilt für den *Bestimmungsort*. Das Warschauer Abkommen umschreibt zwar keinen der Begriffe, aber die Definition ist in allen Fällen durch Tatsachen gegeben. Beim Domizil ist bei Einzelpersonen auf den zivilrechtlichen

---

9 Zum sachlichen Anwendungsbereich siehe VOLKEN 48.
10 Hinten 292.
11 SCHWANDER weist zu Recht darauf hin, dass sich diese legitime Folge des forum shopping auch im übrigen internationalen Zivilprozessrecht einstellt. Auch dort kann der Kläger oft zwischen verschiedenen Gerichtsständen wählen, weil das internationale Zivilprozessrecht überwiegend nationales Recht ist, SCHWANDER 317 N 680. Zum forum shopping siehe auch BRYMER, Le forum shopping ou la course à la compétence: la réponse des tribunaux anglais, RFDA 1992, 10ff.
12 Siehe Hinweis in GIEMULLA/SCHMID, ZLW 1990, 185 auf ein japanisches Urteil, das gleichzeitige Klagen bejaht hat.

Wohnsitz abzustellen; bei juristischen Personen ist das nach dem Zivil- oder Gesellschaftsrecht ermittelte Domizil massgebend [13]. Die Hauptbetriebsleitung befindet sich dort, wo eine Fluggesellschaft ihre zentrale Verwaltung hat [14]. Der Bestimmungsort einer Beförderung ergibt sich aus dem Beförderungsvertrag; er wird gleich definiert wie unter Art. 1 Abs. 2 WA [15].

Ein Lufttransportführer, der einen Teil einer Sukzessivbeförderung übernimmt, kann am Bestimmungsort der ganzen Reise eingeklagt werden; würde dies nicht gelten, wären dem Passagier oder Absender bei Sukzessivbeförderungen der Gerichtsstand am Bestimmungsort versagt [16].

Der **deutsche Bundesgerichtshof** bejahte die Zuständigkeit deutscher Gerichte bei einem Beförderungsvertrag von Düsseldorf-Frankfurt-Sofia-Belgrad-Bukarest-Wien-Düsseldorf. Die beklagte bulgarische Fluggesellschaft hatte sich auf den Standpunkt gestellt, sie könne nur an ihrem Sitz belangt werden [17].

Der **Alabama Court of Civil Appeals** bejahte die Zuständigkeit der Gerichte in Alabama in einem Fall, in welchem der Passagier die Reise Mobile (Alabama) – Atlanta – London – Atlanta – Mobile gebucht hatte [18]. Für die erste Teilstrecke benützte der Passagier eine amerikanische Fluggesellschaft, für den Abschnitt Atlanta – London eine britische Gesellschaft. Obwohl diese in Alabama keine Niederlassung hatte, bejahte das Gericht die Zuständigkeit der Gerichte von Alabama.

2. Der Gerichtsstand am Ort der Geschäftsstelle, die den Vertrag abgeschlossen hat

a) Die Kontroverse um die Bestimmung

Umstritten ist heute im Zusammenhang mit Art. 28 WA die Auslegung des Passus «beim Gericht des Ortes, (...) wo sich (...) diejenige seiner Geschäftsstellen befindet, durch die der Vertrag abgeschlossen worden ist». In der massgebenden französischen Version lautet der Passus: «(...) le lieu où il possède un établissement par le soin duquel le contrat a été conclu (...)» [19].

Sowohl die ausländische als auch die schweizerische Praxis zur Bestimmung dieses Gerichtsstandes ist kontrovers. Die Gerichte sind sich nicht einig, ob eine Agentur eine Geschäftsstelle i.S. von Art. 28 WA sei.

Die Befürworter einer engen Auslegung [20] machen geltend, der Wortlaut verbiete, die Agentur als Geschäftsstelle zu betrachten. Eine Geschäftsstelle verlange, dass der

---

13 In der Schweiz bestimmt Art. 56 ZGB, dass primär der in den Statuten bezeichnete Sitz massgebend ist; fehlt eine entsprechende Bestimmung, ist der Ort massgebend, wo die Verwaltung geführt wird.
14 Bei der Swissair beispielsweise befindet sich der juristische Sitz in der Stadt Zürich, während die Zentralverwaltung in Kloten ist.
15 Vorne 9f.; siehe auch 18 Avi. 17,591 und 21 Avi. 18,510 (beides Urteile von U.S. District Courts in New York).
16 Ebenso GULDIMANN, Art. 28 N 8.
17 Urteil vom 23. März 1976, ZLW 1976, 255; ASDA-Bulletin 1976/3, 31ff.
18 *Steber vs. British Caledonian,* 22 Avi. 17,211.
19 Zu den anderen offiziellen Versionen hinten 285.
20 So vor allem die französische Lehre und Rechtsprechung, RAVAUD, RFDA 1985, 159; siehe auch MANKIEWICZ, Liability 136f; SCHWEICKHARDT, Lufttransportrecht 96; RIESE, 470.

Lufttransportführer Eigentümer der Verkaufsstelle sei; das Wort «possède» beziehe sich auf die sachenrechtlichen Besitzesverhältnisse. Sie weisen darauf hin, dass Art. 28 anders formuliert worden wäre, wenn man dem Geschädigten einen Gerichtsstand am Ort des Vertragsschlusses hätte einräumen wollen. Zudem sei Art. 28 WA im Haag nicht revidiert worden sei, obwohl sich schon damals abgezeichnet habe, dass die Auslegung umstritten war [21].

Der **Einzelrichter des Bezirksgerichts Bülach** hatte die Anwendung von Art. 28 WA im Zusammenhang mit der Beförderung von Fracht von der Schweiz nach USA zu beurteilen [22]. Die Parteien schlossen den Vertrag durch einen Agenten im Bezirk Bülach ab. Der Richter war der Auffassung, der Wortlaut von Art. 28 WA verbiete den Schluss, am Ort der Agentur bestehe ein Gerichtsstand. Er berief sich auf die französische Rechtsprechung und auf verschiedene Autoren.

Die **Cour d'appel de Paris** verlangte – in Bestätigung der früheren französischen Rechtsprechung [23] –, dass für eine Geschäftsstelle i.S. von Art. 28 WA eine Einrichtung erforderlich sei, die zum Vermögen des Lufttransportführers gehört [24].

Das **Tribunal de 1ère instance de Genève** und das **Obergericht des Kantons Zürich** hatten den gleichen Sachverhalt *M.D. gegen L.A.I.* zu beurteilen. Die Absenderin, eine Genfer Speditionsfirma, liess im Auftrag des in Teheran wohnenden Klägers Waren von Genf über Rom nach Istanbul befördern. Alitalia stellte den Luftfrachtbrief aus und übernahm die Beförderung von Genf nach Rom. Von dort aus sollte die beklagte Gesellschaft L.A.I. das Gut nach Istanbul bringen, beförderte es jedoch versehentlich in den Iran. Der Kläger machte einen Verspätungsschaden geltend.

Das Genfer Gericht verneinte seine Zuständigkeit mit der Begründung, dass die Beklagte in Genf keine «Geschäftsstelle» i.S. von Art. 28 besitze. Sie verfüge dort weder über ein eigenes Büro, noch über eine Agentur, noch über eine Niederlassung [25]. Vor dem Zürcher Gericht berief sich der Kläger auf Art. 12 LTR Abs. 2, um dessen Zuständigkeit zu begründen; mit Erfolg [26]. In der Begründung befasste sich das Gericht nur in einem einzigen Satz mit Art. 28 WA: es hielt fest, dass die Beklagte in Genf, dem Ort des Vertragsabschlusses, keine Geschäftsstelle habe [27].

Die enge Auslegung von Art. 28 WA hat zur Folge, dass der Gerichtsstand am Ort der Geschäftsstelle, durch die der Vertrag abgeschlossen wurde, unter Umständen in unhaltbarer Weise durch Zufall bestimmt wird. Wenn eine Fluggesellschaft in einer Stadt ein Luftreisebüro unterhält, und ein Passagier zufällig seinen Flugschein dort kauft, anstatt in einem IATA-Reisebüro, das 50 Meter davon entfernt liegt, hat der Passagier am betreffenden Ort einen Gerichtsstand; im umgekehrten Fall nicht [28]. Das

---

21 So z.B. Urteil des Einzelrichters des BG Bülach vom 9. Okt. 1987, ASDA-Bulletin 1987/3, 76ff.
22 Urteil vom 9. Okt. 1987, ASDA-Bulletin 1987/3, 75ff
23 Insbes. Urteil der Cour d'appel de Paris, Urteil vom 2. März 1962, RFDA 1962, 177; Nachweise auch bei MILLER 304ff.
24 Urteil vom 25. März 1986, RFDA 1986, 544; siehe auch Urteil des Tribunal de commerce de Paris vom 9. Juni 1988, RFDA 1988, 212 und die beiden weiteren Urteile des gleichen Gerichts vom 29. Mai 1989, RFDA 1989, 268 und vom 15. Dez. 1989, RFDA 1989, 557; ähnlich argumentierte das OLG Frankfurt in einem Urteil vom 5. März 1982, ZLW 1983, 61.
25 Urteil vom 26. März 1957, ASDA-Bulletin 1957/1, 15
26 Urteil vom 15. Jan. 1958, ASDA-Bulletin 1958/2, 11.
27 Trotzdem werden diese beiden Urteile in der Lehre und Rechtsprechung als Beispiele dafür zitiert, dass schweizerische Gerichte Art. 28 WA eng auslegen, so z.B. der deutsche BGH im Urteil vom 23. März 1976, ZLW 1976, 259; ebenso der Entscheid des ER des BG Bülach, ASDA-Bulletin 1987/3, 77 und CRANS, Air Law 1987, 180. Angesichts des speziellen Sachverhaltes ist dieser Schluss m.E. nicht zulässig.
28 Das Gleiche gilt in bezug auf die Beförderung von Fracht.

Gleiche gilt für das Argument, dass eine Agentur als «établissement» gelte, wenn sie zum Vermögen des Lufttransportführers gehöre [29]. Fluggesellschaften beteiligen sich oft massgeblich an Reisebüros und Speditionsfirmen, um sich Einfluss an der «Verkaufsfront» sichern zu können. Der Kunde weiss jedoch in der Regel nicht, dass die betreffende Agentur dem Lufttransportführer gehört. Auch unter diesem Aspekt ist es fragwürdig, Art. 28 WA zu eng auszulegen.

b) Agentur als Geschäftsstelle i.S. von Art. 28

Die Auslegung der umstrittenen Wendung Art. 28 WA muss vom Wortlaut ausgehen. Die französische Originalversion ist zweideutig, weil «possède» nicht nur den sachenrechtlichen Eigentümer bezeichnet, sondern sich auch auf die tatsächlichen Verhältnisse beziehen kann [30]. Aufschlussreicher sind die anderen offiziellen Versionen des Abkommens, die englische und die spanischen Übersetzungen. Auf englisch lautet der entscheidende Passus: «(...) has a place of business through which the contract has been made»[31] bzw. «(...) has an establishment by which the contract has been made (...)»[32]; auf spanisch lautet er: «(...) del lugar donde posea un establecimiento por cuyo conducto haya sido ultimado el contrato»[33] bzw. «(...) del lugar en donde tenga una oficina por conducto de la cual se haya efectuado el contrato»[34]. Die englische Version braucht das besitzesneutrale «haben»[35]; die spanischen Übersetzungen reflektieren den Konflikt, der bis heute im Zusammenhang mit Art. 28 WA besteht [36]. Die herrschende Praxis und Lehre kommen deshalb zu Recht zum Schluss, dass der Wortlaut von Art. 28 WA zweideutig ist [37].

Berücksichtigt man Sinn und Zweck von Art. 28 WA, ist das Resultat eindeutiger [38]. Das Warschauer Abkommen will vermeiden, dass der Lufttransportführer an einem Ort eingeklagt wird, zu dem er keine Beziehung hat [39]; er soll zu der Stelle, die den Vertrag abgeschlossen hat, eine ständige Verbindung etabliert haben. Auf der anderen Seite soll dem Reisenden oder Absender als Ausgleich für die Haftungsbeschränkungen die Rechtsverfolgung nicht erschwert und ihm am Ort des Vertragsschlusses ein Gerichtsstand eingeräumt werden [40] – allerdings unter der erwähnten Bedingung, dass der Lufttransportführer zu diesem Ort eine feste Beziehung aufweist. Diese Voraussetzungen erfüllt ein ständiger Agent, sei es, dass er aufgrund des IATA-Agentur-Vertrages

---

29 So CRANS, Air Law 1987, 185.
30 Zwischenbeschluss des HG Zürich vom 11. Nov. 1983, ZLW 1983, 255; ASDA-Bulletin 1985/1, 26ff.
31 Amerikanische Version in GOLDHIRSCH 138.
32 Englische Version in GOLDHIRSCH 207.
33 Spanische und argentinische Version, beide in GOLDHIRSCH 221 bzw. 249.
34 Mexikanische Übersetzung in GOLDHIRSCH 236.
35 A.M. der Einzelrichter des BG Bülach; er argumentierte in einem Entscheid vom 9. Okt. 1987, die englische Übersetzung von Art. 28 deute darauf hin, dass der Lufttransportführer sachenrechtlicher Eigentümer der Geschäftsstelle sein müsse (ASDA-Bulletin 1987/3, 76, vorne). Das Argument überzeugt kaum. Würde die Überlegung des Einzelrichters zutreffen, müsste es heissen «where he owns a place of business».
36 «Posea» entspricht dem französischen «possède», während «tenga» mit dem englischen «has» übereinstimmt.
37 Urteil des BGH vom 16. Juni 1982, ZLW 1983, 367 mit Verweisen.
38 Ebenso befürwortet GULDIMANN die extensive Auslegung, Art. 28 N 6.
39 Aus diesem Grund wurde bei den Vorbereitungen des Warschauer Abkommens und bei der Beratung des Haager Protokolls der Gerichtsstand am Unfallort abgelehnt, weil er durch Zufall bestimmt wird, ROMANG 49f, 59.
40 Siehe dazu ausführlich Urteil des BGH vom 16. Juni 1982, ZLW 1983, 370.

für die Fluggesellschaft tätig ist, sei es, dass er als Generalagent für die Fluggesellschaft Beförderungsverträge abschliesst [41].

Fluggesellschaften sind aus wirtschaftlichen Gründen daran interessiert, die eigene Verkaufsorganisation klein zu halten. Es ist für sie günstiger, dem Agenten die Kommission zu überlassen, anstatt eigenes Personal für den Verkauf einzusetzen. Verkäufe über Agenten sind heute die Regel, und der Lufttransportführer betrachtet die Agenturen als festen Bestandteil seiner Verkaufsorganisation. Entsprechend sind die im Rahmen der IATA geltenden Agenturverträge strukturiert: sie sorgen für eine strenge Überwachung, weil jeder Agent über Blankoformulare und Blankobeförderungsscheine des Lufttransportführers, sowie über Validierungsplaketten verfügt [42]. Geregelt ist auch das Abrechnungssystem. Das Gleiche gilt für Verkäufe von Flugpassagen durch andere Fluggesellschaften. Die Vertragsbedingungen der IATA-Fluggesellschaften sehen ausdrücklich vor, dass sich IATA-Gesellschaften beim Verkauf von Beförderungen gegenseitig als Agent vertreten können (Ziff. 5); administrativ schaffen die Fluggesellschaften dafür die notwendigen Voraussetzungen. Auch diese Vertretung ist in der Regel als «Geschäftsstelle» i.S. von Art. 28 zu werten, weil sie heute ein fester Bestandteil der Verkaufsorganisation der IATA-Fluggesellschaften ist [43].

Eine Fluggesellschaft kann jedoch auch ein Reise- oder Frachtbüro als Vertreter bezeichnen, das nicht als IATA-Agent zugelassen ist. Damit ein solcher Agent als «Geschäftsstelle» i.S. von Art. 28 WA gelten kann, muss das Vertretungsverhältnis auf einer dauerhaften und festen vertraglichen Beziehung beruhen.

Auch die historische Auslegung spricht für den Gerichtsstand bei der Agentur. Bei der Ausarbeitung des Warschauer Abkommens lag dem CITEJA ein Entwurf vor, der ausdrücklich den Gerichtsstand am Ort der Agentur, welche den Vertrag abgeschlossen hat, vorsah [44]. Das CITEJA ersetzte in einem späteren Entwurf den Ausdruck «agence» durch «établissement», weil die Niederlassung eingeschlossen sein sollte.

Schliesslich ist zu berücksichtigen, dass bei den Revisionen des Abkommens die ursprüngliche Formulierung von Art. 28 nie revidiert wurde, obwohl seine Auslegung zu Kontroversen Anlass gegeben hatte [45]. Auch die Konferenz von Guatemala beliess Art. 28 in der ursprünglichen Formulierung; es fügte jedoch einen zweiten Absatz an und schaffte für Personenbeförderungen einen zusätzlichen Gerichtsstand [46].

---

41 Siehe auch Hinweis in GIEMULLA/SCHMID, ZLW 1990, 184.
42 Zur Organisation der IATA-Agenturen, vorne 113f; der Einzelrichter des BG Bülach verkennt diese Tatsache, wenn er argumentiert, eine Agentur stehe weder wirtschaftlich noch rechtlich in einem Zusammenhang mit dem Luftfrachtführer (Erw. 5 d), ASDA-Bulletin 1987/3, 78; ebenso schreibt CRANS, Air Law 1987, 183ff, der «unabhängige Agent» (independent agent) könne keine Geschäftsstelle i.S. von Art. 28 sein. Angesichts der straffen IATA-Organisation scheint es mir realitätsfremd, vom «unabhängigen Agenten» zu sprechen; CRANS will im übrigen den General Sales Agent als «Geschäftsstelle» gelten lassen, wenn er nur für den betreffenden Lufttransportführer tätig sei, Air Law 1987, 185; diese Unterscheidung ist schwerlich zu begründen. Der GSA stellt die Flugscheine unter den gleichen Bedingungen aus wie der IATA-Agent: auch für ihn besteht innerhalb der IATA ein fest geregelter Vertrag.
43 Ob diese Voraussetzungen in dem vom Tribunal de 1ère instance de Genève beurteilten Fall erfüllt waren, lässt sich aus dem publizierten Sachverhalt nicht ermitteln. Wenn Alitalia als ständiger Agent der beklagten Gesellschaft L.A.I. Beförderungen verkaufte, hätte das Gericht seine Zuständigkeit bejahen müssen.
44 Der entsprechende Passus lautete: «(...) ou de l'agence par le soin de laquelle (...)», ROMANG 51 mit Verweisen.
45 Ausführlich dazu ROMANG 53ff.
46 Hinten 292; die Voten in bezug auf Art. 28 berührten nur die Frage, ob das Abkommen Massnahmen gegen gleichzeitige Klagen vorsehen solle, ICAO-Doc. 9040-LC/167-1, 192ff. Einzig im Rahmen der Vorbereitungen des Legal Committees wurden Bedenken geäussert, den Agenten als «établissement» zu qualifizieren, Nachweise bei CRANS, Air Law 1987, 185.

Schliesslich wird geltend gemacht, mit der extensiven Auslegung werde ein Gerichtsstand am *Ort des Vertragsschlusses* begründet. Der Einwand überzeugt kaum: Art. 28 WA sieht den Gerichtsstand am Ort des Vertragsschluss vor; er wird nicht durch die (extensive) Auslegung der Vorschrift geschaffen. Art. 28 WA schränkt den Gerichtsstand am Ort des Vertragsschlusses nur dahingehend ein, dass der Lufttransportführer zu diesem Ort eine dauerhafte geschäftliche Beziehung aufweist. Richtig ist, dass die extensive Auslegung für international tätige Fluggesellschaften zu Gerichtsständen an verschiedenen Orten führt. Sie müssen damit die rechtlichen Konsequenzen für den unternehmerischen Entscheid übernehmen, weltweit möglichst viele Beförderungen durch ein fest etabliertes Netz von Agenten zu verkaufen [47].

Der **deutsche Bundesgerichtshof** befürwortete den Gerichtsstand am Ort der Agentur im Zusammenhang mit der Beförderung von Fracht von Frankfurt nach Saudi-Arabien [48]. Die beklagte saudiarabische Fluggesellschaft unterhielt in der BRD keine Niederlassung und schloss die Verträge ausschliesslich durch Agenten ab. Der BGH berücksichtigte angesichts des zweideutigen Wortlautes von Art. 28 WA in erster Linie dessen Sinn und Zweck. Damit dem Kläger in Fällen, in welchen die Fluggesellschaft Beförderungen ausschliesslich über ständige Agenten verkauft, der vierte Gerichtsstand von Art. 28 nicht gänzlich entzogen werde, dränge es sich auf, die ständige Agentur als Geschäftsstelle zu qualifizieren.

In zwei früheren Urteilen bejahte der **deutsche Bundesgerichtshof** im Zusammenhang mit dem Absturz einer bulgarischen Maschine in Zürich einen Gerichtsstand in Deutschland mit der Begründung, die Beklagte habe in Frankfurt ein «Station» eingerichtet, die als «Geschäftsstelle» i.S. von Art. 28 zu qualifizieren sei [49]. Sie habe den Verkauf von 80 % der Flugpassagen der Lufthansa überlassen. Diese Verkäufe seien ihr gemeldet worden und sie habe Listen darüber geführt, um zu kontrollieren, wann das Kontingent der zum Verkauf freigegebenen Plätze ausgeschöpft sei. Nach der «unternehmerischen Gesamtkonzeption» hätten die «Station» der Beklagten und die Lufthansa eine einheitliche Verkaufsorganisation gebildet, die i.S. von Art. 28 als «établissement» zu qualifizieren sei, das den Vertrag abgeschlossen habe [50].

Das **Handelsgericht des Kantons Zürich** gelangte in einem Zwischenbeschluss zur Auffassung, dass Art. 28 WA einen Gerichtsstand am Ort einer «fortgesetzt kontrahierenden Geschäftsstelle» begründe. Entscheidend seien Sinn und Zweck der Bestimmung. Mit einer sorgfältigen und ausführlichen Begründung legt das Gericht dar, dass nur die extensive Auslegung Art. 28 gerecht werde [51].

Gerichte in den USA haben den Gerichtsstand am Ort einer Agentur bejaht, wenn die betreffende Fluggesellschaft in den USA [52] an einem ständigen Ort (*a definite location*) mit gewisser Regelmässigkeit Passagen verkauft. Im Fall *Eck vs. United Arab Airlines* hatte die Passagierin

---

47 Es scheint mir eine Verdrehung der Werte, wenn argumentiert wird, der Passagier oder der Absender müsse die Konsequenzen «für die zunehmende Internationalisierung» des Luftverkehrs übernehmen (so der Einzelrichter des BG Bülach, ASDA-Bulletin 1987/3, 78; ähnlich auch CRANS, Air Law 1987, 186). Die international tätige Fluggesellschaft ist besser dafür gewappnet, im Ausland Prozesse zu führen, wenn sie sich auf einem bestimmten nationalen Markt durch Agenten ständig vertreten lässt; ebenso Urteil des BGH vom 23. März 1976, ASDA-Bulletin 1976/3, 29 und Zwischenbeschluss des HG Zürich vom 11. Nov. 1983, ZLW 1984, 256; ASDA-Bulletin 1985/1, 36ff.
48 Urteil vom 16. Juni 1982, ZLW 1983, 367.
49 Urteile vom 23. März 1976, ASDA-Bulletin 1976/3, 20; ZLW 1976, 255, 261.
50 Ebenso OLG Frankfurt, Urteil vom 5. März 1982, ZLW 1983, 63.
51 Beschluss vom 11. Nov. 1983, ZLW 1984, 252; ASDA-Bulletin 1985/1, 26ff.
52 Zur Frage, ob Art. 28 WA eine nationale Zuständigkeit begründe, oder ob damit auch der landesinterne Gerichtsstand definiert werde, hinten 289.

durch das Büro der SAS eine Beförderung mit der Gesellschaft United Arab Airlines gekauft. Obwohl zwischen SAS und UAA nur ein stillschweigendes Abkommen über den gegenseitigen Verkauf von Beförderungen bestand, betrachtete das Gericht die Voraussetzungen von Art. 28 als erfüllt [53.].

Im Fall *Kapar vs. Kuwait Airways Corp. et al.* stellte die Vertretung von Pan Am in Yemen einen Flugschein aus für die Strecke Yemen – Karachi mit der Kuwait Airlines. Der **U.S. District Court for the District of Columbia** verneinte, dass der Kläger wegen dem Kauf des Flugscheins bei der Niederlassung der Pan Am gestützt auf Art. 28 WA in den USA einen Gerichtsstand habe [54].

Neue Probleme im Zusammenhang mit der Auslegung von Art. 28 können sich mit der Computerisierung der Reservationssysteme stellen. Beim sog. *self-ticketing* erwirbt der Passagier den Flugschein an einer Maschine. Diese Maschine steht in der Regel im Eigentum der Fluggesellschaft. Ist sie ein «établissement»? Begründet der Ort, an dem die Maschine aufgestellt ist, nur einen Gerichtsstand, wenn der Lufttransportführer am gleichen Ort eine ständige Agentur oder eine Niederlassung betreibt? Wegleitend muss auch in dieser Frage der Sinn von Art. 28 sein: der Lufttransportführer soll dort eingeklagt werden können, wo er durch ständige Einrichtungen Beförderungsverträge abschliesst. Wenn dies anstatt durch eine Geschäftsstelle durch einen Automaten geschieht, damit sich der Lufttransportführer Kosten sparen kann, muss er die rechtlichen Konsequenzen dieses Verfahrens auf sich nehmen.

c) Die Bedingung, dass die Geschäftsstelle den Vertrag abgeschlossen habe

Das Warschauer Abkommen geht davon aus, dass die Geschäftsstelle sich am Vertragsschluss beteiligt habe «(.. [seine] Geschäftsstelle, durch die der Vertrag abgeschlossen worden ist (...)», «(...) un établissement par le soin duquel (...)». In der Lehre ist zu Recht darauf hingewiesen worden, dass sich eine spezielle Interpretation des Passus erübrigt [55]. Der Text von Art. 28 «Geschäftsstelle, durch die der Vertrag abgeschlossen worden ist» bezieht sich auf einen einzigen Vorgang, nämlich auf denjenigen des Vertragsschlusses. Wenn dieses Ereignis an einem Ort stattgefunden hat, an dem der Lufttransportführer durch eine eigene Niederlassung oder durch einen ständigen Agenten vertreten ist, sind die Voraussetzungen von Art. 28 erfüllt.

Das **Handelsgericht des Kantons Zürich** lehnte im Urteil *Oris Watch Co. S.A. gegen Air France* seine Zuständigkeit ab mit der Begründung, der Vertrag sei mit einem Agenten in Basel abgeschlossen worden. Die Zürcher Niederlassung der beklagten Air France sei am Vertragsabschluss nicht beteiligt gewesen [56].

Französische Gerichte haben ebenfalls die Auffassung vertreten, dass der Ort des tatsächlichen Vertragsschlusses die Zuständigkeit gemäss Art. 28 begründe [57].

Trotz dem – in dieser Hinsicht – klaren Wortlautes von Art. 28 WA haben verschiedene Gerichte sich gefragt, ob die Zweigniederlassung am Vertragsschluss beteiligt sein müsse [58]. Letztlich drängt sich diese Frage nur auf, wenn das Gericht eine Agentur nicht als Geschäftsstelle i.S. von Art. 28 WA anerkennt, dem Kläger aber trotzdem am Ort des Vertragsschlusses einen Gerichtsstand einräumen will.

---

53 Urteil des Federal Court of Appeals for the Second Circuit, 9 Avi. 18,146.
54 Urteil vom 8. Juli 1987, 20 Avi.18,421.
55 GIEMULLA/SCHMID, Art. 28 N 16ff.
56 Urteil vom 19. Feb. 1976, ASDA-Bulletin 1976/1, 12.
57 Urteil der Cour d'appel de Paris, RFDA 1962, 179; MILLER 307.
58 Siehe Zwischenbeschluss des HG Zürich vom 11. Nov. 1983, ASDA-Bulletin 1985/1 40ff mit Verweisen; GOLDHIRSCH 145ff mit Verweisen.

Deutlich geht dieser Zusammenhang aus Entscheiden amerikanischer Gerichte hervor. Sie argumentierten, eine Zweigniederlassung könne auch indirekt am Vertragsschluss beteiligt sein, nämlich dann, wenn am gleichen Ort Agenten für den Lufttransportführer tätig sind. Der Lufttransportführer könne in diesen Fällen nicht die Einrede der Unzuständigkeit erheben, denn mit der Zweigniederlassung habe er den betreffenden Ort ohnehin als Gerichtsstand anerkannt.

Im Fall *Eck vs. United Arab Airlines Inc.* hatte die Passagierin das Ticket in einem Büro der SAS in Kalifornien gekauft. Die Klägerin ging gegen die UAA in New York vor, weil diese dort ein Büro unterhält. Sowohl der **Court of Appeals for the Second Circuit** als auch der **New York Court of Appeals** liessen die Klage zu [59].

3. Begründet Art. 28 eine internationale oder nationale Zuständigkeit?

Divergenzen im Zusammenhang mit Art. 28 sind auch darauf zurückzuführen, dass der Begriff der örtlichen Zuständigkeit unterschiedlich ausgelegt wird [60]. Kontrovers ist, ob das Warschauer Abkommen (nur) eine internationale Zuständigkeit begründe oder ob es die örtliche Zuständigkeit auch innerstaatlich definiere.

Staatsverträge, die Bestimmungen über die Zuständigkeit enthalten, entscheiden, in welchen Staaten geklagt werden kann [61]. Art. 28 WA begründet deshalb in erster Linie eine internationale Zuständigkeit [62]. Es bleibt dem nationalen Recht überlassen, die Zuständigkeit im Zusammenhang mit internationalen Luftbeförderungen i.S. des Abkommens im einzelnen zu definieren. Das schweizerische Recht hat dies in Art. 12 LTR getan. Aufgrund dieser Bestimmung richtet sich der Gerichtsstand für Schadenersatzklagen nach dem Warschauer Abkommen. Art. 28 WA regelt deshalb in der Schweiz sowohl die internationale als auch die innerstaatliche Zuständigkeit [63].

Das **Zürcher Obergericht** vertrat im Fall *Nigeria Airways gegen Filtex AG* die Auffassung, dass Art. 28 WA nur die internationale Zuständigkeit begründe [64]. Jeder Vertragsstaat könne nach eigenen Regeln die örtliche Zuständigkeit definieren. Der schweizerische Gesetzgeber habe dies mit Art. 12 Abs.2 LTR getan.

B. *Der Gerichtsstand gemäss Art. 12 LTR*

Das LTR begnügt sich nicht damit, mit Art. 12 LTR die Gerichtsstände des Abkommens in die innerstaatliche Zuständigkeitsordnung zu übernehmen; es räumt in Abs. 2 dem Kläger einen zusätzlichen Gerichtsstand ein. In Ergänzung zu Art. 28 WA kann ein ausländischer Luftfrachtführer am schweizerischen Rechtsdomizil belangt werden, wenn er dem eidgenössischen Luftamt ein solches Domizil bezeichnet hat.

Ausländische Liniengesellschaften sind verpflichtet, ein solches Domizil zu bezeichnen. Aufgrund von Art. 104 Abs.3b) LFV erhält ein ausländisches Unternehmen eine Konzession nur,

---

59 9 Avi. 18,146 und 9 Avi. 17,364; siehe auch MILLER 307f.
60 Ausführlich dazu MILLER 290ff.
61 Siehe auch WALDER 33 mit Verweisen.
62 GIEMULLA/SCHMID, Art. 28 N 7; ROMANG 45; siehe auch GULDENER 79.
63 Ebenso für das deutsche Recht § 56 Abs. 3 LuftVG, GIEMULLA/SCHMID, Art. 28 N 7; zur französischen Rechtsprechung Hinweise in MILLER 293ff.
64 Urteil vom 14. Juli 1975, ASDA-Bulletin 1976/1, 10.

wenn es dem EVED ein Rechtsdomizil bezeichnet. Für Unternehmen, die im Nichtlinienverkehr tätig sind, besteht keine entsprechende Pflicht.

Die Unterscheidung leuchtet nicht ein. Art. 12 Abs.2 LTR hat den Sinn, den schweizerischen Passagieren und Absendern die Rechtsverfolgung gegen ausländische Unternehmen zu erleichtern. Es ist nicht einzusehen, warum die Interessen von Benützern des Charterverkehrs nicht gleichwertig sind wie diejenigen des Linienverkehrs.

Es stellt sich die Frage, ob ein Vertragsstaat berechtigt ist, die Gerichtsstände von Art. 28 WA zu erweitern.

Soweit ersichtlich hat sich einzig das **Zürcher Obergericht** im Zusammenhang mit einer Beförderung, die dem Warschauer Abkommen unterstand, mit dem Gerichtsstand am Rechtsdomizil gemäss Art. 12 Abs. 2 LTR befasst. Aus einer Beförderung von Fracht von Zürich nach Lagos (Nigeria) machte die Klägerin am Rechtsdomizil der Beklagten in Zürich [65] Schadenersatz geltend. Der Beförderungsvertrag war von einer Agentin in St. Gallen abgeschlossen worden. Das Obergericht liess die Frage offen, ob Art. 28 eine internationale oder nationale Zuständigkeit begründe. Es stellte sich auf den Standpunkt, im vorliegenden Fall sei die internationale Zuständigkeit ohnehin gegeben, weil selbst die Klägerin den Gerichtsstand am Ort des Agenten anerkannt habe. Art. 12 Abs. 2 LTR begründe innerhalb dieser internationalen Zuständigkeit auf der Ebene des Landesrechts einen zusätzlichen Gerichtsstand, sodass die Klage am Rechtsdomizil zulässig sei [66].

In einem weiteren Fall befasste sich das **Zürcher Obergericht** mit einer Klage aus einer Beförderung von Waren von Genf via Rom nach Istanbul [67]. Diese Beförderung unterstand schweizerischem Recht [68]. Damit stand die internationale Tragweite von Art. 12 Abs. 2 LTR nicht zur Debatte. Der Absender schloss den Vertrag mit einer Agentur der beklagten italienischen Fluggesellschaft in Genf ab. Diese Gesellschaft hatte in der Schweiz ein Rechtsdomizil bezeichnet. Der in Teheran wohnende Kläger berief sich auf Art. 12 Abs. 2 LTR, um in der Schweiz gegen die italienische Fluggesellschaft vorzugehen. Das Gericht betrachtete seine Zuständigkeit als gegeben. Soweit die Schweiz das Warschauer Abkommen als Landesrecht anwende, stehe es ihr frei, die Gerichtsstände von Art. 28 zu erweitern.

Hinter Art. 12 Abs. 2 LTR steht die Absicht, dem schweizerischen Geschädigten, der eine ausländische Fluggesellschaft benützt, einen Gerichtsstand in der Schweiz zu verschaffen [69]. Soll dieses Ziel erreicht werden, müsste Art. 12 Abs. 2 LTR auch auf internationaler Ebene gelten. Das Abkommen regelt jedoch die internationale Zuständigkeit abschliessend: es hält in Art. 32 fest, dass «alle Bestimmungen des Beförderungsvertrages und alle vor Eintritt des Schadens getroffenen besonderen Vereinbarungen, worin die Parteien (...) durch Änderung der Vorschriften über die Zuständigkeit von diesem Abkommen abweichende Regeln festsetzen» nichtig sind. Der einzelne Vertragsstaat kann zum voraus lediglich Vorschriften aufstellen, welche die örtliche Zuständigkeit spezifizieren, wenn die internationale Zuständigkeit aufgrund von Art. 28 gegeben ist. Art. 12 Abs.2 LTR ändert deshalb die vom Abkommen geschaffene Ordnung nicht. Er ist nur anwendbar, wenn die internationale Zuständigkeit der Schweiz aufgrund von

---

[65] Wie viele andere ausländische Fluggesellschaften hatte die Beklagte das Domizil bei der Swissair in Zürich bezeichnet.
[66] Urteil vom 14.Juli 1975 i.S. *Nigeria Airways gegen Filtex AG*, ASDA-Bulletin 1976/1, 11.
[67] Urteil vom 15. Jan. 1958, ASDA-Bulletin 1958/2, 8; ZLW 1958, 426; Urteil der Vorinstanz vom 25. Sept. 1957, ZLW 1957, 344.
[68] Der Bestimmungsort Istanbul lag nicht in einem Vertragsstaat des WA, vorne 54.
[69] SCHWEICKHARDT, Lufttransportrecht 97.

Art. 28 WA gegeben ist oder wenn die Beförderung dem LTR untersteht. Eine auch im internationalen Verhältnis greifende Wirkung könnte Art. 12 Abs. 2 LTR nur zukommen, wenn seine Bedeutung im Lichte von Art. 32 WA anders bewertet wird [70].

Folgende Beispiele verdeutlichen die Situation: 1) Ein Schweizer schliesst bei einem Agenten in Zürich einen Beförderungsvertrag ab und lässt seine Fracht mit einer amerikanischen Gesellschaft von Zürich nach New York befördern. Aus dieser Beförderung will er Schadenersatz geltend machen. Legt man Art. 28 WA eng aus und verneint den Gerichtsstand am Ort der Agentur, welche den Vertrag abgeschlossen hat [71], steht dem Schweizer Kläger unter dem WA in der Schweiz kein Gerichtsstand zur Verfügung, es sei denn, man gestehe Art. 12 Abs. 2 LTR auch auf internationaler Ebene Wirkung zu. 2) Ein Passagier kauft in New York eine Beförderung New York – Zürich – New York bei einer amerikanischen Fluggesellschaft, die in der Schweiz ein Rechtsdomizil bezeichnet hat. Unter Art. 28 WA hat der Kläger in diesem Fall in der Schweiz keinen Gerichtsstand; er würde nur aufgrund von Art. 12 Abs. 2 LTR bestehen.

In der Lehre ist die Auffassung vertreten worden, das Warschauer Abkommen lasse zusätzliche Gerichtsstände zu. Bedingung sei, dass sich dieser Gerichtsstand in einem Vertragsstaat befinde [72]. Angesichts des Wortlauts von Art. 32 WA fällt es schwer, dieser Argumentation zu folgen. Art. 32 WA verbietet die Änderung des Abkommens vor dem Eintritt eines Schadens [73]. Erst danach steht es den Parteien frei, den Gerichtsstand abweichend zu regeln [74]. Art. 32 will vermeiden, dass Abmachungen unter den Parteien zum voraus die einheitliche Ordnung des Abkommens sprengen [75]. Die Tatsache, dass der von einem Land zusätzlich geschaffene Gerichtsstand in einem Vertragsstaat liegt, legitimiert das Ausscheren nicht: es ist im übrigen kaum vorstellbar, dass ein Nicht-Vertragsstaat einen zusätzlichen Gerichtsstand zu einem Abkommen schafft, dem er nicht angehört.

Art. 12 Abs. 2 liesse sich in Verbindung mit Art. 104 Abs. 3 b) LFV im internationalen Verhältnis nur rechtfertigen, wenn er – in Analogie zur gesetzlich verankerten Erhöhung der Haftungslimiten [76] – so verstanden wird, dass ein Lufttransportführer, der in der Schweiz ein Rechtsdomizil bezeichnet hat, dem Vertragspartner nach der Entstehung des Schadens offerieren muss, er werde sich an diesem Rechtsdomizil auf eine Klage einlassen. Diesen – und nur diesen – Spielraum räumt das Warschauer Abkommen den Parteien ein; die Vertragsstaaten verpflichten die Lufttransportführer, wie bei der Erhöhung der Haftungslimiten dem Kläger ein entsprechendes Angebot zu machen. Dies scheint mir die völkerrechtlich einzig zulässige Tragweite von Art. 12 Abs. 2 LTR zu sein. Es ist allerdings fraglich, ob ein Gericht bereit ist, Art. 12 Abs. 2 LTR die dargestellte Wirkung zuzuschreiben.

---

70 Hinten 292.
71 Wird Art. 28 weit ausgelegt, erübrigt sich in diesem Beispiel die Forderung nach einem zusätzlichen Gerichtsstand.
72 SCHWEICKHARDT, Lufttransportrecht 97; zustimmend GULDIMANN, Art. 32 N 6.
73 Ebenso ROMANG 70 mit dem Hinweis, dass die zwingende Natur der Bestimmung auch verhindern will, dass der Lufttransportführer die Gerichtsstände des Abkommens zum voraus einschränkt, um Verfahren im Ausland zu vermeiden.
74 Ebenso RIESE 470.
75 Aus diesem Grund kann auch nicht argumentiert werden, das Warschauer Abkommen setze – wie bei den Haftungslimiten – einen Mindeststandard fest und stelle es den Parteien frei, eine abweichende Regelung zu treffen.
76 Vorne 64ff.

C. Vereinbarungen der Parteien über den Gerichtsstand; Schiedsklauseln

Das Warschauer Abkommen unterscheidet bei Vereinbarungen über den Gerichtsstand und bei Schiedsklauseln zwischen Beförderungen von Personen und Gütern (Art. 32). Zum voraus können die Parteien nur bei Verträgen über die Beförderung von Fracht Schiedsabreden treffen; meistens handelt es sich bei den Parteien eines Frachtvertrages um Kaufleute, die nicht des speziellen Schutzes von Art. 32 WA bedürfen. Die Abrede ist nur gültig, wenn das Verfahren in einem der Zuständigkeitsbereiche stattfindet, die Art. 28 WA nennt. Damit soll die Anwendung des Abkommens auch bei Schiedsverfahren garantiert sein.

In der französischen Originalversion lautet der betreffende Passus: «(...) lorsque l'arbitrage doit s'effectuer dans les lieux de compétence des tribunaux prévus à l'article 28, alinéa 1»; die englische Übersetzung lautet: «(...) if the arbitration takes place within one of the jurisdictions referred to in the first paragraph of article 28». In der amtlichen deutschen Übersetzung heisst es, die Schiedsklausel sei gültig, wenn das Verfahren im Bezirk eines der in Art. 28 Abs. 1 bezeichneten Gerichte stattfindet. Die deutsche Übersetzung scheint ungenau und insinuiert, dass Art. 28 auch die nationale örtliche Zuständigkeit festlegt [77]. Zutreffender ist die Bezeichnung «Zuständigkeitsbereich».

In der Praxis kann Art. 32 WA von Bedeutung sein, wenn ein Reiseveranstalter oder ein Spediteur als Lufttransportführer belangt wird und sich auf eine Gerichtsstandvereinbarung beruft, die sich in den AGB befindet und die von den Gerichtsständen von Art. 28 WA abweicht. Auch das Abkommen von Guadalajara verbietet in Art. IX Abs. 3 Absprachen, die bei der Beförderung von Personen zum voraus die Regelung des Abkommens über die Gerichtsstände ändert.

Art. 32 WA lässt es zu, dass die Parteien einen von Art. 28 abweichenden Gerichtsstand vereinbaren, nachdem sich ein Schaden ereignet hat [78].

D. Gerichtsstände unter dem Guadalajara-Abkommen

Das Guadalajara-Abkommen schafft in Art. VIII zwei zusätzliche Gerichtsstände. Analog zu Art. 28 WA kann der Kläger auch den ausführenden Luftfrachtführer an seinem Sitz oder am Ort seiner Hauptbetriebsstelle belangen. Diese Gerichtsstände sind auf Forderungen beschränkt, die der Kläger in bezug auf die Beförderung durch den ausführenden Luftfrachtführer geltend macht.

Der **deutsche Bundesgerichtshof** hat es m.E. zu Unrecht abgelehnt, die Gerichtsstandbestimmung des Guadalajara-Abkommens anzuwenden, als er einen ausführenden Lufttransportführer als Hilfsperson («Leute») qualifizierte und damit die sachlichen Voraussetzungen für die Anwendung des Abkommens als nicht erfüllt betrachtete [79].

---

77 Vorne 289.
78 GULDIMANN, Art. 32 N 5; ROMANG 70.
79 Urteil vom 6. Okt. 1981, ZLW 63.

E. Gerichtsstände unter den Montreal-Protokollen Nr. 3 und Nr. 4

Das Guatemala-Protokoll und damit das Montreal-Protokoll Nr. 3 schaffen bei einer Beförderung von Personen und ihrem Gepäck einen zusätzlichen Gerichtsstand. Der Kläger kann gegen den Lufttransportführer an seinem Wohnsitz oder am Ort seines ständigen Aufenthaltes klagen, wenn dieser in einem Vertragsstaat des Abkommens liegt und wenn der Lufttransportführer in diesem Zuständigkeitsbereich eine Niederlassung hat.

Ein Auslandschweizer mit Wohnsitz in Mexiko kauft in der Schweiz bei der Swissair einen Flugschein Zürich – Wien retour. Aus dieser Beförderung will er Schadenersatzansprüche geltend machen. Unter der Neuerung des Guatemala-Protokolls bzw. des Montreal-Protokolls Nr. 3 könnte er aus diesem Beförderungsvertrag auch in Mexiko gegen die Swissair klagen, weil diese in Mexiko eine Geschäftsstelle betreibt.

Wenn das Montreal-Protokoll Nr. 3 in Kraft tritt, kann die Auslegung des neuen Abs. 2 von Art. 28 zu den gleichen Schwierigkeiten führen wie die Auslegung von Abs.1. Auch hier kann sich die Frage stellen, wie der Begriff «(...) dans le ressort duquel le transporteur possède un établissement» auszulegen sei. Bei der Interpretation des Guatemala-Protokolls kommt der englischen Version (where the carrier has an establishment) insofern höhere Bedeutung zu, als die Verhandlungssprache an der Konferenz englisch war.

II. Schadensanzeigen

A. Schadensanzeigen unter dem Warschauer Abkommen

Das Warschauer Abkommen verpflichtet den Passagier und den Absender, Schäden bei der Beförderung von Gepäck und Gütern anzuzeigen. Die Pflicht zur Anzeige beschränkt sich auf die Fälle von Verspätung und Beschädigung von Gütern und Gepäck [1]. Bei Personenschäden und beim Verlust oder bei der Zerstörung von Gepäck und Fracht verzichtet das Abkommen auf Vorschriften über die Anzeige von Schäden: der Lufttransportführer ist in der Regel darüber orientiert, wenn eine Person im Zusammenhang mit einer Beförderung einen Körperschaden erleidet, oder wenn Gepäck oder eine Frachtsendung nicht ankommen [2].

Das Warschauer Abkommen spezifiziert nicht, ob Art. 26 WA Handgepäck erfasst. Auch die AGB der Fluggesellschaften treffen bei der Anzeige von Schäden keine entsprechende Regelung [3]. Berücksichtigt man den Zweck der Vorschrift, nämlich den Lufttransportführer über Schäden zu unterrichten, die er nicht kennt oder nicht kennen kann, muss auch das Handgepäck unter die Regelung von Art. 26 WA fallen [4].

---

[1] Zur Abgrenzung zwischen Beschädigung und Verlust, vorne 174, 176ff; siehe auch Urteil des OLG Frankfurt, TranspR 1987, 68, Hinweis bei SCHMID/BRAUTLACHT, ZLW 1988, 211, FN 268.
[2] GULDIMANN, Art. 26 N 3, N 11; GIEMULLA/SCHMID, Art. 26 N 22 weisen zu Recht darauf hin, dass es nicht darauf ankommt, ob der Lufttransportführer über den Verlust tatsächlich orientiert ist.
[3] Siehe z.B. Art. XIV der Beförderungsbedingungen der Swissair (Passagiere).
[4] Soweit dies sinnvoll ist: bei Handgepäck kommt die Regelung über die Anzeige von Verspätungsschäden nicht zum Tragen, weil die Gegenstände in der Obhut des Passagiers bleiben.

Art. 26 WA knüpft an die bedingungslose Annahme durch den Empfänger die Vermutung, dass die Sendung in gutem Zustand und dem Beförderungsschein entsprechend abgeliefert worden ist (Abs.1). Entdeckt der Empfänger den Schaden bei der Annahme, muss er ihn unverzüglich rügen, indem er die Beanstandung auf den Beförderungsschein setzt (Abs. 2 und Abs. 3). Damit widerlegt er die Vermutung, dass die Fracht in gutem Zustand angekommen sei, und er kommt gleichzeitig seiner Anzeigepflicht nach [5].

Art. 26 Abs. 3 WA verlangt, dass die Anzeige *schriftlich* erfolgt. Das gilt sowohl für Schäden, die der Empfänger sofort bei der Annahme entdeckt als auch für diejenigen, die er erst später erkennt. Die Beanstandung kann auf den Beförderungsschein gesetzt werden oder sonst schriftlich erklärt werden (Abs. 3).

Art. 26 WA spricht davon, dass die Anzeige «dem Luftfrachtführer» erstattet werden muss. Damit ist der Luftfrachtführer gemeint, der Partei des Beförderungsvertrages ist. Hat der Lufttransportführer einen Dritten als Erfüllungsgehilfen eingesetzt, ist nach dem anwendbaren Landesrecht [6] zu entscheiden, ob eine Anzeige an diesen Unterfrachtführer genügt [7]. Bei *Sukzessivbeförderungen* ist der Schaden jedem der vertraglich verpflichteten Lufttransportführer anzuzeigen [8].

Von dieser Regel ist abzusehen, wenn zwei Fluggesellschaften bei einer Sukzessivbeförderung – oft im Rahmen eines Kooperationsvertrages – den Passagieren anbieten, das Gepäck sog. durchzuchecken. Der Passagier gibt sein Gepäck am Abgangsort auf und erhält es erst wieder am Bestimmungsort, obwohl er unterwegs die Airline ein oder mehrere Male gewechselt hat. In diesem Fall kann er nicht wissen, wo der Schaden entstanden ist, und es scheint gerechtfertigt, in diesen Fällen die Pflicht zur Schadensanzeige in Analogie zu Art. 30 WA zu regeln.

Das **Hanseatische Oberlandesgericht** hatte folgenden Fall zu beurteilen [9]: eine Sendung, die aus acht Kartons mit Füllfederhaltern und Kugelschreibern bestand, wurde einer Speditionsfirma zur Beförderung von Hamburg nach New York übergeben. Die Speditionsfirma betraute die Gesellschaft P.A.W. mit dem Transport. Die Sendung kam in New York nicht vollständig an. Bei der Ankunft in New York wurde der Schaden im *warehouse entry report* vermerkt, den auch je ein Vertreter der Fluggesellschaft P.A.W. und der Empfängerin unterschrieb. Drei Tage nach der Ankunft verlangte die Empfängerin von der P.A.W. Schadenersatz über 2200 U.S. $. Die Versicherung der Absenderin beglich den Schaden und regressierte auf die Speditionsfirma. Das Gericht äusserte sich in seinem Urteil auch zur Frage, ob der Schaden gemäss Art. 26 WA richtig angezeigt worden sei. Es hielt fest, der eingetretene Verlust sei als anzeigepflichtige Beschädigung zu beurteilen, weil die acht Kartons als eine einzige Sendung und nicht als selbständige Frachtstücke ausgewiesen worden seien. Unschädlich sei, dass nicht die im Luftfrachtbrief bezeichnete Empfängerin, sondern die als Meldeadresse (notify) bezeichnete Firma die Anzeige erstattet habe. Diese sei auch inhaltlich ausreichend gewesen. Es sei erkennbar gewesen, dass der Empfänger den Lufttransportführer wegen Beschädigung auf Ersatz belangen wolle. Nicht notwendig sei, dass bei einer Beförderung, bei der ein vertraglicher und ein ausführender Luftfrachtführer beteiligt sind, die Anzeige an denjenigen erstattet wird, der später ins Recht gefasst wird; dieser Grundsatz gelte auch bei Beförderungen, die nicht dem Guadalajara-

---

5 GIEMULLA/SCHMID, Art. 26 N 3ff.
6 Vorne 78ff.
7 GIEMULLA/SCHMID, Art. 26 N 7a mit Verweisen; SCHMID/BRAUTLACHT, ZLW 1988, 212 mit Verweisen.
8 Ebenso GIEMULLA/SCHMID, Art. 26 N 11 mit Verweisen.
9 Urteil vom 1. Sept. 1987, ASDA-Bulletin 1988/2, 45ff.

Abkommen unterstehen [10]. Das Gericht ging aus den dargestellten Gründen davon aus, dass der Schaden vorschriftsgemäss angezeigt worden sei.

Art. 26 WA sieht vor, dass der «Empfänger» die Anzeige erstattet. Im Falle von Reisegepäck ist der Empfänger mit dem Passagier identisch. Bei der Beförderung von Fracht gilt als Empfänger derjenige, der im Luftfrachtbrief als solcher aufgeführt ist [11]. Zur Anzeige berechtigt sind jedoch auch Dritte, die das Gut anstelle des Empfängers annehmen. Entscheidend ist, dass der Lufttransportführer innert der Fristen des Abkommens vom Schaden erfährt [12]. Schliesslich ist auch der Absender zur Anzeige des Schadens berechtigt, falls er in Anwendung von Art. 12 WA sein Weisungsrecht ausgeübt hat.

Das Warschauer Abkommen bestimmt nicht, welchen Inhalt die Schadensanzeige aufzuweisen hat. Nach herrschender Auffassung muss der Empfänger die wesentlichen Umstände der Beanstandung mitteilen, und er muss angeben, ob eine Beschädigung oder eine Verspätung vorliegt. Damit ermöglicht er dem Lufttransportführer, den Schadensursachen nachzugehen [13]. Nennt er in der Anzeige nur eine Art des Schadens, kann er sich später nicht auf andere Schadensarten berufen [14].

In der Praxis verwenden verschiedene Fluggesellschaften beim Verlust von Gepäck einen sog. *property irregularity report*. Auf dem vorgedruckten Formular wird der Schaden aufgenommen, und es werden Angaben über das verlorene Gepäckstück vermerkt. Diese Rapporte erfüllen die Voraussetzungen von Art. 26 Abs. 2 WA. Dagegen gibt es andere von Fluggesellschaften verwendete Formulare, die den Hinweis enthalten, dass sie keine Schadensanzeige sind (z.B. das *inspection and claim form*, das der Empfangsagent ausfüllt) [15].

Umstritten ist, ob sich eine Anzeige erübrigt, wenn der Lufttransportführer auf anderen Wegen Kenntnis hat vom Schaden. Es wird darauf hingewiesen, dass Sinn und Zweck der Bestimmung es in diesen Fällen rechtfertigen, von einer formellen Anzeige abzusehen [16]. Dagegen spricht, dass der Wortlaut von Art. 26 WA eindeutig ist und eine Abweichung nur zulässig erscheint, wenn sie einem überspitzten Formalismus gleichkäme [17].

Kontrovers ist schliesslich auch, ob die Fristen, die das Abkommen aufstellt, auch bei Teilverlusten [18] gelten. Die amerikanische Rechtsprechung tendiert dazu, diese Fälle

---

10 Das Gericht hatte die Anwendung des Guadalajara-Abkommens abgelehnt mit der Begründung, die USA seien nicht Vertragsstaat des Abkommens. M.E. hätte das Abkommen auf diesen Fall angewendet werden müssen, weil es den Anwendungsbereich anders definiert als das Warschauer Abkommen, vorne 41ff.
11 Vorne 120.
12 GIEMULLA/SCHMID, Art. 26 N 3 mit Verweisen; Urteil des Hanseatischen OLG vom 18. Feb. 1988, ZLW 1988, 363f.
13 Urteil des Hanseatischen OLG vom 18. Feb. 1988, ZLW 1988, 364 mit Verweisen; GIEMULLA/SCHMID, Art. 26 N 12ff.
14 Siehe Hinweis in PETKOFF, JALC 56 [1990] 78f.
15 Siehe Urteil des N.Y City Civil Court, 20 Avi. 18,404.
16 GIEMULLA/SCHMID, Art. 26 N 33 mit Verweisen; siehe auch OLG Frankfurt, TranspR 1986, 292, Hinweis in SCHMID/BRAUTLACHT, ZLW 1988, 212, FN 272.
17 Siehe Hinweise im Urteil des Hanseatischen OLG vom 1. Sept. 1987, ASDA-Bulletin 1988/2, 51f und Hinweis von MOSHE LESHEM auf die Anwendung von Art. 26 Abs.3 WA in Israel, Air Law 1990, 100f.
18 Ein Teilverlust liegt vor, wenn von mehreren Frachtstücken, die im gleichen Luftfrachtbrief zusammengefasst sind, eines oder mehrere nicht ankommen, GIEMULLA/SCHMID, Art. 26 N 24.

analog zu einer Beschädigung zu behandeln und vom Empfänger die Anzeige des Schadens zu verlangen [19]. Die französische und die deutsche Rechtsprechung dagegen haben einen Teilverlust mehrheitlich als «Verlust» i.S. von Art. 26 WA betrachtet und den Empfänger von der Pflicht zur Anzeige befreit. Die französischen Gerichte gehen davon aus, dass eine «perte partielle» keine «avarie» (Beschädigung) sei und sich die Analogie zum Verlust deshalb verbiete [20].

B. Schadensanzeigen unter dem Guadalajara-Abkommen

Untersteht eine Beförderung dem Guadalajara-Abkommen, stellt sich die Frage, ob der Empfänger die Anzeige des Schadens an den vertraglichen oder den ausführenden Lufttransportführer zu richten hat und ob die Anzeige an den gleichen Lufttransportführer erstattet werden muss, der später für Schadenersatz ins Recht gefasst wird. Art. IV GA bestimmt, dass sowohl die Anzeige gegenüber dem vertraglichen als auch dem ausführenden Lufttransportführer gültig ist. Mit dem Entscheid, wem der Empfänger den Schaden anzeigen will, präjudiziert er nicht, wen er für den Ersatz des Schadens belangen will [21]. Es ist nicht notwendig, dass der Empfänger in der Schadensanzeige spezifiziert, wen er für den Schaden verantwortlich machen will [22]. Einzig Schadensanzeigen, die der Absender nach der Ausübung seines Weisungsrechts gemäss Art. 12 WA erstattet, können nur an den vertraglichen Lufttransportführer gerichtet werden (Art. IV GA, letzter Satz).

Das Guadalajara-Abkommen lässt offen, ob und in welcher Form der Lufttransportführer, der eine Anzeige i.S. von Art. 26 WA erhalten hat, verpflichtet ist, den anderen Lufttransportführer zu benachrichtigen. Die Frage entscheidet sich nach dem anwendbaren Landesrecht, das auch bestimmt, welches Rechtsverhältnis zwischen dem vertraglichen und dem ausführenden Lufttransportführer besteht [23].

C. Schadensanzeigen unter dem LTR

Untersteht eine Beförderung dem LTR [24], gelten für die Anzeige eines Schadens die gleichen Voraussetzungen und Fristen wie unter dem Warschauer Abkommen; Art. 3 LTR bestimmt, dass sich die Beziehung zwischen dem Reisenden oder Absender und dem Lufttransportführer nach dem Abkommen regelt. Damit verweist es auch auf die Vorschriften über die Fristen zur Anzeige eines Schadens.

---

19 Nachweise bei GOLDHIRSCH 130f; siehe auch Hinweise in SCHMID/BRAUTLACHT, ZLW 1988, 213; ebenso das Kassationsgericht von Athen, Urteil vom 19. Juni 1991, RFDA 1992, 78f.
20 Ausführlich dazu GIEMULLA/SCHMID, Art. 26 N 24.
21 Ebenso Urteil des LG Offenburg, allerdings mit der – sich nicht aufdrängenden – Einschränkung, dass die beiden Lufttransportführer gegen aussen als einheitliche Organisation aufgetreten seien, TranspR 1986, 151; ebenso OLG Hamburg, TranspR 1988, 201, Hinweise in SCHMID/BRAUTLACHT, ZLW 1988, 212 FN 174.
22 Urteil des Hanseatischen OLG vom 18. Feb. 1988, ZLW 1988, 364 mit Verweisen.
23 GULDIMANN, Art. IV, N 4; vorne 36; siehe auch Entscheid des Hanseatischen OLG vom 18. Feb. 1988, ZLW 1988, 364.
24 Vorne 54.

D. Die Fristen zur Anzeige des Schadens

Gemäss Art. 26 Abs. 2 WA muss der Geschädigte die Anzeige unverzüglich nach der Entdeckung des Schadens erstatten [25]. Das Abkommen stellt in der ursprünglichen Fassung und in der Fassung des Haager Protokolls unterschiedliche Fristen auf [26]:

Beschädigung von Gepäck:	(3) 7 Tage nach Annahme
Beschädigung von Fracht:	(7) 14 Tage nach Annahme
Verspätung von Gepäck:	(14) 21 Tage, nachdem das Gepäck dem Reisenden zur Verfügung gestellt wurde
Verspätung von Gütern:	(14) 21 Tage, nachdem das Gut dem Empfänger zur Verfügung gestellt wurde
Verlust und Zerstörung von Gepäck:	keine Anzeigefrist
Verlust und Zerstörung von Gütern:	keine Anzeigefrist
Personenschäden:	keine Anzeigefrist

Die Fristen, die das Abkommen in der ursprünglichen Fassung für den Verlust und die Beschädigung von Fracht aufstellt, sind in den Beförderungsbedingungen der IATA-Fluggesellschaften enthalten [27], allerdings ohne die Einschränkung, dass sie nur für Beförderungen gelten, die dem Abkommen in der ursprünglichen Fassung unterstehen. Die Fristen beanspruchen auch Geltung für Beförderungen, die dem Abkommen in der Fassung des Haager Protokolls unterstehen. Zusätzlich stellen sie eine Frist auf, die das Abkommen nicht enthält: ein Verlust von Fracht muss innert 120 Tagen nach Ausstellung des Luftfrachtbriefes angezeigt werden. Die vertragliche Regelung der Anzeigefristen bei der Beförderung von Fracht wird noch verwirrender durch die Tatsache, dass der Luftfrachtbrief bei Verspätung und Beschädigung nur die Fristen des Abkommens in der Fassung des Haager Protokolls enthält [28].

Es stellt sich die Frage, ob das Abkommen eine vertragliche Regelung der Anzeigefristen zulässt und wenn ja, welche Regelung gültig sein kann. Ausländische Gerichte [29] haben die Verkürzung der Fristen abgelehnt [30]; auch in der Lehre wird die Auffassung vertreten, dass Art. 23 WA die Verkürzung der Fristen nicht zulässt [31]. Dieser Ansicht ist zuzustimmen: wenn der Lufttransportführer in den AGB für die Anzeige von Schäden kürzere Fristen einführt, schliesst er die Haftung aus für Schäden, die nach diesem Zeitpunkt, aber innert der Frist des Abkommens, angezeigt werden. Ein solcher Haftungsausschluss hält vor Art. 23 WA nicht stand. Das gleiche

---

25 Eine Verspätung kann deshalb auch gerügt werden, bevor das Gut beim Empfänger eintrifft, Urteil des Tribunal de commerce de Paris vom 16. Sept. 1987, RFDA 1988, 66.
26 Zahlen des Abkommens in der ursprünglichen Fassung in Klammern.
27 Siehe z.B. Art. 13 der Beförderungsbedingungen der Swissair (Fracht).
28 Siehe z.B. Ziff. 12 der Vertragsbedingungen des Luftfrachtbriefes der Swissair.
29 Urteile schweizerischer Gerichte gibt es zu dieser Frage, soweit ersichtlich, keine.
30 So der deutsche BGH und das höchste niederländische Gericht, Hinweise bei SCHMID/BRAUTLACHT, ZLW 1988, 159 FN 227, 228; ebenso die Cour de commerce de Bruxelles, Urteil vom 4. Feb. 1987, Hinweis bei GODFROID, RFDA 1991, 229.
31 Ruhwedel 146f.

gilt für die Einführung einer Anzeigefrist für Verluste. Das Abkommen sieht bei Verlusten von der Pflicht zur Anzeige ab. Der Lufttransportführer darf deshalb seine Ersatzpflicht nicht davon abhängig machen, dass der Empfänger den Schaden anzeigt [32].

Der **deutsche Bundesgerichtshof** entschied, dass der Lufttransportführer gegen Art. 23 WA verstösst, wenn er in seinen Beförderungsbedingungen eine Frist aufstellt, innert welcher der Absender den Verlust einer Frachtsendung anzeigen muss [33].

Eher zulässig scheint es, die Fristen des Abkommens zu verlängern; damit werden die Rechte des Geschädigten nicht beschnitten. Wenn eine Fluggesellschaft auf dem Luftfrachtbrief generell die längeren Fristen des Abkommens in der Fassung des Haager Protokolls für die Anzeige von Schäden vorsieht, kann sich der Geschädigte darauf berufen, selbst wenn die Beförderung dem Abkommen in der ursprünglichen Fassung untersteht. Gegen die vertragliche Verlängerung der Fristen spricht, dass das Warschauer Abkommen eine einheitliche Ordnung schaffen soll [34].

Die Fristen, die das Abkommen aufstellt, beginnen mit der «Annahme» zu laufen. Damit ist der Zeitpunkt gemeint, in welchem das Gepäck oder die Güter in die Obhut des Reisenden oder des Empfängers übergehen [35]. Bei Verspätungen beginnt die Frist im Zeitpunkt, in dem das Gepäck oder das Gut dem Passagier bzw. dem Empfänger zur Verfügung gestellt worden ist (Art. 26 Abs. 2 WA).

Art. 26 WA bestimmt – im Gegensatz zu Art. 29 WA – nicht ausdrücklich, nach welchem Recht die Fristen zu berechnen sind. Art. 35 WA hält lediglich fest, dass Sonn- und allgemeine Feiertage auch als «Tage» i.S. des Abkommens gelten. In Analogie zu Art. 29 sind andere Fragen, die das Abkommen im Zusammenhang mit den Fristen von Art. 26 WA offen lässt, nach dem Recht des angerufenen Gerichts zu beantworten.

Nach Art. 26 Abs. 3 WA hat der Empfänger die Frist gewahrt, wenn er die schriftliche Beanstandung innerhalb der vorgesehenen Frist absendet [36].

Verpasst der Geschädigte die Fristen von Art. 26 WA, verliert er das Recht, gegen den Lufttransportführer zu klagen [37], es sei denn, der Lufttransportführer habe arglistig gehandelt (Art. 26 Abs. 3). Arglist liegt vor, wenn der Lufttransportführer den Geschädigten davon abhält, den Schaden fristgerecht anzuzeigen und sich nachher auf Art. 26 WA beruft, um seine Entschädigungspflicht abzuwenden [38].

III. Schadenersatzklagen

A. Die Frist von zwei Jahren

Das Warschauer Abkommen regelt die Fristen für die Erhebung einer Schadenersatzklage in Art. 29. Sowohl bei der Beförderung von Reisenden als auch von Gepäck oder Fracht müssen Klagen innerhalb von *zwei Jahren* eingeleitet werden. Die Frist ist für Beförderungen unter dem Abkommen in der ursprünglichen Fassung und in der Fassung des Haager Protokolls gleich.

---

32 Ebenso GIEMULLA/SCHMID, Art. 26 N 22; GOLDHIRSCH 131f.
33 Urteil vom 22. April 1982, ZLW 1982, 378.
34 Siehe auch Entscheid des BG von Haarlem (NL), AL 1988, 145 Nr. 3a.
35 GULDIMANN, Art. 26 N 5.
36 Siehe auch GULDIMANN, Art. 26 N 18.
37 Siehe Urteil des Tribunal d'arrondissement du Luxembourg vom 9. Dez. 1988, RFDA 1989, 453ff.
38 Siehe auch 20 Avi.17,432.

Die Frist des Abkommens gilt nur für Ansprüche, die ihre Grundlage im Abkommen haben. Ansprüche, die sich auf das anwendbare Landesrecht stützen, unterstehen nicht der Frist von Art. 29 WA (z.B. Klagen wegen einer verweigerten Beförderung, wegen unsorgfältigen Ausfüllens des Luftfrachtbriefes, Art. 6 Abs.5 WA, oder wegen Verletzung des Weisungsrechts, Art. 12 Abs.3 WA) [1].

Die Frist von zwei Jahren, die Art. 29 WA als «Ausschlussfrist» (sous peine de déchéance [2]) bezeichnet, ist nach der herrschenden Auffassung [3] eine Verwirkungsfrist; nur diese radikale Lösung ermöglicht eine einheitliche Regelung der Frist [4]. Die Frist kann deshalb nach nationalem Recht nicht unterbrochen oder gehemmt werden [5]. Zulässig ist jedoch, dass der Lufttransportführer auf die Einrede der Verwirkung verzichtet [6].

Die Frist beginnt mit dem Tag, an dem das Luftfahrzeug am Bestimmungsort angekommen ist oder an dem es hätte ankommen sollen oder an dem die Beförderung abgebrochen worden ist (Art. 29 Abs.1 WA) [7].

B. *Die Berechnung der Frist*

Für die Berechnung der Frist ist das Recht des angerufenen Gerichts massgebend (Art. 29 Abs.2 WA), wobei das Abkommen in Art. 35 zusätzlich bestimmt, dass die Sonn- und Feiertage als «Tage» i.S. des Abkommens gelten.

Im Entscheid *Mirzan et Gargini c. Air Glacier S.A.* hatte das **Bundesgericht** die Tragweite von Art. 29 WA zu beurteilen [8]. Die Kläger waren am 31. Dez. 1976 als Passagiere in einem Flugzeug der Beklagten abgestürzt und hatten sich verletzt. Im Mai 1978 verlangte die Versicherung der Beklagten ein medizinisches Gutachten. Am 12. Dez. 1978 teilte der Anwalt der Kläger der Versicherung die detaillierten Ansprüche seiner Klienten mit. Am 22. März 1979 luden die Kläger die Gegenpartei zu einer Sühneverhandlung vor, und am 19. Nov. 1980 klagten sie auf die Zahlung von insgesamt ca. 200'000 Fr. Das Bundesgericht bestätigte das Urteil der Vorinstanz – wenn auch mit einer anderen Begründung. Entgegen der Auffassung der Kläger unterstellte es die Beförderung dem Warschauer Abkommen, obwohl ihnen vor dem Flug keine Beförderungsdokumente ausgehändigt worden waren [9]. Das Bundesgericht wies zu Recht darauf hin,

---

1 Urteil des OLG Frankfurt vom 20. Feb. 1989, ZLW 1989, 382.
2 Die offizielle englische Übersetzung ist sehr frei; sie lautet: «The right to damages shall be extinguished (...)», während der französische Originaltext eher mit «foreclosure» hätte übersetzt werden müssen, MANKIEWICZ, Liability, 138.
3 So die amerikanische und die deutsche Rechtsprechung; einzig französische Gerichte haben zum Teil argumentiert, Art. 29 stelle eine Verjährungsfrist auf, Nachweise bei GIEMULLA/SCHMID, Art. 29 N 2.
4 GÜLDIMANN, Art. 29 N 4; MANKIEWICZ, Liability 138f.
5 SCHMID/BRAUTLACHT, ZLW 1988, 219; Ausnahmen haben ausländische Gerichte zugelassen, wenn die Geschädigten minderjährig waren; sie liessen Klagen zu, welche diese Geschädigten nach Erreichen der Volljährigkeit einreichten, hinten 300; siehe auch GÜLDIMANN, Art. 29 N 4 mit Verweisen; ebenso die neuere italienische Rechtsprechung, Hinweise in SCHMID/BRAUTLACHT, ZLW 1988, 220 FN 317.
6 Entscheid des BGH, TranspR 1986, 22f, Hinweis in SCHMID/BRAUTLACHT, ZLW 1988, 218.
7 Wenn der Absender verlangt, dass die Ware an ihn zurückgeschickt werde, bricht er damit die Beförderung ab, siehe auch 20 Avi. 17,191.
8 BGE 108 II 235.
9 Es handelte sich um einen Inlandflug, der gemäss Art. 3 LTR den Regeln des Warschauer Abkommens untersteht, vorne 54ff.

dass fehlende Beförderungsdokumente gemäss Art. 3 WA nur dazu führen, dass sich der Lufttransportführer nicht auf die Haftungslimiten gemäss Art. 22 berufen kann. Im übrigen untersteht der Beförderungsvertrag trotzdem den Bestimmungen des Abkommens und damit ist auch Art. 29 WA anwendbar. Das Bundesgericht hielt fest, dass Art. 29 WA eine Verwirkungsfrist festsetze, die nur durch die Einleitung einer Klage gewahrt werden kann. Die Auszahlung einer teilweisen Entschädigung an die Kläger habe die Verwirkungsfrist nicht unterbrochen. Die Kläger beriefen sich schliesslich vergeblich auf Art. 2 ZGB: die Beklagte habe die Kläger nicht rechtsmissbräuchlich davon abgehalten, die Klage rechtzeitig einzureichen [10].

Der **belgische Appellationshof** war ebenfalls der Auffassung, dass Art. 29 WA eine Verwirkungsfrist aufstelle [11]. Die Kläger beanspruchten Schadenersatz für den Verlust einer Sendung von Videobändern. Drei Monate nach der Beförderung im Juli 1976 hatten die Kläger den Verlust schriftlich bei der Fluggesellschaft geltend gemacht. Im Februar 1978 untersuchte ein Vertreter der Versicherungsgesellschaft, die inzwischen den Schaden ersetzt hatte, den Sachverhalt vor Ort. Einen Monat später teilte eine der an der Beförderung beteiligte Gesellschaft den Klägern schriftlich mit, eine andere, ebenfalls beteiligte Gesellschaft werde den Schaden innert der nächsten drei Wochen regeln. Dies geschah jedoch nicht. Im April 1980 machten die Kläger eine Schadenersatzklage anhängig. Sie stellten sich auf den Standpunkt, mit dem Brief vom Februar 1978 habe die Frist von Art. 29 WA neu zu laufen begonnen. Das belgische Gericht kam zum Schluss, dass Art. 29 eine Verwirkungsfrist aufstelle, die nicht unterbrochen werden könne.

Andere ausländische Gerichte haben die Frist von Art. 29 WA nur zum Teil als Verwirkungsfrist aufgefasst. Besonders französische und amerikanische Gerichte [12] stellten sich auf den Standpunkt, das Abkommen schliesse es nicht aus, dass die Fristen von Art. 29 unterbrochen oder sistiert werden können [13]. Die französische **Cour de cassation** erlaubte die Unterbrechung der Frist, wenn der Geschädigte die Klage bei einem unzuständigen Gericht einreichte oder wenn der Lufttransportführer die Schuld anerkannte [14]. Hingegen wird die Frist nach Auffassung eines französischen Gerichts nicht unterbrochen, wenn der Lufttransportführer die Nachsendung eines verspäteten Frachtstückes ankündet [15].

Im Fall *Darghouth vs. Swissair* stellten sich die Kläger auf den Standpunkt, nationales Recht sei auch massgebend, wenn dieses bei minderjährigen Geschädigten die Verjährung aufschiebe, bis sie 18 Jahre alt seien. Wenn wie im vorliegenden Fall ein Kind während des Fluges durch heisse Flüssigkeit und heisses Essen, die von einem Servierwagen herunterfielen, verletzt werde, beginne die Frist von Art. 29 WA erst nach seinem 18. Geburtstag zu laufen. Das **U.S. District Court for the District of Columbia** wies die Klage ab [16]. Das Gericht verwies auf die Materialien und auf die Tatsache, dass die Fristen von Art. 29 WA absolut gelten müssten. Anders entschied in einem ähnlichen Fall die **Cour d'appel de Paris** [17]. Der Vater von zwei minderjährigen Kindern war bei einem Flugzeugunfall ums Leben gekommen. Das Gericht stellte sich auf den Standpunkt, das französische Landesrecht [18] hemme bei Minderjährigen den Beginn der Fristen von Art. 29 WA.

---

10 Allgemein zur Verwirkung nach schweizerischem Recht BGE 116 Ib 392f.
11 Urteil vom 2. Mai 1984 i.S. *S.A. Memorex and Granite State Insurance Company vs. Alia and Saudi Arabian Airlines*, Air Law 1985, 109ff.
12 In anderen Ländern haben Gerichte diese Auffassung nur vereinzelt vertreten, so der deutsche BGH in einem Urteil vom 7. Mai 1963, ZLW 1963, 299.
13 Zur Kritik an dieser Rechtsprechung, BOYER, RFDA 1981, 293.
14 BOYER, RFDA 1981, 292 mit Verweisen.
15 Urteil der Cour d'appel de Paris vom 24. April 1990, RFDA 1990, 356.
16 Urteil vom 17. Dez. 1984, 18 Avi.18,536.
17 RFDA 1985, 336; siehe auch Urteil der französischen Cour de cassation vom 23. Mai 1977, RFDA 1978, 96 und Urteil vom 1.Juli 1977, RFDA 1978, 92; weitere Urteile sind zitiert bei BOYER, RFDA 1981, 292.
18 Art. 2252 des französischen Code Civile lautet: «La prescription ne court pas contre les mineurs non émancipés et les majeurs en tutelle (...)».

In der Schweiz sind bei der Berechnung der Fristen folgende Grundsätze zu beachten: der Tag, an dem sich die in Art. 29 WA genannte Tatsache verwirklicht hat, ist nicht mitzuzählen [19]. Endet die Frist an einem Samstag oder Sonntag, wird die Frist von Gesetzes wegen auf den nächsten Werktag erstreckt [20].

Der Kläger hat die Frist eingehalten, wenn er die Klage nach dem Recht des angerufenen Gerichts anhängig gemacht hat. Dazu ist in der Schweiz in der Regel die Einleitung des Sühneverfahrens notwendig, sofern dieses im betreffenden Kanton notwendig ist. Eine Betreibung reicht nicht, um die Klage anhängig zu machen. Weil es sich um eine Verwirkungsfrist handelt, kann sie durch eine Betreibung auch nicht unterbrochen werden.

Ob der Richter die Verwirkung der Ansprüche von Amtes wegen berücksichtigt oder ob sie nur greift, wenn sich der beklagte Lufttransportführer darauf beruft, entscheidet sich nach dem auf die Beförderung anwendbaren Recht [21]. In der Schweiz berücksichtigt der Richter die Verwirkung von Amtes wegen [22].

Im Gegensatz zu den Bestimmungen über die Anzeige eines Schadens [23] lässt das Abkommen offen, ob die Verwirkung eintritt, wenn der Lufttransportführer die Klage arglistig verhindert hat. Die Frage beantwortet sich nach dem anwendbaren Landesrecht.

Strittig kann schliesslich sein, ob die Frist von Art. 29 WA durch eine Klage bei einem unzuständigen Gericht eingehalten ist. Das Abkommen lässt die Frage offen. Da die meisten nationalen Rechtsordnungen die Restitution einer verwirkten Frist nicht ausschliessen, kann die Frist von Art. 29 WA auch als eingehalten gelten, wenn die Klage bei einem unzuständigen Gericht erhoben wurde [24].

Diese Lösung wird dem Sinn und Zweck von Art. 29 WA gerecht: die Verwirkungsfrist will in erster Linie erreichen, dass der Lufttransportführer nach Ablauf der Frist nicht mehr mit Klagen rechnen muss und er Beweismittel sichern kann [25]. Selbst wenn die Klage bei einem Gericht eingereicht wird, das sich danach als unzuständig erklärt, weiss der beklagte Lufttransportführer um die Auseinandersetzung und kann die notwendigen Massnahmen ergreifen.

---

19 GULDENER 265 mit Verweisen.
20 GULDENER 266 mit Verweisen.
21 Vorne 78ff.
22 Das bedeutet, dass der Beklagte keine entsprechende Einrede erheben muss; der Richter forscht jedoch nicht von Amtes wegen nach Verwirkungstatsachen, BUCHER 451 mit Verweisen.
23 Vorne 297.
24 Für das schweizerische Recht siehe BUCHER 451, FN 34; a.M. BG Haarlem (NL), AL 1988, 145 Nr. 4, Hinweis bei GIEMULLA/SCHMID, ZLW 1990, 186, FN 134.
25 GULDIMANN, Art. 29 N 3.

7. Teil
Ausblick

I. Zur Haftungsordnung des Warschauer Systems

Das Warschauer System unterliegt seit Jahren harscher Kritik; umstrittener Punkt ist in erster Linie die Haftungsordnung des vereinheitlichten Lufttransportrechts. Die Diskussion dreht sich vor allem um die Haftung bei Personenschäden, weil Sachschäden ein geringerer Stellenwert beigemessen wird und sich die Absender von Fracht häufig gegen Schäden versichern [1]. Der Kompromiss, der bei der Ausarbeitung des Warschauer Abkommens formuliert wurde, erwies sich nicht als tragfähig. Die Haftungsordnung bei internationalen Luftbeförderungen ist heute zersplittert, und ein Ende dieses Zustandes ist nicht in Sicht. Regelmässig bedauern Richter, dass sie aufgrund der geltenden Ordnung in einem bestimmten Fall gegen ihr Rechtsempfinden entscheiden müssen, weil ihnen das Abkommen keinen anderen Weg offen lasse. Diese Feststellung verbinden sie meistens mit der Aufforderung an den Gesetzgeber, er solle das Abkommen revidieren.

Verschiedene Gerichte haben versucht, die ihnen unbillig scheinenden Haftungslimiten durch die Auslegung von Art. 22 WA zu entschärfen. Sie haben den im ursprünglichen Abkommen und im Haager Protokoll verwendeten Poincaré-Franken aufgrund des Marktpreises des Goldes in Landeswährung umgerechnet. Damit kommen sie auf wesentlich höhere Haftungsbeträge als die Umrechnung aufgrund des offiziellen Goldkurses ergibt. So sehr eine Erhöhung der Limiten zu begrüssen ist – die Umrechnung aufgrund des freien Goldkurses wird die Probleme des Warschauer Systems nicht lösen. Der Marktpreis des Goldes schwankt; die Haftungslimiten des Warschauer Abkommens würden durch politische und wirtschaftliche Ereignisse bestimmt, die nichts mit Luftbeförderungen zu tun haben. Mit dieser Auslegung wird auch die Stabilität preisgegeben, die für eine international tragfähige Ordnung unabdingbar ist.

Ein anderer Weg, Schadenersatz über die Limiten des Warschauer Abkommens hinaus zuzusprechen, ist die Auslegung von Art. 25 WA. Diese Bestimmung ist ebenso umstritten wie die Frage der Umrechnung des Goldfrankens. In der Schweiz hat sich die Kontroverse um die Haftungslimiten bis jetzt auf diese Bestimmung konzentriert.

Schliesslich haben amerikanische Gerichte die Anwendung der Haftungslimiten vermieden, indem sie an die korrekte Ausstellung von Beförderungsdokumenten hohe Anforderungen stellten. In der neuesten Praxis scheinen amerikanische Gerichte diese Anforderungen zu lockern.

Seit Jahren stehen im Zusammenhang mit der Berechtigung der Haftungslimiten zwei Fragen im Zentrum: ist die Limitierung der Haftung zu rechtfertigen und wenn ja, wo sollen die Grenzen gezogen werden? Immer mehr Stimmen fordern, dass die Haftungslimiten aufgehoben werden. Denkbar ist auch, dass die Haftung nicht pro

---

1 WIEDEMANN 25f; BIN CHENG, ZLW 1989, 319.

Passagier, sondern pro Ereignis begrenzt wird, wie es unter einem *Supplemental Plan* der Fall sein wird. Forderungen nach der Aufhebung der individuellen Limiten sind glaubwürdig angesichts der Tatsache, dass der grösste nationale Flugmarkt, derjenige der USA, funktioniert, obwohl die Haftung des Lufttransportführers auf diesen Strecken nie limitiert war und es auch heute nicht ist. Nach einer Studie aus dem Jahr 1988 betrug die durchschnittliche Entschädigung bei Personenschäden 362'943 U.S. $ [2]. Aufschlussreich ist, dass in 7 % der Fälle Entschädigungen über 1 Million U.S. $ bezahlt wurden. Die Hälfte der Schadenersatzansprüche betrug weniger als 179'000 U.S. $. In einem Viertel der Fälle lagen die Entschädigungen unter 110'000 U.S. $ [3].

In einer Studie wurde festgestellt, dass die Abschaffung der Haftungslimiten die Versicherungsprämien um 10 % erhöhen würde. Die Versicherungskosten machen an den Gesamtkosten des Flugbetriebs zwischen 2 und 4 Promille aus; diese würden wegen der Abschaffung der Limiten um 0,2 bis 0,4 Promille steigen. Die Haftungslimiten lassen sich deshalb heute wirtschaftlich nicht mehr begründen [4]. Es fällt auch schwer, andere plausible Gründe für die Limiten zu finden [5], insbesondere angesichts der Tatsache, dass andere mögliche Haftpflichtige (Hersteller, Flugsicherungsbehörde) unbegrenzt haften [6].

Die Diskussion um die Zukunft des Warschauer Systems muss von der Einsicht ausgehen, die Prof. Drion schon in den fünfziger Jahren formulierte: die Haftungslimiten sind einer international einheitlichen Lösung nicht zugänglich [7]. Der Luftverkehr spielt zwar in allen Ländern eine bedeutende Rolle; in vielen Staaten ist die Regierung direkt oder indirekt am Flugverkehr beteiligt. Trotz diesem gemeinsamen Nenner hat es sich – nicht zuletzt wegen des Gefälles zwischen der Ersten und der Dritten Welt – als unmöglich erwiesen, eine international geltende Haftungsordnung zu schaffen. Ein internationales Abkommen kann die Voraussetzungen der Haftung vorschreiben, es kann einen Rahmen für die Haftungslimiten abstecken – aber es kann die Limiten nicht auf eine Summe begrenzen, die weltweit befriedigt. Zumindest in den Industriestaaten muss es das Ziel sein, die Haftungslimiten für Personenschäden anzuheben oder die individuellen Limiten abzuschaffen, damit – abgesehen von Ausnahmefällen – der ganze Schaden gedeckt ist. Im übrigen sollte die bewährte Ordnung des Warschauer Abkommens erhalten bleiben [8].

---

2 Die Studie umfasst 25 Flugzeugabstürze, die sich zwischen 1970 und 1984 ereignet haben. Darunter waren auch internationale Flüge; die Limiten des Warschauer Abkommens bzw. der Vereinbarung von Montreal waren jedoch nicht massgebend, weil die Fluggesellschaften die Schadenersatzbeträge aufgrund von Vergleichen leisteten und sich nicht auf die Limiten beriefen.
3 Studie der Rand Corporation, teilweise veröffentlicht im National Law Journal, Vol. 10, No. 37 vom 23. Mai 1988.
4 BRISE, ICC/IFAPA Symposium «Liability to Passengers in International Air Transport; the economic dimension of the problem», Paris 1988, 58.
5 Die Gründe, die auch heute regelmässig geltend gemacht werden, um die limitierte Haftung zu rechtfertigen, sind: Analogie zum Seerecht; notwendiger Schutz der Luftfahrtindustrie; das Risiko einer Katastrophe soll nicht nur der Lufttransportführer tragen; Notwendigkeit, dass sich der Lufttransportführer gegen die Risiken versichern kann; potentielle Opfer können selber Versicherungen abschliessen; als Ausgleich wird das Verschulden des Lufttransportführers vermutet; schnelle Beilegung von Streitigkeiten; vereinheitlichte Rechtsnormen in bezug auf die Haftungssumme. Diese Argumente sind von verschiedenen Autoren überzeugend widerlegt worden; dazu ausführlich DRION 12; TOBOLEWSKI 75.
6 Siehe dazu auch AWFORD, ZLW 1992, 21.
7 DRION 42; TOBOLEWSKI 109.
8 AWFORD weist zu Recht darauf hin, dass einzig die Anwälte davon profitieren, wenn das ganze Warschauer System aufgehoben würde, ZLW 1992, 28.

Ermöglichen die bestehenden Abkommen die skizzierte Entwicklung? In naher Zukunft werden möglicherweise die Montreal-Protokolle in Kraft treten. Das Montreal-Protokoll Nr. 3 enthält eine Lösung, die für Personenschäden eine befriedigende Regelung der Haftungsfrage theoretisch ermöglicht. Es überlässt es den einzelnen Vertragsstaaten, die Haftungslimiten des Protokolls mit einem Supplemental Plan zu erhöhen und dafür zu sorgen, dass der grossen Mehrheit der Geschädigten der volle Schaden ersetzt wird [9]. Allerdings ist es bis jetzt soweit ersichtlich in keinem der Vertragsstaaten gelungen, einen befriedigenden Supplemental Plan auszuarbeiten. Das Projekt, das zur Zeit in den USA diskutiert wird, weist verschiedene gravierende Mängel auf (Anwendungsbereich, Finanzierung) [10]. Daneben enthält das Montreal-Protokoll Nr. 3 auch Bestimmungen, die es Staaten mit Normen zum Schutz des Konsumenten schwierig machen, dieses zu akzeptieren. Das Guatemala-Protokoll und damit das Montreal-Protokoll Nr. 3 ist vor allem auf die Bedürfnisse der Lufttransportführer zugeschnitten. So muss der Lufttransportführer – im Gegensatz zum heutigen Trend, den Konsumenten über seine Rechte aufzuklären – nicht mehr auf die limitierte Haftung hinweisen, um in den Genuss der Haftungslimiten zu kommen. Stossend ist nach heutigem Verständnis jedoch vor allem die absolute Geltung der (zu tiefen) Haftungslimiten. Das gilt in erster Linie für die Haftung bei Personenschäden, sofern das Protokoll Nr. 3 ohne Supplemental Plan in Kraft tritt. Aber auch bei Sachschäden kann es Fälle geben, in welchen die absolute Geltung der Haftungslimiten ungerechtfertigt ist; das trifft vor allem zu bei der absichtlichen oder grob fahrlässigen Schädigung, wo z.B. nach schweizerischem Vertragsrechts die Beschränkung der Haftung nicht zulässig ist (Art. 100 OR) [11].

In der Diskussion um die Haftungslimiten bei Luftbeförderungen wird auch vorgeschlagen, die Problematik durch *special contracts* zu lösen. Der Lufttransportführer bietet dem Passagier in den Beförderungsbedingungen bei Körperschäden eine höhere Entschädigung an als das Abkommen vorsieht. Bereits heute schreiben verschiedene Staaten den Fluggesellschaften die Erhöhung der Haftungssummen bei Personenschäden vor, wobei sie – ohne zwingenden Grund – in der Regel nur die eigenen Fluggesellschaften dazu verpflichten und ausländische Fluggesellschaften, die das Land anfliegen, keiner entsprechenden Pflicht unterstellen. Eine Variante der special contracts bestünde darin, dass der Passagier analog zur Beförderung von Gepäck und Gütern individuell beim Abschluss des Beförderungsvertrages mit dem Lufttransportführer eine bestimmte Haftungssumme vereinbart [12].

Angesichts der Tatsache, dass eine Erhöhung der Haftungslimiten bei Personenschäden dringend ist und bereits mehrere Staaten die Montreal-Protokolle ratifiziert haben, müssen sich die Bemühungen – auch diejenigen der Schweiz – darauf konzentrieren, sobald als möglich ein zusätzliches Versicherungssystem (*Supplemental Plan*) zu

---

9 Dazu ausführlich DETTLING-OTT, ASDA-Bulletin 1989/1 und 2, 32ff.
10 Siehe dazu ausführlich MÜLLER-ROSTIN, ZLW 1992, 349ff; HARAKAS, ZLW 1992, 357ff; AWFORD, ZLW 1992, 30ff.
11 Vorne 28.
12 Theoretisch scheint dies ein gangbarer Weg, doch lässt er sich aus psychologischen Gründen kaum in die Praxis umsetzen. Es ist kaum vorstellbar, dass Passagier und Lufttransportführer bereit sind, beim Vertragsschluss auch noch darüber zu sprechen, welche Haftungssumme gelten soll, wenn das Flugzeug bzw. der Passagier verunfallt.

schaffen. Je grösser die Diskrepanz zwischen dem tatsächlich erlittenen Schaden und der gesetzlich festgelegten Entschädigungspflicht des Lufttransportführers ist, desto mehr werden sich die Geschädigten darauf konzentrieren, andere Haftungsträger (Flughafenhalter, Flugsicherungsbehörden, Flugzeughersteller) ins Recht zu fassen. Diese Entwicklung wird sich verstärken, wenn die Montreal-Protokolle ohne Supplemental Plan in Kraft treten und die Haftungslimite für Personenschäden von 100'000 SZR (ca. 200'000 Fr.) absolut gilt. Es scheint mir deshalb dringend geboten, dass die Schweizer Behörden einen Supplemental Plan ausarbeiten, damit gleichzeitig mit dem Montreal-Protokoll Nr. 3 in der Schweiz ein Supplemental Plan in Kraft treten kann [13]. Dies schliesst nicht aus, dass sich die schweizerischen Behörden auf lange Sicht dafür einsetzen, im internationalen Luftverkehr die Haftungslimiten bei Personenschäden aufzuheben.

II. Vorschläge zur Revision schweizerischer Bestimmungen des Lufttransportrechts

Zur Zeit ist das LFG in Revision. Die neue Fassung des LFG sieht in Art. 75 Abs. 5 vor, dass der Bundesrat einen *Supplemental Plan* [1] erlassen kann. Im vorhergehenden Abschnitt habe ich dargestellt, dass mir die Schaffung eines solchen zusätzlichen Versicherungssystems dringend geboten erscheint. Der Plan muss heute ausgearbeitet werden, damit er zusammen mit den Montreal-Protokollen in Kraft treten kann.

Im Zusammenhang mit dem Inkrafttreten der Montreal- Protokolle ist die Öffentlichkeit darauf hinzuweisen, dass sich die Haftungsbeträge für Verspätungs- und Sachschäden fast auf die Hälfte reduzieren [2]. In der Botschaft zu den Montreal-Protokollen fehlt ein entsprechender Hinweis.

Ebenso wichtig scheint mir, dass mit der Revision des LFG auch ausländische Unternehmen, welche die Schweiz anfliegen, verpflichtet werden, den Passagieren bei Körperschäden eine höhere Haftungssumme anzubieten. Zu diesem Zweck muss der bestehende Art. 75 Abs. 4 LFG geändert werden. Es gibt meines Erachtens keine Gründe, welche in dieser Beziehung die Unterscheidung zwischen schweizerischen und ausländischen Unternehmen rechtfertigen [3].

Bei der nächsten Revision des LTR sind meines Erachtens verschiedene Bestimmungen zu ändern:

– *Art. 1 f) LTR*: Diese Bestimmung definiert den Begriff des Lufttransportführers. Sie ist zu weit formuliert. Das Kriterium des «Entgelts» definiert nicht den Lufttransportführer, sondern umschreibt den Anwendungsbereich des Warschauer Abkommens [4].

---

13 Es ist erstaunlich, dass die Botschaft zu den Montreal-Protokollen die Notwendigkeit eines Supplemental Plans für die Schweiz nicht erörtert. Sie weist im Gegenteil nur darauf hin, dass «die einfache Struktur der neuen Haftungsordnung» den Lufttransportführer und den Lufttransportbenützer durch eine Herabsetzung der Versicherungskosten begünstigt (BOTSCHAFT MONTREAL-PROTOKOLLE Ziff. 3). Dieses Versprechen wird sich nicht einlösen, solange die Montreal-Protokolle nicht weltweit gelten, und der Lufttransportführer sich für Beförderungen unter den geltenden Versionen des Abkommens gegen die unlimitierte Haftung versichern muss.
1 Vorne 28.
2 Vorne 205.
3 Vorne 68f.
4 Vorne 106.

- *Art.2 LTR*: Diese Bestimmung definiert den Anwendungsbereich des Reglements. Sie müsste klarstellen, dass das LTR in erster Linie Beförderungen regelt, die nicht dem Warschauer Abkommen unterstehen. Für Beförderungen, die dem Warschauer Abkommen unterstehen, hat es nur ergänzende Funktion; dies müsste aus dem Text hervorgehen [5].

- *Art. 12 LTR*: Der schweizerische Gesetzgeber hat in Art. 12 Abs. 2 LTR einen zusätzlichen Gerichtsstand geschaffen. Er ist damit vom Warschauer Abkommen abgewichen, in der wohlmeinenden Auffassung, Regelungen zugunsten des Passagiers oder Absenders würden die Abweichung vom Abkommen rechtfertigen. Der zwingende Charakter von Art. 28 WA (Gerichtsstände) lässt jedoch den Vertragsstaaten in der Frage der Zuständigkeit keinen Spielraum. Art. 12 müsste deshalb präzisieren, dass er nur gilt, wenn die Beförderung nicht dem Abkommen unterliegt und dass er bei internationalen Beförderungen nur die nationale Zuständigkeit präzisiert [6].

  Im Zusammenhang mit Art. 12 LTR leuchtet nicht ein, warum er zwischen Linien- und Nichtlinienverkehr unterscheidet. Auch ausländische Gesellschaften des Nichtlinienverkehrs müssten verpflichtet werden, in der Schweiz ein Rechtsdomizil zu bezeichnen.

- *Art. 21 LTR*: Mit dieser Bestimmung macht der schweizerische Gesetzgeber im Zusammenhang mit der Beförderung von Fracht die Berechtigung, Schadenersatzansprüche geltend zu machen, davon abhängig, dass der Ansprecher über die Fracht verfügen kann. Diese Verknüpfung hält meines Erachtens vor dem Abkommen nicht stand; Art. 21 LTR müsste gestrichen werden [7].

Schliesslich enthalten die *Vertrags- und Beförderungsbedingungen* der konzessionierten schweizerischen Fluggesellschaften Bestimmungen, die meines Erachtens vor dem Warschauer Abkommen nicht standhalten [8]. Nachdem der schweizerische Gesetzgeber weitgehend darauf verzichtet hat, den Beförderungsvertrag selber zu regeln, sollte er bei der Genehmigung der Beförderungsbedingungen streng sein, um das Fehlen der gesetzlichen Regelung zu kompensieren. Aus der gleichen Überlegung scheint es mir sinnvoll, dass Unternehmen des gewerbsmässigen Bedarfsluftverkehrs verpflichtet werden, Beförderungsbedingungen zu erlassen [9].

---

5 Vorne 54.
6 Vorne 289ff.
7 Vorne 272ff.
8 Beispiele vorne 126.
9 Vorne 93f.

Sachregister

Alle Stellenangaben beziehen sich auf die Seitenzahlen.

A

Abgangsort 10
Abkommen von Guadalajara
  siehe Guadalajara-Abkommen
Absender 120
Absicht
– nach Art. 25 HP 229
Absprache der Malta-Gruppe
– Entstehungsgeschichte 24
– Erhöhung der Haftungslimiten 65
– Geltungsbereich 25
Abtretung
– des Beförderungsanspruchs 116
Agent
– agency agreement 114
– bei Frachtbeförderungen 114
– bei Personenbeförderungen 113
– bei Sukzessivbeförderungen 115
– IATA-Agent 114
Agentur
– als Geschäftsstelle i.S. von Art. 28 WA 285
Air waybill
  siehe Luftfrachtbrief
Aircraft Operating Manual 232
Aktionärsflug 13, 16
Allgemeine Geschäftsbedingungen
  siehe Beförderungsbedingungen
Anknüpfung des Beförderungsvertrages
  als Konsumentenvertrag 83
– am Abgangs- oder Bestimmungsort 89
– am Ort des Vertragsschlusses 89
– am Sitz des Lufttransportführers 88
– am Tat- oder Erfolgsort 91
– am Wohnsitz oder Aufenthaltsort 88
– an der lex fori 91
– Bedeutung 78
– beim Guadalajara-Abkommen 92
– nach Art. 117 IPRG 82
– objektive 81
– Praxis Ausland 88
– Praxis Schweiz 87
– subjektive 80

– und Domizil gem. Art. 104 LFV 86
– und Registrierung 90
– vertragliche und ausservertragliche 80
– Zusammenfassung 92
Annullierung eines Fluges 142
Ansprüche
– ausservertragliche 56
Anspruchsberechtigung
– bei Frachtschäden 272
– bei Personenschäden 272
– bei Sukzessivbeförderungen 272
– Überblick 271
– von Dritten 274
Anspruchsgegner
– bei einfacher Beförderung 277
– bei Sukzessivbeförderungen 277
– unter dem Guadalajara-Abkommen 278
Anspruchsgrundlage 139
– bei Schäden an Handgepäck 174
Anwaltskosten
– aussergerichtliche 269
– gerichtliche 268
– unter den Montreal-Protokollen 32
Art. 25 WA
– ursprüngliche Fassung 214
  – Anwendung
    – im angloamerikanischen Rechtskreis 215
    – in der Schweiz 219
    – im übrigen Ausland 218
  – Entstehungsgeschichte 214
Art. 25 HP
– als zweigliedriger Tatbestand 228
– Anwendung bei Flugzeugabstürzen 234
– Anwendung bei Vermögensschäden 236
– Bedeutung der Beweismittel 240
– Entstehungsgeschichte 214
– Normwidrigkeit 232
– Rechtsprechung in der Schweiz 245
  – Personenschäden 245
  – Sachschäden 247
– Rechtsprechung im Ausland 241
– Systematische Auslegung 239
– Teleologische Auslegung 238

- und Wertdeklaration 237
- Verschulden
  - Absicht 229
  - Die mildere Verschuldensform 229
  - Leichtfertigkeit 232
  - objektive Betrachtungsweise 250
  - subjektive Betrachtungsweise 250
- Wörtliche Auslegung 226
- Zusammenhang zwischen Wissen und Schaden 237

Art. 10 LTR
- ursprüngliche Fassung 219

Arzt an Bord 112, 164

Aufgegebenes Gepäck
- Begriff 131, 173

Ausführender Lufttransportführer
- Begriff 36
- Haftung 252

Auslegung
  siehe Warschauer Abkommen Auslegung

Aussteigen 168

B

Baggage tag 132
BAZL 51
Beförderung
- auf dem Landweg 155
  - Anwendung des WA 156
  - Vertragswidrigkeit 155
  siehe auch Trucking
- aussergewöhnliche Umstände 21
- Begriff 12
- entgeltliche 15
- Gefälligkeit 13
- hoheitliche 17, 21
- internationale 9
- unentgeltliche 15
- von Militärpersonen 21
- zugunsten eines Dritten 119

Beförderungsbedingungen 93, 122
- als Vertragsinhalt 122
- der Crossair 97
- der IATA 94
- Funktion 93
- Genehmigung 127
- Inhalt 124
- stillschweigende Übernahme 122
- der Swissair
  - Fracht 96

- Passagiere 96
- und Verstoss gegen WA 124
- ungewöhnliche Bestimmungen 125
- USA und Kanada 97

Beförderungsdokumente
- bei besonderen Beförderungen 137
- Eigentum 129
- Einziehung 129
- fehlende oder mangelhafte 207
- Rechtsnatur 135
  siehe auch Flugschein
  siehe auch Luftfrachtbrief

Beförderungskosten
- Rückerstattung 264

Beförderungspflicht 121

Beförderungspreis
- Nichtbezahlen 151

Beförderungsvertrag
- Abschluss 104
- als Grundlage der Beförderung 12
- als Konsumentenvertrag 83
- Inhalt 99
- Nichterfüllung 139
- Qualifizierung als
  - Auftrag 101
  - Vertrag sui generis 103
  - Werkvertrag 102

Betriebspflicht 121
Bestimmungsort 10
Beweismittel
- bei der Anwendung von Art. 25 HP 240

Bewusstsein
- i.S. von Art. 25 HP 233

Bodentransporte 170
Bordkommandant
- Haftung nach Verantwortlichkeitsgesetz 258

Buchung 104
Bussen
- für illegale Einreise oder Einfuhr 158

Bust out tickets
- Praxis 153

C

Captain
  siehe Bordkommandant
Charterverträge 38
CITEJA 7
Cockpit Voice Recorder 240
Code sharing 113

D

Deltaflieger (Hängegleiter) 17, 108
Demonstrationsflug 13
Denied boarding compensation
  siehe verweigerte Beförderung
Dienstreise 13
DoI 215
Drittverschulden
– durch andere Passagiere 256
Dry lease 40

E

Einsteigen 168
Empfänger 120
Entgelt 15, 54
Entlastungsbeweis
– bei behördlichen Massnahmen 184
– bei kriegerischen Ereignissen 184
– bei Streiks 185
– bei technischen Problemen 184
– bei Überlastung des Luftraumes 184
– unter den MP 253
– unter dem WA und WA/HP 181
– unter der Vereinbarung von Montreal 181
EVED 51

F

Fallschirme 17
Faute lourde 214
Feriengenuss
– entgangener 263
Fixgeschäft 101
Flight Data Recorder 240
Flight Operations Manual 232
Flughafenhalter
– Haftung 258
Flugreiseveranstalter
  siehe Reiseveranstalter
Flugschein
– bei Inlandbeförderungen 131
– bei internationalen Beförderungen 129
– mangelhafter 207
– Nichtübertragbarkeit 118
– Rechtsnatur 135
– Ungültigkeit 151
– unter dem MP Nr. 3 130

Flugsicherungsbehörde
– Haftung 258
Flugzeugabsturz
– und Art. 25 HP 234
Flugzeugentführung
– als Unfall 164
Flugzeughersteller
– Haftung 258
Flugzeugtyp
– Änderung 155
Forum shopping 282
Fracht
– Haftung unter dem WA 192
– Haftung unter dem WA/HP 192
– Haftung unter dem MP Nr. 4 193
– Schaden bei der Beförderung 176
Franklin Mint 196
Freiflug 14
Fristen
– für Schadenersatzklage 298
– für Schadensanzeige 297

G

Gefährdungshaftung 141
Gefährliche Güter 51
Gemischte Beförderungen
– Haftung 256
Genugtuung 262
Gepäck
– aufgegebenes 131
– Handgepäck 131
– Schäden an 173
Gepäckmarke 131
Gepäckschein 136
– bei Inlandbeförderungen 132
– bei internationalen Beförderungen 132
– fehlender oder mangelhafter 210
– Rechtsnatur 136
Gerichtskosten 268
Gerichtsstand
– am Bestimmungsort 282
– am Domizil 282
– am Ort der Hauptbetriebsleitung 282
– am Ort der Geschäftsstelle 283
  – Agentur als Geschäftsstelle 285
  – die Kontroverse 283
– gemäss Art. 12 LTR 289
– internationale oder nationale Zuständigkeit 289

311

- unter dem Guadalajara-Abkommen 292
- unter dem MP Nr. 3 und 4 293

Gerichtsstandsvereinbarung 292

Geschäftsstelle
- Beteiligung am Vertragsabschluss 288

Goldfranken
siehe Poincaré-Franken

Grobe Fahrlässigkeit
nach schweizerischem Recht 219

Guadalajara-Abkommen
- Entstehungsgeschichte 34
- Geltungsbereich
  - örtlicher 41
  - sachlicher 35
- Haftung 252
- Ratifikationsstand 34
und Anwendung der Vereinbarung von Montreal 36

Guatemala-Protokoll
- Entstehungsgeschichte 25
- Haftung 253

H

Haager Protokoll
- Anwendungsbereich
  - örtlicher 20
- Entstehungsgeschichte 8
- Ratifikationsstand 8
- Übersicht über den Inhalt 8

Haftung
- Vergleich zu anderen Verkehrsmitteln 190
- bei gemischten Beförderungen 256
- bei Wertdeklaration 251
- der Leute
  - unter dem WA ursprüngliche Fassung 260
  - nach Art. 25A HP 261
- des Flughafenhalters 258
- des Flugzeugherstellers 258
- der Flugsicherungsbehörde 258
- Kanalisierung 259
- nach OR 256
- unbegrenzte 207
  - Missachtung der Weisung des Absenders 213
  - grobes Verschulden 214
- unter dem Guadalajara-Abkommen 252
- unter dem LTR 254
- unter den MP 253

Haftungslimiten
- Erhöhung
  - nach Landesrecht 65
  - durch Parteienvereinbarung 251
  - in den Beförderungsbedingungen 194
- unter dem Guatemala-Protokoll 193
- unter dem MP Nr. 3 und dem MP Nr. 4 192
- unter dem WA ursprüngliche Fassung 192
- unter der Vereinbarung von Montreal 192

Haftungszeitraum
- bei Beförderung von Gütern und Gepäck 171
- bei Beförderung von Personen 168
- und Bodentransporte 170
- unter dem LTR 170

Handgepäck
- Begriff 174

Handling agent 112

Hilfspersonen
siehe Leute

Höhere Gewalt 182

I

IATA-Recommended Practice Nr. 1601 95

IATA-Recommended Practice Nr. 1724 95

IATA-Resolution 600b (II) 94

IATA-Resolution 724 95

ICAO 7

Indossament (endorsement) 11

Inflationsschutz
- unter dem Guatemala-Protokoll 29

Inlandbeförderung
siehe Beförderung

Inspection and claim form 295

Interline Agreement 116

K

Kausalhaftung 23, 27, 142

Kausalzusammenhang
- Unfall/Körperschaden 167

Konsumentenvertrag
siehe Beförderungsvertrag

Kontrahierungspflicht 121

Körperschaden
- Begriff 166

Kündigung
- des WA durch die USA 22

L

Legal Committee 7
Leichen 15
Leichtfertigkeit
- i.S. von Art. 25 HP 229

Leute
- Begriff 111
- Haftung 260

Lex fori 73, 91
LTR
  siehe Lufttransportreglement
Lücken
  siehe Warschauer Abkommen
Lückenfüllung 62
Luftfahrtunternehmen 16
Luftfahrzeug 17
Luftfrachtbrief
- Anforderungen gemäss LTR 135
- Anforderungen gemäss WA 133
- Beweiskraft 137
- fehlender oder mangelhafter 212
- Handelbarkeit 75
- Rechtsnatur 137

Luftfrachtführer
  siehe Lufttransportführer
Luftpost 2, 52
Lufttransportführer
- bei Charterflügen 108
- Definition 106
- Reiseveranstalter 109
- Spediteur 110
- Substitution 12, 155
- Verein 14, 107

Lufttransportreglement
- Geltungsbereich 54
- Haftung 254

Luftverkehrsgesetz 52
Lugano-Übereinkommen 282

M

Malta-Gruppe
  siehe Absprache der Malta-Gruppe
Mental anguish 167

Mietcharter 40
Miscellaneous Charges Order 135
Montreal-Protokolle
- Entstehungsgeschichte 30
- Geltungsbereich 31
- Haftung 253
- Ratifikationsstand 30
- Übersicht über den Inhalt 30

N

Nautisches Verschulden 180
Nebenpflichten
- Verletzung von 159

Nichterfüllung
  siehe Beförderungsvertrag
No-show 161

O

Obhut
- bei Beförderung von Gepäck und Gütern 171

Opfer von Gewaltverbrechen
- Entschädigung aufgrund des BG 262

Ordre public 27

P

Pain and suffering 263
Par Value Modification Act 196
Passagier
- Begriff 117
- blinder 14
- Deportation 15

Piloten
  siehe auch Bordkommandant
- und Anwendung von Art. 25 234

Poincaré-Franken
- Begriff 191
- Umrechnung
  - anwendbares Recht 194
  - im LTR 201
  - in Australien 200
  - in Belgien 200
  - in den USA 196
  - in Deutschland 197
  - in Frankreich 200
  - in Griechenland 200

313

- in Grossbritannien 200
- in Israel 200
- in Italien 198
- in Kanada 200
- in den Niederlanden 200
- in Österreich 200
- in Schweden 200
- in sFr. 201
- in Spanien 200
- nach Marktpreis 194

Post 8
Preimpact suffering 167, 263
Prepaid Ticket Advice 119
Property irregularity report 295
Protokoll von Guatemala
   siehe Guatemala-Protokoll
Prozessentschädigung 74, 268
Psychische Schäden 167
Punitive damages 140, 260

Q

Qualifizierung
   siehe Beförderungsvertrag

R

Rechtswahl 80
Reiseveranstalter
- als Lufttransportführer 109

Reiseveranstaltungsvertrag 38
Rente 74
Reservation 104
Rettungsflug 14
Route
- Abweichen 154

Rückerstattung
- der Beförderungskosten 264

Rückgriff
- des Versicherers 257

Rücktritt vom Vertrag
- durch Passagier 161

S

Sammelbeförderungsschein 130
Schaden
- am aufgegebenen Gepäck 173
- am Handgepäck 174
- bei der Beförderung von Fracht 176
- bei der Beförderung von Personen 162
- indirekter 274

Schadensanzeigen
- bei Sukzessivbeförderungen 294
- bei Teilverlusten 295
- Fristen 297
- Geltung auch für Handgepäck 293
- unter dem LTR 296
- unter dem WA 296
- unter dem Guadalajara-Abkommen 296

Schadenszins 266
Schiedsklauseln 292
Schulflug 13
Selbstverschulden 186
Self-executing 61
Self-ticketing 288
Sicherheitsbeamte als Flugbegleiter 258
Sicherheitsvorschriften
- Verletzung von 158

Sonderziehungsrechte
- Einführung im Lufttransportrecht 203
- und Verhältnis zum sFr 205
- Verhältnis zum Goldfranken 204

Special contract 71, 248, 301
Spediteur 39
- als Lufttransportführer 109

Speditionsvertrag
- und Anwendung des Guadalajara-Abkommens 39

Streik 143, 185
Sukzessivbeförderung 11, 115
Supplemental Plan 28, 305

T

Tarife 97
Teilverlust
- von Fracht 176

Tiere 15
Transformation
- des Warschauer Abkommens ins Landesrecht 59

Trucking 155

U

U.S. Gold Reserve Act 196
Überlastung des Luftraumes 184

Unfall 162
- Begriff 163
- keine Haftungsvoraussetzung unter dem MP 3 253

Usanzen 95

V

Verantwortlichkeitsgesetz 258
Vercharterer 108
Vereinbarung von Montreal
- Entstehungsgeschichte 21
- Erhöhung der Haftungslimiten 65
- Formvorschriften 71
- Geltungsbereich 23
- Inhalt 22
- und Anwendung des GA 253

Verordnung
- über die Beförderung gefährlicher Güter 51
- über die Luftfahrt (LVO) 51

Verschulden
- unter WA ursprüngliche Fassung 214
- unter Art. 25 HP 229

Versicherer
- Ansprüche 276

Verspätung
- Ausschluss der Haftung 149
- Begriff 148

Vertraglicher Lufttransportführer
- Begriff 36
- Haftung 252

Vertragsbedingungen
- Begriff 94
- der Swissair
  - Fracht 96
  - Passagiere 96

Verweigerte Beförderung
- Begriff 144
- Entschädigung 146

Völkergewohnheitsrecht 73

W

Warschauer Abkommen
- Auslegung 43
- durch schweizerische Gerichte 46 und Rechtsvereinheitlichung 49
- Entstehungsgeschichte 7
- Geltungsbereich 9
- Lücken 75
- und nationales Recht 73
- Ratifikationsstand 7
- Übersicht 8
- zwingende Vorschriften 58, 72

Warschauer System 3
Weichwährungsflugscheine 151
- Praxis 152

Weisungsrecht des Absenders 120, 213
Wertdeklaration
- und Art. 25 WA/HP 251

Wet lease 40
Wilful misconduct
- Begriff 215, 230

Z

Zerstörung
- von Fracht 176

Zinsen 263
Zollvorschriften
- Verletzung von 157

Zubringerdienste 256
Zusatzprotokolle von Montreal
  siehe Montreal-Protokolle

Zuständigkeit
- nach Art. 28 WA 281
- internationale oder nationale Zuständigkeit 289

Zwingende Vorschriften
  siehe Warschauer Abkommen

Zwischenlandung 10

315